Lerwick

Kirkwall

Wick

LE YORKSHIRE ET L'HUMBERSIDE
Pages 366-399

LA NORTHUMBRIA
Pages 400-415

LE LANCASHIRE ET LES LACS
Pages 340-365

nderland

York

Kingston upon Hull

eds

effield

ES MIDLANDS

● Nottingham

by

Leicester

ventry

Northampton

Cambridge

Ipswich

Luton

xford

LONDRES

LE SUD-EST

Dover

uthampton
Portsmouth

Brighton

LE CŒUR DE L'ANGLETERRE
Pages 292-315

L'EST DES MIDLANDS
Pages 316-329

LONDRES
Pages 72–141

LES DOWNS ET LES CÔTES DE LA MANCHE
Pages 150 175

LA VALLÉE DE LA TAMISE
Pages 202 223

L'EAST ANGLIA
Pages 176-201

0   100 km

GUIDES 👁 VOIR

GRANDE-BRETAGNE

GUIDES ◉ VOIR

GRANDE-BRETAGNE

Libre ⚜ Expression

Libre Expression™

CE GUIDE VOIR A ÉTÉ ÉTABLI PAR
Michael Leapman

DIRECTION :
Isabelle Jeuge-Maynart

ÉDITION :
Isabelle Jendron,
François Monmarché,
Hélène Gédouin

TRADUIT ET ADAPTÉ DE L'ANGLAIS PAR
Philippe Rollet, Pierre de Puyberneau, Dominique Brotot

MISE EN PAGES (P.A.O.) :
Ivan Rubinstein

Publié pour la première fois en Grande-Bretagne
en 1995, sous le titre :
Eyewitness Travel Guides: Great Britain
© Dorling Kindersley Limited, London 1999
© Hachette Livre (Hachette Tourisme)
1999 pour la traduction et l'édition française.
Cartographie © Dorling Kindersley 1999

© Éditions Libre Expression Ltée, 1999
pour l'édition française au Canada.

Tous droits de traduction, d'adaptation
et de reproduction réservés pour tous pays.
La marque Voir est une marque déposée.

DÉPÔT LÉGAL : 2ᵉ trimestre 1999
ISBN: 2-89111-659-3

SOMMAIRE

Un tournoi, d'après une
miniature du XIVᵉ siècle

PRÉSENTATION DE LA GRANDE-BRETAGNE

Garde de la Tour de Londres

LONDRES

Le château d'Eilean Donan sur le Loch Duich, Highlands écossaises

Maison du début
du XVIIe siècle à Hereford

Vue de la vallée de l'Usk et des
Brecon Beacons, pays de Galles

COMMENT UTILISER CE GUIDE

Le but de ce guide est de vous aider à profiter au mieux de votre séjour en Grande-Bretagne ; il fourmille d'informations pratiques et de conseils. L'introduction, *Présentation de la Grande-Bretagne*, propose une carte du pays et le situe dans son contexte historique et culturel. Six autres chapitres, et un septiè-me consacré à *Londres*, présentent en détail tous les principaux sites et monuments. Des encadrés abordent les thèmes les plus variés, depuis le sport jusqu'aux jardins. *Les Bonnes adresses* recensent les hôtels, les restaurants et les cafés. Les *Renseignements pratiques* vous apportent tous les conseils utiles.

LONDRES

Le centre de Londres est divisé en quatre quartiers. Chacun fait l'objet d'un chapitre séparé, avec une liste de tous les endroits présentés. La dernière section, *En dehors du centre*, est consacrée aux faubourgs les plus intéressants. Tous les sites sont repérés sur un plan et numérotés ; les numéros correspondent à l'ordre dans lequel les monuments sont décrits dans le corps du chapitre.

Le quartier d'un coup d'œil classe les centres d'intérêt par catégories : quartiers historiques, monuments, musées, églises, boutiques, parcs et jardins.

Un repère rouge signale toutes les pages concernant Londres.

La carte de situation indique où se trouve le quartier dans la ville.

1 Plan général du quartier
Un numéro permet de retrouver les monuments de chaque quartier sur une carte. Les monuments du centre-ville figurent aussi dans l'Atlas des rues, p. 133-141.

2 Plan du quartier pas à pas
Il présente une vue aérienne du cœur de chaque quartier.

Des étoiles indiquent les endroits à ne pas manquer.

Un itinéraire conseillé est indiqué en rouge.

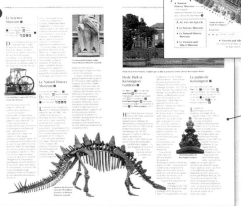

3 Renseignements détaillés
Les monuments de Londres sont décrits un par un, avec toutes les informations pratiques : adresses, numéros de téléphone, heures d'ouverture, visites guidées, tarifs, possibilité de photographier et accessibilité aux handicapés.

1 Introduction

La présentation des paysages, de l'histoire et de la spécificité des régions montre leur évolution au cours des siècles et ce qu'elles proposent aujourd'hui au visiteur.

LA GRANDE-BRETAGNE RÉGION PAR RÉGION

La Grande-Bretagne a été divisée en quatorze régions traitées chacune dans un chapitre séparé. Londres fait l'objet d'un chapitre à part. Les villes et monuments les plus intéressants sont repérés sur une *Carte touristique*.

Les régions peuvent être repérées rapidement grâce à un code couleur (voir premier rabat de couverture).

À la découverte des Lowlands

2 La carte touristique

Elle offre une vue d'ensemble de toute la région et de son réseau routier. Les sites et les monuments sont repérés par des numéros. L'accès à la région et les moyens de transport disponibles sont indiqués.

3 Information détaillée

Les localités et sites les plus importants sont décrits un par un dans l'ordre de la numérotation de la Carte touristique. Les textes décrivent en détail tous les sites à voir et les monuments.

Des encadrés sont consacrés aux particularités des sites.

Le mode d'emploi vous aide à organiser votre visite des sites les plus importants.

4 Les principaux monuments

Une ou plusieurs pages leur sont réservées. Des dessins dévoilent l'intérieur des bâtiments historiques. Un plan détaillé du cœur des villes permet de localiser les monuments les plus intéressants.

Edinburgh Castle

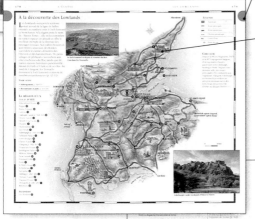

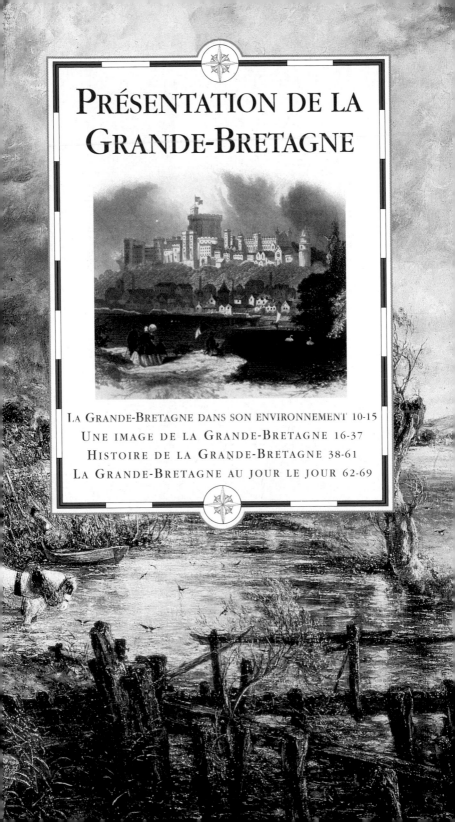

PRÉSENTATION DE LA GRANDE-BRETAGNE

La Grande-Bretagne dans son environnement

L a Grande-Bretagne s'étend au nord-ouest de l'Europe ; elle est bordée par l'océan Atlantique, la mer du Nord et la Manche. Les paysages et les climats de la Grande-Bretagne sont très variés ; ils conditionnent encore partiellement le peuplement de l'île. Les côtes de l'Ouest et les montagnes inhospitalières d'Écosse ou du pays de Galles sont moins peuplées que les Midlands ou le Sud-Est, plus plats et plus fertiles. C'est là que vit la plus grande partie des quelque 58 millions d'habitants que compte le pays. La population y étant beaucoup plus dense, le Sud est aujourd'hui la partie la plus construite de l'île et la mieux desservie.

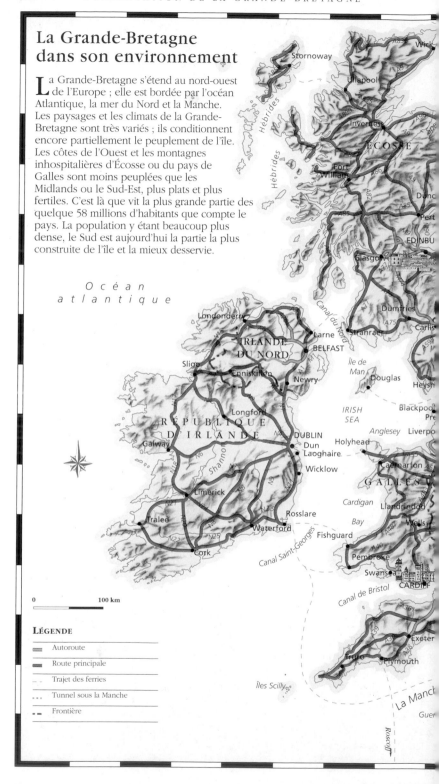

Océan atlantique

Stornoway

Ullapool

Inverness

ÉCOSSE

Fort William

Dunc

Pert

EDINBU

Glasgo

Dumfries

Londonderry

Carlis

Larne   Stranraer

IRLANDE DU NORD   BELFAST

Île de Man

Sligo

Enniskillen

Newry

Douglas   Heysh

RÉPUBLIQUE D'IRLANDE

Longford

IRISH SEA

Blackpool

Pre

Galway

DUBLIN

Dun Laoghaire

Anglesey   Liverpo

Holyhead

Wicklow

Caernarfon

GALLES

Limerick

Shannon

Cardigan   Llandrindod

Bay

Wells

Tralee

Rosslare

Fishguard

Pembroke

Waterford

Canal Saint-Georges

Cork

Swansea   CARDIFF

Canal de Bristol

0   100 km

Exeter

Truro   Plymouth

Îles Scilly

La Manch

Guer

Roscoff

Légende

	Autoroute
	Route principale
	Trajet des ferries
	Tunnel sous la Manche
	Frontière

Hébrides

Canal du Nord

Unst
*Îles
Shetland*
Mainland
Yell
Foula
Lerwick

Fair
Isle

Westray
Mainland Sanday
Stromness Stronsay
Hoy Kirkwall *Îles
Orkney*
Wick

deen

Aberdeen

La Grande-Bretagne et l'Europe

La Grande-Bretagne est située au nord-ouest de l'Europe. Ses plus proches voisins sont l'Irlande, à l'ouest, les Pays-Bas, la Belgique et la France de l'autre côté de la Manche ; le Danemark, la Norvège et la Suède sont tout près aussi.

EUROPE

Norvège Suède Finlande
Estonie Russie
Danemark Lettonie
Lituanie
Biélorussie
Pays-Bas Allemagne Pologne
Londres Belgique Luxembourg Ukraine
République Slovaquie
tchèque
France Autriche Hongrie Roumanie
Suisse Slovénie Croatie
Italie Bosnie- Yougoslavie Bulgarie
Herzégovine
Espagne Albanie Grèce
Portugal

Algérie Tunisie

Les îles Shetland et Orkney

Ces territoires sont les plus septentrionaux de la Grande-Bretagne : les îles Shetland ne sont qu'à six degrés au-dessous du cercle polaire arctique.

M e r
d u
N o r d

Göteborg
Esbjerg
Hambourg

newcastle
on Tyne
Sunderland

Swale York
dford Leeds Kingston upon Hull
Huddersfield
Manchester Grimsby
Sheffield
Stoke ANGLETERRE
on-Trent
Derby Nottingham

Peterborough Norwich

irmingham
arwick Northampton
Stratford-upon- Cambridge
Avon Ipswich Felixstowe
Gloucester Harlow Harwich
Oxford
stol Windsor
th LONDRES Ramsgate
Salisbury Canterbury Dover
Folkestone
ithampton Brighton
urnemouth Portsmouth Newhaven
*Île de
Wight*

Groningen

PAYS-BAS

AMSTERDAM Zwolle
La
Haye Utrecht Arnhem
Rotterdam
Duisburg
Eindhoven Essen
Zeebrugge Anvers
Ostende Cologne
Dunkerque BRUXELLES Aachen
Calais Liège
Boulogne Lille BELGIQUE
ALLEMAGNE

Cherbourg
sey
St Malo
Dieppe Amiens
Havre Rouen
Caen
FRANCE
PARIS Reims

LUXEMBOURG
LUXEMBOURG Metz

La Grande-Bretagne par régions : Londres, le Sud, les Midlands et le pays de Galles

La Grande-Bretagne est reliée par voie aérienne aux plus grandes villes de la planète. Londres compte deux grands aéroports internationaux ; le trafic de celui d'Heathrow est l'un des plus importants du monde. Le sud de l'île, la région la plus peuplée, est divisé dans ce guide en quatre secteurs : le Sud-Est, l'Ouest, le pays de Galles et les Midlands. Un chapitre spécial est réservé à Londres. Les liaisons routières et ferroviaires avec le Nord et l'Écosse *(p. 14-15)* et d'une grande ville à l'autre sont nombreuses.

CODE COULEUR DES RÉGIONS

- Londres

Le Sud-Est de l'Angleterre
- Les Downs et côtes de la Manche
- L'East Anglia
- La vallée de la Tamise

L'Ouest
- Le Wessex
- Le Devon et les Cornouailles

Le pays de Galles
- Le nord du pays de Galles
- Sud et centre du pays de Galles

Les Midlands
- Le cœur de l'Angleterre
- L'est des Midlands

LÉGENDE

- ⛴ Embarcadère de ferries
- ✈ Aéroport
- 🚉 Gare ferroviaire
- Autoroute
- Route principale
- Voie ferrée
- ••• Tunnel sous la Manche

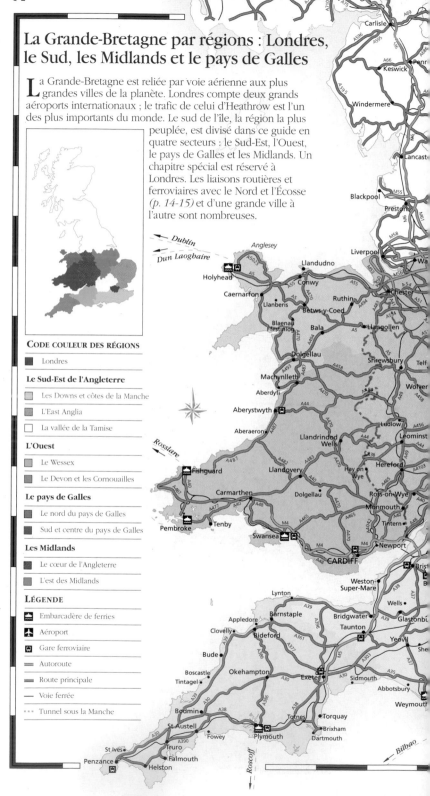

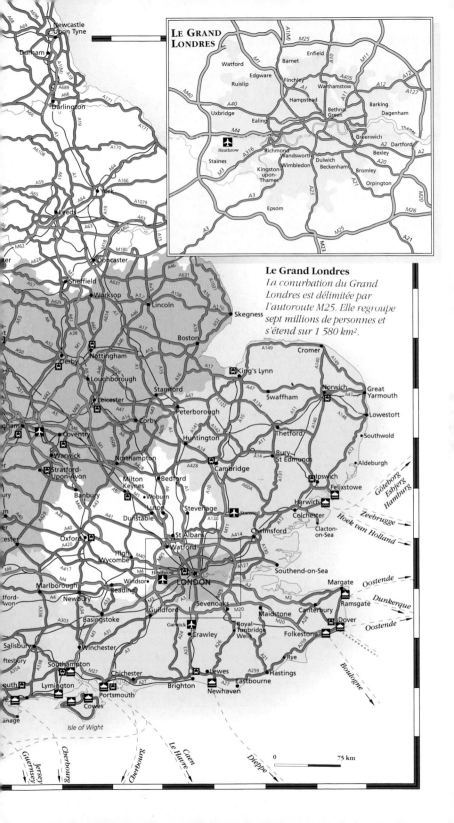

Le Grand Londres

La conurbation du Grand Londres est délimitée par l'autoroute M25. Elle regroupe sept millions de personnes et s'étend sur 1 580 km².

La Grande-Bretagne par régions : le Nord et l'Écosse

C ette partie de la Grande-Bretagne fait l'objet de deux chapitres. Bien que ces régions soient moins peuplées que le Sud, les liaisons routières et ferroviaires y sont excellentes ; un service de ferries permet de gagner les petites îles.

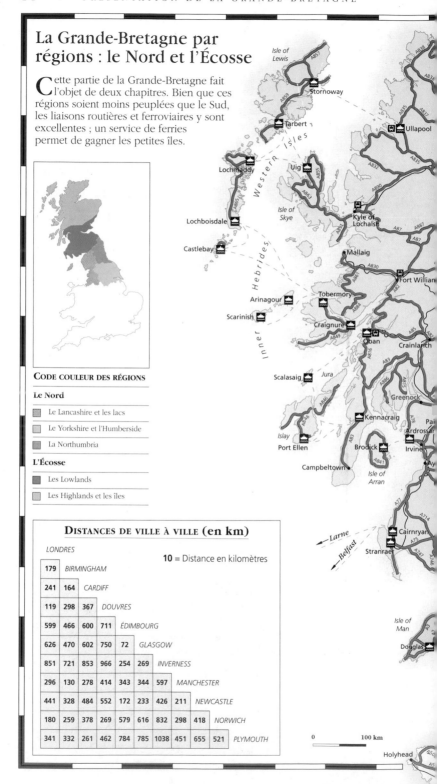

CODE COULEUR DES RÉGIONS

Le Nord

- Le Lancashire et les lacs
- Le Yorkshire et l'Humberside
- La Northumbria

L'Écosse

- Les Lowlands
- Les Highlands et les îles

DISTANCES DE VILLE À VILLE (en km)

10 = Distance en kilomètres

LONDRES										
179	BIRMINGHAM									
241	164	CARDIFF								
119	298	367	DOUVRES							
599	466	600	711	ÉDIMBOURG						
626	470	602	750	72	GLASGOW					
851	721	853	966	254	269	INVERNESS				
296	130	278	414	343	344	597	MANCHESTER			
441	328	484	552	172	233	426	211	NEWCASTLE		
180	259	378	269	579	616	832	298	418	NORWICH	
341	332	261	462	784	785	1038	451	655	521	PLYMOUTH

0   100 km

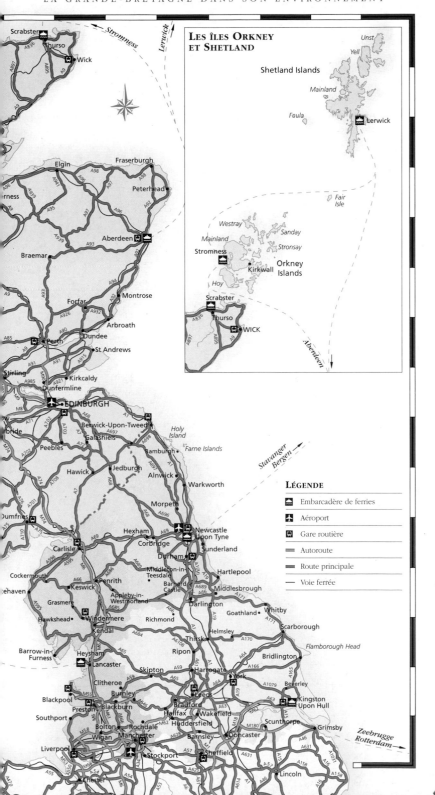

LES ÎLES ORKNEY ET SHETLAND

Shetland Islands

Unst
Yell
Mainland
Foula
Lerwick

Fair Isle

Westray
Sanday
Mainland
Stronsay
Stromness
Orkney Islands
Kirkwall
Hoy

Scrabster
Thurso
WICK

Stromness
Lerwick
Aberdeen

LÉGENDE

🚢	Embarcadère de ferries
✈	Aéroport
🚌	Gare routière
▬	Autoroute
▬	Route principale
—	Voie ferrée

Scrabster
Thurso
Wick
Elgin
Fraserburgh
Peterhead
Aberdeen
Braemar
Forfar
Montrose
Arbroath
Dundee
Perth
St Andrews
Stirling
Kirkcaldy
Dunfermline
EDINBURGH
Berwick-Upon-Tweed
Galashiels
Peebles
Bamburgh
Holy Island
Farne Islands
Hawick
Jedburgh
Alnwick
Warkworth
Dumfries
Morpeth
Hexham
Newcastle Upon Tyne
Corbridge
Sunderland
Carlisle
Durham
Hartlepool
Cockermouth
Penrith
Middleton-in-Teesdale
Barnard Castle
Middlesbrough
Keswick
Appleby-in-Westmorland
Darlington
Whitby
Grasmere
Goathland
Hawkshead
Windermere
Richmond
Scarborough
Kendal
Helmsley
Thirsk
Flamborough Head
Barrow-in-Furness
Heysham
Ripon
Bridlington
Lancaster
Skipton
Harrogate
York
Beverley
Clitheroe
Burnley
Bradford
Leeds
Kingston Upon Hull
Blackpool
Preston
Blackburn
Halifax
Wakefield
Southport
Bolton
Rochdale
Huddersfield
Scunthorpe
Grimsby
Wigan
Manchester
Barnsley
Doncaster
Liverpool
Stockport
Sheffield
Chester
Lincoln

Stromness
Lerwick
Stavanger Bergen
Stavanger Bergen
Zeebrugge Rotterdam

UNE IMAGE DE LA GRANDE-BRETAGNE

Très jalouse de ses traditions, la Grande-Bretagne a bien plus à offrir au visiteur que des châteaux mystérieux ou des villages pittoresques. La littérature, les arts plastiques et l'architecture forment, avec les paysages très divers que l'on y rencontre, le patrimoine d'une nation en équilibre entre les nécessités du monde moderne et ses traditions.

La Grande-Bretagne n'a jamais été envahie depuis 1066, et les habitants ont su conserver leurs traditions. Les Romains qui débarquèrent en 43 restèrent trois cent cinquante ans, mais leur culture et leur langue furent rapidement balayées par les peuples venus du nord de l'Europe qui leur succédèrent. Les liens de l'île avec l'Europe se relâchèrent au XVIe siècle quand l'église anglicane remplaça la tradition catholique.

La Grande-Bretagne est aujourd'hui membre de la communauté européenne, mais elle cultive jalousement son non-conformisme, même s'il s'applique à de petits détails comme le fait de conduire à gauche ; l'ouverture du tunnel sous la Manche ne semble guère affecter ce trait essentiel du caractère national.

Rose Tudor

Le patrimoine architectural de la Grande-Bretagne est riche en vieux châteaux, en cathédrales et en belles demeures entourées de parcs paysagers. Les habitants sont très attachés à leurs coutumes, depuis les simples danses villageoises jusqu'aux grandes cérémonies monarchiques.

La Grande-Bretagne est une petite île composée d'une mosaïque de régions très variées, dont les habitants ont su conserver leur identité culturelle. L'Écosse et le pays de Galles par exemple se distinguent foncièrement de l'Angleterre, bien qu'ils dépendent de

Promenade le long de l'Avon, à Bath

◁ **Les barques à fond plat de la Cam, à Cambridge**

Widecombe-in-the-Moor, un petit village du Devon au milieu des collines

Londres d'un point de vue administratif.

Ces deux pays ont des coutumes et des traditions très différentes. L'Écosse a même une législation et un système éducatif particuliers. L'écossais et le gallois sont toujours localement parlés et bénéficient d'un réseau radiophonique et télévisuel. Au Nord et à l'Ouest, des dialectes dérivés de l'anglais avec de forts accents régionaux sont encore courants. Ces régions maintiennent vivantes leurs traditions dans tous les domaines, arts, architecture et cuisine.

Les armes de l'Écosse au château d'Édimbourg

Les paysages aussi sont très variés, depuis les montagnes rocailleuses du pays de Galles, de l'Écosse et du Nord, jusqu'aux plaines des Midlands en passant par les collines du Sud et de l'Ouest. L'East-Anglia

Le lac et les jardins de Petworth House, dans le Sussex

possède de longues plages, et la côte ouest de petites criques pittoresques. Malgré une urbanisation croissante depuis plus de deux siècles, l'agriculture garde une place importante : près des trois quarts du sol britannique sont cultivés. On récolte surtout du blé, de l'orge, de la betterave à sucre et des pommes de terre. Au début de l'été, le regard est attiré par de vastes étendues de colza d'un jaune brillant ou par le bleu ardoise des champs de lin.

La campagne regorge de petits hameaux, de cottages pittoresques et de jardins amoureusement entretenus – une véritable passion en Grande-Bretagne. La vie s'écoule paisiblement dans ces villages aux maisons serrées autour d'une église et d'un pub. Boire une bière dans une auberge et se relaxer au coin du feu sont deux vieilles coutumes très britanniques que tous les étrangers sont invités à partager – cordialement mais sans grandes démonstrations, car, s'ils sont moins formalistes qu'autrefois, les Britanniques restent plutôt réservés.

Au XIXe siècle et au début du XXe, le commerce avec l'immense empire britannique et l'abondance du charbon ont stimulé l'industrie et procuré au pays une certaine prospérité. Des milliers de gens ont quitté la campagne pour venir s'installer dans les villes à proximité des mines et des manufactures ; en 1900, la Grande-Bretagne était la plus importante nation industrialisée du monde. Aujourd'hui, beaucoup de ces industries ont périclité, et 22 % seulement de la population active travaille dans les usines, contre 66 % dans le secteur tertiaire. En pleine expansion, celui-ci se concentre surtout dans le Sud-Est, près de Londres.

La foule du marché de Petticoat Lane, dans l'East End à Londres

LA SOCIÉTÉ ET LA POLITIQUE

Dans les villes se mêlent des gens venus d'horizons différents. Il y eut d'abord les Irlandais ; depuis les années cinquante sont arrivés des centaines de milliers d'immigrés venus des anciennes colonies d'Afrique, d'Asie ou des Caraïbes, qui font aujourd'hui partie du Commonwealth. Près de 5 % des quelque 58 millions d'habitants de la Grande-Bretagne sont des gens de couleur, et près de la

L'enceinte de la cathédrale de Winchester

moitié d'entre eux sont nés sur le sol britannique. Le résultat est une société pluri-culturelle où se côtoient des musiques, des traditions artistiques, des religions et des cuisines très différentes. Mais les choses sont loin d'être idylliques, et la tension monte parfois dans les vieux quartiers de certaines villes, où vivent les membres les plus défavorisés des différentes communautés. Bien que la discrimination raciale dans le domaine du logement ou de l'emploi soit illégale, elle est encore parfois de mise.

Sculpture du cloître de la cathédrale de Norwich

Le système de classes britannique désoriente les visiteurs, car il prend en compte à la fois l'origine sociale et la fortune. En Angleterre, il n'y a plus de grandes fortunes aristocratiques, mais certaines vieilles familles vivent encore sur leurs terres, et ouvrent souvent leur domaine à la visite. Le fossé entre les classes sociales est creusé par le système éducatif. Plus de 90 % des enfants suivent l'école d'État gratuite, mais les parents les plus fortunés préfèrent les écoles privées, d'où sortent la plupart de ceux que l'on retrouve aux postes clefs de la politique et des affaires.

Le rôle dévolu à la monarchie illustre bien le dilemme d'un peuple pris entre le désir de préserver le principal symbole de l'unité nationale et le rejet des privilèges liés à la naissance. La reine, chef de l'église anglicane, n'a pas de pouvoir politique réel ; pourtant les moindres faits et gestes de toute la famille royale sont passés au crible par l'opinion publique. La récente avalanche de scandales a fait pencher une partie de l'opinion vers l'abolition de la monarchie.

La démocratie est profondément enracinée en Grande-Bretagne : dès le XIIIe siècle, il y avait à Londres l'équivalent d'un Parlement.

Si l'on excepte la parenthèse républicaine du XVIIe siècle, le pouvoir est passé insensiblement de la Couronne aux assemblées représentatives du peuple.

Le thé de cinq heures sur la pelouse du Thornbury Castle Hotel d'Avon

Entre 1832 et 1884, une série de mesures a donné le droit de vote à tous les citoyens ; les femmes n'ont pu voter qu'à partir de 1928. Margaret Thatcher – la première femme Premier ministre en Grande-Bretagne – a dirigé le gouvernement de 1979 à 1990. Les travaillistes (gauche) et les conservateurs (droite) favorisent tour à tour, pendant qu'ils sont au pouvoir, la privatisation ou la nationalisation des industries et travaillent au financement des systèmes d'allocations sociales.

L'Irlande pose un problème politique épineux depuis le XVIIe siècle. Après avoir fait partie du Royaume-Uni pendant huit cents ans, elle fut coupée en deux en 1921 ; depuis, elle a connu la longue lutte entre catholiques et protestants. En 1994, une trêve a été conclue et l'on cherche un accord.

La Chambre des lords au Parlement

LA CULTURE ET LES ARTS

En Grande-Bretagne, la tradition du théâtre remonte au XVIe siècle et à William Shakespeare, dont les pièces sont jouées pratiquement sans interruption depuis leur création. Beaucoup d'œuvres plus récentes sont aussi représentées, et les auteurs dramatiques actuels, comme Tom Stoppard, Alan Ayckbourn et David Hare, renouent avec une longue tradition qui use d'un langage très vivant pour traiter les sujets les plus graves sous couvert de comédie. De nombreux acteurs britanniques, comme Vanessa Redgrave, Ian McKellan, Alec Guinness ou Anthony Hopkins, ont une réputation internationale.

Londres est une ville phare pour la vie théâtrale du pays, mais d'excellentes pièces sont montées ailleurs. À Édimbourg se tient un festival de théâtre et de musique qui est

Deux élèves du célèbre collège d'Eton

l'un des grands rendez-vous de la vie culturelle britannique. L'été se déroulent de nombreux autres festivals de musique dans tout le pays. À Haye-on-Wye et Cheltenham ont lieu tous les ans des festivals de littérature. La poésie n'est pas oubliée : au pays de Chaucer des poèmes sont affichés dans le métro, au milieu des panneaux publicitaires.

Dans le domaine des arts plastiques, il y a en Grande-Bretagne une vieille tradition de l'art du portrait, de la caricature, du paysage et de l'aquarelle. Aujourd'hui, des peintres comme David Hockney ou Francis Bacon, des sculpteurs comme Henry Moore et Barbara

Hepworth sont connus dans le monde entier. En architecture, Christopher Wren, Inigo Jones, John Nash ou Robert Adam ont façonné les paysages urbains ; de nos jours, Terry Farrell et Richard Rogers se sont faits les champions du

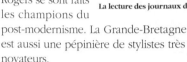

La lecture des journaux dans les jardins de Kensington

post-modernisme. La Grande-Bretagne est aussi une pépinière de stylistes très novateurs.

Les Britanniques sont de grands lecteurs de journaux. Onze journaux nationaux sortent à Londres dans la semaine. Les tirages sont très importants, et des quotidiens comme *The Times* sont lus dans le monde entier. Plus populaire, la presse à scandales, où alternent les rumeurs, les crimes et les comptes rendus sportifs, représente près de 80 % des journaux édités.

L'industrie cinématographique a connu un bref moment de gloire dans les années cinquante avec toute une série de comédies légères, mais elle a dû s'incliner devant Hollywood. La télévision britannique – notamment la BBC (British Broadcasting Corporation), qui regroupe cinq stations de radio et deux chaînes de télévision – est connue pour la qualité de ses programmes, qu'il s'agisse de documentaires, d'émissions d'actualités ou de dramatiques.

Football, rugby, cricket ou golf, les Britanniques sont très sportifs et tous les matches sont très suivis. L'image d'un match de cricket dans un petit village fait partie des clichés inévitables qui circulent sur l'Angleterre. La pêche est un passe-temps très répandu dans tout le pays et les Britanniques, qui sont d'excellents marcheurs, profitent large-

ment de leurs nombreux parcs nationaux.

On a souvent tendance à ironiser sur la cuisine anglaise, prétendument élaborée à partir de quelques ingrédients de base accommodés sans grande imagination. Mais l'influence des cuisines étrangères a introduit de la diversité et une certaine créativité dans cette alimentation un peu trop sage. Bien sûr, on trouvera toujours le moyen de goûter à toutes les spécialités, cuisine bourgeoise ou plats régionaux, mais il existe aussi une large gamme de mets plus novateurs.

Dans ce domaine comme dans beaucoup d'autres, les Britanniques ont su enrichir leurs traditions des apports d'autres cultures, mais sans rien perdre de leur originalité.

Le top-model britannique Naomi Campbell

Le port de Whitby et l'église Sainte-Marie, Yorkshire

L'art des jardins

Rose rouge anglaise

En Grande-Bretagne, le style des jardins est lié à la fois aux modes et aux tendances de l'architecture. Les jardins de l'époque élisabéthaine ont ainsi évolué vers une plus grande sophistication sous Jacques Ier. Au XVIIIe siècle s'est développé le goût de jardins plus vastes et plus « naturels ». Au XIXe siècle, le débat entre les partisans du parc « à l'anglaise » et ceux de jardins plus formels a atteint son paroxysme. Aujourd'hui, la Grande-Bretagne regorge de jardins de tous les styles, du lopin de terre jusqu'au parc paysager.

LES JARDINS RENAISSANCE

Les premiers jardiniers étaient des moines, qui faisaient pousser des plantes médicinales, des légumes et quelques fleurs dans les jardins des monastères. Ce n'est que sous les Tudors que l'on eut l'idée d'embellir les abords des demeures de jardins d'agrément. Les petits parterres séparés par des tracés compliqués de buis ou de lavande ont alors connu un grand succès. Aucun jardin de cette époque n'a subsisté tel quel, mais on en a recréé plusieurs, notamment à Hampton Court *(p. 159)* et Pitmedden, dont les premiers jardins ont été plantés en 1675.

Reconstitution d'un parterre à Pitmedden, Écosse

Terrasse du XVIIe siècle à Powis Castle, pays de Galles

SOUS JACQUES Ier

Au XVIIe siècle, les jardins deviennent de plus en plus élaborés, grâce à des amateurs comme les Tradescant *(p. 210)*, qui ont introduit de nouvelles plantes. L'arrivée des premières tulipes venues de Turquie a causé un engouement sans précédent, et les bulbes rares coûtaient de véritables fortunes. Les tracés de buis sont remplacés par des parterres plus ambitieux, inspirés des modèles de Le Nôtre. Les terrasses s'ornent de fontaines, d'arbres taillés et de statues. Les jardins de Powis Castle *(p. 446)* conservent une grande partie de leur tracé du XVIIe siècle.

LE JARDIN PAYSAGER

Le XVIIIe siècle réagit contre la rigueur venue du continent et préfère des tracés plus « naturels ». Dans les premiers jardins « à l'anglaise », comme ceux de Stowe *(p. 216-217)* et de Stourhead *(p. 252-253)*, on construisait des temples grecs et des ponts palladiens. Capability Brown, le plus grand créateur de jardins de cette époque, désapprouvait ces ajouts, et le dessin des jardins devint un sujet de controverses. Humphrey Repton (1752-1818) combina plus tard le naturalisme avec de fausses ruines « gothiques » et des grottes.

Fabrique néo-classique à Stowe, Bucks

CAPABILITY BROWN

Lancelot Brown (1715-1783), dit Capability Brown, est le plus grand créateur de jardins anglais. Il a été le premier à refuser les jardins au tracé très rigoureux, à la française, pour créer des paysages plus informels, plus naturels, avec des lacs, des bouquets d'arbres, et qui semblent ouverts sur l'infini. Il a dessiné une partie des jardins de Kew *(p. 132)* et les parcs de grandes demeures comme Blenheim Palace *(p. 214-215)* ou Warwick Castle *(p. 308-309)*. Aujourd'hui, les réalisations de Brown ne font plus l'unanimité, car pour réaliser ses paysages idylliques il a fait disparaître à tout jamais de très beaux jardins plus anciens.

MODE D'EMPLOI

Mis à part les jardins de grandes demeures, visibles pendant tout l'été, des centaines de jardins sont ouverts à la visite quelques jours par an dans toute la Grande-Bretagne. La plupart d'entre eux sont répertoriés dans un guide annuel, le « livre jaune », Gardens of England and Wales. Des affiches renseignent aussi sur les possibilités de visiter d'autres jardins privés.

LES JARDINS VICTORIENS

L'ère victorienne a réintroduit les fleurs multicolores, les haies taillées, les fontaines à l'italienne et les allées de gravier. Les serres ont permis d'acclimater des espèces nouvelles, l'horticulture est devenue un passe-temps très répandu. Même les maisons de ville possédaient un petit jardin, où l'on concentrait l'intérêt sur les plantes elles-mêmes plus que sur un effet paysager. Ce nouveau style a été lancé par John Claudius Loudon (1783-1843), qui fonda en 1826 le premier magazine de jardinage.

Le jardin victorien d'Ascott Wing, Buckinghamshire

Une plate-bande de Gertrude Jekyll en fleur

MRS. JEKYLL ET LES JARDINS

Au début du xxᵉ siècle, la grande figure de l'art des jardins est Gertrude Jekyll (1843-1932). Se souvenant des cottages de son enfance, elle dessinait des plates-bandes où voisinaient de nombreuses variétés de fleurs choisies en fonction de leur couleur et de leur taille. Elle travailla beaucoup avec William Robinson (1838-1935), dont le magazine *The Garden* se faisait l'écho de ses recherches. Quelques-uns des jardins les plus célèbres de Gertrude Jekyll, comme Hestercombe *(p. 238)*, ont été conçus en collaboration avec l'architecte Sir Edwin Lutyens *(p. 25)*.

LES JARDINS CONTEMPORAINS

Les jardins actuels font la synthèse des différents styles historiques et contemporains. Les expériences d'hybridation ont multiplié la variété d'espèces disponibles. On aménage des jardins de fleurs sauvages qui peuvent accueillir des oiseaux et des animaux, mais les jardins très épurés ont également beaucoup de succès. Au bord de la mer, le metteur en scène Derek Jarman (1942-1994) a créé ce jardin très original, où les sculptures modernes et les fleurs blanches mettent en valeur sa maison peinte de couleur sombre.

La maison de Jarman à Dungeness, dans le Kent

Les grandes demeures

Ces belles résidences datent principalement des XVIIIᵉ et XIXᵉ siècles, époque où les grands propriétaires terriens et les capitaines d'industrie ont décidé de jouir de leur fortune à la campagne. Les premières demeures campagnardes, du XIVᵉ siècle, avaient encore une vocation défensive, mais à partir du XVIᵉ siècle, sous l'influence de la Renaissance européenne en Angleterre, ces maisons sont devenues des résidences d'agrément remplies d'œuvres d'art *(p. 288-289)*. Le XVIIIᵉ siècle a ensuite ressuscité l'architecture classique, et l'ère victorienne le gothique flamboyant. Aujourd'hui, de nombreuses demeures sont ouvertes au public ; quelques-unes sont administrées par le National Trust, l'équivalent anglais de la Caisse des monuments historiques.

Motif décoratif de Robert Adam (vers 1760)

Le salon en rotonde, inspiré du Panthéon de Rome, a été conçu pour accueillir la collection de sculptures classiques des Scarsdale.

La galerie de peintures, la pièce la plus importante des appartements d'apparat, renferme les œuvres les plus belles.

Cette aile abrite les appartements privés de la famille Scarsdale, qui y habite encore aujourd'hui. Les chambres des domestiques étaient au-dessus des cuisines.

Le salon de musique, très décoré. La musique jouait un grand rôle dans la vie sociale des classes aisées.

CHRONOLOGIE

1650				1750

Sir John Vanbrugh *(p. 384)* et **Nicholas Hawksmoor** (1661-1736) construisent Blenheim Palace *(p. 214-215)*

Colen Campbell (1676-1729) dessine Burlington House *(p. 83)*

William Kent (1685-1748) construit Holkham Hall *(p. 183)* dans le style de Palladio

Robert Adam (1728-1792), qui a beaucoup travaillé avec son frère James (1730-1794), est un architecte et décorateur renommé

John Carr (1723-1807) est l'architecte d'Harewood House *(p. 396)*

Henry Holland (1745-1806) a construit l'aile sud, néo-classique, de Woburn Abbey *(p. 216)*

Castle Howard (1702) par Sir John Vanbrugh

Cheminée néo-classique d'Adam à Kedleston Hall

LE NATIONAL TRUST

À la fin du XIXᵉ siècle, le développement des usines, des mines, des routes et de l'urbanisation a fait craindre qu'une partie du patrimoine de la Grande-Bretagne – paysages ou monuments du passé – ne vienne à disparaître. En 1895, sous l'impulsion notamment d'Octavia Hill, est né le National

Le logo à la feuille de chêne du National Trust

Trust. En 1896, il acquérait un premier édifice, la Clergy House d'Alfriston, dans le Sussex *(p. 166)*. Le National Trust compte aujourd'hui deux millions de membres ; il gère de nombreuses demeures historiques, des jardins et de vastes domaines à la campagne ou en bord de mer *(p. 617)*.

Le hall de marbre entouré de colonnes corinthiennes en albâtre rose servait de salle de bal.

Un corridor relie les cuisines et la résidence.

L'église du XIIIᵉ siècle est tout ce qui subsiste du village de Kedleston, déplacé en 1760 pour faire place à la nouvelle résidence et aux jardins.

Dans ces cuisines on préparait à manger pour des centaines de personnes.

KEDLESTON HALL

Cette résidence du Derbyshire *(p. 322)* a été édifiée pour Lord Scarsdale dans les années 1760. C'est l'une des premières réalisations d'un architecte très influent du XVIIIᵉ siècle, Robert Adam (1728-1792), pionnier de l'art néo-classique, qui redécouvre l'art gréco-romain.

Scène d'intérieur, par Charles Hunt (vers 1890)

LES DOMESTIQUES

Une armée de domestiques était nécessaire pour assurer le train d'une grande demeure. Le maître d'hôtel supervisait toute la domesticité et veillait à ce que les repas soient servis à l'heure. La gouvernante dirigeait les femmes chargées du ménage. Le cuisinier élaborait les repas avec les produits du domaine. Les maîtres de maison avaient aussi des valets ou des femmes de chambre.

1800	1850

Philip Webb (1831-1915) est l'un des principaux architectes du mouvement Arts and Crafts *(p. 314)*, qui entend renoncer au néo-gothique et revenir à une simplicité des formes « Vieille Angleterre »

Sir Edwin Lutyens (1869-1944) a dessiné dans le Devon le Castle Drogo *(p. 281)*, une des dernières grandes demeures campagnardes

Salle à manger à Cragside, Northumberland

Norman Shaw (1831-1912) est un tenant du néo-gothique (comme à Cragside, ci-dessus) et un pionnier du mouvement Arts and Crafts *(p. 314)*

Standen, West Sussex (1891-1894), par Philip Webb

Héraldique et aristocratie

L'ordre de la Jarretière

L'aristocratie britannique a été créée il y a neuf cents ans, quand les rois normands offraient des terres et des titres en échange d'un soutien armé.

Les rois qui leur ont succédé ont eux aussi distribué des titres et des domaines à leurs alliés, créant ainsi de nouvelles dynasties d'aristocrates. Le titre de « comte » date du XIe siècle, celui de « duc » du XIVe.

La noblesse s'est rapidement choisi des motifs distinctifs, en grande partie pour pouvoir reconnaître les chevaliers de leur maison cachés sous l'armure : ces motifs étaient le plus souvent peints sur le manteau des chevaliers et leurs écus.

Au Collège des Armes, à Londres, sont conservées toutes les armoiries ; on en crée aussi de nouvelles

LES ARMES ROYALES

Les armoiries britanniques les plus connues sont celles des souverains. Elles figurent sur le drapeau, sur les documents officiels et à la devanture des magasins qui bénéficient du patronage royal. Les armes ont été modifiées plusieurs fois. L'écu central en quatre parties porte les armes de l'Angleterre (deux fois), celles de l'Écosse et celles de l'Irlande. Tout autour des devises, le lion et la licorne héraldiques surmontés de la couronne et du heaume.

C'est Édouard III (1327-1377) qui a fondé le prestigieux ordre chevaleresque de la Jarretière. La jarretière, qui porte la devise « Honi soit qui mal y pense », entoure les armes de l'Angleterre, de l'Écosse et du pays de Galles.

Le lion est l'animal héraldique le plus répandu.

Le lion rouge est le symbole de l'Écosse.

La licorne est généralement considérée en héraldique comme le symbole de la monarchie écossaise.

Henri II (1154-1189) avait sur ses armes trois lions, devenus les « trois lions de gueule passant » de son fils Richard Ier et qui figurent aujourd'hui sur les armes de la Grande-Bretagne.

Le heaume royal avec sa grille d'or a été ajouté sur les armes par Élisabeth Ire (1558-1603).

« **Dieu et mon droit** » est la devise des rois depuis le règne d'Henri V (1413-1422).

Henri VII (1485-1509) a créé la rose Tudor à partir de la rose blanche des York et la rose rouge des Lancastre.

L'AMIRAL NELSON

Toute personne anoblie par le monarque se doit de composer elle-même ses armoiries. Horatio Nelson (1758-1805) a été fait baron du Nil en 1798 et vicomte en 1801. Ses armoiries sont en relation avec sa carrière d'amiral, mais quelques éléments ont été ajoutés après sa mort à la bataille de Trafalgar.

L'écu est supporté par un marin.

La devise signifie : « Que celui qui la mérite porte la palme ».

Cette scène représente la bataille du Nil (1798).

Le San Joseph était un navire espagnol que Nelson captura au péril de sa vie.

ARBRES GÉNÉALOGIQUES

Si vous avez des ancêtres britanniques, vous pouvez retrouver leur trace grâce au **General Register Office**, St Catherine's House, à Londres (0171-471 4200), qui recense les naissances, mariages et décès survenus en Angleterre et au pays de Galles depuis 1837. Pour l'Écosse, la **New Register House**, à Édimbourg (0131-334 0380). On peut aussi consulter la **Society of Genealogists**, 14 Charterhouse Buildings, Londres (0171-251 8799).

Les titres se transmettent au fils aîné ou au plus proche parent mâle, mais quelques-uns peuvent aller à une femme en l'absence d'héritier mâle.

Le duc d'Édimbourg (né en 1921), époux de la reine, est l'un des quelques ducs qui font partie de la famille royale.

Le comte Mountbatten of Burma (1900-1979) a été anobli en 1947 pour son action militaire et diplomatique.

Le marquis de Salisbury (1830-1903), qui fut trois fois Premier ministre entre 1885 et 1902, descend de Robert Cecil, un homme d'État du XVIe siècle.

Le vicomte Montgomery (1887-1976) a accédé à la pairie pour hauts faits militaires pendant la Deuxième Guerre mondiale.

Lord Byron (1788-1824), le poète romantique, était le sixième baron Byron ; le premier baron était un député anobli par Charles Ier en 1625.

LES PAIRS DU ROYAUME

Le royaume compte environ 1 200 pairs. Certains titres sont héréditaires (voir en bas à gauche), d'autres prennent fin avec la mort du récipiendaire : ce sont les pairies à vie. Tous les pairs peuvent siéger à la Chambre des lords, y compris les archevêques et les hauts dignitaires de l'Église anglicane. Les membres juristes de la Chambre des lords sont pairs à vie depuis le XIXe siècle, mais à partir de 1958 la reine a étendu cet honneur à des personnalités qui ont rendu de grands services à la société.

LES PAIRS

☐	25 ducs
☐	35 marquis
☐	175 comtes et comtesses
☐	100 vicomtes
☐	+ de 800 barons et baronnes

LA LISTE DE LA REINE

Deux fois par an, le Premier ministre et les chefs des partis politiques proposent à la reine une liste d'hommes et de femmes qui se sont distingués et qu'ils jugent dignes d'être décorés. Certains sont faits chevaliers, d'autres reçoivent le prestigieux Ordre du Mérite (OM), mais la plupart sont faits Membres de l'Empire britannique (OBE ou MBE).

Mère Teresa *a reçu l'Ordre du Mérite en 1983 pour son action en Inde.*

Richard Branson *du groupe Virgin a été fait chevalier pour services rendus à l'industrie.*

Les Beatles *ont tous les quatre été faits MBE en 1965.*

L'architecture rurale

Pour beaucoup, le véritable art de vivre britannique se rencontre à la campagne. On y trouve en effet une atmosphère sereine, que bien des citadins envient. Les premiers villages ont été construits il y a plus de 1 500 ans, quand les Saxons ont commencé à défricher les forêts et à s'établir auprès d'un point d'eau. La plupart des villages actuels existaient déjà à l'époque du *Domesday Book*, le premier cadastre anglais, qui date de 1086 ; il ne subsiste que bien peu de bâtiments de cette époque. Les maisons se sont construites peu à peu autour d'une église ou d'un château. Les villages typiques sont composés de bâtiments de différentes époques. Le plus ancien est en général l'église ; viennent ensuite les granges dîmières, les cottages et les manoirs.

Abbotsbury, dans le Dorset, un petit village typique blotti contre son église

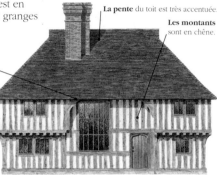

La pente du toit est très accentuée.

Les montants sont en chêne.

L'avant-toit est supporté par des pièces de charpente courbes.

Wealden Hall House, *dans le Sussex, est une maison médiévale à colombage typique du sud-ouest de l'Angleterre. L'espace central est flanqué de deux étages de baies. La maison compte deux niveaux ; le dernier vient en encorbellement.*

Le toit de tuiles protège le grain de l'humidité.

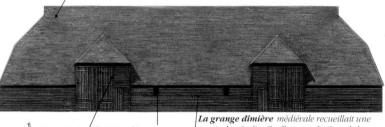

L'entrée très large est accessible aux chars à bœufs.

Des trous laissent entrer l'air – et les oiseaux.

Les murs et les portes sont à l'abri des intempéries.

La grange dîmière médiévale recueillait une partie des récoltes (la dîme, un dixième de la production) pour le clergé. Le toit est supporté par d'énormes pièces de charpente incurvées qui montent depuis les murs très bas de la grange.

L'ÉGLISE PAROISSIALE

L'église est au cœur de la vie du village. Le clocher, visible de loin, sert aussi de repère. L'église « parle » de son village : par exemple une grande église dans un petit village est signe d'exode rural. Certaines églises ont été construites en plusieurs étapes, avec des éléments remontant parfois à l'époque saxonne. On peut y voir quelquefois des plaques tombales en cuivre, des peintures, des miséricordes *(p. 327)* ou des sculptures des XVIe et XVIIe siècles. On y vend souvent de petits guides.

Clocher du XVIIIe siècle

Façade ouest

Des tours à pinacles du XVe siècle ornent la façade principale.

Des contreforts soutiennent les murs.

Carillon

Arc normand en plein cintre.

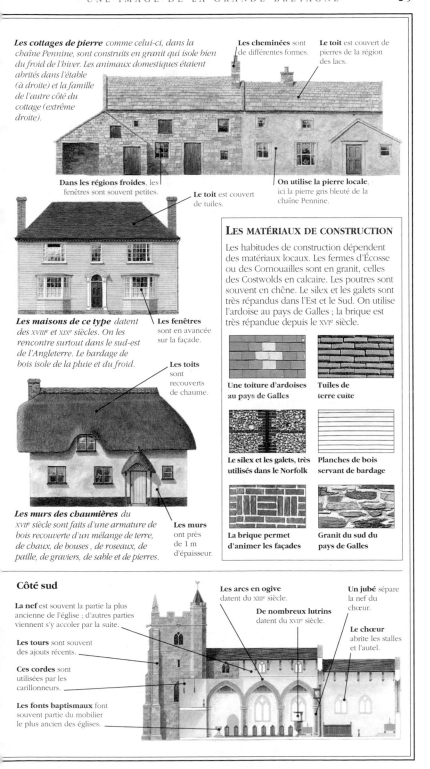

Les cottages de pierre comme celui-ci, dans la chaîne Pennine, sont construits en granit qui isole bien du froid de l'hiver. Les animaux domestiques étaient abrités dans l'étable (à droite) et la famille de l'autre côté du cottage (extrême droite).

Les cheminées sont de différentes formes.

Le toit est couvert de pierres de la région des lacs.

Dans les régions froides, les fenêtres sont souvent petites.

Le toit est couvert de tuiles.

On utilise la pierre locale, ici la pierre gris bleuté de la chaîne Pennine.

Les maisons de ce type datent des XVIIIe et XIXe siècles. On les rencontre surtout dans le sud-est de l'Angleterre. Le bardage de bois isole de la pluie et du froid.

Les fenêtres sont en avancée sur la façade.

Les toits sont recouverts de chaume.

LES MATÉRIAUX DE CONSTRUCTION

Les habitudes de construction dépendent des matériaux locaux. Les fermes d'Écosse ou des Cornouailles sont en granit, celles des Costwolds en calcaire. Les poutres sont souvent en chêne. Le silex et les galets sont très répandus dans l'Est et le Sud. On utilise l'ardoise au pays de Galles ; la brique est très répandue depuis le XVIe siècle.

Une toiture d'ardoises au pays de Galles

Tuiles de terre cuite

Le silex et les galets, très utilisés dans le Norfolk

Planches de bois servant de bardage

La brique permet d'animer les façades

Granit du sud du pays de Galles

Les murs des chaumières du XVIIe siècle sont faits d'une armature de bois recouverte d'un mélange de terre, de chaux, de bouses, de roseaux, de paille, de graviers, de sable et de pierres.

Les murs ont près de 1 m d'épaisseur.

Côté sud

La nef est souvent la partie la plus ancienne de l'église ; d'autres parties viennent s'y accoler par la suite.

Les tours sont souvent des ajouts récents.

Ces cordes sont utilisées par les carillonneurs.

Les fonts baptismaux font souvent partie du mobilier le plus ancien des églises.

Les arcs en ogive datent du XIIIe siècle.

De nombreux lutrins datent du XVIIe siècle.

Un jubé sépare la nef du chœur.

Le chœur abrite les stalles et l'autel.

À la campagne

Papillon bleu commun

Bien que peu étendue, la Grande-Bretagne présente une variété étonnante de climats et de zones géologiques qui ont modelé des paysages très divers : landes battues par les vents, plaines marécageuses ou pâturages. Chaque type de terrain abrite une faune bien spécifique. Aujourd'hui, on travaille de moins en moins aux champs ; la création de réserves naturelles et de sentiers de randonnée a fait de la campagne un vrai lieu de villégiature.

LA FAUNE LOCALE

Pas d'animaux dangereux en Grande-Bretagne, mais dans la campagne et les forêts vivent une grande variété de petits mammifères, de rongeurs et d'insectes. Les fleuves et les rivières abritent de nombreuses espèces de poissons. On peut observer aussi quantité d'oiseaux de toutes sortes, passereaux, rapaces ou oiseaux pêcheurs du littoral.

Les pâturages se trouvent en plaine.

Les arbres abritent toute une faune sauvage.

Les terres les plus hautes ne sont pas cultivées.

Buissons et arbustes poussent entre les rochers.

Les torrents venus de la montagne coulent sur un lit de rochers.

Sur les hauteurs la neige reste jusqu'au printemps.

LES COLLINES BOISÉES

Les collines de craie, comme ici à Ditchling Beacon dans les Downs *(p. 167)*, sont peu fertiles ; on y fait paître les moutons. Les pentes les plus douces sont parfois cultivées. On y trouve des fleurs et des papillons bien spécifiques ; dans les bois prédominent le hêtre et l'if.

Le **chardon** *aux fleurs roses attire en été de nombreux papillons.*

*L'***églantine** *est l'une des fleurs préférées des Britanniques ; on en voit souvent le long des haies.*

La **berce** *a des feuilles et des tiges robustes et de grandes fleurs blanches en ombelle.*

À FLANC DE COTEAU

Des zones entières du pays restent sauvages. Rien n'y pousse, ni cultures, ni forêts, ni même pâturages pour les troupeaux. La bruyère est assez résistante pour survivre dans la lande, où vivent les cerfs et le gibier à plumes. Les plus hautes terres, rocailleuses, comme les Cairngorms *(p. 530-531)* en Écosse, sont le repaire de nombreux rapaces.

La **bruyère** *aux petites fleurs en forme de clochettes jette une note de couleur sur les landes et les hautes terres.*

Le **bec-de-grue** *est un géranium sauvage que l'on reconnaît à ses fleurs violettes.*

La **tormentille** *aux petites fleurs jaunes ressemble à un fraisier sauvage. On la trouve en été au bord de l'eau et sur les landes.*

Les hirondelles *et les martinets sont visibles en été.*

Le faucon crécerelle *se nourrit de petits mammifères et de rongeurs.*

Les lapins *viennent chercher leur nourriture entre champs et forêts.*

Le rouge-gorge *est un hôte familier des jardins et des haies.*

Les renards *vivent cachés dans les bois, à proximité des exploitations.*

Les céréales poussent dans de petits champs clos.

Les haies abritent toute une faune sauvage.

Quelques petits bois rompent la succession des champs.

Les moutons paissent dans les marais salants.

De petits canaux drainent l'eau des champs.

Des bouquets de roseaux croissent sur les berges.

LE BOCAGE

Cette mosaïque de champs, dans les Costwolds *(p. 290)*, est due à l'exploitation de toutes petites surfaces cultivées. La ferme produit du fourrage, des céréales et du foin ; les vaches et les moutons sont élevés en enclos. Depuis des siècles, les haies d'arbres délimitent les parcelles.

LES MARÉCAGES

À Romney Marsh *(p. 168)* et dans une grande partie de l'East Anglia, on trouve des zones humides et plates, creusées de fossés et de canaux de drainage. Certaines zones au sol plus riche sont cultivées, d'autres servent de pâturage aux moutons, mais bien souvent rien n'y pousse que des roseaux.

La lavande de mer *est une variété qui s'accommode bien des sols salins.*

La grande marguerite des champs *est une variété de la marguerite commune. Elle fleurit du printemps à la fin de l'été.*

Les orchidées, *comme cette variété mouchetée, sont parmi les plus rares des fleurs sauvages.*

Les coucous *appartiennent à la famille des primevères. Au printemps, les champs en sont couverts.*

Les coquelicots *émaillent les champs de maïs.*

Les boutons d'or *sont parmi les fleurs des champs les plus répandues.*

La Grande-Bretagne à pied

Quel que soit leur niveau, tous les marcheurs trouveront en Grande-Bretagne de quoi satisfaire leur passion. Les chemins de grande randonnée sont très nombreux ; ils proposent des circuits à faire en un jour ou en plusieurs, avec des haltes pour la nuit. Des chemins balisés indiquent des promenades plus courtes, à travers des terrains publics ou des propriétés privées. On trouve sur place des cartes répertoriant toutes les randonnées possibles. Les promenades en plaine sont plus faciles, mais s'attaquer aux collines est peut-être plus gratifiant.

Un peu de repos sur Scafell Pike, dans la région des lacs

Le West Highlands Way. Une randonnée difficile de 153 km depuis Milngavie, près de Glasgow, jusqu'à Fort William, au nord, à travers un paysage de lochs et de landes *(p. 480).*

Fort William

Glasgow

Le Pennine Way est le premier chemin de grande randonnée tracé en Grande-Bretagne. Il couvre 412 km et part d'Edale, dans le Derbyshire, pour rejoindre Kirk Yetholm, à la frontière écossaise. Une belle randonnée, uniquement pour marcheurs chevronnés.

St Bees Hea

L'Offa's Dyke Footpath suit la frontière entre l'Angleterre et le pays de Galles. Une marche de 270 km à travers la magnifique Wye Valley (p. 447) et les régions limitrophes.

Le Dales Way va d'Ilkley, dans le West Yorkshire, à Bowness-on-Windermere dans la région des lacs : 130 km dans un très beau paysage de rivières et de vallées.

Win

Pres

Le Pembrokeshire Coastal Path : 229 km de rocailles et de falaises pour aller d'Amroth à Cardigan, la pointe occidentale du pays de Galles.

St Dogmaels

Amroth

Minehe

LES CARTES DE L'« ORDNANCE SURVEY »

Les meilleures cartes pour la randonnée sont éditées par l'Ordnance Survey, l'équivalent britannique de l'IGN. Les plus utiles aux marcheurs sont les cartes au 1/25 000 de la série *Pathfinder* et celles de la série *Landranger*, au 1/50 000. La gamme *Outdoor Leisure and Explorer* concerne les régions les plus connues et couvre des étendues plus vastes.

Le Southwest Coastal Path traverse des paysages très variés, depuis Minehead, au nord de la côte du Somerset, jusqu'à Poole, dans le Dorset, en passant par le Devon et les Cornouailles. Un marathon de… 965 km !

POTEAUX INDICATEURS

Les randonnées sont parfois repérées par un symbole, un gland ou un chardon pour l'Écosse. Les promenades plus courtes sont signalées par des flèches de différentes couleurs mises en place par les autorités locales ou des associations de randonneurs. Sur des poteaux ou sur des arbres, les flèches jaunes indiquent en général les sentiers piétonniers et les flèches bleues les allées que peuvent emprunter aussi bien les marcheurs que les cavaliers.

CARNET DE ROUTE

Soyez prêts à tout : le temps peut changer d'un moment à l'autre. N'oubliez pas d'emporter une boussole et une carte, et demandez l'avis de quelqu'un de la région avant d'entreprendre une randonnée difficile. Pensez à emporter quelques vivres si votre carte n'indique pas de pub sur la route !

En chemin, ne quittez pas les itinéraires balisés et pensez à refermer les portillons quand vous traversez une propriété. Ne cueillez pas de plantes et ne donnez rien aux animaux.

Où dormir : la Youth Hostels Association (tél. : 0172-785-52-15) gère un réseau d'auberges de jeunesse. La formule bed-and-breakfast est très répandue (p. 539).

Pour en savoir plus, l'Association nationale des randonneurs (Ramblers' Association, tél. : 0171-582-6878) édite un magazine et un guide pour l'hébergement.

D'une côte à l'autre, le Coast to Coast Walk traverse toute une série de paysages spectaculaires, la région des lacs, les vallées du Yorkshire et les landes du North York, sur 306 km. C'est une randonnée assez difficile. Il vaut mieux la faire d'ouest en est pour profiter des vents dominants.

Le Ridgeway est une randonnée plutôt facile de 37 km qui suit un chemin emprunté autrefois par les troupeaux. Elle commence près d'Avebury (p. 249) et rallie Ivinghoe Beacon.

Robin Hood's Bay

Ilkley

Edale

Le Peddars Way et le **Norfolk Coast Path** couvrent ensemble 151 km. Une randonnée facile qui part de Thetford, rejoint la côte au nord et oblique ensuite vers l'est jusqu'à Cromer.

Sheringham

Thetford

L'Icknield Way était déjà connu des hommes préhistoriques. 168 km entre les deux randonnées du Ridgeway et du Peddars Way.

Ivinghoe

Kemble

Avebury

Farnham

Winchester

Londres

Douvres

Eastbourne

Le Thames Path remonte la Tamise sur 341 km, depuis le cœur de Londres jusqu'à sa source, dans le Gloucestershire.

arbour

L'Isle of Wight Coastal Path est une promenade facile de 105 km tout autour de l'île de Wight.

Le North Downs Way est une ancienne route qui circule sur 227 km entre de petites collines, de Farnham dans le Surrey jusqu'à Douvres ou Folkestone dans le Kent.

Le South Downs Way est une randonnée très variée de 171 km entre Eastbourne, sur la côte sud, et Winchester (p. 156-157). Elle peut se faire en une semaine.

Les pubs

Étiquette de bière (v. 1900)

Chaque pays possède un type de café particulier ; en Grande-Bretagne c'est le pub, abréviation de « public house ». On y boit traditionnellement de la bière, déjà connue au temps des Romains. Au Moyen Âge, les aubergistes la brassaient eux-mêmes. Les ancêtres du pub sont les relais de poste, qui se sont multipliés au XVIIIᵉ siècle avec le développement des voyages en diligence, et les auberges du siècle dernier, implantées sur le parcours du chemin de fer. On trouve aujourd'hui des pubs de toutes les tailles, du bar à la brasserie, et de tous les styles (*p. 608-611*).

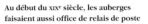

Au début du XIXᵉ siècle, les auberges faisaient aussi office de relais de poste

LES PUBS AU SIÈCLE DERNIER

À l'ère victorienne, les pubs étaient beaucoup plus cossus que les logements souvent modestes de leurs clients.

Ces larges chopes à bière contiennent juste un demi-litre.

L'enseigne du « Lion rouge » (Red Lion) est une allusion aux armes de l'Écosse (*p. 26*).

Les panneaux de verre gravé étaient très à la mode au siècle dernier.

Dans les pubs, les habitués jouent volontiers aux cartes, au billard russe ou américain, aux dominos ou, comme ici, aux fléchettes.

Les cafés en plein air sont toujours une halte très appréciée pendant l'été.

Les vieilles caisses enregistreuses contribuent à créer une atmosphère à la fois désuète et chaleureuse…

… tout comme les chop **d'étain**, dont on ne se se plus guère aujourd'hui.

QUE BOIRE ?

La bière traditionnelle est la bière amère à la pression. Brassée à partir d'orge malté, de houblon, de levure et d'eau, vieillie en fûts, elle diffère suivant les régions. Au nord de l'Angleterre, on préfère les brunes légères et les blondes servies en bouteille ou à la pression. On trouve aussi des bières brunes fortes, brassées à partir de malt noir.

Manette pour la bière pression

La bière pression amère se boit à température ambiante.

La bière blonde à la pression est de belle couleur miel.

La Guinness est une bière brune irlandaise crémeuse.

Les terrasses ne désemplissent pas dès que l'été arrive

Le pub d'un petit village, avec sa terrasse au bord de l'eau

Les alcools, le sherry et le porto, très populaires en Grande-Bretagne, sont rangés derrière le bar.

Les lampes en pâte de verre rappellent le style victorien.

Le vin était rare autrefois dans les pubs ; on en boit plus volontiers aujourd'hui.

Le bar d'acajou est un élément essentiel du décor.

La bière à la pression provient de brasseries nationales ou locales.

Les mesures dosent les alcools avec précision.

La bière brune est servie en pintes ou, comme ici, en chopines d'une demi-pinte.

Parmi les cocktails, le Pimm's et le gin-tonic.

LES ENSEIGNES

Au Moyen Âge, elles représentaient souvent des bouteilles ou des feuilles de vigne, l'emblème de Bacchus, le dieu du vin. Plus tard, les pubs ont pris le nom d'un personnage historique ou d'une bataille. Comme la plupart des clients ne savaient pas lire, les enseignes se devaient d'être explicites.

L'enseigne « The George » peut venir d'un des six rois anglais qui ont porté ce nom ou, comme ici, de saint Georges.

« The Bat and Ball » (La Batte et la Balle) : un pub portant ce nom est souvent installé près d'un terrain de cricket.

Le « Green Man » (Homme vert) un esprit des bois, réminiscence du paganisme, est peut-être à l'origine de la légende de Robin des Bois (p. 322).

L'enseigne de la « Magna Carta » se réfère à la « grande charte » signée par le roi Jean en 1215 (p. 48).

Le « Bird in hand » (l'Oiseau sur le poing) renvoie au passe-temps aristocratique de la chasse au faucon.

Saveurs britanniques

On ne retient de la gastronomie britannique que les petits déjeuners, le thé de l'après-midi et le pudding, mais les « fish and chips » et les chaussons à la viande sont les ancêtres du fast-food ! La cuisine actuelle est inventive et les plats traditionnels n'utilisent que des ingrédients de premier choix : bœuf, agneau ou gibier. Les Britanniques, cernés par trois mers et un océan, mangent beaucoup de poisson et de fruits de mer – même si ces derniers coûtent relativement cher aujourd'hui.

Les « fish and chips » sont des beignets de poisson blanc, de la morue par exemple, accompagnés de pommes de terre frites, de sel et de vinaigre.

Le petit déjeuner comprend œuf au bacon, champignons, saucisses, tomates, pain grillé et boudin frit.

Les coques et les buccins restent bon marché, contrairement à d'autres fruits de mer. On les vend sur des étals devant les pubs ; ils sont plutôt difficiles à manger.

Le laverbread est une spécialité galloise à base d'algues brunes. On le mange froid avec des fruits de mer, ou chaud avec du bacon, des tomates et du pain grillé.

Les Cornish pasties sont des chaussons fourrés à la viande et aux légumes. À l'origine, c'était pour les laboureurs un repas facile à emporter aux champs.

L'HEURE DU THÉ

Le thé de 16 heures est un rite quotidien auquel on sacrifie aussi bien chez soi que dans un salon de thé ou un grand hôtel. Au thé d'Inde ou du Sri Lanka, on peut ajouter du lait ou du sucre ; le thé de Chine se sert parfois avec du citron. Avant le thé, on offre de minuscules sandwiches à la mousse de poisson ou au concombre, puis des scones, de la confiture et de la crème, surtout dans l'ouest de l'Angleterre (p. 271). On vous proposera aussi du pain grillé ou de petites crêpes, une tranche de cake aux fruits, du gâteau Victoria à la confiture, un éclair au chocolat ou une spécialité locale comme le sablé écossais.

« Eccles cake »

« Bakewell tart »

« Barra brith » ou pain gallois

Gâteaux gallois

Cake au gingembre

Gâteau Victoria

Sandwiches au concombre

Thé de Ceylan

Lapsang Souchong

On sert le repas du laboureur (ploughman's lunch) dans de nombreux pubs : pain, pickles, salade et fromage (souvent du cheddar), parfois du jambon ou du pâté.

Sauce au raifort

Jus

Bœuf

« Pudding du Yorkshire »

Brocolis

Pommes de terre grillées

La tourte du berger est à base de viande d'agneau hachée, cuite avec une purée de pommes de terre. Avec de la viande de bœuf, on obtient en fait un hachis Parmentier.

Le rôti de bœuf, accompagné d'une sauce au raifort, est le plat traditionnel du dimanche midi. On le sert avec un « pudding du Yorkshire », une pâte à choux cuite avec la viande, des pommes de terre et des légumes de saison.

La sole de Douvres, à la chair ferme et délicatement parfumée, est le poisson préféré des Britanniques ; on la sert entière ou en filets.

La saucisse de Cumberland se présente en longs rouleaux et se sert le plus souvent accompagnée d'une purée de pommes de terre.

La tourte à la viande et aux haricots est un mélange de ces deux ingrédients, liés avec une sauce épaisse et cuits dans une pâte

En été, on sert des fraises à la crème à la moindre occasion. Plus tard vient la saison des framboises, dont on fait aussi d'excellentes confitures.

Les fromages sont plus nombreux et variés qu'on ne le croit souvent. Le cheddar est l'un des plus appréciés. Les fromages bleus comme le stilton ont un goût plus particulier.

Stilton

Cheddar

Le pudding à la mélasse est une sorte de génoise servie avec de la crème anglaise. C'est un dessert d'hiver très apprécié.

Cornish Yarg

Sage Derby

Le diplomate au sherry était à l'origine une génoise imbibée de sherry, servie avec de la crème anglaise. Aujourd'hui, on le fait aussi avec des biscuits à la cuiller, des fruits, de la gelée et de la crème ; on le décore avec des cerises et de l'angélique.

Cheshire

Leicester rouge

HISTOIRE DE LA GRANDE-BRETAGNE

La Grande-Bretagne s'est constituée en nation dès le VIIᵉ siècle, quand les tribus anglo-saxonnes ont assuré leur prééminence après avoir absorbé les influences celtique et romaine.

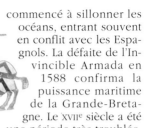

Les chevaliers du Moyen Âge, maîtres dans l'art de la guerre

Les Vikings envahirent le pays plusieurs fois ; finalement les Normands vainqueurs à Hastings en 1066, l'emportèrent. Au cours des siècles, les cultures très différentes des Normands et des Anglo-Saxons se sont mêlées sur l'île et ont donné naissance à la nation anglaise actuelle. Pendant quatre siècles, les rois anglais ont organisé sans grands résultats des expéditions vers l'Europe ; leur domaine s'est en revanche enrichi de l'Écosse et du pays de Galles. Les Tudors ont consolidé ces possessions et jeté les bases de la puissance commerciale de la Grande-Bretagne. Henri VIII s'est rendu compte le premier de l'enjeu capital que représentait la suprématie sur les mers et, sous le règne de sa fille, Élisabeth Iʳᵉ, les marins anglais ont commencé à sillonner les océans, entrant souvent en conflit avec les Espagnols. La défaite de l'Invincible Armada en 1588 confirma la puissance maritime de la Grande-Bretagne. Le XVIIᵉ siècle a été une période très troublée, avec notamment la guerre civile de 1641. En 1707, la signature de l'Acte d'union marque l'unification de toute l'île et la création d'un premier gouvernement représentatif. À la fin des guerres napoléoniennes, en 1815, la Grande-Bretagne était la plus grande puissance commerciale du monde. L'industrialisation a permis un véritable bond en avant, et à la fin du XIXᵉ siècle un empire colossal était constitué, face à l'Europe et aux États-Unis fraîchement apparus sur la scène mondiale. La Grande-Bretagne a joué un rôle important pendant les deux guerres mondiales, puis son influence a décliné. Dans les années soixante-dix, presque toutes les colonies sont devenues des États indépendants, membres du Commonwealth.

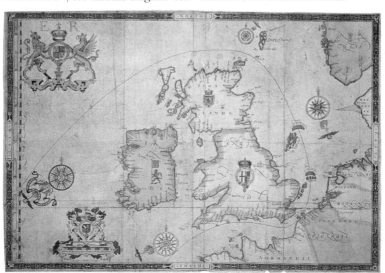

Sa victoire sur l'Invincible Armada (1588) a fait de l'Angleterre une grande puissance mondiale

◁ **Henri VIII, qui a développé la flotte britannique, entre ses enfants Édouard et Marie**

Rois et reines

Depuis la conquête normande, tous les monarques anglais sont des descendants de Guillaume le Conquérant. La lignée des dirigeants écossais, jusqu'à Jacques VI et l'Union des couronnes *(p. 468-469)*, n'est pas aussi rigoureuse. On change en général de dynastie dès que la couronne passe à un autre que le fils aîné du monarque. Les règles de succession sont extrêmement précises et privilégient les hommes par rapport aux femmes ; la Grande-Bretagne a cependant connu six reines depuis 1553. À l'époque des Normands, le monarque avait le pouvoir absolu ; son rôle est aujourd'hui quasi symbolique.

1413-1422 Henri V

1509-1547 Henri VIII

1399-1413 Henri IV

1485-1509 Henri VII

1066-1087 Guillaume le Conquérant

1087-1100 Guillaume II

1100-1135 Henri Ier

1135-1154 Étienne

1327-1377 Édouard III

1483-1485 Richard III

1050	1100	1150	1200	1250	1300	1350	1400	1450	150•
NORMANDS		PLANTAGENÊT					LANCASTRE	YORK	TUD•
1050	1100	1150	1200	1250	1300	1350	1400	1450	150•

1154-1189 Henri II

1307-1327 Édouard II

1189-1199 Richard Ier

1272-1307 Édouard Ier

1422-1461 et 1470-1471 Henri VI

1199-1216 Jean

1216-1272 Henri III

1461-1470 et 1471-1483 Édouard IV

1377-1399 Richard II

Sur cette chronique du XIIIe siècle, de haut en bas et de gauche à droite : Richard Ier, Henri II, Jean et Henri III.

1483 Édouard V

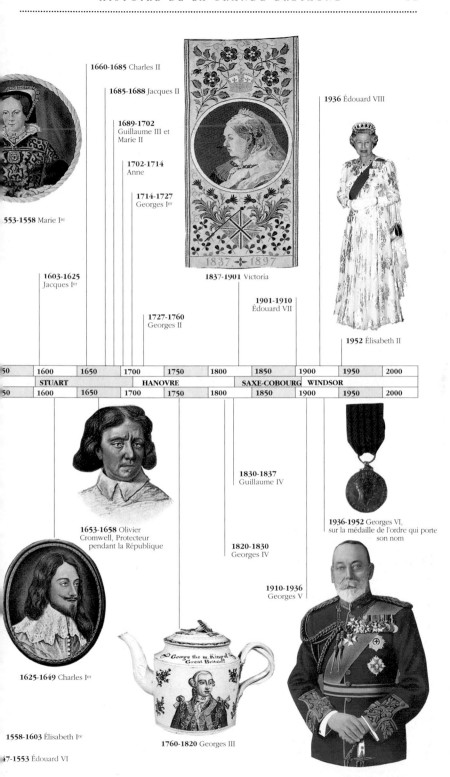

1660-1685 Charles II

1685-1688 Jacques II

1689-1702
Guillaume III et
Marie II

1702-1714
Anne

1714-1727
Georges Iᵉʳ

1936 Édouard VIII

553-1558 Marie Iʳᵉ

1603-1625
Jacques Iᵉʳ

1837-1901 Victoria

1901-1910
Édouard VII

1727-1760
Georges II

1952 Élisabeth II

50	1600	1650	1700	1750	1800	1850	1900	1950	2000
	STUART		HANOVRE			SAXE-COBOURG	WINDSOR		
50	1600	1650	1700	1750	1800	1850	1900	1950	2000

1830-1837
Guillaume IV

1653-1658 Olivier
Cromwell, Protecteur
pendant la République

1936-1952 Georges VI,
sur la médaille de l'ordre qui porte
son nom

1820-1830
Georges IV

1910-1936
Georges V

1625-1649 Charles Iᵉʳ

1558-1603 Élisabeth Iʳᵉ

47-1553 Édouard VI

1760-1820 Georges III

La préhistoire

La Grande-Bretagne a fait partie du continent européen jusqu'à la fin de l'ère glaciaire (environ 6 000 ans avant J.-C.) : la Manche était alors couverte de glace. Les premiers habitants vivaient dans des cavernes ; l'agriculture s'est développée graduellement pendant l'âge de la pierre. Les alignements et les cercles de pierres dressées datent d'environ 3000 avant J.-C. Les carrières de silex et d'anciens sentiers témoignent d'échanges commerciaux très précoces ; on trouve aussi de nombreux tertres funéraires (tumuli) datant de l'âge de la pierre ou du bronze.

Hache
Cette hache de pierre trouvée à Stonehenge date du Néolithique.

Des marques étaient gravées sur des pierres levées, comme celle-ci, à Ballymeanoch.

Outils néolithiques
Des bois de cerf et des os devenaient des outils pour travailler le cuir. Ceux-ci proviennent d'Avebury (p. 249).

LES VESTIGES SUR LA CARTE

Les monuments et les objets du Néolithique, de l'âge du bronze ou de l'âge du fer sont une mine de renseignements sur les premiers habitants de la Grande-Bretagne, bien avant les témoignages écrits de l'époque romaine.

Gobelet de terre cuite
De nombreux objets en terre cuite comme celui-ci ont été retrouvés dans les tombes de peuplades venues d'Europe au début de l'âge du bronze.

Pectoral en or
Cet objet spectaculaire, dû à des orfèvres du Wessex, devait appartenir à un grand chef de clan.

La sépulture néolithique de Pentre Ifan, au pays de Galles, disparaissait autrefois sous un monticule de terre, ou tumulus.

Cuirasse
À l'âge du bronze, il y avait des mines d'or au pays de Galles et dans les Cornouailles. Cette cuirasse très ornée provient de la tombe d'un guerrier.

Cette tasse en or, trouvée dans les Cornouailles, prouve la prospérité des hommes de l'âge du bronze.

CHRONOLOGIE

6000 – 5000 À la fin de l'ère glaciaire, le niveau de la mer s'élève, faisant de la Grande-Bretagne une île

Haches néolithiques en silex

6000 av. J.-C.	5500	5000	4500	4000

Breloque et bouton en or (-1700) trouvés dans une tombe de l'âge du bronze

3500 Début du Néolithique. Premiers cercles de pierres levées et tumuli

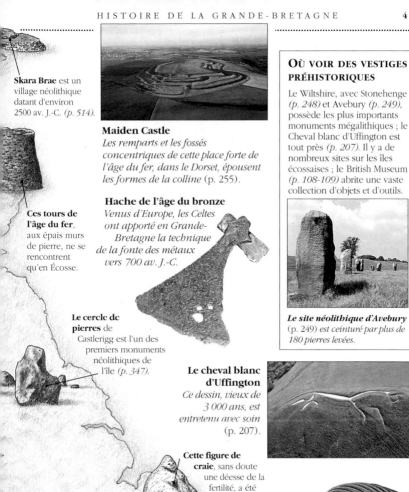

Skara Brae est un village néolithique datant d'environ 2500 av. J.-C. *(p. 514).*

Maiden Castle
Les remparts et les fossés concentriques de cette place forte de l'âge du fer, dans le Dorset, épousent les formes de la colline (p. 255).

Ces tours de l'âge du fer, aux épais murs de pierre, ne se rencontrent qu'en Écosse.

Hache de l'âge du bronze
Venus d'Europe, les Celtes ont apporté en Grande-Bretagne la technique de la fonte des métaux vers 700 av. J.-C.

OÙ VOIR DES VESTIGES PRÉHISTORIQUES

Le Wiltshire, avec Stonehenge *(p. 248)* et Avebury *(p. 249),* possède les plus importants monuments mégalithiques ; le Cheval blanc d'Uffington est tout près *(p. 207).* Il y a de nombreux sites sur les îles écossaises ; le British Museum *(p. 108-109)* abrite une vaste collection d'objets et d'outils.

Le site néolithique d'Avebury (p. 249) *est ceinturé par plus de 180 pierres levées.*

Le cercle de pierres de Castlerigg est l'un des premiers monuments néolithiques de l'île *(p. 347).*

Le cheval blanc d'Uffington
Ce dessin, vieux de 3 000 ans, est entretenu avec soin (p. 207).

Cette figure de craie, sans doute une déesse de la fertilité, a été retrouvée à Grimes Graves *(p. 180).*

Ce casque celte en bronze (50 av. J.-C.) a été découvert à Londres, dans la Tamise.

Le torque de Snettisham
Les torques étaient des colliers portés par les Celtes. Celui-ci, trouvé dans le Norfolk, date de 50 av. J.-C. ; il est en or et en argent.

Stonehenge a été élevé il y a 3 500 ans environ *(p. 248-249).*

2500 On construit des temples ou des alignements de pierre ou de bois	**1650 – 1200** Le Wessex est une plaque tournante pour le commerce entre l'Europe et les mines des Cornouailles, du pays de Galles et d'Irlande		**1000** Les premières fermes apparaissent	**550 – 350** Migration de Celtes venus du sud de l'Europe	**500** Début de l'âge du fer. Premières places fortes

00	2500	2000	1500	1000	500 av. J.-C.

2100 – 1650 L'âge du bronze atteint la Grande-Bretagne. Arrivée de nouvelles peuplades qui utilisent des ustensiles de bronze et construisent des temples	*Sceptre de bronze (1700)*	**1200** Apparition de petits villages autonomes		**150** Des tribus venues de Gaule commencent à arriver en Grande-Bretagne

L'époque romaine

La Grande-Bretagne est restée colonie romaine pendant 350 ans. Après la défaite des tribus indigènes rebelles, comme les Icènes de la reine Boadicée, les Romains ont gouverné sans chercher à s'assimiler. Ils ont laissé des constructions civiles et militaires et de longues routes très droites, conçues pour faciliter le déplacement des troupes.

Camée romain

Casque de parade
Ce casque de cavalier trouvé dans le Lancashire était utilisé lors des tournois et des courses de chevaux qui se déroulaient dans des amphithéâtres.

Salle d'entraînement

Thermes principaux

Vase d'argent
Ce vase du IIIᵉ siècle est l'objet d'orfèvrerie portant des symboles chrétiens le plus ancien que l'on connaisse. Il a été trouvé près de Peterborough.

Fishbourne Palace a été construit sur une petite crique formant un port naturel.

Portique d'entrée

Le mur d'Hadrien
Édifié en 120 pour se défendre contre les Écossais, il marque la limite nord de l'empire romain. Il était défendu par 17 forts où se répartissaient plus de 18 500 fantassins et cavaliers.

Mithra
Cette tête du dieu Mithra a été découverte à Londres sur le site d'un temple. Très répandu parmi les soldats romains, le mithracisme, venu de Perse, a longtemps freiné la progression du christianisme.

CHRONOLOGIE

54 Jules César débarque en Grande-Bretagne, mais rebrousse chemin

Jules César (vers 102-44 av. J.-C.)

61 Boadicée se soulève contre les Romains, incendie leurs villes, dont St Albans et Colchester, mais elle est vaincue *(p. 181)*

70 Les Romains occupent le pays de Galles et le Nord

Boadicée, reine des Icènes (1ᵉʳ siècle)

140-143 Les Romains occupent le sud de l'Écosse et construisent le mur d'Antonin pour marquer la frontière

55 | **1 apr. J.-C.** | **50** | **150**

43 Sous l'empereur Claude, la Grande-Bretagne devient une partie de l'empire romain

78-84 Agricola parvient en Écosse, puis se retire

120 L'empereur Hadrien construit un mur formant frontière avec l'Écosse

Mosaïque

Au Ier siècle, les sols étaient recouverts de mosaïques faites de pièces blanches et noires. C'est sur le site de Fishbourne Palace qu'elles sont les plus nombreuses.

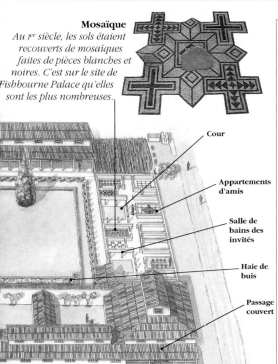

Cour

Appartements d'amis

Salle de bains des invités

Haie de buis

Passage couvert

OÙ VOIR DES VESTIGES ROMAINS

Beaucoup de villes de Grande-Bretagne remontent à l'époque romaine. On en trouve des vestiges à York *(p. 390-395)*, Chester *(p. 296-297)*, St Albans *(p. 218)*, Colchester *(p. 191)*, Bath *(p. 244-247)*, Lincoln *(p. 326-327)* et Londres *(p. 72-121)*. Les villas étaient construites de préférence dans le sud de l'Angleterre, au climat plus doux et plus proche de l'Europe.

Les thermes romains de Bath *(p. 246-247), ou Aquae Sulis, ont été construits entre le Ier et le IVe siècle près d'une source d'eau chaude.*

FISHBOURNE PALACE

Construit au Ier siècle pour Cogidubnus, un gouverneur pro-romain, ce palais (reconstitué) était équipé d'un chauffage par le sol et d'une installation de plomberie sophistiquée pour les bains *(p. 157)*.

Symbole christique

Il figure sur une fresque du IIIe siècle de la villa romaine de Lullingstone (Kent).

Le bouclier de Battersea

Trouvé dans la Tamise près de Battersea, ce bouclier porte des symboles celtiques et date probablement de la première invasion romaine. Les archéologues pensent qu'il a pu être perdu par un guerrier alors qu'il traversait la Tamise, ou qu'il s'agit d'une offrande à un dieu de la rivière. Il est aujourd'hui au British Museum (p. 108-109).

206 Des tribus venues du nord de l'Écosse attaquent le mur d'Hadrien

254 Décapitation de saint Alban, qui devient le premier martyr chrétien de Grande-Bretagne

La pierre picte d'Aberlemno, en Écosse

410 Les Romains quittent la Grande-Bretagne

200	250	300	350	400

306 Les troupes romaines d'York déclarent Constantin empereur

350-369 Raids des Pictes et des Écossais

440-450 Invasions des Angles, des Saxons et des Jutes

209 Septime Sévère arrive de Rome avec des renforts

Les royaumes anglo-saxons

Le roi Canut (1016-1035)

Les Angles et les Saxons venus d'Allemagne ont commencé leurs raids dans l'est de la Grande-Bretagne au milieu du Ve siècle. Ils se sont établis sur place et, en l'espace d'un siècle, ont fondé plusieurs petits royaumes saxons comme le Wessex, la Mercia ou la Northumbria. Les raids vikings des VIIIe et IXe siècles ont été contenus, mais en 1066 Guillaume le Conquérant, venu de Normandie, remporta la victoire sur le roi saxon Harold, à la bataille d'Hastings. Guillaume le Conquérant devenait maître du pays tout entier.

Hache viking

Les guerriers vikings étaient armés de lances, de haches et d'épées. Ces ferronniers habiles avaient aussi un sens aigu de la décoration, comme en témoigne cette hache conservée à Copenhague.

Drakkar viking

Leurs techniques de construction navale étaient très en avance sur ce que l'on connaissait alors. Avec leurs figures de proue grimaçantes, ces vaisseaux rapides ne pouvaient qu'effrayer les habitants de l'île.

VIE QUOTIDIENNE

Ces illustrations proviennent d'un calendrier représentant la vie des Anglo-Saxons avant les invasions normandes. Les communautés rurales sont devenues des villes à partir du VIIe siècle, alors que le commerce se développait. Les rois saxons étaient entourés d'une cour, mais les habitants étaient surtout des paysans.

Le joyau d'Alfred

Cet ornement d'or du IXe siècle, conservé à l'Ashmolean Museum (p. 210), porte l'inscription : « Alfred m'a fait faire », sans doute une allusion au roi saxon Alfred.

Charrue tirée par des bœufs

Ménestrels lors d'un banquet

Édouard le Confesseur
Édouard – dit le Confesseur en raison de sa piété – fut intronisé en 1042. Guillaume le Conquérant revendiqua le trône après sa mort en 1066.

La chasse au faucon

La mort d'Harold
Cette miniature du XIVe siècle représente Guillaume le Conquérant après sa victoire sur le roi Harold, tué d'une flèche dans l'œil. La bataille d'Hastings (p. 167) marque la dernière invasion du sol britannique.

OÙ VOIR L'ANGLETERRE SAXONNE

La plus belle collection d'objets saxons a été trouvée à bord d'un bateau funéraire exhumé à Sutton Hoo dans le Suffolk en 1938. Elle est aujourd'hui présentée au British Museum *(p. 108-109).* Il y a de belles églises saxonnes à Bradwell, dans l'Essex, et à Bosham, dans le Sussex *(p. 157).* À York, on a fouillé la cité viking de Jorvik *(p. 390-393)* ; les objets retrouvés sont présentés avec des reconstitutions de l'habitat.

L'église saxonne Saint-Laurent (p. 241) date de la fin du VIIIe siècle.

La légende du roi Arthur
Le roi Arthur était sans doute un chef de guerre ennemi des Saxons au début du VIe siècle. Le récit légendaire de ses exploits est apparu en 1155 (p. 269).

Un vaisseau guerrier normand

800	850	900	950	1000	1050	

802-839 Après la mort de Cenwulf (821), le Wessex domine la plus grande partie de l'Angleterre

867 La Northumbria tombe aux mains des Vikings

878 Le roi Alfred bat les Vikings, mais leur permet de s'établir à l'est de l'Angleterre

1016 Le roi danois Canut *(p. 157)* s'empare du trône d'Angleterre

1066 Guillaume le Conquérant revendique le trône et bat Harold à la bataille d'Hastings. Il est couronné à Westminster

843 Kenneth Mc Alpin devient roi de toute l'Écosse

926 Le Danelaw, à l'est de l'Angleterre, est reconquis par les Saxons

1042 Couronnement du roi anglo-saxon Édouard le Confesseur (mort en 1066)

vers 793 Lindisfarne est mise à sac par les Vikings ; l'année suivante, premier raid viking en Écosse

Le Moyen Âge

Chasse à courre

Les ruines des châteaux normands témoignent de l'importance des moyens militaires mis en œuvre par les envahisseurs pour assurer leurs conquêtes ; le pays de Galles et l'Écosse ont cependant résisté pendant des siècles. Les Normands ont instauré un système féodal avec d'un côté des aristocrates et de l'autre les Anglo-Saxons de souche, asservis. Le français est resté la langue de la classe dominante jusqu'au XIIIᵉ siècle ; il s'est alors mêlé au vieil anglais parlé par les paysans. C'est une époque marquée par le poids du pouvoir religieux.

La Magna Carta
Pour protéger leur caste et l'Église contre les taxations arbitraires, les barons anglais ont contraint le roi Jean à signer en 1215 une « Grande Charte » (p. 221), qui est à l'origine d'un nouveau système juridique.

Becket est accueilli au Paradis.

Artisans
Sur cette illustration (manuscrit du XIVᵉ siècle), on reconnaît un tisserand et un chaudronnier. Les artisans formaient une classe prospère.

Les soldats d'Henri II assassinent Becket dans la cathédrale de Canterbury.

L'ASSASSINAT DE THOMAS BECKET

La lutte pour le pouvoir entre l'Église et le roi atteignit son paroxysme avec l'assassinat de Thomas Becket, archevêque de Canterbury. Après la canonisation de Becket en 1173, Canterbury devint un important centre de pèlerinage.

Art religieux
L'art médiéval est essentiellement d'inspiration religieuse, comme ce vitrail de la cathédrale de Canterbury (p. 172-173) représentant Jéroboam.

La Mort noire
La peste a ravagé plusieurs fois l'Europe et la Grande-Bretagne au cours du XIVᵉ siècle, faisant des millions de morts. Sur cette illustration du XVᵉ siècle, la Mort vient prélever son tribut de victimes.

CHRONOLOGIE

1071 La résistance des Anglo-Saxons est écrasée à Ely

1154 Henri II, le premier roi Plantagenêt, fait abattre les châteaux et exige de l'argent de ses barons plutôt qu'une assistance militaire

1170 Thomas Becket, archevêque de Canterbury, est assassiné par quatre chevaliers à la solde d'Henri II

1100	1150	1200	1250

1086 Le *Domesday Book* (cadastre) recense tous les fiefs d'Angleterre pour établir les taxations

Le Domesday Book

1215 Les barons contraignent le roi Jean à signer la *Magna Carta*

1256 Le Parleme accueille de simpl citoyens pour première fo

La bataille d'Azincourt

En 1415, Henri V partit revendiquer avec son armée le trône de France. Cette chronique du xvᵉ siècle relate la victoire du roi d'Angleterre sur les Français à Azincourt.

Ce reliquaire (1190, collection privée) a peut-être abrité les restes de Becket.

Becket prend place au Paradis après sa canonisation.

Deux clercs assistent horrifiés au meurtre.

Richard III

Richard III accéda au trône pendant la guerre des Deux-Roses, qui opposa violemment deux factions de la famille royale, les York et les Lancastre. Portrait du xvᵉ siècle.

John Wycliffe *(1329-1384)*
Ce tableau de Ford Madox Brown représente Wycliffe tenant sa traduction anglaise de la Bible, désormais accessible à chacun.

Où voir des vestiges médiévaux

Oxford *(p. 208-213)* et Cambridge *(p. 196-201)* conservent de nombreux bâtiments gothiques. Il y a de belles cathédrales médiévales dans des villes comme Lincoln *(p. 326)* et York *(p. 390-393)*, où l'on décèle aussi l'ancien tracé des rues. Les forteresses élevées par Édouard Iᵉʳ le long de la frontière galloise *(p. 424-425)* permettent de se faire une idée de l'architecture militaire médiévale.

*À **Oxford, All Souls College** (p. 212) est un mélange harmonieux de bâtiments médiévaux et plus récents.*

La vie au château

Les châteaux étaient divisés en plusieurs sections dont la garde était confiée à un baron et à ses soldats. Cette illustration du xivᵉ siècle détaille les armoiries (p. 26) des barons.

1282-1283 Édouard Iᵉʳ conquiert le pays de Galles

1314 Les Écossais battent les Anglais à la bataille de Bannockburn *(p. 468)*

1348 La moitié de la population de l'Europe est décimée par la Mort noire

1387 Chaucer entreprend la rédaction des *Contes de Canterbury (p. 172)*

1485 La bataille de Bosworth met fin à la guerre des Deux-Roses

Geoffrey Chaucer (vers 1345-1400)

1300	1350	1400	1450

1296 Édouard Iᵉʳ envahit l'Écosse

Édouard Iᵉʳ (1239-1307)

1381 Révolte des paysans après la mise en place d'une taxe sur les habitants de plus de 14 ans

1415 Victoire des Anglais à Azincourt

1453 Fin de la guerre de Cent Ans contre la France

L'ère Tudor

La chasse au faucon

Les Tudors rétablissent la paix et restaurent la confiance en soi d'un peuple affaibli par des années de guerre civile. Henri VIII décide de refuser l'autorité de l'Église de Rome et se proclame chef de l'Église anglicane. Sa fille, Marie Ire Tudor, tenta de rétablir le catholicisme, mais le règne de sa demi-sœur Élisabeth Ire consolida la position des protestants. Les expéditions lointaines commencent à cette époque, provoquant des tensions avec les autres puissances européennes attirées par l'or du Nouveau Monde. Le génie de William Shakespeare est la contribution majeure des Anglais à la civilisation de la Renaissance venue d'Europe.

Derrière la reine, les rideaux s'ouvrent sur une représentation de la victoire anglaise sur l'Invincible Armada en 1588.

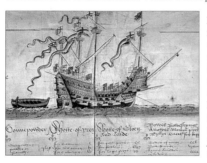

Le pouvoir maritime
C'est Henri VIII qui a jeté les bases de la puissance navale anglaise. En 1545, la Mary Rose, *son vaisseau amiral (p. 155), fit naufrage sous ses yeux dans le port de Portsmouth.*

Théâtre
Certaines des pièces de Shakespeare ont été créées dans des théâtres provisoires comme le Globe (p. 119), au sud de Londres.

Le globe symbolise l'étendue du pouvoir royal.

Monastères
Quand Henri VIII rompit avec Rome, les établissements religieux, comme Fountains Abbey (p. 376-377), furent fermés et leurs richesses confisquées par le roi.

CHRONOLOGIE

1497 John Colet, soutenu par Érasme et Sir Thomas Moore, dénonce la corruption du clergé

1533-1534 Henri VIII divorce de Catherine d'Aragon. Excommunié par le pape, il fonde l'Église anglicane

1542-1567 Marie Stuart gouverne l'Écosse

1490	1510	1530

1497 John Cabot (p. 242) est le premier Européen à atteindre Terre-Neuve

1513 L'Angleterre bat l'Écosse à Flodden (p. 468)

Henri VIII (1491-1547)

1535 Acte d'union avec le pays de Galles

1536-1540 Suppression des monastères

1549 Parution du premi[er] livre de prières anglic[an]

Marie Stuart, reine d'Écosse

Arrière-petite-fille d'Henri VII, elle revendiqua le trône en 1559. En 1567, Élisabeth Iʳᵉ la fit mettre en prison pour 20 ans, avant de la faire exécuter pour trahison en 1587.

Les joyaux, signes de richesse et de gloire.

OÙ VOIR L'ANGLETERRE DES TUDORS

Hampton Court Palace *(p. 159)* date de cette époque, même s'il a été largement transformé au cours des siècles. Une partie d'une résidence d'Élisabeth Iʳᵉ subsiste encore à Hatfield *(p. 217)*. Dans le Kent, Leeds Castle, Knole *(p. 174-175)* et Hever Castle *(p. 175)* datent de l'ère Tudor. Burghley House *(p. 328-329)* et Hardwick Hall *(p. 288)*, dans les Midlands, sont typiques aussi du XVIᵉ siècle.

L'horloge astronomique d'Hampton Court (p. 159) *au cadran surchargé a été installée en 1540, sous le règne d'Henri VIII.*

Martyrs protestants
Marie Tudor, catholique, régna de 1553 à 1558. Les protestants qui se révoltaient contre elle finissaient sur le bûcher, comme ces pasteurs de Canterbury, brûlés en 1555.

LA DÉFAITE DE L'ARMADA

L'Espagne était la grande rivale de l'Angleterre sur les mers, et en 1588 le roi Philippe II envoya cent galions armés vers l'Angleterre. La flotte anglaise, dirigée par Lord Howard, Francis Drake, John Hawkins et Martin Frobisher, partit de Plymouth et remporta une victoire écrasante sur l'« invincible » Armada des Espagnols. Ce portrait d'Élisabeth Iʳᵉ par George Gower (1540-1596) commémore ce triomphe.

William Shakespeare (1564-1616)

1570 Première expédition de Sir Francis Drake dans les mers du Sud

1584 Sir Walter Raleigh tente de coloniser la Virginie après l'échec de Drake

1591 Première représentation d'une pièce de Shakespeare

1600 Fondation de la Compagnie des Indes orientales, marquant le début de l'engagement anglais sur le continent indien

1550	1570		1590	

1553 Mort d'Édouard VI ; le trône échoit à Marie Tudor, catholique

1559 Marie Stuart, reine d'Écosse, revendique le trône d'Angleterre

1558 Élisabeth Iʳᵉ accède au trône

1587 Exécution de Marie Stuart sur l'ordre d'Élisabeth Iʳᵉ

1588 l'Invincible Armada est vaincue

1603 Réunion des couronnes Jacques VI d'Écosse devient Jacques Iᵉʳ d'Angleterre

Sir Walter Raleigh (1552-1618)

Le règne des Stuarts

Une période de troubles succède au règne d'Élisabeth Iʳᵉ. Jacques Iᵉʳ hérite de la couronne, mais ses affrontements avec le Parlement dégénèrent en guerre civile sous le règne de son fils, Charles Iᵉʳ. En 1660, Charles II monte sur le trône ; son successeur Jacques II est évincé à cause de ses sympathies catholiques. Guillaume III et Marie II réaffirment la prééminence du protestantisme et balaient le clan des jacobites (p. 469).

Plat à barbe du XVIIᵉ siècle

Science

Sir Isaac Newton (1642-1727) inventa ce télescope réfléchissant et découvrit la loi de la gravité, ouvrant ainsi la voie à une meilleure compréhension de l'univers.

Charles Iᵉʳ resta silencieux pendant son procès.

Olivier Cromwell

Protestant convaincu et défenseur acharné des prérogatives du Parlement, il dirigea les forces parlementaires pendant la guerre civile. Il fut Protecteur pendant la République de 1653 à 1658.

Sur le chemin du supplice, le roi portait deux chemises superposées pour éviter de trembler de froid.

Théâtre

Le théâtre s'est développé à partir de 1660, quand le Parlement a rétabli la monarchie. On jouait en plein air, sur des scènes provisoires.

L'EXÉCUTION DE CHARLES Iᵉʳ

Cromwell était convaincu que le pays ne connaîtrait pas la paix tant que le roi vivrait. Lors de son procès pour trahison, Charles Iᵉʳ refusa de reconnaître l'autorité de la cour et ne présenta aucune défense. Il affronta la mort dignement le 30 janvier 1649. Cette unique exécution d'un roi anglais fut suivie d'une période républicaine, le Commonwealth.

CHRONOLOGIE

1605 Échec de la Conspiration des Poudres contre le Parlement

1614 Le Parlement refuse de voter des crédits à Jacques Iᵉʳ

1620 Les Pères pèlerins s'embarquent pour la Nouvelle-Angleterre à bord du *Mayflower*

1642 La guerre civile éclate

1653-1658 Cromwell Protecteur de la République

1625

1650

Jacques Iᵉʳ (1566-1625)

1611 Parution d'une nouvelle traduction de la Bible, la King James Version

1638 Les Écossais signent le *National Covenant*, un pacte qui s'oppose aux sympathies catholiques de Charles Iᵉʳ

1649 Exécution de Charles Iᵉʳ ; le Parlement instaure la République

166.. Restauration de la monarchie avec Charles I..

La restauration de la monarchie

Ce panneau brodé rappelle que Charles II a évité le destin de son père en se cachant dans un chêne. Il fut accueilli à bras ouverts après son exil en France.

Le corps du roi gît près du billot.

Le bourreau tient à la main la tête de Charles Ier.

La peste

Des avis comme celui-ci annonçaient chaque semaine la liste des victimes de la peste qui fit plus de 100 000 morts à Londres en 1665.

Hatfield House (p. 217), splendide demeure du XVIe siècle.

Des spectateurs recueillent un peu de sang du roi sur un mouchoir en souvenir de ce jour.

Anatomie

En disséquant des cadavres, les médecins commencèrent à comprendre le fonctionnement du corps humain, étape majeure pour la médecine.

Les Pères pèlerins

En 1620, un groupe de religieux puritains s'embarqua pour l'Amérique. Ils entretinrent d'excellentes relations avec les autochtones ; on voit ici un chef de tribu venu leur rendre visite.

1665-1666 Grande Peste

Le Grand Incendie de Londres

1666 Grand Incendie de Londres

1688 Jacques II, catholique, est déposé par le Parlement et contraint de s'exiler en France

1707 Acte d'union avec l'Écosse

| 1675 | | 1700 |

1690 Bataille de la Boyne : l'armée anglo-hollandaise de Guillaume III l'emporte sur l'armée franco-irlandaise de Jacques II

1692 Massacre des jacobites (partisans des Stuarts) par les troupes de Guillaume III

Guillaume III (1689-1702)

Le XVIIIᵉ siècle

Une fois remise du traumatisme causé par la guerre civile, la Grande-Bretagne a pu accroître sa puissance économique et industrielle. Londres devient une importante place financière et la bourgeoisie se développe. La suprématie anglaise sur les mers va permettre de constituer l'empire colonial. Les machines à vapeur, les canaux et les voies ferrées préparent la révolution industrielle. La bonne société reprend confiance en elle, mais pour les classes moins aisées la situation ne fait qu'empirer.

L'actrice Sarah Siddons, par Gainsborough (1785)

L'ardoise est le matériau de couverture préféré au XVIIIᵉ siècle. Les toits sont moins pentus, à l'italienne.

Les fenêtres à guillotine sont l'une des principales caractéristiques des maisons de cette époque.

La bataille de Bunker Hill
En 1775, des colons américains se révoltèrent contre l'autorité anglaise. Les Britanniques remportèrent cette première bataille dans le Massachusetts, mais en 1783 ils durent reconnaître les États-Unis d'Amérique.

Le chêne était très utilisé dans les plus belles maisons ; ailleurs on employait plutôt le pin.

La salle de séjour était tapissée de papier peint, moins cher que le tissu ou les tapisseries.

Le salon, richement décoré, était la pièce de réception de la maison.

La machine à vapeur de Watt
En 1769, l'ingénieur écossais James Watt (1736-1819) fit breveter une invention dont il fera un engin de locomotion.

La salle à manger servait pour tous les repas de famille.

Lord Horatio Nelson *(p. 27) devint un héros après sa mort à la bataille de Trafalgar contre les Français.*

Des escaliers menaient au sous-sol, à l'entrée des domestiques.

CHRONOLOGIE

1714 George, Électeur de Hanovre, succède à la reine Anne. Fin de la dynastie des Stuarts ; un roi germanophone gouverne l'Angleterre

George Iᵉʳ (1660-1727)

1720 Le scandale de la South Sea Company ruine de nombreux spéculateurs

1721 Robert Walpole (1676-1745) accède aux plus hautes charges de l'État

Gravure satirique sur le scandale de la South Sea Company, 1720

1746 Bonnie Prince Charlie *(p. 521)*, un jacobite qui revendiquait le trône, est vaincu à la bataille de Culloden

1757 Le premier canal britannique est mis en service

1715	1730	1745	1760

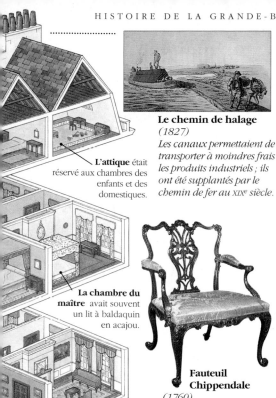

Le chemin de halage
(1827)
Les canaux permettaient de transporter à moindres frais les produits industriels ; ils ont été supplantés par le chemin de fer au XIXᵉ siècle.

L'attique était réservé aux chambres des enfants et des domestiques.

La chambre du maître avait souvent un lit à baldaquin en acajou.

Le mobilier était orné de motifs animaliers.

Fauteuil Chippendale
(1760)
Thomas Chippendale (1718-1779) a dessiné des meubles inspirés par le rococo et l'art chinois.

OÙ VOIR L'ARCHITECTURE DU XVIIIᵉ SIÈCLE

Bath *(p. 244-247)* et Édimbourg *(p. 490-497)* conservent de beaux ensembles du XVIIIᵉ siècle. Le bâtiment qui abrite le musée de Bath *(p. 247)* est typique de cette époque ; le Pavillon royal de Brighton *(p. 164-165)* est un « caprice » Regency de John Nash.

Charlotte Square (p. 490) *à Édimbourg conserve de beaux exemples d'architecture XVIIIᵉ.*

MAISON CITADINE DU XVIIIᵉ SIÈCLE

Les riches familles se faisaient construire de hautes maisons confortables par les grands architectes du temps, R. Adam *(p. 24)* et J. Nash *(p. 107).*

Les domestiques vivaient et travaillaient au sous-sol pendant la journée.

Cuisine

Les bas quartiers
Cette gravure du peintre William Hogarth (1694-1764) dénonce la pauvreté de certains quartiers de Londres.

1775	1790	1805	1820
1776 Déclaration d'indépendance des États-Unis	**1788** Les premiers forçats sont envoyés en Australie	**1811-1817** L'accroissement du chômage cause des émeutes	**1815** Wellington vainc Napoléon à Waterloo
	1805 Les Anglais, menés par Nelson, remportent la victoire de Trafalgar sur les Français		*Caricature de Wellington (1769-1852)*
	1783 Sir Richard Arkwright (1732-1792) fait fonctionner des filatures de coton grâce à la vapeur	**1811** Le prince de Galles gouverne à la place de George III devenu fou	
	1807 Abolition de la traite des esclaves	**1825** Ouverture de la ligne de chemin de fer de Stockton-Darlington	**1829** Décret d'émancipation catholique

Soupière d'argent, 1774

L'ère victorienne

La reine Victoria n'avait que 18 ans lorsqu'elle monta sur le trône en 1837. La Grande-Bretagne passait alors avec quelque difficulté d'une économie largement agricole au statut de plus puissante nation industrialisée du monde. L'accroissement de l'empire ouvrait de nouveaux débouchés aux manufactures. L'urbanisation posa rapidement des problèmes de santé et de logement, et suscita l'émergence du parti travailliste.

La reine Victoria et Disraeli en 1887

En 1901, à la fin du règne de Victoria, les choses s'étaient améliorées ; l'éducation était accessible à tous et le droit de vote concernait une part plus large de la population.

Florence Nightingale
(1820-1910)
Cette infirmière a organisé des hôpitaux militaires de campagne pendant la guerre de Crimée et apporté beaucoup d'améliorations aux services médicaux des armées.

Parois et voûte de verre

Poutrelles préfabriquées

Les bas quartiers de Newcastle *(1880)*
Les ouvriers des grands centres industriels habitaient des maisons construites à la hâte pour loger cet afflux de main-d'œuvre, où couvaient la maladie et la révolte.

Les grandes expositions présentaient aussi bien des objets d'art que des machines, des bijoux ou des plantes.

La bannière de l'union
Les syndicats furent créés pour protéger les ouvriers contre des patrons sans scrupules.

Ophélie, par Sir John Everett Millais *(1829-1896)*
Les préraphaélites choisissaient des thèmes romantiques, un moyen de fuir l'Angleterre industrielle.

CHRONOLOGIE

Vase créé pour l'Exposition universelle de 1851

1832 La loi étend le droit de vote à tous les hommes propriétaires terriens

1841 Liaison Londres-Brighton par le chemin de fer

1851 Exposition universelle

1867 Une seconde l[...] donne le droit de vo[...] à tous les citadi[...] propriétaires d'u[...] bien immobili[...]

1830	1840	1850	1860

1834 Les « Martyrs de Tolpuddle » embarqués pour l'Australie

1833 Une loi interdit de faire travailler les enfants plus de 48 heures par semaine

1854-1856 La Grande-Bretagne gagne la guerre de Crimée contre la Russie

1863 Ouverture du métro de Londres

e Triomphe de la vapeur et de l'électricité *(1897)*
Cette gravure des Illustrated London News *résume parfaitement l'optimisme que ces nouvelles sources d'énergie avaient fait naître.*

La structure de verre englobait plusieurs ormes. Il y avait aussi des moineaux et des éperviers…

OÙ VOIR L'ANGLETERRE VICTORIENNE

Dans les grandes cités industrielles des Midlands et du Nord ont été construits de nombreux bâtiments civils vastes et impressionnants. Parmi ceux-ci, le Manchester Science and Industry Museum *(p. 361)* ou l'imposant Victoria and Albert Museum de Londres *(p. 100-101).*

La Rotonde, à Manchester, *imposant bâtiment victorien.*

Cyclo-manie
La bicyclette, inventée en 1865, eut un immense succès populaire, surtout auprès des enfants. Gravure de 1898.

L'EXPOSITION UNIVERSELLE DE 1851

C'est le prince Albert, époux de la reine Victoria, qui eut l'idée de cette exposition gigantesque célébrant l'industrie, la technologie et la puissance de l'Empire. De mai à octobre, six millions de personnes ont visité le « Palais de cristal » de Joseph Paxton, dans Hyde Park. Près de 14 000 exposants du monde entier présentaient environ 100 000 réalisations. En 1852, le bâtiment fut remonté au sud de Londres ; il fut incendié en 1936.

1872 Le vote à bulletin secret est instauré

1874 Benjamin Disraeli devient Premier ministre

1884 Invention du téléphone

1893 Le projet de Gladstone pour l'Irlande est désavoué

1901 Mort de la reine Victoria

Gladstone caricaturé en 1869 dans Vanity Fair

1870

1880

1890

1900

1870 Une loi rend l'école obligatoire pour tous les enfants jusqu'à 11 ans

1877 La reine Victoria est sacrée impératrice des Indes

Un des premiers téléphones

1892 Élection du premier député travailliste

1899-1902 La Grande-Bretagne gagne la guerre des Boers en Afrique du Sud

La Grande-Bretagne de 1900 à 1950

Dès 1901, la société britannique se débarrasse des inhibitions héritées du XIXᵉ siècle ; s'ouvre une ère de gaieté et d'effervescence, interrompue par la Première Guerre mondiale. Plus tard, les difficultés économiques, qui culminèrent avec la crise des années trente, réduisirent des millions de personnes à la misère. En 1939 éclate la Deuxième Guerre mondiale ; sortie victorieuse du conflit, la Grande-Bretagne entreprend des réformes sociales dans les domaines de l'éducation et de la santé.

Noel Coward,
auteur dramatique

Welwyn Garden City
traduisait les idées utopique de Sir Ebenezer Howard (1850-1928), qui lança le concept de cité-jardin.

Les suffragettes
Les femmes manifestaient pour réclamer le droit de vote ; beaucoup d'entre elles firent de la prison. Les femmes de plus de 30 ans obtinrent ce droit en 1919.

Les années vingt
Les jeunes femmes se débarrassent du carcan social hérité de leurs parents et se tournent vers le jazz, les cocktails et le charleston.

VILLES NOUVELLES

Des villes nouvelles furent construites dans les faubourgs de Londres, pour procurer à leurs habitants verdure et air pur. Welwyn Garden City, fondée en 1919, devait être autonome, mais la rapidité des liaisons ferroviaires en a fait une simple banlieue de Londres.

Première Guerre mondiale
En Europe, les troupes britanniques ont connu la guerre des tranchées, protégées par des fils de fer barbelés, à quelques mètres seulement des lignes ennemies. La guerre de 1914-1918 a fait 17 millions de victimes.

Sans fil
Inventée par Guglielmo Marconi, la T.S.F. permettait à chacun d'être à l'écoute de l'actualité du monde.

CHRONOLOGIE

1903 Apparition du mouvement des suffragettes	**1911** Les députés perçoivent un salaire, ce qui permet aux hommes qui travaillent de se faire élire	**1914-1918** Première Guerre mondiale	**1924** Premie gouverneme travaillis
1905	**1910**	**1915**	**1920**
Henry Asquith (1852-1928) Premier ministre	**1908** Le gouvernement libéral d'Asquith crée les pensions de retraite	**1919** Le droit de vote est accordé aux femmes âgées de plus de 30 ans	**1922** Première émissions radiodiffusées

Manifestation
*Dans les années vingt,
ces hommes et plusieurs
milliers d'autres
manifestaient pour
retrouver un travail
après leur licenciement.
Mais l'effondrement des
valeurs en 1929 et la
dépression qui suivit
aggravèrent le chômage.*

Deuxième Guerre mondiale
*Les bombardements aériens
allemands, le « Blitz », visaient
de nuit les endroits
stratégiques militaires ou les
cités industrielles, comme
Sheffield.*

es cités-
rdins
mportaient
grands
paces verts
des étangs.

Le prix assez bas des
logements et la qualité
de l'environnement ont
fait le succès de ces
nouvelles cités.

La voiture
*Dans les années cinquante, de
plus en plus de familles
pouvaient s'offrir des voitures de
série, comme la Hillman Minx
vantée par cette affiche.*

La maison moderne
*Le succès des appareils
ménagers, comme
l'aspirateur, inventé par
William Hoover en 1908,
est lié aussi au fait que les
femmes travaillaient hors
de chez elles et que l'on
trouvait moins facilement
des domestiques.*

1926 Grève générale

*Édouard VIII
(1894-1972) et
Wallis Simpson
(1896-1986)*

1936 Abdication
d'Édouard VIII

1944 L'école est
dorénavant obligatoire
jusqu'à 15 ans ;
des bourses d'études
sont accordées
aux étudiants

1948 Création de la
Sécurité sociale
britannique

1947 Indépendance
de l'Inde et du
Pakistan

| 1930 | 1935 | 1940 | 1945 |

1929 Effondrement du
marché des valeurs

1936
Premières
émissions
télévisées
régulières

1939-1945
Winston Churchill
mène l'Angleterre
à la victoire

Carte de rationnement

1945 Gouvernement
travailliste ; nationalisation des
chemins de fer, des transports
routiers, de l'aviation civile, de
la banque d'Angleterre, du
gaz, de l'électricité et de l'acier

1928 Le droit de vote est
accordé aux hommes et aux
femmes de plus de 21 ans

La Grande-Bretagne aujourd'hui

La styliste Vivienne Westwood et Naomi Campbell

Les privations de la guerre sont oubliées et la Grande-Bretagne entre dans l'ère des « Swinging Sixties », une explosion de jeunesse symbolisée par l'apparition de la mini-jupe et des groupes de musique pop. L'Empire touche à sa fin et la plupart des colonies accèdent à l'indépendance dans les années soixante-dix, malgré l'épisode de la guerre de 1982 contre l'Argentine à propos des îles Falkland.

La société change ; l'immigration d'habitants des anciennes colonies enrichit la culture britannique, mais fait surgir aussi des problèmes sociaux. En 1973, la Grande-Bretagne rejoint la Communauté européenne ; l'ouverture du tunnel sous la Manche renforce symboliquement les liens avec le continent.

Années soixante. La mini-jupe ouvre une ère d'audace dans la mode ; le « Flower Power » vient de Californie

1951 Winston Churchill est rappelé au pouvoir après la victoire des conservateurs

1958 Lancement d'une campagne pour le désarmement atomique, reflet des inquiétudes de la jeunesse devant le nucléaire

1965 Abolition de la peine de mort

1950	1955	1960	1965	1970

1950	1955	1960	1965	1970

1953 Couronnement d'Élisabeth II, retransmis à la télévision

1963 Les Beatles, venus de Liverpool, déclenchent un véritable raz-de-marée populaire

1959 Construction de la première autoroute, la M1, entre Londres et les Midlands

1957 Arrivée des premiers immigrants venus des Caraïbes

1951 Le festival de Grande-Bretagne dynamise les esprits après la guerre

1973 Après des années de négociations, la Grande-Bretagne rejoint la Communauté européenne

Années soixante-dix. Les tenues vestimentaires et les coiffures des punks choquent le pays

1990 Mᵐᵉ Thatcher démissionne sous la pression des députés conservateurs ; John Major la remplace

1991 Le plus haut gratte-ciel de Grande-Bretagne, la Canada Tower *(p. 131)*, est construit dans les Docklands, le nouveau centre financier de Londres

1982 La flotte britannique déloge les Argentins des îles Falkland

1992 Un gouvernement conservateur est élu pour la quatrième fois consécutive – un record au XXᵉ siècle

1976 Premier vol commercial du Concorde

1984 Une grève d'un an des mineurs n'empêche pas la fermeture des puits et annonce le déclin de l'influence des syndicats

1997 Le New Labour met fin à 16 années de gouvernement conservateur

5	1980	1985	1990	1995	2000

5	1980	1985	1990	1995	2000

1997 La mort brutale de la princesse Diana à Paris a choqué le pays et l'a plongé dans une profonde affliction

1981 Mariage « de conte de fées » du prince Charles et de Lady Diana Spencer à la cathédrale Saint-Paul

5 Début forages oliers en du Nord

1979 Margaret Thatcher, la « Dame de fer », devient la première femme Premier ministre ; son gouvernement conservateur de droite privatise plusieurs sociétés nationales

1985 Le gigantesque concert Live Aid recueille des fonds pour combattre la famine en Afrique

1994 Le tunnel sous la Manche relie la Grande-Bretagne et le continent par voie ferrée

LA GRANDE-BRETAGNE
AU JOUR LE JOUR

Les saisons ont chacune un attrait particulier. En Grande-Bretagne plus qu'ailleurs – amour des jardins oblige –, le printemps est la saison des jonquilles et des jacinthes, l'été celle des roses et l'automne celle des feuillages changeants. L'hiver, le gris du ciel apparaît à travers les branches des arbres dénudés. Les

Affiche du Festival du film

longues périodes de mauvais temps et les gros écarts de températures sont rares, mais le temps est très variable : on peut avoir de belles journées ensoleillées en février, mais se retrouver sous une averse en juillet. Si les principaux monuments sont ouverts toute l'année, de nombreux bâtiments ou sites moins importants peuvent cependant être fermés l'hiver.

Jacinthes en fleur dans les bois d'Angrove, Wiltshire

PRINTEMPS

Les jours rallongent, le temps se réchauffe : la campagne s'éveille enfin d'un long sommeil. Chaque année, de très nombreux châtelains choisissent le week-end de Pâques pour ouvrir au public

leur parc ou leur jardin. Le dimanche de Pentecôte a lieu l'Exposition florale de Chelsea (Chelsea Flower Show) ; c'est un événement important pour tous les jardiniers professionnels ou amateurs. Au printemps se déroulent aussi un peu partout de nombreux concerts ou festivals en tout genre.

MARS

Ideal Home Exhibition *(2ᵉ sem.)*, Earl's Court, Londres. Le salon des arts ménagers et de la décoration.
Exposition canine *(2ᵉ sem.)*, National Exhibition Centre, Birmingham.
Foire internationale du livre *(3ᵉ sem.)*, Olympia, Londres.
La Saint-Patrick *(17 mars)*. Les grandes villes organisent des concerts pour célébrer saint Patrick, le saint patron de l'Irlande.

AVRIL

Jeudi saint, la reine distribue des aumônes.
La Saint-Georges *(23 avril)*. Fête du saint patron de l'Angleterre.
Foire internationale des Antiquaires *(dernière semaine)*, National Exhibition Centre, Birmingham.

Plantes aquatiques à l'Exposition florale de Chelsea

MAI

Furry Dancing Festival *(8 mai)*, Helston, Cornouailles. Fête du printemps *(p. 266)*.
Fête des puits *(jour de l'Ascension)*, Tissington, Derbyshire *(p. 323)*.
Exposition florale de Chelsea *(dim. de Pentecôte)*, Royal Hospital, Londres.
Festival de Brighton *(trois dernières semaines)*. Théâtre.
Festival lyrique de Glyndebourne *(mi-mai-fin août)*, près de Lewes, est du Sussex.
Jeux internationaux des Highlands *(dernier week-end)*, Blair Atholl, Écosse.

Les hallebardiers de la Tour de Londres aux célébrations du jeudi saint

ÉTÉ

En été, la Grande-Bretagne s'ouvre sur l'extérieur : les restaurants, les cafés et les pubs sortent leurs terrasses. Partout des fêtes sont organisées, depuis les réjouissances villageoises jusqu'aux garden-parties de la reine à Buckingham. Les piscines et les plages sont bondées, les employés de bureau pique-niquent dans les jardins publics. Des millions de roses éclosent dans les jardins. Les activités culturelles se diversifient : festivals, comme le National Eisteddfod au pays de Galles, concerts, comme les Proms de Londres, le Festival lyrique de Glyndebourne et le Festival d'Édimbourg.

Le festival de musique de Glastonbury draine des milliers de spectateurs

JUIN

Expositions d'été de la Royal Academy *(juin-août).* De nombreux artistes exposent leurs travaux.

Festival international de Bath *(19 mai-4 juin).* Manifestations artistiques.

Festival de Beaumaris *(27 mai-4 juin).* Un festival très varié : concerts, foires…

Trooping the Colour *(le sam. le plus proche du 10 juin),* Whitehall, Londres. Parade officielle pour l'anniversaire de la reine.

Festival de Glastonbury *(23-25 juin),* Somerset.

Concours de moutons d'élevage au Royal Welsh Show de Builth Wells

Transat à Brighton

Festival d'Aldeburgh *(2e et 3e sem.),* Suffolk. Arts et musique.

Royal Highland Show *(3e sem.),* Ingliston, près d'Édimbourg. Salon écossais de l'agriculture.

Leeds Castle *(der. sem.).* Opéras en plein air.

Festival international de jazz de Glasgow *(dernier week-end).* Nombreux invités.

JUILLET

Royal Show *(1re sem.),* près de Kenilworth, Warwickshire. Salon national de l'agriculture.

International Eisteddfod *(1re semaine),* Llangollen, nord du pays de Galles. Concours de musique et danse *(p. 436).*

Exposition d'art floral d'Hampton Court *(début juil.),* Hampton Court, Surrey.

Festival estival de musique *(3e week-end),* Stourhead, Wiltshire.

Royal Tournament *(« Tournoi royal », 3e et 4e semaines),* Earl's Court, Londres. Parades militaires.

Festival folk de Cambridge *(dernier week-end).* Avec de grands noms de la musique.

Royal Welsh Show *(dernier week-end),* Builth Wells, pays de Galles. Salon gallois de l'agriculture.

Festival international des arts traditionnels *(fin juil.-début août),* Sidmouth, Devon *(p. 275).*

AOÛT

Royal National Eisteddfod *(début du mois).* Concours d'arts traditionnels gallois très couru *(p. 421).*

Un homme-oiseau, carnaval de Notting Hill

Concerts-promenade Henry Wood *(mi-juil.-mi-sept.),* Royal Albert Hall, Londres. Les célèbres « Proms ».

Festival international d'Édimbourg *(mi-août-mi-sept.).* Le plus grand festival de théâtre, danse et musique du monde *(p. 495).*

Festival d'Édimbourg « off ». En marge du festival, 400 spectacles par jour.

Festival de jazz de Brecon *(mi-août),* pays de Galles.

Festival Beatles *(dernier week-end),* Liverpool. Musique et spectacles en rapport avec le célèbre groupe *(p. 363).*

Carnaval de Notting Hill *(dernier week-end),* Londres. Grand défilé de carnaval.

La récolte des pommes se fait l'automne venu

AUTOMNE

A près la parenthèse de l'été, la nouvelle saison est marquée par la rentrée politique : réunions des différents partis en octobre, rentrée du Parlement le mois suivant. À la campagne, les bois virent au jaune et à l'orangé, les arbres croulent sous les fruits de l'automne ; les récoltes s'accompagnent un peu partout de fêtes traditionnelles. Le 5 novembre, tout le pays commémore avec des feux de joie et des feux d'artifice l'échec de la

Conspiration des Poudres, orchestrée en 1605 par Guy Fawkes et ses partisans pour faire sauter le Parlement. Dans les magasins, on commence à s'approvisionner en vue des fêtes de Noël.

SEPTEMBRE

Les illuminations de Blackpool *(début sept. à fin oct.)*. Le front de mer est illuminé sur 8 km de long.
Royal Highland Gathering *(1er sam.)*, Braemar, Écosse. On vient de tout le pays pour lancer des troncs de mélèze, lancer des poids, danser et jouer de la cornemuse. La famille royale assiste généralement à ces réjouissances.
Concours international de chiens de berger *(14-16 sept.)*, chaque année dans un lieu différent.
Grande exposition florale d'automne *(3e week-end)*, Harrogates, Yorkshire.
La course du Cheval de l'année *(dernier week-end)*, Wembley, Londres *(p. 67)*.
Festival de l'huître *(sam. au début de la saison des huîtres)*, Colchester. Repas offert par le maire pour fêter l'ouverture de la saison des huîtres.

Lancer de poids à Braemar

OCTOBRE

Festivals des moissons *(tout le mois)*, dans toute la Grande-Bretagne.
Foire de l'oie de Nottingham *(2e week-end)*. Une des plus anciennes foires, aujourd'hui une fête foraine.
Festival de Canterbury *(2e et 3e sem.)*. Arts, musique et théâtre.
Festival Britten d'Aldeburgh *(3e week-end)*. Concerts *(p. 189)*.
Hallowe'en *(31 oct.)*, dans tout le pays, réjouissances la veille de la Toussaint.

Cérémonie d'ouverture de la nouvelle session parlementaire

NOVEMBRE

Rentrée du Parlement *(oct. ou nov.)*. La reine se rend en carrosse de Buckingham Palace à Westminster pour ouvrir la nouvelle session.
Procession du Lord-Maire *(2e sam.)*. Parade dans la City.
Journée du Souvenir *(2e dimanche)*. Messes et défilés au Cénotaphe de Whitehall, à Londres, et dans toute la Grande-Bretagne.
Rallye automobile des Vétérans du Royal Automobile Club *(1er dim.)*. Entre Londres (Hyde Park) et Brighton.
Nuit Guy Fawkes *(5 nov.)*, feux de joie et feux d'artifice dans tout le pays.
Festival du film de Londres *(2 premières sem.)*. Projection de nouveaux films.
Illuminations de Noël dans Regent Street *(mi-nov.)*, Londres.

Feux d'artifice au-dessus d'Édimbourg lors de la Nuit Guy Fawkes

L'hiver dans les Highlands écossaises, près de Glen Coe

HIVER

Les rues sont pleines de guirlandes et de sapins illuminés. Des chants de Noël résonnent dans toutes les églises ; dans les théâtres des grandes villes, les spectacles pour enfants connaissent toujours un grand succès.

La plupart des bureaux ferment entre Noël et le nouvel an. Les magasins rouvrent le 27 janvier pour les soldes.

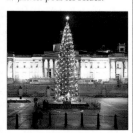

Le sapin de Noël illuminé de Trafalgar Square

DÉCEMBRE

Le sapin de Noël *(1er jeu.)* de Trafalgar Square, Londres. Dans un concert de chants de Noël, le sapin offert par les Norvégiens est illuminé par le maire d'Oslo en personne.
Concerts de Noël *(tout le mois)*, dans tout le pays.
Grand défilé de Noël *(début déc.)* à Londres. Défilé de chars décorés sur le thème de Santa Claus (le Père Noël).
Messe de minuit *(24 déc.)*, dans les églises de toute la Grande-Bretagne.
Allendale Baal Festival *(31 déc.)*, Northumberland. Procession de villageois portant sur la tête des tonneaux de goudron enflammé pour célébrer le nouvel an.

Branche de houx

JANVIER

Hogmanay *(1er jan.)*, fêtes du nouvel an en Écosse.
La nuit Robert Burns *(14 jan.)*. Les Écossais commémorent la naissance du grand poète Robert Burns (1759-1796).

FÉVRIER

Nouvel an chinois *(fin jan. ou début fév.)*. Défilés, danses et pétards à Chinatown, Londres.

FÊTES LÉGALES

Jour de l'an (1er janvier).
2 janv. (en Écosse).
Week-end de Pâques (mars ou avril). En Angleterre, du **vendredi saint** au **lundi de Pâques** ; en Écosse, le lundi de Pâques n'est pas férié.
May Day (généralement le premier lundi de mai).
Late Spring Bank Holiday (dernier lundi de mai).
Bank Holiday (premier lundi d'août, seulement en Écosse).
August Bank Holiday (dernier lundi d'août, sauf en Écosse).
Noël et la Saint-Étienne (25 et 26 déc.).

Danses folkloriques du May Day à Midhurst, dans le Sussex

L'année sportive

F ootball ou tennis, les sports les plus populaires du monde sont tous nés en Grande-Bretagne. Ces disciplines étaient à l'origine un délassement pour les classes aisées ; elles se sont peu à peu démocratisées, même si certaines manifestations, comme le Royal Ascot ou le tournoi de Wimbledon, restent des événements autant sportifs que mondains. En Grande-Bretagne, certains tournois d'intérêt purement local, comme les parties de cricket à la campagne, le cross à cheval ou les Highland Games, mobilisent autant les foules que les grandes manifestations internationales.

Linford Christie

Le Royal Ascot e une manifestation la fois sportive mondaine à laquelle assiste famille royale. Le spectacle e autant dans les tribunes q sur le champ de cours

La course d'aviron entre les rameurs d'Oxford et de Cambridge remonte à 1845 ; c'est aujourd'hui un événement national. Les équipes nagent sur la Tamise, de Putney à Mortlake.

En football, *finale de la coupe de la FA à Wembley.*

Course de chevaux du Derby d'Epsom

Janvier	Février	Mars	Avril	Mai	Juin

Cheltenham, Coupe d'or de steeple-chase *(p. 314)*

Grand steeple-chase national d'Aintree *(p. 362)* à Liverpool

Rugby : **finale de la coupe de la Ligue à Wembley**

Championnat du monde de billard à Sheffield

Le tournoi de Wimbledon compte parmi les plus prestigieuses rencontres de tennis du monde.

La régate royale d'Henley (p. 221) *est une compétition internationale qui se déroule sur la Tamise. Un événement mondain très couru.*

Le tournoi des Cinq Nations *est une compétition de rugby qui se joue entre l'Angleterre, la France, l'Irlande, l'Écosse et le pays de Galles. Il dure tout l'hiver et se termine en mars.*

Le marathon de Londres *attire les meilleurs coureurs de fond du monde et des milliers d'amateurs.*

Grand Prix de Formule 1, à Silverstone, comptant pour le championnat du monde.

BILLETS ET MARCHÉ NOIR

Pour beaucoup d'événements sportifs, le seul moyen d'obtenir des billets est de passer par le club organisateur. Certaines agences prennent le relais, mais leurs tarifs sont souvent élevés. Des tickets sont vendus au marché noir ; ils sont très chers… et pas forcément valables. Soyez prudents.

Billets pour le Grand Prix

En golf, le British Open est un événement très important de la saison. Ici Nick Faldo en action.

Le trophée de NatWest, grande compétition de cricket. La finale se déroule sur le terrain de Lord's, à Londres (p. 127).

Pendant la Cowes week *(p. 154)* se déroulent plusieurs régates.

La compétition du Cheval de l'année, très disputée, rassemble les meilleurs sauteurs d'obstacles *(p. 64)*.

Match de rugby entre Oxford et Cambridge à Twickenham

	Août	Septembre	Octobre	Novembre	Décembre

Concours hippique Silk Cut d'Hickstead

Course de bateaux de la Coupe d'or de l'Humber à Hull

Highland Games de Braemar *(p. 64)*

Les championnats de patinage artistique et de danse sur glace sont des événements très suivis.

Champion-nats du monde de fléchettes à Londres

LA SAISON SPORTIVE

Cricket

Pêche en rivière

Football

Chasse

Rugby

Courses de chevaux

Jane Torvill et Christopher Dean

Saut d'obstacles

Athlétisme

Courses auto et cross-country

Polo

Le Cartier International Polo, Windsor (p. 221) est l'une des principales rencontres de polo, ce sport qui se pratique surtout entre membres de la famille royale et officiers.

Le climat de la Grande-Bretagne

La Grande-Bretagne bénéficie d'un climat tempéré. Grâce au Gulf Stream, la côte ouest est à la fois plus chaude et plus humide que la côte est. Le thermomètre ne descend qu'exceptionnellement au-dessous de -15 °C, pendant les nuits d'hiver dans le nord du pays, et dépasse rarement 30 °C, au plus fort de l'été dans le sud. La fourchette des températures est beaucoup plus étroite que dans la plupart des autres pays d'Europe et, malgré la réputation de l'Angleterre, la moyenne annuelle des précipitations (moins d'un mètre) y est plutôt basse.

Wi

Inverness

Les Highlands et les îles

EDINBUR

Glasgow

Lowlan

Le Lancashi et les la

Liverp

Le nord du pays de

Caernarfor

Le sud et le cen du pays de Gal

CARDIF

L'Ou

Exeter

Le Devon et les cornouailles

LE LANCASHIRE ET LES LACS

°C

	19		
11,5	13	13,5	6
5		8	1,5

| 5,5 h | 6 h | 3 h | 1,5 h |

| 53 mm | 85 mm | 104 mm | 90 mm |

| mois | Avril | Juil. | Oct. | Jan. |

LE CŒUR DE L'ANGLETERRE

°C

	20		
12	12,5	13	5,5
4,5		7,5	1,5

| 4,5 h | 5,5 h | 3 h | 1,5 h |

| 53 mm | 69 mm | 69 mm | 74 mm |

| mois | Avril | Juil. | Oct. | Jan. |

Moyenne des températures maximales du mois

Moyenne des températures minimales du mois

Ensoleillement moyen quotidien

Moyenne des précipitations du mois

LE SUD ET LE CENTRE DU PAYS DE GALLES

°C

	20,5		
13	12,5	14	7
5		7,5	2

| 5,5 h | 6 h | 3,5 h | 1,5 h |

| 65 mm | 89 mm | 109 mm | 108 mm |

| mois | Avril | Juil. | Oct. | Jan. |

LE NORD DU PAYS DE GALLES

°C

	17		
11	11	13,5	6
4,5		8	1

| 3 h | 3,5 h | 2,5 h | 1,5 h |

| 144 mm | 206 mm | 261 mm | 252 mm |

| mois | Avril | Juil. | Oct. | Jan. |

LE DEVON ET LES CORNOUAILLES

°C

	19		
12,5	13	14,5	8
6		9	4

| 6 h | 6,5 h | 3,5 h | 2 h |

| 53 mm | 70 mm | 91 mm | 99 mm |

| mois | Avril | Juil. | Oct. | Jan. |

L'OUEST

°C

	20,5		
13,5	13,5	15	7
5,5		8,5	2

| 5,5 h | 6,5 h | 3,5 h | 2 h |

| 49 mm | 65 mm | 85 mm | 74 mm |

| mois | Avril | Juil. | Oct. | Jan. |

LA VALLÉE DE LA TAMISE

°C

	21,5		
13,5	12,5	14,5	6,5
4,5		6,5	1

| 5,5 h | 6 h | 3 h | 1,5 h |

| 41 mm | 55 mm | 64 mm | 61 mm |

| mois | Avril | Juil. | Oct. | Jan. |

LES HIGHLANDS ET LES ÎLES

°C				
	11	17 / 10	13 / 6,5	6,5
	3			1
☀	4,5 h	3,5 h	2 h	1 h
☂	111 mm	137 mm	215 mm	200 mm
mois	Avril	Juil.	Oct.	Jan.

LES LOWLANDS

°C				
	11	18,5 / 11	13,5 / 6,5	6
	3,5			0,5
☀	5 h	5,5 h	3 h	1,5 h
☂	38 mm	69 mm	56 mm	47 mm
mois	Avril	Juil.	Oct.	Jan.

orthumbria

wcastle
on Tyne

Yorkshire et
Humberside
York

chester

L'est
des Midlands

Birmingham

eur de
gleterre

Vallée de la Tamise

Oxford

Londres

Downs et côtes
de la Manche
Portsmouth

Norwich

Cambridge

Anglia

Dover

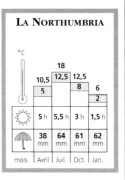

LA NORTHUMBRIA

°C				
	10,5	18 / 12,5	12,5 / 8	6
	5			2
☀	5 h	5,5 h	3 h	1,5 h
☂	38 mm	64 mm	61 mm	62 mm
mois	Avril	Juil.	Oct.	Jan.

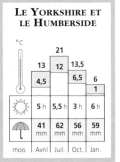

LE YORKSHIRE ET LE HUMBERSIDE

°C				
	13	21 / 12	13,5 / 6,5	6
	4,5			1
☀	5 h	5,5 h	3 h	6 h
☂	41 mm	62 mm	56 mm	59 mm
mois	Avril	Juil.	Oct.	Jan.

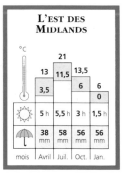

L'EST DES MIDLANDS

°C				
	13	21 / 11,5	13,5 / 6	6
	3,5			0
☀	5 h	5,5 h	3 h	1,5 h
☂	38 mm	58 mm	56 mm	56 mm
mois	Avril	Juil.	Oct.	Jan.

LES DOWNS ET LES CÔTES DE LA MANCHE

°C				
	13,5	21,5 / 11,5	14 / 6	6
	3,5			0
☀	4,5 h	5,5 h	3 h	1,5 h
☂	38 mm	58 mm	56 mm	56 mm
mois	Avril	Juil.	Oct.	Jan.

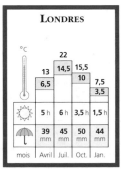

LONDRES

°C				
	13	22 / 14,5	15,5 / 10	7,5
	6,5			3,5
☀	5 h	6 h	3,5 h	1,5 h
☂	39 mm	45 mm	50 mm	44 mm
mois	Avril	Juil.	Oct.	Jan.

L'EAST ANGLIA

°C				
	13,5	22 / 12	14,5 / 6	6,5
	4			0,5
☀	5 h	6 h	3,5 h	2 h
☂	37 mm	58 mm	51 mm	49 mm
mois	Avril	Juil.	Oct.	Jan.

LONDRES

Londres d'un coup d'œil

Avec ses sept millions d'habitants et
une superficie de 1 600 km², Londres est la plus grande ville d'Europe. Au 1er siècle de notre ère, les Romains avaient déjà établi sur le site un grand centre administratif, avec un port qui permettait de commercer activement avec le continent. Depuis un millier d'années, Londres est la résidence principale des monarques britanniques, la ville des affaires et le siège du gouvernement. Cette capitale est riche en musées, en églises et en bâtiments historiques de différentes périodes, mais c'est aussi une cité moderne très vivante, avec des cinémas, des théâtres et des grands magasins. Il y a des milliers de choses à voir à dans la ville ; cette double page ne fait que présenter quelques monuments essentiels décrits en détail dans les pages suivantes.

Buckingham Palace (p. 88-89) est la résidence de la famille royale. Devant le palais se déroule la célèbre relève de la Garde.

REGENT'S PARK ET BLOOMSBUR (p. 104-109)

WEST E ET WESTMIN (p. 78-

SOUTH KENSINGTON ET HYDE PARK (p. 96-103)

Hyde Park (p. 77) est le plus grand parc de Londres, très fréquenté par les sportifs. On y trouve aussi des restaurants, une galerie d'art, le fameux Speakers' Corner et un lac artificiel, la Serpentine.

0   1 km

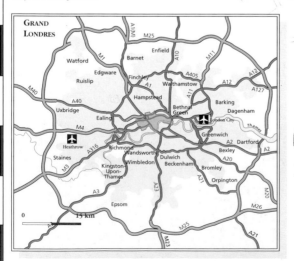

GRAND LONDRES

Le Victoria and Albert Museum (p. 100-101) est le p riche musée des arts décoratif du monde. Cette coupe allemande date du xve siècle.

LÉGENDE

☐ Partie la plus intéressante

◁ La Colonne de Nelson (1843) et la National Gallery, sur Trafalgar Square

Le British Museum (p. 108-109) *possède une très belle collection d'objets antiques du monde entier, dont le célèbre Vase Portland, du 1er siècle avant notre ère.*

La National Gallery *(p. 84-85) abrite de nombreux chefs-d'œuvre de la peinture ancienne, comme ce* Christ aux outrages *(vers 1495) de Jérôme Bosch.*

TAMISE

LA CITY ET SOUTHWARK *(p. 110-121)*

Saint-Paul *(p. 116-117) est l'un des édifices les plus célèbres de Londres. Depuis le dôme, on a une vue splendide sur la ville.*

L'abbaye de Westminster *(p. 94-95) date en grande partie du Moyen Âge. Nombre de grands personnages y reposent.*

La Tate Gallery *(p. 93) présente à la fois l'art britannique depuis 1550 et l'art contemporain international. Cette toile de 1963 est du peintre américain Roy Lichtenstein.*

La Tour de Londres *(p. 120-121) était une prison où l'on enfermait les ennemis de la monarchie. Elle abrite aujourd'hui les joyaux de la Couronne.*

Londres au fil de l'eau

L a Tamise a été un axe commercial essentiel
pour le pays depuis l'époque des Romains
jusqu'aux années cinquante. Aujourd'hui, la rivière
et ses abords sont le rendez-vous des promeneurs ;
les quais et les entrepôts sont reconvertis en ports
de plaisance, en bars ou en restaurants. Le bateau
est sans doute le moyen le plus agréable de
découvrir la ville. L'un des itinéraires les plus
appréciés va du Parlement jusqu'à Tower Bridge :
un trajet de 30 minutes pour découvrir quelques-
uns des plus célèbres
monuments de la ville.

La cathédrale Saint-Paul (p. 116-117),
le chef-d'œuvre de Christopher Wren,
domine la rive gauche de la Tamise.

Le Temple et les
Collèges d'avocats
(p. 112). *Les écoles de*
droit et les cabinets
d'avocats sont restés
ici pendant 500 ans.

Shell Mex House
a été construit en
1931 à l'emplacement
du Cecil Hotel.

Somerset House
(p. 82)

**Métro et gare
Blackfriars**

**Hôtel
Savoy**
(p. 542)

Temple

**Cleopatra's
Needle**

**Jardins de
l'embarcadère**

Embankment

**Charing
Cross**

TAMISE

Tour Oxo

Promenade

Pont de Waterloo

Le Globe
(p. 119)

**South Bank Art
Centre** *(p. 126)*

Festival Pier

Charing Cross Pier

**Banqueting
House** *(p. 92)*

**Ministère de
la Défense**

Westminster

County Hall

Westminster Pier

Pont de Westminster

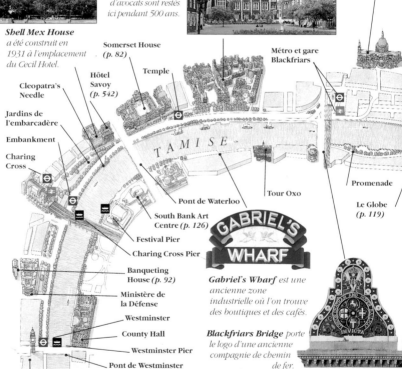

Gabriel's Wharf *est une*
ancienne zone
industrielle où l'on trouve
des boutiques et des cafés.

Blackfriars Bridge *porte*
le logo d'une ancienne
compagnie de chemin
de fer.

Le Palais de Westminster
(p. 92) *a été reconstruit par*
Charles Barry dans le style
néo-gothique après l'incendie
de 1834. La Tour Victoria est
à gauche, Big Ben à droite.

LONDRES EN BATEAU

Des visites du centre de Londres en bateau sont organisées toute l'année ; à la belle saison, on peut descendre la Tamise jusqu'à Greenwich *(p. 131)* ou la remonter jusqu'à Hampton Court *(p. 159)*.

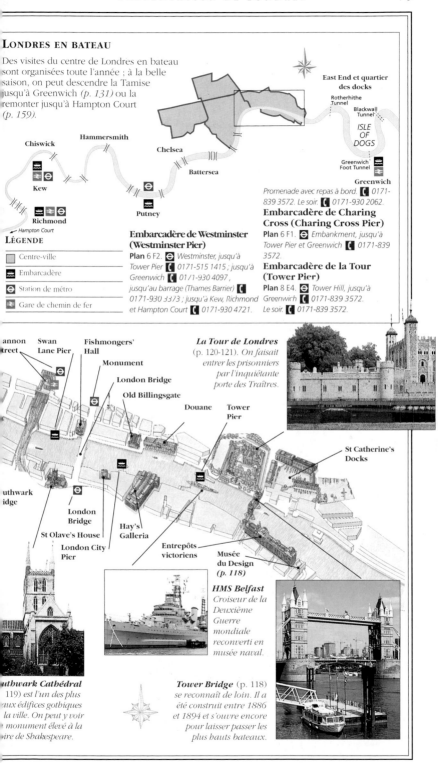

East End et quartier des docks

Rotherhithe Tunnel

Blackwall Tunnel

ISLE OF DOGS

Greenwich Foot Tunnel

Hammersmith

Chiswick

Chelsea

Battersea

Kew

Putney

Richmond

← Hampton Court

Greenwich
Promenade avec repas à bord. 0171-839 3572. *Le soir.* 0171-930 2062.

Embarcadère de Charing Cross (Charing Cross Pier)
Plan 6 F1. Embankment, jusqu'à Tower Pier et Greenwich 0171-839 3572.

Embarcadère de la Tour (Tower Pier)
Plan 8 E4. Tower Hill, jusqu'à Greenwich 0171-839 3572. *Le soir.* 0171-839 3572.

Embarcadère de Westminster (Westminster Pier)
Plan 6 F2. Westminster, jusqu'à Tower Pier 0171-515 1415 ; jusqu'à Greenwich 01/1-930 4097, jusqu'au barrage (Thames Barrier) 0171-930 3373 ; jusqu'à Kew, Richmond et Hampton Court 0171-930 4721.

LÉGENDE

- Centre-ville
- Embarcadère
- Station de métro
- Gare de chemin de fer

Cannon Street

Swan Lane Pier

Fishmongers' Hall

Monument

London Bridge

Old Billingsgate

Douane

Tower Pier

La Tour de Londres
(p. 120-121). *On faisait entrer les prisonniers par l'inquiétante porte des Traîtres.*

St Catherine's Docks

Southwark Bridge

London Bridge

Hay's Galleria

St Olave's House

London City Pier

Entrepôts victoriens

Musée du Design *(p. 118)*

HMS Belfast
Croiseur de la Deuxième Guerre mondiale reconverti en musée naval.

Southwark Cathédral
119) *est l'un des plus beaux édifices gothiques de la ville. On peut y voir un monument élevé à la mémoire de Shakespeare.*

Tower Bridge (p. 118) *se reconnaît de loin. Il a été construit entre 1886 et 1894 et s'ouvre encore pour laisser passer les plus hauts bateaux.*

Les parcs et jardins de Londres

Camilla japonica

Ses grands parcs et ses pelouses bien entretenues font de Londres une des plus « vertes » des grandes villes du monde. Certains de ses jardins remontent au Moyen Âge ; d'autres ont été plantés plus récemment sur des terrains privés ou laissés en friche. Des élégantes terrasses de Regent's Park jusqu'aux jardins botaniques de Kew, les parcs et les jardins de Londres ont tous un caractère bien à eux ; les Londoniens s'y rendent volontiers pour faire du sport, écouter de la musique ou simplement échapper quelques instants au tumulte de la ville.

Holland Park (p. 128-129) *est une vaste étendue boisée où l'on trouve aussi un théâtre en plein air* (p. 125) *et un café.*

Le jardin botanique de Kew (p. 132) *est le plus complet du monde. Les espèces les plus variées (près de 40 000 !) sont cultivées à l'air libre ou dans de grandes serres victoriennes.*

Le parc de Richmond (p. 132), *peuplé de daims, est le plus grand parc royal de Londres. On y a une très belle vue sur la Tamise.*

0   1 km

AU FIL DES SAISONS
À la fin de l'hiver, les pelouses de Green Park ou de Kew se couvrent de crocus, de jonquilles et de tulipes. À Pâques commence la saison des fêtes foraines qui s'installent dans les parcs et les terrains communaux. L'été est la saison du farniente pour ceux qui préfèrent pique-niquer et se faire bronzer à Saint James's Park ou à Regent's Park, avec en prime un concert en plein

L'hiver dans les jardins de Kensington, près de Hyde Park

air ; pour d'autres c'est la saison de tous les sports : tennis, natation à Hyde Park et à Hampstead Heath, aviron sur les lacs de Regent's Park et de Battersea Park. L'automne est marqué par les feux de joie et les feux d'artifice de la Nuit Guy Fawkes, le 5 novembre *(p. 64)*. L'hiver est tout indiqué pour une visite des serres tropicales et du jardin d'hiver de Kew ; s'il fait vraiment froid, on peut même faire du patin à glace sur le Round Pond des jardins de Kensington.

Hampstead Heath *(p. 130)* domine tout Londres et offre une grande variété de paysages.

Regent's Park (p. 105) *possède un grand lac où l'on peut canoter. On y trouve aussi un théâtre en plein air* (p. 125), *le zoo de Londres, et de belles bâtisses début XIXe.*

Saint James's Park*, au cœur de la ville, est très fréquenté par les employés de bureau. C'est aussi une réserve d'oiseaux.*

T A M I S E

Green Park*, avec ses grands arbres et ses bancs ombragés, est une oasis de calme en plein centre-ville.*

Battersea Park, au bord de la Tamise, possède un lac artificiel.

Greenwich Park (p. 131) *est dominé par le musée Maritime national. L'ancien Observatoire royal, au sommet de la colline, offre de très beaux panoramas.*

Hyde Park et les jardins de Kensington *(p. 103) sont très fréquentés, notamment par les sportifs. Dans Hyde Park, on trouve aussi un lac et une galerie d'art. Ce médaillon décore le jardin italien de Kensington.*

CIMETIÈRES HISTORIQUES

À la fin des années 1830, une ceinture de cimetières privés a été établie tout autour de Londres, car les cimetières intra-muros s'avéraient trop petits et malsains. Aujourd'hui, ces cimetières, surtout celui de **Highgate** *(p. 130)* qui abrite de très beaux tombeaux d'époque victorienne, sont aussi des lieux de promenade.

Le cimetière de Kensal Green, sur Harrow Road

WEST END ET WESTMINSTER

Le West End s'étend de Hyde Park jusqu'à Covent Garden. Ce quartier est au cœur de la vie sociale et culturelle de Londres et reste très animé tard dans la nuit ; c'est là aussi que réside la famille royale. Westminster est au centre de la vie politique et religieuse du pays depuis un millier d'années. Le roi Canut y fit construire un palais au XIᵉ siècle ;

Horse Guard à Whitehall

plus tard, Édouard le Confesseur fonda tout près l'abbaye de Westminster, où se déroule depuis 1066 le couronnement des rois d'Angleterre. Les grands organismes d'État se trouvent tous dans cette partie de la ville – sans doute le quartier idéal pour commencer une visite de Londres, car on y rencontre aussi bien des édifices historiques, que des musées ou des petits cafés.

LE QUARTIER D'UN COUP D'ŒIL

Rues et édifices historiques
Banqueting House ⑰
Buckingham Palace p. 88-89 ⑫
Cabinet War Rooms ⑮
Downing Street ⑯
Le palais de Westminster p. 92-93 ⑱
Piccadilly Circus ⑦
Le Ritz ⑨
Écuries royales ⑭
Le Mall ⑪
La Piazza et le marché central ①

Musées et galeries
Courtauld Gallery et Somerset House ④
London Transport Museum ②
National Gallery p. 84-85 ⑥
National Portrait Gallery ⑤
Queen's Gallery ⑬
Royal Academy ⑧

Tate Gallery ⑳
Theatre Museum ③

Églises
La chapelle de la Reine ⑩
L'abbaye de Westminster p. 94-95 ⑲

LÉGENDE

▢	Plan du quartier pas à pas *p. 80-81*
▢	Plan du quartier pas à pas *p. 86-87*
▢	Plan du quartier pas à pas *p. 90-91*
⊖	Station de métro
⇌	Gare
Ⓟ	Parc de stationnement
⎓	Embarcadère

COMMENT Y ALLER ?
Dans ce quartier se croisent pratiquement toutes les lignes de métro et de bus *(p. 642-643)*. En train ou en métro, la gare la plus pratique est Charing Cross.

0   500 m

◁ **Le pont de Westminster, Big Ben et le Parlement vus depuis la rive droite**

Covent Garden pas à pas

Covent Garden est resté très longtemps un quartier vétuste plein d'entrepôts qui ne s'animaient que la nuit tombée, quand les marchands de primeurs venaient prendre livraison des fruits et légumes du jour. Depuis 1973, le quartier a beaucoup changé ; le marché victorien a cédé la place à des boutiques, à des restaurants et des cafés qui attirent nuit et jour une foule animée.

Seven Dials. Une réplique des « Sept Cadrans » du XVIIe siècle se dresse au carrefour.

Covent Garden

Neal Street et Neal's Yard sont bordés de petites boutiques installées dans les anciens entrepôts.

Au St Martin's Theatre (p. 124-125) *La Souricière* détient le record de longévité à l'affiche.

Librairie Stanfords (guides et plans)

The Lamb and Flag est l'un des plus anciens pubs de Londres (1623).

New Row est bordée de petites boutiques et de cafés.

L'église Saint-Paul et la Piazza de Covent Garden ont été dessinées en 1633 par Inigo Jones (p. 53), dans un style inspiré de l'architecte italien Andrea Palladio.

Le Theatre Museum
*abrite une collection d'objets
liés au monde du spectacle* ❸

Royal Opera House
(p. 126). Les plus grands
danseurs et chanteurs du
monde s'y sont produits.

Flora Hall sera bientôt
annexé aux bâtiments
de l'Opera House.

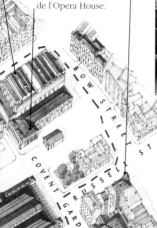

**Le London
Transport
Museum**
*Ses collections très
originales évoquent
l'histoire du métro,
des bus et des
trains de la ville
ainsi que l'art
publicitaire du
XXᵉ siècle* ❷

Jubilee Market

★ **La Piazza et le
marché central**
*Des artistes de rue
divertissent les passants* ❶

┌─────────────────────────┐
│ **À NE PAS MANQUER**   │
│   │
│ ★ **La Piazza et le**   │
│ **marché central**   │
└─────────────────────────┘

La Piazza et le marché central ❶

Covent Garden WC2. **Plan** 4 F5.
🅔 *Covent Garden.* ♿ *mais rues
pavées.* **Artistes de rue :** *t.l.j. de 10 h
à la tombée du jour.*

L a Piazza de Covent Garden,
conçue au XVIIᵉ siècle
par l'architecte Inigo Jones,
est inspirée de la Grande
Place de Livourne.
Aujourd'hui, le seul bâtiment
d'Inigo Jones qui subsiste est
l'église Saint-Paul. La Piazza a
été quelque temps l'une des
adresses les plus huppées de
Londres, avant d'être détrônée
par St James's Square *(p. 86-
87),* au sud-ouest de la ville.
L'installation sur la Piazza
d'un marché de primeurs a
marqué le début de son
déclin ; au milieu du
XVIIIᵉ siècle, la plupart des
bâtiments alentour abritaient
des logements miteux, des
maisons de jeu clandestines,
des hôtels de passe et des
tavernes.

**La Piazza de Covent Garden, au
milieu du XVIIIᵉ siècle**

Cependant, le marché ne
cessait de s'agrandir et devint
même le plus important du
pays. En 1828, on décida de
construire des halles à la
mesure de l'importance que le
marché avait prise. Ces
nouveaux bâtiments
s'avérèrent vite insuffisants
eux aussi, malgré la
construction de nouvelles
structures comme le Floral
Hall et le Jubilee Hall. En
1973, les halles ont été
déplacées au sud de Londres
et Covent Garden a trouvé un
nouveau souffle ; les
restaurants, les cafés, les
boutiques et les étals en plein
air en font aujourd'hui l'un
des quartiers les plus vivants
de la capitale.

Le London Transport Museum ❷

The Piazza, Covent Garden WC2. **Plan** 4 F5. ☎ *0171-379 6344.* ⊖ *Covent Garden.* ⊙ *de 10 h à 18 h t.l.j.* ⬤ *du 24 au 26 déc.* ▨ ◉ ♿

L es étonnantes collections de ce musée vont des premiers omnibus à cheval jusqu'aux moyens de transport urbains les plus récents. Elles sont abritées dans l'ancien marché aux fleurs de Covent Garden, un bâtiment en fer, verre et brique de 1872. Le musée a beaucoup de succès auprès des enfants : on les laisse prendre la place d'un chauffeur de bus, s'installer sur le siège du conducteur d'une rame de métro ou actionner les signaux qui jalonnent les voies.

Les sociétés de chemin de fer et les régies de transport londoniennes ont souvent fait acte de mécénat, et le musée présente aussi une belle collection d'affiches des XIXᵉ et XXᵉ siècles, commandées aux meilleurs artistes du temps. Dans la boutique du musée, on trouvera des reproductions d'œuvres de bons artistes peu

Une affiche de Michael Reilly (1929) au London Transport Museum

connus en France, comme E. McKnight Kauffer, Graham Sutherland ou Paul Nash.

Le Theatre Museum ❸

7 Russell St WC2. **Plan** 4 F5. ☎ *0171-836 7891.* ⊖ *Covent Garden.* ⊙ *de 11 h à 19 h du mar. au dim.* ⬤ *jours fériés.* ▨ ♿

U ne grande statue dorée représentant la Gaieté accueille les visiteurs à l'entrée du musée. À l'intérieur, on explique aux enfants les secrets du maquillage de théâtre. Une exposition présente tout le processus de réalisation d'une pièce de théâtre, lectures du texte jusqu'à la première, en passant par les répétitions et le travail des coulisses.

Une vaste collection d'affiches, de programmes, d'accessoires et de costumes de scène retrace toute l'évolution des arts du spectacle.

La Courtauld Gallery et Somerset House ❹

Courtauld Institute of Art, Somerset House, Strand WC2. **Plan** 4 F5. ☎ *0171-873 2526.* ⊖ *Temple, Embankment.* ⊙ *de 10 h à 18 h du lun. au sam., de 14 h à 18 h le dim.* ⬤ *du 24 au 26 déc., 1ᵉʳ jan., ven. saint.* ▨ ◉ ♿

C onçu en 1770 par William Chambers, Somerset House est le premier immeuble à usage de bureaux jamais construit à Londres. La partie

Somerset House : façade sur le Strand

nord du bâtiment, édifiée à l'origine pour la Royal Academy, abrite l'extraordinaire collection de tableaux impressionnistes et post-impressionnistes réunie par Samuel Courtauld, un magnat du textile. On y verra *Un bar aux Folies-Bergère* (1882) de Manet et une version de son *Déjeuner sur l'herbe* (vers 1863) ainsi que l'*Autoportrait à l'oreille coupée* de Van Gogh (1889). L'Institut conserve aussi des tableaux anciens (Giovanni Bellini, Botticelli, Brueghel) et des œuvres anglaises du XXᵉ siècle, dont une toile de Ben Nicholson *(p. 263).*

SOHO ET CHINATOWN

Depuis sa création à la fin du XVIIᵉ siècle, Soho a toujours été connu comme le quartier de tous les plaisirs – plaisirs de la table, de la chair, et plaisirs intellectuels. Soho est resté un secteur résidentiel très huppé jusqu'à ce que la haute société parte s'installer plus à l'ouest, à Mayfair. Les immigrants venus du continent européen sont alors venus y habiter, des ébénistes et des tailleurs y ont ouvert boutique. À la fin du XIXᵉ siècle, de nombreux pubs, des bars de nuit, des restaurants et des maisons closes s'y sont ouverts. Dans les années soixante, le quartier chinois, avec ses restaurants et ses magasins d'alimentation exotique, s'est installé aux abords des rues Gerrard et Lisle. La réputation un peu canaille de Soho attire depuis toujours artistes et écrivains ; Soho reste l'un des quartiers les plus chauds de la ville, mais depuis quelque temps, on voit s'y ouvrir des bars et des restaurants plus chic.

Ce lion fait partie d'une parade pour le Nouvel An chinois

Le décor très édouardien de l'hôtel Ritz

National Portrait Gallery ❺

2 St Martin's Place WC2. **PLan** 6 E1. 📞 0171-306 0055. ⊖ *Leicester Sq.* 🕐 *de 10 h à 18 h du lun. au sam., de 12 h à 18 h le dim.* 🔴 *24 et 25 déc., ven. saint, May Day (1er lun. de mai).* 👥 📷 *août.*

Tableaux, photographies et sculptures retracent toute l'histoire du pays : d'Élisabeth Ire à Margaret Thatcher en passant par Shakespeare et les Beatles, toutes les grandes figures de l'Angleterre sont là. Parmi les œuvres les plus anciennes, un portrait d'Henri VIII par Hans Holbein et des toiles de Gainsborough, Van Dyck et Reynolds. La partie la plus fréquentée est consacrée au XXe siècle et présente une galerie impressionnante de membres de la famille royale, d'hommes politiques, d'artistes et d'écrivains.

National Gallery ❻

Voir p. 84-85.

Piccadilly Circus ❼

W1. **Plan** 6 D1. ⊖ *Piccadilly Circus.*

Au début du XIXe siècle, Piccadilly Circus était un quartier élégant, avec de beaux immeubles aux façades incurvées, une charnière entre Piccadilly et le quartier de Regent's Park aménagé par John Nash *(p. 107)*. C'est là qu'en 1910, le premier éclairage électrique fut installé. Environné de galeries marchandes, dominé par le scintillement d'enseignes lumineuses multicolores, Piccadilly Circus est aujourd'hui un carrefour particulièrement vivant et animé ; depuis plus d'un siècle, on se donne rendez-vous au centre de la place, sous la statue d'un ange de la miséricorde transformé en Éros, le dieu grec de l'amour.

Statue d'Éros

La Royal Academy ❽

Burlington House, Piccadilly W1. **Plan** 6 D1. 📞 0171-439 7438. ⊖ *Piccadilly Circus, Green Park.* 🕐 *de 10 h à 18 h t.l.j.* 🔴 *du 24 au 26 déc., ven. saint.* 💳 👥 📷

La Royal Academy, fondée en 1768, est tout

Vivien Leigh, par Angus McBean (1952), National Portrait Gallery

particulièrement fréquentée et connue pour ses grandes expositions de l'été. Depuis plus de 200 ans, on y présente environ 1 200 œuvres de peintres, de sculpteurs ou d'architectes. Pendant toute l'année, le musée accueille aussi des expositions itinérantes prestigieuses, en provenance du monde entier. En plus de ces plaisirs esthétiques, la Royal Academy peut procurer au voyageur harassé, un moment de tranquilité. L'intérieur et les décors inspirent le calme et l'édifice semble coupé de l'agitation de la ville et de la vie moderne.

L'hôtel Ritz ❿

Piccadilly W1. **PLAN** 5 C1. 📞 0171 493 8181. ⊖ *Green Park.* 👥 *Voir* **Hébergement** *p. 540.*

César Ritz, un hôtelier suisse, a fait construire en 1906 l'hôtel qui porte son nom. Le Ritz est à l'origine du mot anglais *ritzy*, qui signifie « luxueux ». La colonnade de la façade rappelle celle de la rue de Rivoli, à Paris. Le Ritz a su conserver son atmosphère très édouardienne et « fin de siècle » ; l'après-midi, à condition d'être habillé correctement, on peut aller y boire un excellent thé au milieu d'une clientèle forcément très « ritzy ». Cette atmosphère raffinée est également mise en valeur lors des thés dansants et défilés de mode qui ont lieu dans la Palm Court ; les amateurs de sensations fortes se retrouveront au casino mais il est peut-être plus sage de ne pas se confronter aux professionnels du jeu qui parient gros et recherchent l'innocente victime à plumer… Pour goûter au comble du savoir-vivre à la façon du Ritz, rendez-vous à la salle à manger de style Louis XVI, avec vue sur Green Park. La splendeur du décor vous enchantera. Un lieu incontournable pour tous les amateurs de curiosités « mondaines ».

La National Gallery ❻

L a National Gallery est l'un des plus grands
musées de la capitale, avec plus de 2 200 œuvres
dont la plupart sont exposées. Depuis qu'en 1824
George IV réussit à persuader un gouvernement
réticent d'acquérir 38 tableaux de première
importance, le musée n'a cessé de s'enrichir ; ses
collections vont aujourd'hui de Giotto à Picasso. Les
points forts du musée sont les écoles hollandaise et
espagnole du xviiᵉ siècle et la Renaissance italienne.
En 1991, l'aile Sainsbury a été ajoutée au
bâtiment initial (1834-1838) pour abriter les
œuvres du xiiiᵉ au xviᵉ siècle.

**L'Adoration des
mages** *(1564)
Cette œuvre pleine de
réalisme est de Pieter
Brueghel l'Ancien
(1520-1569).*

**Entrée par
Orange
Street** ♿

**Accès au niveau
inférieur**

**★ Une esquisse de
Léonard de Vinci**
*(vers 1510)
Le fameux clair-
obscur du
peintre ajoute
au mystère de
cette Vierge à l'Enfant
avec sainte Anne et
saint Jean-Baptiste.*

LÉGENDE

☐	Peintures de 1260-1510
▨	Peintures de 1510-1600
☐	Peintures de 1600-1700
☐	Peintures de 1700-1920
▨	Expositions temporaires
☐	Ne se visite pas

**Accès au bâtiment
principal**

**Accès au
niveau
inférieur** 🍴

**Jean Arnolfini
et sa femme**
*Dans cette œuvre de 1434,
Jan Van Eyck (1389-1441),
pionnier de l'utilisation de
la peinture à l'huile,
montre sa maîtrise dans le
rendu des matières.*

**Entrée principale
de l'aile
Sainsbury** ♿

L'Annonciation *(1448)
Cette œuvre pleine de
délicatesse est due à
Fra Filippo Lippi.
Elle fait partie de
la riche collection
de peintures
italiennes du
musée.*

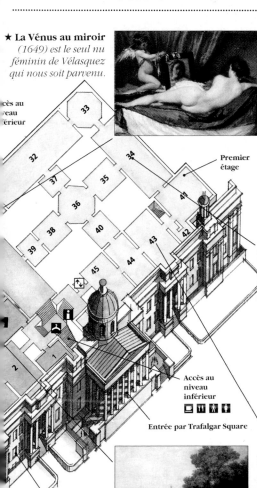

★ **La Vénus au miroir**
*(1649) est le seul nu
féminin de Vélasquez
qui nous soit parvenu.*

cès au
veau
érieur

33

32
37
36
38
39

34
35
40
43
44
45

41
42

**Premier
étage**

MODE D'EMPLOI

Trafalgar Sq WC2. **Plan** 6 E1.
☎ 0171-839 3321. ⓘ 0171-747
2885. ⊖ Charing Cross, Leicester
Sq, Piccadilly Circus. 🚌 3, 6, 9, 11,
12, 13, 15, X15, 23, 24, 29, 53,
X53, 77A, 88, 91, 94, 109, 139,
159, 176. 🚈 Charing Cross.
◯ de 10 h à 18 h du lun. au sam.,
de 14 h à 18 le dim. ● du 24 au
26 déc., 1er jan., ven. saint, May
Day (1er lun. de mai). ♿ Orange St
& aile Sainsbury. 🎦 🛍 🍴

★ **La Charrette de foin (1821)**
*Avec Turner (p. 93), Constable est
le grand représentant de la peinture
de paysage au XIXe siècle. Ici, il a su
remarquablement traduire les effets
de l'ombre et de la lumière.*

**Accès au
niveau
inférieur**
🛍 🍴 🚻 🚹

Entrée par Trafalgar Square

**La façade
néo-classique**, en
pierre de Portland.

SUIVEZ LE GUIDE !
*La plus grande partie
des collections est
présentée sur un seul
niveau, divisé en quatre
départements. Les
tableaux sont accrochés
par ordre
chronologique ; les plus
anciens (peintures
italiennes de la
Renaissance, 1260-
1510) sont conservés
dans l'aile Sainsbury.
Les autres, toutes
époques confondues,
sont à l'étage inférieur
du bâtiment principal.*

L'Attelage *(1787)
George Stubbs s'était fait une
spécialité des représentations de
chevaux ; il a peint aussi le
portrait des grands propriétaires
terriens de son époque.*

À NE PAS MANQUER

★ **Le carton de
Léonard de Vinci**

★ **La Vénus au miroir
de Vélasquez**

★ **La charrette de foin
de John Constable**

Les Parapluies *(1881-1886)
Renoir est certainement le plus
apprécié de tous les peintres
impressionnistes. En juxtaposant
de petites touches papillotantes, il
parvient à traduire la mobilité des
formes dans la lumière.*

Piccadilly et St James's pas à pas

L e quartier est devenu le centre de la vie élégante dès les années 1530, avec la construction du palais Saint-James par Henri VIII. Aujourd'hui, Piccadilly est un quartier commerçant très animé, avec de très nombreuses boutiques, des restaurants et des

cinémas. St James's, plus au sud, est resté un quartier résidentiel.

L'église Saint-James a été conçue par Christopher Wren en 1684.

★ Royal Academy
Cette Vierge à l'Enfant (1505) de Michel-Ange fait partie des collections permanentes ❽

Fortnum and Mason *(p. 122)*, épicerie fine depuis 1707.

Le Ritz, *un des plus célèbres hôtels de la ville, s'est ouvert en 1906* ❿

Burlington Arcade
Cette galerie marchande est gardée par des huissiers en uniforme.

St James's Palace est sur le site d'une ancienne léproserie.

Vers le Mall et le palais de Buckingham *(p. 88-89).*

Spencer House, restaurée récemment dans son état du XVIIIe siècle, abrite de très beaux tableaux et meubles d'époque. Cet édifice palladien a été achevé en 1766 pour le premier comte Spencer, un ancêtre de feu la princesse Diana.

À NE PAS MANQUER

★ Picadilly Circus

★ La Royal Academy

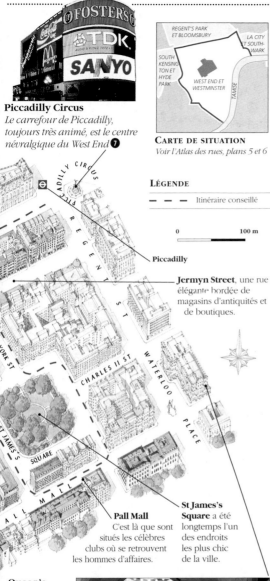

Piccadilly Circus
Le carrefour de Piccadilly, toujours très animé, est le centre névralgique du West End **❼**

REGENT'S PARK ET BLOOMSBURY

LA CITY ET SOUTHWARK

SOUTH KENSINGTON ET HYDE PARK

WEST END ET WESTMINSTER

TAMISE

CARTE DE SITUATION
Voir l'Atlas des rues, plans 5 et 6

LÉGENDE

– – – Itinéraire conseillé

0   100 m

Piccadilly

Jermyn Street, une rue élégante bordée de magasins d'antiquités et de boutiques.

Pall Mall
C'est là que sont situés les célèbres clubs où se retrouvent les hommes d'affaires.

St James's Square a été longtemps l'un des endroits les plus chic de la ville.

Queen's Chapel
est la première église classique construite en Angleterre **❿**

Royal Opera Arcade est un passage couvert bordé de boutiques de luxe. Il a été construit par John Nash en 1818.

Queen's Chapel **❿**

Marlborough Rd SW1. **Plan** 6 D1.
0171-930 4832. Green Park.
de 11 h 30 à 15 h 30 du mar. au jeu. Dim. pendant les offices (de Pâques à fin juill.).

Queen's Chapel (chapelle de la reine) a été conçue par Inigo Jones pour l'infante d'Espagne, qui devait épouser Charles Iᵉʳ (*p. 52-53*). Les négociations firent long feu et les travaux commencés en 1623 furent interrompus ; la chapelle fut achevée en 1627 pour Henriette de France, fille d'Henri IV, qui épousa Charles Iᵉʳ en 1625. Le plafond à caissons s'inspire de la reconstruction par Palladio de la voûte d'un temple romain.

Queen's Chapel, vue intérieure

Le Mall **⓫**

SW1. **Plan** 6 D2. Charing Cross, Green Park.

Cette avenue qui mène de Trafalgar Square au palais de Buckingham a été percée en 1911 par l'architecte Aston Webb, quand il modifia la façade du palais et fit construire le Victoria Monument. Le Mall reprend le tracé d'une promenade qui longeait St James's Park sous Charles II ; c'était alors un des quartiers les plus chic de la ville. Aujourd'hui, le Mall est un peu l'équivalent anglais des Champs-Élysées : l'avenue est pavoisée lors de la visite de chefs d'État étrangers, elle sert aussi de cadre aux processions royales et à certaines manifestations officielles. Le Mall est interdit à la circulation le dimanche.

Buckingham Palace ⑫

La reine Élisabeth II

L a résidence officielle de la reine à Londres a été ouverte à la visite pour la première fois en 1993, les droits d'entrée devant servir à réparer les dommages causés par l'incendie du château de Windsor *(p. 222-223).* Depuis, une foule de visiteurs s'y presse, surtout en août et en septembre. C'est John Nash *(p. 107)* qui entreprit en 1826 de transformer Buckingham House, une résidence du XVIIIᵉ siècle, en palais pour le roi George IV ; le chantier lui fut retiré en 1830 pour dépassement de budget. La reine Victoria, en 1837, fut le premier occupant du palais. Seuls les appartements d'apparat et l'escalier d'honneur se visitent.

Le Salon de musique
C'est là que se déroulent les présentations officielles et le baptême des enfants royaux.

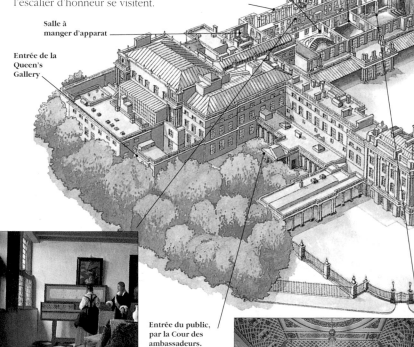

Salon blanc
Salon vert
Escalier d'honneur
Salon bleu
Salle à manger d'apparat
Entrée de la Queen's Gallery
Entrée du public, par la Cour des ambassadeurs.

La galerie de peintures
Parmi les chefs-d'œuvre exposés, La Leçon de musique *(vers 1660) du peintre hollandais Vermeer de Delft.*

La Salle du trône
La plupart des cérémonies conduites par la reine se déroulent dans la salle du trône.

Vue sur le Mall
*C'est de ce balcon que la
famille royale vient saluer la
foule.*

L'Union Jack flotte sur
le palais quand la reine
y réside.

L'aile est a été ajoutée
par l'architecte Aston
Webb en 1913.

La relève de la garde
se déroule sur
l'esplanade du palais.

LA RELÈVE DE LA GARDE

De nombreux spectateurs
massés le long des grilles
assistent à la relève de la
garde, une cérémonie
haute en couleur : les
gardes, vêtus de tuniques
écarlates et coiffés du
célèbre bonnet à poils
descendent le Mall depuis
le palais Saint-James ;
ensuite a lieu une parade
d'une demi-heure, pendant
laquelle la nouvelle garde
prend possession des clefs
du palais.

Queen's Gallery ⑬

L
a reine possède une des
plus belles collections
privés du monde. Des
expositions thématiques
présentent par roulement une
partie des œuvres. Le petit
bâtiment qui abrite la
collection, accolé au palais de
Buckingham, servit de véranda
jusqu'en 1962 ; une partie est
occupée par une chapelle
privée. Dans la boutique, on
vend des souvenirs liés à la
famille royale.

**Détail du carrosse d'apparat de
George IV (1762), Écuries royales**

Les Royal Mews ⑭

L
es Écuries royales (Royal
Mews) devraient enchanter
les amateurs de chevaux et
d'apparat. Ces bâtiments
conçus par John Nash en 1825,
abritent les chevaux et les
équipages utilisés lors des
cérémonies officielles, les
Rolls-Royce dont le toit
transparent laisse apparaître les
occupants, et le carrosse des
mariages princiers. Le plus
somptueux et sans doute le
carrosse construit pour
George IV en 1762, doré et
orné de panneaux peints par
Giovanni Cipriani.

Whitehall et Westminster pas à pas

C'est ici que sont rassemblées les grandes instances politiques et religieuses du pays. La plupart des administrations ont leur siège dans les bâtiments qui bordent les larges avenues de Whitehall et de Westminster. La journée les rues sont pleines de fonctionnaires ; le week-end, les touristes et les flâneurs prennent la relève.

Downing Street
En 1732, Sir Robert Walpole a été le premier à occuper l'appartement de fonction réservé au Premier ministre ⑯

Cabinet War Rooms
Le quartier général de Churchill pendant la Deuxième Guerre mondiale est ouvert au public ⑮

St Margaret's Church
C'est souvent là que se déroulent les mariages de la haute société.

★ L'abbaye de Westminster
Cette abbaye est la plus ancienne et la plus importante église de la ville ⑲

Central Hall (1911) est un exemple du style académique

Richard Ier Cœur de lion, mort en 1199, statue de 1860.

Dean's Yard est une petite cour isolée environnée de bâtiments pittoresques qui datent de différentes époques.

Les Bourgeois de Calais, épreuve en bronze d'après l'original de Rodin.

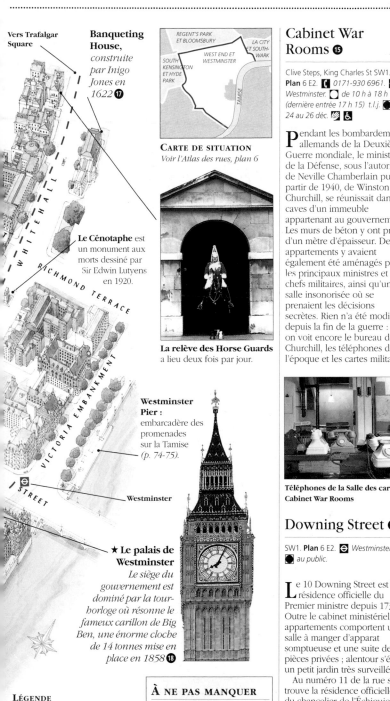

Vers Trafalgar Square

Banqueting House, *construite par Inigo Jones en 1622* ⑰

CARTE DE SITUATION
Voir l'Atlas des rues, plan 6

Le Cénotaphe est un monument aux morts dessiné par Sir Edwin Lutyens en 1920.

La relève des Horse Guards a lieu deux fois par jour.

Westminster Pier : embarcadère des promenades sur la Tamise (p. 74-75).

Westminster

★ **Le palais de Westminster**
Le siège du gouvernement est dominé par la tour-horloge où résonne le fameux carillon de Big Ben, une énorme cloche de 14 tonnes mise en place en 1858 ⑱

LÉGENDE

– – – Itinéraire conseillé

0   100 m

À NE PAS MANQUER

★ **L'abbaye de Westminster**

★ **Le palais de Westminster**

Cabinet War Rooms ⑮

Clive Steps, King Charles St SW1. **Plan** 6 E2. ☎ *0171-930 6961.* ⊖ *Westminster.* ☐ *de 10 h à 18 h (dernière entrée 17 h 15) t.l.j.* ● *du 24 au 26 déc.* 🎫 ⚫

Pendant les bombardements allemands de la Deuxième Guerre mondiale, le ministère de la Défense, sous l'autorité de Neville Chamberlain puis, à partir de 1940, de Winston Churchill, se réunissait dans les caves d'un immeuble appartenant au gouvernement. Les murs de béton y ont près d'un mètre d'épaisseur. Des appartements y avaient également été aménagés pour les principaux ministres et chefs militaires, ainsi qu'une salle insonorisée où se prenaient les décisions secrètes. Rien n'a été modifié depuis la fin de la guerre : on voit encore le bureau de Churchill, les téléphones de l'époque et les cartes militaires.

Téléphones de la Salle des cartes, Cabinet War Rooms

Downing Street ⑯

SW1. **Plan** 6 E2. ⊖ *Westminster.* ● *au public.*

Le 10 Downing Street est la résidence officielle du Premier ministre depuis 1732. Outre le cabinet ministériel, les appartements comportent une salle à manger d'apparat somptueuse et une suite de pièces privées ; alentour s'étend un petit jardin très surveillé.

Au numéro 11 de la rue se trouve la résidence officielle du chancelier de l'Échiquier, ou ministre des Finances. Pour des raisons de sécurité, la sortie de Downing Street côté Whitehall est barrée par des grilles depuis 1989.

Banqueting House 🕗

Whitehall SW1. **Plan** 6 E1. ☎ *0171-839 7569.* 🚇 *Charing Cross.* ☐ *de 10 h à 17 h du lun. au sam.* ● *25, 26 déc., 1er jan. et lors des cérémonies.* 📷 📷 ♿

C onstruit par Inigo Jones
(p. 53) en 1622, ce bâtiment est le premier du centre-ville qui soit inspiré de l'architecture classique de la Renaissance italienne. Charles Ier commanda à Rubens un décor plafonnant représentant l'apothéose de son père, Jacques Ier. Ceci ne plut sans doute pas aux parlementaristes, qui firent exécuter le roi devant son palais en 1649 *(p. 52-53)*.

Le plafond de Banqueting House, peint par Rubens de 1629 à 1634

Le palais de Westminster 🕘

SW1. **Plan** 6 E2. ☎ *0171-219 3000.* 🚇 *Westminster.* **Chambres des Communes** ☐ *14 h 30-22 h lun., mar., jeu., 10 h-22 h mer., 9 h 30-15 h ven. Questions au gouvernement, (14 h 30-15 h 30 lun.-jeu.) : demander une autorisation à l'ambassade.* ● *3 sem. avant Noël, Pâques et jours fériés.* ♿ 📷 *sur r.d.v.*

D es premières constructions
élevées au XIe siècle, seul subsiste Westminster Hall. Le bâtiment néo-gothique actuel a

été construit par l'architecte Sir Charles Barry après l'incendie du premier palais en 1834. Le palais de Westminster est le siège de la Chambre des communes et de la Chambre des lords depuis le XVIe siècle. La première est composée de députés élus, issus de différents partis politiques ; le parti qui détient le plus grand nombre de sièges forme le gouvernement, et son président devient Premier

ministre. La Chambre des lords est composée de pairs *(p. 58-59)*, de juristes laïcs et de prélats. Tous les projets de loi sont débattus par les deux Chambres.

L'abbaye de Westminster 🕤

P. 94-95.

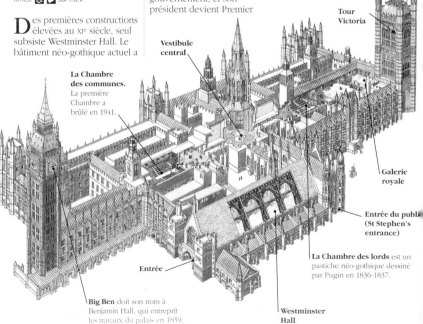

Tour Victoria

Vestibule central

La Chambre des communes. La première Chambre a brûlé en 1941.

Galerie royale

Entrée du public (St Stephen's entrance)

La Chambre des lords est un pastiche néo-gothique dessiné par Pugin en 1836-1837.

Entrée

Westminster Hall

Big Ben doit son nom à Benjamin Hall, qui entreprit les travaux du palais en 1859.

La façade de la Tate Gallery

La Tate Gallery ⑳

Millbank SW1. **Plan** 6 E4.
📞 0171- 887 8000. 📠 0171-887
8008. ⊖ Pimlico. ◯ de 10 h à
17 h 50 t.l.j. ⬤ du 24 au 26 déc.,
ven. saint, May Day (1er lun. de mai).
🎟 pour les grandes expositions. 📷
♿ 🛒

Fondée en 1897, la Tate
Gallery est l'un des plus
beaux musées de Londres. Elle
retrace l'évolution de l'école
anglaise du XVIe siècle à nos
jours, mais on y
trouve aussi des
œuvres d'art
contemporain et le
très bel ensemble
de Turner de la
Clore Gallery.
L'accrochage
change
régulièrement de
manière à
présenter toutes
les œuvres par
roulement.

L'art du portrait
s'est
particulièrement
développé en
Angleterre dès le XVIe siècle,
comme en témoigne
notamment le portrait
d'Élisabeth Ire par Nicholas
Hilliard (1575). Au siècle
suivant, le peintre d'origine
flamande Anthony Van Dyck a
créé un nouveau type de
portrait aristocratique : la
Dame de la famille Spencer

**Les Trois Danseurs
(1925) de Picasso**

(1633-1638) et
l'*Endymion Porter*
de William Dobson
(1642-1645) sont
deux exemples de
ce style élégant et
brillant dont
l'influence se fait
encore sentir, en
plein XVIIIe siècle, sur
un peintre comme
Thomas
Gainsborough.

La Tate Gallery conserve
aussi un très bel ensemble
d'œuvres de William Blake,
dont l'art visionnaire contraste
avec les paysages paisibles de
Constable *(p. 190-191)* et les
images poétiques des
préraphaélites (Millais, Rossetti).

La plupart des
impressionnistes et post-
impressionnistes
sont à la National
Gallery *(p. 84-85)*
depuis 1954, mais la
Tate Gallery expose
encore de très
beaux tableaux de
Renoir, Gauguin,
Degas, Toulouse-
Lautrec et Van
Gogh. Claude
Monet (*Peupliers
au bord de l'Epte*,
1891) et Paul
Cézanne (*Le
Jardinier*, vers
1906) sont parmi
les artistes les plus
novateurs présentés au musée ;
leur manière, à la limite de
l'abstraction, a eu une grande
influence sur des artistes
comme Kandinsky.

Tous les plus grands
mouvements artistiques du
XXe siècle sont représentés :
le fauvisme, avec des
œuvres de jeunesse de

M. et Mme Clark et Percy (1971) de D. Hockney

Matisse et Derain, le cubisme
de Picasso, Braque et Léger, le
futurisme de Severini et
Boccioni, l'expressionnisme de
Munch. En sculpture, on
retrouve les noms de Rodin,
Moore et Hepworth. Les
œuvres de l'après-guerre
occupent une place de choix :
figures inquiétantes de Francis
Bacon, tableaux presque
hyperréalistes de David
Hockney, toiles de
l'expressionniste abstrait
Jackson Pollock. On verra aussi
des œuvres majeures des
grands tenants du pop'art,
Warhol (*Marilyn Diptych*, 1962)
et Lichtenstein
(*Whaam !*,
1963).

**Le Baiser
(1901-1904),
par Rodin**

LE LEGS TURNER

Le grand paysagiste J. M. W. Turner (1775-
1851) a légué ses œuvres à l'État à la
condition qu'elles ne soient pas dispersées.
Ce n'est qu'en 1987, avec l'ouverture de la
Clore Gallery, que le vœu du peintre a pu
être réalisé. Aujourd'hui, on peut y admirer
ses aquarelles, son premier tableau à
l'huile, *Pêcheurs en mer* (Turner avait
21 ans) et des œuvres impressionnistes de
sa maturité, que Constable disait peintes
« avec de la vapeur colorée ».

Ville et fleuve au coucher du soleil (1832)

L'abbaye de Westminster ⓳

Depuis le XIIIᵉ siècle, tous les souverains britanniques sont enterrés dans l'abbaye de Westminster ; c'est là aussi que se déroulent les cérémonies du couronnement et les mariages princiers. L'abbaye est l'un des plus beaux monuments de la ville et présente une étonnante diversité de styles, depuis le gothique austère de la nef jusqu'à l'étonnante chapelle Henri VII au décor très fouillé. À la fois lieu de culte et musée historique, l'abbaye abrite une quantité impressionnante de tombeaux et de monuments élevés en l'honneur des plus grandes figures du pays.

Entrée nord
La sculpture est un pastiche médiéval du XIXᵉ siècle.

Aile des hommes d'État

Les arcs-boutants
déchargent la nef du poids énorme de la toiture.

★ La nef
Très étroite (10 m), la nef de Westminster est aussi la plus haute d'Angleterre (31 m).

Entrée principale

LE COURONNEMENT

Le jour de Noël 1066, Guillaume le Conquérant fut couronné dans l'abbaye de Westminster. Depuis lors, c'est ici que sont sacrés tous les souverains britanniques. Celui de la reine Élisabeth II, en 1953, est le premier qui ait été retransmis à la télévision.

Le cloître
Un atelier permet aux visiteurs d'emporter des reproductions par frottis de certaines pierres tombales.

À NE PAS MANQUER

★ **La nef**

★ **La chapelle Henri VII**

★ **La salle capitulaire**

★ La chapelle Henri VII
Construite entre 1503 et 1512, elle est surmontée d'une étonnante voûte à pendentifs ; les stalles datent de 1512.

MODE D'EMPLOI

Broad Sanctuary SW1. **Plan** 6 E2.
📞 0171-222 5152. ⊖ *St James's Park, Westminster.* 🚌 *3, 11, 12, 24, 29, 53, 70, 77, 77a, 88, 109, 159, 170.* 🚊 *Victoria, Waterloo.* 🚢 *Westminster Pier.* **La nef et le cloître** ⬜ *de 8 h à 18 h t.l.j.* **Salle capitulaire, musée et Salle du coffre** ⬜ *de 10 h 30 à 16 h t.l.j.* **Chapelle royale** ⬜ *de 9 h 20 à 16 h 45 du lun. au ven., de 15 h 45 à 18 h le sam.* **Reproductions du dessin des pierres tombales** ⬜ *de 9 h à 18 h du lun. au sam. (der. entrée : 1 h av. la ferm.).* 🚫 *sauf la nef et le cloître* 🕊 *Vêpres : 17 h du lun. au ven. 15 h sam. et dim.* 📷 *seulement de 18 h à 19 h 45 le mer.* ♿ *limité.* 🎁

Dans le sanctuaire, construit sous Henri III, se sont déroulés 38 couronnements.

WILLIAM SHAKESPEARE 1564 - 1616
BURIED AT STRATFORD-ON-AVON

Le coin des poètes
On y trouve notamment des monuments élevés à Shakespeare, Chaucer ou T. S. Eliot.

★ La salle capitulaire
Le sol de cette étonnante salle octogonale est recouvert de carreaux du XIIIᵉ siècle. Elle est éclairée par d'immenses vitraux qui racontent l'histoire de l'abbaye.

Le musée abrite beaucoup des plus belles œuvres d'art de l'abbaye, dont des effigies sculptées des souverains.

La Salle du coffre abritait au Moyen Âge les étalons en or et argent des poids et monnaies du royaume.

La chapelle d'Édouard le Confesseur
abrite le trône du couronnement, le tombeau du roi et de plusieurs autres monarques du Moyen Âge.

LES ÉTAPES DE LA CONSTRUCTION

Les premiers bâtiment remontent au Xᵉ siècle. L'abbaye actuelle, très influencée par le gothique français, a été édifiée à partir de 1245 sur l'ordre d'Henri III Plantagenêt. Westminster est un lieu phare dans la tradition monarchique ; c'est pourquoi l'abbaye a échappé à la destruction des bâtiments monastiques ordonnée par Henri VIII *(p. 50-51).*

LÉGENDE

- ☐ Avant 1400
- ☐ Ajouts du XVᵉ siècle
- ☐ Entre 1503 et 1519
- ☐ Construit en 1745
- ☐ Construit après 1850

SOUTH KENSINGTON ET HYDE PARK

D ans ce quartier, on trouvera deux des plus grands jardins publics de Londres et quelques-uns des plus beaux musées, magasins, restaurants et hôtels de la ville. Au milieu du XIXᵉ siècle, cette partie de la cité était encore un endroit très tranquille, semi-rural, où l'on trouvait de grandes propriétés et des écoles privées. En 1851, l'Exposition universelle *(p. 56-57)* qui s'est tenue dans Hyde Park a transformé tout le quartier en une gigantesque auto-célébration de la prospérité de l'ère

Statue de Peter Pan, jardins de Kensington

victorienne. L'exposition remporta un énorme succès, et les bénéfices permirent d'acquérir 35 hectares de terrain dans South Kensington. Le prince Albert y encouragea la construction d'une salle de concert, de musées et d'académies des sciences et des arts appliqués ; la plupart de ces institutions existent encore. Le quartier devint rapidement très résidentiel, comme en témoignent aujourd'hui les grandes demeures de brique rouge, les jardins et les boutiques de luxe de Knightsbridge.

LE QUARTIER D'UN COUP D'ŒIL

Édifice historique
Kensington Palace ➐

Église
Brompton Oratory ➋

Magasin
Harrod's ➊

Parcs et jardins
Hyde Park et Kensington Gardens ➏

Musées et galeries
Musée d'Histoire naturelle ➎
Musée des Sciences ➍
Victoria and Albert Museum p. 100-101 ➌

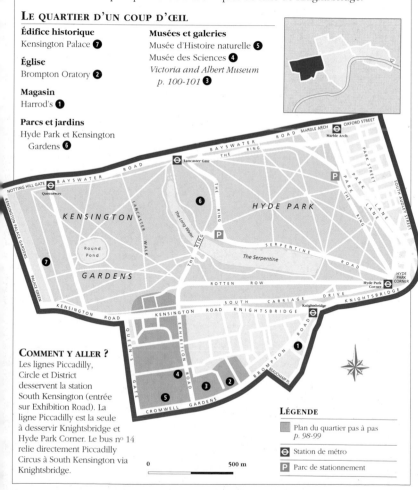

COMMENT Y ALLER ?

Les lignes Piccadilly, Circle et District desservent la station South Kensington (entrée sur Exhibition Road). La ligne Piccadilly est la seule à desservir Knightsbridge et Hyde Park Corner. Le bus n° 14 relie directement Piccadilly Circus à South Kensington via Knightsbridge.

LÉGENDE

▨ Plan du quartier pas à pas *p. 98-99*

🜨 Station de métro

🅿 Parc de stationnement

0   500 m

◁ **Cette maison de South Kensington date de la première moitié du XIXᵉ siècle**

South Kensington pas à pas

Les nombreux musées et académies
créés dans le sillage de l'Exposition
universelle de 1851 *(p. 56-57)* font de
South Kensington l'un des hauts lieux
culturels de la ville. Le quartier est très
fréquenté, tant par les touristes que
par les Londoniens eux-mêmes,
notamment pendant le fameux festival
de musique classique
des « Proms » *(p. 126)*
au Royal Albert Hall.

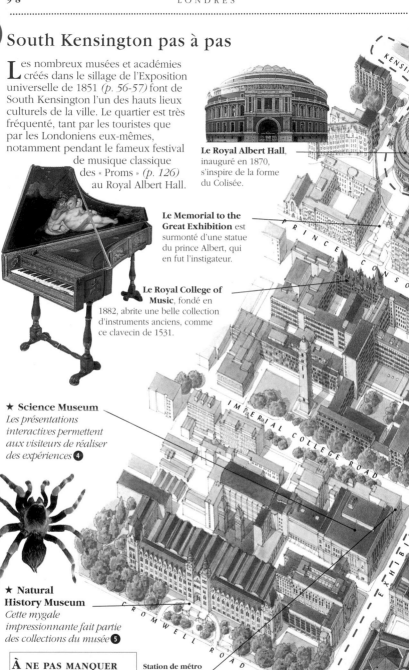

Le Royal Albert Hall,
inauguré en 1870,
s'inspire de la forme
du Colisée.

**Le Memorial to the
Great Exhibition** est
surmonté d'une statue
du prince Albert, qui
en fut l'instigateur.

**Le Royal College of
Music**, fondé en
1882, abrite une belle collection
d'instruments anciens, comme
ce clavecin de 1531.

★ **Science Museum**
*Les présentations
interactives permettent
aux visiteurs de réaliser
des expériences* ❹

★ **Natural
History Museum**
*Cette mygale
impressionnante fait partie
des collections du musée* ❺

**Station de métro
South Kensington**

À NE PAS MANQUER
_____

★ **Le Science Museum**

★ **Le Natural History
Museum**

★ **Le Victoria and
Albert Museum**

LÉGENDE
_____

– – – Itinéraire conseillé

0   100 m

Albert Memorial a été édifié à la mémoire du prince Albert, époux de la reine Victoria, qui mourut en 1861.

CARTE DE SITUATION
Voir l'Atlas des rues, plan 2

★ **Victoria and Albert Museum**
Sa collection d'objets d'art venus du monde entier est unique ❸

Le Brompton Oratory
est un pastiche de l'architecture baroque italienne qui date du IXᵉ siècle ❷

Brompton Square (1821)

Vers Knightsbridge et Harrod's

GARDENS — BROMPTON ROAD

Le décor étonnant de Harrod's

Harrod's ❶

Brompton Rd SW1. **Plan** 5 A3.
[0171-730 1234. ⊖ Knightsbridge.
◯ 10 h à 18 h lun., mar. et sam., de
10 h à 19 h du mer. au ven. &. Voir
Boutiques et marchés p. 122-123.

En 1849, Henry Charles Harrod ouvrait une petite épicerie sur Brompton Road. La boutique connut rapidement un grand succès et le magasin, considérablement agrandi, s'installa en 1905 dans ses nouveaux locaux de Knightsbridge.

Le Brompton Oratory ❷

Brompton Rd SW7. **Plan** 2 F5. [
0171-589 4811. ⊖ South Kensington.
◯ de 6 h 30 à 20 h t.l.j. &

L'oratoire de Londres a été édifié à la fin du XIXᵉ siècle à l'instigation du cardinal Newman, qui avait fait venir en Angleterre une communauté de prêtres catholiques de la congrégation des oratoriens, fondée à Rome au XVIᵉ siècle. L'église a été consacrée en 1884, la façade et le dôme ajoutés quelque dix ans plus tard.

L'intérieur néo-baroque regorge d'œuvres d'art, dont douze statues d'apôtres XVIIᵉ provenant de la cathédrale de Sienne et un très beau retable de 1693, autrefois dans l'église dominicaine de Brescia. Le retable de la chapelle Saint-Wilfred, du XVIIIᵉ siècle, vient de Rochefort, en Belgique.

Le Victoria and Albert Museum ❸

U n ancien conservateur du musée, Sir Roy Strong, le comparait ironiquement à un « gigantesque fourretout ». Les collections du Victoria and Albert font preuve d'un éclectisme étonnant, car elles vont de la céramique islamique aux chaussures Doc Marten, en passant par Constable et l'art indien. La section Arts appliqués du musée, inaugurée quelques années après l'Exposition universelle de 1851 *(p. 56-57)* est la plus riche du monde. Depuis 1909, le Victoria and Albert Museum (le « V&A ») occupe un bâtiment conçu par Sir Aston Webb.

Entrée principale

★ Galerie du XXe siècle
On y trouve les œuvres les plus contemporaines, comme cette Radio dans un sac *de Daniel Weil (1983).*

Instruments de musique

Vers les niveaux supérieurs

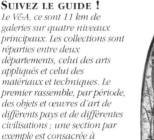

Art anglais 1500-1750
Le Grand Lit de Ware, en chêne marqueté (vers1590) est le meuble le plus célèbre du V&A.

SUIVEZ LE GUIDE !

Le V&A, ce sont 11 km de galeries sur quatre niveaux principaux. Les collections sont réparties entre deux départements, celui des arts appliqués et celui des matériaux et techniques. Le premier rassemble, par période, des objets et œuvres d'art de différents pays et de différentes civilisations ; une section par exemple est consacrée à l'Europe entre 1600 et 1800. Toutes ces salles occupent la majeure partie du rez-de-chaussée et du sous-sol ; l'art anglais est rassemblé au premier étage. Le département des techniques et matériaux possède une collection extraordinaire de tapisseries, de porcelaines, d'orfèvrerie, de bijoux et de verrerie. L'aile Henry Cole, au nord-ouest du bâtiment principal, abrite les collections de peintures, de dessins, de gravures et de photographies. Une galerie consacrée à l'architecte américain Frank Lloyd Wright.

L'aile Henry Cole
Parmi les chefs-d'œuvre qu'elle abrite, 200 peintures de Constable et ce portrait d'un Jeune Homme près d'un rosier *(1588), œuvre du miniaturiste de cour Nicholas Hilliard.*

Entrée par Exhibition Road

LÉGENDE

⬜	Sous-sol
⬜	Rez-de-chaussée
⬜	Mezzanine 1
☐	1er étage
⬜	Aile Henry Cole

À NE PAS MANQUER

★ La galerie du XXe siècle

★ Les salles Morris, Gamble et Poynter

★ L'art du Moyen Âge

★ La galeire Nehru (art indien)

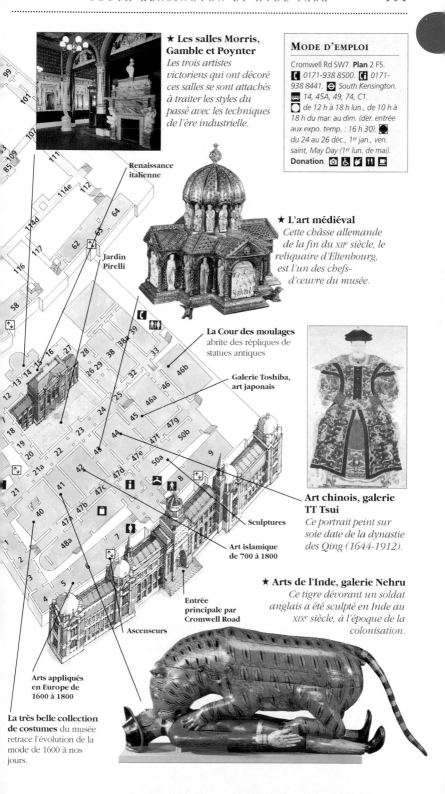

★ Les salles Morris, Gamble et Poynter
Les trois artistes victoriens qui ont décoré ces salles se sont attachés à traiter les styles du passé avec les techniques de l'ère industrielle.

MODE D'EMPLOI

Cromwell Rd SW7. **Plan** 2 F5.
☎ 0171-938 8500. 🖷 0171-938 8441. ⊖ South Kensington.
🚌 14, 45A, 49, 74, C1.
🕐 de 12 h à 18 h lun., de 10 h à 18 h du mar. au dim. (der. entrée aux expo. temp. : 16 h 30). ●
du 24 au 26 déc., 1er jan., ven. saint, May Day (1er lun. de mai).
Donation. 🄯 ♿ ✂ 🍴 🖵

Renaissance italienne

★ L'art médiéval
Cette châsse allemande de la fin du XIIe siècle, le reliquaire d'Eltenbourg, est l'un des chefs-d'œuvre du musée.

Jardin Pirelli

La Cour des moulages abrite des répliques de statues antiques

Galerie Toshiba, art japonais

Art chinois, galerie TT Tsui
Ce portrait peint sur soie date de la dynastie des Qing (1644-1912).

Sculptures

Art islamique de 700 à 1800

★ Arts de l'Inde, galerie Nehru
Ce tigre dévorant un soldat anglais a été sculpté en Inde au XIXe siècle, à l'époque de la colonisation.

Entrée principale par Cromwell Road

Ascenseurs

Arts appliqués en Europe de 1600 à 1800

La très belle collection de costumes du musée retrace l'évolution de la mode de 1600 à nos jours.

Le Science Museum ❹

Exhibition Rd SW7. **Plan** 2 E5.
☎ *0171-938 8000.* 🚇 *South Kensington.* ⭕ *de 10 h à 18 h t.l.j.* ⭕ *du 24 au 26 déc.* 🖼 🅾 ♿ 🎫

D es technologies antiques à l'exploration de l'espace, de la médecine romaine à la fission de l'atome, le musée des Sciences explore toutes les facettes de la découverte scientifique. Les collections proposent une approche de la découverte scientifique, grâce à des séquences interactives qui

Une machine à vapeur de 1712, au musée des Sciences

permettent au visiteur de refaire lui-même de nombreuses expériences.

Le section la plus spectaculaire est sans doute l'aéronautique : des séquences adaptées aux enfants de 7 à 13 ans leur permettent d'expérimenter par eux-mêmes les principes scientifiques de base. Dans la section Exploration de l'espace est exposé un objet quasi mythique, la capsule Apollo 10 qui emporta trois hommes vers la Lune en mai 1969. On verra aussi une vidéo de l'alunissage qui eut lieu quelques semaines plus tard avec Apollo 11. Plus terre à terre, mais tout aussi instructive, la section *Food for Thought* révèle l'importance grandissante de la recherche et de la science dans notre façon de nous nourrir. Ici encore, des séquences assistées par ordinateur retracent l'évolution de nos habitudes alimentaires depuis un

siècle. Des départements comme les Transports et l'Énergie *(Power and Land Transport)* – évolution des engins à vapeur, des trains, des voitures et des autres moyens de locomotion – ou celui de l'optique – hologrammes, lasers, expériences sur les couleurs – connaissent également un grand succès.

Le dernier étage est consacré au musée historique de la Médecine. Le parcours qu'il retrace depuis les temps les plus reculés jusqu'à nos jours est étonnant ; certaines pratiques médicales du passé – prothèse dentaire étrusque, tête égyptienne momifiée – nous paraissent aujourd'hui bien plus proches de la magie que de la science.

Le Natural History Museum ❺

Cromwell Rd SW7. **Plan** 2 E5. ☎ *0171-938 9123.* 🚇 *South Kensington.* ⭕ *de 10 h à 17 h 50 du lun. au sam., de 11 h à 17 h 50 dim. et jours fériés.* ⭕ *du 23 au 26 déc.* 🖼 🅾 ♿ 🎫

L e bâtiment néo-roman qui abrite le Muséum d'histoire naturelle date de 1881. Très novateur à l'époque, il témoigne de l'éclectisme du XIXᵉ siècle et des nouvelles techniques de construction mises au point à l'ère victorienne : les animaux et les plantes sculptés sur les arcs et les colonnes dissimulent une armature de fer et d'acier.

Les collections abordent l'écologie, l'histoire de la Terre, l'origine des espèces, l'évolution morphologique de l'homme ; elles utilisent autant les présentations

Cet oiseau préhistorique sculpté orne le Muséum d'histoire naturelle

traditionnelles que les technologies les plus récentes comme l'interactivité.

Le musée est divisé en deux grands départements, la galerie de l'Évolution *(Life Gallery)* et la galerie de la Terre *(Earth Gallery).* Le premier traite de l'écologie au sens large et de l'influence de l'homme sur les différents écosystèmes. Des reconstitutions étonnantes, comme la forêt tropicale, toute bruissante d'insectes, ou les dinosaures s'entre-dévorant, rendent le parcours encore plus passionnant. La galerie de la Terre présente la lente évolution de la planète et l'étendue insoupçonnée de ses richesses naturelles. La simulation d'un tremblement de terre plaira aux amateurs de sensations fortes.

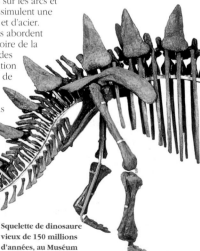

Squelette de dinosaure vieux de 150 millions d'années, au Muséum d'histoire naturelle

Statue de la reine Victoria, sculptée par sa fille la princesse Louise, devant Kensington Palace

Hyde Park et Kensington Gardens ❻

W2. **Plan** 2 F2. 📞 0171-298 2100.
Hyde Park 🚇 Hyde Park Corner, Knightsbridge, Lancaster Gate, Marble Arch. ⭕ de 5 h à minuit t.l.j. ♿
Kensington Gardens 🚇 Queensway, Lancaster Gate. ⭕ de 5 h à la tombée de la nuit. ♿ Voir **Parcs et jardins** p. 76-77.

Hyde Park doit son nom au manoir de Hyde, autrefois situé sur des terres appartenant à l'abbaye de Westminster et réquisitionnées par Henri VIII en 1536, lors de la dissolution des ordres monastiques (p. 50-51). Jacques Ier ouvrit le parc au public au début du XVIIe siècle ; Hyde Park devint un des lieux de promenade préférés des Anglais… et des brigands de tout poil. Les vols et les duels devinrent si nombreux que Guillaume III y fit installer 300 réverbères ; Rotten Row fut ainsi la première rue d'Angleterre à bénéficier d'un éclairage nocturne. En 1730, la reine Caroline fit construire un barrage sur un affluent de la Tamise, la Wesbourne, pour créer un lac artificiel, la Serpentine. Hyde Park est aujourd'hui un lieu de détente : barque ou natation dans la Serpentine, promenade à cheval le long de Rotten Row. C'est aussi le cadre d'activités moins sportives : au nord-est du parc, à Speaker's Corner (le « coin des orateurs ») une loi de 1872 autorise chacun à prendre la parole en public. Les orateurs plus ou moins illuminés, plus ou moins convaincants, sont particulièrement nombreux le dimanche.

Tout près de Hyde Park, les anciens jardins du palais de Kensington ont été ouverts au public en 1841. Tous les petits Londoniens connaissent la statue de Peter Pan, dont le socle est orné de petits lapins et de fées de bronze, et le Round Pond, où ils font voguer des maquettes de bateaux.

L'Orangerie de 1704 était autrefois la salle à manger d'été de la reine Anne. C'est aujourd'hui un café.

Détail des grilles de Kensington Gardens

Le palais de Kensington ❼

Kensington Palace Gdns W8.
Plan 2 D3. 📞 0171-937 9561.
🚇 High St Kensington, Queensway. ⭕ de 10 h à 17 h t.l.j. ⬤ du 24 au 26 déc., 1er jan., ven. saint. 🎫 ♿ rez-de-chaussée uniquement. 🎦

Le palais de Kensington a été la résidence principale de la famille royale entre 1690 et 1760, date à laquelle George III préféra s'installer à Buckingham Palace. En 1714, la reine Anne y mourut d'une crise d'apoplexie ; c'est à Kensington aussi que la princesse Victoria apprit, en juin 1837, la mort de son oncle Guillaume IV, qui faisait d'elle la nouvelle reine d'Angleterre. Son long règne (64 ans) commençait alors. La moitié du palais est occupée par les membres de la famille royale, l'autre partie se visite. Les salles d'apparat du XVIIIe siècle avec leurs plafonds et peintures murales réalisées par William Kent (p. 24) sont à voir absolument. Les jours qui ont suivi la mort de la princesse Diana en 1997, le palais est devenu le point de ralliement de ses admirateurs, rassemblés par milliers devant les grilles et faisant de l'espace alentour un champ de bouquets de fleurs.

REGENT'S PARK ET BLOOMSBURY

À la limite sud de Regent's Park se trouvent les plus belles maisons georgiennes de la ville, construites au début du XIXᵉ siècle par John Nash *(p. 107)*. C'est lui aussi qui a dessiné le parc, point d'aboutissement d'une perspective qui part de Saint-James *(p. 86-87)*. Ce parc est aujourd'hui le plus animé de la ville. On y trouve un zoo, un théâtre en plein air, une roseraie, un lac, des cafés et la plus grande mosquée de la ville. Au nord-est s'étend Camden Town *(p. 130)*, accessible à pied ou en bateau par Regent's Canal, avec son marché très achalandé, des boutiques et des cafés.

Vase grec antique, British Museum

Bloomsbury a gardé ses petits squares et ses maisons georgiennes en brique. Ce quartier est resté l'un des plus élégants de Londres jusqu'en 1850 environ ; la construction d'hôpitaux et de gares en a peu à peu délogé les habitants les plus fortunés, qui sont partis s'installer du côté de Mayfair, de Knightsbridge ou Kensington. Le British Museum est à Bloomsbury depuis 1753 et l'université de Londres depuis 1828. Dans ce quartier très marqué par les arts – peintres, écrivains et intellectuels, comme George Bernard Shaw, Karl Marx, Charles Dickens ou le Bloomsbury Group *(p. 149)* ont longtemps arpenté ses rues –, on trouve encore de nombreux bouquinistes.

LE QUARTIER D'UN COUP D'ŒIL

Rue historique
Bloomsbury ❺

Musées et galeries
British Museum p. 108-109 ❹

Madame Tussaud's et le Planetarium ❶
Sherlock Holmes Museum ❷
Wallace Collection ❸

COMMENT Y ALLER ?

Les stations de métro les plus proches sont Regent's Park, Great Portland Street et Baker Street. Les lignes de bus 13, 139 et 159 partent de Trafalgar Square et passent à proximité de Baker Street. En métro, la station la plus proche du zoo est Camden Town ; Russell Square est au cœur même de Bloomsbury.

LÉGENDE

- 🚇 Station de métro
- 🅿 Parc de stationnement

0   500 m

◁ **La place Saint-Andrew, à Regent's Park**

Madame Tussaud's et le Planétarium ❶

Marylebone Rd NW1. **Plan** 3 B3.
📞 *0171-935 6861.* 🚇 *Baker St.*
🕐 *10 h à 17 h 30 du lun. au ven.,
de 9 h 30 à 17 h 30 sam. et dim.*
⬤ *25 déc.* 🎦 📷 ♿

M adame Tussaud a
commencé sa carrière en
réalisant en cire le masque
mortuaire de victimes de la
Révolution française. Installée
en Angleterre, elle
exposa ses œuvres en
1835 à Baker Street,
près du musée
actuel. Les
techniques
les plus
traditionnelles sont
encore utilisées
aujourd'hui pour
réaliser le portrait
des nouveaux
pensionnaires
du musée,
divisé en
plusieurs
sections : la

**Effigie de cire
de la reine
Elizabeth II**

Garden Party,
avec les plus
grandes
célébrités, les
Super Stars, avec des figures du
show-business, et le Grand
Hall, où le visiteur croise des
membres de la famille royale,
des hommes d'État, écrivains
ou artistes, de Lénine à Martin
Luther King en passant par
Shakespeare et Picasso.

Le Cabinet des horreurs a
toujours beaucoup de succès.
On y voit les masques
mortuaires originaux sculptés
par Madame Tussaud et la
reconstitution de crimes célèbres

**En 1990, Luciano Pavarotti entrait
chez Madame Tussaud's**

**Sherlock Holmes, le célèbre
détective imaginé par Sir Arthur
Conan Doyle**

dans leurs moindres détails. Le
Spirit of London, permet
de revivre les événements
qui ont marqué la capitale,
depuis le Grand Incendie
de 1666 jusqu'au *Swinging
London* des années soixante.

Tout près, le Planétarium,
construit en 1958, présente
un spectacle laser étonnant
et permet de tout découvrir du
système solaire et des étoiles.

Le Sherlock Holmes Museum ❷

221b Baker St NW1. **Plan** 3 A4.
📞 *0171-935 8866.* 🚇 *Baker St.* 🕐
de 10 h à 18 h t.l.j. ⬤ *25 déc.* 🎦 📷

L e célèbre détective créé par
Sir Arthur Conan Doyle est
censé habiter au 221 B Baker
Street, un numéro qui n'existe
pas mais que l'on a attribué au
musée : le 221 est inséré entre
les numéros 237 et 239 de la
rue… Les fans de Sherlock
Holmes y trouveront la
reconstitution du salon du
détective, et dans la librairie-
boutique des objets relatifs à
ses aventures, son célèbre
chapeau et des pipes en
écume de mer.

La Wallace Collection ❸

Hertford House, Manchester Sq W1.
Plan 3 B4. 📞 *0171-935 0687.*
🚇 *Bond St.* 🕐 *de 10 h à 17 h du
lun. au sam., de 14 h à 17 h dim.*
*du 24 au 26 déc., 1ᵉʳ jan., ven. saint,
May Day (1ᵉʳ lun. de mai).* ♿
téléphoner avant. 🎦

L a Wallace Collection est
l'une des plus belles
collections privées d'œuvres
d'art. Elle a été réunie par
quatre générations de
collectionneurs les marquis
d'Hertford, qui ont légué en
1897 l'ensemble de la
collection à l'État. Les
25 galeries regorgent de
tableaux, mais aussi d'armes,
d'armures de la Renaissance,
de porcelaines de Sèvres, de
sculptures et de majoliques
italiennes.

Le troisième marquis
d'Hertford, grande figure du
Tout-Londres au début du
XIXᵉ siècle, acheta grâce à la
fortune de sa femme plusieurs
toiles de Titien, Canaletto ou
Van Dyck, qui vinrent
compléter une collection de
portraits de famille. Mais le
point fort de l'exposition est
constitué par un très bel
ensemble d'œuvres d'art
français du XVIIIᵉ siècle,
acquises en France par le
quatrième marquis d'Hertford
(1800-1870) et son fils naturel,
Sir Richard Wallace (1818-

**Majolique italienne du XVIᵉ siècle, à
la Wallace Collection**

1890). Les goûts du marquis
allaient à l'encontre de ceux
des collectionneurs de la
période post-révolutionnaire,
peu enclins à acquérir
des toiles peintes
sous la monarchie.
Le marquis put donc acheter
à moindres frais des tableaux
de Watteau, Boucher ou
Fragonard, qui figurent
aujourd'hui parmi
les chefs-d'œuvre de
la collection, avec le portrait
de *Titus, fils de l'artiste,*
de Rembrandt (vers 1650), le
Persée et Andromède de Titien
(1554-1556), et le célèbre
Rieur de Franz Hals (1624).

Le Londres de John Nash

John Nash est le fils d'un constructeur de moulins du Lambeth. Architecte dès les années 1780, il se fit aussi une belle réputation d'urbaniste vers 1820, quand il fit percer la « route royale » qui part de Pall Mall, passe par Piccadilly Circus pour aboutir sur Regent's Park – Regent's Park où Nash construisit de très belles maisons néo-

John Nash (1752-1835)

classiques, comme Park Crescent et Cumberland Terrace. Sur ce plan de 1851, qui place curieusement le sud en haut de l'image, on mesure l'importance des travaux d'urbanisme entrepris par Nash dans Londres, où il construisit aussi des théâtres, des églises, et s'occupa de remanier le palais de Buckingham *(p. 88-89)*.

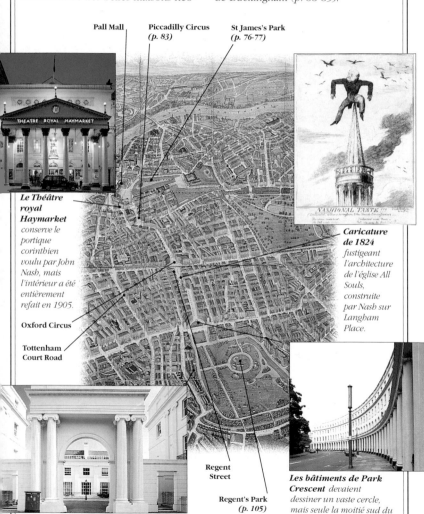

Pall Mall

Piccadilly Circus *(p. 83)*

St James's Park *(p. 76-77)*

Le Théâtre royal Haymarket conserve le portique corinthien voulu par John Nash, mais l'intérieur a été entièrement refait en 1905.

Oxford Circus

Tottenham Court Road

Caricature de 1824 fustigeant l'architecture de l'église All Souls, construite par Nash sur Langham Place.

Regent Street

Regent's Park *(p. 105)*

Cumberland Terrace, le plus grand et le plus orné des bâtiments qui entourent Regent's Park, devait faire face à un palais qui ne fut jamais construit.

Les bâtiments de Park Crescent devaient dessiner un vaste cercle, mais seule la moitié sud du projet de Nash a été réalisée. Les intérieurs ont été remis à neuf mais la façade est restée intacte.

Le British Museum ❹

Casque (VIIᵉ siècle) provenant du bateau funéraire de Sutton Hoo

L e British Museum est le plus ancien musée public du monde. Il fut constitué en 1753 pour abriter les collections d'un médecin, Sir Hans Sloane (1660-1753). Au fil des années, les collections du docteur Sloane se sont enrichies et le musée possède aujourd'hui des trésors venus du monde entier. La plus grande partie de l'édifice actuel (1823-1850) a été construite par Robert Smirke. La British Library, qui se trouvait jusqu'à présent dans l'aile est du musée, s'est installée à Euston en 1997.

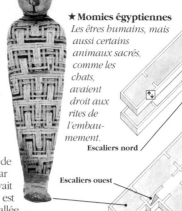

★ Momies égyptiennes
Les êtres humains, mais aussi certains animaux sacrés, comme les chats, avaient droit aux rites de l'embaumement.

Escaliers nord

Escaliers ouest

Entrée par Montague Place

Statue en bronze de Shiva Nataraja
Ce dieu hindou (vers 1100) est originaire de l'Inde du Sud. Cette œuvre fait partie des collections d'art oriental.

Galerie mexicaine

North American Gallery illustre la richesse et la diversité du développement culturel de cette partie du monde.

Escaliers nord

Escaliers ouest

Suivez le guide !
Les salles du musée courent sur 4 km. Les antiquités grecques, romaines, égyptiennes et d'Asie occidentale occupent la partie ouest du rez-de-chaussée ; l'art oriental est présenté au nord. À l'est se trouvent la galerie mexicaine, la British Library ainsi que les salles de lecture de la Bibliothèque. D'autres collections sont déployées au sous-sol et au premier étage. Les expositions temporaires sont présentées dans tout le musée ; les salles 27 et 28, près de l'entrée, leur sont réservées.

★ Les marbres d'Elgin
Cette frise sculptée qui ornait le Parthénon, sur l'Acropole d'Athènes (vᵉ siècle avant notre ère), a fait couler beaucoup d'encre. Lord Elgin l'a rapportée de Grèce en 1802.

Vers le sous-sol

Légende

☐ Antiquités britanniques	☐ Antiquités égyptiennes
☐ Monnaies, médailles et dessins	☐ Antiquités grecques et romaines
☐ Art médiéval, Renaissance et moderne	☐ Art oriental
☐ Archéologie d'Asie occidentale	☐ British Library
	☐ Ne se visite pas
☐ Art latino-américain	☐ Expositions temporaires

À NE PAS MANQUER
★ Les momies égyptiennes
★ Les marbres d'Elgin
★ Les Évangiles de Lindisfarne

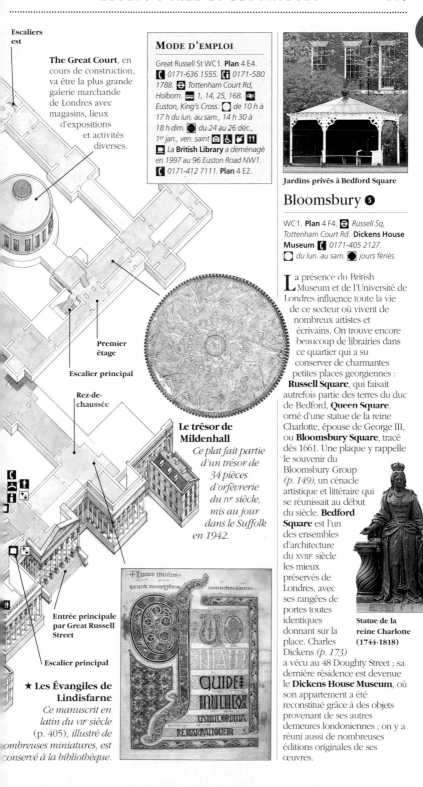

Escaliers est

The Great Court, en cours de construction, va être la plus grande galerie marchande de Londres avec magasins, lieux d'expositions et activités diverses.

MODE D'EMPLOI

Great Russell St WC1. **Plan** 4 E4.
☎ 0171-636 1555. ☎ 0171-580 1788. ⊖ Tottenham Court Rd, Holborn. 🚌 1, 14, 25, 168. 🚊 Euston, King's Cross. ◯ de 10 h à 17 h du lun. au sam., 14 h 30 à 18 h dim. ● du 24 au 26 déc., 1er jan., ven. saint 🅾 👁 ⛪ 👍 🛒 11 📷 La **British Library** a déménagé en 1997 au 96 Euston Road NW1.
☎ 0171-412 7111. **Plan** 4 E2.

Jardins privés à Bedford Square

Bloomsbury ⑤

WC1. **Plan** 4 F4. ⊖ Russell Sq, Tottenham Court Rd. **Dickens House Museum** ☎ 0171-405 2127. ◯ du lun. au sam. ● jours fériés.

Premier étage

Escalier principal

Rez-de-chaussée

Le trésor de Mildenhall
Ce plat fait partie d'un trésor de 34 pièces d'orfèvrerie du IVe siècle, mis au jour dans le Suffolk en 1942.

La présence du British Museum et de l'Université de Londres influence toute la vie de ce secteur où vivent de nombreux artistes et écrivains. On trouve encore beaucoup de librairies dans ce quartier qui a su conserver de charmantes petites places georgiennes : **Russell Square**, qui faisait autrefois partie des terres du duc de Bedford, **Queen Square**, orné d'une statue de la reine Charlotte, épouse de George III, ou **Bloomsbury Square**, tracé dès 1661. Une plaque y rappelle le souvenir du Bloomsbury Group *(p. 149)*, un cénacle artistique et littéraire qui se réunissait au début du siècle. **Bedford Square** est l'un des ensembles d'architecture du XVIIIe siècle les mieux préservés de Londres, avec ses rangées de portes toutes identiques donnant sur la place. Charles Dickens *(p. 173)* a vécu au 48 Doughty Street ; sa dernière résidence est devenue le **Dickens House Museum**, où son appartement a été reconstitué grâce à des objets provenant de ses autres demeures londoniennes ; on y a réuni aussi de nombreuses éditions originales de ses œuvres.

Statue de la reine Charlotte (1744-1818)

Entrée principale par Great Russell Street

Escalier principal

★ Les Évangiles de Lindisfarne
Ce manuscrit en latin du VIIe siècle (p. 405), illustré de nombreuses miniatures, est conservé à la bibliothèque.

LA CITY ET SOUTHWARK

Dominée aujourd'hui par des immeubles de bureaux, la City est en fait le plus vieux quartier de Londres. Le secteur a été presque entièrement détruit par le Grand Incendie de 1666, reconstruit par Christopher Wren et sérieusement touché au cours de la Deuxième Guerre mondiale *(p. 58-59)*. La City a toujours été un quartier d'affaires, où banquiers et marchands bénéficiaient d'une réelle autonomie vis-à-vis du pouvoir royal. Aujourd'hui encore, le souverain ne peut en franchir les limites sans l'accord du lord-maire. D'une activité fébrile pendant la journée, la City se vide presque entièrement le soir venu. Southwark, sur la rive droite, était au Moyen Âge un quartier mal famé, rendez-vous des prostituées, des joueurs et des criminels. Il passa en 1550 sous la juridiction de la City, ce qui n'empêcha pas les hôtels borgnes et les tavernes de se multiplier. Dans de petites arènes, on donnait des combats d'ours et de chiens, parfois aussi des pièces de théâtre, jusqu'à la construction de salles comme le Globe, où plusieurs pièces de Shakespeare ont été créées. Le quartier, restructuré, a conservé les maisons du bord du fleuve, où une belle promenade a été aménagée.

Enseigne de banque

LE QUARTIER D'UN COUP D'ŒIL

Bâtiments historiques
Lloyd's **7**
The Old Operating Theatre **11**
Temple **1**
Tower Bridge **9**
La Tour de Londres p. 120 121 **8**

Musées et galeries
Clink Exhibition **13**
Design Museum **10**
Museum of London **4**
Le Globe **14**
Sir John Soane's Museum **2**

Églises et cathédrales
St Bartholomew-the-Great **3**
Cathédrale Saint-Paul p. 116-117 **5**
St Stephen Walbrook **6**
Southwark Cathedral **12**

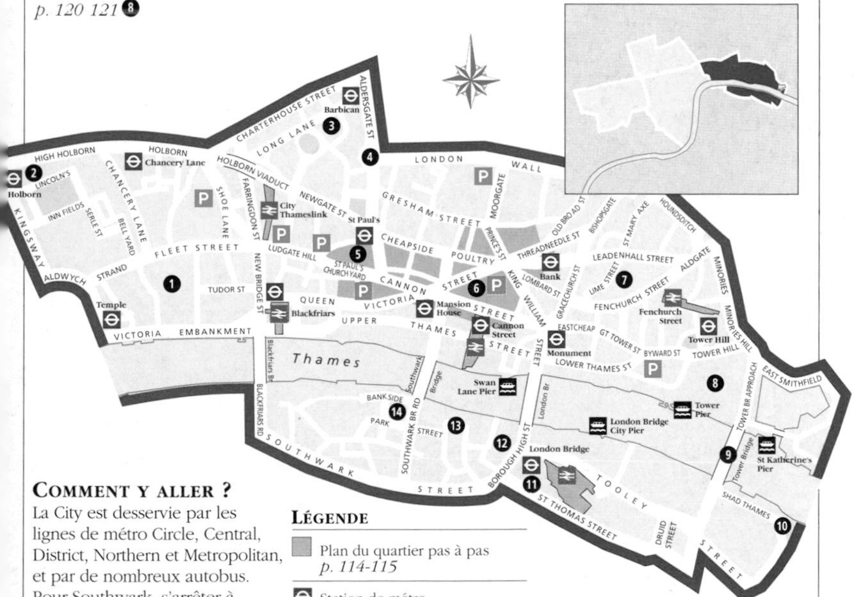

COMMENT Y ALLER ?

La City est desservie par les lignes de métro Circle, Central, District, Northern et Metropolitan, et par de nombreux autobus. Pour Southwark, s'arrêter à London Bridge, à la fois station de métro (Northern) et gare de chemin de fer (trains venant de Charing Cross, Cannon Street et Waterloo).

LÉGENDE

Plan du quartier pas à pas *p. 114-115*

Station de métro

Gare

Parc de stationnement

Embarcadère

0   500 m

◁ **La cathédrale Saint-Paul, au cœur de la City ; à gauche, la tour de la NatWest (1980)**

Deux avocats en perruque, près de Lincoln's Inn

Temple ❶

Middle Temple Lane EC4. **Plan** 7 A3.
🚇 *Temple*. **Middle Temple Hall** 📞
0171-427 4800. 🕐 *de 10 h à 12 h,
14 h à 16 h du lun. au ven.* ⬤ *pendant
les vacances scolaires téléphoner avant.*
♿ *téléphoner avant.*

Deux des quatre collèges
d'avocats de Londres,
Inner Temple et Middle
Temple, se trouvent ici ; les
deux autres sont Lincoln's Inn

et Gray's Inn. Ces
quatre collèges ont
tous la même
vocation, former les
étudiants en droit,
mais chacun
s'attache à
conserver des
traditions qui lui
sont propres.
Le nom du
collège rappelle
celui des Templiers,
un ordre religieux
fondé en 1118 et
chargé d'assurer la
sécurité des
pèlerins se rendant
en Terre sainte. Les
Templiers sont
restés propriétaires
des lieux jusqu'en 1312, date à
laquelle l'ordre fut supprimé
par le pape, au terme d'un long
procès pour immoralité et
hérésie. La nef circulaire de
l'église abrite des gisants de
chevaliers ; certains remontent
au XIIᵉ siècle. Parmi les
bâtiments annexes, on visitera
également Middle Temple Hall,
qui a conservé sa charpente
d'époque élisabéthaine. Selon
la tradition, Shakespeare lui-
même y aurait participé à une

représentation de *La Nuit des
rois* en 1601.

St Bartholomew-
the-Great ❸

West Smithfield EC1. **Plan** 7 B2. 📞
0171-606 5171. 🚇 *Barbican,
Farringdon.* 🕐 *de 8 h 30 à 16 h 30
du lun. au ven. (de mi-nov. à mi-fév. :
de 8 h 30 à 16 h), de 10 h 30
à 13 h 30 sam., 14 h à 16 h dim.*
⬤ *25, 26 déc., 1ᵉʳ jan.* 📷 ♿ 🔷

L e quartier de Smithfield a
été le témoin de bien des
événements dramatiques,
parmi lesquels l'exécution en
1381 de Wat Tyler, chef des
paysans révoltés, et de
nombreux martyrs
protestants. Cette église est
l'une des plus anciennes de la
ville. Cachée derrière le
marché de Smithfield, le seul
marché de gros qui subsiste
dans le centre de Londres,
elle faisait autrefois partie
d'un vaste ensemble
monastique fondé en 1123
par le moine Rahère, dont le
tombeau se trouve dans
l'église. Rahère était le
bouffon du roi Henri Iᵉʳ,

Sir John Soane's
Museum ❷

13 Lincoln's Inn Fields WC2. **Plan** 4 F4.
📞 *0171-430 0175.* 🚇 *Holborn.* 🕐
*de 10 h à 17 h du mar. au sam., de
18 h à 21 h le 1ᵉʳ mardi du mois.*
⬤ *jours fériés, 24 déc.* 📷 ♿ *limité.*

C ette maison abrite l'un des
musées les plus étonnants
de Londres. Elle a été léguée à
l'État par Sir John Soane en
1837, à la condition que rien
ne serait changé aux
collections. Fils de maçon,
Soane fut l'un des plus grands
architectes anglais du
XIXᵉ siècle, partisan d'un style
néo-classique très mesuré.
Grâce à la fortune de sa
femme, il acheta et fit
reconstruire le 12 Lincoln's Inn
Fields. En 1813, il emménagea
au nᵒ 13 et fit reconstruire le 14
en 1824, en ajoutant une
galerie de peintures et un
parloir de couvent néo-
médiéval. Aujourd'hui, selon le
vœu de Soane, les collections

– des objets hétéroclites
rassemblés pour leur beauté,
leur caractère instructif ou leur
étrangeté – sont encore dans
l'état où il les laissa. On y
trouve aussi bien des bronzes,
des fragments de sculptures
antiques, des peintures et des
objets étonnants, dont un
champignon géant de Sumatra
et un étrange dispositif destiné
à réduire au silence les
épouses trop bavardes… Parmi
les pièces les plus
intéressantes, le sarcophage du
pharaon Séthi Iᵉʳ, les plans de
Soane pour la banque
d'Angleterre, des projets de
sculptures d'artistes néo-
classiques comme Banks ou
Flaxman, et la fameuse série de
peintures de Hogarth (1734)
intitulée *Rake's Progress (la
Carrière d'un débauché)*.
Le bâtiment lui-même
réserve bien des surprises au
visiteur : dans la salle
principale du rez-de-chaussée,
des miroirs créent des effets de
trompe-l'œil, un dôme vitré
couronne le gigantesque atrium.

Un dôme vitré permet
d'éclairer tous les étages.

Un énorme sarcophage
(1300 av. J.-C.) repose sur
le sol de la crypte.

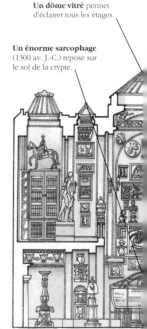

jusqu'à ce qu'en rêve il voie saint Barthélemy le tirer des griffes d'un monstre ailé. Devenu prieur, Rahère ne renonça pas tout à fait à son ancien état : il divertissait quelquefois de ses bons tours la foule réunie pour la foire de la Saint-Barthélemy.

Une arcade du XIIIᵉ siècle, aujourd'hui surmontée d'une construction de l'époque Tudor, donnait accès à l'église, détruite sur l'ordre d'Henri VIII avec tous les bâtiments monastiques du pays *(p. 50-51)*.

Plat de céramique fait à Londres en 1602, Museum of London

Museum of London ❹

London Wall EC2. **Plan** 7 C2. ☎ 0171-600 3699. ⊖ Barbican, St Paul's. ◯ de 10 h à 17 h 50 du mar. au sam. et jours fériés, de 12 h à 17 h 50 dim. ⬤ 24 au 26 déc., 1ᵉʳ jan. 🎫 📷 ♿

L'ancien porche de St Bartholomew

L e musée retrace toute l'histoire de Londres, de la Préhistoire à nos jours. On y trouve aussi bien des objets provenant de fouilles archéologiques que des reconstitutions de scènes de rue et d'intérieurs, comme un studio d'enregistrement des années trente ou un ancien comptoir.

Parmi les témoignages sur le passé romain de Londres, une fresque du IIᵉ siècle, provenant d'un établissement de bains de Southwark. Pour la période Tudor, de la céramique et des costumes, dont des vêtements de cuir trouvés… dans un dépotoir. Le département consacré au XVIIᵉ siècle conserve la chemise que Charles Iᵉʳ portait lors de son exécution *(p. 52-53)* et présente une évocation audiovisuelle du Grand Incendie de 1666.

Le carrosse doré du lord-maire, qui date de 1757, a toujours beaucoup de succès ; il sert encore chaque année pour la procession de novembre *(p. 64-65)*.

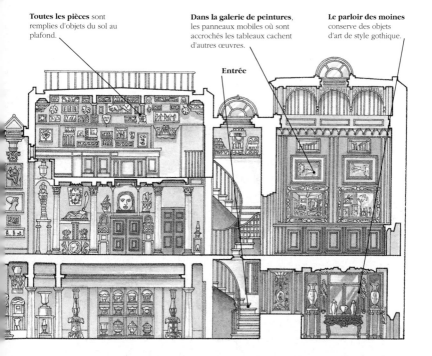

Toutes les pièces sont remplies d'objets du sol au plafond.

Dans la galerie de peintures, les panneaux mobiles où sont accrochés les tableaux cachent d'autres œuvres.

Le parloir des moines conserve des objets d'art de style gothique.

Entrée

La City pas à pas

Sculpture de la cathédrale Saint-Paul

L a City, centre des affaires de la capitale, était déjà un important comptoir commercial du temps des Romains. Longtemps résidentiel, le quartier comprend à présent surtout des bureaux. La City a souffert beaucoup des bombardements de la Deuxième Guerre mondiale ; seuls les noms des rues gardent le souvenir des places ou des marchés détruits. Les églises édifiées par Wren après le Grand Incendie de 1666 *(p. 116)* sont aujourd'hui quelque peu écrasées par les banques et les constructions récentes.

St Mary-le-Bow doit son nom aux arcs *(bows)* de la crypte. Quiconque est né assez près de l'église pour entendre son carillon peut se vanter d'être un véritable « cockney ».

Le temple de Mithra, vestige de l'époque romaine *(p. 45).*

New Change remplace aujourd'hui Old Change, une rue du XIIIᵉ siècle détruite pendant la dernière guerre.

St Paul

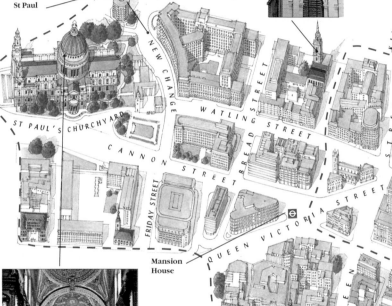

St Paul's Churchyard

New Change

Watling Street

Bread Street

Cannon Street

Friday Street

King Street

Queen Victoria Street

Queen Street

Mansion House

★ **La cathédrale Saint-Paul**
Le chef-d'œuvre de Wren a pu être édifié grâce à une taxe prélevée sur le prix du charbon ❺

Skinner's Hall, construit au XVIIIᵉ siècle dans un style italianisant, était le siège de la corporation des pelletiers.

À NE PAS MANQUER
★ **La cathédrale Saint-Paul**
★ **L'église St Stephen Walbrook**

LÉGENDE

‑ ‑ ‑ ‑   Itinéraire conseillé

0   100 m

Lombard Street doit son nom aux banquiers italiens, originaires de Lombardie, qui s'y installèrent dès le XIIIᵉ siècle.

CARTE DE SITUATION
Voir l'Atlas des rues, plans 7 et 8

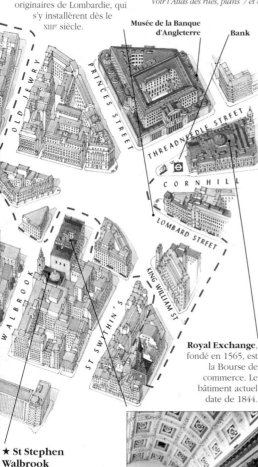

Musée de la Banque d'Angleterre

Bank

Royal Exchange, fondé en 1565, est la Bourse de commerce. Le bâtiment actuel date de 1844.

★ St Stephen Walbrook
Le Walbrook est un affluent aujourd'hui souterrain de la Tamise ❻

Mansion House, conçue en 1753 par George Dance l'Ancien, est la résidence officielle du lord-maire. Une des pièces les plus spectaculaires est la salle égyptienne.

St Paul's ❺

P. 116-117.

St Stephen Walbrook ❻

39 Walbrook EC4. **Plan** 8 D3. 0171-283 4444. Bank, Cannon St. de 10 h à 16 h du lun. au jeu., de 10 h à 15 h le ven.

L'église paroissiale du lord-maire a été construite par Sir Christopher Wren dans les années 1670. C'est l'une des plus belles églises de la City. L'intérieur, très aéré, est inondé de lumière par un dôme gigantesque qui semble flotter au-dessus des colonnes et des arcades qui le supportent. Les fonts baptismaux et le lutrin, très ornés, contrastent avec le dépouillement de l'autel de pierre, sculpté par Henry Moore en 1987. Les concerts d'orgue et les récitals gratuits donnés dans l'église seront aussi l'occasion d'en admirer l'architecture.

Fonts baptismaux du XVIIᵉ siècle

Lloyd's Building ❼

1 Lime St EC3. **Plan** 8 E2. 0171-327 1000. Monument, Bank, Aldgate. au public.

Ce bâtiment, édifié en 1986 par Richard Rogers pour le plus grand marché d'assurances du monde, fait écho au Centre Georges-Pompidou qu'il a conçu à Paris. Sa structure de verre et de métal en fait l'un des plus beaux monuments contemporains de la ville.

La Tour de Londres ❽

P. 120-121.

La cathédrale Saint-Paul ❺

L e Grand Incendie de 1666 réduisit en
cendres la première cathédrale
médiévale. On s'adressa pour la
reconstruction à Christopher Wren, mais le
projet en croix grecque (à quatre bras
d'égale longueur) proposé par l'architecte
fut rejeté. Les autorités insistèrent pour
revenir au plan classique en croix latine,
avec une longue nef et deux bras de
transept plus courts, censé mieux ramener
l'attention des fidèles vers l'autel. Wren dut
céder sur ce point, mais imposa le style
baroque qui fait de la cathédrale, construite
de 1675 à 1710, le
cadre idéal des
grandes
cérémonies.

★ Le dôme
*Culminant à
113 m, c'est
l'un des plus
importants
du monde.*

La balustrade qui
couronne l'édifice
a été rajoutée en
1718 contre l'avis
de Wren.

**★ La façade occidentale
et les tours**
*Inspirées de l'architecte
baroque italien Borromini,
les tours ont été ajoutées
par Wren en 1707.*

Le porche ouest consiste
en une double rangée de
colonnes corinthiennes
surmontée d'un fronton où
figure la conversion de
saint Paul.

La nef
*Une succession d'arcades à la fois massives
et majestueuses entraîne le visiteur sous
l'immense dôme de la cathédrale.*

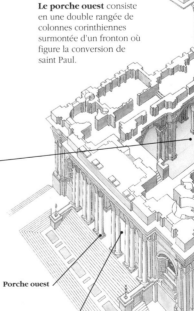

CHRISTOPHER WREN

Après une formation
scientifique, Christopher
Wren (1632-1723) ne
commença sa carrière
d'architecte qu'à l'âge de
31 ans. Il devint l'un des
principaux architectes de la
reconstruction de Londres après
le Grand Incendie de 1666 : on ne lui doit pas
moins de 52 églises. Wren n'a jamais fait le
voyage d'Italie, mais son œuvre est influencée
par l'architecture romaine Renaissance et
baroque, qu'il connaissait par des gravures.

Porche ouest

**Entrée principale,
du côté de Ludgate
Hill**

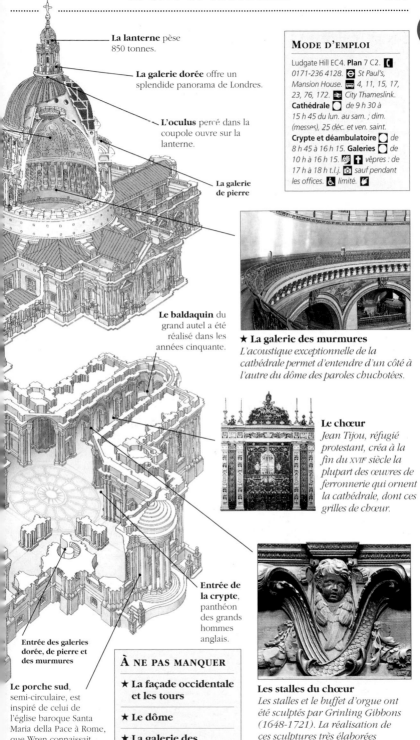

La lanterne pèse 850 tonnes.

La galerie dorée offre un splendide panorama de Londres.

L'oculus percé dans la coupole ouvre sur la lanterne.

La galerie de pierre

Le baldaquin du grand autel a été réalisé dans les années cinquante.

Entrée de la crypte, panthéon des grands hommes anglais.

Entrée des galeries dorée, de pierre et des murmures

Le porche sud, semi-circulaire, est inspiré de celui de l'église baroque Santa Maria della Pace à Rome, que Wren connaissait dans ses moindres détails grâce à des gravures.

MODE D'EMPLOI

Ludgate Hill EC4. **Plan** 7 C2. ☎ *0171-236 4128.* ⊖ *St Paul's, Mansion House.* 🚌 *4, 11, 15, 17, 23, 76, 172.* 🚆 *City Thameslink.* **Cathédrale** ◯ *de 9 h 30 à 15 h 45 du lun. au sam. ; dim. (messes), 25 déc. et ven. saint.* **Crypte et déambulatoire** ◯ *de 8 h 45 à 16 h 15.* **Galeries** ◯ *de 10 h à 16 h 15.* 🎦 🎵 *vêpres : de 17 h à 18 h t.l.j.* 📷 *sauf pendant les offices.* ♿ *limité.* ✉

★ **La galerie des murmures**
L'acoustique exceptionnelle de la cathédrale permet d'entendre d'un côté à l'autre du dôme des paroles chuchotées.

Le chœur
Jean Tijou, réfugié protestant, créa à la fin du XVIIe siècle la plupart des œuvres de ferronnerie qui ornent la cathédrale, dont ces grilles de chœur.

À NE PAS MANQUER

★ **La façade occidentale et les tours**

★ **Le dôme**

★ **La galerie des murmures**

Les stalles du chœur
Les stalles et le buffet d'orgue ont été sculptés par Grinling Gibbons (1648-1721). La réalisation de ces sculptures très élaborées demanda deux ans de travail au sculpteur et à son équipe.

Tower Bridge ❾

SE1. **Plan** 8 F4. ☎ *0171-378 1928.* ⊖ *Tower Hill.* ◯ *d'avril à oct. : de 10 h à 18 h 30 t.l.j. ; de nov. à mars : de 9 h 30 à 18 h t.l.j.* ● *du 24 au 26 déc., 1er jan., ven. saint.* 📷 ⚙ ♿

Tower Bridge est une réussite de la technologie de l'ère victorienne. Achevé en 1894 d'après les plans de Sir Horace Jones, il est devenu l'un des symboles de la capitale. Les tours abritent un mécanisme qui permet de relever le pont pour laisser le passage aux navires. L'appareil néo-gothique en pierre cache une solide armature métallique. Entre les deux tours, le pont routier, en bas, et une passerelle pour les piétons, en haut. Cette dernière est restée fermée de 1909 à 1982, car on y croisait beaucoup de prostituées et de candidats au suicide ; réaménagée et rouverte au public, elle offre aujourd'hui une vue splendide sur la Tamise. Le pont abrite un musée qui évoque son histoire à travers une présentation très vivante faisant appel à des mannequins animés.

La passerelle, accessible aux piétons, offre de très beaux panoramas de la Tamise et de toute la ville.

Le pont routier une fois ouvert libère un espace de 40 m de haut sur 60 de large, de quoi livrer passage aux plus gros cargos.

Salle des machines

Rive gauche

300 marches et des ascenseurs permettent aux visiteurs d'accéder en haut des tours.

Le premier système de levage utilisait la vapeur.

Entrée

Rive droite

Le Design Museum ❿

Butlers Wharf, Shad Thames SE1. **Plan** 8 F4. ☎ *0171-378 6055.* ⊖ *Tower Hill, London Bridge.* ◯ *11 h 30-18 h lun.-ven., 12 h-18 h sam., dim.* ● *24-26 déc.* 📷 ♿ ▰

Ce musée est le premier au monde qui soit consacré exclusivement à l'esthétique industrielle. Les collections permanentes répertorient les innovations techniques, les changements dans le goût du grand public, les réussites commerciales comme les échecs à travers tous les biens de consommation. On y trouve aussi bien des chaises de Rietveld qu'une bouilloire de Philippe Starck, des plats en Pyrex, des tasses Tupperware ou un appareil Kodak Instamatic – de même nombre d'objets qui n'ont jamais dépassé le stade du prototype, telle une télévision faite pour la regarder couché par terre.

Les expositions temporaires présentées dans les galeries Review et Collections donnent une idée des objets qui feront partie demain de notre vie quotidienne.

**Sculpture de Paolozzi (1986)
devant le Design Museum**

The Old Operating Theatre ⓫

9A St Thomas St SE1. **Plan** 8 D4. ☎ *0171-955 4791.* ⊖ *London Bridge.* ◯ *de 10 h à 16 h du mar. au dim.* ● *du 20 déc. au 2 jan.* 📷 ⚙

La plus grande partie de l'hôpital Saint-Thomas a été détruite en 1862 pour faciliter la construction d'une voie ferrée. La salle d'opérations, aménagée dans les combles de l'église de l'hôpital, était tombée dans l'oubli. Restaurée, elle a retrouvé son aspect original, du temps où les anesthésiques n'existaient pas encore : les patients, dont on avait bandé les yeux, étaient bâillonnés et solidement attachés à la table d'opération.

Southwark Cathedral ⑫

Montague Close SE1. **Plan** 8 D4.
📞 0171-407 2939. 🚇 London
Bridge. 🕐 de 9 h à 18 h t.l.j.

C ertaines parties de cette
église, qui n'a été érigée
en cathédrale qu'en 1905,
remontent au XIIᵉ siècle. Elle
conserve d'intéressants
monuments médiévaux,
notamment le très beau chœur
gothique et la tombe de John
Gower (vers 1325-1408), un
proche du poète Chaucer
(p. 172).

On y verra également un
monument à Shakespeare
(p. 308-309) élevé en 1902,
surmonté d'un vitrail de 1954.
Une chapelle rappelle le
souvenir de John Harvard,
fondateur de l'université
portant son nom, qui fut
baptisé dans cette église en
1607.

Clink Prison Museum ⑬

1 Clink St SE1. **Plan** 7 C4. 📞 0171-
378 1558. 🚇 London Bridge. 🕐 de
10 h à 18 h t.l.j. ⬤ 25 déc. 🚫

L e Clink était une prison
rattachée à Winchester
House, la résidence des
évêques de Winchester du XIIᵉ
au XVIIᵉ siècle. Le quartier
relevait de leur autorité, plus
souple que celle de la City, et
devint pour cette raison un des
quartiers chauds de la capitale.
Plutôt que d'interdire les
maisons closes, les évêques
préférèrent réglementer leurs
heures d'ouverture, quitte à
prélever au passage un tribut
sur ce que gagnaient les « oies
de Winchester ».

Le Clink fut réduit en cendres
en 1780 ; c'était l'une des cinq
prisons de Southwark, la
première à accueillir des
femmes. Le musée présente
une collection d'instruments de
torture impressionnants et des
reconstitutions de cellules qui
permettent d'imaginer la vie de
la prison. À l'est du musée, on
pourra voir le seul élément qui
subsiste des bâtiments de
Winchester House, un vitrail
du XIVᵉ siècle.

**Vitrail de 1954 en hommage à
Shakespeare, cathédrale de
Southwark**

Le Globe ⑭

Emerson St/New Globe Walk SE1.
Plan 7 C3. 📞 0171-928 G406. 🚇
London Bridge, Mansion House. 🕐
de mai à sept., 9 h à 12 h 15 et 14 h à
16 h. Oct. à avril, 10 h à 17 h t.l.j. ⬤
du 24 au 26 déc. 🚫

L a plupart des pièces de
Shakespeare ont été écrites
pour le théâtre du Globe ; c'est
là aussi qu'elles ont été créées.
Le bâtiment original remonte à

1599. Il a été construit dans ce
quartier, non loin d'arène où
se déroulaient des combats
d'ours et de coqs, pour
échapper à la juridiction de la
City. Le théâtre, en bois,
disparut dans un incendie en
1613. Reconstruit un an plus
tard, il fut fermé par les
Puritains en 1642 et démoli en
1644.

Le Globe a été reconstruit
tout près de son emplacement
originel. Ce projet a prévu la
construction d'un véritable
complexe néo-élisabéthain,
avec le théâtre lui-même, un
pub, un hall d'exposition et
une salle de spectacle bâtie
d'après les dessins d'Inigo
Jones *(p. 52-53)*, où des
représentations seront données
tout l'hiver.

En attendant, on peut visiter
l'emplacement du futur théâtre
– près de Bankside Power
Station, bientôt une annexe de
la Tate Gallery *(p. 93)* – et,
grâce au projet, se faire une
idée de ce que seront les
pièces de Shakespeare
montées dans leur cadre
d'origine.

Le théâtre du Globe vu par un artiste du siècle dernier

La Tour de Londres ❽

En 1066, à peine monté sur le trône, Guillaume le Conquérant fit bâtir à l'emplacement actuel de la Tour de Londres une forteresse pour protéger l'entrée de Londres du côté de l'estuaire de la Tamise. En 1097, la Tour blanche fut élevée au cœur de la forteresse ; d'autres bâtiments vinrent s'y ajouter au cours des siècles. La Tour a servi de résidence royale, d'armurerie, de trésor et de prison pour les opposants au régime monarchique. Parmi les nombreux prisonniers qui y furent exécutés figurent les « princes de la tour », les deux fils d'Édouard IV. Aujourd'hui, la Tour de Londres abrite les joyaux de la Couronne. Elle est fréquentée aussi par huit corbeaux particulièrement choyés, car une légende veut que la monarchie disparaisse le jour où ils quitteront la Tour.

La tour Beauchamp
Elle fut construite vers 1281 par Édouard Ier. Les prisonniers de haut rang y étaient incarcérés, parfois avec leurs domestiques.

Un « Beefeater »
Quarante « Yeomen » gardent la Tour et vivent sur place. Leur uniforme remonte aux Tudors.

Deux murs d'enceinte du XIIIe siècle protègent la Tour.

Sur la pelouse de Tower Green ont été exécutés plusieurs prisonniers de marque, dont deux des femmes d'Henri VIII, Anne Boleyn et Catherine Howard ; les prisonniers moins importants mouraient en public, à Tower Hill.

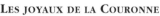

Queen's House
Ce bâtiment Tudor est la résidence du souverain à la Tour.

Entrée principale en venant de Tower Hill

LES JOYAUX DE LA COURONNE

Ce trésor rassemble les couronnes, les sceptres, les globes et les épées utilisés pour le couronnement des rois et quelques autres grandes cérémonies. La plupart de ces objets datent de 1661, quand Charles II fit remplacer les symboles monarchiques détruits par le Parlement après l'exécution de Charles Ier *(p. 52-53)*. Les rares pièces antérieures conservées avaient été cachées par les membres du clergé jusqu'à la Restauration. Parmi elles, le saphir d'Édouard le Confesseur, qui orne maintenant la couronne impériale d'État *(p. 73)*, réalisée pour la reine Victoria en 1837 et utilisée depuis pour le couronnement de tous ses successeurs.

L'anneau du Souverain (1831)

Le globe du Souverain (1661), sphère d'or incrustée de pierres précieuses

★ **Jewel House** la « maison des joyaux » abrite les joyaux de la Couronne, dont ce sceptre de 1660 où est enchâssé le plus gros diamant du monde.

MODE D'EMPLOI

Tower Hill EC3. **Plan** 8 E3. [☎] 0171-709 0765. [Ⓞ] Tower Hill. 15, X15, 25, 42, 78. 100, D1, D9, D11. [🚉] Fenchurch Street. [⛴] de Westminster à Tower Pier. **Docklands Light Railway** Tower Gateway. [◻] mars-oct. : de 9 h à 18 h lun.-sam., de 10 h à 18 h dim. ; nov.-fév. : de 9 h à 17 h mar.-sam., de 10 h à 17 h dim.-lun. (der. en. 1 h av. la ferm.). [●] 24-26 déc., 1ᵉʳ jan. [📷] [♿] limité, sauf pour les joyaux de la Couronne. [🍴] [☕] **Cérémonie des clefs** : 21 h 30 t.l.j.

★ **La Tour blanche**
Quand elle fut achevée en 1097, c'était le bâtiment le plus élevé de la ville (27 m).

★ **Chapelle Saint-Jean**
Cette chapelle romane d'une austère beauté est un très bel exemple de l'architecture normande.

La porte des Traîtres
Après un procès à Westminster Hall, les prisonniers entraient par cette porte.

La Tour sanglante
près la mort d'Édouard IV en 1483, ses deux fils furent enfermés dans la Tour par leur oncle, Richard de Gloucester, couronné plus tard sous le nom de Richard III. Les deux princes, eprésentés ici par John Millais (1829-1896), disparurent mystérieusement ; en 1674, on déterra près de la Tour les squelettes de deux enfants.

À NE PAS MANQUER

★ **La maison des joyaux**

★ **La Tour blanche**

★ **La chapelle Saint-Jean**

BOUTIQUES ET MARCHÉS

Londres est une des grandes capitales mondiales du shopping. On y trouve toutes sortes de boutiques (p. 627), des grands magasins connus dans le monde entier et des petits marchés de quartier. Il y en a vraiment pour tous les goûts, des boutiques haut de gamme de Knightsbridge vendant porcelaine, bijoux, vêtements

Sacs de deux boutiques célèbres du West End

de marque, aux magasins plus abordables d'Oxford Street, en passant par les marchés bruyants et colorés de Covent Garden (p. 81), Berwick Street ou Brick Lane. À Londres, on trouve surtout une incroyable diversité de vêtements, des tweeds les plus traditionnels aux tenues les plus excentriques.

LES GRANDS MAGASINS

Façade de Liberty (1925)

Avec 300 rayons et 4 000 employés, **Harrod's** est le plus connu des grands magasins de Londres. Le décor édouardien du département alimentation vaut à lui seul le détour. Tout près, **Harvey Nichols** peut se vanter d'avoir le rayon alimentaire le plus chic de la ville. L'épicerie fine **Fortnum and Mason** existe depuis près de 300 ans.

Selfridge's vend à peu près de tout, des pulls en cachemire jusqu'aux gadgets pour la maison ; **John Lewis** et **Peter Jones** proposent des tissus, des porcelaines, de la verrerie et des objets de décoration. **Liberty** est le dernier grand magasin privé ; on y trouve encore les soieries imprimées à la main et les tissus orientaux qui ont fait la réputation de la maison dès son ouverture en 1875. **Marks and Spencer** était en 1882 un simple étal de vêtements sur un marché ; le magasin fabrique aujourd'hui

sa propre ligne de vêtements et possède quelque 700 succursales dans le monde entier. **Virgin Megastore**, **Tower Records** et **HMV** sont les trois plus grands magasins de disques de la ville.

VÊTEMENTS ET CHAUSSURES

Les stylistes anglais les plus connus sont **Jasper Conran**, le plus élégant, **Vivienne Westwood**, la doyenne, **Katharine Hamnett** et **Paul Smith**. Une foule de créateurs s'essayent aux tenues les plus extravagantes, destinées aux jeunes branchés de la capitale ; **Hype D** est leur magasin de prédilection. Les stylistes moins outranciers et les grands noms de la mode internationale sont présents chez **Browns**.

Les vêtements plus traditionnels – vestes Barbour, imperméables Burberry – s'achètent à **The Scotch House**, chez **Burberry** ou **Gieves & Hawkes**. **Laura Ashley** reste fidèle aux imprimés fleuris qui l'ont rendue célèbre.

Au rayon chaussures, **Church's** et les articles cousus main de **John Lobb** représentent le haut de gamme ; on trouvera des modèles plus abordables chez **Hobbs** ou **Pied à Terre**.

MARCHÉS

Sur les marchés de Londres, on trouve vraiment de tout, des vêtements aux denrées alimentaires.

Les marchés les plus achalandés sont **Camden Lock, Greenwich, Portobello Road** et **Covent Garden**, où l'on trouve pêle-mêle artisanat, brocante et vieux vêtements. Les chineurs avertis préfèrent

La nuit venue, 11 500 ampoules illuminent la façade de Harrod's

se rendre, le vendredi matin de bonne heure, au marché de **Bermondsey**, dans le sud de Londres.

Le marché de **Petticoat Lane** est renommé pour ses articles de cuir et l'atmosphère joyeuse que les camelots cockneys y font régner. À **Brick Lane**, un autre authentique marché de l'East End, des individus un peu louches proposent des montres en or et des bijoux ; les hangars sont remplis d'un bric-à-brac de meubles en piteux état. Des deux côtés de **Berwick Street**, dans le centre de Londres, alternent marchands des quatre saisons et boutiques de meubles.

La foule du marché de Petticoat Lane, dans Middlesex Street

CARNET D'ADRESSES

GRANDS MAGASINS

Fortnum and Mason
181 Piccadilly W1.
Plan 6 D1.
📞 0171-734 8040.

Harrod's
87-135 Brompton Rd SW1.
Plan 5 A3.
📞 0171-730 1234.

Harvey Nichols
109-125 Knightsbridge SW1.
Plan 5 B2.
📞 0171-235 5000.

HMV
150 Oxford St W1.
Plan 4 D4.
📞 0171-631 3423.

John Lewis
278-306 Oxford St W1.
Plan 3 C5.
📞 0171-629 7711.

Liberty
210-220 Regent St W1.
Plan 3 C5.
📞 0171-734 1234.

Marks & Spencer
173 et 458 Oxford St W1.
Plan 3 C5 / 3 B5.
📞 0171-935 7954.
Deux des nombreuses succursales.

Peter Jones
Sloane Square SW1.
Plan 5 A4.
📞 0171-730 3434.

Selfridge's
400 Oxford St W1.
Plan 3 B5.
📞 0171-629 1234.

Tower Records
1 Piccadilly Circus W1.
Plan 6 D1.
📞 0171-439 2500.

Virgin Megastore
14-16 Oxford St W1.
Plan 4 E4.
📞 0171-631 1234.

VÊTEMENTS ET CHAUSSURES

Browns
23-27 South Molton St W1.
Plan 3 B5. 📞 0171-493 7833. *Une des nombreuses succursales.*

Burberry
18-22 Haymarket SW1.
Plan 6 D1.
📞 0171-930 3343.
Une des deux succursales.

Church's Shoes
163 New Bond St W1.
Plan 3 C5. 📞 0171-499 9449. *Une des nombreuses succursales.*

Gieves & Hawkes
1 Savile Row W1.
Plan 3 C5.
📞 0171-434 2001.

Hobbs
47 South Molton St W1.
Plan 3 C5. 📞 0171-629 0750. *Une des nombreuses succursales.*

Hype D
48-52 Kensington High St W8. **Plan** 1 C4.
📞 0171-938 3801.
Une des deux succursales.

Jasper Conran
6 Burnsall St SW3.
📞 0171-603 6668.

John Lobb
9 St James's St SW1.
📞 0171-352 3572.

Katharine Hamnett
20 Sloane St SW1.
Plan 5 A3.
📞 0171-823 1002.

Laura Ashley
256-258 Regent St W1.
Plan 4 D5. 📞 0171-437 9760. *Une des nombreuses succursales.*

Paul Smith
40-44 Floral St WC2.
Plan 4 E5.
📞 0171-379 7133.

Pied à Terre
19 South Molton St W1
Plan 3 B5. 📞 0171-493 3637. *Une des nombreuses succursales.*

The Scotch House
2 Brompton Rd SW1.
Plan 5 A2. 📞 0171-581 2151. *Une des nombreuses succursales.*

Vivienne Westwood
6 Davies St W1.
Plan 3 B5.
📞 0171-629 3757.

MARCHÉS

Bermondsey
Long Lane et Bermondsey St SE1. **Plan** 8 E5. 🕐 *de 5 h à 14 h ven.*

Berwick Street
Berwick St W1.
Plan 4 D5. 🕐 *de 9 h à 18 h du lun. au sam.*

Brick Lane
Brick Lane E1.
🚇 *Shoreditch, Liverpool St, Aldgate East.*
🕐 *de l'aube à 13 h dim.*

Camden Lock
Chalk Farm Rd NW1.
🚇 *Camden Town.* 🕐 *de 9 h à 17 h jeu. et ven., de 10 h à 18 h sam. et dim.*

Covent Garden
The Piazza WC2.
Plan 4 F5. 🕐 *de 9 h à 17 h t.l.j. (antiquités : lun.).*

Petticoat Lane
Middlesex St E1.
🚇 *Liverpool St, Aldgate, Aldgate East.* 🕐 *de 9 h à 14 h dim.*

Portobello Road
Portobello Rd W10.
🚇 *Notting Hill Gate, Ladbrook Grove.* 🕐 *de 7 h à 17 h 30 sam. (marché général : de 9 h à 17 h du ven. au mer., de 9 h à 13 h le jeu.).*

Greenwich
College Approach SE10.
🚉 *Greenwich.* 🕐 *de 9 h à 18 h le sam. et dim.*

SE DISTRAIRE À LONDRES

Londres propose un très vaste éventail de distractions. Ici comme dans toutes les autres grandes métropoles, on peut choisir de passer la nuit dans une discothèque à la mode ou d'aller au spectacle ou au concert. On ne saurait s'arrêter à Londres sans consacrer une soirée au théâtre, pour assister à un spectacle prestigieux dans le West End ou à quelque pièce expérimentale. Côté ballet ou opéra, Sadler's Wells et le Royal Opera House ont toujours une programmation d'excellente qualité.

De nombreux cafés proposent des concerts gratuits

En musique aussi, vous n'aurez que l'embarras du choix : classique, jazz, rock, dans de petits clubs en sous-sol, en plein air comme à Wembley ou dans d'anciennes salles de cinéma reconverties.

Les cinéphiles peuvent hésiter chaque soir entre plusieurs centaines de films. Les amateurs de sport préféreront assister à un match de cricket au Lord's ou pratiquer leur sport préféré, des sports nautiques au patin à glace. Tous les mercredis paraît *Time Out*, le guide qui recense tous les spectacles de la capitale. Des quotidiens comme *The Evening Standard* et *The Independent*, l'hebdomadaire *The Guardian* (le samedi) publient eux aussi le programme des spectacles. Si vous achetez vos billets dans une agence de location et non au guichet de la salle, comparez toujours les prix. N'ayez recours au marché noir qu'en dernière extrémité.

WEST END ET THÉÂTRES NATIONAUX

Affiche du Palace Theatre (1898)

Les théâtres du West End peuvent s'enorgueillir d'avoir vu passer une galerie impressionnante d'acteurs prestigieux. Le coût des productions de ces théâtres (voir les adresses à la page suivante) est supporté par les bénéfices réalisés et grâce à l'aide d'une armée de mécènes, les « anges ». La programmation cherche à toucher tous les publics : comédies musicales, classiques, comédies, pièces d'auteurs contemporains qui peuvent rester à l'affiche des années entières si le succès est au rendez-vous.

Le Royal National Theatre, subventionné, fait partie du **South Bank Centre** *(p. 126)*, au bord de la Tamise. Il dispose de trois salles – la grande salle Olivier, la salle Lyttelton, dotée d'une importante avant-scène, et la petite salle Cottesloe, facilement modulable – qui permettent de présenter des mises en scène très différentes.

La Royal Shakespeare Company a inclus dans son répertoire, outre les pièces de Shakespeare, des tragédies grecques, des œuvres de la Restauration ou du XXe siècle. La compagnie est basée à Stratford-upon-Avon *(p. 312-313)*, mais les principales productions sont montées aussi à Londres au **Barbican**, *(p. 126)* qui comporte deux salles, le Barbican Theatre et une plus petite, le Pit.

Le prix des places varie de 5 à 30 livres. On peut se les procurer directement aux guichets des théâtres, les réserver par téléphone ou se les faire envoyer par la poste. Le kiosque de Leicester Square, ouvert du lundi au samedi de 14 h 30 à 18 h 30 (à partir de midi pour les représentations en matinée) vend des billets moins chers pour le jour même.

THÉÂTRES « OFF »

Les théâtres « off West End » offrent aux directeurs de compagnies et aux acteurs l'occasion de participer à des productions différentes, où l'on peut se montrer plus soucieux de création et d'innovation que de rentabilité. Les « fringe theatres » – de « fringe », limite, parce que ces théâtres sont implantés à la limite de la ville – sont en général loués à des compagnies de passage. Dans ces théâtres « off » sont montées les œuvres d'auteurs peu connus, des pièces féministes, gay, ou reflétant la culture des minorités ethniques

L'Old Vic abrite le National Theatre depuis 1963

Théâtre en plein air à Regent's Park

de la capitale. Ces endroits sont beaucoup trop nombreux pour que l'on puisse tous les répertorier ici ; il faut se reporter aux listes publiées dans les journaux. Il peut s'agir de salles minuscules, parfois situées tout simplement au-dessus d'un pub, comme le Gate, ou de grandes salles du centre-ville, comme le Donmar Warehouse, qui a vu passer des acteurs et des metteurs en scène de talent.

THÉÂTRES EN PLEIN AIR

L'été, c'est un véritable enchantement d'assister à la représentation d'une comédie de Shakespeare, *Le Songe d'une nuit d'été* ou *Comme il vous plaira*, au milieu des frondaisons de Regent's Park ou Holland Park. Mais prévoyez un plaid, les nuits pouvant être fraîches.

CINÉMAS

Dans le West End, on trouve nombre de complexes multisalles (MGM, Odeon, UCI) où sont projetées notamment toutes les grandes productions hollywoodiennes, bien avant leur distribution dans le reste du pays. L'Odeon Marble Arch possède le plus grand écran d'Europe ; la plus grande salle de la ville (2 000 places) est l'Odeon Leicester Square .

Les Londoniens sont en général très friands de cinéma, et les plus grands circuits de distribution introduisent dans leur programme des films à petit budget ou provenant d'autres pays. La plupart des films étrangers sont sous-titrés, et non doublés. Les cinémas indépendants, comme le Metro, le Renoir, le Prince Charles dans le centre-ville, ou le Curzon dans Mayfair, diffusent des films d'art et d'essai et des œuvres en version originale.

Il n'y a pas de quartier sans cinéma, mais la plupart des salles sont concentrées dans le district de Leicester Square. Juste à côté, le Prince Charles est le cinéma le moins cher du West End. Ailleurs, le prix des places varie entre 6 et 9 livres en soirée. Le lundi et en matinée, les séances sont souvent moins chères.

Le NFT (National Film Theatre) est le fer de lance du cinéma de répertoire. Subventionné par le British Film Institute, il possède un fonds très important de films anciens ou plus récents provenant du monde entier. Juste à côté se trouve le MOMI (Museum for the Moving Image), amusant et instructif, qui ravira tous les cinéphiles.

Mannequin grandeur nature du Museum of Moving Image

CARNET D'ADRESSES

THÉÂTRES DU WEST END

Adelphi
Strand. **Plan** 4 F5.
📞 0171-344 0055.

Albery
St Martin's Lane. **Plan** 4 E5.
📞 0171-369 1730.

Aldwych
Aldwych. **Plan** 4 F5.
📞 0171-416 6003.

Apollo
Shaftesbury Ave. **Plan** 4 E5.
📞 0171-494 5070.

Cambridge
Earlham St. **Plan** 4 E5.
📞 0171-379 5299.

Comedy
Panton St. **Plan** 6 E1.
📞 0171-369 1731.

Criterion
Piccadilly Circus. **Plan** 4 D5.
📞 0171-839 4488.

Dominion
Tottenham Court Rd. **Plan** 4 E4.
📞 0171-416 6060.

Duchess
Catherine St. **Plan** 4 F5.
📞 0171-494 5075.

Duke of York's
St Martin's Lane. **Plan** 4 E5.
📞 0171-836 5122.

Fortune
Russell St. **Plan** 4 F5.
📞 0171-836 2238.

Garrick
Charing Cross Rd. **Plan** 4 E5.
📞 0171-494 5085.

Gielgud
Shaftesbury Ave. **Plan** 4 D5.
📞 0171-494 5065.

Her Majesty's
Haymarket. **Plan** 6 E1.
📞 0171-494 5050.

London Palladium
Argyll St. **Plan** 3 C5.
📞 0171-494 5040.

Lyric
Shaftesbury Ave. **Plan** 4 D5.
📞 0171-494 5045.

New London
Drury Lane. **Plan** 4 E5.
📞 0171-405 0072.

Palace
Shaftesbury Ave. **Plan** 4 E5.
📞 0171-434 0909.

Phoenix
Charing Cross Rd. **Plan** 4 E5.
📞 0171-867 1044.

Piccadilly
Denman St. **Plan** 4 D5.
📞 0171-867 1118.

Prince Edward
Old Compton St. **Plan** 4 D5.
📞 0171-734 8951.

Prince of Wales
Coventry St. **Plan** 4 D5.
📞 0171-839 5972.

Queen's
Shaftesbury Ave. **Plan** 4 E5.
📞 0171-494 5040.

Savoy
Strand. **Plan** 4 F5.
📞 0171-836 8888.

Shaftesbury
Shaftesbury Ave. **Plan** 4 E4.
📞 0171-379 5399.

Strand
Aldwych. **Plan** 4 F5.
📞 0171-240 0300.

St Martin's
West St. **Plan** 4 E5.
📞 0171-836 1443.

Theatre Royal :
–Drury Lane
Catherine St. **Plan** 4 F5.
📞 0171-494 5062.

–Haymarket
Haymarket. **Plan** 6 E1.
📞 0171-930 8800.

Vaudeville
Strand. **Plan** 4 F5.
📞 0171-836 9987.

Wyndham's
Charing Cross Rd. **Plan** 4 E5.
📞 0171-867 1116.

Le Royal Festival Hall, South Bank Centre

MUSIQUE CLASSIQUE, OPÉRA ET DANSE

L ondres est l'une des grandes capitales mondiales de la musique classique, avec cinq orchestres symphoniques, des orchestres de chambre de renommée internationale comme l'Académie de St-Martin-in-the-Fields ou l'English Chamber Orchestra, et une infinité de petits orchestres. Des concerts prestigieux ont lieu pratiquement toutes les semaines ; l'été est une période encore plus faste, avec la saison du **Royal Albert Hall** *(p. 62-66)*. L'excellente acoustique du **Wigmore Hall**, récemment restauré, permet d'y donner des concerts de musique de chambre, tout comme dans l'église baroque **St John's, Smith Square**.

Les spectacles produits par le **Royal Opera House** sont souvent somptueux, mais les places sont chères (entre 5 et 200 livres) et généralement réservées très longtemps à l'avance. L'English National Opera, basé au **London Coliseum**, a une programmation plus éclectique et s'adresse à des spectateurs plus jeunes. La plupart des œuvres sont représentées en anglais.

Le Royal Opera House abrite le Royal Ballet et le London Coliseum l'English National Ballet, les deux plus grandes compagnies de danse de Grande-Bretagne. Les deux établissements accueillent aussi des troupes extérieures. Il existe de nombreuses compagnies de danse contemporaine, comme le London Contemporary Dance Theatre, établi à **The Place Theatre**. D'autres spectacles de danse ont lieu à **Sadler's Wells**, à l'**ICA**, au **Royalty Theatre** et au **Chisenhale Dance Space**.

Des concerts et des opéras sont donnés aussi au **Barbican** et au **South Bank Centre**, qui comprend le Royal Festival Hall, le Queen Elizabeth Hall et la Purcell Room.

Pendant l'été, de nombreux concerts en plein air se tiennent dans toute la ville *(p. 62-63)*, notamment à **Kenwood House**. Les plus intéressants sont le Royal Opera Festival, en juin, qui réunit des chanteurs venus du monde entier, le City of London Festival, en juillet, avec des concerts très variés, enfin les festivals de danse contemporaine comme Spring Loaded (de février à avril) et Dance Umbrella (octobre). Le magazine *Time Out* et les journaux publient les programmes complets.

Kenwood House à Hampstead Heath *(p. 130)*

CARNET D'ADRESSES

MUSIQUE CLASSIQUE, OPÉRA ET DANSE

Barbican
Silk St EC2. **Plan** 7 C1.
📞 0171-638 8891.

Chisenhale Dance Space
64-84 Chisenhale Rd E3.
🚇 *Bethnal Green, Mile End.* 📞 0181-981 6617.

ICA
The Mall SW1. **Plan** 6 E1.
📞 0171-930 3647.

Kenwood House
Hampstead Lane NW3.

🚇 *Archway.* 📞 0181-348 1286.

London Coliseum
St Martin's Lane W2. **Plan** 4 E5. 📞 0171-632 8300.

Royal Albert Hall
Kensington Gore SW7.
Plan 2 E4. 📞 0171-589 8212.

Royal Opera House
Floral St WC2. **Plan** 4 F5.
📞 0171-304 4000.

Royalty Theatre
Portugal St WC2. **Plan** 4 F5. 📞 0171-494 5090.

Sadler's Wells
Rosebery Ave EC1. 🚇 *Angel.* 📞 0171-278 8916.

St John's, Smith Square
Smith Sq SW1. **Plan** 6 E3.
📞 0171-222 1061.

South Bank Centre
South Bank SE1. **Plan** 6 F1. 📞 0171-921 0600.

The Place Theatre
17 Duke's Road WC1.
Plan 4 E2. 📞 0171-380 1268.

Wigmore Hall
Wigmore St W1. **Plan** 3 B4. 📞 0171-935 2141.

ROCK, POP, JAZZ ET CLUBS

100 Club
100 Oxford St W1. **Plan** 4 D5. 📞 0171-636 0933.

Brixton Academy
211 Stockwell Rd SW9.
🚇 *Brixton.* 📞 0171-924 9999.

Fridge
Town Hall Parade, Brixton Hill SW2. 🚇 *Brixton.*
📞 0171-326 5100.

Forum
9-17 Highgate Rd NW5.
🚇 *Kentish Town.*
📞 0171-284 1001.

Gossips
69 Dean St W1. **Plan** 4 D4. 📞 0171-434 4480.

Heaven
Sous les arches, Villiers St WC2. **Plan** 6 E1.
📞 0171-930 2020.

The Hippodrome, Leicester Square

ROCK, POP, JAZZ, CLUBS

Toute la semaine, on peut assister à Londres à un grand nombre de concerts très différents ; rock, pop, jazz, musiques latino-américaines ou traditionnelles, folk et reggae, tous les styles sont représentés. Les plus grands artistes se produisent dans des lieux comme **Wembley Stadium, Wembley Arena** ou le **Royal Albert Hall**. Certains préfèrent la **Brixton Academy** ou le **Forum**, d'anciens cinémas transformés.

Les clubs de jazz se sont multipliés ces dernières années. Parmi les valeurs sûres, on peut citer **Ronnie Scott's** ; parmi les nouveaux venus, le **100 Club**, le **Jazz Café** et **Pizza on the Park**.

La vie nocturne de Londres est particulièrement intense, surtout depuis 1990 : la loi autorise les discothèques à rester ouvertes toute la nuit. Les heures d'ouverture vont généralement de 22 h à 3 h du matin, mais le week-end la plupart des clubs sont ouverts jusqu'à 6 h. Ils sont animés par des DJ célèbres ; certains, comme le **Stringfellows**, le **Limelight** ou **The Hippodrome**, font désormais partie des circuits touristiques. Il y a aussi le **Wag Club**, plus jeune et plus branché, le **Ministry of Sound**, qui a introduit à Londres le style new-yorkais, le cabaret **Madame Jojo's**, les spectacles laser du **Heaven**, le **Café de Paris**, très années

vingt, où l'on danse la valse et le fox-trot, **Le Scandale**, qui organise tous les samedis des soirées années soixante-dix. Le **Heaven** et **The Fridge** comptent parmi les plus populaires des boîtes gay de Londres.

SPORTS

À Londres, les installations sportives sont très nombreuses et en général bon marché. La plupart des quartiers de la ville bénéficient d'une piscine, de courts de squash, de salles de gymnastique ; presque tous les parcs possèdent des courts de tennis. On peut aussi faire du canotage ou du patin à glace, ou assister en simple spectateur à des matches de football ou de rugby à **Wembley Stadium**, voir du cricket au **Lord's** ou à l'**Oval**, du tennis à l'**All England Lawn Tennis Club** de Wimbledon. Autres sports britanniques traditionnels : le polo à **Guards**, le croquet à **Hurlingham** et le jeu de paume au **Queen's Club Real Tennis**. Il est difficile de se procurer des billets pour les manifestations les plus populaires *(p. 67)*. Pour des informations complémentaires, voir pages 630 et 631.

Agence de spectacle sur Shaftesbury Avenue

Hippodrome
Leicester Square WC2.
Plan 4 E5.
0171-437 4311.

Jazz Café
3-5 Parkway NW1.
Camden Town.
0171-284 4358.

Le Scandale
53-54 Berwick St W1.
Plan 4 D5.
0171- 437 6830.

Limelight
136 Shaftesbury Ave,
WC2. **Plan** 4 E5.
0171- 434 0572.

Madame Jojo's
8-10 Brewer St W1.
Plan 4 D5.
0171-734 2473.

Ministry of Sound
103 Gaunt St SE1.
Plan 7 C5.
0171-378 6528.

Pizza on the Park
11 Knightsbridge SW1.
Plan 5 B2.
0171-235 5550.

Ronnie Scott's
47 Frith St W1.
Plan 4 D5.
0171-439 0747.

Stringfellows
16-19 Upper St Martin's
Lane SW2. **Plan** 4 E5.
0171-240 5534.

Wag Club
35 Wardour St W1. **Plan** 4
D5. 0171-437 5534.

**Wembley Stadium,
Wembley Arena**
Empire Way, Wembley,
Middlesex. Wembley
Park. 0181-900 1234.

SPORTS

**Informations sur
les manifestations
sportives**
0171-222 8000.

**All England Lawn
Tennis Club**
Church Rd, Wimbledon
SW19. Southfields.
0181-946 2244.

Guards Polo Club
Windsor Great Park,
Englefield Green, Egham,
Surrey. Egham.
01784 434212.

**Hurlingham
Club**
Ranelagh Gdns SW6.
Plan 5 B5.
0171-736 8411.

**Lord's Cricket
Ground**
St John's Wood NW8.
St John's Wood.
0171-289 1611.

**Oval Cricket
Ground**
Kennington Oval SE11.
Oval.
0171-582 6660.

**Queen's Club Real
Tennis**
Palliser Rd W14.
Barons Court.
0171-385 3421.

EN DEHORS DU CENTRE

A u fil du temps, Londres s'est peu à peu étendue jusqu'à annexer toute la ceinture de petits villages qui l'entourait à l'origine ; les limites de ville initiale sont aujourd'hui celles de la City. Toute la périphérie est urbanisée de façon très homogène, mais certains endroits ont su conserver l'atmosphère des anciens villages. Hampstead et Highgate, par exemple, sont des enclaves bien distinctes, Chelsea est marqué par les arts, Islington par la littérature. Greenwich, Chiswick et Richmond témoignent encore du temps où la Tamise était une voie de commerce et de transport essentielle, alors qu'à l'est de la City les docks ont fait place depuis une vingtaine d'années à un nouveau quartier de commerces et d'habitations.

LE QUARTIER D'UN COUP D'ŒIL

Camden et Islington **7**
Chelsea **1**
Chiswick **10**
East End et les Docklands **8**

Greenwich **9**
Hampstead **4**
Hampstead Heath **5**
Highgate **6**

Holland Park **2**
Notting Hill et
　Portobello Road **3**
Richmond et Kew **11**

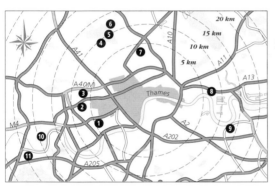

LÉGENDE

▫	Quartiers les plus intéressants
▫	Le Grand-Londres
▫	Parcs
══	Autoroute
━━	Route principale
══	Route secondaire

Chelsea **1**

SW3. ⊖ *Sloane Square.*

L e quartier a pris son essor à l'époque des Tudors ; c'est là qu'habitait Thomas More, le grand chancelier d'Henri VIII

Statue de Sir Thomas More (1478-1535) sur Cheyne Walk

(p. 50). Dans les années 1830, l'arrivée de l'historien Thomas Carlyle et de l'essayiste Leigh Hunt conféra à Chelsea une réputation de quartier littéraire. Des plaques apposées sur certaines façades de **Cheyne Walk** rendent hommage à des résidents célèbres comme le peintre Turner *(p. 93),* les écrivains George Eliot, Henry James et T.S. Eliot.

Aujourd'hui, la tradition artistique de Chelsea se perpétue : magasins d'antiquités et galeries alternent avec des boutiques de mode dans **King's Road**. **Sloane Square** doit son nom au physicien Sir Hans Sloane, qui acheta le manoir de Chelsea en 1712. Il fit aménager le **Chelsea Physic Garden** le long de Swan Walk pour cultiver des plantes médicinales.

L'**Hôpital royal**, construit par Wren en 1692, accueille encore des soldats à la retraite.

Le salon arabe de Leighton House (1866)

Holland Park **2**

W8, W14. ⊖ *Holland Park.*

C e parc très agréable, beaucoup moins étendu que les grands parcs royaux comme Hyde Park *(p. 103),* a ouvert ses portes en 1952 sur l'ancien domaine de **Holland House**, qui était un foyer de contestation politique au XIXe siècle.

Le parc est entouré de très belles maisons victoriennes. **Linley Sambourne House**, par exemple, date de 1870 et est encore décorée suivant le goût très chargé de l'époque : nombreux meubles, porcelaines, lourdes tentures de velours. Le premier propriétaire était illustrateur à la revue satirique *Punch* ; certains de ses dessins sont exposés.

Leighton House, construite en 1866 pour le peintre néo-classique Lord Leighton, est un témoin précieux de l'esthétique victorienne. La pièce la plus spectaculaire est le salon arabe, construit en 1879 pour abriter une très belle collection de céramiques du Moyen-Orient. Les peintures exposées sont dues à Lord Leighton lui-même ou à ses contemporains, Edward Burne-Jones et John Millais.

🏛 Linley Sambourne House
18 Stafford Terrace W8. 📞 0181-994 1019. 🚇 High St Kensington. ⬤ de mars à oct. : mer., dim. 📷
🏛 Leighton House
12 Holland Park Rd W14. 📞 0171-602 3316. 🚇 High St Kensington. ⬤ du lun. au sam. ⬤ jours fériés.

Notting Hill et Portobello Road ❸

W11. 🚇 Notting Hill Gate.

Dans les années cinquante et soixante, une communauté antillaise s'est installée dans cette partie de la ville, aujourd'hui largement cosmopolite. Depuis 1966, c'est ici que se déroule le plus grand carnaval d'Europe *(p. 62-63)*, le dernier week-end d'août ; la foule des danseurs costumés envahit alors le quartier tout entier. Tout près, le marché de Portobello Road *(p. 122-123)* regorge de petits stands et de boutiques de brocanteurs.

Hampstead ❹

NW3, N6. 🚇 Hampstead. 🚆 Hampstead Heath.

Hampstead, installé sur une colline au nord de la ville, s'est toujours tenu à l'écart de la capitale. Ce petit village georgien resté presque intact est l'un des quartiers résidentiels les plus prisés de la ville. Depuis le xixe siècle, les artistes et les écrivains en ont fait leur quartier de prédilection.

Dans une rue tranquille de Hampstead, la **maison de Keats** (1816) permet d'évoquer la vie et l'œuvre du grand poète et Fanny Brawne, sa fiancée, à travers de nombreux manuscrits et éditions originales. John Keats (1795-1821) vécut ici deux ans ; c'est sous un prunier du jardin qu'il écrivit l'*Ode à un*

Une maison xixe de Hampstead

rossignol, son poème le plus célèbre.

Le **Freud Museum**, qui a ouvert ses portes en 1986, est consacré à la vie de Sigmund Freud (1856-1939), le père de la psychanalyse. À l'âge de 82 ans, fuyant les persécutions nazies, Freud vint se réfugier à Hampstead, où il passa la dernière année de sa vie. On voit encore le célèbre divan où il faisait allonger ses patients, dans son cabinet de consultation meublé dans le style viennois. Sa fille Anna, qui a beaucoup travaillé sur la psychanalyse des enfants, a vécu dans la maison jusqu'à sa mort en 1982. Un montage de films de famille, où l'on voit notamment les nazis investissant sa maison de Vienne, montre la vie de Freud sous un jour méconnu.

🏛 Keats House
Keats Grove NW3. 📞 0171-435 2062. 🚇 Hampstead, Belsize Park. ⬤ t.l.j. ⬤ du 24 au 26 déc., 1er jan., ven. saint, 1er mai.
🏛 Freud Museum
20 Maresfield Gdns NW3. 📞 0171-435 2002. 🚇 Finchley Rd. ⬤ du mer. au dim. ♿ limité.

Antiquaire dans Portobello Road

Hampstead Heath : la campagne en pleine ville

Hampstead Heath ❺

N6. 🔁 *Hampstead, Highgate.* 🚇 *Hampstead Heath.*

Séparant les villages de Hampstead et de Highgate, les larges espaces dégagés de Hampstead Heath proposent une rupture très appréciée avec le rythme de la ville. Il y a des prairies, des lacs et des étangs où se baigner et pêcher ; à l'est, **Parliament Hill** offre de beaux panoramas de la capitale.

Sur un terrain paysager au-dessus de Hampstead Heath se dresse **Kenwood House**, une splendide demeure transformée par Robert Adam *(p. 24)* en 1764 et depuis restée pratiquement intacte. La plus belle pièce de la maison est la bibliothèque, mais sa collection de peintures est célèbre aussi : Van Dyck, Vermeer, Turner *(p. 93)*, Romney et le chef-d'œuvre de la galerie, un autoportrait de Rembrandt (1663). L'été, des concerts de musique classique sont donnés au bord du lac *(p. 126)*.

🏛 Kenwood House
Hampstead Lane NW3. 📞 0181-348 1286. ◯ *t.l.j.* ⬤ *24 et 25 déc.* ♿

Artisanat et antiquités au marché couvert de Camden Lock

Highgate ❻

N6. 🔁 *Highgate, Archway.*

Le site de Highgate est habité depuis le Moyen Âge. Comme Hampstead, ce quartier était déjà à la mode sous les Tudors. Avec ses belles demeures du siècle dernier, Highgate a conservé quelque chose de très rural, et semble à mille lieues de la ville.

Les beaux monuments funéraires du **cimetière de Highgate**, ouvert en 1839 *(p. 77)*, créent une atmosphère très particulière. Des visites guidées (t.l.j. en été, le week-end pendant l'hiver) permettent de tout savoir de l'histoire du cimetière, intrigues, récits de vandalisme et mystères. Dans la partie est du cimetière sont inhumés la romancière George Eliot. (1819-1880) et Karl Marx (1818-1883).

🏛 Highgate Cemetery
Swains Lane N6. 📞 0181-340 1834. 🔁 *Archway, Highgate.* ◯ *t.l.j.* ⬤ *25 et 26 déc., ven. saint.* 📷

Camden et Islington ❼

N1, NW1. 🔁 *Angel, Highbury & Islington.*

Camden fourmille de restaurants et de boutiques ; il s'y tient aussi un **marché** très animé *(p. 122-123)*. Des milliers de personnes s'y rendent tous les week-ends pour flâner le long des stands ou tout simplement pour renifler l'atmosphère du charmant secteur pavé proche du canal, rendez-vous des musiciens et des artistes de rue. Islington était autrefois une station thermale très en vogue, mais la région déclina rapidement dès la fin du XVIIIᵉ siècle. Au XXᵉ siècle, des écrivains comme Evelyn Waugh, George Orwell et Joe Orton y ont vécu. Depuis quelques années, Islington est redevenue à la mode et s'est « embourgeoisée » ; les maisons anciennes, restaurées, ont toutes repris vie.

East End et les quartiers des docks ❽

E1, E2, E14. ⊖ *Aldgate East, Bethnal Green.* **Docklands Light Railway** : *Canary Wharf.*

Au Moyen Âge, on ne pouvait pratiquer dans la City des activités nocives ou gênantes pour la communauté. C'est ainsi que le brassage de la bière, la teinture des textiles ou la fabrication du vinaigre étaient relégués dans l'East End. Dès le XVIIe siècle, le quartier accueillit aussi de nombreux immigrants, dont les huguenots français fuyant les persécutions. Ils installèrent dans Spitalfields des filatures de soie. Le textile est resté l'activité essentielle du quartier, avec l'arrivée de tailleurs et de fourreurs juifs dans les années 1880, et l'installation de tisserands bengalis depuis les années cinquante.

Pour goûter l'atmosphère si particulière de l'East End, rien ne vaut une promenade sur les marchés du dimanche matin *(p. 122-123).* Les amateurs de contrastes pourront visiter aussi le quartier des docks **(Docklands)**, un ensemble de bâtiments contemporains édifiés à l'emplacement de docks désaffectés, dominé par **Canada Tower**, le plus haut bâtiment de Londres, avec ses 250 m de haut. Une visite s'impose aussi au musée de l'Enfant **(Bethnal Green Museum of Childhood)** à l'étonnante collection de jouets et de maisons de poupée, et à la maison de

Les deux bâtiments du Royal Naval College ; au fond, Queen's House

Dennis Severs **(Dennis Severs' House)**, où cet acteur et créateur de décors a reconstitué des intérieurs des XVIIe, XVIIIe et XIXe siècles.

♨ Dennis Severs' House
Folgate St E1. ☏ *0171-247 4013.* ◯ *1er dim. du mois et la veille de représentations.* 🏷

� Bethnal Green Museum of Childhood
Cambridge Heath Rd E2. ☏ *0181-980 5200.* ◯ *du sam. au jeu.* ● *24 et 25 déc., 1er jan., May Day.*

Greenwich ❾

SE10. 🚊 *Greenwich, Maze Hill.*

Depuis 1884, c'est l'**Old Royal Observatory**, aujourd'hui devenu un musée, qui donne l'heure exacte au monde entier. Tout le secteur a su éviter l'industrialisation massive du XIXe siècle, ce qui en fait aujourd'hui un but de promenade recherché par les Londoniens, qui aiment s'y rendre en bateau *(p. 74-75).* La ville possède de très belles demeures néo-classiques et un parc ;

Canada Tower, à Canary Wharf

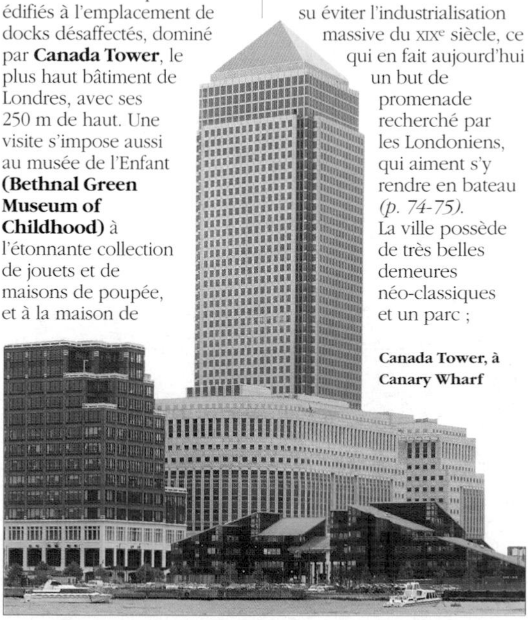

on y trouve aussi de nombreuses boutiques d'antiquités et de livres anciens, des marchés *(p. 122-123).* **Queen's House**, la Maison de la reine, a été dessinée par Inigo Jones pour l'épouse de Jacques Ier, mais elle ne fut achevée qu'en 1637 pour Henriette-Marie de France, épouse de Charles Ier. Tout près est situé le **National Maritime**

Boussole du XVIIIe siècle, National Maritime Museum

Museum, qui illustre toute l'histoire de la marine anglaise. En remontant vers la Tamise, on rencontre sur le **Royal Naval College**, conçu par Wren *(p. 116)* en deux parties afin de préserver la perspective sur la rivière depuis Queen's House. Palais royal, hôpital et enfin collège naval depuis 1873, le bâtiment abrite une chapelle rococo et un splendide salon peint en trompe-l'œil, ouverts au public.

⓳ Old Royal Observatory
Greenwich Park SE10. ☏ *0181-858 4422.* ◯ *t.l.j.* ● *23-26 déc.* 🏷

⓳ Queen's House et National Maritime Museum
Romney Rd SE10. ☏ *0181-858 4422.* ◯ *t.l.j.* ● *du 24 au 26 déc.* 🏷 ♿ *dans la plus grande partie du musée.*

♨ Royal Naval College
Greenwich SE10. ☏ *0181-858 2154.* ◯ *t.l.j. (après-midi).* ● *jours fériés.*

Chiswick ⑩

W4. ⊖ *Chiswick*.

Chiswick est le plus bucolique des faubourgs de Londres, avec des pubs, des cottages, une rivière dont les bords abritent toutes sortes d'oiseaux, comme les hérons. Le promeneur pourra aussi y visiter **Chiswick House**, une splendide demeure inspirée de l'architecture palladienne. Elle a été conçue au XVIIIᵉ siècle par le troisième comte de Burlington, comme une annexe de la grande demeure préexistante, afin de pouvoir recevoir ses amis. C'est le bâtiment principal qui fut détruit en 1758. Les beaux jardins de la maison, ouverts au public, ont retrouvé leur tracé initial.

Héron

⊞ **Chiswick House**
Burlington Lane W4. **C** 0181-995 0508. ○ *d'avril à oct. : t.l.j. ; de nov. à mars : du mer. au dim.* ● 24, 25 déc.

Richmond et Kew ⑪

SW15. ⊖ ⇄ *Richmond*.

Le charmant village de Richmond doit son nom à un palais construit en 1500 par Henri VII, alors comte de Richmond, dans le Yorkshire. On voit encore quelques ruines de ce château. Tout près s'étend le vaste **parc de**

Chiswick House

Richmond *(p. 76)*, où Charles Iᵉʳ donnait des chasses. L'été, on peut y venir en bateau depuis Westminster Pier ; c'est l'occasion de quitter Londres pour passer une journée à la campagne *(p. 74-75)*.

La noblesse a continué de fréquenter Richmond après le départ des rois, comme en témoignent plusieurs belles demeures qui nous sont parvenues : **Marble Hill House**, par exemple, construite en 1729 pour la maîtresse de George II, ou **Ham House**, sur l'autre rive de la Tamise. Cette belle bâtisse de 1610 a une curieuse origine. La comtesse de Laudersdale hérita cette demeure de son père, qui avait été le « whipping boy » du roi Charles Iᵉʳ : c'est lui qui était puni à la place du futur roi quand ce dernier avait commis quelque méfait. À l'âge adulte, Lauderdale reçut Ham et un titre de pair en récompense de son dévouement… Un peu plus au nord, **Syon House**, où les ducs de Northumberland ont vécu pendant quatre siècles. On peut y voir une collection de voitures anciennes, une serre à papillons et une serre spectaculaire de 1830. L'intérieur de la demeure reste cependant le clou de la visite, avec les pièces néo-classiques décorées par Robert Adam dans les années 1760 *(p. 24-25)*.

Une ruelle de Richmond

La rivière est bordée au sud par le **jardin botanique de Kew** *(p. 76)*, le plus complet du monde, avec près de 40 000 plantes différentes. Les immenses serres de verre et de fer construites au siècle dernier abritent les espèces exotiques.

⊞ **Marble Hill House**
Richmond Rd, Twickenham. **C** 0181-892 5115. ○ *t.l.j. (de nov. à mars : du mer. au dim.).* ● *du 24 au 26 déc., 1ᵉʳ jan.* **&** limité.

⊞ **Ham House**
Ham St, Richmond. **C** 0181-940 1950. ○ *du sam. au mer. (nov. et déc. : sam., dim.).* **&**

⊞ **Syon House**
London Rd, Brentford. **C** 0181-560 0881. **Maison** ○ *d'oct. à août : du mer. au dim. ; sept. : dim.* **Jardins** ○ *d'avril à sept. : t.l.j.* ● *du 24 au 26 déc.* **&** *jardins seulement.*

♣ **Kew Gardens**
Kew Rd, Richmond. **C** 0181-940 1171. ○ *t.l.j.* ● *25 déc., 1ᵉʳ jan.* **&**

ATLAS DES RUES

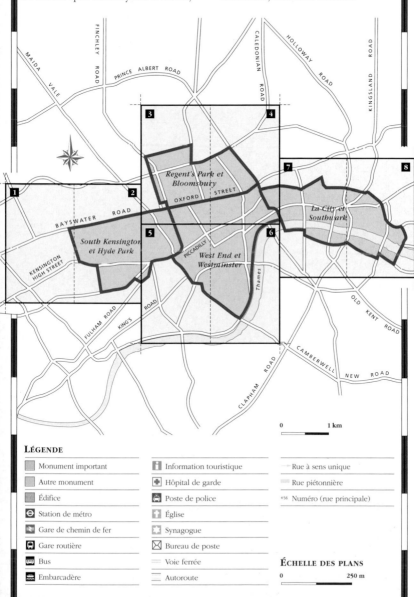

Les références données pour chaque site, hôtel, restaurant, magasin ou salle de spectacle du centre de Londres se rapportent aux quatre plans des pages suivantes. Les principaux centres d'intérêt sont indiqués sur les plans, de même que les moyens d'accès, gares ferroviaires ou routières, stations de métro. Les différentes zones qui font l'objet d'un plan détaillé sont définies sur la carte ci-dessous. Le centre-ville (en rose sur la carte) est présenté plus largement sur la couverture intérieure, en fin de volume.

LÉGENDE

Monument important	Information touristique
Autre monument	Hôpital de garde
Édifice	Poste de police
Station de métro	Église
Gare de chemin de fer	Synagogue
Gare routière	Bureau de poste
Bus	Voie ferrée
Embarcadère	Autoroute

— Rue à sens unique

— Rue piétonnière

*56 Numéro (rue principale)

ÉCHELLE DES PLANS

0   250 m

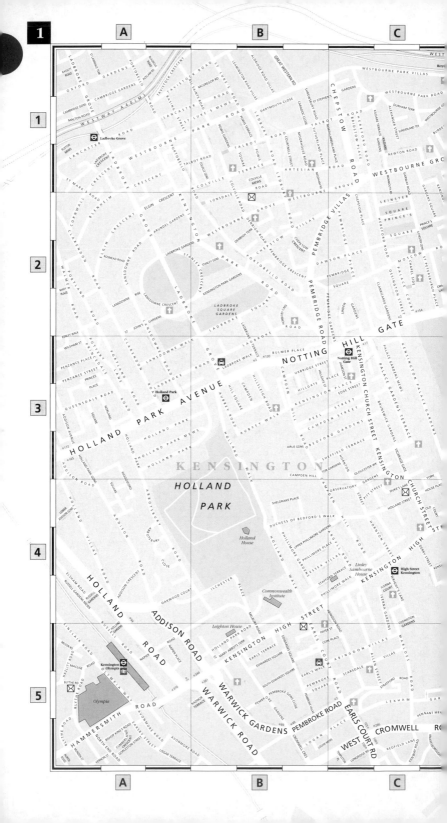

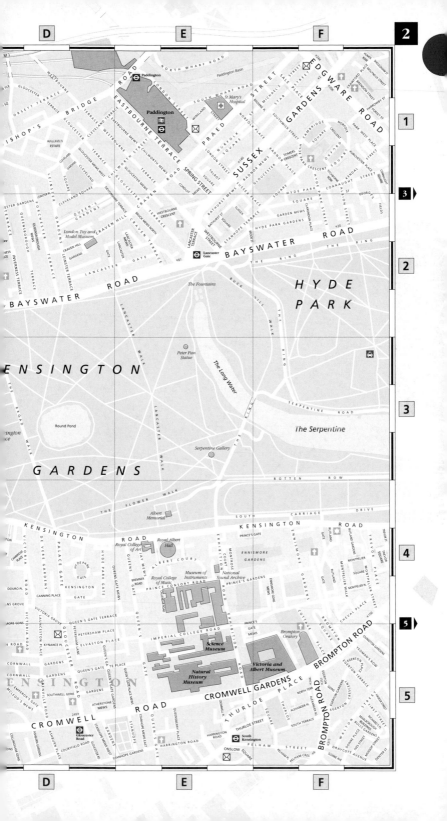

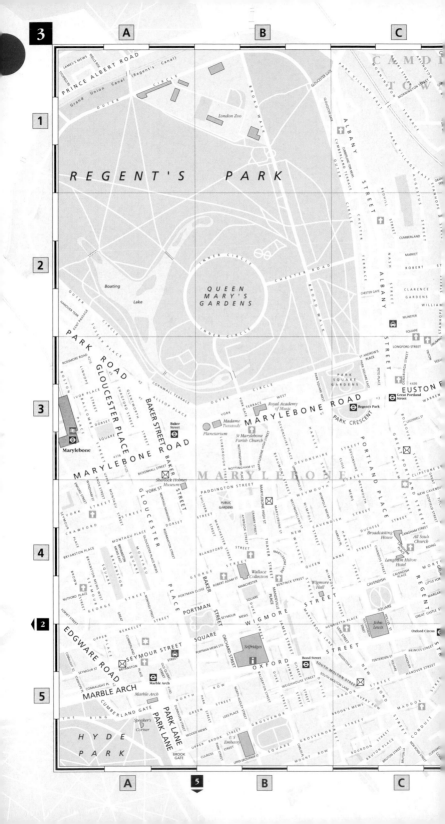

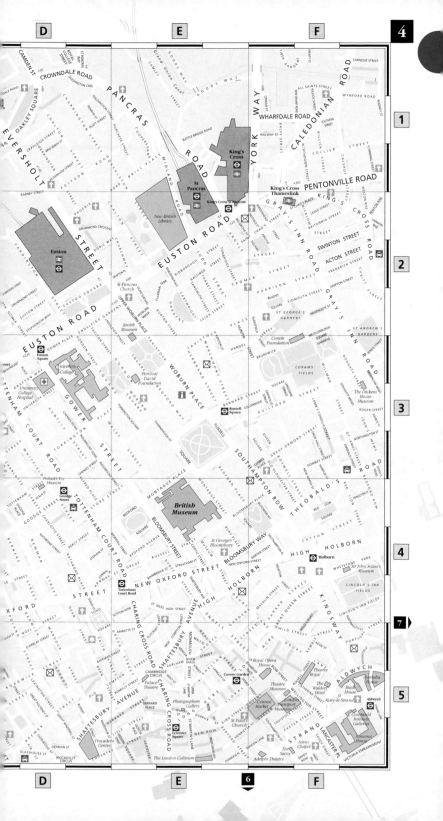

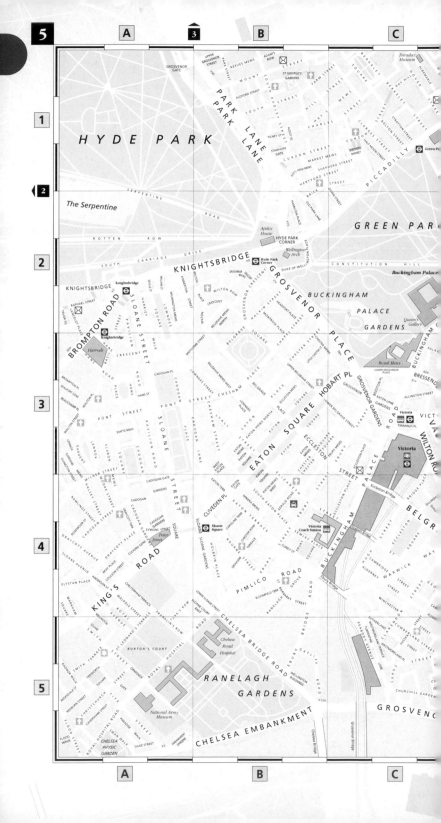

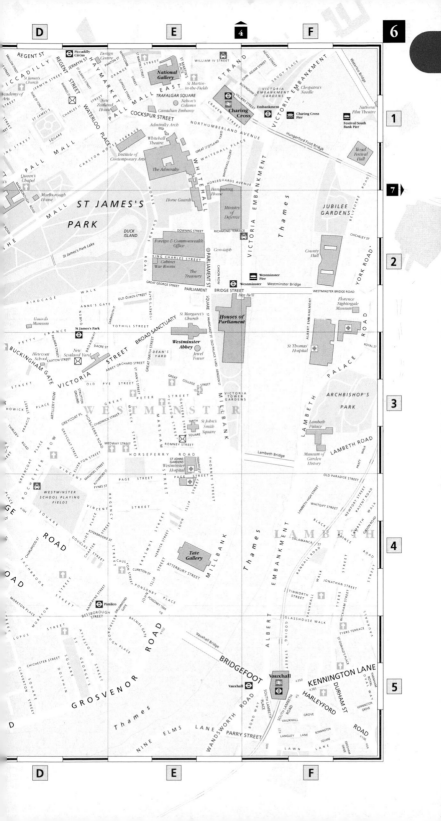

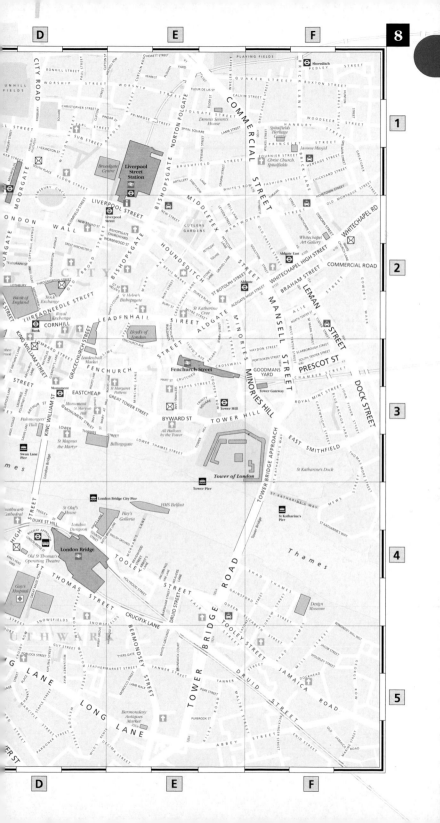

LE SUD-EST DE L'ANGLETERRE

Le sud-est de l'Angleterre d'un coup d'œil

Les régions qui entourent Londres aujourd'hui correspondent au tracé des anciens royaumes saxons. Chacune bénéficie de la proximité de la capitale, tout en ayant à cœur de préserver ses particularités. C'est dans cette partie du pays que se trouvent les universités, les palais, les châteaux, les demeures et les cathédrales qui ont été le théâtre des événements marquants de l'histoire du pays. Le paysage alentour est harmonieux et calme – collines verdoyantes et arrondies, plaines fertiles de l'East Anglia, longues plages sablonneuses du bord de la Manche.

Blenheim Palace (p. 214-215) *est un chef-d'œuvre d'architecture baroque encadré de très beaux jardins.*

Les bâtiments de l'université d'Oxford (p. 208-213) *sont une sorte d'anthologie de l'architecture anglaise du Moyen Âge à nos jours. Christ Church College (1525) est l'édifice le plus important.*

Bedfordshire

Hertf

Buckinghamshire

VALLÉE DE LA TAMISE
(p. 202-223)

Oxfordshire

Berkshire

Surr

Hampshire

West Sus

Le château de Windsor (p. 222-223) *est la plus ancienne résidence royale de Grande-Bretagne. La tour ronde date du XIIe siècle ; elle surveillait alors les abords de Londres par l'ouest.*

La cathédrale de Winchester (p. 156-157) *a été édifiée en 1097 sur les ruines d'une église saxonne, mais la ville elle-même était déjà un bastion important de l'Église chrétienne depuis le VIIe siècle. Le porche nord est typique du gothique anglais.*

◁ **Les falaises blanches de Douvres, dans le Kent**

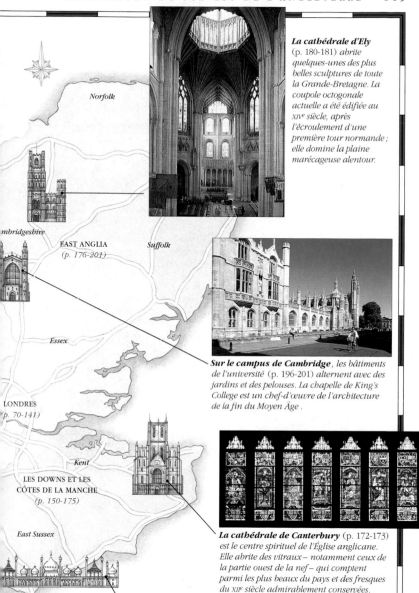

Norfolk

mbridgeshire

EAST ANGLIA
(p. 176-201)

Suffolk

Essex

LONDRES
p. 70-141)

Kent

**LES DOWNS ET LES
CÔTES DE LA MANCHE**
(p. 150-175)

East Sussex

La cathédrale d'Ely
(p. 180-181) *abrite
quelques-unes des plus
belles sculptures de toute
la Grande-Bretagne. La
coupole octogonale
actuelle a été édifiée au
XIVe siècle, après
l'écroulement d'une
première tour normande ;
elle domine la plaine
marécageuse alentour.*

Sur le campus de Cambridge, *les bâtiments
de l'université (p. 196-201) alternent avec des
jardins et des pelouses. La chapelle de King's
College est un chef-d'œuvre de l'architecture
de la fin du Moyen Âge .*

La cathédrale de Canterbury (p. 172-173)
*est le centre spirituel de l'Église anglicane.
Elle abrite des vitraux – notamment ceux de
la partie ouest de la nef – qui comptent
parmi les plus beaux du pays et des fresques
du XIIe siècle admirablement conservées.*

Le Pavillon royal de Brighton (p. 164-
165) *a été édifié pour le Prince Régent ;
c'est l'un des plus beaux monuments du
pays. Les coupoles et les minarets
dessinés par John Nash (p. 107) sont
inspirés par l'architecture des Indes. Le
pavillon récemment restauré a retrouvé
sa splendeur d'antan.*

0   25 km

Le jardin de l'Angleterre

Vin blanc produit dans le Sud-Est

Un sol fertile régulièrement arrosé par les pluies et un climat tempéré font du Kent une région idéale pour les cultures. Ce sont les Romains qui y ont planté les premiers vergers. La viticulture a pris un essor extraordinaire, comme en témoignent les collines couvertes de ceps autour de Lamberhurst. Les cultures créent aussi de merveilleux paysages : au printemps, les vergers en fleur sont un enchantement à l'automne, les branches croulent sous le poids des fruits magnifiques du « jardin de l'Angleterre ». Près de Faversham se trouve l'institut de recherche sur les fruits de Brogdale ; ouvert au public, il permet de se familiariser avec les différents fruits, leurs goûts et la façon de les cultiver.

LE HOUBLON

La récolte du houblon, une affaire de famille

Les séchoirs à houblon, que l'on repère de loin dans les campagne grâce aux abat-vent qui surmonte leur toit, sont des bâtiments

LA SAISON DES FRUITS

Ce calendrier montre comment la récolte des principaux fruits du verger se répartit au fil des saisons. Les premiers bourgeons apparaissent parfois alors que les champs sont encore couverts de neige. Les fruits mûrissent au soleil de l'été et sont récoltés l'automne venu.

Les framboises, savoureuses et légèrement acides Certains récoltan laissent au public soin de cueillir lu même ses frambo on les paye suiv poids.

Les pêchers sont souvent cultivés le long des façades plein sud, car leurs fruits ont besoin de chaleur.

Dans les vergers *du Kent, on cultive les prunes, les poires et surtout, comme ici, les pommes.*

MARS	AVRIL	MAI	JUIN	JU

Les fraises sont le fruits préférés des Anglais. Les variétés remontantes perme d'en cueillir penda tout l'été.

Les fleurs des cerisiers *surs sont les premières à éclore.*

Les fleurs blanc crème *des poiriers éclosent deux ou trois semaines avant celles des pommiers.*

Le prunus est cultivé pour ses fleurs pleines de délicatesse.

Les groseilles à maquereau *sont souver trop acides pour être mangées crues ; o en fait des tartes délicieuses.*

icoles fréquents dans le Kent.
aucoup d'entre eux servent
:ore aujourd'hui, car les
:anniques sont de grands
ateurs de bière *(p. 34-35)*. Si
Grande-Bretagne importe une
nde partie de sa
asommation, elle produit
que année quatre millions de
nes de houblon.

'été, les plants de houblon
npent sur des claies
:angulaires. Jusqu'au milieu
xxe siècle, des milliers de
ailles originaires de l'est de
ndres venaient chaque année
automne pour les récolter.
:e tradition est tombée en
uétude avec la mécanisation
procédés

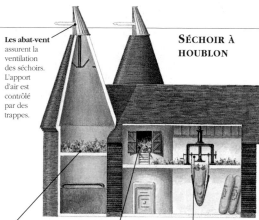

SÉCHOIR À HOUBLON

Les abat-vent assurent la ventilation des séchoirs. L'apport d'air est contrôlé par des trappes.

Le houblon est mis à sécher au-dessus d'un radiateur qui souffle l'air chaud vers le haut.

Une fois sec, le houblon est mis à refroidir puis stocké.

Le houblon conditionné part à la brasserie.

Les cerises sont parmi les plus beaux fruits du Kent. Variétés très appréciées, la Stella et la Duke.

Les prunes peuvent se servir en compote, sur des tartes, ou sous la forme de pruneaux secs. La Victoria (à gauche) se mange de préférence crue. La Purple est elle aussi très prisée.

La reine-claude, au parfum caractéristique, fait d'excellentes confitures.

La Bramley Seedling, une des meilleures pommes à cuire, n'est pas assez sucrée pour être mangée crue.

Les poires, comme la William, se mangent très mûres. La Conférence se conserve longtemps.

AOÛT	SEPTEMBRE	OCTOBRE	NOVEMBRE

aveur un peu
e des groseilles
s cassis est
iculièrement goûtée.

ches, cultivées en Chine
s 4 000 ans, apparurent
Angleterre au xixe siècle.

Les pommes, comme la Cox's Orange Pippin (à droite), ont toujours beaucoup de succès. Certaines variétés, comme la Discovery, sont faciles à cultiver.

La noisette du Kent, longtemps éclipsée par d'autres variétés européennes, est à nouveau cultivée.

Les vignobles font partie des paysages du Kent, du Sussex et du Hampshire. Le vin, comme le Lamberhurst, est en général du blanc.

Les hôtes célèbres de la région

Les maisons où ont habité certains grands noms du monde politique, artistique ou littéraire reflètent la personnalité de leurs occupants et permettent souvent de deviner bien des choses de leur vie et de leur caractère, à travers les meubles et les objets dont ils ont choisi de s'entourer. Dans le sud-est de l'Angleterre, on peut visiter plusieurs de ces maisons historiques, de la grande demeure au simple cottage, pleines du souvenir de leurs hôtes illustres.

Florence Nightingale (1820-1910), la « dame à la lampe », était infirmière pendant la guerre de Crimée (p. 56). Elle vivait à Clayton avec sa sœur, Lady Verney.

Nancy Astor *(1879-1964) fut en 1919 la première femme à siéger au Parlement. Jusqu'à sa mort, elle tint à Cliveden un cénacle politique.*

Claydon House, Winslow, près de Milton Keynes

Le duc de Wellington *(1769-1852) se vit offrir cette maison par la nation en 1817, pour le récompenser d'avoir mené les troupes anglaises à la victoire à Waterloo (p. 55).*

VALLÉE DE LA TAMISE
(p. 202-223)

Cliveden House, près de Maidenhead

Stratfield Saye, Basingstoke, près de Windsor

Jane Austen *(1775-1817) a passé les huit dernières années de sa vie dans cette maison toute simple. Elle y a écrit et corrigé plusieurs de ses romans.*

Maison de Jane Austen, Chawton, près de Winchester

Broadlands, Southampton

Lord Mountbatten (1900-1979), homme d'État et chef de guerre, fut le dernier vice-roi des Indes. Il vécut très longtemps dans sa demeure de Broadlands, qu'il fit considérablement remanier.

Osborne House, île de Wight

La reine Victoria (1819-1901) et son époux, le prince Albert, firent construire Osborne House (p. 154) en 1884. Tous deux préféraient nettement cette résidence en bord de mer au pavillon royal de Brighton.

LE GROUPE DE BLOOMSBURY

Ce cercle d'artistes et d'écrivains avant-gardistes, dont la plupart des membres s'étaient rencontrés au cours de leurs études supérieures, commença à se réunir en 1904 dans une maison du quartier de Bloomsbury, à Londres. On y rencontrait Virginia Woolf, Aldous Huxley, T. S. Eliot, E. M. Forster ou Bertrand Russell. Aujourd'hui, de nombreuses maisons d'édition sont installées dans ce quartier de la capitale. En 1916, le peintre Duncan Grant et Vanessa Bell s'installèrent à Charleston, dans le sud du pays ; leur maison devint une sorte d'annexe pour le groupe de Bloomsbury.

Vanessa Bell à Charleston, **par Duncan Grant (1885-1978)**

Maison de Gainsborough, Sudbury, près d'Ipswich

EAST ANGLIA
(p. 176-201)

Le peintre Thomas Gainsborough
(1727-1788), l'un des plus grands artistes anglais du XVIIIᵉ siècle, est né dans cette maison (p. 192). Voici son double portrait de Mr et Mrs Andrews.

Charles Darwin *(1809-1882) écrivit son fameux traité* De l'origine des espèces *dans cette maison où il s'était installé pour raisons de santé ; il y était en relation avec de nombreux savants.*

Down House, Downe, près de Sevenoaks

LES DOWNS ET LES CÔTES DE LA MANCHE
(p. 150-175)

Bleak House, Broadstairs, près de Margate

Charles Dickens (1812-1870), le plus célèbre et le plus prolifique des romanciers de l'époque victorienne *(p. 175)*, passait régulièrement ses vacances à Bleak House, qui porte le nom d'un de ses romans.

Chartwell, Westerham, près de Sevenoaks

Batemans, Burwash, près d'Hastings

Winston Churchill (1874-1965), qui fut Premier ministre pendant la Deuxième Guerre mondiale *(p. 173)*, a vécu 40 ans dans cette maison où il bricolait beaucoup pour se détendre.

Rudyard Kipling *(1865-1936), poète et romancier, est né aux Indes, mais il a passé 34 ans en Angleterre. Parmi ses œuvres les plus célèbres,* Le Livre de la jungle, Capitaines courageux *et les* Histoires comme ça.

Charleston, Lewes

Vanessa Bell (1879-1961), artiste et membre du groupe de Bloomsbury, a vécu ici jusqu'à sa mort. Les murs et les meubles peints de sa ferme du XVIIIᵉ siècle reflètent son sens très personnel de la décoration.

LES DOWNS ET LES CÔTES DE LA MANCHE

HAMPSHIRE · SURREY · EST DU SUSSEX · OUEST DU SUSSEX · KENT

Le Sud-Est est la première terre atteinte par les immigrants, les envahisseurs ou les missionnaires venus d'Europe. Les plaines fertiles qui s'étendent derrière les falaises de craie se sont avérées des sites propices à l'établissement de villages ou de cités.

Les Romains ont été les premiers à élever le long des côtes de la Manche des fortifications propres à décourager des envahisseurs potentiels venus du continent. On voit aujourd'hui encore des vestiges de ces murailles, qui ont parfois, comme à Portchester Castle, près de Portsmouth, été intégrées à d'autres remparts élevés postérieurement. Sur les côtes comme à l'intérieur des terres, on trouve aussi trace de constructions romaines civiles, comme Fishbourne Palace.

Les immenses cathédrales de Canterbury ou Winchester témoignent du rôle majeur que jouait au Moyen Âge l'Église, presque aussi puissante que l'État. Le commerce avec le continent a fait la fortune des ports – et des contrebandiers – du Sussex et du Kent. À l'époque des Tudors déjà, les rois, les nobles et les courtisans achetaient des domaines et se faisaient construire des demeures entre Londres et la côte, profitant à la fois de la douceur du climat et de la proximité de la capitale. Plusieurs de ces vastes maisons de campagne existent encore et se visitent. De nos jours, le sud-est de l'Angleterre est la région la plus prospère et la plus peuplée du pays. Une partie du Surrey et du Kent, jusqu'à environ 32 km de Londres, est connue sous le nom de « Stockbroker Belt », ou « banlieue des agents de change », car de nombreux hommes d'affaires d'aujourdhui, comme déjà les riches familles sous les Tudors, sont venus s'y installer.

Le Kent, particulièrement fertile, est considéré comme le jardin de l'Angleterre. Malgré les constructions récentes, c'est une région essentielle pour la culture des fruits, tout près des grands marchés de la métropole.

Vue aérienne de Leeds Castle

◁ Un parterre de jacinthes sauvages dans un sous-bois du Kent

À la découverte des Downs et des côtes de la Manche

L e nord et le sud des Downs sont des régions particulièrement agréables à parcourir à pied. On y trouve aussi nombre de belles demeures anciennes, car dès l'époque des Tudors les riches marchands de Londres ont fait construire des résidences dans le Kent, à une journée de cheval de la capitale. Beaucoup de ces demeures sont ouvertes au public. La côte est

Le Palace Pier de Brighton, vu depuis la promenade

parsemée des ruines de forteresses édifiées là pour repousser les envahisseurs. Aujourd'hui, le littoral s'est trouvé une vocation plus pacifique avec les plus anciennes stations balnéaires de Grande-Bretagne ; les bains de mer auraient même été inventés à Brighton.

Séchoirs à houblon à Chiddingstone, près de Royal Tunbridge Wells

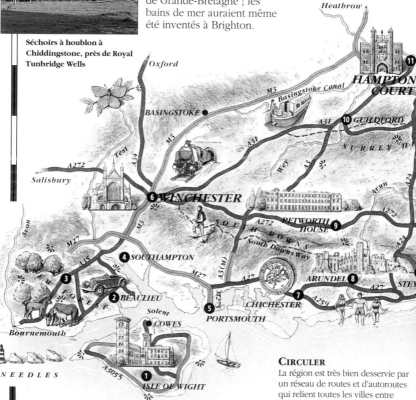

Oxford

Heathrow

BASINGSTOKE ●

HAMPTON COURT ⑪

M3 *Basingstoke Canal*

A31

A31 ⑩ **GUILDFORD**

S U R R E Y

Salisbury

A272

Test

A34

M3

Wey

A3

M3

⑥ **WINCHESTER**

Arun

A272 **PETWORTH HOUSE** ⑨

S O U T H D O W N S

South Downs Way

④ **SOUTHAMPTON**

M27

A3(M)

A27 **ARUNDEL** ⑧

STEY

Arun

M27

A35

③

② **BEAULIEU**

M275

⑦ **CHICHESTER**

A259

A27

Solent

⑤ **PORTSMOUTH**

COWES

Bournemouth

N E E D L E S

A3055

① **ISLE OF WIGHT**

| 0 | 20 km |

CIRCULER

La région est très bien desservie par un réseau de routes et d'autoroutes qui relient toutes les villes entre elles et à la capitale. L'itinéraire que suivent la A 259 et la A 27, le long des côtes, est particulièrement agréable et pittoresque.
L'infrastructure ferroviaire est très bonne, tout comme le réseau de cars de tourisme qui proposent des circuits entre les principaux sites de la région.

VOIR AUSSI

- *Hébergement* p. 545-547
- *Restaurants et pubs* p. 582-584

LA RÉGION D'UN COUP D'ŒIL

Arundel **8**

Beaulieu **2**

Bodiam Castle **18**

Brighton p. 160-165 **13**

Canterbury p. 172-173 **23**

Chichester **7**

Douvres **21**

Eastbourne **15**

Guildford **10**

Hampton Court p. 159 **11**

Hastings **17**

Hever Castle **27**

Île de Wight **1**

Knole **26**

Leeds Castle **24**

Lewes **14**

Margate **22**

Rochester **25**

New Forest **3**

Petworth House **9**

Portsmouth **5**

Romney Marsh **20**

Royal Tunbridge Wells **28**

Rye p. 170-171 **19**

Southampton **4**

Steyning **12**

Les Downs **16**

Winchester p. 156-157 **6**

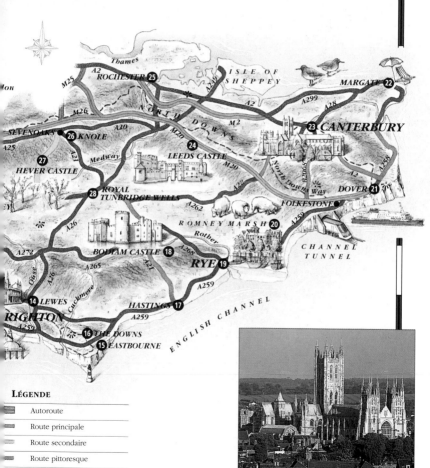

Le clocher de la cathédrale de Canterbury, dominant le paysage alentour

LÉGENDE

	Autoroute
	Route principale
	Route secondaire
	Route pittoresque
	Chemin pittoresque
	Cours d'eau
	Point de vue

Osborne House, où la reine Victoria prenait ses vacances

L'île de Wight ●

Isle of Wight. **135 000.** *au départ de Lymington, Southampton, Portsmouth.* **67 High St, Shanklin (01983 862942).**

La visite d'**Osborne House**, la résidence balnéaire préférée de la reine Victoria et du prince Albert, justifie à elle seule le petit voyage en ferry entre le continent et l'île. Elle a conservé pratiquement intacts tout son mobilier et sa décoration intérieure d'époque. Des portraits, des souvenirs et des photos y évoquent les fréquents séjours de la famille royale.

Le **Swiss Cottage** (la ferme suisse) était en quelque sorte la salle de jeu des enfants royaux ; c'est aujourd'hui un musée qui dépend d'Osborne House. Tout près, on verra l'étrange construction de bois sur roues qui permettait à la reine de prendre ses bains de mer à l'abri des regards *(p. 383)*.

Sur l'île de Wight se trouve aussi **Carisbrooke Castle**, une forteresse édifiée au XIᵉ siècle. Depuis les remparts, vue sur l'extraordinaire panorama des côtes rocheuses de l'Angleterre. C'est dans ce château que Charles Iᵉʳ *(p. 52-53)* fut emprisonné en 1647. Sa tentative d'évasion échoua : le roi resta coincé entre deux barreaux de la fenêtre.

L'île est réputée pour ses plages, et les randonneurs sont très friands des belles balades à pied que l'on peut y faire ; c'est de l'île de Wight aussi que partent les régates, notamment pendant la Cowes Week *(p. 67)*. À l'ouest se dressent les **Needles** – les aiguilles –, trois pointes rocheuses jaillissant de la mer, à quelques encablures des impressionnantes falaises d'Alum Bay.

Osborne House
East Cowes. **01983 200022.** *d'avril à oct. : t.l.j.* *de nov. à mars, visites guidées uniquement, appeler pour les horaires.*

Carisbrooke Castle
Newport. **01983 522107.** *t.l.j.* *du 24 au 26 déc.*

Beaulieu ●

Brockenhurst, Hampshire. **01590 612345.** *prendre un taxi à Brockenhurst.* *t.l.j.* *25 déc.*

Cette ancienne résidence seigneuriale abrite le **National Motor Museum**, la plus belle collection de voitures anciennes du pays : plus de 250 modèles datant des années 1890 jusqu'à nos jours.

L'abbaye cistercienne fondée en 1204 par le roi Jean *(p. 48)* est à présent ruinée ; on peut y voir une évocation de la vie des moines. L'église conventuelle est aujourd'hui une simple église paroissiale.

Aux environs
Au sud de Beaulieu se trouve le musée maritime de **Buckler's Hard**, qui retrace l'aventure de la construction navale au XVIIIᵉ siècle. C'est ici qu'ont été construits trois des vaisseaux de la flotte conduite par Nelson. Au meilleur de leur productivité, les chantiers navals employaient 4 000 personnes ; ils ont commencé à décliner quand l'acier a supplanté le bois dans la construction navale.

Buckler's Hard
Beaulieu. **01590 616203.** *t.l.j.* *25 déc.* limité.

New Forest ●

Hampshire. **Brockenhurst.** *prendre le bus à Lymington.* **parc de stationnement à Lyndhurst (01703 282269).**

Un espace immense (375 km²) de landes et de bois, le plus vaste de tout le sud de l'Angleterre. Malgré son nom, qui signifie « forêt nouvelle », ce terrain boisé est en fait l'une des grandes chênaies primitives du pays. C'était le terrain de chasse favori des rois normands ; en 1100, Guillaume II y fut mortellement blessé lors d'une partie de chasse.

Aujourd'hui, près de sept millions de promeneurs parcourent chaque année la forêt en compagnie des poneys à poils longs de New Forest, typiques de la région, et d'environ 1 500 daims en liberté.

Une Rolls-Royce Siver Ghost de 1909 au National Motor Museum

Southampton ❹

Hampshire. 🕍 *200 000.* 🛫 🛬 🚉
🚢 🛈 *9 Civic Centre (01703
221106).* 🛍 *du mar. au sam.*

Southampton est un port très
actif depuis des siècles.
D'ici sont partis en 1620 le
Mayflower, qui fut l'un des
premiers bateaux d'émigrants à
faire route vers l'Amérique, et
en 1912 le *Titanic*, qui fit
naufrage au cours de sa
première traversée.

Le **Maritime Museum**
présente, bien sûr, ces deux
navires mythiques, ainsi que
les fameux transatlantiques.

Le *Titanic*, qui heurta un iceberg et
coula en 1912

Une promenade sur les
vestiges du mur d'enceinte de
la cité médiévale conduit à
Bargate, une ancienne porte
de la ville. Cette entrée
monumentale conserve ses
deux tours du XIIIᵉ siècle et
porte un décor d'armoiries
sculptées très fouillé datant du
XVIIᵉ siècle.

Le **Tudor House Museum**,
installé dans l'ancienne
demeure d'un riche
marchand, expose des objets
de la vie quotidienne au
XIXᵉ siècle.

🏛 **Maritime Museum**
Town Quay. 🎟 *01703 635904.* 🕐
du mar. au dim. ⬤ *25 et 26 déc.,
1ᵉʳ jan. et jours fériés.* ♿ *limité.*

🏛 **Tudor House Museum**
St Michael's Sq. 🎟 *01703 635904.*
🕐 *du mar. au dim.* ⬤ *jours fériés.*

Portsmouth ❺

Hampshire. 🕍 *190 000.* 🛬 🚉 🛈
The Hard (01705 826722). 🛍 *du jeu.
au sam.*

Portsmouth est aujourd'hui
une ville tranquille qui
reste cependant profondément
marquée par son passé
maritime : c'était autrefois l'un
des ports les plus importants
d'Angleterre.

Les anciens docks du port
abritent aujourd'hui les
**Portsmouth Historic
Ships**, qui évoquent les
fastes de la marine
anglaise des siècles
passés. On y voit
notamment la coque de la
Mary Rose, le vaisseau-amiral
d'Henri VIII *(p. 50)* qui en
1545 coula sous ses yeux à
peine mis à flot. Le vaisseau a
été remonté du fond de la mer
en 1982. Les milliers d'objets
du XVIᵉ siècle exposés alentour
proviennent de l'épave.

Tout près, le H.M.S. **Victory**,
le trois-mâts amiral à bord
duquel l'amiral Nelson trouva
la mort pendant la bataille de
Trafalgar *(p. 27),* restauré dans
sa splendeur originelle. Le
Royal Naval Museum est
consacré à l'histoire de la
Royal Navy depuis 1485 ; il
permet aussi de découvrir le
H.M.S. **Warrior**, le premier
navire de guerre à coque de
métal (1860).

La figure de proue du H. M. S.
Victory à Portsmouth

À voir aussi, le **D-Day
Museum** (Musée du Jour J),
consacré au débarquement de
Normandie. La tapisserie
d'Overlord, une sorte de
pendant moderne de la
tapisserie de Bayeux, présente
en 34 panneaux le détail du
débarquement allié de 1944.

Portchester Castle, au
nord de la ville, est une place
forte du IIIᵉ siècle, le meilleur
exemple de défense portuaire
édifiée par les Romains dans
le nord de l'Europe. Les
Normands se sont ensuite
servi des murailles romaines
pour en ceindre un château,
dont seul le donjon subsiste,
et une église. C'est là
qu'Henri V réunit son armée
avant la bataille d'Azincourt
(p. 49). Aux XVIIIᵉ et
XIXᵉ siècles, des prisonniers de
guerre ont été enfermés au
château. Le **Charles Dickens
Museum** *(p. 175)* est installé
dans la maison natale du
romancier, dont le père
travaillait dans la marine
nationale.

🏛 **Portsmouth Historic
Ships**
The Hard. 🎟 *01890 407080.* 🕐 *t.l.j.*
⬤ *25 et 26 déc.* 🎫 ♿

🏛 **D-Day Museum**
Clarence Esplanade. 🎟 *01705
827261.* 🕐 *t.l.j.* ⬤ *24 et 26 déc.* 🎫
♿

⛫ **Portchester Castle**
Castle St, Porchester. 🎟 *01705
378291.* 🕐 *t.l.j.* ⬤ *24 et 26 déc.,
1ᵉʳ jan.* 🎫 ♿ *limité.*

🏛 **Charles Dickens Museum**
393 Old Commercial Rd. 🎟 *01705
827261.* 🕐 *d'avril à oct. : t.l.j.* 🎫

Un poney sauvage et son poulain en liberté dans New Forest

Winchester ❻

Hampshire. 🏛 34 000. 🚆 🚌 ℹ
*Guildhall, The Broadway (01962
840500).* 🛒 *lun., mer., ven., sam.*

W inchester a toujours joué
un grand rôle dans
l'histoire du pays. Capitale de
l'ancien royaume de Wessex,
la ville a été aussi le quartier
général des rois anglo-saxons
jusqu'à la conquête des
Normands *(p. 47)*.

Guillaume le Conquérant y
fit construire l'une de ses
premières forteresses. Il n'en
reste qu'une grande salle, le

Great Hall, reconstruite
en 1235. Aujourd'hui, on
peut y voir la fameuse
Table ronde, dont
l'histoire comporte une
bonne part de légende,
puisqu'on la dit faite par
l'enchanteur Merlin lui-
même. Elle ne date en
réalité que du XIIIe siècle.
C'est le roi Arthur *(p. 269)*
qui décida de sa forme, pour
qu'aucun des chevaliers
assemblés ne puisse prétendre
avoir la moindre préséance sur
les autres. Le **Westgate
Museum** est installé dans l'une
des quatre portes du XIIe siècle
percées dans les remparts de la
ville. Le plafond de la pièce
qui la surmonte est orné de
belles peintures du XVIe siècle ;
il provient du collège de

**La Table ronde remonte au
XIIIe siècle**

Winchester, le plus ancien
d'Angleterre puisqu'il fut fondé
en 1382 par Guillaume de
Wykeham. **Wolvesey Castle**,
aujourd'hui en ruines, était la
résidence des puissants
évêques de Winchester.

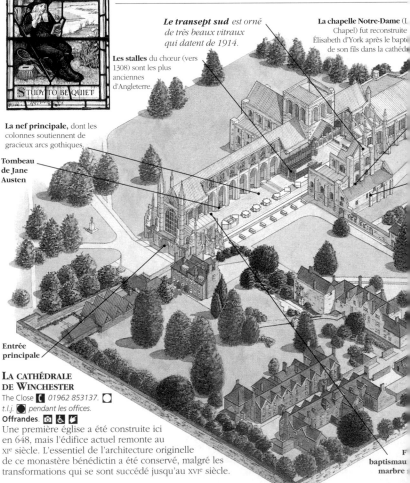

Le transept sud est orné
*de très beaux vitraux
qui datent de 1914.*

Les stalles du chœur (vers
1308) sont les plus
anciennes
d'Angleterre.

La chapelle Notre-Dame (L
Chapel) fut reconstruite
Élisabeth d'York après le bapt
de son fils dans la cathéd

La nef principale, dont les
colonnes soutiennent de
gracieux arcs gothiques.

**Tombeau
de Jane
Austen**

STUDY TO BE QUIET

**Entrée
principale**

LA CATHÉDRALE
DE WINCHESTER

The Close 📞 *01962 853137.* ⚪
t.l.j. ⚫ *pendant les offices.*
Offrandes. 📷 ♿ 🎁
Une première église a été construite ici
en 648, mais l'édifice actuel remonte au
XIe siècle. L'essentiel de l'architecture originelle
de ce monastère bénédictin a été conservé, malgré les
transformations qui se sont succédé jusqu'au XVIe siècle.

F
baptismau
marbre

L'**hôpital Sainte-Croix** est un ancien hospice de 1446. Depuis le Moyen Âge, une tradition d'assistance aux voyageurs fatigués s'y maintient.

Great Hall
Castle Ave. **[** 01962 846476.
○ t.l.j. **●** 25 et 26 déc. **&**
Westgate Museum
High St. **[** 01962 869864.
○ de fév. à oct. : du mar. au dim.
Hospital of St Cross
St Cross Rd. **[** 01962 851375.
○ du lun. au sam. **●** 25 déc., ven.
saint. [🖾]

La bibliothèque *est riche de plus de 4 000 manuscrits ; cette splendide lettrine enluminée orne la célèbre Bible de Winchester, du XIIᵉ siècle.*

La salle capitulaire *normande est désaffectée depuis le XVIᵉ siècle.*

Le prieuré

L'enceinte *abritait autrefois tous les bâtiments annexes, nécessaires à la vie des moines. La plupart des constructions, comme le réfectoire et le cloître, ont été détruites au XVIᵉ siècle lors de la dissolution des ordres monastiques (p. 50).*

Chichester ❼

West Sussex. **[👤]** *26 000.* **🚆 [🚌] [ℹ]**
29A South St (01243 775888). **[🏠]**
mer., sam.

Cette ville de marché préservée conserve en son centre une croix (Market Cross) du début du XVIᵉ siècle. La **cathédrale**, consacrée en 1108, est l'un des plus importants bâtiments normands du pays ; sa flèche est paraît-il la seule d'Angleterre visible depuis la mer. Ravagé par la guerre civile *(p. 52)*, l'édifice abrite encore de belles colonnes romanes et une clôture de chœur du XVᵉ siècle. La tour d'horloge séparée est l'un des rares monuments de ce type en Angleterre. On verra aussi des stalles du XIVᵉ siècle, des dalles sculptées du XIIᵉ, des peintures de Graham Sutherland (1903-1980) et un vitrail de Chagall.

Aux environs
À l'ouest, à Bosham, se trouve l'église saxonne de la Sainte Trinité **(Holy Trinity Church)**. Le roi Canut perdit ici beaucoup de son prestige auprès de ses courtisans en s'avérant incapable de maîtriser la marée montante.

Cette église figure sur la *Tapisserie de Bayeux*, car en 1064 le roi Harold y entendit la messe *(p. 47)*.

Fishbourne Palace *(p. 44-45)*, plus à l'ouest, est la plus grande villa romaine d'Angleterre. Elle date du Iᵉʳ siècle de notre ère et a été mise au jour en 1960. La villa couvre une surface de 3 ha et comporte plus de 100 pièces distribuées autour d'un jardin ; elle fut détruite par un incendie en 285, peut-être à la suite d'un

Le vitrail de Chagall (1978) dans la cathédrale de Chichester

raid saxon. L'aile nord abrite certaines des plus belles mosaïques romaines jamais découvertes en Angleterre.

Au nord, **Goodwood House** est une demeure aménagée au XVIIIᵉ siècle pour le duc de Richmond, fils illégitime de Charles Iᵉʳ. Elle abrite une collection de tableaux – Canaletto, Van Dyck, Romney, Stubbs –, des tapisseries des Gobelins et des meubles français et anglais. Des courses de chevaux ont lieu toute l'année dans le domaine.

[⛪] Chichester Cathedral
West St. **[** 01243 782595. **○** t.l.j.
● pendant les offices. **&**
[🏛] Fishbourne Palace
Fishbourne. **[** 01243 785859. **○**
de mi-fév. à mi-déc. : t.l.j. ; de mi-déc. à mi-fév. : dim. [🖾] **&**
Goodwood House
Goodwood. **[** 01243 774107. **○**
de Pâques à sept. : dim., lun. ; août. : du dim. au jeu. (après-midi). **●**
occasions spéciales. [🖾] **&**

WILLIAM WALKER

Au début du XXᵉ siècle, la partie est de la cathédrale de Winchester, bâtie sur des marécages, commença à s'enfoncer. La nappe d'eau étant très proche des fondations, les travaux de soutènement durent être effectués sous l'eau. De 1906 à 1911, le plongeur William Walker travailla six heures par jour à remplacer par du ciment le bois des fondations.

William Walker dans son scaphandre

La silhouette impressionnante d'Arundel Castle, dans le West Sussex

Arundel Castle ❽

Arundel, West Sussex. 📞 *01903 883136.* 🚂 *Arundel.* ⬤ *d'avril à oct. : du dim. au ven.* ⬤ *de nov. à mars.* 🖼 *limité.*

Cette citadelle impressionnante en pierre grise, ceinturée de remparts crénelés, domine la petite ville d'Arundel ; du premier château construit sur la colline du temps des Normands ne subsiste que le donjon.

Le château fut acquis au XVIᵉ siècle par les ducs de Norfolk, la plus grande famille catholique du pays ; ses descendants y habitent toujours. Presque entièrement détruit par les Parlementaristes en 1643 *(p. 52)*, il fut reconstruit à l'identique par les ducs de Norfolk et restauré au XIXᵉ siècle.

Sur la propriété se dresse l'**église Saint-Nicolas**, dont le chœur abrite la petite Fitzalan Chapel, construite vers 1380 pour les premiers propriétaires du château et séparée du reste de l'édifice par une grille du XIVᵉ siècle.

Petworth House ❾

(NT) Petworth, West Sussex. 📞 *01798 342207.* 🚂 *taxi depuis Pulborough.* **Maison** ⬤ *28 mars-1ᵉʳ nov. : du sam. au mer.* **Parc** ⬤ *t.l.j.* 🖼 ♿

Cette demeure de la fin du XVIIᵉ siècle a été peinte à plusieurs reprises par Turner *(p. 93)*. Certaines de ses plus belles toiles sont exposées ici.

La collection rassemble aussi des toiles de Titien, Van Dyck ou Gainsborough *(p. 149)*, des sculptures antiques romaines et grecques, comme l'*Aphrodite Leconfield*, du IVᵉ siècle avant notre ère, qui serait l'œuvre de Praxitèle.

La Carved Room est réputée pour son décor de panneaux sculptés où Grinling Gibbons (1648-1721) a figuré des oiseaux, des fleurs et des instruments de musique.

Le parc est l'une des premières réalisations du grand paysagiste Capability Brown *(p. 23)*.

Cette horloge du XVIIᵉ siècle orne le Guildhall de Guildford

Guildford ❿

Surrey. 👥 *63 000.* 🚂 🚌 ⓘ *14 Tunsgate (01483 444333).* 🛒 *ven., sam.*

L'ancienne capitale du Surrey, habitée déjà du temps des Saxons, abrite aujourd'hui les vestiges d'un petit **château** normand. La rue principale, High Street, est bordée de maisons à colombage du XVIIᵉ siècle, comme la **Guildhall** (1683). Au nord-ouest de la ville s'élève la nouvelle cathédrale, construite entre 1936 et 1964.

Aux environs
Guildford est bâtie aux confins des North Downs, une chaîne de collines calcaires prisée des randonneurs *(p. 33)*. Très beaux panoramas, dont **Leith Hill**, le point le plus élevé du sud-est de l'Angleterre, et **Box Hill** ; la vue que l'on découvre alors vaut largement la petite escalade pour y arriver.

Au sud de la ville se dresse **Clandon Park**, une des plus belles demeures en brique rouge du XVIIIᵉ siècle anglais. L'intérieur est particulièrement somptueux : le Marble Hall, ou Salon de marbre, est coiffé d'un beau plafond baroque et éclairé par des luminaires en forme de bras porteurs de torches surgissant des parois.

Au sud-ouest, à Chawton, se trouve la **maison de Jane Austen** *(p. 148)*. La célèbre romancière y écrivit nombre de ses livres, dont *Orgueil et préjugés*, publié en 1813.

🏛 **Clandon Park**
West Clandon, Surrey. 📞 *01483 222482.* ⬤ *d'avril à oct. : mar., jeu., dim. ; ven. saint.* ⬤ *de nov. à mars.* 🖼 ♿ *limité.*
🏛 **Jane Austen's House**
Alton, Hants. 📞 *01420 83262.* ⬤ *jan.-fév. : sam., dim. ; mars à déc. : t.l.j.* ⬤ *25 et 26 déc.* 🖼 ♿ *limité.*

Hampton Court ⓫

East Molesey, Surrey. ☎ 0181-781 9500. ☎ Hampton Court. ◯ t.l.j. ● du 24 au 26 déc., 1er jan., ven. saint. 🖼 ♿

L e cardinal Wolsey, homme d'Église très influent sous le règne d'Henri VIII (p. 51), fit de Hampton Court sa résidence campagnarde en 1514. En 1528, il l'offrit au roi dans l'espoir de se gagner ses bonnes grâces. Une fois entré dans le domaine royal, Hampton Court fit l'objet de deux campagnes d'agrandissement ; la première fut le fait d'Henri VIII lui-même, la seconde fut entreprise dans les années 1690 par Guillaume III, qui confia le chantier à Christopher Wren (p. 116). Vu de l'extérieur, le palais marie harmonieusement le style Tudor et le baroque anglais. À l'intérieur en revanche, le classicisme des salles de Wren rompt nettement avec le style Tudor des autres. Les meubles, les tapisseries et les tableaux qui décorent les appartements d'apparat proviennent en majorité des collections royales (p. 223). Les jardins ont été dessinés sous Guillaume III.

Allégorie peinte sur un plafond d'Hampton Court

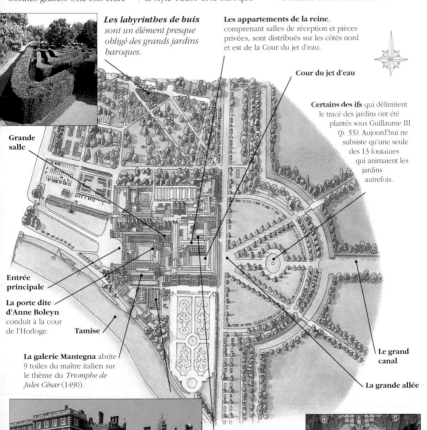

Les labyrinthes de buis sont un élément presque obligé des grands jardins baroques.

Les appartements de la reine, comprenant salles de réception et pièces privées, sont distribués sur les côtés nord et est de la Cour du jet d'eau.

Cour du jet d'eau

Certains des ifs qui délimitent le tracé des jardins ont été plantés sous Guillaume III (p. 55). Aujourd'hui ne subsiste qu'une seule des 13 fontaines qui animaient les jardins autrefois.

Grande salle

Entrée principale

La porte dite d'Anne Boleyn conduit à la cour de l'Horloge.

Tamise

La galerie Mantegna abrite 9 toiles du maître italien sur le thème du *Triomphe de Jules César* (1490).

Le grand canal

La grande allée

Le tracé régulier de ces jardins en parterres, agrémentés d'une petite pièce d'eau, fait partie des importants remaniements décidés par Henri VIII.

La chapelle royale elle-même, de style Tudor, date de l'époque d'Henri VIII. Les sculptures sur bois, dont l'imposant retable de Grinling Gibbons, datent, elles, de transformations entreprises vers 1711.

Steyning ⑫

West Sussex. 🏠 *5 000.* 🔲 ℹ️ *9 The Causeway, Horsham (01403 211661).*

Cette charmante petite ville des Downs recèle de nombreuses maisons à colombage du XVIIe siècle.

Steyning, à la fois sur la mer et la rivière, était à l'époque des Saxons une cité importante, avec un port et un chantier naval. C'est ici que le roi Ethelwulf, père du roi Alfred *(p. 46)*, fut enterré en 858 ; son corps fut transporté plus tard à Winchester. D'après le *Domesday Book (p. 48)*, Steyning comptait au XIe siècle 123 maisons, ce qui en faisait l'une des plus grandes villes du sud du pays. Une belle et vaste église du XIIe siècle témoigne aujourd'hui encore de cette ancienne prospérité. La rivière s'est envasée au XIVe siècle et son cours a changé de direction : c'en était fini des activités portuaires de Steyning. La ville devint plus tard un relais de diligence très fréquenté ; l'auberge **Chequer Inn**, avec sa façade du XVIIIe siècle, date de cette époque.

Aux environs

Il y a à Bramber, à l'ouest de Steyning, les vestiges d'un **château normand**. À voir aussi dans ce petit village la façade à colombage de **St Mary's House** (1470) ; l'intérieur est décoré de belles peintures de l'époque élisabéthaine. Dans le jardin, un ginkgo biloba qui est l'un des plus vieux arbres du pays. **Chanctonbury Ring** et **Cissbury Ring**, sur les collines à l'ouest de Steyning, sont d'anciens forts de l'âge du fer ; à Cissbury Ring se trouvent les vestiges d'une mine de silex exploitée au Néolithique.

🏛 St Mary's House

Bramber. 📞 *01903 816205.* ⭘ *de Pâques à sept. : lun. et jeu. (après-midi).* 🖼

Brighton pas à pas ⑬

Souvenir de Brighton

Brighton est la station balnéaire la plus proche de Londres ; elle a toujours été très fréquentée, tout en ayant su garder un tout autre cachet que Margate *(p. 169)* ou Southend ses rivales plus tapageuses. Le souvenir un peu canaille du prince régent *(p. 165)* semble flotter encore sur la ville, à cause, bien sûr, du splendide Pavillon royal, mais aussi des petits hôtels où, dit-on, se retrouvent les couples illégitimes. Brighton a toujours attiré les gens du show-business ; Laurence Olivier, par exemple, y possédait une maison.

Old Ship Hotel
Il fut acheté par Nicholas Tettersells avec l'argent que Charles II lui donna pour le remercier de l'avoir emmené en France pendant la guerre civile (p. 52).

★ Palace Pier
Construite à la fin du XIXe siècle, la jetée principale accueille des espaces de divertissement.

KING'S ROAD

MARKET

GRAND JUNCTION ROAD

LÉGENDE

– – – Itinéraire conseillé

À NE PAS MANQUER

★ Palace Pier

★ Le Pavillon royal

★ **Le Pavillon royal**
Ce petit palais extravagant, résidence de villégiature du prince de Galles, a largement contribué à faire de Brighton une station balnéaire en vue.

MODE D'EMPLOI

East Sussex. 154 000. Brighton Central. Pool Valley. 10 Bartholomew Sq (01273 292599). du lun. au sam. Festival international des arts : mai.

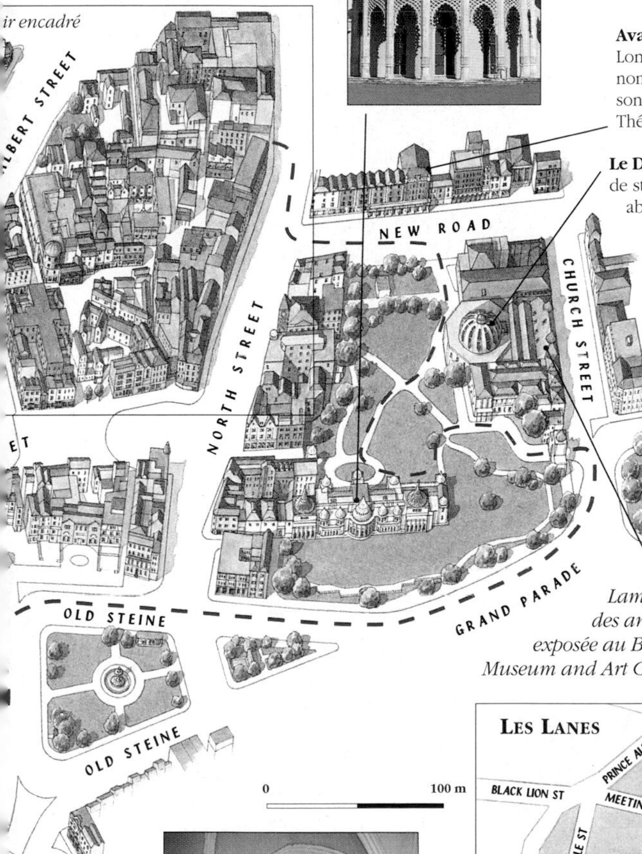

ir encadré

Avant d'être montées à Londres, dans le West End, de nombreuses pièces de théâtre sont d'abord représentées au Théâtre royal de Brighton.

Le Dôme est un bâtiment de style anglo-indien qui abritait au XIXe siècle les écuries royales ; il a été réaménagé en salles de spectacles.

ALBERT STREET

NEW ROAD

CHURCH STREET

NORTH STREET

OLD STEINE

GRAND PARADE

Art déco
Lampe de bronze des années vingt exposée au Brighton Museum and Art Gallery.

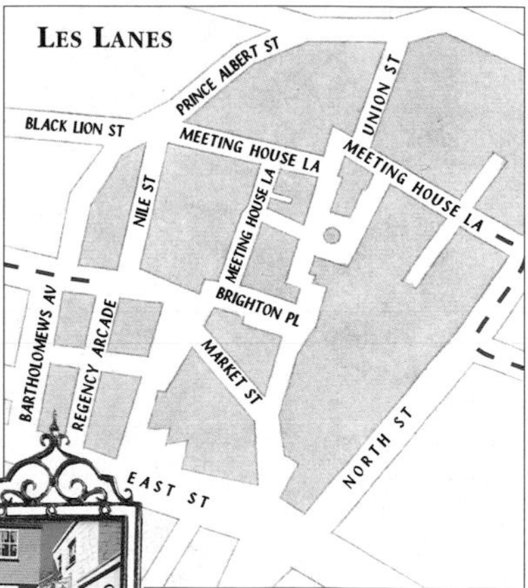

OLD STEINE

0   100 m

MARINE PARADE

DRIVE

↓ Eastbourne

LES LANES

PRINCE ALBERT ST
BLACK LION ST
UNION ST
MEETING HOUSE LA
NILE ST
MEETING HOUSE LA
MEETING HOUSE LA
BARTHOLOMEWS AV
BRIGHTON PL
REGENCY ARCADE
MARKET ST
NORTH ST
EAST ST

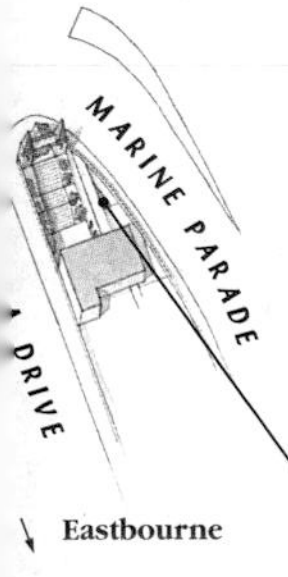

LANES

Aquariums
Une ménagerie de 1872 transformée en 1929 en aquarium. Ne manquez pas les requins !

Les Lanes
Ces ruelles médiévales étroites étaient le cœur du village de Brighthelmstone. On y trouve des magasins d'antiquités.

Le Pavillon royal de Brighton

Avec la mode des bains de mer qui se développa dès le milieu du XVIIIe siècle, Brighton devint rapidement la principale station balnéaire d'Angleterre. L'atmosphère de fête qui y régnait eut tôt fait d'attirer le prince de Galles, futur George IV *(p. 55)*. C'est ici que le prince épousa secrètement Maria Fitzherbert en 1785 ; il s'installa avec elle dans une maison du bord de mer qu'il fit agrandir par Henry Holland *(p. 24)*. Il demanda plus tard à John Nash *(p. 107)* de transformer cette demeure en un somptueux palais à l'orientale ; les travaux durèrent de 1815 à 1822. Le palais n'a guère changé depuis cette époque ; il fut vendu en 1850 à la ville de Brighton par la reine Victoria.

Le dôme central
S'inspirant de l'art moghol, Nash a créé les délicates ouvertures qui ornent le dôme principal du pavillon.

★ La Salle des festins
Le dragon est l'un des thèmes récurrents de la décoration du pavillon. Celui-ci, au centre du plafond de la Salle des festins (Banqueting Room), *soutient un énorme lustre de cristal.*

L'extérieur est construit en pierre de Bath.

Galerie de la Salle des festins

Galeries sud

24 convives peuvent prendre place autour de la table.

Façade est du pavillon

Éclairage
La Salle des festins est éclairée par huit lampadaires de porcelaine et de bois doré, ornés de dragons, de dauphins et de fleurs de lotus.

◁ **La façade principale du Pavillon royal de Brighton**

★ Les cuisines
Les banquets mémorables que donnait le prince nécessitaient des cuisines de vastes proportions. Les meilleurs chefs du moment venaient y officier. Remarquez les ustensiles de cuivre.

Le Salon

Ou l'exotisme sans frontière : motifs indiens pour la décoration sculptée des murs, papier peint chinois, témoignant du goût du XVIIIe siècle pour l'extrême-Orient, divan en forme d'embarcation égyptienne…

MODE D'EMPLOI

Old Steine, Brighton. 01273 290900. bien desservi de juin à sept. : de 10 h à 18 h t.l.j. ; d'oct. à mai : de 10 h à 17 h t.l.j. 25 et 26 déc. sauf le premier étage et le salon de thé.

La Grande Galerie

Des magots chinois à la tête mobile sont alignés le long des murs roses et bleus de cette longue galerie (49 m).

La chambre à coucher de la reine Victoria

Ce lit fait partie du mobilier des appartements où la reine Victoria a séjourné (p. 56).

Le salon de musique, tendu de pourpre et d'or, accueillait l'orchestre de 70 musiciens qui jouait pour les invités.

Les dômes sont en fonte.

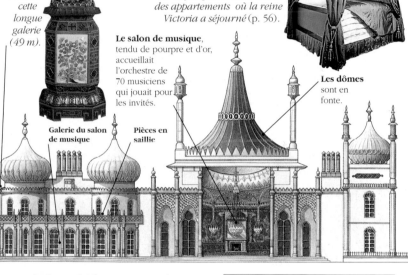

Galerie du salon de musique

Pièces en saillie

Sortie **Entrée** **Appartements du roi**

boutique et café **Hall octogonal** **Vers le premier étage**

cuisines

Salle des festins **Salon** **Grande galerie** **Galerie du salon de musique** **Salon de musique**

chambre **Galerie de la Salle des festins**

PLAN DU PAVILLON ROYAL

Les architectes Holland et Nash ont tous deux considérablement remanié et agrandi le bâtiment original. Au premier étage se trouvent les chambres, où ont dormi notamment les frères du roi George.

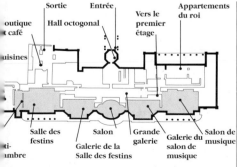

LE PRINCE DE GALLES ET MRS FITZHERBERT

Le prince de Galles n'avait que 23 ans quand il tomba amoureux de Maria Fitzherbert, qu'il épousa en secret. Ils vécurent ensemble à Brighton jusqu'au mariage officiel du prince, devenu le roi George, avec Caroline de Brunswick (1795). Mrs Fitzherbert emménagea alors dans une petite maison tout près de là.

Intérieur de la maison dite d'Anne de Clèves, à Lewes

Lewes ⑭

East Sussex. 🏠 *16 000*. 🚊 ▮ *187 High St (01273 483448).* 🛒 *mar.*

L'ancienne capitale du Sussex avait une grande importance stratégique à l'époque troublée des Saxons, car elle est située au sommet d'une colline d'où l'on embrasse une très vaste portion de la côte. Le nom de Lewes dérive d'ailleurs d'un mot de vieil anglais signifiant colline.

En 1067, Guillaume le Conquérant fit construire ici un premier château de bois, rapidement remplacé par le bâtiment de pierre dont on visite les vestiges aujourd'hui.

En 1264, Lewes fut le théâtre d'une bataille épique au terme de laquelle Henri III *(p. 48)* fut vaincu par Simon de Montfort et ses barons, qui établirent le premier Parlement.

La **maison dite d'Anne de Clèves**, où la quatrième femme d'Henri VIII n'a pourtant jamais habité, abrite aujourd'hui un musée d'histoire locale.

Au cours de la Bonfire Night, qui célèbre l'échec d'une tentative pour faire sauter le Parlement *(p. 64)*, on roule vers la rivière des tonneaux enflammés et on brûle le pape en effigie, en mémoire des 17 protestants condamnés au bûcher sur ordre de Marie Iʳᵉ *(p. 52)*.

Aux environs
Tout près de Lewes se trouve une belle demeure du xvɪᵉ siècle, **Glynde Place**, où sont exposés de nombreux travaux d'aiguille datant du xvɪɪɪᵉ siècle et de la faïence de Derby.

🏛 **Anne of Cleves House**
Lewes. 📞 *01273 474610.* ◯ *d'avril à nov. : t.l.j. ; de déc. à mars : mar., jeu., ven.* 🅿

🏯 **Glynde Place**
Lewes. 📞 *01273 858224.* ◯ *d'avril à sept. : mer., jeu., dim.* 🅿

Eastbourne ⑮

East Sussex. 🏠 *86 000*. 🚊 ▮ 🅸 *Cornfield Rd (01323 411400).* 🛒 *mer., sam.*

C ette station balnéaire mise à la mode au siècle dernier est aujourd'hui une ville où les Anglais prennent volontiers leur retraite, et un très bon point de départ pour découvrir la région. Le South Downs Way *(p. 33)* part de **Beachy Head**, une falaise de craie spectaculaire (163 m de haut) juste aux portes de la ville ; une promenade tonifiante mène jusqu'au sommet, Birling Gap, avec vue sur les **Seven Sisters** (les Sept Sœurs), qui plongent à pic dans la mer.

Aux environs
À l'est d'Eastbourne se trouve le **Seven Sisters Country Park**, 285 ha de falaises et de marécages. Au **Park Visitor's Centre**, une exposition décrit la géologie de la région et la faune locale.

Un peu au nord, **Alfriston**, petit village de carte postale, avec une ancienne place du marché, une auberge du xvᵉ siècle, **The Star**, et **Clergy House**, maison du xɪvᵉ siècle, premier achat du National Trust *(p. 25)*. À l'est, une gravure préhistorique, l'**homme de Wilmington** *(p. 207)*.

Le phare de Beachy Head, à Eatsbourne, construit en 1902

Le paysage paisible des Downs du Sud, traversé par la Cuckmere

ℹ Park Visitor's Centre
Exceat, Seaford. ☎ *01323 870280.*
○ *d'avril à oct. : t.l.j. ; de nov. à mars :*
sam., dim. ● *25 déc.* 🖼 ⅃

⛪ Clergy House
Alfriston. ☎ *01323 870001.* ○
d'avril à oct. : t.l.j. 🖼 ⅃

Les Downs ⑯

East Sussex. 🚊 🚌 *Eastbourne.* ℹ
*Cornfield Rd, Eastbourne (01323
411400).*

L es Downs du Nord et du
Sud sont deux bancs de
craie parallèles qui traversent
d'est en ouest le Kent, le Sussex
et le Surrey. Ils sont séparés
par une bande de terre fertile.
Les collines de Downland
sont couvertes d'une herbe
courte constamment tondue
par les moutons. Depuis les
collines au-delà de **Devil's
Dyke** (la Digue du Diable), au
nord de Brighton, on embrasse
toute la région des Downs.
Selon la légende, le Diable

aurait tout fait pour que la mer
vienne inonder les terres, mais
son dessein a été déjoué par
une intervention divine.

Uppark House est située au
point le plus élevé des Downs.
Ce bâtiment aux lignes très
strictes a été restauré dans son
état du XVIIIᵉ siècle après un
incendie en 1989.

⛪ Uppark House
(NT) Petersfield, West Sussex. ☎
01730 825317. ○ *de juin à nov. : du
dim. au jeu. et jours fériés (l'après-
midi).* 🖼 ⅃

Hastings ⑰

East Sussex. 🏠 *83 000.* 🚊 🚌 ℹ *4
Robertson Terrace (01424 781111).*

C ette cité était l'un
des cinq ports défensifs
(p. 168) de la côte sud ;
c'est encore un port de pêche
très actif. Voir les grandes
cabanes de bois sur la plage,
où depuis des siècles

les pêcheurs mettent leurs
filets à sécher. Au XIXᵉ siècle,
une station balnéaire
s'est développée à l'ouest
de la vieille ville, laissant

**Séchoirs à filets en bois sur la
plage d'Hastings**

intact l'ancien quartier
des pêcheurs.
À voir aussi, le chemin
de fer des falaises et le réseau
de grottes qui servaient
à la contrebande *(p. 266).*

Aux environs
À 11 km d'Hastings
se trouve la petite ville
de Battle. Sur la place centrale,
on peut voir le portail
de **Battle Abbey**, une abbaye
construite par Guillaume
le Conquérant sur le site de sa
fameuse victoire. Selon la
légende, il aurait établi l'autel
à l'endroit même où Harold
trouva la mort. L'abbaye fut
détruite au XVIᵉ siècle *(p. 50).*

♜ Battle Abbey
High St, Battle. ☎ *01424 773792.*
○ *t.l.j.* ● *du 24 au 26 déc., 1ᵉʳ jan.*
🖼 ⅃

LA BATAILLE D'HASTINGS

En 1066, les Normands conduits par Guillaume le Conquérant
débarquent en Angleterre pour assiéger Winchester et Londres.
Ayant appris que le roi Harold et son armée étaient basés près
d'Hastings, Guillaume le Conquérant le défia et remporta la
victoire après la mort d'Harold, atteint d'une flèche dans l'œil.
Cette invasion de
l'Angleterre, la
dernière qui ait abouti,
est représentée sur la
célèbre tapisserie (en
fait une broderie)
conservée à Bayeux.

**La mort du roi Harold,
*Tapisserie de Bayeux***

Le château de Bodiam (XIVe siècle), entouré de douves

Le château de Bodiam ⑱

(NT) Rye, East Sussex. 📞 *01580 830436.* 🚆 *taxi depuis Robertsbridge.* ⭘ *de mi-fév. à oct. : t.l.j. ; nov. à jan. : du mar. au dim.* ⬤ *du 24 au 26 déc.* 📷

Ce château de la fin du XIVe siècle est entouré de douves profondes ; il est considéré comme l'un des plus romantiques d'Angleterre. Il fut construit dans la crainte d'une invasion française qui n'arriva jamais ; le château joua cependant son rôle pendant la guerre civile et fut pris d'assaut par les Parlementaristes.

Resté depuis lors inhabité, ce robuste édifice de pierre grise n'a pas eu trop à souffrir de cette désaffectation. Il a été restauré en 1919 par Lord Curzon qui le légua à l'État. Du haut des quatre tours d'angle, on a une vue superbe sur toute la campagne alentour.

Aux environs

À l'est, **Great Dixter**, un beau manoir du XVe siècle que Sir Edwin Lutyens *(p. 24-25)* restaura en 1910 pour la famille Lloyd. L'écrivain Christopher Lloyd y fit aménager un jardin où alternent les terrasses et les parterres *(p. 22-23)*.

🏛 **Great Dixter**
Northiam, Rye. 📞 *01797 252878.* ⭘ *d'avril à oct. : du mar. au dim. et jours fériés.* 📷

Rye ⑲

P. 170-171.

Romney Marsh ⑳

Kent. 🚆 *Ashford.* 🚌 *Ashford, Hythe.* ℹ *New Romney (01797 364044).*

Jusqu'à l'époque romaine, Romney Marsh et Walland Marsh, plus au sud, étaient régulièrement recouverts par la mer à la marée montante. Les Romains creusèrent des canaux et Walland Marsh put être progressivement asséché au cours du Moyen Âge. De nombreuses cultures et les gros moutons de Romney Marsh, réputés pour la qualité et la quantité de la laine qu'ils fournissent, se partagent aujourd'hui un sol très fertile.

Le paysage de **Dungeness**, un endroit perdu au sud-est de la région, est dominé par un phare et une centrale nucléaire.

LA DÉFENSE COTIÈRE ET LES « CINQUE PORTS »

En cas d'invasion par la mer, il était de la première importance pour les rois saxons d'avoir de bonnes relations avec les ports de la Manche. Les ports d'Hastings, Romney, Hythe, Sandwich et Douvres furent créés ; ils avaient le droit de lever des impôts, mais devaient en échange fournir à la marine royale des navires tout équipés. Leur nom de « Cinque Ports » vient de l'ancien français. Les privilèges de ces ports – et d'autres construits par la suite – furent abolis au XVIIe siècle. En 1803, en réponse aux menaces d'invasion française, 74 postes de défense furent construits le long des côtes ; 24 de ces tours Martello subsistent encore.

La position dominante de l'ancienne citadelle de Douvres

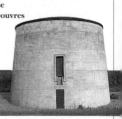

Une des tours dressées sur les côtes de la Manche

C'est ici que se termine la ligne de chemin de fer **Romney-Hythe-Dymchurch**, ouverte en 1927. En été, ce train miniature (un tiers de la taille habituelle) promène ses passagers tout le long de la côte.

Au nord de Romney Marsh, alors que Napoléon projetait d'envahir le pays *(p. 55)*, on creusa un canal à la fois pour l'arrêter et pour servir au ravitaillement des troupes.

Douvres ㉑

Kent. 🏠 *41 000.* 🚃 🚌 🚢 🛈 *Townwall St (01304 205108).* 🛍 *ven., sam.*

D ouvres et Folkestone sont les deux ports par lesquels arrivent en Angleterre les touristes venus du continent. C'est ici aussi que débouche le tunnel sous la Manche *(p. 632)*. La position de Douvres, face à l'Europe, et son vaste port ouvert sur la Manche ont toujours conféré à la ville un rôle capital dans la protection du pays. **Dover Castle**, la citadelle de Douvres, a d'ailleurs été édifié sur le site d'anciennes fortifications saxonnes ; son rôle défensif capital, depuis le lointain XIᵉ siècle jusqu'à la Deuxième Guerre mondiale, est évoqué par une exposition installée dans la citadelle, ainsi que dans le labyrinthe de tunnels creusés par des prisonniers au cours des guerres napoléoniennes *(p. 55)*.

Aux environs
Richborough Castle est un des sites historiques les plus importants de toute l'Angleterre. C'est ici qu'ont débarqué en l'an 43 les premières troupes romaines de l'empereur Claude *(p. 44)*. Pendant plusieurs siècles, le port de Rutupiae, comme on l'appelait alors, est resté une base militaire de première importance. Aujourd'hui, Richborough Castle, tout comme Aigues-Mortes en France, se trouve loin à l'intérieur des terres.

♣ **Dover Castle**
Castle Hill. 📞 *01304 211067.* 🔘 *t.l.j.* ● *24-26 déc.* 📷

♠ **Richborough Castle**
Richborough. 📞 *01304 612013.* 🔘 *d'oct. à mars : du mar. au dim. ; d'avril à nov. : t.l.j.* ● *25 et 26 déc., 1ᵉʳ jan.* ♿ *limité.*

Margate ㉒

Kent. 🏠 *39 000.* 🚃 🚌 🛈 *22 High St (01843 220241).*

M argate a toujours été la plus animée des trois stations balnéaires (les autres sont Ramsgate et Broadstairs) que comprend l'île de Thanet. En bateau à vapeur à l'époque victorienne, ou aujourd'hui en train, c'est depuis longtemps une des destinations préférées des Londoniens qui viennent y passer la journée. La ville possède plusieurs parcs d'attractions.

Aux environs
Au sud se trouve **Quex House**, une gentilhommière du XIXᵉ siècle. Dans le domaine, un musée présente une belle collection d'art d'Afrique et d'Orient, et des dioramas exceptionnels sur la vie sauvage des tropiques.

Détente l'été sur la plage de Margate

À l'ouest, une église saxonne construite sur les ruines du fort romain de **Reculver**. Les deux tours jumelles, les Deux Sœurs (Two Sisters), sont un ajout du XIIᵉ siècle ; elles servaient de repère aux navigateurs, ce qui les a sauvées de la destruction. Autour de l'église s'étend aujourd'hui un vaste parc, balayé par les vents mais très agréable.

🏛 **Quex House**
Birchington. 📞 *01843 842168.* 🔘 *d'avril à oct. : du mar. au jeu., dim. (musée seul, en nov., déc. et mars, le dim.).* 📷 ♿ *limité.*
♠ **Reculver Fort**
Reculver. 📞 *01227 361911 (syndicat d'initiative d'Herne Bay).* 🔘 *t.l.j.*

Les plaines fertiles de Romney Marsh sont sillonnées de canaux de drainage

Rye pas à pas ⓳

L a ville faisait partie au XIe siècle de la ceinture de ports fortifiés établis sur la côte sud du pays. En 1287, un ouragan détourna la Rother de son cours et la fit se jeter dans la mer à Rye même, qui devint une ville portuaire très active, jusqu'à ce qu'au XVIe siècle le sable envahisse le port ; la localité se trouve aujourd'hui à 3 km de la côte. Rye a fréquemment été attaquée par les troupes françaises ; en 1377, elle fut même complètement détruite par le feu.

L'enseigne de l'auberge de la Sirène

★ Mermaid Street
La « rue de la Sirène », petite rue pavée pittoresque dont les maisons ne suivent aucun alignement strict, n'a guère changé depuis le XIVe siècle.

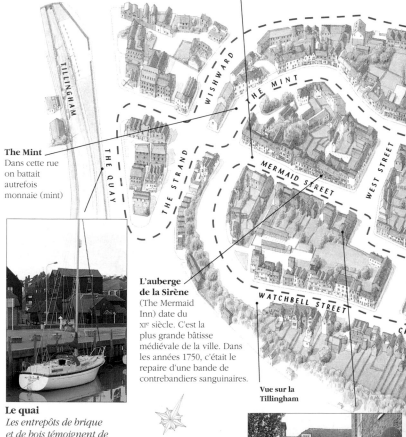

The Mint
Dans cette rue on battait autrefois monnaie (mint)

TILLINGHAM

WISHWARD

HE MINT

THE STRAND

THE QUAY

MERMAID STREET

WEST STREET

WATCHBELL STREET

L'auberge de la Sirène
(The Mermaid Inn) date du XIe siècle. C'est la plus grande bâtisse médiévale de la ville. Dans les années 1750, c'était le repaire d'une bande de contrebandiers sanguinaires.

Vue sur la Tillingham

Le quai
Les entrepôts de brique et de bois témoignent de l'époque où Rye était encore un port prospère.

À NE PAS MANQUER

★ **Mermaid Street**

★ **La tour d'Ypres**

Lamb House
La « maison de l'Agneau » fut construite en 1722. George Ier, surpris par une tempête, s'y arrêta. L'écrivain Henry James (1843-1916) y vécut.

__ **St Mary's Church**
*La tourelle (XVIᵉ siècle)
abrite la plus ancienne
horloge d'Angleterre en
état de marche.*

↑ **Vers Hastings et la
gare de chemin de fer**

UE PORT STREET

TOWER STREET

CONDUIT HILL

HIGH STREET

LION STREET

EAST STREET

MARKET STREET

EAST CLIFF

**Flushing
Inn, qui
date du
XVIᵉ siècle**

Cette citerne a été
construite en 1735 ; un
système acheminait l'eau
jusqu'aux parties les plus
hautes de la ville.

**Gun Garden et la
tour d'Ypres**

LÉGENDE

– – – Itinéraire conseillé

50 m

★ La tour d'Ypres
*Cet ancien fort de 1250 a
été aménagé en habitation
au XVᵉ siècle. Il a servi aussi
de prison et de morgue.*

MODE D'EMPLOI

East Sussex. 🏘 4 000. 🚉 Station
Approach. 🚌 Station Approach.
🛈 Strand Quay (01797 226696).
🌐 jeu. 🎭 Festival de Rye en sept. ;
Salon des beaux-arts de Pâques en
avril ; week-end médiéval en août.

Land Gate
*Cette porte fortifiée du XIVᵉ siècle
est la seule des quatre entrées de
la ville qui subsiste.*

Aux environs

À 3 km au sud de Rye se
trouve la petite ville de
Winchelsea qui fut transférée
sur son site actuel en 1288 sur
l'ordre d'Édouard Iᵉʳ ; le
fameux ouragan de 1287, qui
avait détourné la Rother de
son cours, avait aussi inondé
une bonne partie de la vieille
ville.

Winchelsea est sans doute la
première ville d'Angleterre à
suivre un véritable schéma
urbanistique. Tous les projets
de construction n'ont pas été
menés à bien, mais le tracé
rectangulaire de la ville, avec
au centre l'**église Saint-
Thomas-Becket** (commencée
vers 1300), est encore sensible.
Au cours du XIVᵉ siècle,
plusieurs raids français ont
détruit de nombreuses
maisons et
endommagé l'église.
L'église abrite
plusieurs tombes
antérieures à
l'inondation de la
ville ancienne. Les trois
vitraux (1928-1933) de
la chapelle Notre-Dame
(Lady Chapel) ont été
dessinés par Douglas
Strachan ; ils rendent
hommage aux victimes de la
Première Guerre mondiale.
Au-delà des murs de la ville
actuelle, on voit les vestiges
de trois entrées
monumentales qui donnent
une idée de la taille de la ville
projetée. La plage en
contrebas est l'une des plus
belles de la côte sud-est du
pays.

Les plaisanciers et les
pavillons de vacances ont
remplacé les pêcheurs sur la
plage de **Camber Sands**, à
l'est de l'estuaire de la Rother.

À l'ouest des plages, entre
Rye et Winchelsea, se trouvent
les ruines de **Camber Castle**,
l'un des forts construits par
Henri VIII le long des côtes en
prévision d'une attaque
française qui n'eut jamais lieu.
Initialement situé juste au bord
de la mer, le fort fut
abandonné en 1642 : la rivière
en s'ensablant l'avait comme
laissé échoué sur le rivage.

🏰 Camber Castle

Camber, Rye. 🔲 visites guidées :
contacter l'office de tourisme de Rye.

Détail de Christ Church Gate, cathédrale de Canterbury

Canterbury ㉓

Kent. 🏛 *50 000.* 🚆 🚌 ℹ️ *34 St Margaret's St (01227 766567).* 🚢 *mer.*

Occupant une position clé entre Londres et Douvres, Canterbury était déjà une ville romaine importante. En 597, saint Augustin, envoyé par le pape pour convertir le pays au christianisme, arriva dans la ville, qui devint la capitale de l'Église chrétienne d'Angleterre.

La construction de la **cathédrale** et l'assassinat de Thomas Becket *(p. 48)* assurèrent sa position de grand centre religieux.

Tout près des ruines de **St Augustine's Abbey**, détruite lors de la Dissolution *(p. 50),* se dresse **St Martin's Church**, l'une des plus anciennes d'Angleterre. Saint Augustin y a souvent officié.

Les collections d'armures et d'armes anciennes du **West Gate Museum** sont installées dans un ancien corps de garde de 1381.

Le bâtiment du XIIᵉ siècle où l'on soignait les prêtres indigents accueille un musée consacré au rayonnement de Canterbury, le **Canterbury Heritage Museum**.

🏛 **West Gate Museum**
St Peter's St. 📞 *01227 452747.* ⬜ *du lun. au sam.* ⬛ *semaine de Noël, ven. saint.* 📷 ♿

🏛 **Canterbury Heritage Museum**
Stour St. 📞 *01227 452747.* ⬜ *de juin à oct. : t.l.j. ; de nov. à mai : du lun. au sam.* ⬛ *semaine de Noël, ven. saint.* 📷

La cathédrale de Canterbury

Le premier archevêque de Canterbury, Lanfranc, décida en 1070 de faire bâtir une cathédrale digne de l'importance grandissante de la ville. L'édifice, construit sur les ruines d'une première cathédrale anglo-saxonne, fut à plusieurs reprises agrandi et remanié ; on y retrouve aujourd'hui tous les styles architecturaux du Moyen Âge. Quatre ans après le meurtre de Thomas Becket en 1170 *(p. 48)*, la cathédrale fut ravagée par un incendie et l'on construisit la chapelle de la Trinité pour abriter une châsse contenant les restes de Becket. Elle attira très vite de nombreux fidèles, et jusqu'à la Dissolution *(p. 50)* la cathédrale est demeurée l'un des plus grands centres de pèlerinage de toute la chrétienté.

La nef de la cathédrale mesure 100 m ; Canterbury est la plus longue église médiévale d'Europe.

Le porche sud-ouest (1426) a peut-être été construit pour commémorer la victoire d'Azincourt *(p. 51).*

Entrée principale

★ **Vitraux**
Cette représentation de Mathusalem est un détail de la verrière du transept sud-ouest de la cathédrale.

GEOFFREY CHAUCER

Celui que l'on considère comme le premier grand poète anglais était douanier de profession. Geoffrey Chaucer (v. 1345-1400) dépeint dans les *Contes de Canterbury* (Canterbury Tales) la rencontre pleine de verve de pèlerins se rendant à la cathédrale. Tous les types sociaux sont représentés dans le groupe, véritable peinture de la société ; les Contes sont un des chefs-d'œuvre de la littérature anglaise médiévale.

Miniature illustrant les *Contes*

Bell Harry Tower
La tour centrale fut construite en 1496 pour abriter une cloche offerte à la cathédrale. Le tracé en éventail s'épanouissant au sommet des colonnes est un magnifique exemple du gothique anglais.

MODE D'EMPLOI

Christ Church Gate, Canterbury.
📞 01227 762862. ○ de Pâques à sept. : de 9 h à 17 h, du lun. au ven., de 12 h 30 à 14 h 30 et 16 h 30 à 17 h 30 dim.
● pendant les offices, 25 déc. 🎗
✝ 8 h t.l.j. ; 11 h dim., 15 h 15 sam., dim., 17 h 30 du lun. au ven.
📷 ♿ 📁

★ Châsse de Thomas Becket
Cette illustration du XIXᵉ siècle est un portrait idéalisé de Thomas Becket, assassiné dans la cathédrale sur l'ordre du roi Henri II. Becket fut canonisé en 1173 ; sa tombe dans la chapelle de la Trinité a été détruite en 1538. Son emplacement est indiqué par un cierge allumé.

Grand cloître

Salle capitulaire

★ La tombe du Prince Noir
Fils d'Édouard III, un des généraux de la guerre de Cent Ans.

La verrière sud est ornée de quatre vitraux d'Erwin Bossanyi (1960).

À NE PAS MANQUER
★ **Les vitraux du Moyen Âge**
★ **L'emplacement de la châsse de saint Thomas Becket**
★ **La tombe du Prince Noir**

Chaire dite de saint Augustin

Le chœur, terminé en 1184, est l'un des plus longs d'Angleterre.

Chapelle de la Trinité

La Corona, chapelle circulaire

Le donjon du château de Rochester domine la ville et la vallée de la Medway

Leeds Castle ㉔

Maidstone, Kent. 📞 *01622 765400.*
🚆 *Prendre le bus à Maidstone.* 🕐
t.l.j. 🚫 *lors des concerts et le 25 déc.*
📷 ♿

L e château de Leeds est
souvent considéré comme
le plus beau d'Angleterre.
Commencé au début du
XIIe siècle, il fut sans cesse
remanié au cours des siècles,
les dernières transformations
datant des années trente. Le
château fut offert en 1278 au
roi Édouard Ier par un
courtisan qui cherchait à
s'attirer sa faveur.
   Henri VIII y séjourna
fréquemment pour échapper à
la peste qui sévissait à
Londres. En 1552, Édouard VI
offrit le château à Sir Anthony
Saint Leger qui l'avait aidé à
pacifier l'Irlande. Dans les
jardins, dessinés par le grand
paysagiste Capability Brown
(p. 23), se trouve un
labyrinthe végétal.

Rochester ㉕

Kent. 🏛 *145 000.* 🚆 🚌 ℹ️ *Eastgate
Cottage, High St (01634 843666).*

À l'embouchure de la
Medway, les villes de
Rochester, Chatham et
Gillingham ont toutes les trois
un riche passé maritime, mais
surtout Rochester, en raison de
sa position stratégique entre
Londres et Douvres.

   Le **château de Rochester** a
le plus haut donjon normand
d'Angleterre, d'où vue sur la
vallée de la Medway est
superbe. Les remparts
médiévaux de la ville, qui
suivent le tracé des anciennes
fortifications romaines, sont
encore visibles quand on se
trouve dans High Street ; la
cathédrale, construite en
1088, abrite des fresques dans
un état de conservation
remarquable.

Aux environs
L'**Historic Dockyard** de
Chatham est aujourd'hui un
musée de la construction
navale. Le **Fort Amherst** fut
construit en 1756 pour
protéger les chantiers navals et
l'embouchure de la rivière ;
1 800 m de tunnels y ont été
creusés par les prisonniers des
guerres napoléoniennes.

♣ **Rochester Castle**
L'Esplanade. 📞 *01634 402276.* 🕐
t.l.j. 🚫 *du 24 au 26 déc., 1er jan.* 📷

**Un
gladiateur,
parc de
Knole**

🏛 **Historic Dockyard
(Chantiers navals)**
Dock Rd, Chatham. 📞 *01634 812551.*
🕐 *de Pâques à oct. : t.l.j. ; nov., fév.-
mars : mer., sam., dim.* 📷 ♿
♟ **Fort Amherst**
Dock Rd, Chatham. 📞 *01634
847747.* 🕐 *de mars à oct. : t.l.j. ; de
nov. à fév. : du jeu. au lun.* 🚫 *24 et
25 déc., 1er jan.* 📷

Knole ㉖

(NT) Sevenoaks, Kent. 📞 *01732
450608.* 🚆 *prendre un taxi à
Sevenoaks.* **Maison** 🕐 *de Pâques à
oct. : du mer. au dim. et jours fériés.*
Jardin 🕐 *de mai à sept. : 1er mer. de
chaque mois.* 📷 ♿ *limité.*

C ette immense demeure
Tudor est l'une des plus
belles d'Angleterre. Elle fut
construite à la fin du XVe siècle
sur les fondations d'une
habitation plus ancienne.
Propriété de Thomas Cranmer,
archevêque de Canterbury, le
domaine fut réquisitionné par
Henri VIII quand il décida de
saisir les biens de
l'Église *(p. 50).* Plus
tard, la reine
Élisabeth Ire l'offrit
à son cousin,
Thomas Sackville ; ses
descendants y habitent
encore. Si la décoration
intérieure de Knole est
remarquable, c'est le mobilier
qui est le plus extraordinaire,
en particulier le splendide lit
d'apparat de Jacques II et une
rarissime coiffeuse en argent

massif avec ses chandeliers et son miroir. Plus de 400 hectares de parc et de jardins entourent la demeure.

Aux environs
À l'est de Knole se trouve l'un des plus beaux exemples de l'achitecture médiévale anglaise, **Ightham Mote**, petit manoir de pierre et de bois cerné de douves, disposé autour d'une cour centrale.

♯ Ightham Mote
(NT) Ivy Hatch, Sevenoaks.
📞 *01732 810378.* ⭘ *d'avril à oct. : du mer. au ven., dim., lun. et jours fériés.* 📷 ⌖

Hever Castle ㉗

Edenbridge, Kent. 📞 *01732 865224.* ⇄ *Edenbridge.* ⭘ *de mars à oct. : t.l.j.* 📷 ⌖

Dans ce petit château entouré de douves a vécu Anne Boleyn, une des femmes du roi Henri VIII, exécutée pour adultère. Elle y passa une partie de sa jeunesse ;

CHARLES DICKENS

Charles Dickens (1812-1870) est aujourd'hui encore un auteur très populaire. L'écrivain naquit à Portsmouth, mais dès 1817 ses parents partirent s'installer à Chatham. Plus tard, Dickens vécut à Londres, mais il garda toute sa vie des liens étroits avec la région ; il prenait ses vacances à Broadstairs, au sud de Margate – c'est là qu'il écrivit *David Copperfield* –, et passa les dernières années de sa vie à Gad's Hill, près de Rochester.

La façade de Chartwell, où vécut Winston Churchill

lorsqu'il résidait à Leeds Castle, le roi venait souvent lui rendre visite. En 1903, William Waldorf Astor acquit le domaine qu'il entreprit de restaurer ; il fit construire alentour un petit village néo-Tudor pour loger ses domestiques et ses invités. Le porche et les douves sont du XIIIe siècle.

Aux environs
Au nord-ouest d'Hever se trouve **Chartwell**, la maison de Winston Churchill *(p. 58)*. Elle a conservé le mobilier que l'homme d'État a connu. Pour se détendre, il restaurait sa maison. Quelques-uns de ses tableaux sont exposés.

♯ Chartwell
(NT) Westerham, Kent. 📞 *01732 866368.* ⭘ *d'avril à juin, oct., mer. au sam. Juil.-août, mar. au dim. et jours fériés ; nov. : mer., sam., dim. mar. après les jours fériés.* 📷 ⌖

Royal Tunbridge Wells ㉘

Kent. 🚶 *51 000.* ⇄ 🅿 ℹ *The Old Fish Market, The Pantiles (01892 515675).* ⭘ *mer.*

En 1606, on découvrit ici des sources d'eau minérale. Grâce au patronage de la famille royale, la ville devint une station thermale très en vogue aux XVIIe et XVIIIe siècles.

Aux environs
Tout près se trouve **Penshurst Place**, un très joli manoir médiéval (première moitié du XIVe siècle). Le grand salon a 18 m de hauteur sous plafond.

♯ Penshurst Place
Royal Tunbridge Wells, Kent.
📞 *01892 870307.* ⭘ *de mars à oct. : t.l.j. ; mars : sam., dim.* 📷 ⌖ *limité.*

Un astrolabe du début du XVIIIe siècle dans les jardins d'Hever Castle

L'EAST ANGLIA

NORFOLK · SUFFOLK · ESSEX · CAMBRIDGESHIRE

Entre l'estuaire de la Tamise et le pays de Galles s'étend un vaste territoire à l'originalité très marquée. L'East Anglia est décentrée par rapport au grand axe nord-sud qui traverse la Grande-Bretagne ; c'est ce qui l'a aidée à préserver sa culture et ses traditions, tant en ville qu'à la campagne.

Le nom de la région vient de celui des Angles, une tribu du nord de l'Allemagne installée ici aux Vᵉ et VIᵉ siècles de notre ère. La région a toujours tenu à son franc parler et surtout à son indépendance, comme en témoignent deux de ses enfants les plus célèbres, la reine Boadicée, au Iᵉʳ siècle, et Oliver Cromwell, au XVIIᵉ. C'est d'East Anglia d'ailleurs que Cromwell a reçu le soutien le plus important pendant la guerre civile. Preuve du caractère farouche des habitants de la région, leur surnom de *Fen Tigers*, « Tigres des marais », car ils ont vécu longtemps de chasse et de pêche dans des zones marécageuses, qui ne furent drainées qu'au XVIIᵉ siècle. Le sol s'avéra alors très propice au développement des cultures ; aujourd'hui, le tiers des légumes produits en Grande-Bretagne provient d'East Anglia. La rotation des cultures est mise en place dans le Norfolk depuis le XVIIIᵉ siècle ; c'est à l'agriculture que de nombreuses villes de cette région, dont Norwich, doivent leur prospérité. La mer joue aussi un grand rôle dans l'économie de la région : les villes et villages côtiers d'East Anglia sont les ports d'attache de la plupart des chalutiers qui sillonnent la mer du Nord.

De nos jours, la région mise surtout sur la navigation de plaisance, tant le long des côtes que sur les nombreuses voies navigables des Norfolk Broads. Dernier point : c'est dans l'East Anglia que se trouve Cambridge, une des meilleures universités de Grande-Bretagne.

Champs de lavande en fleur à Heacham, dans le Norfolk

◁ **Les marécages de la côte nord du Norfolk sont ponctués de moulins à vent**

À la découverte de l'East Anglia

À peine sorti de la conurbation londonienne, on se retrouve dans des paysages qui n'ont guère changé depuis l'époque de Constable (p. 190), semés d'églises, de moulins à vent et de granges. C'est une région bénie pour les amoureux de la nature, l'une des plus ensoleillées d'Angleterre. Le nord du Norfolk compte plusieurs réserves d'oiseaux et des colonies de phoques. Le visiteur ne pourra qu'être séduit aussi par l'originalité des constructions de la région, des cottages roses du Suffolk aux toits de chaume des fermes du Norfolk.

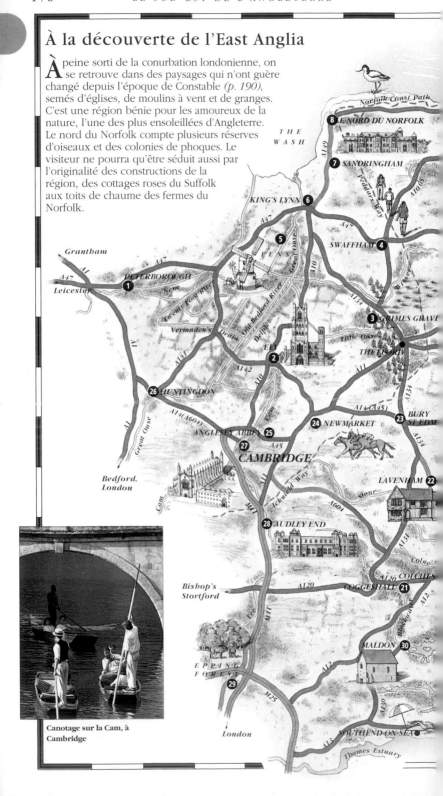

Norfolk Coast Path

THE WASH

8 LE NORD DU NORFOLK

7 SANDRINGHAM

Peddar's Way

KING'S LYNN **6**

5

FENS

SWAFFHAM **4**

Grantham

PETERBOROUGH **1**

Leicester

Nene

Great Ouse

3 GRIMES GRAVE

Little Ouse

THETFORD

Vermuden's Drain

Old Bedford River

Delph

ELY **2**

A142

HUNTINGDON **26**

Great Ouse

Cam

ANGLESEY ABBEY **25**

27

CAMBRIDGE

Bedford, London

Cam

24 NEWMARKET

BURY ST EDM **23**

LAVENHAM **22**

Stour

28 AUDLEY END

Icknield Way

A604

Bishop's Stortford

COGGESHALL **21**

COLCHES

Colne

Lee

EPPING FOREST

29

MALDON **30**

London

Thames Estuary

SOUTHEND-ON-SEA

Canotage sur la Cam, à Cambridge

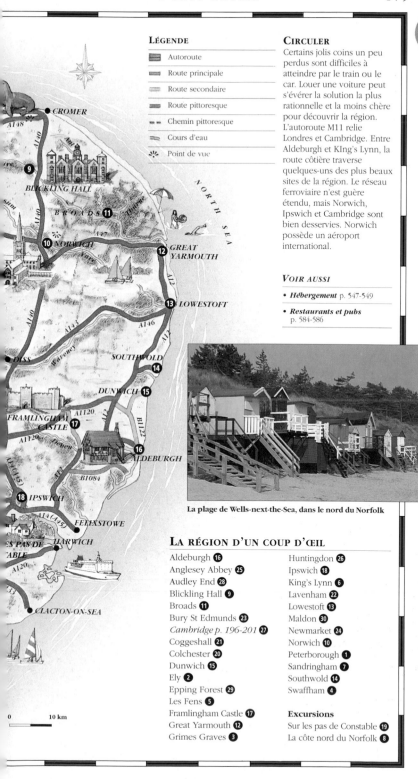

LÉGENDE

	Autoroute
	Route principale
	Route secondaire
	Route pittoresque
	Chemin pittoresque
	Cours d'eau
⁂	Point de vue

CIRCULER

Certains jolis coins un peu perdus sont difficiles à atteindre par le train ou le car. Louer une voiture peut s'avérer la solution la plus rationnelle et la moins chère pour découvrir la région. L'autoroute M11 relie Londres et Cambridge. Entre Aldeburgh et KIng's Lynn, la route côtière traverse quelques-uns des plus beaux sites de la région. Le réseau ferroviaire n'est guère étendu, mais Norwich, Ipswich et Cambridge sont bien desservies. Norwich possède un aéroport international.

VOIR AUSSI

• *Hébergement* p. 547-549

• *Restaurants et pubs* p. 584-586

La plage de Wells-next-the-Sea, dans le nord du Norfolk

LA RÉGION D'UN COUP D'ŒIL

0   10 km

Peterborough ❶

Cambridgeshire. 🏛 152 000. 🚆 🏭
🛈 45 Bridge St (01733 452336).
🏪 du mar. au sam.

**Les armes de Peterborough et sa
devise : Sur ce Rocher**

Le site de Peterborough est
habité depuis des temps
immémoriaux, mais ce n'est
qu'en 1967 que, pour
désengorger les grandes cités,
la ville est devenue une
importante métropole
régionale.

Le centre est dominé par
St Peter's Cathédral.
L'intérieur de cet édifice
normand classique du XIIᵉ siècle
a été endommagé par les
troupes de Cromwell *(p. 52)*,
mais par chance l'extraordinaire
plafond, peint en 1220, nous
est parvenu intact. Catherine
d'Aragon, la première femme
d'Henri VIII, a été enterrée ici ;
son tombeau fut jeté bas par
les troupes de Cromwell.

Aux environs
Sur le site de Flag Fen **(Flag Fen
Bronze Age Excavations)**, des
objets datant de l'âge du bronze
(10 000 ans avant notre ère)
ont été trouvés dans la tourbe.

🏠 Flag Fen Bronze Age Excavations
Fourth Drove, Fengate, Peterborough.
📞 01733 313414. 🕐 t.l.j.
🔴 semaine de Noël. 🎦 ♿

Grimes Graves ❸

Brandon, Norfolk. 📞 01842 810656.
🚆 *Prendre un taxi à Brandon.* 🕐 *de
Pâques à oct. : t.l.j. ; de nov. à Pâques :
du mer. au dim.* 🔴 *du 24 au 27 déc.*
🎦 ♿ limité.

Grimes Graves est l'un des
sites néolithiques les plus
importants d'Angleterre. Il y a
4 000 ans, c'était un grand
centre d'exploitation du silex.

Avec comme seuls outils des
bois de cerf et des pioches, les
mineurs de l'âge de la pierre
ont creusé la craie pour
atteindre les veines de silex
dont ils faisaient des haches,
des armes et des outils,
convoyés ensuite à travers le
pays. Les galeries sont
aujourd'hui ouvertes à la visite.
Pendant les fouilles, les

Ely ❷

Cambridgeshire. 🏛 14 000. 🚆
🛈 29 St Mary's St (01353 662062).
🏪 jeu., sam. (objets, antiquités).

Construite sur une colline
crayeuse, cette petite ville
doit peut-être son nom aux
anguilles *(eels)* qui abondent
dans l'Ouse toute proche.

La colline où la ville
ancienne a été bâtie constituait
une sorte d'île inaccessible au
milieu d'une région alors
couverte de marécages
(p. 182) ; cette situation faisait
d'Ely un site stratégique. La
ville fut d'ailleurs le dernier
bastion de la résistance anglo-
saxonne aux Normands.

Aujourd'hui, la petite ville
d'Ely, à l'ombre de sa
cathédrale, doit sa prospérité
à l'agriculture car la terre est
particulièrement riche.

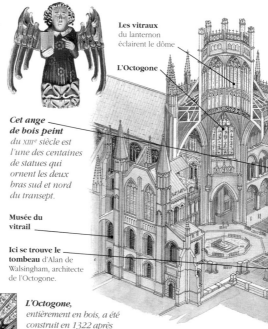

Les vitraux
du lanternon
éclairent le dôme

L'Octogone

*Cet ange
de bois peint
du XIIIᵉ siècle est
l'une des centaines
de statues qui
ornent les deux
bras sud et nord
du transept.*

**Musée du
vitrail**

**Ici se trouve le
tombeau** d'Alan de
Walsingham, architecte
de l'Octogone.

*L'Octogone,
entièrement en bois, a été
construit en 1322 après
l'effondrement de la première
tour. Le toit et le lanternon
demandèrent 24 ans de
travail ; ils pèsent 200 tonnes.*

Partie détaillée

LA CATHÉDRALE D'ELY
Ely. 📞 01353 667735.
🕐 t.l.j. 🔴 occasions spéciales. 🎦 ♿
Commencée en 1083, la cathédrale ne fut achevée
que 268 ans plus tard. Elle échappa aux
destructions du XVIᵉ siècle *(p. 50)*, mais fut fermée
pendant 17 ans sur l'ordre de Cromwell *(p. 52)*.

archéologues ont mis au jour d'étranges statuettes de craie représentant des phallus ou des divinités de la fécondité *(p. 43)*.

Aux environs
Au centre de la plaine autrefois fertile de Breckland se trouve la petite ville commerçante de **Thetford**.

Cette localité autrefois prospère a vu sa richesse décroître au XVIe siècle avec la destruction de son prieuré. Les terrains alentour ont été dévastés par des armées de moutons et sont devenus des pinèdes. Dans la ville, un tertre s'élève à l'emplacement d'un château antérieur à l'époque des Normands. Thetford est le berceau d'un écrivain révolutionnaire anglais du XVIIIe siècle, Tom Paine.

Oxburgh Hall, entouré de douves en eau

L'énorme tour de la cathédrale domine tout le paysage alentour.

Plafond peint du XIXe siècle

La Porte du Prieur (vers 1150)

L'aile sud est supportée par une galerie d'arcades composée de 12 arcs normands en plein cintre.

Swaffham

Norfolk. 🏛 6 500. 🚆 🛈 *place du marché (01760 722255).* 🛒 *sam.*

Swaffham est la mieux préservée des villes georgiennes de l'East Anglia. Aujourd'hui, elle s'anime surtout le samedi, quand les maraîchers s'installent sur l'élégante place du marché, aménagée en 1783.

Au centre de la ville se trouve l'**église Saint-Pierre-et-Saint-Paul** (*Church of St Peter and St Paul*), dont la très belle aile nord Tudor a, dit-on, été construite grâce à de l'argent donné par un simple colporteur, John Chapman. Lors d'un voyage à Londres, Chapman aurait rencontré un étranger qui lui aurait indiqué la cachette d'un trésor. L'information était bonne, et avec cet argent Chapman décida de faire embellir l'église. Il est représenté sur une enseigne à double face de la place du marché.

Aux environs
À Castle Acre, au nord de la ville, se trouvent les ruines massives d'un **prieuré** clunisien de 1090.

Tout près de là se dresse **Oxburgh Hall**, construit par Sir Edmund Bedingfeld en 1482. Cette demeure est un excellent exemple de l'architecture de cette période, où les impératifs de la défense étaient aussi importants que le confort. À l'intérieur est conservée une tenture brodée par Marie Stuart *(p. 497)*.

Effigie de John Chapman

🏛 Castle Acre Priory
Castle Acre. 📞 *01760 755394.*
⏰ *d'avril à oct. : t.l.j. ; de nov. à mars : mer. à dim.* 📷 ♿ *limité.*
🏛 Oxburgh Hall
Oxborough. 📞 *01366 328258.*
⏰ *d'avril à oct. : du sam. au mer.* 📷 ♿ *limité.*

BOADICÉE ET LES ICÈNES

Quand les Romains envahirent la Grande-Bretagne, les Icènes, la plus importante tribu de l'East Anglia, décidèrent de combattre à leurs côtés. Mais les Romains se retournèrent ensuite contre les Icènes et leur reine, Boadicée, organisa en 61 de notre ère la révolte contre leur autorité. Ses partisans incendièrent Londres, Colchester et St-Albans, avant de baisser les armes. Boadicée préféra s'empoisonner plutôt que de se rendre. À Cockley Cley, un camp des Icènes a été mis au jour.

La reine Boadicée, illustration du XIXe siècle

Moulin au milieu des marécages

Les Fens ❺

Cambridgeshire/Norfolk. ⚌ *Ely.* ℹ
29 St Mary's St, Ely (01353 662062).

L e nom de Fens désigne
les vastes plaines
marécageuses de l'Angleterre
de l'est, entre Lincoln,
Cambridge, Bedford et King's
Lynn. Jusqu'au XVIIe siècle, il
n'y avait là qu'un marais où il
n'était possible de s'établir que
sur des îles surélevées.

Au XVIIe siècle, des
spéculateurs se rendirent
compte de la richesse du sol et
firent venir des experts
hollandais pour mettre en
place un système de drainage.
Les moulins à vent qui se
chargeaient d'évacuer
l'eau sont aujourd'hui
remplacés par des
systèmes électriques.

À 14 kilomètres
d'Ely se trouve
Wicken Fen, un
marécage de
243 hectares qui n'a
jamais été asséché et
constitue une réserve
naturelle pour la
faune et la flore
locales.

King's Lynn ❻

Norfolk. 🏘 *42 000.* ⚌ 🚌 ℹ *sur la
place du marché (01553 763044).* 🚉
mar., sam.

L a premier nom de la
ville, Bishop's (évêque)
Lynn a été « laïcisé » en King's
(roi) Lynn au XVIe siècle *(p. 51).*
Au Moyen Âge, c'était l'un des
plus grands ports du pays,
d'où partaient pour l'Europe
des bateaux chargés
de la laine et du blé
produits dans toute la
région alentour. De
cette époque
subsistent quelques
entrepôts et quelques
maisons de
négociants sur l'Ouse.
Au nord-est de la ville
se trouve **True's
Yard**, qui faisait
partie de l'ancien
quartier des pêcheurs.

**L'hôtel de ville de
King's Lynn**

Excursion sur la côte nord du Norfolk ❽

C e circuit traverse une des plus belles régions de l'East
Anglia. Pratiquement toute la côte nord du Norfolk
est considérée par les Anglais comme une région d'une
extraordinaire beauté naturelle. C'est la mer qui a
façonné toute cette partie du Norfolk, élevant des dunes,
ensablant peu à peu des ports florissants qui se
retrouvent aujourd'hui loin à l'intérieur des terres. Les
dunes abritent une faune d'une étonnante variété. Par
endroits, la mer a profondément érodé la côte et créé des
falaises impressionnantes.

CARNET DE ROUTE

Itinéraire : 45 km.
Où faire une pause ? Holkham
Hall est l'endroit idéal pour s'arrêter
déjeuner. Vous trouverez plusieurs
pubs sympathiques à Wells-next-
the-Sea. (Voir aussi p. 636-637.)

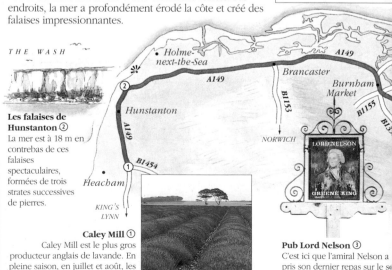

THE WASH

Holme-
next-the-Sea

A149

Brancaster

A149

*Burnham
Market*

B1153

**Les falaises de
Hunstanton** ②
La mer est à 18 m en
contrebas de ces
falaises
spectaculaires,
formées de trois
strates successives
de pierres.

Hunstanton

NORWICH

B1155

LORD NELSON

GREENE KING

Heacham

B1454

*KING'S
LYNN*

Caley Mill ①
Caley Mill est le plus gros
producteur anglais de lavande. En
pleine saison, en juillet et août, les
paysages y sont magnifiques.

Pub Lord Nelson ③
C'est ici que l'amiral Nelson a
pris son dernier repas sur le so
anglais avant Trafalgar.

Trinity Guildhall, l'hôtel de ville, date de 1420. On y conserve une épée du début du XIIIe siècle, peut-être offerte à la ville par le roi Jean *(p. 48)* qui y vint à plusieurs reprises. Il s'y arrêta pour la dernière fois en 1216, fuyant la troupe des barons rebellés contre son autorité. Le lendemain, son navire chargé de trésors fit naufrage en mer du Nord. Des générations de plongeurs s'acharnent depuis sans succès à repérer l'épave.

Sur la place du marché, **St Margaret's Church** abrite de nombreuses œuvres d'art du XIIIe au XVIe siècle, dont un jubé d'époque élisabéthaine.

🏛 Trinity Guildhall
Saturday Market Place. 📞 01553 763044. ◯ de Pâques à oct. : t.l.j. ; de nov. à Pâques : du ven. au mar. ● du 24 au 26 déc. 🎫 ♿

Sandringham House, où la famille royale vient passer les fêtes de Noël

Sandringham ❼

Norfolk. 📞 01553 772675. 🚌 depuis King's Lynn. ◯ de Pâques à sept. : t.l.j. ● 3 semaines en juil.-août. 🎫 ♿

Sandringham House appartient à la famille royale d'Angleterre depuis 1862, date à laquelle elle fut achetée par le prince de Galles, futur Édouard VII. Cette belle demeure du XVIIIe siècle a été considérablement remaniée et redécorée par le prince de Galles, qui lui a donné son allure très XIXe.

Les vastes écuries abritent un musée où sont exposés les nombreux trophées remportés par la famille royale lors de parties de chasse ou de tir et de concours hippiques. À voir aussi, une collection d'automobiles embrassant près d'un siècle.

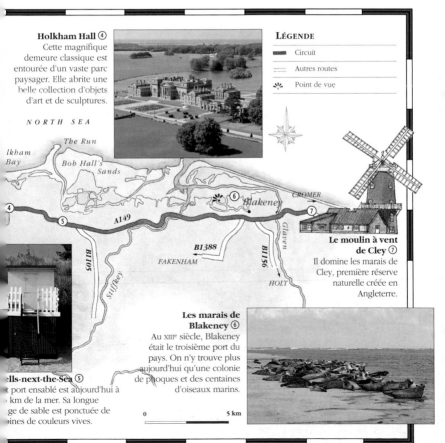

Holkham Hall ④
Cette magnifique demeure classique est entourée d'un vaste parc paysager. Elle abrite une belle collection d'objets d'art et de sculptures.

NORTH SEA

LÉGENDE

━━ Circuit

═══ Autres routes

🌼 Point de vue

The Run

lkham Bay

Bob Hall's Sands

🌼 ⑥ *Blakeney* GROMER

④

⑤ A149 *Glaven*

B1388

FAKENHAM *B1156*

B1105

Stiffkey

HOLT

Le moulin à vent de Cley ⑦
Il domine les marais de Cley, première réserve naturelle créée en Angleterre.

Les marais de Blakeney ⑥
Au XIIIe siècle, Blakeney était le troisième port du pays. On n'y trouve plus aujourd'hui qu'une colonie de phoques et des centaines d'oiseaux marins.

·lls-next-the-Sea ⑤
·t port ensablé est aujourd'hui à · km de la mer. Sa longue ·ge de sable est ponctuée de ·ines de couleurs vives.

0   5 km

La façade en brique rouge de Blickling Hall, construite au XVIe siècle

Blickling Hall ❾

(NT) Aylsham, Norfolk. ☎ 01263
733084. 🚌 depuis Norwich (en été).
◑ d'avril à juil., oct. : mer. à dim.
août, mar. au dim. 📷 ♿

L a façade symétrique de cette
demeure du XVIe siècle,
environnée d'arbres et
flanquée de deux haies de
buis, a vraiment fière allure.
C'est ici qu'Anne Boleyn, la
deuxième femme d'Henri VIII,
a passé son enfance, mais il ne
reste que bien peu de chose
des bâtiments qu'elle a connus.
La plus grande partie de la
construction que l'on visite
aujourd'hui date de 1628 ; la
maison appartenait alors à Sir
Henry Hobart, président de la
Cour suprême sous Jacques Ier.
En 1767, la demeure fut
remaniée par John Hobart,
deuxième duc du
Buckinghamshire, qui en
hommage à Anne Boleyn la fit
représenter avec sa fille,
Élisabeth Ire, dans le grand
salon.
    La grande galerie est la plus

belle salle restée intacte depuis
le XVIIe siècle. Son plafond est
décoré de figures symboliques
et d'allégories où se mêlent les
armoiries des Hobart.
    La salle Pierre le Grand a été
aménagée en 1764 pour
accueillir une immense
tapisserie représentant le tsar à
cheval, offerte par la Grande
Catherine au deuxième duc,
alors ambassadeur d'Angleterre
en Russie. Dans la même salle,
des portraits de l'ambassadeur et
de son épouse, peints en 1760
par Gainsborough *(p. 149)*.

Norwich ❿

P. 186-187

Les Broads ⓫

Norfolk. 🚆 Hoveton, Wroxham.
🚌 Norwich, puis prendre le bus. ℹ
Station Rd, Hoveton (01603 782281).

O n a longtemps pu croire
que ces petits lacs peu
profonds reliés par une demi-

douzaine de rivières (la Bure,
la Thurne, l'Ant, l'Yare, la
Waveney et le Chet) sont
l'œuvre de la nature ; ils ne
sont en réalité apparus qu'au
XIIIe siècle, quand les levées de
tourbe mises en place au
Moyen Âge ont été inondées.
    L'été, ces quelque 200 km de
voies navigables font le
bonheur de tous les amateurs
de loisirs nautiques. On peut
louer un bateau pour partir à
l'aventure, ou suivre l'un des
nombreux circuits qui
permettent de découvrir la
faune et la flore de la région.
Avec un peu de patience, on
observera de magnifiques
machaons, les plus grands
papillons de toute la Grande-
Bretagne. La plupart de ces
excursions prennent leur
départ à Wroxham, qui est un
peu la capitale officieuse des
Broads.
    Les voies navigables sont
bordées de bouquets de
roseaux dont on se sert pour
recouvrir les toits *(p. 29)*. Ils
sont coupés en hiver et
acheminés dans des bateaux à
fond plat, caractéristiques de la
région, que l'on utilise aussi
pour la chasse au canard.
    Une visite au **Broadland
Conservation Centre**, installé
sur une plate-forme flottante
amarrée sur Ranworth Broad,
permet de mieux comprendre
comment toute la région s'est
constituée et de découvrir en
détail la faune particulièrement
variée qu'elle abrite.
    Dans le centre de Ranworth,
St Helen's Church abrite un
manuscrit enluminé du
XIVe siècle dans un excellent
état de conservation ; du haut
de la tour, on a une vue
magnifique sur toute la région.

Voilier sur l'un des petits lacs du Norfolk

✕ Broadland Conservation Centre

Ranworth. (01603 270479. ◯ d'avril à oct. : t.l.j. &

Great Yarmouth ⑫

Norfolk. 🏠 82 000. 🚢 🚍 🛈 *Town Hall (01493 846345).* 🛒 *mer., ven. (en été), sam.*

J usqu'à la Première Guerre mondiale, la pêche au hareng était la principale activité du port. Elle mobilisait alors un millier d'embarcations. Les bancs de poissons se réréfiént, les pêcheurs ont dû diversifier leurs activités ; beaucoup se consacrent aujourd'hui à la révision et à l'entretien des navires de fret et des plates-formes pétrolières de la mer du Nord.

Great Yarmouth est aussi la plus importante station balnéaire du Norfolk. Sa popularité a commencé quand les lecteurs de Dickens *(p. 173)* ont découvert qu'une partie de son *David Copperfield* se passe dans la ville.

Les collections de l'**Elizabethan House Museum** sont consacrées à l'histoire de la région.

Chalutiers à quai à Lowestoft

La vicille ville abrite encore quelques belles maisons anciennes, dont l'**Old Merchant's House**, du XVIIᵉ siècle. La visite guidée de cette maison permet de voir aussi le cloître d'un ancien monastère du XIIIᵉ siècle.

🏛 Elizabethan House Museum

4 South Quay. (01493 857900. ◯ de juin à sept. : du dim. au ven. 2 sem. après Pâques. ● ven. saint. 📷

LES MOULINS À VENT

Dans cette région de plaines marécageuses où souffle sans cesse la brise venue de la mer du Nord, les moulins à vent de l'East Anglia sont longtemps restés une source d'énergie appréciable. Aujourd'hui, ils font partie intégrante du paysage dans les Broads et les Fens. Certains d'entre eux servaient à pomper l'eau des marécages ; d'autres, comme celui de Saxtead Green, à moudre le grain. En terrain marécageux, les fondations des constructions ne peuvent être très profondes, et seuls quelques moulins ont survécu ; dans la région des lacs, quelques-uns ont été restaurés et fonctionnent encore. Le moulin le plus haut est celui de Berney Arms. Celui de Thurne Dyke abrite une exposition qui explique le fonctionnement des moulins.

Le moulin de Saxtead Green, près de Framlingham

Le moulin d'Herringfleet Smock, près de Lowestoft

♜ Old Merchant's House

South Quay. (01493 857900. ◯ d'avril à sept. : du dim. au ven. 📷

Lowestoft ⑬

Suffolk. 🏠 55 000. 🚢 🚍 🛈 *East Point Pavilion, Royal Plain (01502 523000).* 🛒 *mar., sam.*

L owestoft est la dernière ville à l'est de l'Angleterre. La pêche y garde aujourd'hui son importance ; le carrclet et d'autres poissons plats ont simplement remplacé le hareng qui se raréfie.

Dans les années 1840, l'arrivée du chemin de fer a donné un nouvel élan à la ville, comme en témoignent de nombreuses maisons datant de cette époque.

Le **musée municipal**, installé dans une maison du XVIIᵉ siècle, présente de beaux échantillons de la porcelaine qui se fabriquait ici au XVIIIᵉ siècle et des objets d'archéologie locale.

Aux environs

Au nord-ouest se trouve **Somerleyton Hall**, construit au siècle dernier, dans un style néo-Tudor, sur les vestiges d'une maison du XVIᵉ siècle.

🏛 Lowestoft Museum

Oulton Broad. (01502 572811. ◯ 2 semaines à Pâques, 20 mai - 6 oct. : t.l.j. 📷 & limité.

♜ Somerleyton Hall

Sur la B1074. (01502 730224. ◯ d'avril à sept. : jeu., dim. et jours fériés (juil.-août : du mar. au jeu., dim.). 📷 &

Norwich ⑩

Au cœur de la campagne fertile de l'East Anglia, Norwich a su conserver son allure tranquille et provinciale ; c'est en fait l'une des cités les mieux préservées de toute l'Angleterre. Norwich a été fortifiée par les Saxons dès le IXᵉ siècle ; le tracé irrégulier de ses rues remonte à cette époque. Au début du XIIᵉ siècle, des tisserands venus des Flandres ont établi dans la ville une industrie textile qui lui assura une telle prospérité qu'elle resta la deuxième ville d'Angleterre jusqu'à la révolution industrielle (p. 56-57).

Une des nombreuses sculptures qui ornent le cloître de la cathédrale

monumentaux à l'entrée de la cathédrale : le **portail Saint-Ethelbert**, du XIIIᵉ siècle, et le **portail Erpingham**, construit par Sir Thomas Erpingham, qui mena les archers anglais à la victoire lors de la bataille d'Azincourt en 1415 (p. 49).

Au pied du mur ouest se trouve la tombe d'Edith Cavell, une infirmière originaire de Norwich qui fut exécutée par les Allemands en 1915 pour avoir aidé des soldats alliés à fuir la Belgique occupée.

🏛 **Castle Museum**

Castle Meadow. ☎ 01603 223624. ☐ t.l.j. ⬤ 25 et 26 déc., ven. saint. 🎫 ♿ limité.

Ce château du XIIᵉ siècle a servi de prison pendant 650 ans ; sa façade a été refaite en 1834. Il abrite un musée depuis 1894 ; une des gloires des collections est une belle porte normande sculptée qui était autrefois l'entrée principale du château.

L'ancienne rue pavée d'Elm Hill

À la découverte de Norwich

Les parties les plus anciennes de la ville sont Elm Hill, une des plus jolies rues médiévales d'Angleterre, et Tombland, l'ancienne place du marché, près de la cathédrale. Dans l'un et l'autre endroits, on trouvera des bâtiments d'époque médiévale bien conservés, qui font aujourd'hui partie d'un quartier animé.

Dans cette ville très commerçante se tient depuis des siècles un marché particulièrement coloré qui vaut le détour ; à faire aussi, la visite à pied de ce qui subsiste des anciennes fortifications de la ville, édifiées au XIVᵉ siècle.

⛪ Norwich Cathedral

Enceinte. ☎ 01603 764385. ☐ t.l.j. **Offrandes.** ♿

Ce splendide édifice a été bâti à partir de 1096 par l'évêque Losinga, qui fit spécialement venir par bateau de la pierre blanche de Normandie.

Il y avait autrefois près de la cathédrale un monastère, dont seul subsiste aujourd'hui le cloître, le plus grand d'Angleterre. La flèche de la cathédrale est un ajout du XVᵉ siècle ; avec ses 96 m, c'est

la plus haute du pays après celle de Salisbury (p. 250-251). Les piliers normands et les arcs de la nef supportent un plafond sculpté du XVᵉ siècle dont les ornements ont fait l'objet d'une restauration scrupuleuse.

Les sculptures du chœur et celles des miséricordes des stalles sont plus faciles à voir que celles du plafond ; elles fourmillent de petits détails réalistes et amusants. À voir aussi, le beau retable de la chapelle Saint-Luc, qui est resté caché pendant des années derrière un panneau de bois pour que les puritains ne le détruisent pas.

Il reste deux des accès

La cathédrale de Norwich vue du sud-est

LA MOUTARDE COLMAN

Cette marque ne nous dit peut-être pas grand-chose, mais outre-Manche c'est un « must » pour de nombreux gastronomes. C'est en 1814 que Colman commença à fabriquer sa célèbre moutarde à Norwich. On trouve aujourd'hui ce condiment dans une boutique de Bridewell Alley ; un musée est consacré à l'histoire de la société.

It's nicer with MUSTARD

Une réclame des années 50 vantant la moutarde Colman

MODE D'EMPLOI

Norfolk. 🏠 124 000. 🛬 🚆
Thorpe Road. 🚌 Surrey St. 🛈
hôtel de ville, Gaol Hill (01603 666071). 🔒 du lun. au sam.

⬤ Fermé pour travaux jusqu'en 2002. 🖥

Cette belle maison de négociants datant du XIVe siècle était autrefois habitée par les tisserands immigrés, les « strangers ». Les collections originales qu'elle abrite permettent de se faire une idée de l'évolution de la vie quotidienne en Angleterre au cours des siècles.

Parmi les objets exposés, des armures médiévales, des poteries, de la porcelaine et la plus importante collection de théières en céramique du monde. Il y a aussi une belle série d'œuvres des peintres de l'école de Norwich, un groupe de paysagistes de la première moitié du XIXe siècle. John Crome (1768-1821), que d'aucuns comparent parfois à Constable *(p. 190)*, et John Sell Cotman (1782-1842), rendu célèbre par ses aquarelles, sont considérés comme les chefs de file de ce mouvement.

🏛 St Peter Mancroft

Place du marché. 📞 01603 610443. ⬤ t.l.j. **Offrandes.** ♿
Le nom de Mancroft vient du latin *magna crofta*, qui signifie grande prairie ; de vastes prés s'étendaient en effet ici avant que les Normands n'y établissent une église et un bourg. Cet imposant édifice de 1455 domine à ce point tout le centre-ville que beaucoup de visiteurs le prennent pour la cathédrale.

L'intérieur de St Peter Mancroft est inondé de lumière par toute une série de grandes fenêtres ; celle de l'est a conservé ses vitraux du XVe siècle. Sur le plafond de bois, très original, est sculpté le motif en éventail qui, traité en pierres de taille, recouvre habituellement la charpente des édifices religieux. En 1588, les 13 cloches du carillon de l'église annoncèrent à tout le pays la défaite de l'Invincible Armada *(p. 51)*.

🏛 Bridewell Museum

Bridewell Alley. 📞 01603 667228. ⬤ avril à sept., du mar. au sam. ⬤ d'oct. à avril. 🖥
Cette maison du XIVe siècle, l'une des plus anciennes de la ville, a longtemps servi de prison. C'est aujourd'hui un musée des traditions locales.

🏛 Guildhall (hôtel de ville)

Gaol Hill. 📞 01603 666071. ⬤ du lun. au ven. (après-midi). ⬤ jours fériés. ♿
La place du marché, vieille de 900 ans, est dominée par l'imposante silhouette de l'hôtel de ville, construit en silex et en pierre et surmonté d'une flèche bicolore. Parmi les objets historiques que l'on y conserve, une belle épée offerte à la ville par l'amiral Nelson est une prise de guerre de 1797.

🏛 Strangers' Hall

Charing Cross. 📞 01603 667229.

🏛 The Sainsbury Centre for Visual Arts

Université d'East Anglia (sur la B1108). 📞 01603 456060. ⬤ du mar. au dim. ⬤ 24 déc. au 1er jan. 🖥 ♿
Cette importante galerie d'art a été aménagée en 1978 pour accueillir la belle collection d'œuvres d'art léguée à l'université d'East Anglia par Robert et Lisa Sainsbury.

L'art européen du XXe siècle constitue le point fort de la collection, avec des œuvres de Modigliani, Picasso ou Bacon et des sculptures de Giacometti et Moore ; on verra aussi des collections ethnographiques provenant d'Afrique, des îles du Pacifique et d'Amérique.

Le Sainsbury Centre, construit par Norman Foster, est l'un des premiers bâtiments qui donnent à voir l'intégralité de leur structure métallique.

Ce paysage est une œuvre de John Crome (école de Norwich)

Bruyères en fleur tout le long de Dunwich Heath

Southwold ⑭

Suffolk. 🏚 *1 400.* 🚉 ℹ *place du marché (01502 724729).* 🛒 *lun., jeu.*

Cette petite ville pittoresque en bord de mer a été miraculeusement préservée de l'invasion hebdomadaire des excursionnistes londoniens par la fermeture providentielle de la ligne de chemin de fer qui la reliait à la capitale.

Southwold était autrefois une ville portuaire très peuplée, comme en témoigne la taille de **St Edmund King and Martyr Church**, qui abrite de belles peintures du XVIᵉ siècle. Sur la tour, remarquez la statue d'un soldat en costume du XVᵉ siècle : c'est un jacquemart connu sous le nom de Jack o'the Clock.

Jack o'the Clock, Southwold

Le **Southwold Museum** est consacré à la sanglante bataille qui opposa en pleine mer les Anglais et les Hollandais en 1672.

Aux environs

La fermeture de la voie de chemin de fer a isolé le joli village de **Walberswick**, que l'on ne peut plus atteindre que par le ferry ou un long trajet en voiture. À Blythburgh, on verra une église du XVᵉ siècle, **Holy Trinity Church**. Les soldats de Cromwell *(p. 52)* en firent une écurie ; les murs extérieurs portent encore les anneaux métalliques où ils attachaient leurs chevaux.

En 1944, une bombe américaine tomba sur l'église, tuant Joseph Kennedy Jr, frère du futur président des États-Unis.

🏛 **Southwold Museum**
9-11 Victoria St. 📞 *01502 722375.*
⭕ *de Pâques à sept. : t.l.j.* ♿

Dunwich ⑮

Suffolk. 🏚 *1 400.*

Il ne reste plus aujourd'hui que quelques maisons de cette ville qui fut autrefois la capitale des puissants rois d'East Anglia. Au XIIIᵉ siècle, Dunwich était encore le plus grand port du Suffolk, et pendant cette période de prospérité on n'y construisit pas moins de 12 églises. Mais la mer gagnait sans cesse du terrain (près d'un mètre par an), et la dernière des églises de la ville disparut dans les flots en 1919.

Dunwich Heath, au sud de la ville, est aujourd'hui une importante réserve naturelle. La **réserve de Minsmere** possède même quelques observatoires d'où l'on peut contempler une étonnante variété d'oiseaux, dont des avocettes, des busards et des butors.

🦆 **Minsmere Reserve**
Westleton. 📞 *01728 648281.* ⭕ *du mer. au lun.* ⬤ *25 et 26 déc.* ♿

Aldeburgh ⑯

Suffolk. 🏚 *2 500.* 🚉 ℹ *High St (01728 453637).*

La ville est aujourd'hui surtout connue parce qu'elle accueille le festival musical de Snape Maltings, mais c'est avant tout un port qui remonte au temps des

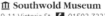

La façade à colombage de Moot Hall, à Aldeburgh

Romains ; une partie de la ville antique est aujourd'hui engloutie par la mer.

C'est aussi à cause de l'érosion que **Moot Hall**, une belle demeure Tudor autrefois loin à l'intérieur des terres, se retrouve aujourd'hui presque en bord de mer ; le rez-de-chaussée de la maison accueille un musée. Tout comme autrefois, on ne peut accéder à la belle salle du premier étage que par un escalier extérieur.

L'**église**, du XVIe siècle également, abrite une belle verrière posée en 1979 à la mémoire de Benjamin Britten.

Moot Hall

Market Cross Pl. 01728 452730. *de juin à sept. . t.l.j., avril et mai : sam., dim.*

Le château de Framlingham ⓱

Framlingham, Suffolk. 01728 724189. *Wickham Market, puis en taxi.* *t.l.j.* *du 24 au 26 déc.*

En haut d'une colline, le petit village de Framlingham a de tout temps été considéré comme un site stratégique, bien avant même que le comte de Norfolk n'y fasse construire un château, en 1190. De cette époque, il ne reste pas grand-chose d'autre que l'imposant mur d'enceinte du haut duquel on a une vue splendide sur toute la ville.

C'est dans ce château que Marie Tudor apprit qu'elle allait devenir reine d'Angleterre.

Aux environs
Au sud-est, sur la côte, se trouve le donjon d'**Orford Castle**, construit comme avant-poste défensif par Henri II à peu près en même temps que le château de Framlingham. C'est le premier exemple connu en Angleterre de donjon pentagonal. Auparavant, les donjons étaient carrés ; plus tard ils furent circulaires. Du sommet, panorama extraordinaire.

LE FESTIVAL MUSICAL D'ALDEBURGH

Le compositeur Benjamin Britten (1913-1976), né à Lowestoft, s'installa à Snape en 1937. C'est là qu'en 1945 fut créé son opéra *Peter Grimes*, inspiré par l'œuvre du poète George Crabbe (1754-1832). Depuis lors, la région n'a cessé d'attirer les musiciens. En 1948, Britten créa le festival musical d'Aldeburgh, qui se déroule chaque année en juin *(p. 63)* ; il acheta les malteries de Snape, dont il fit une salle de concert, inaugurée par la reine en 1967. Chaque année, de nombreux concerts y sont donnés, tout comme dans les églises et les autres salles de spectacle de la région.

Benjamin Britten au piano

Orford Castle

Orford. 01394 450472. *De mars à oct., t.l.j. ; nov. à fév., mer. à dim.* *25 et 26 déc., 1er jan.*

Ipswich ⓲

Suffolk. 102 000. St Stephen's Lane (01473 258070). *mar., ven., sam.*

Le centre de la capitale du Suffolk est en grande partie moderne, mais on y trouve aussi quelques bâtiments des siècles passés. Le port dut sa prospérité au commerce de la laine *(p. 193)* dès le XIIIe siècle, et après la révolution industrielle, à celui du charbon.

La façade d'**Ancient House** est ornée de très beaux motifs décoratifs moulés et sculptés. **Christchurch Mansion** abrite le musée municipal et une galerie d'art. Élisabeth Ire y résida en 1561 ; on admirera la plus belle collection de peintures de Constable conservée en dehors de Londres *(p. 190)* et des toiles de Gainsborough *(p. 149)*, originaire du Suffolk.

Le **musée d'Ipswich** abrite des copies des objets du IVe siècle de notre ère mis au jour à Mildenhall et Sutton Hoo et aujourd'hui conservés au British Museum *(p. 108-109)*.

Dans le centre-ville, l'**église St Margaret** est un bel édifice du XVe siècle avec une charpente double et un plafond décoré de panneaux peints du XVIIe siècle. Le cardinal Wolsey *(p. 50)*, né à Ipswich, avait projeté de construire dans sa ville un vaste collège ecclésiastique ; mais quand le cardinal tomba en disgrâce en 1527, seul un portique était sorti de terre.

Christchurch Mansion

Soane St. 01473 253246. *du mar. au dim. et jours fériés.* *du 24 au 26 déc., 1er jan., ven. saint.*

Ipswich Museum

High St. 01473 213761. *du mar. au sam.* *du 24 au 26 déc., 1er jan., ven. saint.*

La façade d'Ancient House, à Ipswich

Sur les pas de Constable ⓳

Cet itinéraire suit la partie la plus pittoresque du cours de la Stour. Le père de John Constable (1776-1837) était un riche marchand, propriétaire du moulin de Flatford, dont la silhouette familière apparaît dans une dizaine des plus belles toiles du peintre. Le circuit suit les chemins qu'affectionnait le peintre, qui affirmait connaître tous les arbres et jusqu'au moindre sentier de la région d'East Bergholt.

La Stour apparaît à l'arrière-plan de ce tableau de Constable

CARNET DE ROUTE

Départ : Parc de stationnement de Flatford Lane, East Bergholt.
Comment y aller ? L'A 12 jusqu'à Ipswich, puis la B 1070 jusqu'à East Bergholt, suivre les panneaux jusqu'à Flatford Mill.
Où faire une pause ? Dedham.
Itinéraire : 5 km.
Difficulté : Parcours le long de la rivière jalonné de petites clôtures.

Point de vue ⑤
C'est d'ici que l'on découvre la plus belle vue sur la vallée.

Parc de stationnement ①
Suivre les panneaux jusqu'à Flatford, puis passer le pont.

Dedham Mill

Stour

A12

B1029

Dedham

④

B1029

COLCHESTER

EAST BERGHOLT

③

⑤ Gosnalls Farm

 ①

Fen Bridge ③
Ce pont moderne a remplacé celui qui figure dans maintes toiles de Constable.

Ram Lock

Flatford Mill

②

L'église de Dedham ④
Le haut clocher de cette église apparaît dans nombre de toiles du peintre.

LÉGENDE

 Circuit

━━ Route B

━━ Route secondaire

☼ Point de vue

P Parc de stationnement

0   500 m

Le cottage de Willy Lott ②
Il n'a pas beaucoup changé depuis que Constable l'a représenté dans *La Charrette de foin (p. 85)*.

Colchester ⓴

Essex. 150 000. Queen St (01206 282920). ven., sam.

Colchester est la plus ancienne ville d'Angleterre ; elle était déjà capitale de tout le sud-est du pays à l'époque où les Romains l'ont envahie, en 43 avant notre ère. C'est ici que s'est établie la première colonie romaine.

La reine Boadicée *(p. 181)* incendia la ville en 60. Pour décourager toute nouvelle tentative, les Romains élevèrent un mur défensif de 3 km de long, 3 m d'épaisseur et 9 m de haut. Cette enceinte existe toujours.

Au Moyen Âge, l'industrie du tissu prit une grande importance dans la ville. Au XVIe siècle, des tisserands flamands vinrent s'installer à l'ouest du château, endroit encore connu sous le nom de **Dutch Quarter**, ou quartier hollandais. Il a conservé ses hautes maisons et ses rues étroites et escarpées.

Au cours de la guerre civile *(p. 52)*, Colchester soutint pendant 11 semaines le siège des troupes de Cromwell avant de capituler.

Tymperleys

Trinity St. 01206 282931. *d'avril à oct. : du mar. au sam.*

L'horlogerie était une activité autrefois très répandue à Colchester, comme on peut le constater dans cette maison à pans de bois du XVe siècle. À voir aussi, ses beaux jardins de l'époque Tudor.

Social History Museum

Trinity St. 01206 282931. *d'avril à oct. : du mar. au sam.* *limité.*

Ce musée consacré à l'histoire locale et aux traditions régionales est installé dans un très beau bâtiment ; il s'agit d'une ancienne église saxonne désaffectée, reconnaissable à son énorme tour et à la porte ouest, typique, de l'édifice.

Castle Museum

High St. 01206 282932. *de mars à nov. : t.l.j. ; de déc. à fév. : du lun. au sam.* *du 24 au 27 déc.*

Ce donjon normand est le plus ancien et le plus grand d'Angleterre. Deux fois plus important que la Tour blanche de Londres *(p. 120-121)*, il fut édifié en 1076 sur les fondations d'un temple romain dédié à Claude Ier *(p. 44)*. Les collections du musée retracent toute l'histoire de la ville, depuis la préhistoire jusquà la guerre civile.

Les impressionnants vestiges du donjon normand de Colchester

Layer Marney Tower

Près de la B1022. 01206 330784. *d'avril à sept. : du dim. au ven. (l'après-midi).* *limité.*

Cette belle porte monumentale Tudor est la plus grande de tout le pays. Ses deux tourelles hexagonales montent jusqu'à une hauteur de 24 m. Elle devait faire partie d'un complexe défensif beaucoup plus vaste qui ne fut jamais achevé. L'ornementation de briques et de terre cuite du toit et des fenêtres est un très bel exemple des arts décoratifs à l'époque des Tudors.

Beth Chatto Garden

Elmstead Market. 01206 822007. *de mars à oct. : du lun. au sam. ; de nov. à fév. : du lun. au ven.* *du 24 déc. au 1er lun. de jan., jours fériés.*

L'une des plus célèbres paysagistes d'Angleterre a dessiné ces jardins dans les années soixante pour prouver que l'on pouvait aménager un beau jardin même dans des conditions extrêmes. Elle s'est donc attachée à fleurir et à planter des surfaces particulièrement difficiles.

Coggeshall ㉑

Essex. *4 000.* *jeu.*

Cette petite ville abrite deux des plus beaux bâtiments du Moyen Âge et de l'époque Tudor de tout le pays. **Coggeshall Grange Barn**, datant de 1140, est la plus ancienne grange à pans de bois d'Europe. À l'intérieur sont exposées des machines agricoles anciennes. **Paycoke's** est une belle maison à pans de bois (v. 1550). L'intérieur est remarquablement conservé ; les dentelles fabriquées dans la région y sont présentées.

Coggeshall Grange Barn

(NT) Grange Hill. 01376 562226. *d'avril à oct. : mar., jeu., dim. et jours fériés (après-midi).* *ven. saint.*

Paycocke's

(NT) West St. 01376 561305. *d'avril à oct. : mar., jeu., dim. et jours fériés (après-midi).* *ven. saint.*

Le jardin de Beth Chatto, à Colchester, à la belle saison

Lavenham ❷

Suffolk. 🏠 1 700. **ℹ** Lady St (01787 248207).

A vec ses maisons bicolores à colombage et ses rues pittoresques dont le tracé n'a guère changé depuis le Moyen Âge, la petite ville de Lavenham est sans doute l'une des plus jolies de toute l'Angleterre. Entre le XIVe et le XVIe siècle, elle fut une plaque tournante très importante pour le commerce de la laine dans le Suffolk. De cette période prospère, elle conserve de très nombreux bâtiments, dont beaucoup, comme le splendide **Little Hall**, sont préservés.

Aux environs
La **maison de Gainsborough** est un musée dédié au peintre.

🏛 **Little Hall**
Market Place. **(** 01787 247179. **○** d'avril à oct. : mer., jeu., sam., dim. et jours fériés. 🌀

🏛 **Gainsborough's House**
Sudbury. **(** 01787 372958. **○** du mar. au dim. **●** Noël. 🌀

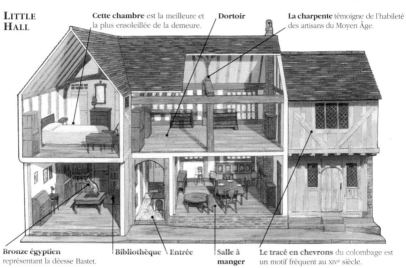

LITTLE HALL

Cette chambre est la meilleure et la plus ensoleillée de la demeure.

Dortoir

La charpente témoigne de l'habileté des artisans du Moyen Âge.

Bronze égyptien représentant la déesse Bastet.

Bibliothèque **Entrée** **Salle à manger**

Le tracé en chevrons du colombage est un motif fréquent au XIVe siècle.

Bury St Edmunds ❸

Suffolk. 🏠 33 000. 🚋 🔲 **ℹ** Angel Hill (01284 764667). 🛍 mer., sam.

S aint Edmond, décapité par les Danois en 870, est le dernier roi saxon d'East Anglia. Selon une légende, un loup serait venu après sa mort récupérer la tête du saint. Le roi Edmond a été canonisé en 900 et enterré à Bury, où le roi Canut (p. 157) fit construire en 1014 une **abbaye** en son honneur. Cette abbaye était la plus riche du pays, jusqu'à ce qu'un incendie la détruise en 1347. On peut en voir les vestiges dans un jardin du centre-ville.

Tout près se dressent deux grandes églises construites au XVe siècle, une époque de prospérité pour la ville. **Saint-Jacques** a été érigé en cathédrale en 1914. À **Sainte-Marie**, on remarquera le porche nord et la belle charpente de la nef. Une dalle marque l'emplacement de la tombe de Marie Tudor (p. 50).

Non loin de la **croix de la place du marché** à Cornhill, transformée en 1714 par Robert Adam (p. 24), s'élève **Moyse's Hall**, une maison de négociant du XIIe siècle qui abrite aujourd'hui le musée municipal. On peut y voir les objets retrouvés à West Stowe, un site de l'âge du fer.

Portrait de sai **Edmond**

Aux environs
À 5 km au sud-ouest de Bury se trouve **Ickworth House**, belle demeure du XVIIIe siècle.

La rotonde centrale d'Ickworth House, à Bury St Edmunds

Ce bâtiment néo-classique entouré d'un parc se compose d'une rotonde flanquée de deux ailes. Il abrite une belle collection de peintures et d'œuvres d'art : toiles de Reynolds et Titien, argenterie, porcelaines, sculptures.

Au National Stud de Newmarket, les écuries des étalons

🏛 Moyse's Hall
Cornhill. 📞 01284 757489. ◯ t.l.j. ● 25 et 26 déc., ven. saint. ♿ limité.

🏚 Ickworth House
Horringer. 📞 01284 735270. ◯ d'avril à nov. : mar., mer., ven. à dim. ; jours fériés l'après-midi. 📷 ♿

Newmarket ㉔

Suffolk. 🚶 1 700. 🚉 🚌 ℹ The Rookery (01638 667200). 🛒 mar., sam.

Une simple promenade le long de la rue principale de la ville permet de comprendre très vite ce qui fait sa prospérité. Dans les boutiques, on trouve de la nourriture pour les chevaux et toutes sortes d'accessoires pour les cavaliers.

À Newmarket se déroulent de spectaculaires courses de chevaux depuis le jour où Jacques Ier, qui venait souvent chasser dans la région, jugea que les landes immenses seraient un terrain idéal pour organiser des courses entre ses propres chevaux et ceux de

ses amis. La première eut lieu en 1622. Charles II partagea la passion de son grand-père au point de venir avec toute sa cour passer toute la belle saison à Newmarket.

À Newmarket et dans les environs, il y a aujourd'hui plus de 2 500 chevaux à

Un cheval de course à l'entraînement à Newmarket

l'entraînement et deux courses célèbres s'y déroulent chaque année entre avril et octobre (p. 66). Quelques écuries sont ouvertes au public, et le matin de bonne heure on peut assister à l'entraînement des chevaux.

On peut aussi visiter le

National Stud, ou haras national, où sont élevés les étalons. Avec un peu de chance, surtout en avril et mai, vous verrez aussi quelques poulains nouveaunés. Dans le National Stud se trouve Tattersall's, où les pursang sont vendus aux enchères.

Le **National Horseracing Museum**, musée national des courses de chevaux, est tout entier consacré à ce sport. On y voit de nombreuses œuvres d'art sur le thème du cheval et, plus inattendu, le squelette d'un cheval presque mythique, Eclipse, qui gagna 18 courses consécutives en 1769-1770. Eclipse est l'ancêtre de quelques-uns des meilleurs chevaux de course actuels.

🎫 National Stud
Newmarket. 📞 01638 663464. ◯ de mars à août. : visites t.l.j. 📷 ♿
🏛 National Horseracing Museum
99 High St, Newmarket. 📞 01638 667333. ◯ de mars à juin et sept. à oct. : du mar. au dim. ; juil.-août : t.l.j. 📷 ♿

L'église Sainte-Marie de Stoke-by-Nayland, au sud-est de Bury St Edmunds

LE COMMERCE DE LA LAINE

Depuis le XIIIᵉ siècle, le commerce de la laine a une importance capitale pour l'économie anglaise. La Peste noire (p. 48), qui dévasta l'Angleterre en 1348, a été un des facteurs indirects du développement de cette industrie ; nombre de cultivateurs étaient morts, et sur leurs terres on mit de plus en plus de moutons… Vers 1350, Édouard III décida d'établir une véritable industrie nationale de la laine et fit venir en Angleterre des tisserands flamands. La plupart d'entre eux s'installèrent dans l'East Anglia, principalement dans le Suffolk. Pendant cette période de prospérité, de nombreuses églises ont été construites – il y en a près de 2 000 dans l'East Anglia. Le déclin de cette industrie s'amorça à la fin du XVIᵉ siècle avec l'apparition des premiers métiers à tisser mus par l'énergie hydraulique, car sur les rivières de la région il était impossible d'installer ces nouveaux métiers. Aujourd'hui, ce sont les visiteurs qui bénéficient indirectement de ce déclin ; les magnifiques constructions Tudor que l'on voit aujourd'hui ont pu subsister parce que Lavenham et Bury St Edmunds n'ont jamais été assez riches pour les jeter bas et se moderniser.

Façade d'Anglesey Abbey

Anglesey Abbey ㉕

(NT) Lode, Cambridgeshire. ☎ 01223 811200. ☷ Cambridge, puis bus. **Maison et Jardins** ◯ d'avril à oct. : du mer. au dim. (juil. à août. : t.l.j.). 📷 ♿ limité.

L a première abbaye fondée ici en 1135 pour l'ordre des augustiniens a été presque entièrement détruite au XVIe siècle (p. 50). Il n'en reste plus que la crypte, dite aussi parloir des moines, dont le plafond voûté est supporté par des colonnes de marbre.

Ces vestiges ont été intégrés à la construction d'une grande demeure qui abrite aujourd'hui de riches collections d'art : meubles de tous les styles, et une rare marine de Gainsborough (p. 192). Les beaux jardins qui l'entourent ont été dessinés dans les années trente pour Lord Fairhaven qui a supervisé l'agencement des statues et des parterres.

Huntingdon ㉖

Cambridgeshire. 🚶 18 000. ☷ 🚌 ℹ Princes St (01480 425831). ☷ mer., sam.

P lus de 300 ans après sa mort, le souvenir d'Oliver Cromwell (p. 52) hante encore sa petite ville natale. Le registre des baptêmes d'**All Saints' and St John's Church** porte pour l'année 1599 son nom, barré d'une inscription ancienne : « La plaie de l'Angleterre pendant cinq ans ». Le **musée Cromwell**, installé dans l'école où il étudia, conserve de nombreux portraits et des souvenirs, tels que son masque mortuaire et sa trousse à pharmacie.

Cromwell reste l'une des figures les plus contestées de l'histoire britannique. Membre du Parlement très jeune, il fut vite impliqué dans les querelles qui opposaient Charles Ier au Parlement au sujet des impôts et de la religion. Pendant la guerre civile, il se montra un général habile ; il fut nommé Lord Protecteur en 1653, après avoir refusé la couronne. Deux ans seulement après sa mort, la monarchie fut rétablie à la demande du peuple ; les restes de Cromwell quittèrent Westminster Abbey (p. 94-95) pour être accrochés à une potence.

Un pont du XIIIe siècle franchit l'Ouse et relie Huntingdon et Godmanchester, établi à l'emplacement d'un camp romain sur la route entre Londres et York.

🏛 **Cromwell Museum**
Grammar School Walk. ☎ 01480 425830. ◯ du mar. au dim. ● 24 déc., jours fériés. ♿ limité.

Audley End ㉘

Saffron Walden, Essex. ☎ 01799 522399. ☷ Audley End, puis taxi. ◯ d'avril à sept. : du mer. au dim. 📷 ♿ limité.

C ette demeure élevée pour Thomas Howard, ministre des Finances et Ier comte de Suffolk, était à l'époque où elle fut construite la plus grande de tout le pays. Jacques Ier disait en plaisantant qu'Audley End était trop vaste pour un roi, mais pas pour un ministre des Finances. Ce ne fut pas l'avis de Charles II, qui l'acheta en 1667 ; aucun de ses successeurs n'y séjourna beaucoup, et en 1701 la demeure revint aux mains des Howard, qui en jetèrent bas les deux tiers.

Ce qui reste est du plus pur style XVIIe. Robert Adam (p. 24) a remanié plusieurs pièces dans les années 1760 ; aujourd'hui, on s'attache à leur redonner l'aspect qu'elles avaient à cette époque. Les jardins d'Audley End ont été dessinés par Capability Brown (p. 23).

La chapelle a été construite en 1772 dans le style gothique. Les meubles ont été dessinés pour s'harmoniser avec les piliers et la voûte en bois, peints à l'imitation de la pierre.

Entrée principale

Cette verrière de 1768 représente la Cène.

Le Grand Salon décoré de portraits de famille est la plus belle pièce de la demeure. Les murs sont recouverts de lambris de chêne, la charpente sculptée date du XVIIIe siècle.

Cambridge ㉗

P. 196-201

Epping Forest ㉙

Essex. 🚊 *Chingford.* 🚇 *Theydon Bois.*
ℹ️ *High Beach, Loughton (0181-508 0028).*

L es quelque 2 400 hectares de ce massif forestier font la joie des randonneurs. C'était

Certains chênes et hêtres d'Epping Forest ont plus de 400 ans

autrefois un des territoires de chasse préférés des rois et des courtisans.

En 1543, Henri VIII s'y fit construire un pavillon de chasse. Sa fille, la reine Élisabeth Ire, s'y rendait très souvent. Le bâtiment finit par devenir le pavillon de chasse de la reine et s'appeler **Queen Elizabeth's Hunting Lodge**.

Cet édifice de trois étages à colombage abrite une exposition présentant l'histoire du pavillon. Tout autour, les bois sont entrecoupés de petits lacs où vivent une flore et une faune variées. On y croise notamment des daims noirs, introduits dans la région par Jacques Ier. Le conseil

Détail de la *Broderie de Maldon*

municipal de Londres a acquis tout le domaine d'Epping Forest au début du XIXe siècle pour qu'il ne tombe jamais entre les mains de particuliers.

🏰 Queen Elizabeth's Hunting Lodge

Rangers Rd, Chingford. 📞 *0181-529 6681.* 🕐 *du mer. au dim. (après-midi).* ⬤ *du 24 au 26 déc., 1er jan.* 📷 ♿ *limité.*

Maldon ㉚

Essex. 👥 *15 000.* 🚊 *Chelmsford, puis bus.* ℹ️ *Coach Lane (01621 856503).* 🛒 *jeu., sam.*

C ette petite ville pleine de charme sur la Blackwater, avec ses échoppes et ses auberges dont certaines remontent au XVIe siècle, était autrefois un port très important. Une de ses principales sources de revenus est le sel marin, encore récolté à l'ancienne.

Un des plus anciens poèmes saxons qui nous soient parvenus, *La Bataille de Maldon*, raconte le féroce combat (991) qui opposa dans la ville les Saxons et les envahisseurs vikings. La même bataille est illustrée par la *Broderie de Maldon*, conservée à **Moot Hall**. Réalisée par des habitants de la ville, elle retrace l'histoire de Maldon de 991 à 1991.

Aux environs

À l'est de Maldon, à Bradwell-on-Sea, se trouve une robuste église saxonne, **Saint-Peter's-on-the-Wall**. Elle fut édifiée en 654 en réutilisant les pierres d'un fort romain. Elle servit longtemps de cathédrale, puis de hangar jusqu'au XVIIe siècle. Elle a été entièrement restaurée dans les années vingt.

🏛 Moot Hall

High St. 📞 *01621 851553.* 🕐 *du lun. au sam. 24 au 26 déc.* 📷 ♿

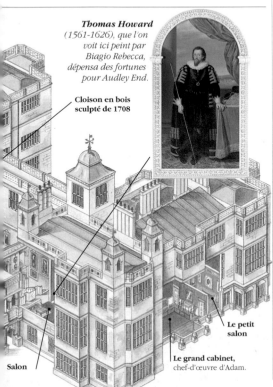

Thomas Howard
(1561-1626), que l'on voit ici peint par Biagio Rebecca, dépensa des fortunes pour Audley End.

Cloison en bois sculpté de 1708

Salon

Le grand cabinet, chef-d'œuvre d'Adam.

Le petit salon

Cambridge pas à pas ㉗

Statue, chapelle de
King's College

Cambridge est une ville importante depuis l'époque romaine. Au XIe siècle, plusieurs ordres monastiques s'y établirent ; en 1209 vint s'y installer un groupe de théologiens qui avaient décidé de quitter l'université d'Oxford à la suite de discussions religieuses houleuses. La ville est fortement marquée par la présence des étudiants, mais c'est aussi un lieu d'échanges très important où circule la production agricole de la région.

Promenade à vélo dans Cambridge

Newmarket

BRIDGE STREET

ST JOHN'S STREET

Le Magdalene Bridge franchit la Cam entre Bridge Street, dans le centre-ville, et Magdalene Collège.

Les bâtiments de Saint John's College datent des XVe et XVIe siècles.

Kitchen Bridge

★ Le pont des Soupirs
Cette réplique du célèbre pont de Venise a été exécutée en 1831.

Trinity College

Trinity Avenue Bridge

Les Backs
C'est le nom donné aux vastes pelouses qui séparent les différents collèges de Cambridge. Ces espaces dégagés mettent particulièrement en valeur l'architecture des collèges.

Clare College

Clare Bridge

Grantchester

Légende

– – –   Itinéraire conseillé

À NE PAS MANQUER

★ Le pont des Soupirs

★ La chapelle de King's College

0   75

Round Church,
ou « église ronde », date
du XIIe siècle. Son plan
circulaire, dont il y a très
peu d'exemples en
Angleterre, reprend celui
de la basilique du Saint-
Sépulcre à Jérusalem.

Saint Mary's Church
*Cette horloge surmonte le portail
ouest de l'église, lieu de culte
officiel de l'université.*

**Le collège de Gonville
et Caius**, fondé en 1348,
est l'un des plus anciens
de Cambridge.

★ Chapelle de King's College
*Ce chef-d'œuvre de l'architecture médiévale
fut construit en 70 ans (p. 198-199).*

Place du marché

Gare
routière

King's College
*La chapelle fut
construite sous le
règne d'Henri VIII
dont la statue est à
l'entrée principale
du collège.*

**Queens'
College**
*Ce collège Tudor
est l'un des plus
beaux de
Cambridge. Un
cadran solaire
du XVIIe siècle
orne un mur de
la salle de lecture.*

Collège de Corpus Christi

Vers la gare

Pont des Mathématiques
*Le premier pont reliant les deux
bâtiments de Queens' College ne
comportait ni clou ni vis.*

CITY STREET

KING'S PARADE

SILVER STREET

CAM

MODE D'EMPLOI

Cambridgeshire. 100 000.
Stansted. Cambridge.
Station Rd. Drummer St.
Wheeler St (01223 322640). du
lun. au sam. Festival
traditionnel : juil. ; fête des enfants :
juin ; fête de la Fraise : 10 juin.

🏛 Fitzwilliam Museum

Trumpington St. 📞 *01223 332900.*
⭕ *du mar. au sam. ; jours fériés* ⬤
du 24 déc. au 1er jan., ven. saint,
1er mai. ♿ *limité.*

Ce bâtiment d'architecture classique est l'un des tout premiers musées ouverts au public en Grande-Bretagne. Ses collections – céramiques, peintures et manuscrits – recèlent nombre de pièces rares et de très grande qualité.

Le musée a été fondé en 1816 grâce à un legs du VIIe vicomte Fitzwilliam. Depuis, il n'a cessé de s'enrichir.

Parmi les peintures anciennes, des œuvres de Titien (1488-1576) et de maîtres hollandais du xviie siècle comme Hals, Cuyp et Hobbema. Pour le xixe siècle, signalons de belles toiles impressionnistes, dont *Le Printemps* de Monet (1866) ou *La Place Clichy* (1880) de Renoir. Pour le xxe siècle, une *Nature morte* de Picasso (1923). La plupart des grands artistes britanniques sont représentés, depuis Hogarth pour le xviiie siècle jusqu'à Ben Nicholson pour le xxe, en passant par Constable.

Le musée conserve aussi de belles miniatures, dont le premier portrait connu d'Henri VIII, et plusieurs manuscrits enluminés, dont le *Pontifical de Metz* qui date du xve siècle. À voir aussi, la bibliothèque de Haendel et le manuscrit original de l'*Ode à un rossignol* de Keats (1819).

La collection Glaisher de grès et de céramiques européens est l'une des plus importantes du pays (bel ensemble de céramiques anglaises des xvie et xviie siècles).

Portrait de Richard James vers 1740, par William Hogarth

Cambridge, King's College

Les armoiries de King's College

C'est Henri VI qui fonda ce collège en 1441. Sa chapelle est l'un des plus beaux exemples de l'architecture anglaise à la fin du Moyen Âge. Les travaux commencés en 1446 ne furent achevés que 70 ans plus tard. C'est le roi lui-même qui fixa les dimensions de la chapelle : 88 m de long, 12 de large et 29 de haut. Le projet initial, remanié au fil des années, serait l'œuvre d'un maître tailleur de pierre nommé Reginald Ely.

★ Le plafond voûté

Les éventails de pierre imbriqués qui composent la voûte reposent sur 22 piliers. Ils ont été construits en 1515 par John Wastell, maître tailleur de pierre.

Le bâtiment des professeurs, dessiné en 1724 par James Gibbs, faisait partie d'un ensemble plus vaste qui ne fut pas réalisé.

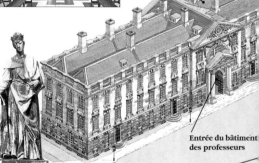

Entrée du bâtiment des professeurs

La statue d'Henri VI
Cette statue en bronze du fondateur du collège a été mise en place en 1879.

LE CHŒUR DE KING'S COLLEGE

En instituant la chapelle, Henri VI stipula qu'un chœur de 6 frères lais et 16 garçons membres du collège serait formé pour chanter aux offices. Aujourd'hui, le chœur de King's College se produit dans le monde entier. Son concert de Noël, retransmis par la télévision, est une tradition à laquelle les Anglais sont très attachés.

Le chœur de King's College

La couronne et la rose Tudor
Détail de la sculpture foisonnante qui orne la porte ouest de la cathédrale.

MODE D'EMPLOI

King's Parade. 📞 01223 331100.
🕐 d'oct. à juil. : 9 h 30 à 15 h 30 t.l.j. ; août-sept. : 9 h 30 à 16 h 30 t.l.j. (der. entrée : 30 mn avant la ferm.). ● occasions spéciales. 🎵
♦ 17 h 30 du mar. au sam. ; 10 h 30 et 15 h 30 dim. 🔲 ♿ 🎦

Une des quatre flèches octogonales

Vitraux du XVIe siècle
Tous les vitraux de la chapelle illustrent des scènes bibliques. Ici, le Christ baptisant les apôtres

Les orgues
L'immense buffet d'orgue qui surmonte le jubé est orné de deux anges musiciens sculptés.

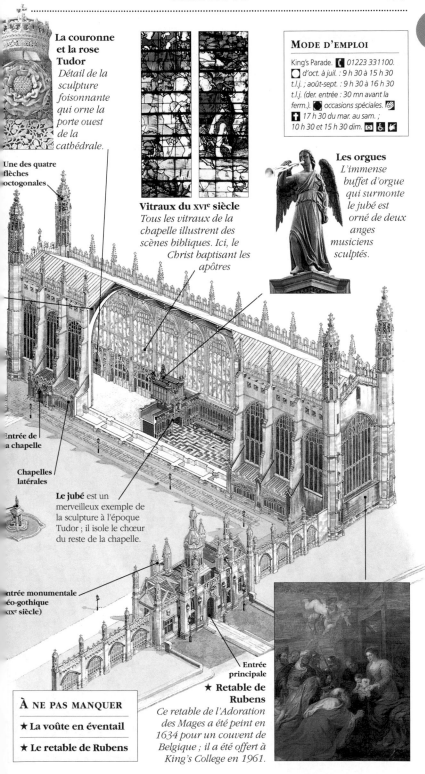

Entrée de la chapelle

Chapelles latérales

Le jubé est un merveilleux exemple de la sculpture à l'époque Tudor ; il isole le chœur du reste de la chapelle.

Entrée monumentale néo-gothique (XIXe siècle)

Entrée principale

À NE PAS MANQUER

★ La voûte en éventail

★ Le retable de Rubens

★ **Retable de Rubens**
Ce retable de l'Adoration des Mages a été peint en 1634 pour un couvent de Belgique ; il a été offert à King's College en 1961.

À la découverte de l'université de Cambridge

L'université de Cambridge ne compte pas moins de 31 collèges *(p. 196-197)* ; le plus ancien est Peterhouse (1284), le plus récent Robinson (1979). La plupart des collèges rassemblés autour du centre-ville possèdent des jardins qui donnent sur la Cam. Dans l'architecture des collèges les plus anciens, on sent comme à Oxford *(p. 212-213)* l'influence des institutions religieuses, malgré les remaniements parfois radicaux opérés au siècle dernier. Les bâtiments se composent en général de quatre pavillons autour d'une cour centrale. Ils constituent un véritable florilège de l'architecture anglaise de la fin du Moyen Âge à nos jours.

La nef de la chapelle de Pembroke College (due à Christopher Wren)

La façade majestueuse d'Emmanuel College

Emmanuel College

La chapelle construite par Wren *(p. 116)* en 1677 est le chef-d'œuvre d'Emmanuel College. Certains détails décoratifs, comme les motifs du plafond ou la balustrade de l'autel (1734), sont de toute beauté. Il existe à Emmanuel College, fondé en 1584, une tradition puritaine. Parmi les anciens du collège, John Harvard quitta l'Angleterre pour l'Amérique en 1636 et laissa sa fortune au collège du Massachusetts qui porte son nom.

Senate House

Un bâtiment de style palladien construit sur King's Parade, où se déroulaient autrefois les grandes cérémonies. Dessinée par James Gibbs en 1732, Senate House devait faire partie d'un ensemble beaucoup plus vaste qui ne fut jamais construit.

Corpus Christi College

Il fut fondé en 1352 par les guildes des commerçants, qui ne voulaient pas que l'éducation ne fût accessible qu'aux nobles et aux membres du clergé. La Vieille Cour (Old Court) est remarquablement bien conservée ; son aspect actuel est très proche de celui qu'elle devait avoir au XIVe siècle.

Une galerie de briques rouges datant du XVe siècle relie le collège à l'église Saint-Benoît (St Benedict's Church), dont la grosse tour saxonne est le plus ancien bâtiment de Cambridge.

King's College

P. 198-199.

Pembroke College

La chapelle de Pembroke College est le premier monument construit par Wren *(p. 116)*. Sa structure classique remplace une chapelle du XIVe siècle désaffectée devenue une bibliothèque. Les jardins du collège se trouvent au-delà de Trumpington Street.

Jesus College

Le collège lui-même a été fondé en 1497, mais certains bâtiments qui le composent sont plus anciens, car il occupe le site du monastère de Sainte-Radegonde établi au XIIe siècle. On voit encore quelques colonnes normandes, des fenêtres et une charpente ancienne bien conservée dans le réfectoire.

La chapelle conserve l'essentiel de l'église originelle, mais ses vitraux sont modernes ; certains sont dus à William Morris *(p. 207)*.

Queens' College

Ce collège élevé en 1446 fut doté successivement par deux reines d'Angleterre, Marguerite d'Anjou, épouse d'Henri VI, en

SUR LA CAM

Une des images les plus célèbres de Cambridge : une longue barque à fond plat menée nonchalamment à la perche par un étudiant, tandis que d'autres se détendent, allongés au fond de l'embarcation. Ces barques à fond plat ont toujours beaucoup de succès, tant auprès des visiteurs que des étudiants. On peut en louer au bord de la rivière – avec un pilote si nécessaire.

Canotage sur la Cam, le long des « Backs »

1448 et Élisabeth Woodville, épouse d'Édouard IV, en 1465. Queens' College est un merveilleux ensemble de bâtiments Tudor. Cloister Court et la galerie du Président formaient ensemble le premier cloître universitaire de Cambridge. La cour principale

La bibliothèque de Magdalene College

et la tour Érasme datent du xve siècle. Le collège s'étend sur les deux rives de la Cam. Les bâtiments sont reliés par le pont des Mathématiques, construit en 1749 sans clou ni vis ; il a pourtant fallu planter quelques clous à l'occasion de réparations postérieures.

Magdalene College

Ce collège a été construit en 1482 dans Bridge Street. Samuel Pepys (1633-1703), auteur d'un journal étonnant et très vivant sur la vie en Angleterre au xviie siècle, a fait ses études ici ; il légua à sa mort toute sa bibliothèque au collège. Magdalene College est le dernier de Cambridge à avoir admis la mixité ; celle-ci date de 1987.

St John's College

Un imposant porche de 1514 donne accès au deuxième plus grand collège de Cambridge, bel ensemble des xvie et xviie siècles. Dans le hall, qui date en grande partie du xvie siècle, sont accrochés les portraits des étudiants célèbres du collège, comme le poète William Wordsworth (p. 352) ou Lord Palmerston, un homme politique. St John s'étend aussi de l'autre côté de la Tamise ; on s'y rend grâce à deux ponts, une copie du pont des Soupirs de Venise (1831) et un pont construit en 1712.

Peterhouse

Peterhouse, construit dans Trumpington Street, est le collège le plus ancien de Cambridge, mais aussi un des plus petits. Le hall est encore en grande partie du xiiie, mais les plus beaux éléments décoratifs sont plus tardifs, comme la cheminée Tudor doublée de carreaux émaillés du xixe dus à William Morris (p. 206). Une galerie relie le collège à l'église St Mary the Less, du xiie siècle.

Carreaux xixe à Peterhouse

MODE D'EMPLOI

Les collèges de Cambridge sont en général accessibles t.l.j. de 14 h à 17 h, mais il n'y a pas d'heures d'ouverture définies : consulter les panneaux placés à l'entrée. Quelques visites sont payantes.

Trinity College

Trinity College, fondé en 1547 par Henri VIII, est le plus grand collège de Cambridge. Le pavillon d'entrée, où l'on reconnaît des statues d'Henri VIII et Jacques Ier, ajoutées postérieurement, a en fait été construit en 1529 pour le collège de King's Hall, aujourd'hui absorbé par Trinity College. Dans la Grande Cour, une fontaine de la fin du xvie siècle a longtemps fourni presque toute l'eau du collège. Dans la chapelle de 1567, plusieurs statues grandeur nature d'anciens membres du collège, dont une effigie d'Isaac Newton sculptée en 1755.

Jardins botaniques

Ces jardins aménagés en 1846 près de Trumpington Street rassemblent de très beaux arbres d'essences différentes et un jardin d'eau. Le jardin d'hiver est l'un des plus beaux du pays.

Au-dessus de la Cam, le pont des Soupirs relie deux bâtiments de St John's College

LA VALLÉE DE LA TAMISE

BUCKINGHAMSHIRE · OXFORDSHIRE · BERKSHIRE
BEDFORDSHIRE · HERTFORDSHIRE

*L*e puissant fleuve au bord duquel Londres a été fondée n'est à sa
naissance, dans les collines du Gloucestershire, qu'un ruisseau,
qui s'élargit en arrivant dans la luxuriante campagne qui entoure
la capitale. Essentiellement agricole au XIXᵉ siècle, la vallée de la Tamise a
su conserver la plus grande part de son charme campagnard.

Toute la région entretient des liens puissants avec la monarchie. Le château de Windsor, résidence royale depuis plus de 900 ans, a eu son rôle à jouer dans l'Histoire : c'est de là que le roi Jean est parti en 1215 pour aller signer la *Magna Carta* à Runnymede, sur la Tamise. Plus au nord, la reine Anne fit construire Blenheim Palace pour le commandant en chef de ses armées, le premier duc de Marlborough. Élisabeth Iʳᵉ passa une partie de son enfance à Hatfield House ; une partie des bâtiments qu'elle a connus existe encore.

Plusieurs villes de la vallée, comme Burford, dans l'Oxfordshire, étaient des relais de poste sur les grandes routes qui relient Londres à l'ouest du pays. Grâce au développement de nouveaux moyens de transport au début du XXᵉ siècle, la région devint une sorte d'extension de la banlieue de Londres, et suscita d'intéressantes utopies urbanistiques, comme la « ville-jardin » de Welwyn et la ville des quakers à Jordons.

Oxford, la principale ville de la vallée, doit son importance à l'implantation dans la ville, en 1167, de la première université d'Angleterre ; la plupart des « collèges » sont des joyaux d'architecture médiévale. Au XVIIᵉ siècle, de nombreux épisodes de la guerre civile *(p. 52-53)* se déroulèrent autour d'Oxford, qui fut quelque temps le quartier général de Charles Iᵉʳ, soutenu par les étudiants. Quand les royalistes furent contraints de quitter la cité, Oliver Cromwell se proclama chancelier de l'université.

Canotage sur la Cherwell, à Oxford

◁ Un escalier médiéval de Christchurch College, à Oxford

À la découverte de la vallée de la Tamise

Les aristocrates qui ne voulaient pas trop s'éloigner de Londres ont peuplé de châteaux les collines de Chiltern et la vallée de la Tamise. La plupart de ces demeures, comme Hatfield House et Blenheim Palace, comptent parmi les plus somptueuses du pays. Autour de ces propriétés ont prospéré des villages pittoresques dont les maisons à colombage cèdent le pas, plus on va vers les Costwolds, à des maisons en pierre couleur de miel. De nombreux vestiges préhistoriques, dont la remarquable figure gravée sur un coteau crayeux connue sous le nom de Cheval blanc d'Uffington, attestent que la région est habitée depuis des milliers d'années.

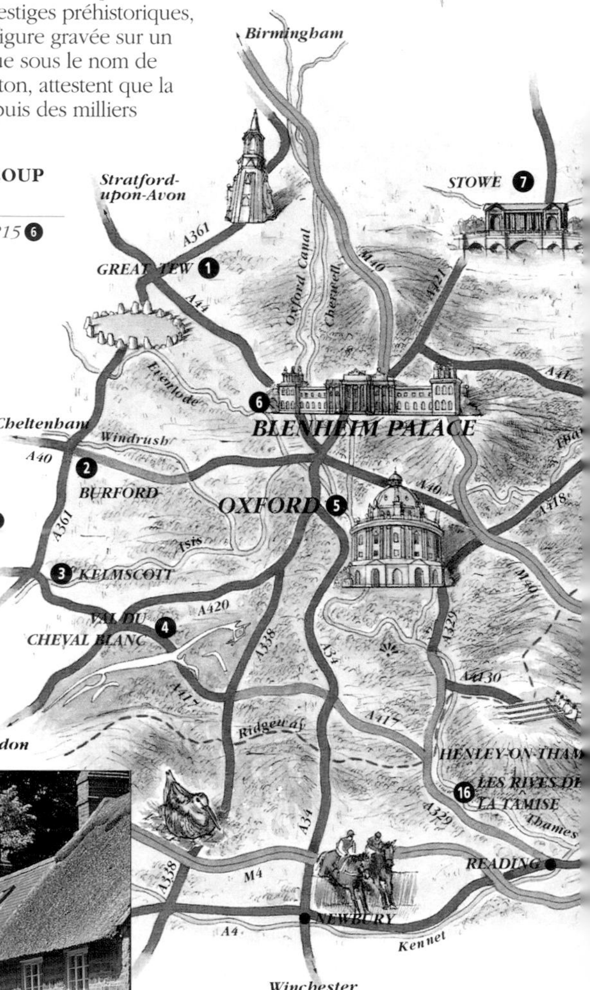

LA RÉGION D'UN COUP D'ŒIL

Excursions

Birmingham

STOWE **7**

Stratford-upon-Avon

A361

GREAT TEW **1**

A44

A361

Oxford Canal

Cherwell

A40

Evenlode

BLENHEIM PALACE

6

Cheltenham

Windrush

A40

2

BURFORD

OXFORD **5**

Isis

A420

3 KELMSCOTT

VAL DU
CHEVAL BLANC **4**

Swindon

Ridgeway

HENLEY-ON-THAM

16 LES RIVES DE
LA TAMISE

Thames

READING

M4

NEWBURY

A4

Kennet

Winchester

CIRCULER

La vallée de la Tamise étant une sorte de grande banlieue pour Londres, elle est bien desservie tant par les transports publics que par le réseau autoroutier et routier. Des trains relient les principales villes et il existe au départ de Londres de nombreuses excursions en autocar vers les principaux sites de la région.

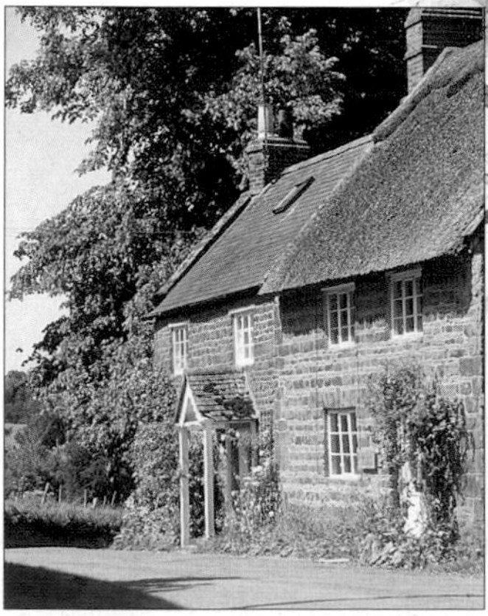

Une chaumière d'Upper Swarford, à Banbury

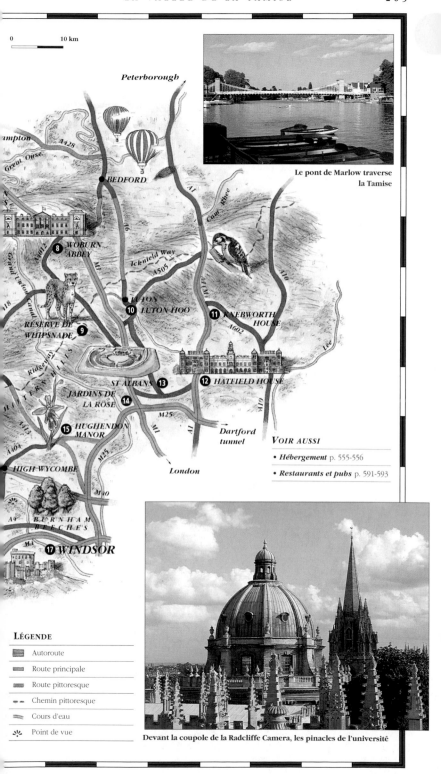

0   10 km

Peterborough

Great Ouse

BEDFORD

Le pont de Marlow traverse
la Tamise

8 WOBURN ABBEY

Icknield Way
A505

LUTON
10 LUTON HOO

11 KNEBWORTH HOUSE
A602

RÉSERVE DE WHIPSNADE
9

Ridgeway

JARDINS DE LA ROSE 14

ST ALBANS 13

12 HATFIELD HOUSE

M25

15 HUGHENDEN MANOR

Dartford tunnel

M1

London

VOIR AUSSI

• *Hébergement* p. 555-556

• *Restaurants et pubs* p. 591-593

HIGH WYCOMBE

BURNHAM BEECHES

17 WINDSOR

LÉGENDE

	Autoroute
	Route principale
	Route pittoresque
	Chemin pittoresque
	Cours d'eau
	Point de vue

Devant la coupole de la Radcliffe Camera, les pinacles de l'université

Great Tew ❶

Oxfordshire. 🏠 250. 🚆 Oxford, puis taxi. 🚌 Banbury (01295 259855).

Ce village niché au creux d'une vallée boisée a été fondé dans les années 1630 par Lord Falkland pour accueillir le personnel de son domaine. Il a été largement restauré entre 1809 et 1811 dans le style néo-gothique alors en vogue. Les chaumières entourées de haies de buis bien taillées et le pub **Falkland Arms** du XVIIᵉ siècle ont le parfum de l'authenticité.

Aux environs
À 8 km à l'est se trouvent les **Rollright Stones**, trois monuments de l'âge du bronze. Il y a d'abord un cercle de 77 pierres, d'environ 30 m de diamètre, appelées les « King's Men » (les Hommes du roi) ; puis les vestiges d'un tumulus, « Whispering Knights » (les Chevaliers murmurants) ; et la solitaire Pierre du roi (« King Stone »). Plus au nord, le village de **Banbury** est célèbre par ses galettes croustillantes et sa croix de la place du marché.

La croix sur la place du marché de Banbury

🏛 **Falkland Arms**
Great Tew. 📞 01608 683653.
🕐 t.l.j. 🚫 25 déc.

Burford ❷

Oxfordshire. 🏠 1 000. 🚌 Sheep St (01993 823558).

Cette ravissante petite ville n'a guère changé depuis le XVIIIᵉ siècle ; c'était alors un important relais routier entre Oxford et l'ouest du pays. La rue principale est bordée de maisons de pierre, d'auberges et de boutiques qui datent pour la plupart du XVIᵉ siècle. À voir, **Tolsey Hall**, un manoir du XVIᵉ siècle qui a conservé ses écuries au rez-de-chaussée. Il est situé au coin de Sheep Street (rue des Moutons), qui rappelle l'importance du commerce de la laine au Moyen Âge *(p. 193)*.

Aux environs
À l'est de Burford, l'église de **Swinbrook** abrite les monuments Fettiplace, six figures sculptées des XVIᵉ et XVIIᵉ siècles. Trois kilomètres plus loin se dressent les ruines d'un manoir du XVᵉ siècle, **Minster Lovell Hall**, dont seul le pigeonnier est resté intact.

L'hôtel de ville de **Witney**, plus à l'ouest, date de 1730. Aux abords du village, on verra une ferme du XIIIᵉ siècle, **Cogges Manor Farm**, qui abrite aujourd'hui un musée de la vie rurale.

🏛 **Minster Lovell Hall**
Minster Lovell. 📞 0117 9750700.
🕐 t.l.j.
🏛 **Cogges Manor Farm**
Witney. 📞 01993 772602. 🕐 d'avril à oct. : du mar. au dim., jours fériés. ♿

Kelmscott ❸

Oxfordshire. 🏠 100. 🚌 Faringdon (01367 242191).

William Morris, artiste et écrivain, a vécu dans ce joli village du bord de la Tamise de 1871 à sa mort en 1896. Très attiré comme ses amis du mouvement Arts and Crafts *(p. 25)* par l'atmosphère médiévale du village, il y partagea le manoir de **Kelmscott Manor** avec le peintre Dante Gabriel Rossetti (1828-1882), jusqu'à ce que ce dernier quitte la maison à la suite de sa liaison avec Jane, la femme de Morris, représentée dans de nombreuses peintures préraphaélites. Aujourd'hui, Kelmscott Manor expose des œuvres d'art des membres du

Maisons anciennes à Burford, dans l'Oxfordshire

L'austère entrée de Kelmscott Manor, demeure élisabéthaine

mouvement, dont des carreaux décoratifs de William de Morgan. Morris, dont le tombeau a été dessiné par Philip Webb, est enterré dans le cimetière du village.

À trois kilomètres vers l'est se trouve le pont de **Radcot**, le plus vieux pont sur la Tamise. Construit en 1160 dans la belle pierre de Taynton, c'était un point stratégique important. Il fut d'ailleurs sévèrement endommagé en 1387 lors d'une bataille entre Richard II et ses barons. Aux XVIIe et XVIIIe siècles, la pierre de Taynton était acheminée vers Londres par bateau pour faire face à la rage de bâtir qui s'était emparée de la ville.

⚜ Kelmscott Manor
Kelmscott. ☎ 01367 252486. ◯ d'avril à sept. : mer., 3e sam. du mois. 🎦 ♿ limité.

Le Val du Cheval blanc ④

Oxfordshire. 🚇 Didcot.
ℹ Abingdon (01235 522711).

Cette jolie vallée doit son nom à l'immense cheval de craie, long de 100 m, gravé sur le coteau d'Uffington. Ce cheval est probablement la plus ancienne figure gravée d'Angleterre et fit naître de nombreuses légendes. Pour certains, il aurait été exécuté par le chef saxon Hengist, dont le nom signifie étalon en allemand ; pour d'autres, il aurait plus à voir avec Alfred le Grand *(p. 47)* qui serait né près d'ici. Il semble cependant que cette figure soit beaucoup plus

ancienne encore et date d'environ 3000 avant notre ère. Non loin, les remparts celtiques de terre d'**Uffington Castle** et un grand tumulus de l'âge de la pierre, **Wayland's Smithy**, sur l'ancienne route commerciale de Ridgeway, donnent à cette région l'atmosphère mystérieuse

et légendaire que Sir Walter Scott *(p. 498)* s'attachait à transcrire dans ses romans.

C'est depuis le village d'Uffington que l'on a la plus belle vue sur le cheval. Uffington abrite aussi un musée, le **Tom Brown's School Museum**. Dans cette ancienne école du XVIIe siècle sont réunis des documents sur l'écrivain Thomas Hughes (1822-1896) qui a situé dans les environs des passages entiers d'un roman très apprécié outre-Manche, *Tom Brown's Schooldays*. À voir aussi, les vestiges archéologiques provenant de fouilles sur la Colline du Cheval blanc.

🏛 Tom Brown's School Museum
Broad St, Uffington. ☎ 01367 820252. ◯ de Pâques à oct. : sam., dim. et jours fériés (l'après-midi). 🎦 ♿ limité.

LES FIGURES DE CRAIE

Ce sont les Celtes qui ont compris les premiers quel parti tirer du contraste entre des figures gravées sur la craie blanche et la végétation alentour. Les chevaux, tenus en haute estime par les Celtes et les Saxons, et parfois même objets de culte, étaient un de leurs thèmes favoris. Mais on connaît aussi des représentations humaines, comme à Cerne Abbas, dans le Dorset *(p. 255)*, et à Wilmington *(p. 166)*. Ces figures étaient peut-être des symboles religieux, ou des repères au sol permettant aux différents clans de marquer leurs territoires respectifs. Beaucoup se sont perdues, car si l'on n'y prend garde elles se recouvrent rapidement d'herbe. Le site d'Uffington est régulièrement « lessivé », ce qui donnait lieu autrefois à des festivités et à une foire. Au XVIIIe siècle, la tradition des figures gravées connut un regain d'intérêt. Quelquefois, comme à Bratton Castle, près de Westbury, une gravure du XVIIIe siècle se superpose à une autre, plus ancienne.

Le Cheval blanc d'Uffington

Oxford pas à pas ❺

L e nom d'Oxford signifie « gué pour les
bœufs » ; on en déduit qu'il y avait ici un
gué facile à franchir, qui faisait de la ville un
point stratégique sur la route entre l'ouest
du pays et Londres. Des clercs venus de
France en 1167 y ont fondé une université,
la première d'Angleterre, qui se développa
rapidement et a modelé une bonne part du
paysage architectural de la ville.

Old Ashmolean
*Aujourd'hui musée
de l'Histoire des
sciences, ce
splendide bâtiment
fut construit en
1683 pour abriter
la collection de
curiosités d'Elias
Ashmole, déplacée
en 1845.*

L'Ashmolean Museum
possède une des plus
anciennes collections
d'œuvres d'art du pays.

**St John's
College**

Balliol College

ST GILES

MAGDALEN STREET

BROAD STREET

TURL

BEAUMONT STREET *Swindon*

Le Mémorial des Martyrs
*Il commémore le martyre de
trois protestants, Latimer,
Ridley et Cranmer, qui
furent condamnés au
bûcher pour hérésie.*

**Gare
routière**

**Trinity
College**

Histoire d'Oxford

CORNMARKET STREET

MARKET STREET

0   100 m

**Jesus
College**

**Lincoln
College**

**Marché
couvert**

**Gare
ferroviaire**

**All Saints
Church**

ST A

Musée d'Oxford

PERCY BYSSHE SHELLEY

Shelley (1792-1822), célèbre
poète romantique *(p. 352)*,
étudia à Oxford, mais il fut
renvoyé de l'université pour
avoir écrit un pamphlet
révolutionnaire,
*De la nécessité
de l'athéisme.*
Le collège, fair-
play, lui a
cependant
dédié un
monument
de
marbre.

Sheldonian Theatre
*Ce bâtiment conçu par
Sir Christopher Wren
(p. 116) est le cadre de la
traditionnelle cérémonie
de la remise des diplômes
universitaires.*

À NE PAS MANQUER

★ **La Radcliffe Camera**

★ **Christ Church**

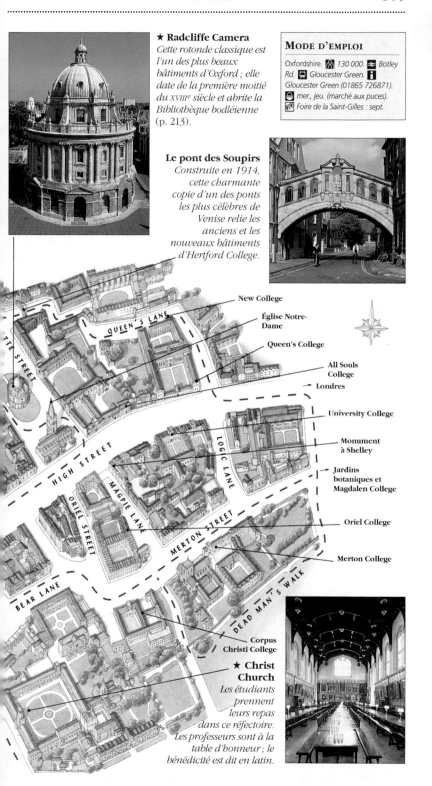

★ Radcliffe Camera
Cette rotonde classique est l'un des plus beaux bâtiments d'Oxford ; elle date de la première moitié du XVIIIe siècle et abrite la Bibliothèque bodléienne (p. 213).

MODE D'EMPLOI

Oxfordshire. 🚶 130 000. ✈ Botley Rd. 🚌 Gloucester Green. ℹ Gloucester Green (01865 726871). 🛒 mer., jeu. (marché aux puces). 🎡 Foire de la Saint-Gilles : sept.

Le pont des Soupirs
Construite en 1914, cette charmante copie d'un des ponts les plus célèbres de Venise relie les anciens et les nouveaux bâtiments d'Hertford College.

New College

Église Notre-Dame

Queen's College

All Souls College

Londres

University College

Monument à Shelley

Jardins botaniques et Magdalen College

Oriel College

Merton College

Corpus Christi College

QUEEN'S LANE

TTE STREET

HIGH STREET

ORIEL STREET

MAGPIE LANE

MERTON STREET

LOGIC LANE

BEAR LANE

DEAD MAN'S WALK

★ Christ Church
Les étudiants prennent leurs repas dans ce réfectoire. Les professeurs sont à la table d'honneur ; le bénédicité est dit en latin.

À la découverte d'Oxford

Sculpture du Sheldonian Theatre

Oxford n'est pas seulement une ville universitaire ; on y trouve aussi une des plus importantes usines automobiles d'Angleterre, installée en banlieue, à Cowley. L'économie de la ville reste cependant très liée à la vie intellectuelle ; la librairie Blackwell, par exemple, a plus de 20 000 titres en stock. Il y a de jolies balades à faire le long des deux rivières, la Cherwell et l'Isis (c'est le nom que prend la Tamise quand elle traverse la ville), à pied ou en barque.

🏛 Ashmolean Museum

Beaumont St. 📞 *01865 278000.* ○ *du mar. au dim.* ● *du 25 au 28 déc., 1er jan., ven. saint.* ♿ *téléphoner avant.*
Ce musée est le premier en Angleterre qui soit abrité dans un bâtiment spécialement construit pour lui. C'est aussi l'un des plus beaux du pays hors de la capitale. Il a ouvert ses portes en 1683, et proposait alors aux visiteurs la collection de curiosités des Tradescant, père et fils. Collectionneurs et botanistes, ils firent de nombreux voyages en Orient et en Amérique, et rassemblèrent ainsi nombre d'objets étonnants, animaux empaillés, objets d'art primitif, toutes choses qui n'avaient encore jamais été montrées en Angleterre. À leur mort, leurs trésors furent acquis par l'antiquaire Elias Ashmole, qui les légua à l'université et fit construire pour les abriter un bâtiment dans Broad Street,

aujourd'hui le musée d'Histoire des sciences.

Au XIXe siècle, une partie des collections fut ajoutée à celles du musée de l'Université, abrité dans une magnifique bâtisse néo-classique de 1845, agrandie depuis et connue aujourd'hui sous le nom d'Ashmolean Museum.

Des œuvres d'art, notamment des peintures et des dessins, sont venues enrichir les collections initiales. Citons le *Saint Jérôme lisant* de Bellini (vers 1490), les *Deux têtes d'apôtres* de Raphaël (1519), *Le Grand Canal de Venise* de Turner (1840), *Saskia endormie* de Rembrandt (1635), une *Crucifixion* de Michel-Ange (1557), *Les Toits bleus* de Picasso (1901) et un bel ensemble de toiles pré-raphaélites de Rossetti, Millais et Hunt. On verra aussi des sculptures grecques et romaines, une collection d'instruments à cordes, des aquarelles de Rowlandson. Dans la superbe série de monnaies, la deuxième d'Angleterre par son importance, figure une couronne d'Oxford en argent qui fut frappée dans la ville en 1644, en pleine guerre civile *(p. 52)*, alors que Charles Ier y résidait. Mais la perle du musée reste l'anneau d'or émaillé, vieux de plus de mille ans, dit le « Joyau du roi Alfred » *(p. 47).*

L'entrée de l'Ashmolean Museum

🌷 Botanic Gardens

Rose Lane. 📞 *01865 276920.* ○ *t.l.j.* ● *25 déc., ven. saint.* 🎫 *de mi-juin à août.* ♿
Ce sont les plus anciens jardins botaniques d'Angleterre. Ils furent aménagés en 1621 (il subsiste d'ailleurs un if de cette époque) pour le comte de Danby. Le portail d'entrée, très travaillé, a été dessiné par Nicholas Stone en 1633. Il s'orne des statues du comte de Danby, de Charles Ier et de Charles II. Avec ses parterres fleuris au dessin très précis, ses plates-bandes de plantes herbacées et son jardin de rocaille, ce petit jardin clos est un endroit idéal pour marquer une pause et flâner un peu.

Les jardins botaniques du XVIIe siècle

🔒 Carfax Tower

Carfax Sq. 📞 *01865 792653.* ○ *d'avril à oct. : t.l.j.* 🎫
Cette tour est l'unique vestige de l'église Saint-Martin construite au XIVe siècle et démolie en 1896 pour permettre l'élargissement de la route. Sa belle horloge sonne tous les quarts d'heure ; du sommet, panorama exceptionnel de la ville. Carfax se trouvait à l'intersection des premières routes est-ouest et nord-sud ; le nom de Carfax vient du français « quatre voies ».

🎵 Holywell Music Room

Holywell St. ○ *concerts seulement.* 🎫 ♿
C'est la première vraie salle de concert construite en Europe (1752). D'ordinaire, les concerts avaient lieu chez des particuliers et pour leurs seuls invités. Les deux superbes

lustres qui éclairent la pièce décoraient Westminster Hall en 1820, pendant les cérémonies du couronnement de George IV. Ils furent offerts à Wadham College, dont dépend administrativement la salle de musique, par le roi lui-même. À Holywell ont lieu des concerts de musique classique ou contemporaine.

🏛 Museum of Oxford

St Aldate. 📞 01865 815559. ⬤ du mar. au sam. ⬤ 25 et 26 déc., 1er jan. 🖼
Une présentation intelligente illustre, dans l'hôtel de ville du siècle dernier, la longue et passionnante histoire d'Oxford et de son université ; on découvre ainsi le four d'un potier romain, un sceau de la ville datant de 1191 et une série de pièces d'époque reconstituées.

⚜ Martyrs' Memorial

Il commémore le martyre de trois protestants condamnés au bûcher dans Broad Street : les évêques Latimer et Ridley en 1555, et l'archevêque Cranmer en 1556. Quand, en 1553, la reine Marie monta sur le trône (p. 51), ils furent emprisonnés à la Tour de Londres, puis envoyés à Oxford pour défendre leurs opinions religieuses devant un cénacle de théologiens, qui les condamnèrent pour hérésie.

Le mémorial a été réalisé en 1843 par George Gilbert Scott qui s'est fortement inspiré de l'architecture gothique.

🏛 Oxford Story

6 Broad St. 📞 01865 728822. ⬤ t.l.j. ⬤ 25 déc. 🖼 ♿
L'histoire d'Oxford est évoquée à travers des présentations audiovisuelles bien conçues qui mettent en scène des effigies grandeur nature des grandes figures historiques de la ville.

🔒 St Mary the Virgin Church

High St. 📞 01865 243806. ⬤ t.l.j.
L'église officielle de l'université est, dit-on, la plus visitée d'Angleterre. Les parties les plus anciennes, dont la tour, datent du XIVe siècle. La salle où les professeurs tiennent leurs assemblées générales, de la même époque, a abrité la première bibliothèque de l'université jusqu'à la fondation de la Bodléienne en 1488 (p. 213). C'est dans cette église que les trois martyrs d'Oxford ont été déclarés hérétiques en 1555. Le joyau de l'église est son porche sud, baroque, construit en 1637.

Statue de Thomas Cranmer, St Mary the Virgin Church

🏛 University Museum et Pitt Rivers Museum

Parks Rd. 📞 01865 272950. ⬤ du lun. au sam. ⬤ du 24 au 26 déc., du jeu. au sam. de Pâques. ♿ limité.
Deux des plus intéressants musées d'Oxford sont côte à côte. Le premier est le Muséum d'histoire naturelle, qui abrite des squelettes de dinosaures et un dodo empaillé, cet oiseau qui ne pouvait voler et qui a disparu dès le XVIIe siècle. C'est peut-être celui-là que l'on retrouve dans Alice au Pays des Merveilles (p. 387) de Lewis Carroll (de son vrai nom Charles Dodgson, maître de conférences en mathématiques à Oxford). Le Pitt Rivers Museum est l'une des plus grandes collections ethnographiques du monde. On y trouve des masques, des objets tribaux d'Afrique et d'Extrême-Orient, et les trésors archéologiques collectés par le capitaine Cook. Dans Banbury Road, une annexe du musée présente un étonnant éventail d'instruments de musique ; un équipement audio permet d'en entendre jouer.

⚜ Sheldonian Theatre

Broad St. 📞 01865 277299. ⬤ du lun. au sam. ⬤ du 23 déc. au 4 jan., Pâques et jours fériés. 🖼 ♿
Le bâtiment a été élevé en 1669 par Sir Christopher Wren (p. 116). C'est Gilbert Sheldon, archevêque de Canterbury, qui finança la construction, qui devait servir de cadre aux cérémonies de remise des diplômes. Le plan ovale du bâtiment est inspiré du théâtre de Marcellus à Rome. Depuis le lanternon de la coupole octogonale, on découvre une très belle vue sur la ville. Le plafond du théâtre est décoré de peintures allégoriques représentant le triomphe de la Religion, de l'Art et de la Science sur l'Envie, la Haine et la Méchanceté.

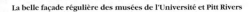

La belle façade régulière des musées de l'Université et Pitt Rivers

À la découverte de l'université d'Oxford

La plupart des 36 collèges qui composent l'université ont été fondés entre le XIIIe et le XVIe siècle, et sont groupés autour du centre-ville. L'enseignement n'était alors dispensé que par le clergé ; c'est ce qui explique que les collèges aient été dessinés comme des bâtiments monastiques. La plupart d'entre eux ont été quelque peu altérés au fil du temps, mais ils conservent pour l'essentiel leurs caractéristiques originales.

Vue d'ensemble d'All Souls College depuis St Mary's Church

All Souls College
La chapelle construite dans High Street en 1438 par Henri VI, le long de la façade nord du collège, présente une charpente classique mais d'étonnantes miséricordes (p. 327) et des vitraux du XVe siècle.

Christ Church College
C'est depuis la prairie de St Aldate que l'on découvre le mieux le plus grand des collèges d'Oxford. Il a été fondé en 1525 par le cardinal Wolsey qui voulait en faire un collège ecclésiastique pour la formation des cardinaux. Son clocher domine toute la ville ; il a été complété par Wren (p. 116) en 1682. Quand on y installa la cloche, Great Tom, en 1648, le collège avait 101 élèves, ce qui explique qu'elle sonne 101 fois à 21 h 05, pour signifier aux étudiants le couvre-feu (qui n'est plus appliqué depuis 1963). Cet horaire surprenant se comprend mieux quand on sait que la nuit tombe ici cinq minutes après Greenwich (p. 131). En 200 ans, 16 Premiers ministres sont sortis de ce collège. À côté de la cour principale se trouve la plus petite cathédrale d'Angleterre (XIIe siècle).

Lincoln College
Fondé en 1427 dans Turl Street, c'est un des collèges médiévaux les mieux préservés. La cour d'honneur et la façade datent du XVe siècle. Le réfectoire a toujours son plafond d'origine, avec le trou pour l'évacuation de la fumée. La chapelle du XVIIe siècle abrite de beaux vitraux. John Wesley (p. 265) a étudié dans ce collège ; sa chambre a depuis été transformée en chapelle.

Magdalen College
Au bout de High Street se dresse le plus typique et peut-être le plus beau collège d'Oxford. Ses cours, de styles très différents, datent du XVe siècle. Le premier mai, à 6 heures du matin, le chœur du collège chante depuis le sommet du clocher, coutume du XVIe siècle marquant le début de l'été.

New College
C'est un des plus grands collèges d'Oxford, fondé en 1379 par William de Wykeham (p. 156), pour former des prêtres destinés à remplacer le

Le pont Magdalen sur la Cherwell

clergé décimé par la Peste noire (p. 49). Dans New College Lane, une magnifique chapelle restaurée au XIXe siècle abrite des miséricordes du XIVe siècle et un Saint Jacques du Greco (1541-1614).

Queen's College
Ce collège est un magnifique exemple de l'architecture du XVIIIe siècle à Oxford. Sa superbe bibliothèque a été construite en 1695 par Henry Aldrich (1647-1710). La grille de l'entrée, interrompue par un petit clocher, se reconnaît de loin dans High Street.

LA VIE ESTUDIANTINE

Les étudiants sont attachés à un collège et y vivent en général jusqu'à la fin de leur cursus. L'université organise conférences et examens et décerne les diplômes, mais l'essentiel de l'enseignement et de la vie sociale de l'étudiant tourne autour de son collège. La plupart des traditions sont très anciennes, comme la remise des diplômes en latin au Sheldonian Theatre.

Remise de diplômes au Sheldonian (p. 210)

Merton College vu depuis les prairies de Christ Church

MODE D'EMPLOI

Les collèges d'Oxford peuvent en général se visiter de 14 h à 17 h, tous les jours de l'année, mais les horaires ne sont pas définis. Il faut donc consulter les panneaux placés à l'entrée de chaque collège. **La bibliothèque Bodléienne (Duke Humphrey's Library & Divinity School)**, Broad St. ☎ 01865 277165. ☐ lun.-ven., 9 h à 16 h 30, sam., 9 h à 12 h 30. ☐ du 24 déc. au 2 jan., Pâques. ☐ limité. ☐

St John's College
L'impressionnante façade donnant sur St Giles est de 1437, date de la fondation du collège par les cisterciens. L'ancienne bibliothèque abrite un mobilier et des vitraux du XVIIe siècle ; dans la Baylie Chapel sont exposés des costumes du XVe siècle.

Trinity College
En 1555, Trinity College a pris possession des locaux auparavant occupés par Durham Quad, un ancien collège monastique du XIIIe siècle. La chapelle du XVIIe siècle possède un remarquable retable et un beau jubé de bois sculpté.

Corpus Christi College
Ce charmant collège qui donne sur Merton Street date de 1517. Le cadran solaire de la cour, surmonté d'un pélican, l'emblème du collège, porte un calendrier du début du XVIIe siècle. Dans la chapelle, un rare lutrin sculpté du XVIe siècle en forme d'aigle.

Merton College
C'est le plus ancien (1264) des collèges d'Oxford. La plupart des salles de cours datent de cette époque. Le chœur de la chapelle est orné de reliefs allégoriques (la Musique, l'Arithmétique, la Rhétorique, la Grammaire).

LA BIBLIOTHÈQUE BODLÉIENNE
Fondée en 1320, la bibliothèque fut agrandie en 1426 par Humphrey, duc de Gloucester (1391-1447), le frère d'Henri VI. Sa collection de manuscrits ne tenait plus dans l'ancienne bibliothèque. La Bodléienne fut remaniée en 1602 par Thomas Bodley, un riche érudit qui édicta des règles strictes interdisant par exemple au bibliothécaire de se marier. Aujourd'hui, la Bodléienne est l'une des six bibliothèques d'Angleterre habilitées à recevoir le dépôt légal.

La Radcliffe Camera (1748), une rotonde surmontée d'un dôme baroque, fut construite par James Gibbs pour honorer la mémoire du physicien John Radcliffe (1650-1714).

Entrée principale

Cette aile construite en 1630 fut utilisée jusqu'en 1880 pour les examens.

La Divinity School de 1488 possède l'un des plus beaux intérieurs gothiques d'Angleterre. Son plafond voûté est orné de 455 sculptures représentant des scènes bibliques et des animaux réels ou fantastiques.

La bibliothèque du duc Humphrey (1602) est coiffée d'un plafond à caissons décoré des armoiries de l'université et de sa devise en latin : Dominus Illuminatio Mea ou le Seigneur est ma lumière.

Blenheim Palace ❻

Après sa victoire sur les Français lors de la bataille de Blenheim, en 1704, John Churchill, le premier duc de Marlborough, fut fort bien récompensé par la reine Anne qui lui offrit le manoir de Woodstock et fit construire pour lui Blenheim Palace. Cette demeure, conçue par Nicholas Hawksmoor et Sir John Vanbrugh (p. 384), est un chef-d'œuvre baroque. Il devait y naître, en 1874, Winston Churchill.

Winston Churchill et sa femme, Clémentine

★ **La Grande Bibliothèque**
Cette pièce de 55 de long a été dessinée par Vanbrugh pour accueillir des peintures, dont u portrait de la rein Anne par Sir Godfrey Kneller (1646-1723).

Le Grand Pont fut construit en 1708. À l'intérieur de l'arche principale, plusieurs pièces sont ménagées.

La chapelle
Le monument en marbre au premier duc de Marlborough et à sa famille fut sculpté par Michael Rysbrack en 1733.

À NE PAS MANQUER

★ **La Grande Bibliothèque**

★ **Le Salon**

★ **Le parc et les jardins**

Les parterres d'eau
Ces splendides jardins ont été dessinés dans les années 1920 par un architecte français, Achille Duchêne, qui s'est inspiré des jardins de Versailles.

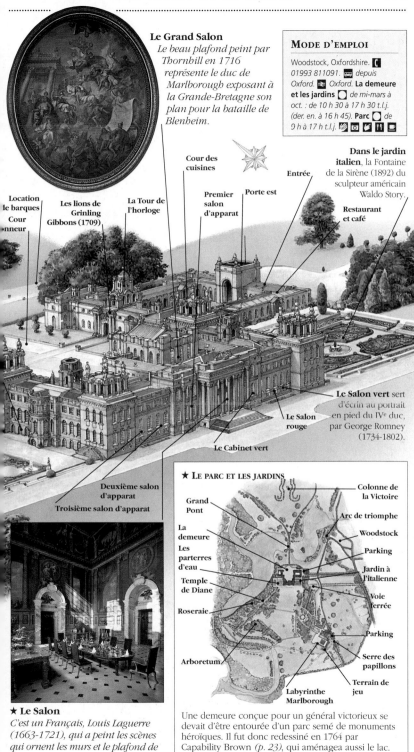

Le Grand Salon
Le beau plafond peint par Thornhill en 1716 représente le duc de Marlborough exposant à la Grande-Bretagne son plan pour la bataille de Blenheim.

MODE D'EMPLOI

Woodstock, Oxfordshire. 01993 811091. depuis Oxford. Oxford. **La demeure et les jardins** de mi-mars à oct. : de 10 h 30 à 17 h 30 t.l.j. (der. en. à 16 h 45). **Parc** de 9 h à 17 h t.l.j.

Dans le jardin italien, la Fontaine de la Sirène (1892) du sculpteur américain Waldo Story.

Cour des cuisines

Entrée

Porte est

Premier salon d'apparat

Restaurant et café

Location le barques Cour nneur

Les lions de Grinling Gibbons (1709)

La Tour de l'horloge

Le Salon vert sert d'écrin au portrait en pied du IVᵉ duc, par George Romney (1734-1802).

Le Salon rouge

Le Cabinet vert

Deuxième salon d'apparat

Troisième salon d'apparat

★ **LE PARC ET LES JARDINS**

Colonne de la Victoire

Grand Pont

La demeure

Les parterres d'eau

Temple de Diane

Roseraie

Arboretum

Arc de triomphe

Woodstock

Parking

Jardin à l'italienne

Voie ferrée

Parking

Serre des papillons

Terrain de jeu

Labyrinthe Marlborough

★ **Le Salon**
C'est un Français, Louis Laguerre (1663-1721), qui a peint les scènes qui ornent les murs et le plafond de la salle à manger d'apparat.

Une demeure conçue pour un général victorieux se devait d'être entourée d'un parc semé de monuments héroïques. Il fut donc redessiné en 1764 par Capability Brown *(p. 23)*, qui aménagea aussi le lac.

L'Entrée de l'Arsenal (1730) de Canaletto, à Woburn Abbey

Stowe ❼

Buckingham, Buckinghamshire. 🛈
01280 822850. 🚆 Milton Keynes,
puis bus. 🕐 vacances scolaires : t.l.j. ;
sinon : lun., mer., ven. et dim. 🌑 de
nov. à 26 déc. 🈂 🛆 limité.

C'est le plus ambitieux des
jardins paysagers
d'Angleterre et un excellent
exemple de ce que l'art des
jardins a pu produire au
XVIIIe siècle *(p. 22-23)*.

En l'espace d'un siècle
environ, le jardin original
dessiné en 1680 a été agrandi
et remanié de façon à pouvoir
y inclure des monuments néo-
gothiques, des temples à
l'antique, des grottes, des
statues, des ponts, des lacs
artificiels et des arbres
implantés « naturellement »
pour mettre ces constructions
en valeur.

La plupart des grands
architectes du moment ont
travaillé à ce projet, notamment
Sir John Vanbrugh, James
Gibbs et Capability Brown
(p. 22-23) qui fut pendant
10 ans, au début de sa carrière,
jardinier en chef à Stowe.

De 1593 à 1921, l'immense
propriété de Stowe a
appartenu aux familles Temple
et Grenville, puis la grande
demeure palladienne a été
vendue et convertie en collège
privé pour les jeunes garçons
de la bonne société.

Les temples et les statues du
jardin reflètent des idéaux de
démocratie et de liberté. On
trouve ainsi des temples dédiés
aux Grands Hommes de
l'Angleterre, aux vertus
antiques, à la Concorde et à la
Victoire, à la Poésie pastorale
et aux Champs-Élysées.
Quelques-uns de ces

monuments furent détériorés
au cours du XIXe siècle, car les
propriétaires n'avaient plus les
moyens d'entretenir le
domaine, et de nombreuses
statues furent vendues. Un
programme de rénovation du
domaine prévoit le rachat des
statues pour les remettre à leur
ancien emplacement ou de
leur substituer des copies.

Woburn Abbey ❽

Woburn, Bedfordshire. 🛈 01525
290666. 🚆 Bletchley, puis taxi. 🕐
de mars à oct. : t.l.j. ; jan.-fév. : sam.,
dim. 🌑 nov. à déc. 🈂 🛈 tél. d'abord.

L es ducs de Bedford, qui ont
vécu ici pendant plus de
350 ans, furent parmi les
premiers propriétaires à ouvrir
leur domaine au public, il y a
de cela 40 ans.

L'abbaye fut construite vers
1750 sur les fondations d'un
grand monastère cistercien du
XIIe siècle. Le domaine est l'un
des sites les plus visités de la
région, en partie du fait de son
parc animalier de 142 hectares
et de sa réserve de cerfs, où
ne vivent pas moins de

9 espèces différentes de ces
animaux.

Les appartements d'apparat,
particulièrement somptueux,
regorgent d'œuvres d'art et de
tableaux de maîtres, dont
Reynolds (1723-1792) et
Canaletto (1697-1768).

La réserve de Whipsnade ❾

Près de Dunstable, Bedfordshire. 🛈
01582 872171. 🚆 Whipsnade
(Victoria Station à Londres, de mai à
oct.). 🕐 t.l.j. 🌑 25 déc. 🈂 🛆

D épendant du zoo de
Londres, ce parc est l'un
des premiers où l'on ait
cherché à minimiser l'usage
des cages et imaginé des
espaces où les animaux
sauvages pourraient évoluer
librement et en toute sécurité
pour les visiteurs. Sur
240 hectares et regroupant plus
de 3 000 espèces, cette réserve
est la plus grande d'Europe.
On peut y circuler en voiture
ou en train à vapeur. Il y a
aussi un terrain de jeu et un
spectacle d'otaries.

Luton Hoo ❿

Luton, Bedfordshire. 🛈 01582
22955. 🚆 Luton, puis taxi. 🕐 tél.
pour réserver. 🈂 🛆

D u bâtiment original conçu
par Robert Adam en 1767
il ne reste pas grand-chose. La
demeure a en effet été achetée
en 1903 par Sir Julius Wernher,
qui fit fortune grâce aux mines
de diamants d'Afrique du Sud,
et son nouveau propriétaire la
fit reconstruire dans le style

Pont palladien sur le lac octogonal du parc de Stowe

Hatfield House, une des plus grandes demeures XVIIe du pays

versaillais, à grands renforts de dorures, par les architectes de l'hôtel Ritz *(p. 83)*.

Aujourd'hui, Luton Hoo appartient toujours aux Wernher mais, sur le point d'être vendu, son avenir est incertain. Les collections d'œuvres d'art de Luton Hoo incluent des peintures de Hoppner (1758-1810), Sargent (1856-1925) et Titien (1488-1576), ainsi que des ivoires médiévaux. On y voit aussi de l'orfèvrerie russe et des bijoux de Fabergé, qui font partie des collections du domaine, car Lady Zia Wernher, la belle-fille de Sir Junius, est apparentée à la famille impériale de Russie. Le parc a été dessiné par Capability Brown *(p. 22-23)*.

Knebworth House ⓫

Knebworth, Hertfordshire. ☎ *01438 812661*. ▣ *Stevenage, puis taxi.* ◯ *de juin à août, vacances scolaires et jours fériés : du mar. au dim. ; de Pâques à mai, sept. : sam., dim.* ▨ ♿ *limité.*

À ce manoir Tudor, qui abrite une salle de banquet du XVIIe, Lord Lytton, homme d'État, romancier et chef d'une des familles les plus originales de l'Angleterre victorienne, ajouta au XIXe siècle une façade néo-gothique. Le fils aîné de Lord Lytton fut vice-roi des Indes, et la maison abrite de nombreux objets provenant de cette partie de l'empire colonial anglais. Constance Lytton fut une des grandes figures du mouvement des suffragettes des années vingt *(p. 58)*.

Hatfield House ⓬

Hatfield, Hertfordshire. ☎ *01707 262 823.* ▣ *Hatfield.* ◯ *d'avril à mi-oct. : du mar. au dim. et jours fériés.* ▨ ♿

Cette demeure, qui compte parmi les plus belles d'Angleterre, fut construite entre 1607 et 1611 pour Robert Cecil, un puissant homme politique ; elle appartient toujours à ses descendants. Le principal centre d'intérêt de Hatfield House est l'aile Tudor, vestige du premier palais, où Élisabeth Ire *(p. 50-51)* a passé la plus grande partie de son enfance. Après son couronnement, en 1558, c'est là qu'elle tint son premier conseil d'État. Le palais a été en partie démoli en 1607 pour laisser place à de nouvelles constructions, mais on peut encore y évoquer les séjours de la reine, notamment grâce à un portrait peint aux environs de 1600 par Isaac Oliver. Le domaine s'enorgueillit d'un des rares jardins du XVIIe siècle qui aient survécu, dessiné par Robert Cecil et John Tradescant *(p. 210)*.

LES PURITAINS CÉLÈBRES

Trois figures importantes du mouvement puritain du XVIIe siècle ont partie liée avec la région. John Bunyan (1628-1688), qui écrivit le conte allégorique *The Pilgrim's Progress (Le Voyage du pèlerin)*, est né à Elstow, près de Bedford. Orateur passionné, ses convictions puritaines lui valurent 17 années de prison. Le Bunyan Museum de Bedford fut l'un des premiers lieux de culte des puritains. William Penn (1644-1718) a vécu à Jordans, près de Beaconsfield, où il est enterré. Plus au nord, à Chalfont St Giles, se trouve le cottage où le poète John Milton (1608-1674) a séjourné pour échapper à la peste de Londres. C'est là qu'il acheva sa plus grande œuvre, *Le Paradis perdu*. Sa maison abrite un musée qui lui est consacré.

John Bunyan, d'après une gravure du XVIIIe siècle

William Penn, qui donna son nom à la Pennsylvanie

John Milton, portrait par Pieter van der Plas

St Albans ⑬

St Albans est aujourd'hui une ville animée où se retrouvent de nombreux Londoniens. Pendant des siècles, elle a été au cœur de quelques-uns des plus grands moments de l'histoire de l'Angleterre. Camp romain de première importance, elle devint un grand centre religieux qui fut pendant la guerre des Deux-Roses *(p. 49)* l'enjeu de deux batailles. En 1455, les partisans de la maison d'York en délogèrent Henri VI, et six ans plus tard les partisans des Lancastre la reprirent.

Saint Alban, martyr

À la découverte de St Albans

Une partie du charme de cette ville ancienne et fascinante, qui se trouve à une heure de voiture de Londres, réside dans le fait que l'on peut retracer 2 000 ans de son histoire en visitant quelques sites très proches les uns des autres. Un grand parc de stationnement est installé à l'abri de l'enceinte romaine de Verulamium, entre le musée, St Michael's Church et le théâtre romain. Ici commence une belle promenade à travers le parc, pour découvrir en chemin d'autres sites romains, la vieille auberge Ye Olde Fighting Cocks, une cathédrale imposante et une rue ancienne, High Street. On y voit encore de nombreuses maisons du XVIᵉ siècle et une tour-horloge de 1412, qui sonnait le couvre-feu à 4 h du matin et 20 h 30.

⚲ Verulamium

À la sortie du centre-ville se dresse l'enceinte de Verulamium, une des premières villes que les Romains établirent sur le sol britannique à partir

de 43 de notre ère. Boadicée *(p. 181)* l'avait fait raser quand elle s'était rebellée contre l'envahisseur romain en 62, mais la position stratégique de la ville, le long d'un axe commercial important, lui valut d'être aussitôt reconstruite et même agrandie. Elle devait prospérer jusqu'en 410.

⛫ Verulamium Museum

St Michael's. ☎ 01727 819339. ○ t.l.j. ● 25 et 26 déc. 📷 ⚹

Ce musée passionnant retrace toute l'histoire de la ville ; son point fort est la splendide collection romaine qui comprend, outre des urnes funéraires et des cercueils de plomb, de très belles mosaïques de pavement. L'une d'elles représente une tête de dieu marin, une autre une coquille Saint-Jacques dont le relief est suggéré par des nuances subtiles entre les petits cubes de pierre.

Entre le musée et la cathédrale, on trouve encore quelques vestiges romains : thermes décorés de mosaïques, fragments de l'enceinte et porte de la ville.

Un des plus vieux pubs d'Angleterre

⛫ Ye Olde Fighting Cocks

Abbey Mill Lane. ☎ 01727 865830. ○ t.l.j. ● 25 déc. ⚹

Ye Ole Fighting Cocks est peut-être le plus ancien pub d'Angleterre ; de forme octogonale, il est en tout cas un des plus originaux puisque c'était le pigeonnier d'une abbaye médiévale ; il fut « recyclé » après la dissolution des ordres monastiques *(p. 50)*.

⚲ Roman Theatre

St Michael's. ☎ 01727 835035. ○ t.l.j. ● 25 et 26 déc. 📷 ⚹

En face du musée subsistent les fondations d'un théâtre construit vers 160, mais agrandi à plusieurs reprises. Les Romains n'édifièrent que six théâtres sur le sol britannique.

Alentour, on peut repérer l'emplacement de quelques boutiques en enfilade et d'une maison. Des fouilles proviennent beaucoup des trésors exposés au musée, dont une statuette de Vénus en bronze.

⛪ St Michael's Church

St Michael's. ☎ 01727 835037. ○ d'avril à sept. : t.l.j. ⚹

Cette église fondée pendant la domination saxonne fut en partie construite avec des briques prises sur le site de Verulamium, alors sur le déclin. De nombreux éléments sont venus s'ajouter à l'église primitive, dont une splendide chaire du XVIᵉ siècle.

Du XVIIᵉ siècle date le monument à la mémoire de Sir Francis Bacon, homme d'État et écrivain de l'époque

Une des mosaïques de pavement conservées au musée de Verulamium

MODE D'EMPLOI

Hertfordshire. 🏛 *125 000.* 🚉 🚌
ℹ️ *hôtel de ville, place du marché
(01727 864511).* 🛒 *mer., sam.*

élisabéthaine. Son père
possédait dans la région une
belle demeure du XVIᵉ siècle,
aujourd'hui en ruine.

🏛 St Albans Cathedral
Sumpter Yard. 📞 *01727 860780.* ⭕
t.l.j. **Offrandes**. ♿
Ce joyau de l'architecture
médiévale abrite de belles
peintures murales (XIIIᵉ-XIVᵉ s.).

Une première église a été
édifiée sur le site en 793 ; le roi
Offa de Mercie venait de
fonder une abbaye dédiée à
saint Alban, le premier martyr

Le porche ouest de St Albans Cathedral

chrétien d'Angleterre, mis à
mort par les Romains au
IIIᵉ siècle pour avoir protégé un
prêtre. Les parties les plus
anciennes datent de 1077. Elles
sont de style normand, aux
arcs et fenêtres en plein cintre.
La nef de 84 m est la plus
longue d'Angleterre.

Plus à l'est, la plupart des
arcs brisés datent du
XIIIᵉ siècle ; d'autres ont été
substitués au XIVᵉ à des arcs
normands qui s'étaient
effondrés. À l'est de la
croisée du transept, on
peut voir les vestiges du
tombeau de saint Alban, un
piédestal de marbre composé
de plus de 2 000 fragments.

Une copie de la *Magna
Carta (p. 48)* est accrochée au
mur. C'est en effet ici que fut
rédigé le document que le roi
Jean dut ratifier.

Les Jardins de la Rose en pleine floraison

Les Jardins de la Rose ⑭

Chiswell Green, Hertfordshire. 📞
01727 850461. 🚉 *St Albans, puis bus.*
⭕ *de mi-juin à mi-oct. : t.l.j.* ♿

La rose est l'emblème
national de l'Angleterre ;
c'est aussi la fleur préférée des
jardiniers du pays.

Les 5 hectares des jardins de
la Société Royale Nationale de
la Rose, avec leurs
30 000 rosiers de
1 700 variétés différentes, sont
un enchantement à la fin du
mois de juin. Des variétés
anciennes y sont cultivées : la
rose blanche d'York, la rose
rouge des Lancastre *(p. 49)* et
la Rosa Mundi – ainsi baptisée
par Henri II en souvenir de sa
maîtresse, la belle
Rosemonde, empoisonnée par
la reine Aliénor en 1177. Mais

les religieuses qui l'enterrèrent
inscrivirent sur sa tombe
qu'en dépit de son nom la
réputation de la dame n'avait
pas la fraîcheur des roses.

Hughenden Manor ⑮

High Wycombe, Buckinghamshire.
📞 *01494 532580.* 🚉 *High
Wycombe, puis bus.* ⭕ *mars : sam.,
dim. ; d'avril à oct. : du mer. au dim. et
jours fériés.* 🔴 *ven. saint.* ♿
limité.

Benjamin Disraeli, homme
politique et romancier qui
fut Premier ministre de 1874 à
1880, vécut jusqu'à sa mort
dans cette villa du XVIIIᵉ siècle,
qu'il fit remanier en 1862 dans
le style néo-gothique. Le décor
permet de se représenter la vie
d'un gentleman aisé du siècle
dernier.

GEORGE BERNARD SHAW

Auteur controversé et personnage espiègle,
l'Irlandais George Bernard Shaw (1856-1950) était
pourtant un homme aux habitudes très établies. Il
vécut près de St Albans, à Ayot St Lawrence, dans
une maison appelée aujourd'hui Shaw's Corner,
pendant les 44 dernières années de sa vie.
Il s'installait tous les jours pour
travailler dans un pavillon au fond
de son jardin. Ses pièces, qui
distillent d'efficaces messages
politiques et sociaux, n'ont pas pris
une ride. Une des plus célèbres est
Pygmalion (1913), qui a inspiré la
comédie musicale *My Fair Lady.*
La maison et le jardin sont un
musée consacré à la vie et
à l'œuvre de Shaw.

Les rives de la Tamise ⑯

La vallée de la Tamise, entre Pangbourne et Eton, est romantique à souhait. Le meilleur moyen pour la connaître est le bateau. Mais si le temps vous manque, la route suit le fleuve sur une grande partie de son cours. C'est l'occasion de découvrir des paysages paisibles, des cygnes glissant sous de vieux ponts, d'élégants hérons impassibles sur le rivage. Sur les berges s'alignent de jolies maisons aux jardins descendant jusqu'à l'eau. Ce cours d'eau tranquille, qui a toujours inspiré les peintres et les écrivains, a longtemps été une voie essentielle.

Hambledon Mill ⑥
Ce moulin de bois, qui est resté en activité jusqu'en 1955, est à la fois l'un des plus grands et des plus anciens moulins installés sur la Tamise. Il subsiste quelques éléments du premier moulin, du xvie siècle.

Beale Park ①
Le philanthrope Gilbert Beale (1868-1967) a créé sur 10 hectares une réserve pour protéger une large portion de la rivière et permettre ainsi à des espèces d'oiseaux menacées de vivre paisiblement.

Henley ⑤
Dans cette jolie ville ancienne, qui conserve de nombreuses maisons et églises des xve et xvie siècles, se déroulent tous les ans d'importantes régates (p. 66).

Pangbourne ②
L'écrivain Kenneth Grahame, auteur de *The Wind in the Willows*, a vécu ici jusqu'à sa mort. Quand Ernest Shepard illustra le livre, Pangbourne l'inspira tout naturellement.

Sonning Bridge ④
Ce pont du xviiie siècle est constitué de 11 arches en briques de différentes largeurs.

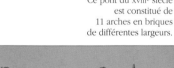

CARNET DE ROUTE

Itinéraire : 75 km.
Où faire une pause ? Dans le village d'Henley, vous trouverez de nombreux pubs, le long de la rivière, pour déjeuner. Si vous êtes en bateau, vous pouvez mouiller en plusieurs endroits de la rive. (Voir aussi p. 636-637.)

Whitchurch Mill ③
Ce charmant village, relié à Pangbourne par un pont à péage du siècle dernier, s'enorgueillit de posséder une église pittoresque et l'un des nombreux moulins à eau qui utilisaient autrefois la force de la rivière.

Cookham ⑦

À Cookham se trouve la demeure de Stanley Spencer (1891-1959), l'un des meilleurs artistes anglais du XXᵉ siècle. Dans son atelier sont exposés ses œuvres et son matériel de peintre ; un écriteau exhortait les visiteurs à le laisser travailler en paix. Ce tableau, *Le Recensement des cygnes* (1914-1919), illustre une ancienne coutume des rives de la Tamise.

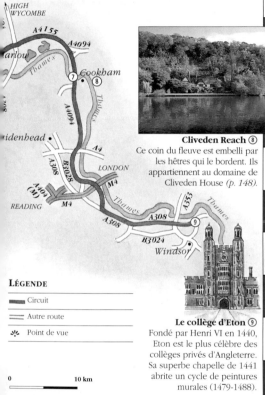

HIGH WYCOMBE

A4155
A4094
Marlow
Thames
Cookham ⑦⑧
A4094
Maidenhead
A4
B3028
A308
A404(M)
M4
LONDON
M4
READING
Thames
A308 A353
Thames
A308
A404(M)
B3024
Windsor ⑨

LÉGENDE

━━ Circuit
═══ Autre route
☆ Point de vue

0   10 km

Cliveden Reach ⑧

Ce coin du fleuve est embelli par les hêtres qui le bordent. Ils appartiennent au domaine de Cliveden House *(p. 148)*.

Le collège d'Eton ⑨

Fondé par Henri VI en 1440, Eton est le plus célèbre des collèges privés d'Angleterre. Sa superbe chapelle de 1441 abrite un cycle de peintures murales (1479-1488).

PROMENADES EN BATEAU

En été, des services réguliers relient par la rivière Henley, Windsor, Runnymede et Marlow. Les bateaux peuvent être loués à l'heure, à la journée ou pour faire un séjour sur la Tamise de plusieurs jours, puisqu'il existe aussi des bateaux possédant une cabine *(voir aussi p. 641)*. Pour de plus amples informations, appeler Salter Bros au 01753 865 832.

Des bateaux en location prêts à quitter Henley

Windsor ⑰

Berkshire. 🏠 30 000. 🚉 🛈 Central Station, Thames St (01753 852010). 🛍 sam.

La ville de Windsor est dominée par son imposant château bâti sur une colline *(p. 222-223)*. En fait, la ville entière a été conçue dans le seul but de pourvoir aux besoins du château. Aujourd'hui, ses boutiques, ses maisons et ses auberges lui donnent un charme désuet. Le bâtiment le plus frappant est le **Guildhall**, maison des corporations, construite en 1689 par Wren *(p. 116)*. Le **musée de la Cavalerie** présente une vaste collection d'armes et d'uniformes. L'immense **parc de Windsor** (809 hectares) s'étend du château jusqu'à Snow Hill, où se dresse une statue de George III.

Aux environs

À 7 km au sud-est se trouve la fameuse prairie de **Runnymede**, un des plus célèbres sites historiques d'Angleterre, puisque c'est là qu'en 1215 le roi Jean fut contraint par ses barons rebelles de signer la *Magna Carta* qui limitait ses pouvoirs *(p. 48)*. Un monument le commémore depuis 1957.

🏛 Household Cavalry Museum

Leonard's Rd. ☎ 01753 868222. ⏰ du lun. au ven. ⬤ jours fériés. 🖼

Le roi Jean signant la *Magna Carta* à Runnymede

Le château de Windsor

Le roi Henri II

L e château de Windsor est la plus ancienne résidence royale d'Angleterre occupée de manière permanente. Un premier château de bois fut construit par Guillaume le Conquérant en 1070 pour prévenir toute tentative d'invasion de Londres par l'ouest. Le site de Windsor fut retenu parce qu'il y avait là une colline et qu'il se trouvait à peine à une journée de Londres. Les monarques successifs l'ont tous remanié, et le château garde la trace de tous les changements de goût des rois d'Angleterre à travers les siècles. De nos jours, le château est la résidence principale de la reine et de sa famille qui y séjournent fréquemment.

Albert Memorial Chapel
Cette chapelle construite en 1240, remaniée en 1485, abrite depuis 1863 le mémorial du prince Albert.

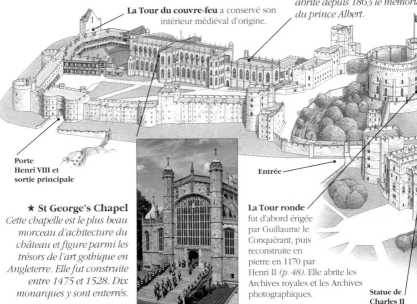

La Tour du couvre-feu a conservé son intérieur médiéval d'origine.

Porte Henri VIII et sortie principale

Entrée

★ **St George's Chapel**
Cette chapelle est le plus beau morceau d'achitecture du château et figure parmi les trésors de l'art gothique en Angleterre. Elle fut construite entre 1475 et 1528. Dix monarques y sont enterrés.

La Tour ronde fut d'abord érigée par Guillaume le Conquérant, puis reconstruite en pierre en 1170 par Henri II *(p. 48)*. Elle abrite les Archives royales et les Archives photographiques.

Statue de Charles II

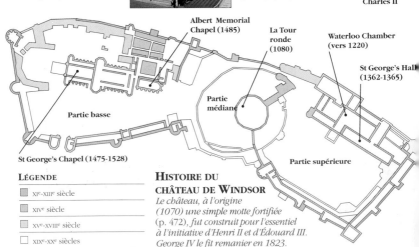

Albert Memorial Chapel (1485)

La Tour ronde (1080)

Waterloo Chamber (vers 1220)

St George's Hall (1362-1365)

Partie basse

Partie médiane

Partie supérieure

St George's Chapel (1475-1528)

LÉGENDE

☐ XIᵉ-XIIIᵉ siècle
☐ XIVᵉ siècle
☐ XVᵉ-XVIIIᵉ siècle
☐ XIXᵉ-XXᵉ siècles

HISTOIRE DU CHÂTEAU DE WINDSOR
Le château, à l'origine (1070) une simple motte fortifiée (p. 472), fut construit pour l'essentiel à l'initiative d'Henri II et d'Édouard III. George IV le fit remanier en 1823.

Les collections de la reine

dessin à la pierre noire Michel-Ange fait partie d'une série sur la Résurrection. La richesse des collections royales est telle que les tableaux sont présentés par roulement et que de nombreuses œuvres sont constamment prêtées à d'autres musées.

MODE D'EMPLOI

Castle Hill. 📞 01753 868286. 🕐 mars à oct. : 10 h à 17 h t.l.j. ; nov. à fév. : 10 h à 16 h t.l.j. (der. entrée : 1 h av. ferm.). ● 25-26 déc. ven. saint. 🎫 ✝ chapelle Saint-Georges : 17 h 15 lun. au sam , 10 h 45 et 17 h 15 dim. ♿ limité.

La Salle des audiences est la pièce où la reine accueille les invités de marque.

La Salle de bal de la reine

La maison de poupée de la reine Marie a été dessinée par Sir Edwin Lutyens en 1924. Tous les éléments ont été réalisés à l'échelle de 1/12. Le cellier contient de vrais grands crus.

Waterloo Chamber
Les murs de cette salle de banquet, qui remonte au XIIIe siècle, s'ornent du portrait des principaux acteurs de la victoire anglaise à Waterloo (p. 55).

Brunswick Tower

Ces parterres furent aménagés à l'est du château vers 1820 par Sir Jeffry Wyatville.

★ Les appartements d'apparat
Ce lit d'apparat de la fin du XVIIIe siècle meuble la chambre à coucher aménagée pour la visite de Napoléon III en 1855.

À NE PAS MANQUER

★ St George's Chapel

★ Les appartements d'apparat

L'incendie de 1992
Il se déclara pendant des travaux d'entretien dans les appartements d'apparat. St George's Hall a été détruit, et reconstruit depuis.

L'OUEST DE LA
GRANDE-BRETAGNE

L'Ouest d'un coup d'œil

L'ouest de la Grande-Bretagne forme une longue péninsule, bordée au nord par l'Atlantique et au sud par la Manche, qui se termine à Land's End, le point le plus extrême de l'île. Tourisme culturel dans les grandes villes, promenades romantiques dans la solitude des landes et des monuments préhistoriques, ou simples balades le long des côtes d'une région au climat doux, quel que soit le type de séjour qu'ils ont choisi, tous les vacanciers sont sous le charme !

Exmoor (p. 236-237). *Les landes couvertes de bruyère et les vallées boisées où vivent en liberté des poneys sauvages et des cerfs s'arrêtent brusquement aux spectaculaires falaises du Devon.*

Wells (p. 238-239), *charmante ville nichée au pied des collines Mendip, est réputée pour sa supe cathédrale à trois tours dont la riche façade ouest s'orne d'une foule de statues. Non loin, vous pourrez voir le palais épiscopal entouré de douves et l'enceinte cathédrale, qui date du XVᵉ sièc*

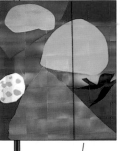

À St Ives (p. 263), *une annexe de la Tate Gallery présente des artistes contemporains ayant choisi de travailler dans la région. Cette œuvre très colorée de Patrick Heron fait partie des collections permanentes.*

Devon

LE DEVON ET LES CORNOUAILLES *(p. 258-281)*

Cornouailles

Dartmoor (p. 280-281) *est un lieu sauvage à la fois vaste (945 km²) et d'une grande beauté. Les paysages sont ponctués de ponts de pierre, de villages pittoresques et de rochers de granit déchiquetés.*

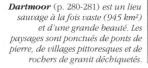

◁ **La côte sauvage qui marque la limite ouest de la Grande-Bretagne**

Bath (p. 244-247), « bain » en anglais, doit son nom aux anciens thermes romains situés au cœur de la vieille ville, tout près d'une splendide abbaye médiévale. Avec ses rangées de maisons du XVIIIe siècle aux façades couleur de miel, conçues par John Wood l'Ancien et John Wood le Jeune, Bath est l'une des plus agréables villes d'Angleterre.

Stonehenge (p. 248-249), aménagé en plusieurs fois à partir de 3000 avant notre ère, est un site préhistorique connu du monde entier. Il s'agirait d'un sanctuaire dédié au culte du soleil. Déplacer et lever les énormes pierres représentait un véritable exploit.

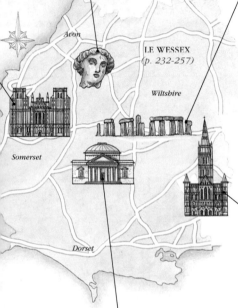

Avon

LE WESSEX
(p. 232-257)

Wiltshire

Somerset

Dorset

0   25 km

Salisbury (p. 250-251) est fière de sa cathédrale, dont la flèche élancée a inspiré l'un des plus beaux tableaux de John Constable. L'enceinte compte de remarquables bâtiments médiévaux.

Les jardins de Stourhead (p. 252-253), inspirés des peintures du Lorrain et de Poussin, sont une véritable œuvre d'art. Les perspectives artificielles, les jeux d'ombre et de lumière, les petits monuments comme le Panthéon néo-classique qui se détache sur un fond de verdure très étudié constituent un ensemble d'une grande beauté.

La faune de la côte

Un long littoral découpé, depuis les falaises de granit de Land's End jusqu'aux étendues de galets de Chesil Bank, abrite une faune variée. Les plages sont parsemées de coquillages, les calanques grouillent de minuscules animaux marins. Les grottes, elles, sont le refuge d'animaux plus gros, comme les phoques gris ; les falaises offrent aux oiseaux des endroits où nicher en toute tranquillité. Au printemps et au début de l'été, des plantes d'une étonnante variété, qui attirent de nombreux papillons, croissent sur le bord de mer et la falaise ; le Southwest Coastal Path *(p. 32)* permet de les admirer de plus près.

Les corniches de Land's End, où viennent nicher les oiseaux

Chesil Bank *est une plage de galets* (p. 254) *de 29 km, tout le long de la côte du Dorset. Cette levée a été créée par les tempêtes, et la taille des galets augmente du nord-ouest au sud-est à cause des forces très différentes des courants côtiers. La levée de galets est interrompue par un lagon naturel, la Fleet, qui abrite les cygnes d'Abbotsbury et beaucoup d'oiseaux sauvages.*

Ce beau papillon *coloré qui butine les fleurs des falaises migre au printemps vers les terres.*

Les marées rejettent branchages et coquillages

Les sommets verdoyants des collines sont parsemés de fleurs sauvages.

Des touffes de fleurs mauves *viennent égayer au printemps les falaises et les corniches.*

Le bruant jaune *se perche sur les buissons au sommet des falaises.*

Les racines d'oyat retiennent le sable sur les dunes.

Les phoques gris *apprécient les grèves tranquilles où ils donnent naissance à leurs petits.*

LE GUIDE DU BATTEUR DE GRÈVE

Le moment propice pour observer la vie du rivage est le début du reflux, avant que les mouettes aient pêché les crabes, les poissons et autres puces de mer échoués sur la grève, et que les algues aient eu le temps de sécher. Plantes et animaux se réfugient dans de petits trous d'eau des rochers.

COLLECTIONNER LES COQUILLAGES

Beaucoup de mollusques comestibles sont des bivalves (Saint-Jacques, coques) ; d'autres des gastéropodes.

Coquille Saint-Jacques   **Coque commune**

Bulot commun   **Patelle**

Durdle Door. Sur les tendres couches crayeuses de cette falaise du Dorset (p. 256), l'érosion a fini par créer cette belle arche qui n'est pas sans rappeler les falaises d'Étretat.

Certaines algues, comme le goémon, ressemblent une fois dans l'eau à du corail ou du lichen.

Les rochers ont été colonisés par les bernacles, les moules et les patelles.

Les huîtriers au bec orangé chassent sur le rivage, se nourrissant de toutes sortes de coquillages et crustacés.

Les étoiles de mer sont de redoutables prédateurs pour les crustacés. Les extrémités photosensibles de leurs bras leur permettent de se guider.

Les moules, très répandues, sont faciles à récolter et délicieuses.

Les petites cuvettes entre les rochers accueillent crabes, moules, crevettes et végétaux.

La carapace du crabe velouté, qui se dissimule dans les algues, est recouverte d'un fin duvet.

Les mulets à peine éclos se laissent observer dans les trous entre les rochers.

Les jardins de l'Ouest

L'Ouest a toujours attiré les jardiniers ; son climat doux est idéal même pour les délicates plantes exotiques, dont beaucoup ont été importées d'Asie au XIXᵉ siècle. Les jardins de la région comptent parmi les plus beaux et les plus variés d'Angleterre ; ils illustrent toutes les tendances de l'art des jardins *(p. 22-23)*, de l'ordre rigoureux de Montacute House à l'exubérance d'East Lambrook Manor.

Lanhydrock (p. 270). *Des haies rigoureusement taillées, un feu d'artifice de fleurs.*

Trewithen (p.267) *est réputé pour ses camélias, ses rhododendrons et ses magnolias issus de graines récoltées en Asie. Ce jardin immense est spectaculaire en mars et en juin.*

Cotehele *(p. 279),* un joli jardin vallonné.

LE DEVON ET CORNOUAILI *(p. 258-281)*

Trellisick *(p. 267)* offre des points de vue extraordinaires sur une belle région boisée.

Glendurgan *(p. 267),* niché dans une vallée encaissée, est un véritable paradis pour les amoureux des plantes.

Sur le mont Edgcumbe *(p. 276),* des jardins à l'anglaise, à la française ou à l'italienne du XVIIIᵉ s.

Trengwainton (p. 262) *est un délicieux jardin animé d'un cours d'eau, sous une voûte luxuriante de fougères arborescentes de Nouvelle-Zélande.*

Overbecks *(près de Salcombe) est un site spectaculaire qui domine l'estuaire de Salcombe et abrite des jardins secrets, des terrasses et des vallons de rocailles.*

LE JARDINAGE CRÉATIF

Les jardins ne sont pas de simples alignements de plantes ; une grande part de leur charme vient de la façon dont ils sont aménagés. Une végétation taillée, des bâtiments rococo, une statuaire fantasque et des labyrinthes contribuent à transporter le promeneur dans un autre monde. De cet art, les jardins de la région offrent un superbe florilège.

Les labyrinthes *furent créés dans les monastères du Moyen Âge comme école de patience et de ténacité. Le labyrinthe de Glendurgan a été planté en 1833.*

*Les **fontaines** et les statues qui ornent les jardins depuis l'époque des Romains ajoutent grâce, poésie et élégance à la rigueur formelle de jardins comme celui du mont Edgcumbe.*

À Knightshayes Court (p. 273), *les fleurs sont groupées en fonction de leur parfum ou de leur couleur.*

LE WESSEX
(p. 232-257)

À East Lambrook Manor *(près de South Petherton), les plantes poussent en toute liberté dans un foisonnement de couleurs.*

Stourhead *(p. 252-253)* est un très bel exemple de l'art du paysage au XVIIIe siècle.

Athelhampton *(p. 255).* Ses jardins font grand usage de fontaines, statues, pavillons et arbres taillés.

Montacute House *(p. 254).* Ses jardins ornés de pavillons sont célèbres par leur haie d'ifs centenaires et la collection de roses anciennes.

```
0          25 km
```

À Parnham *(près de Beaminster), comme dans la plupart des jardins de la région, les parterres sont aménagés suivant un thème donné. Ici, l'allée d'ifs reprend le tracé de la balustrade. Ailleurs, un bois, un potager ou des jardins à l'italienne ombragés adoucissent le paysage.*

Dans les jardins, *l'architecture est souvent pleine de fantaisie, car, à l'inverse des maisons elles-mêmes, les petits pavillons qui les parsèment ne sont pas tenus d'être fonctionnels. Cette construction élisabéthaine particulièrement décorative, dans les jardins de Montacute House, a pourtant servi quelquefois d'habitation.*

L'art de la taille *remonte à l'époque des Grecs. Depuis, l'art de sculpter les arbustes pour leur donner des formes étonnantes n'a cessé de se perfectionner. Les ifs de Knightshayes Court, taillés dans les années vingt, représentent un renard pourchassé par une meute ; cet ensemble prend tout son relief en hiver, quand le buis encore vert se détache sur le reste du jardin.*

LE WESSEX

AVON · WILTSHIRE · SOMERSET · DORSET

Cette belle région essentiellement rurale est parsemée de collines vallonnées et de charmants villages. Elle est riche aussi en sites et en monuments de toutes les époques, de l'alignement préhistorique de Stonehenge à la superbe ville georgienne de Bath, en passant par les vestiges de thermes romains.

L'expression médiévale « *as different as chalk and cheese* » (« comme le jour et la nuit ») prend tout son sens quand on découvre ces vastes étendues balayées par le vent, qui tout à coup deviennent des vallées luxuriantes. Des vaches y paissent nombreuses ; leur lait servira à fabriquer le cheddar, une des fiertés de la région. Les moutons, eux, dont la laine partait autrefois pour l'Europe ou était transformée en vêtements dans les filatures de Bradford-on-Avon, broutent l'herbe qui recouvre les collines de craie. L'opulence de cette contrée y avait déjà retenu les hommes des premiers âges ; ils ont laissé les mystérieux alignements de Stonehenge ou Maiden Castle qui frappent aujourd'hui l'imagination du promeneur.

Cette région est aussi la terre natale des rois Arthur *(p. 269)* et Alfred le Grand, dont la vie est tout auréolée de légende. C'est le roi Arthur qui au VIᵉ siècle conduisit la résistance britannique face à l'invasion saxonne. Les Saxons l'emportèrent, et c'est l'un d'eux, le roi Alfred, qui a forgé l'unité politique de l'Ouest, sous le nom de royaume du Wessex *(p. 47)*.

Wilton House et Lacock Abbey, autrefois des monastères, sont devenus au XVIᵉ siècle, après la dissolution des ordres monastiques, de superbes demeures *(p. 50-51)*. Aujourd'hui, l'importance de leurs dépendances donne la mesure de leur magnificence passée. S'ajoutant aux splendeurs nées de la main de l'homme, la faune et la flore contribuent à faire du Wessex une région inoubliable.

Une halte dans les jardins élisabéthains de Montacute House, Somerset

◁ **Des cottages du XVIIIᵉ siècle tout le long de Gold Hill, Shaftesbury**

À la découverte du Wessex

Des plaines onduleuses qui cernent Stonehenge aux falaises des gorges du Cheddar, en passant par les plateaux d'Exmoor couverts de bruyère, le Wessex est un véritable résumé de tous les paysages de l'Angleterre. Reflet de la richesse et de la diversité du sous-sol qui fournit les matériaux de construction, chaque partie du Wessex présente un style d'architecture propre, des demeures néo-classiques de Bath aux maisons de brique et de bois de Salisbury et aux cottages de chaumes et de chaux typiques du Dorset.

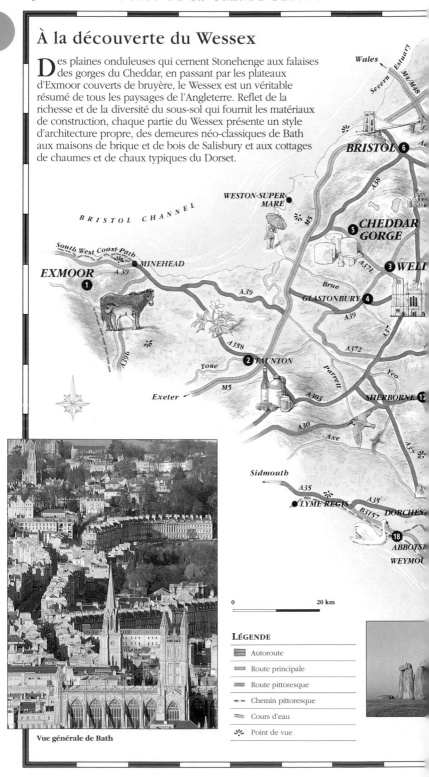

Wales

Severn *Severn Estuary*

M4/M5

BRISTOL ❻

WESTON-SUPER-MARE

CHEDDAR GORGE ❺

BRISTOL CHANNEL

South West Coast Path

❸ **WELL**

EXMOOR ❶   *A 39*   **MINEHEAD**

A38

A358

A39

Brue

GLASTONBURY ❹

A39

A37

A396

Tone

❷ **TAUNTON**

A372

Parrett

Yeo

M5

Exeter →

A303

SHERBORNE ❶

A30

Axe

A35

Sidmouth

A35

● **LYME REGIS**   *A35*

B3157   **DORCHES**

❶⑧

ABBOTS

WEYMOU

0 ————————— 20 km

Vue générale de Bath

LÉGENDE

- 🟫 Autoroute
- 🟥 Route principale
- 🟪 Route pittoresque
- -- Chemin pittoresque
- 〰 Cours d'eau
- ☼ Point de vue

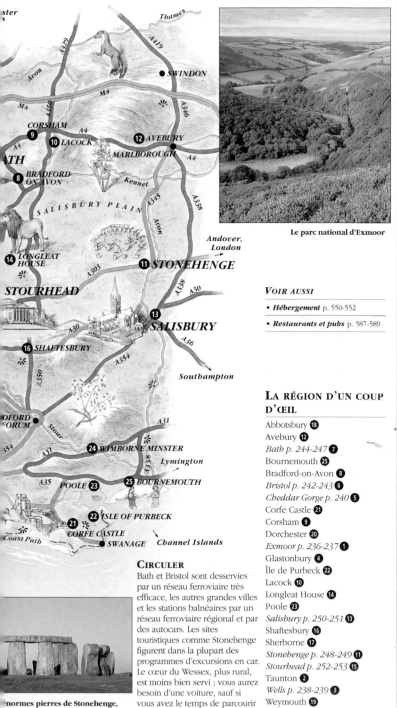

Le parc national d'Exmoor

VOIR AUSSI

- *Hébergement* p. 550-552
- *Restaurants et pubs* p. 587-589

LA RÉGION D'UN COUP D'ŒIL

CIRCULER

Bath et Bristol sont desservies par un réseau ferroviaire très efficace, les autres grandes villes et les stations balnéaires par un réseau ferroviaire régional et par des autocars. Les sites touristiques comme Stonehenge figurent dans la plupart des programmes d'excursions en car. Le cœur du Wessex, plus rural, est moins bien servi ; vous aurez besoin d'une voiture, sauf si vous avez le temps de parcourir la région à pied.

énormes pierres de Stonehenge, es en place il y a environ 5 000 ans

Le Parc national d'Exmoor ❶

Les majestueuses falaises qui plongent dans l'Atlantique tout le long des côtes de l'Exmoor ne s'interrompent que pour laisser la place à des vallées boisées où coulent des rivières poissonneuses.

À l'intérieur des terres, les collines sauvages servent de pâturage à des poneys robustes, à **Courlis** des moutons et à des cerfs, qui furent introduits au XIIIe siècle, quand Exmoor était un terrain de chasse royal. Il n'est pas rare aussi de voir des courlis, ou des busards tournoyant au-dessus des fougères à la recherche d'une proie. Pour les marcheurs, plus de 1 000 km de sentiers pédestres traversent des paysages changeants. Aux alentours du parc, on peut au choix visiter des villages et des églises ou s'adonner aux plaisirs du bord de mer.

Panorama depuis le Southwest Coastal Path

À Combe Martin *(p. 272)* se trouve l'auberge du « Paquet de cartes » (Pack of Cards Inn).

L'église de Parracombe a conservé à l'intérieur son beau décor sculpté de style georgien.

Embouchure de l'Heddon
C'est dans ce paysage escarpé que l'Heddon se jette dans la mer, après avoir traversé bois et prairies.

La vallée des Rocs
L'érosion a sculpté dans la pierre de cette gorge naturelle des formes fantastiques.

LÉGENDE

🅸	Information touristique
▬▬	Route A
▬ ▬	Route B
═══	Route secondaire
- -	Chemin côtier
☆	Point de vue

Lynmouth
Au sommet d'une colline, Lynton domine le village de pêcheurs de Lynmouth. Les deux villages sont reliés par une voie ferrée.

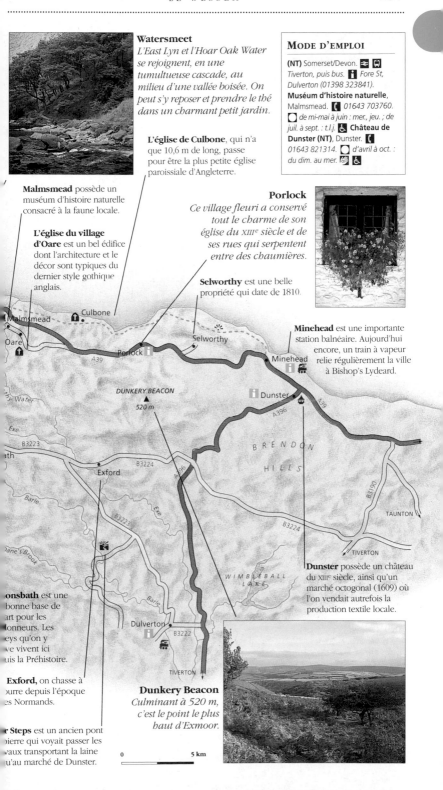

Watersmeet
L'East Lyn et l'Hoar Oak Water se rejoignent, en une tumultueuse cascade, au milieu d'une vallée boisée. On peut s'y reposer et prendre le thé dans un charmant petit jardin.

L'église de Culbone, qui n'a que 10,6 m de long, passe pour être la plus petite église paroissiale d'Angleterre.

Malmsmead possède un muséum d'histoire naturelle consacré à la faune locale.

L'église du village d'Oare est un bel édifice dont l'architecture et le décor sont typiques du dernier style gothique anglais.

MODE D'EMPLOI

(NT) Somerset/Devon. 🚲 🚌 Tiverton, puis bus. 🛈 Fore St, Dulverton (01398 323841). **Muséum d'histoire naturelle,** Malmsmead. 📞 01643 703760. ◯ de mi-mai à juin : mer., jeu. ; de juil. à sept. : t.l.j. 🚻 **Château de Dunster (NT),** Dunster. 📞 01643 821314. ◯ d'avril à oct. : du dim. au mer. 🎫 🚻

Porlock
Ce village fleuri a conservé tout le charme de son église du XIIIe siècle et de ses rues qui serpentent entre des chaumières.

Selworthy est une belle propriété qui date de 1810.

Minehead est une importante station balnéaire. Aujourd'hui encore, un train à vapeur relie régulièrement la ville à Bishop's Lydeard.

Malmsmead · Culbone
Oare
Selworthy
Porlock 🛈
Minehead 🛈 🚂

DUNKERY BEACON
▲ 520 m

🛈 Dunster
A396

B R E N D O N
H I L L S

Water
Exe
B3223
ath
Exford
B3224
A396
Exe
Barle
B3223
TAUNTON
B3190
B3224
TIVERTON

Dane's Brook
📷
WIMBLEBALL LAKE
Barle

Dunster possède un château du XIIIe siècle, ainsi qu'un marché octogonal (1609) où l'on vendait autrefois la production textile locale.

onsbath est une bonne base de art pour les onneurs. Les eys qu'on y ve vivent ici uis la Préhistoire.

Exford, on chasse à ourre depuis l'époque es Normands.

Dulverton 🛈
B3222
📷
TIVERTON

Dunkery Beacon
Culminant à 520 m, c'est le point le plus haut d'Exmoor.

r Steps est un ancien pont ierre qui voyait passer les vaux transportant la laine u'au marché de Dunster.

0   5 km

Taunton ❷

Somerset. 🏙 77 000. 🚆 🚌 🛈
Paul St (01823 336 344). 🛒 mar.,
sam. (bestiaux).

Taunton est au cœur d'une
région fertile, réputée pour
ses pommes et son cidre. La
prospère industrie de la laine
finança la construction de
l'imposante église **Sainte-
Marie-Madeleine** et de sa
tour (1488-1514). Au **château**
se déroulèrent les fameuses
« Assises sanglantes » de 1685,
au cours desquelles le juge
Jeffreys, surnommé le
« Pendeur » (« Hanging »),
condamna le duc de
Monmouth et ses partisans qui
s'étaient soulevés contre le roi
Jacques II *(p. 52-53)*. Ce
château du XIIe siècle abrite le
Somerset County Museum,
dont la pièce maîtresse est une
mosaïque romaine
représentant Didon et Énée.

Aux environs
Aménagés entre 1903 et
1908, les **jardins
d'Hestercombe** sont l'un
des chefs-d'œuvre de Sir
Edwin Lutyens *(p. 25)* et
Gertrude Jekyll *(p. 23)*.

🏛 **Somerset County Museum**
Castle Green. 📞 01823 355504. ⭘ du
mar. au sam. 🌑 25 et 26 déc., 1er jan.,
ven. saint. 🈯 ♿ r-d.-c. seulement.
🌿 **Hestercombe Garden**
Cheddon Fitzpaine. 📞 01823
413923. ⭘ t.l.j. 🈯

LE CIDRE DU SOMERSET

Le Somerset est l'un des rares
comtés anglais où le cidre est
toujours produit selon les
méthodes
traditionnelles.

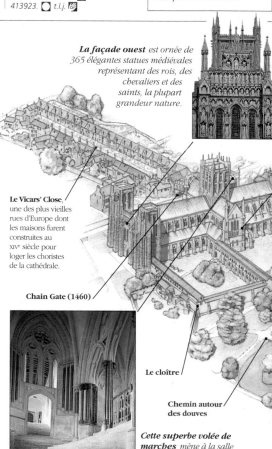

Autrefois, une partie
du salaire des
laboureurs leur
était versée en
nature, sous forme
de cidre. Selon la
légende, on y
ajoute toutes
sortes de choses,
comme des clous,
pour lui donner sa force. On
peut voir la fabrication du
cidre à la ferme **Sheppy** sur
l'A38 près de Taunton.

**Cidre
fermier**

Wells ❸

Somerset. 🏙 10 000. 🚌 🛈 Place du
marché (01749 672552). 🛒 mer., sam.

C'est la source Saint-André
(St Andrew's Well), jaillie à
proximité du **palais épiscopal**
(XIVe siècle), résidence de
l'évêque de Bath et Wells, qui
donna son nom à
cette paisible ville
commerçante. La
cathédrale fut
commencée dans
les années 1100.
Le « Pennyless
Porch », ou porche
des sans-le-sou,
où les mendiants
demandaient
l'aumône, sert de
transition entre
l'effervescence de
la place du
marché et le calme
de l'enceinte de la
cathédrale. Le **musée** abrite
des objets préhistoriques
découverts à Wookey Hole.

**L'horloge de la
cathédrale
(1386-1392)**

Aux environs
Au nord-est de Wells, les
grottes de **Wookey Hole**
s'accompagnent d'attractions.

🏛 **Wells Museum**
8 Cathedral Green. 📞 01749
673477. ⭘ de Pâques à oct. : t.l.j. ;
de nov. à Pâques : du mer. au dim. 🌑
24 au 26 déc. 🈯
🕳 **Wookey Hole**
Près de l'A371. 📞 01749 672243.
⭘ t.l.j. 🌑 du 17 au 25 déc. 🈯 ♿

La façade ouest est ornée de
365 élégantes statues médiévales
représentant des rois, des
chevaliers et des
saints, la plupart
grandeur nature.

Le Vicars' Close,
une des plus vieilles
rues d'Europe dont
les maisons furent
construites au
XIVe siècle pour
loger les choristes
de la cathédrale.

Chain Gate (1460)

Le cloître

**Chemin autour
des douves**

*Cette superbe volée de
marches* mène à la salle
capitulaire octogonale, ornée de
délicates voûtes en éventail
datant de 1306 ; leurs 32 arêtes,
jaillissant de la colonne centrale,
forment comme un palmier.

L'abbaye de Glastonbury, tombée en ruine au xvie siècle

Les tombes des évêques
*entourent le jubé. Cette belle
tombe de marbre, dans l'aile
sud, est celle de Lord Arthur
Hervey, qui fut évêque de
Bath et Wells (1869-1894).*

Les douves *sont le refuge des
cygnes qui ont appris à sonner
la cloche quand ils veulent être
nourris. Leurs repas sont servis à
11 h et 16 h.*

**Le palais épiscopal
(1230-1240)**

**LA
CATHÉDRALE
DE WELLS ET LE
PALAIS ÉPISCOPAL**
Le cloître. 📞 *01749 674483.* ◯ *t.l.j.*
♿ *limité.* **Le palais épiscopal** 📞
01749 678691. ◯ *de Pâques à oct. : mar.,
ven., dim. et jours fériés (août : t.l.j.).* 📷 ♿
Wells a su conserver sa
physionomie médiévale grâce au
groupe harmonieux que forment la
cathédrale, le palais entouré de
douves et les bâtiments monastiques.
De la cathédrale, on retiendra surtout
la belle façade ouest et l'imposante
arche édifiée en 1338 pour consolider
la tour qui menaçait ruine.

**Ruines de la Grande
Salle (xiiie siècle)**

Glastonbury ❹

Somerset. 🏠 *9 000.* 🚉 ℹ️ *Tribunal,
High St (01458 832954).* 🛒 *mar.*

G lastonbury la magique,
auréolée du mythe du roi
Arthur, était autrefois l'une des
villes de pèlerinage les plus
importantes d'Angleterre.
Aujourd'hui, des milliers de
personnes viennent chaque
année, au solstice d'été
(21 juin), y assister à un festival
de rock *(p. 63).*

Au cours des siècles,
l'histoire et la légende se sont
mêlées inextricablement. Les
moines fondateurs de l'**abbaye**
(vers 700) ont encouragé
l'assimilation de Glastonbury
avec la mythique « île bénie »,
connue sous le nom d'Avalon,
où gisent le roi Arthur et le
Saint-Graal *(p. 269).*

La majestueuse abbaye
normande tomba en ruine
après la dissolution des ordres
monastiques *(p. 50-51),* mais
ses vestiges, comme les
surprenantes cuisines au toit
octogonal et la grange qui
abrite aujourd'hui le **Somerset
Rural Life Museum** (musée
de la vie rurale du Somerset),
valent le détour.

On dit de l'aubépine qui
fleurit dans le domaine, à Noël
comme au mois de mai,
qu'elle a jailli miraculeusement
du bâton de Joseph
d'Arimathie, quand celui-ci fut
envoyé en Angleterre en 60
apr. J.-C. pour convertir le pays
au christianisme.

Le **Lake Village Museum**
(musée du Village du lac)
présente quelques découvertes
intéressantes datant de l'âge du
fer, quand des campements
étaient installés en bordure des
marais qui entourent la
Glastonbury Tor. Visible à
des kilomètres à la ronde, la
Tor est une colline où
subsistent les ruines d'une
église du xive siècle.

🏛 **Somerset Rural Life
Museum**
Chilkwell St. 📞 *01458 831197.*
◯ *de Pâques à oct. : mar. au dim. ;
de nov. à Pâques : du mar. au sam.* ●
du 24 au 26 déc., 1er jan., ven. saint.
📷 ♿ *limité.*
🏛 **Lake Village Museum**
Tribunal, High St. 📞 *01458 832954.*
◯ *t.l.j.* ● *25 et 26 déc.* 📷

Les gorges du Cheddar ❺

Ce gouffre spectaculaire a été creusé au cours des dernières périodes glaciaires par des courants tumultueux et rapides qui entaillèrent le plateau du Mendip. Cheddar a aussi donné son nom à un fromage savoureux fabriqué dans la région et aujourd'hui mondialement connu. Il était autrefois entreposé et affiné dans les cavernes naturelles des gorges, dont la température constante et le taux d'humidité élevé créaient l'atmosphère idéale à la lente maturation des fromages.

Le Chewton Cheese Dairy *(12 km à l'est de la B3135) permet au public d'assister à une démonstration de la fabrication artisanale traditionnelle du cheddar (sauf le jeudi et le dimanche).*

La route B3135 serpente au fond de la gorge sur 5 km.

Le squelette *de « l'homme du Cheddar », vieux de 9 000 ans, est exposé au musée.*

Un sentier pédestre longe le sommet du versant sud de la gorge.

La grotte de Gough est de dimensions spectaculaires.

Information touristique

La grotte de Cox est ornée de stalactites et de stalagmites aux formes inhabituelles.

Des falaises *impressionnantes, presque à pic, se dressent sur une hauteur de 120 m ; elles encadrent une gorge étroite et sinueuse.*

L'Échelle de Jacob, avec ses 274 marches, conduit au sommet de la falaise.

L'œillet du Cheddar *a trouvé refuge le long des parois hostiles des gorges.*

La Prospect Tower offre un magnifique point de vue sur les alentours.

Bristol ❻

P. 242-243.

Bath ❼

P. 244-247.

Bradford-on-Avon ❽

Wiltshire. 🚶 *9 500.* 🚆 ❘ *Bridge St (01225 865797).* 🛏 *jeu.*

Cette jolie ville aux ruelles escarpées abrite plusieurs demeures fastueuses construites aux XVIIe et XVIIIe siècles pour de riches marchands de textiles. **Church House**, dans Church Street, en est un bel exemple. Un peu plus loin, **St Laurence Church**, construite par les Saxons en 705 *(p. 47)*, est remarquablement conservée. Elle a été transformée au XIIe siècle en école, puis en

Construction typique en pierre des Cotswolds, Bradford-on-Avon

cottage, et n'a été identifiée qu'au XIXe siècle par un pasteur qui a reconnu le toit caractéristique, en forme de croix, des églises saxonnes.

Au milieu du pont médiéval, **Town Bridge**, se trouve un petit édicule de pierre. C'était au XIIIe siècle une chapelle ; au XVIIIe, on y enfermait les ivrognes et les vagabonds.

À un jet de pierre, près des anciennes filatures et de la partie navigable du canal de l'Avon et du Kennet, se trouve **Tithe Barn** *(p. 28-29)*, une imposante grange dîmère.

🏛 Tithe Barn
Pound Lane. 🔓 *t.l.j.* 🌑 *25 et 26 déc.* ♿

Corsham ❾

Wiltshire. 🚶 *12 000.* ❘ *High St (02149 714660).* 🛏 *mar.*

Les rues de Corsham sont bordées de majestueuses demeures georgiennes, typiques de l'architecture en pierre des Cotswolds. **St Bartholmew's Church** à l'élégante flèche abrite la tombe sculptée de la dernière Lady Methuen, dont la famille fonda une importante maison d'édition anglaise. Cette même famille acquit en 1745 le manoir de **Corsham Court**, dont la collection de peintures des écoles flamande, italienne et anglaise présente des œuvres de Van Dyck, Lippi ou Reynolds. Des paons se promènent librement dans le domaine.

Paon se pavanant à Corsham Court

🏛 Corsham Court
Près de l'A4. 🕻 *01249 712214.* 🔓 *de Pâques à nov. : du mar. au dim. (l'après-midi) ; de jan. à Pâques : du mar. au jeu., sam., dim. (après-midi).* ♿

Lacock ❿

Wiltshire. 🚶 *1 000.*

Maintenu dans son état originel par le National Trust et n'ayant subi que très peu de rajouts modernes, Lacock est un village très pittoresque.

D'étranges figures de pierre vous observent depuis **St Cyriac Church**, du XVe siècle, dont la cour est bordée au nord par les méandres de l'Avon. À l'intérieur, le splendide tombeau Renaissance de Sir William Sharington (1495-1553), qui acheta l'**abbaye de Lacock** après la dissolution des ordres monastiques *(p. 50-51)*. Mais c'est un autre de ses propriétaires, John Ivory Talbot, qui fit remaner le bâtiment dans le style gothique très à la mode au XVIIIe siècle. Un de ses descendants, Henry Fox Talbot, pionnier de la photographie, rendit l'abbaye célèbre en prenant son premier cliché (1835) d'une des fenêtres de la galerie sud. Une ancienne grange a été transformée en un **musée** qui présente les différentes expériences de Fox Talbot.

Aux environs
Dessinée par Robert Adam *(p. 24-25)* en 1769, **Bowood House** abrite le laboratoire dans lequel Joseph Priestley parvint à identifier l'oxygène en 1774, ainsi qu'une belle collection de sculptures, de peintures et de costumes. Des jardins à l'italienne entourent la demeure ; le domaine, ponctué de lacs et dessiné par Capability Brown *(p. 22-23)*, offre aux promeneurs un temple dorique, une grotte, une cascade et, aujourd'hui, un grand parc d'attractions.

🏛 Lacock Abbey
(NT) High St. 🕻 *01249 730227.* 🔓 *d'avril à oct. : du mer. au lun. (après-midi).* 🌑 *ven. saint.* ♿ *limité à l'intérieur.*

🏛 Fox Talbot Museum
(NT) High St. 🕻 *01249 730459.* 🔓 *d'avril à oct. : t.l.j.* 🌑 *ven. saint.* ♿

🏛 Bowood House
Derry Hill, près de Calne. 🕻 *01249 812102.* 🔓 *de mars à oct. : t.l.j.* ♿

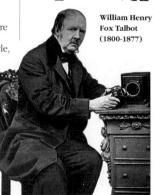

William Henry Fox Talbot (1800-1877)

Bristol ❻

Le roi Brennus, St John's Gate

C'est en 1497 que l'explorateur John Cabot quitta Bristol pour l'Amérique du Nord. La ville, située à l'embouchure de l'Avon, devint ainsi le principal port anglais de commerce transatlantique. Avec la construction du *Great Britain* s'ouvrait l'ère des grands paquebots à vapeur. Bristol devint une ville commerçante prospère grâce au commerce du vin, du tabac et, au XVIIe siècle, des esclaves. Ses docks et ses usines de moteurs d'avion lui valurent d'être sévèrement bombardée pendant la Deuxième Guerre mondiale, et la ville doit son aspect actuel aux urbanistes de l'après-guerre. Les docks furent déplacés sur Avonmouth ; à leur place, un nouveau quartier a vu le jour, avec des cafés en bord de mer, des boutiques et des galeries d'art.

À la découverte de Bristol

La partie la plus intéressante de la cité se trouve entre Broad Street, King Street et Corn Street. Le marché couvert animé s'abrite sous une halle au blé **(Corn Exchange)** construite par John Wood l'Ancien *(p. 244)* en 1743. À l'extérieur, les célèbres Clous de Bristol (Bristol Nails), quatre socles de bronze (XVIe-XVIIe s.), sur lesquels les marchands installaient la table où ils réglaient leurs transactions – d'où l'expression « to pay on the nail », c'est-à-dire « payer sur le clou », l'équivalent de notre « payer rubis sur l'ongle ». Au début de Broad Street, **St John's Gate** est une porte ornée des statues de Brennus et Benilus, les rois fondateurs de Bristol. Non loin, entre Lewins Mead et Colston Street, une jolie ruelle bordée de boutiques, **Christmas Steps**. Tout en haut, la **chapelle des Trois Rois**, fondée en 1504, est flanquée d'un hospice de style néo-gothique.

King Street offre de beaux exemples de maisons

Les Deux Sœurs (1889) de Renoir, au musée municipal de Bristol

anciennes, dont **Llandoger Trow**, une auberge du XVIIe siècle. C'est ici que Daniel Defoe aurait rencontré Alexander Selkirk, dont la vie d'exil sur une île lui inspira son *Robinson Crusoe* (1719). Le **Théâtre Royal**, juste au-dessus, est une ancienne maison de jeu de 1766. Tout près se trouve la fameuse **Galerie Arnolfini**, véritable vitrine de l'art contemporain, du théâtre, de la danse et du cinéma. En face, la statue de John Cabot (1425-vers 1500) regarde avec nostalgie le vieux port, aujourd'hui bordé de cafés et de pubs.

À l'ouest de la ville, l'impressionnante structure du **pont suspendu de Clifton** renforce la théâtralité des gorges escarpées de l'Avon. Construit en 1864, le pont témoigne de l'habileté de l'ingénieur Brunel. Le **parc zoologique** voisin se consacre à la sauvegarde des espèces menacées.

La proue du s.s. Great Britain

Monument funéraire de William Canynge le Jeune (1400-1474)

🔒 St Mary Redcliffe

Redcliffe Way. **☎** *0117 9291487.* ○ *t.l.j.* ♿

Il n'y a dans Bristol que peu d'endroits aussi chargés d'histoire que cette magnifique église du XIVe siècle, considérée par la reine Élisabeth Ire comme la plus belle d'Angleterre. L'église doit beaucoup à la générosité de deux maires de Bristol, William Canynge père et fils. Les inscriptions sur les tombes des marchands et des marins parlent de vies consacrées au commerce avec l'Asie et l'Amérique. Les nervures de la voûte sont ornées d'une multitude de blasons dorés.

🏛 s.s. Great Britain

Gas Ferry Rd. **☎** *0117 9260680.* ○ *t.l.j.* ● *24 et 25 déc.* 🎦 ♿ *limité.*

Le *s.s. Great Britain*, dessiné par Isambard Kingdom Brunel, est le premier grand paquebot de fer du monde destiné à transporter des passagers. C'est aussi le prototype des bateaux d'aujourd'hui. Mis à l'eau en 1843, il fit 32 fois le tour du monde, avant d'être abandonné dans les Malouines en 1886. L'épave fut récupérée et ramenée à Bristol en 1970. Restauré, ce paquebot, qui porte témoignage de la véritable révolution apportée par Brunel dans la construction navale, se trouve actuellement dans le dock où il fut construit, à côté du Centre du patrimoine maritime (Maritime Heritage Centre).

🏠 Georgian House

7 Great George St. **☎** *0117 9211362.* ○ *du mar. au sam.* ● *25 et 26 déc.* 🎦

La vie dans les maisons des marchands aisés de Bristol à la fin du XVIIIe siècle est illustrée côté salon par un beau mobilier de style Adam et côté cuisine par la diversité étonnante des pots, poêles et plats utilisés.

Entrepôts donnant sur le port

🏛 Bristol Industrial Museum

Prince's Wharf. **[** 0117 9251470.
◯ d'avril à oct., sam.-mer, de nov. à
mars, sam., dim. ◉ 25, 26 et 27 déc.
📷 ⛔
Les collections de véhicules et
de maquettes du musée
industriel donnent un aperçu
de l'étonnante variété des
productions de Bristol depuis
trois cents ans : voitures
luxueuses ou bus de tous les
jours, la première caravane de
tourisme du monde et le
Concorde, dont la maquette du

cockpit est présentée.

🏛 City Museum and Art Gallery

Queen's Rd. **[** 0117 9223571. ◯
t.l.j. ◉ jours fériés. 📷 ⛔ limité.
On y trouve à la fois des tigres
empaillés, des fossiles, de la
vaisselle romaine, la plus
grande collection de verre de
Chine en dehors de ce pays, et
d'intéressantes peintures
européennes parmi lesquelles
des œuvres de Renoir et Bellini.
Les artistes de Bristol sont
représentés par Sir Thomas

MODE D'EMPLOI

Avon. 🏠 375 000. ✈ Lulsgate, à
11 km au sud-ouest de Bristol. 🚉
Temple Gate (Temple Meads). 🚌
Marlborough St. 🛈 St Nicholas St
(0117 926 0767). 🚪 t.l.j. 🏁 régates :
juil.-août ; Fête internationale du
ballon : août ; festival international
du cerf-volant : sept.

Lawrence et Francis Danby.

🛐 Bristol Cathedral

College Green. **[** 0117 9264879.
◯ t.l.j. 📷 ⛔ limité.
La construction de la
cathédrale dura longtemps,
mais s'accéléra entre 1298 et
1330, au moment où le chœur,
fut achevé. Le transept et la
tour furent terminés en 1515 ;
350 ans plus tard, l'architecte
victorien G. E. Street construisit
la nef. Des sculptures pleines
d'humour et d'invention
y abondent : petit escargot
rampant sur un feuillage
de pierre, singes musiciens
dans l'ancienne chapelle
de la Vierge (XIIIᵉ s.),
et dans le chœur un bel
ensemble de miséricordes.

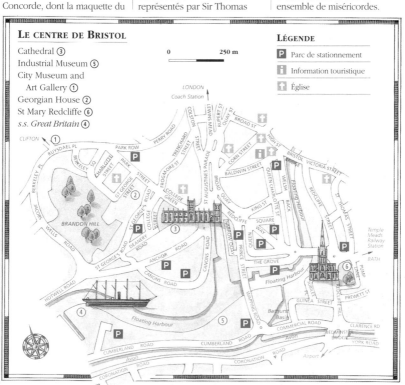

LE CENTRE DE BRISTOL

Cathedral ③
Industrial Museum ⑤
City Museum and
   Art Gallery ①
Georgian House ②
St Mary Redcliffe ⑥
s.s. Great Britain ④

0   250 m

LÉGENDE

P Parc de stationnement

🛈 Information touristique

🛐 Église

Bath pas à pas ❼

Bath doit sa prospérité à une petite source d'eau gazeuse autour de laquelle les Romains eurent tôt fait de construire des thermes. Bath devint ainsi la première station thermale d'Angleterre. Après une éclipse, elle fut à nouveau, au XVIIIᵉ siècle, une ville d'eau réputée. C'est à cette époque que deux brillants architectes nommés tous deux John Wood (l'Ancien et le Jeune) ont conçu la plupart des bâtiments de la ville dans un style inspiré de Palladio.

Le Circus
Son architecture, a[...] John Wood l'Ancie[...] (1705-1754), romp[...] avec le style de la p[...] georgienne classiq[...]

Royal Crescent

Au 17 vivait Thomas Gainsborough *(p. 149)*, grand peintre du XVIIIᵉ siècle.

Salles de réunion et musée du Costume

★ Le Royal Crescent
Salué comme la rue la plus majestueuse de Grande-Bretagne, cet arc de trente maisons (1767-1774) est le chef-d'œuvre de John Wood le Jeune. Le Royal Victoria Park, aménagé en 1830, est le plus grand espace vert de la ville.

Jane Austen *(p. 148)* demeurait au 13 Queen's Square à chaque fois que, dans sa jeunesse, elle venait à Bath.

Milsom Street et New Bond Street rassemblent les boutiques les plus chic de Bath.

Le Théâtre royal (1805)

LÉGENDE

– – – Itinéraire conseillé

0   100 m

À NE PAS MANQUER

★ **Royal Crescent**

★ **Les thermes romains**

★ **L'abbaye de Bath**

Les Pump Rooms
Ces salons de thé étaient autrefois au cœur de la vie sociale de Bath. On peut y voir cette belle fontaine.

Pulteney Bridge
*Ce joli pont (1769-1774) conçu par Robert Adam
est bordé de boutiques ; il relie le centre-ville à la
magnifique Great Pulteney Street. Ne manquez
pas la boîte aux lettres victorienne sur la rive est.*

Le musée de Bath

MODE D'EMPLOI

Avon. 🏠 *83 000.* ✈ *Aéroport
de Luisgate à 32 km à l'ouest de
Bath.* 🚆 *Dorchester St.* 🚌
Manvers St. ℹ *Abbey
Chambers, Abbey Church Yard
(01225 477101).* 📅 *t.l.j.* 🎭
festival international : mai-juin.

★ L'abbaye de Bath
*Cette splendide abbaye se trouve
au cœur de la vieille ville, sur
une grande place pavée animée
par des musiciens. Sur une
façade unique en son genre sont
sculptés des anges escaladant
l'Échelle de Jacob vers le paradis.*

★ Les thermes romains
*Ce complexe (1er siècle) est
l'un des plus
importants vestiges
romains sur le sol
britannique.*

Holburne
Museum et
Crafts
Study
Centre

PARAGON

BROAD STREET

NORTHGATE STREET

NEW BOND STREET

PER BOROUGH WALLS

UNION STREET

HIGH STREET

GRAND PARADE

CHEAP STREET

ORANGE GROVE

GATE STREET

YORK STREET

NORTH PARADE PASSAGE

**Gares
ferroviaire et routière**

Parade Grounds
*Au XVIIIe siècle, les couples
venaient abriter leurs amours
secrètes dans ce parc.*

La maison de Sally Lunn (1482)
est l'une des plus vieilles de la ville.

À la découverte de Bath

Cette belle ville animée, nichée dans les vertes collines onduleuses de la vallée de l'Avon, offre au visiteur de splendides points de vue sur la campagne environnante. Le centre piétonnier, animé par les musiciens de rue, regorge de musées, de cafés et de boutiques attrayantes ; cette animation a pour toile de fond les élégantes maisons georgiennes de la

Musicien de rue ville, aux façades couleur de miel.

La construction de l'abbaye de Bath a commencé en 1499

🔒 Bath Abbey

Abbey Churchyard. 🕿 01225 422462. ◯ t.l.j. **Offrandes.** ⟳
La légende raconte que cette splendide abbaye serait une œuvre divine ; sa forme aurait été dictée par Dieu à l'évêque Oliver King, au cours d'un rêve immortalisé dans les belles sculptures de la façade ouest. L'évêque aurait entrepris sa construction en 1499 sur les vestiges d'une église du VIIIᵉ siècle. Des inscriptions commémoratives couvrent les murs ; celles qui datent du XVIIIᵉ siècle constituent un témoignage précieux sur toute la société du temps. À l'intérieur de l'église, la nef est ornée de délicates voûtes en éventail, aussi découpées qu'une dentelle et ajoutées par Sir George Gilbert Scott en 1874.

🏛 Assembly Rooms et Museum of Costume

Bennett St. 🕿 01225 477789. ◯ t.l.j. ● 25 et 26 déc. ⟳
Les salles de réunion (Assembly Rooms), construites par John Wood le Jeune en 1769, devaient être un lieu de rencontre pour l'élite et un décor élégant pour les bals, dont Jane Austen, dans un roman de 1818 intitulé *L'Abbaye de Northanger*, a décrit l'ambiance faite d'intrigues. Les sous-sols abritent une collection de costumes présentés dans des décors d'époque. Ils retracent l'histoire de la mode depuis le XVIᵉ siècle jusqu'à nos jours.

🏛 No. 1 Royal Crescent

Royal Crescent. 🕿 01225 428126. ◯ du mar. au dim. et jours fériés. ● de mi-déc. à mi-fév., ven. saint. ⟳
Ce musée, dans une des belles demeures du Croissant royal, permet d'imaginer la vie d'aristocrates du XVIIIᵉ siècle comme le duc d'York, qui y vécut. La maison est pleine d'objets d'époque ; ainsi dans la cuisine, devant la cheminée une broche actionnée autrefois par un chien.

🏛 Holburne Museum et Crafts Study Centre

Great Pulteney St. 🕿 01225 466669. ◯ t.l.j. (de nov. à Pâques : du mar. au dim.). ● de mi-déc. à fin-fév. ⟳ ⟳
Ce bâtiment doit son nom à Thomas Holburne de Menstrie (1793-1874), dont les trésors forment le noyau de l'impressionnante collection du musée (beaux-arts et arts décoratifs). On peut y voir aussi bien des tableaux de Gainsborough et de Stubbs que des objets d'art contemporains.

LE MUSÉE DES THERMES ROMAINS

Stall St. 🕿 01225 477784. ◯ t.l.j. ● 25 et 26 déc. ⟳ ⟳ limité.
Selon la légende, Bath doit son origine au roi celte Bladud, qui découvrit le premier, en 860 av. J.-C., les vertus curatives des sources chaudes. En effet, condamné à l'exil parce qu'il était lépreux, il aurait suivi l'exemple d'un porc sorti tout guilleret d'un bain dans la boue chaude de Bath.

Au Iᵉʳ siècle, les Romains construisirent des thermes et un temple dédié à Sulis Minerve, synthèse entre la déesse celte des eaux Sulis et la déesse romaine de la guerre. Une tête en bronze doré de la déesse, trouvée en 1727, figure au musée. Au Moyen Âge, les moines de l'abbaye exploitèrent les propriétés des sources, mais ce n'est qu'en 1702-1703, avec la visite de la reine Anne.

Tête de Sulis Minerve en bronze doré

que Bath devint une ville d'eau à la mode.

🏛 Bath Museum

The Paragon. 📞 *01225 333895.* ⭕ *du mar. au dim. et jours fériés.* ⭘ *de fin nov. à mi-fév.* 📷 ♿ *limité.*
Situé dans une vieille chapelle méthodiste, ce musée est un excellent point de départ pour qui veut visiter la ville. Il montre en effet comment Bath, dont l'économie était basée au Moyen Âge sur la laine, devint au XVIIIᵉ siècle une des plus élégantes stations thermales d'Europe. John Wood et son fils dessinèrent les façades classiques du Royal Crescent et du Circus, laissant aux spéculateurs immobiliers le soin de concevoir ce qu'il fallait mettre derrière. Les façades parlent d'ordre et d'harmonie, mais les habitations, toutes différentes, témoignent d'un esprit beaucoup plus individualiste.

🏛 American Museum

Claverton Manor, Claverton Down. 📞 *01225 460503.* ⭕ *de mars à oct. : du mar. au dim. et jours fériés.* 📷 ♿
Installé dans un manoir de 1820, ce premier musée américain d'Angleterre fut fondé en 1961 pour favoriser la rencontre entre la Grande-Bretagne et l'Amérique. Des habitations rudimentaires des pionniers aux foyers opulents du XIXᵉ siècle, les différentes salles donnent un bon aperçu de la diversité du nouveau continent, complété par des meubles des quakers, des patchworks et de l'art indien.

Une girouette du XIXᵉ siècle

RICHARD « BEAU » NASH (1674-1762)

Élu en 1704 maître des cérémonies, « Beau » Nash joua un rôle crucial dans la transformation de Bath en station à la mode du XVIIIᵉ siècle. Il imagina, pour assurer à la ville un afflux constant de visiteurs et y retenir de riches oisifs, une ronde sans fin de jeux – dont des jeux d'argent –, de bals et de divertissements.

---

le dôme (1897) est inspiré de l'église t Stephen Walbrook de Londres p. 115).

Le Grand Bain

Le Grand Bain à ciel ouvert, au cœur du complexe thermal romain, ne fut découvert que dans les années 1870. Ce magnifique bassin est entouré de nombreuses salles d'eau, qui devinrent de plus en plus sophistiquées au cours des 400 ans que dura l'occupation romaine. Les thermes sont tombés en ruine, mais des fouilles archéologiques minutieuses ont révélé l'extraordinaire maîtrise des constructeurs de l'époque.

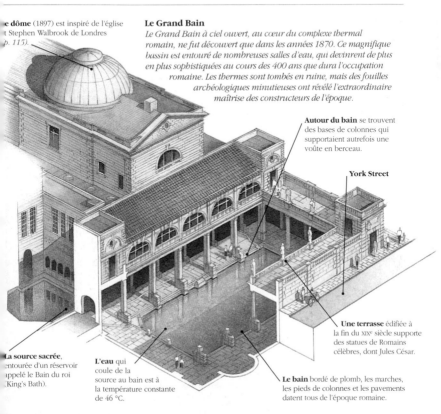

Autour du bain se trouvent des bases de colonnes qui supportaient autrefois une voûte en berceau.

York Street

Une terrasse édifiée à la fin du XIXᵉ siècle supporte des statues de Romains célèbres, dont Jules César.

La source sacrée, entourée d'un réservoir appelé le Bain du roi (King's Bath).

L'eau qui coule de la source au bain est à la température constante de 46 °C.

Le bain bordé de plomb, les marches, les pieds de colonnes et les pavements datent tous de l'époque romaine.

Stonehenge ⓫

Construit en plusieurs étapes à partir de 3000 av. J.-C., Stonehenge est l'ensemble mégalithique le plus connu d'Europe. Nous ne pouvons qu'imaginer les rituels qui s'y déroulaient, mais il est fort probable que l'alignement des pierres a un lien avec le soleil et l'enchaînement des saisons ; il est certain aussi que ses bâtisseurs possédaient une compréhension élaborée de l'astronomie et de l'arithmétique. En dépit d'une croyance populaire, le cercle de Stonehenge n'a pas été élevé par des druides, car ces prêtres de l'âge du fer officiaient en 250 av. J.-C., soit plus de 1 000 ans après l'achèvement de Stonehenge.

Stonehenge aujourd'hui

Objets découverts dans un tumulus près de Stonehenge (musée de Devizes)

La Pierre magique étend une ombre immense jusqu'au centre du cercle le jour du solstice d'été.

L'Avenue permet d'accéder au site.

La Pierre des Massacres (Slaughter Stone), ainsi nommée au XVIII° siècle car on croyait alors que des sacrifices humains avaient eu lieu à Stonehenge, était en fait une des deux pierres formant l'entrée.

Ce remblai (Outer Bank), creusé vers 3000 av. J.-C., est la partie la plus ancienne de Stonehenge.

LA CONSTRUCTION DE STONEHENGE

La monumentalité de Stonehenge est encore plus impressionnante quand on sait que les seuls outils disponibles alors étaient en pierre, en bois ou en os. Le travail fourni pour extraire, transporter et ériger ces énormes pierres exigeait des concepteurs une vue d'ensemble de toutes les opérations et une autorité exercée sur un grand nombre d'hommes.

RECONSTITUTION DU SITE DE STONEHENGE

Voici à quoi ressemblait vraisemblablement Stonehenge il y a environ 4 000 ans.

Un monolithe était déplacé sur des cylindres de bois.

Grâce à des leviers, il était peu à peu soulevé.

La pierre était tirée à la verticale par 200 hommes s'aidant de cordes.

La fosse à la base était comblée une fois la pierre en place.

LES AUTRES SITES PRÉHISTORIQUES DU WILTSHIRE

Le relief dégagé de la plaine de Salisbury a fait de cette région un site préhistorique important riche en vestiges. Ainsi tout autour de Stonehenge se trouvent un grand nombre de tumulus ; les membres de la société dirigeante avaient le privilège d'être inhumés près du sanctuaire.

Des armes cérémonielles en bronze, des bijoux et autres objets découverts au cours de fouilles dans la région sont présentés aux musées de Salisbury (p. 250-251) et Devizes.

Silbury Hill, le plus grand tertre fortifié préhistorique

La colline de Silbury

d'Europe, a été construit en blocs crayeux aux alentours de 2750 av. J.-C. Il couvre 2 hectares de collines et s'élève à une hauteur de 40 m. On se perd encore en conjectures sur sa signification réelle.

Non loin de là, le **West**

cercle de monolithes (Sarsen Circle), érigé
1500 av. J.-C., est coiffé de pierres
horizontales maintenues par mortaises et tenons.

Le cercle de pierres bleues
(Bluestone Circle), réalisé en
2000 av. J.-C. avec 80 pierres
provenant du sud du pays de
Galles, ne fut jamais achevé.

**Fer à cheval de
pierres bleues**

**Fer à cheval
de dolmens**

*Les extrémités du
linteau étaient soulevées
alternativement*

*Le poids du
linteau était supporté par
une plate-forme.*

*Le linteau venait
latéralement coiffer
les pierres debout.*

MODE D'EMPLOI

Près de l'A303, Wiltshire.
01980 624715. Salisbury, puis
bus n° 3. d'avril à mai, sept. : de
10 h à 18 h t.l.j. ; de juin à août : de
10 h à 19 h t.l.j. ; d'oct. à mars : de
10 h à 16 h t.l.j. (der. entrée 20 mn
avant la ferm.). du 24 au
26 déc., 1er jan.

**Un monolithe du cercle de pierres
d'Avebury**

Avebury ⓬

Wiltshire. 🏠 600. 🚋 Swindon, puis
bus. 🛈 The Great Barn Museum
(01672 539425).

Élevé aux alentours de 2500
avant notre ère, l'**Avebury
Stone Circle** qui entoure le
village d'Avebury était
probablement autrefois un site
sacré. Au XVIIIe siècle, les
villageois superstitieux ont
fracassé la plupart des pierres,
pensant que ce cercle avait été
témoin de sacrifices païens. Le
musée Alexander Keiller
retrace la construction du
cercle de pierres et ses
corrélations avec les autres
monuments de la région.
Abrité dans une belle grange,
le **Museum of Wiltshire
Rural Life** présente aussi bien
la fabrication du fromage que
l'élevage des moutons. **St
James's Church** possède des
fonts baptismaux normands
sculptés de monstres marins et
un étonnant jubé du XVe siècle.

Aux environs
À quelques minutes à l'est,
Marlborough est une ville
attrayante dont la rue
principale est bordée de
boutiques XVIIIe ornées de
colonnades.

🏛 **Alexander Keiller
Museum**
(NT) High St. *01672 539250.*
t.l.j. du 24 au 26 déc., 1er jan.
🏛 **Museum of Wiltshire
Rural Life**
The Great Barn Museum. *01672
539555.* t.l.j. (de mi-nov. à mi-mars :
sam. et dim.). 25 et 26 déc.

Kennet Long Barrow (grand
tumulus de l'ouest du Kennet)
est le complexe funéraire le
plus important d'Angleterre,
avec ses nombreuses
chambres bordées de pierres
et son entrée monumentale.
Construit aux alentours de
3250 av. J.-C., il fut utilisé
comme cimetière communal
pendant des siècles ; on retirait
les corps pour faire place aux
nouveaux venus.
  C'est à l'intérieur des massifs
remparts d'un fort bâti sur la
colline au 1er siècle par les
Romains que les fondateurs
normands d'**Old Sarum** ont
construit un château fortifié sur
un tertre. On en voit
aujourd'hui les ruines, ainsi
que les fondations de

l'immense cathédrale de 1075.
Mais il ne reste rien de la ville
intérieure aux remparts.

🏰 **Old Sarum**
Castle Rd. *01722 335398.* t.l.j.
du 24 au 26 déc., 1er jan. limité.

**Complexe funéraire de West Kennet
Long Barrow (v. 3250 av. J.-C.)**

Salisbury ⑬

Salisbury a été fondée en 1220, après que les habitants eurent décidé de quitter les environs arides et désolés du village d'Old Sarum *(p. 249)* pour les prairies luxuriantes où convergent l'Avon, la Nadder et la Bourne. Pour bâtir la cathédrale, on fit venir par flottage sur la Nadder la belle pierre calcaire de Chilmark, à 20 km à l'ouest de Salisbury. Commencée dans les premières années du XIIIe siècle, la cathédrale fut édifiée en un temps record : 38 ans. Sa flèche est la plus haute d'Angleterre ; elle a été ajoutée entre 1280 et 1310.

La maison de John A' Port dans Queen's Street (XVe siècle)

à colombage. Sur la **place du Marché**, très animée, le **Guildhall** (hôtel de ville) est une étonnante construction en brique grise de la fin du XVIIIe siècle. Plus attrayantes sont les maisons de brique et de bois alignées sur le côté nord du square ; leurs façades georgiennes sont plaquées sur des demeures datant du Moyen Âge.

Vue de l'enceinte de la cathédrale avec une sculpture d'Élisabeth Frink

Le cloître de la cathédrale est le plus grand d'Angleterre ; il a été ajouté entre 1263 et 1284.

À la découverte de Salisbury

La vaste **enceinte**, qui renferme écoles, hôpitaux, collèges de théologie et logements pour le clergé, forme un bel écrin à la cathédrale. Parmi les bâtiments les plus intéressants, citons le **Matrons' College** (collège des Matrones), construit en 1682 pour les veuves des membres du clergé, la **Malmesbury House**, du XIIIe siècle, avec ses jolies portes en fer forgé et une belle façade de 1719, le **Deanery** (doyenné), construit au XIIIe siècle, la **Wardrobe** (garde-robe), du XVe siècle, aujourd'hui un musée militaire, et la **Cathedral School**, dans le palais épiscopal du XVIIIe siècle.

Au-delà de l'enceinte, la ville de Salisbury s'ordonne comme un échiquier dont chaque case serait dévolue à un corps de métier ; on peut ainsi se

retrouver « rue du Poisson » (Fish Row) ou « rue du Boucher » (Butcher Row). Quittant l'enceinte par la **High Street Gate**, on rejoint High Street, la Grand-Rue, conduisant à l'**église Saint-Thomas** (XIIIe siècle), qui a une belle charpente sculptée de 1450. Elle abrite un saisissant Jugement dernier du début du XVIe siècle. Non loin, dans Silver Street, se trouve **Poultry Cross**, un marché aux volailles (poultry) couvert du XVe siècle. De là se déploie tout un réseau de ruelles aux charmantes maisons

Stalles du chœur

Dans la salle capitulaire est présentée une copie de la Grande Charte *(Magna Carta)*. Les murs sont ornés de scènes de l'Ancien Testament.

La chapelle de la Trinité abrite le tombeau de saint Osmund, évêque d'Old Sarum entre 1078 et 1099.

Bishop Audley's Chantry, magnifique réalisation du XVIe siècle, est l'une des nombreuses chapelles groupées autour de l'autel.

FISH ROW

La « rue du Poisson », dans le vieux quartier de Salisbury

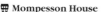

🏠 Mompesson House
(NT) Enceinte. **(** *01722 335659.* ⬭ *d'avril à oct. : du sam. au mer. (après-midi).* 🖼 ♿ *limité.*

Construite en 1701 pour une famille aisée du Wiltshire, cette maison agréablement meublée nous renseigne sur la façon dont on vivait au XVIIIe siècle à l'intérieur de l'enceinte de la cathédrale. Le mur nord de l'enceinte sert de limite à un joli jardin.

La flèche de la cathédrale a 123 m de haut.

La façade ouest est décorée de rangées de sculptures symboliques ou représentant des saints.

Une promenade sur le toit permet d'accéder à une galerie externe située à la base de la flèche, d'où l'on voit toute la ville et Old Sarum.

🏛 Salisbury and South Wiltshire Museum
Enceinte. **(** *01722 322151.* ⬭ *du lun. au sam. (juin-août : t.l.j.).* ⬤ *du 24 au 26 déc.* 🖼 ♿

Installées dans King's House, les collections sont consacrées aux bâtisseurs de Stonehenge et d'Old Sarum *(p. 249).*

L'horloge de 1386 est la plus vieille d'Angleterre en état de marche.

La nef est divisée en dix travées par des colonnes en marbre de Purbeck poli.

Transept nord-ouest

Les nombreuses fenêtres renforcent la luminosité de la cathédrale.

LA CATHÉDRALE DE SALISBURY
Enceinte. **(** *01722 323273.* ⬭ *t.l.j.* **Offrandes.** ♿
La cathédrale a été construite pour l'essentiel entre 1220 et 1258. Très uniforme d'un point de vue stylistique, c'est un excellent exemple du premier art gothique anglais, caractérisé par de hautes fenêtres terminées par un arc en ogive acéré.

Aux environs
La ville de Wilton, connue pour son industrie du tapis, fut fondée par le huitième comte de Pembroke qui employait des tisserands français, huguenots réfugiés. L'**église** de la ville (1844), très ornée, est un brillant exemple d'architecture éclectique, réutilisant des colonnes d'époque romaine, des travaux d'ébénisterie flamands, des vitraux hollandais et allemands, et des mosaïques italiennes.

Wilton House est un ancien couvent transformé au XVIe siècle en maison d'habitation par les comtes de Pembroke. Remaniée par Inigo Jones au XVIIIe siècle, la demeure possède une tour de l'époque des Tudors, une belle collection d'œuvres d'art et un parc paysager avec un pont inspiré de Palladio (1737). Les somptueuses salles d'apparat (Single et Double Cube State Rooms) sont la fierté du domaine. Elles accueillent une série de portraits de famille peints par Van Dyck.

🏠 Wilton House
Wilton. **(** *01722 743115.* ⬭ *de Pâques à oct. : t.l.j.* 🖼 ♿

Un des salons d'apparat dessinés par Inigo Jones en 1653

Cette belle tapisserie à la gloire de Longleat House a été tissée en 1980

Longleat House ⓮

Warminster, Wiltshire. 📞 01985 844400. 🚆 Warminster, puis taxi. **Maison** ⬜ t.l.j. **Parc** ⬜ de Pâques à oct. ● 25 déc. 📷 ♿

La « maison du prodige » : c'est ainsi que l'historien de l'architecture John Summerson qualifie la maison de Longleat, merveilleux exemple de la grandeur et de l'exubérance de l'architecture élisabéthaine. Sa construction débuta en 1540, lorsque John Thynn acheta pour 53 livres les ruines d'un prieuré situé sur le domaine de Longleat. Il entreprit des travaux, poursuivis par les propriétaires successifs de la maison qui, génération après génération, ont apporté leur propre touche. Les salles à manger ont ainsi été décorées dans les années 1870 dans un style proche du palais des Doges de Venise ; le propriétaire actuel, septième marquis de Bath, a lui-même peint des fresques érotiques. Seul le Great Hall date du XVIᵉ siècle.

En 1948, le sixième marquis fut le premier aristocrate anglais à ouvrir son château au public, pour pouvoir continuer à assurer l'entretien de la demeure et du domaine. Le parc, dessiné par Capability Brown *(p. 23)*, a été aménagé en 1966 en une vaste réserve où des animaux sauvages vivent en semi-liberté. La réserve, et d'autres attractions du domaine, comme le grand labyrinthe et le Château de l'Aventure, attirent aujourd'hui plus de visiteurs que la demeure elle-même.

Stourhead ⓯

Les jardins de Stourhead sont l'un des sommets de l'art paysager anglais au XVIIIᵉ siècle *(p. 22-23)*. Henry Hoare (1705-1785) transforma dans les années 1740 le domaine qu'il avait reçu en héritage en une véritable œuvre d'art. Il fit aménager un lac, planter tout autour des essences rares et construire des temples néo-classiques à l'italienne, des grottes et des ponts. La maison, de style palladien, a été construite par Colen Campbell *(p. 24)* en 1724.

Le Panthéon
Cet Hercule de pierre est l'un des personnages mythologiques qui ornent le Panthéon (1753).

Le cottage gothique (1806)

Le pont de fer

Le lac fut constitué en réunissant plusieurs étangs. Hoare fit endiguer la vallée pour former une seule retenue d'eau.

Le pont de gazon

Le temple de Flore (1744)

Une promenade de 3 km autour du lac permet d'apprécier les nombreuses perspectives habilement ménagées.

★ Le temple d'Apollon
Les temples à l'antique qui parsèment les jardins ont tous été dessinés par l'architecte Henry Flitcroft (1679-170...)

La grotte
es tunnels conduisent à
une caverne artificielle
ù se trouvent un bassin
et une statue grandeur
nature d'un
dieu fluvial sculpté
par John Cheere
en 1748.

★ Stourhead House
*Reconstruite après un
incendie en 1902, la
demeure abrite un beau
mobilier Chippendale.
Dans la collection
d'œuvres d'art, qui
reflète le goût très
classique d'Henry
Hoare,* Le Choix
d'Hercule *de Nicolas
Poussin (1637).*

Des rhododendrons
et d'autres arbustes
aux couleurs variées
entourent la maison.

**Le village
de Stourton**
a été inclus
dans le vaste
dessein
d'Henry
Hoare. 🍴 🖵

**Dans ce
bâtiment** se
déroulent des
expositions sur
l'histoire de
Stourhead.

Entrée et parc de
stationnement

St Peter's Church
*L'église paroissiale
abrite les tombes de la
famille Hoare. Le
monument médiéval
voisin fut rapporté de
Bristol en 1765.*

À NE PAS MANQUER

★ **Le temple d'Apollon**

★ **Stourhead House**

Shaftesbury ⑯

Dorset. 🏛 *6 000*. 🚌 ℹ *8 Bell St (01747 853514)*. 🎪 *jeu.*

La ville de Shaftesbury occupe le sommet d'une colline. Ses rues pavées et ses cottages du XVIIIe siècle ont souvent servi de décor à des films. La pittoresque **Gold Hill** est flanquée par l'ancien mur d'enceinte d'une **abbaye** fondée par le roi Alfred en 888. Il n'en reste plus aujourd'hui que des ruines mises au jour par les archéologues et quelques fragments conservés au musée d'histoire locale.

L'hospice de 1437 attenant à l'église abbatiale de Sherborne

Sherborne ⑰

Dorset. 🏛 *9 500*. 🚊 🚌 ℹ *Digby Rd (01935 815341)*. 🎪 *jeu., sam.*

Peu de villes d'Angleterre possèdent autant de constructions médiévales intactes. Édouard VI *(p. 40)* a fondé en 1550 la fameuse école de Sherborne, préservant ainsi la splendide **Abbey Church**, l'hospice et d'autres bâtiments monastiques qui sans cela auraient été détruits par Henri VIII *(p. 50-51)*. La façade inclut quelques vestiges de la première église saxonne, mais son morceau de bravoure est le plafond du XVe siècle, avec ses voûtes en éventail.

Sherborne Castle, construit pour Sir Walter Raleigh *(p. 50-51)* en 1594, préfigure la virtuosité et le sens du décor du style XVIIe. Raleigh vécut aussi quelque temps à **Old Castle** (XIIe s.), démoli par les partisans de Cromwell lors de la guerre civile *(p. 52-53)*.

Aux environs
À l'ouest, après Yeovil, se trouve une belle maison élisabéthaine, **Montacute House** *(p. 230-231)*, au milieu d'un domaine de 120 hectares. Elle abrite des tapisseries, des modèles de broderie du XVIIe siècle ; dans la Grande Galerie, une belle série de portraits du XIVe au XVIIe siècle.

⚜ **Sherborne Castle**
Près de l'A30. 📞 *01935 813182*. ⏰ *de Pâques à sept. : jeu., sam., dim. et jours fériés (l'après-midi)*. 🎫

⚜ **Old Castle**
Près de l'A30. 📞 *01935 812730*. ⏰ *de Pâques à oct. : t.l.j. ; de nov. à Pâques : du mer. au dim.* ⬤ *25 et 26 déc., 1er jan.* 🎫 ♿

🏠 **Montacute House**
(NT) Montacute. 📞 *01935 823289*. ⏰ *d'avril à oct. : du mer. au lun. (après-midi)*. 🎫

Abbotsbury ⑱

Dorset. 🏛 *400*. ℹ *West St (01305 871852)*.

Le nom d'Abbotsbury (*abbot* signifie *père supérieur*) rappelle qu'au XIe siècle se dressait ici une abbaye bénédictine, dont il ne reste qu'une énorme grange dîmière construite vers 1400.

On ne sait quand le **Swannery** (élevage de cygnes) fut fondé, mais la « colonie » d'Abbotsbury est mentionnée dès 1393. Ils trouvent refuge dans les roseaux du Fleet, une lagune saumâtre

La colonie de cygnes d'Abbotsbury

protégée de la mer par un haut rempart de pierres, le **Chesil Bank** *(p. 228)*. Des courants très forts rendent la baignade dangereuse, mais l'aspect sauvage de cette région a quelque chose de fascinant. Dans les serres des **Abbotsbury Sub-Tropical Gardens** sont cultivées de nombreuses plantes d'Amérique du Sud ou d'Asie découvertes ces 30 dernières années.

🦢 **Swannery**
New Barn Rd. 📞 *01305 871684*. ⏰ *d'avril à oct. : t.l.j.* 🎫 ♿
🌿 **Abbotsbury Sub-Tropical Gardens**
Près de la B3157 📞 *01305 871387*. ⏰ *t.l.j.* ⬤ *25 et 26 déc., 1er jan.* 🎫 ♿

Weymouth ⑲

Dorset. 🏛 *45 000*. 🚊 🚌 🚢 ℹ *Pavilion Complex, The Esplanade (01305 785747)*. 🎪 *jeu.*

Weymouth est l'une des plus anciennes stations balnéaires d'Angleterre. Elle devint populaire dès l'été 1789, quand le roi George III fit ici le premier d'une longue série de

Le quai de Weymouth, sur la côte sud du Dorset

séjours. La cabine de bains roulante du roi est exposée au musée **Timewalk**. Les façades des hôtels et des élégantes maisons georgiennes sont tournées vers la magnifique baie de Weymouth. La vieille ville, centrée sur le quai de la Douane (Custom House Quay), est très différente : bateaux de pêcheurs, anciennes auberges à matelots à colombage.

🏛 **Timewalk**
Hope Sq. 📞 01305 777622. ◯ t.l.j. ● 25 et 26 déc., 2 sem. en jan. 📷

Le mystérieux géant de 55 m gravé dans le calcaire de Cerne Abbas

Dorchester ⑳

Dorset. 🏘 15 000. 🚉 🛈 Antelope Walk (01305 267992). 🛒 mer.

Dorchester, le chef-lieu du Dorset, est encore tel que l'a dépeint l'écrivain anglais Thomas Hardy dans *Le Maire de Casterbridge* (1886). Parmi les maisons des XVIIe et XVIIIe siècles qui bordent High Street, on trouvera le **Dorset County Museum** où sont présentés le manuscrit du roman et une reconstitution du bureau de l'écrivain. Des objets de l'âge du fer et de l'époque romaine ont été retrouvés dans les faubourgs. **Maumbury Rings**, dans Weymouth Avenue, occupe un site néolithique où les Romains ont construit un amphithéâtre. À l'ouest de la ville, une nécropole romaine

a été mise au jour en contrebas de **Poundbury Camp**, un ancien camp fortifié de l'âge du fer situé sur une colline.

Aux environs
Au sud ouest de Dorchester, **Maiden Castle** (p. 43), une impressionnante construction du premier siècle avant notre ère, a été en 43 le théâtre d'une bataille féroce entre les Romains et les premiers occupants de cette partie de l'Angleterre.
Au nord s'étend le charmant village de **Cerne Abbas**, avec une très belle grange dîmière médiévale et des bâtiments monastiques. L'immense figure de géant gravée dans le calcaire crayeux du coteau est un symbole de fertilité, qui passe pour représenter Hercule ou un guerrier de l'âge du fer.

On retrouve à l'est de Dorchester les églises, les chaumières et les collines onduleuses que Thomas Hardy décrit dans ses œuvres. L'église saxonne de **Bere Regis,** qui inspira le Kingsbere de *Tess d'Urberville,* abrite les tombes de la famille que l'écrivain met en scène dans son roman.
Hardy's Cottage est la maison natale du romancier. Il vécut de 1885 à sa mort à **Max Gate**, dont il avait tracé lui-même les plans. Son cœur est enterré dans le cimetière de **Stinsford** où repose sa famille ; après des obsèques nationales, son corps a été inhumé dans Westminster Abbey (p. 94-95).

Statue de Thomas Hardy à Dorchester

Athelhampton House (XVe s.), qui abrite une belle salle médiévale, est entourée de charmants jardins (p. 231) des années 1890.

🏛 **Dorset County Museum**
High West St. 📞 01305 262735. ◯ du lun. au sam. (juil.-août : t.l.j.). ● 25 et 26 déc. ven. saint. 📷 ♿ r.-d.-c. seul.

🏠 **Hardy's Cottage**
(NT) Higher Bockhampton. 📞 01305 262366. **Maison** ◯ sur r.-v. **Jardins** ◯ d'avril à oct. : du dim. au mar. 📷 ♿

🏠 **Max Gate**
(NT) Arlington Ave, Dorchester. 📞 01305 262538. ◯ d'avril à sept. : dim., lun. et mer. (après-midi). 📷 ♿

🏠 **Athelhampton House**
Athelhampton. 📞 01305 848363. ◯ de mars à oct. : du dim. au ven. 📷 ♿ jardins.

THOMAS HARDY (1840-1928)

Les romans et les poèmes de Thomas Hardy, un écrivain peu connu en France mais extrêmement populaire en Angleterre, se déroulent dans son Dorset natal. La campagne du Wessex est la toile de fond familière devant laquelle le romancier fait évoluer ses personnages. Les descriptions du monde rural sont un témoignage sur un moment clé de l'histoire du pays, juste avant que la mécanisation ne vienne remplacer les méthodes de travail ancestrales – ce qu'avait fait dans les villes, un siècle plus tôt, la révolution industrielle (p. 54-55). Le style très imagé d'Hardy ne pouvait manquer d'intéresser les metteurs en scène ; il incite aussi nombre de passionnés de littérature à venir parcourir les villages et les paysages qui lui ont inspiré ses plus beaux écrits.

Nastassja Kinski dans le film *Tess* **de Roman Polanski (1979)**

Corfe Castle ㉑

(NT) Corfe Castle, Dorset. ☎ 01929
481294. 🚉 Wareham ou Swanage,
puis bus. ⬜ t.l.j. ⬤ 25 et 26 déc. 📷
♿ limité.

L es ruines spectaculaires du
château de Corfe
couronnent, de façon très
romantique, la cime
déchiquetée d'un promontoire
rocheux. Au dessous, le petit
village qui a donné son nom
au château. Le château en
ruine domine le paysage
alentour depuis le XIᵉ siècle.
En 1635, il fut acquis par Sir
John Bankes. Pendant la
guerre civile *(p. 52-53)*, son
épouse et les
domestiques – en majorité des
femmes – soutinrent pendant
six semaines le siège de
600 soldats des troupes
parlementaires. Le château fut
finalement pris par trahison ;
en 1646, le Parlement, ulcéré
de la longue résistance des
habitants, décida de le faire
sauter. Les ruines de Corfe
Castle dominent l'île de
Purbeck ; la vue découvre
toute la côte alentour.

Les ruines du château de Corfe, qui remonte au temps des Normands

L'île de Purbeck ㉒

Dorset. 🚉 Wareham. ⛴ Shell Bay.
🛈 Swanage (01929 422885).

L 'île de Purbeck est en
réalité une péninsule ; c'est
ici que se trouvent les carrières
de calcaire coquillier gris
connu sous le nom de marbre
de Purbeck. Au sud-ouest, à
Kimmeridge, la nature du sol
est différente, et on trouve en
abondance du schiste constellé
de fossiles ; on y a récemment
découvert du pétrole. L'île est
entourée de belles plages
préservées. Le sable blanc de
la **baie de Studland** se
déploie sur un arc immense ;
les dunes où viennent nicher
des oiseaux ont été classées
parmi les plus beaux paysages
côtiers d'Angleterre. La petite
baie de Lulworth est presque
entièrement encerclée de
falaises ; en suivant la ligne de
crête, on arrive à Durdle Door
(p. 229), une arche naturelle
crayeuse érodée par les flots.
Du port de **Swanage** partaient
pour Londres les marbres
taillés de Purbeck, qui
servaient aussi bien à paver les
rues qu'à édifier des églises.
Les pierres inutilisées ou
récupérées sur des chantiers
de démolition revenaient
parfois sur l'île ; c'est ainsi que
la **mairie** de Swanage a pu
s'orner d'une superbe façade
dessinée par Christopher Wren
vers 1668.

Poole ㉓

Dorset. 👥 135 000. 🚉 🚌 ⛴
🛈 The Quay (01202 253252).

S itué dans une des plus
grandes baies du monde,
Poole est un port de mer
ancien mais toujours florissant.
Le quai est bordé d'entrepôts
qui dominent la baie tranquille
et protégée, où l'on pratique
tous les sports nautiques. Le
Waterfront Museum est
installé sur le quai, dans des
caves du XVᵉ siècle. Ses
collections retracent l'histoire
de la ville et du port ; une
section est consacrée au
mouvement scout, fondé par
Robert Baden-Powell, qui avait

La plage de Lulworth Cove, sur l'île de Purbeck

établi en 1907 une sorte de camp expérimental sur l'île voisine de **Brownsea**. Cette île est une réserve naturelle boisée qui accueille de nombreuses espèces d'oiseaux.

🏛 **Waterfront Museum**
High St. 📞 *01202 683138.* ⬤ *t.l.j.* ⬤ *25 et 26 déc., 1er jan.* 📷 ♿
🦌 **Brownsea Island**
(NT) Poole. 📞 *01202 707744.* ⬤ *d'avril à oct. : t.l.j.* 📷 ♿

Bateaux amarrés dans le port de Poole

Wimborne Minster ㉔

Dorset. 🏘 *6 500.* 🚉 ℹ *29 High St (01202 886116).* 🛍 *du ven. au dim.*

L a collégiale du **monastère** de Wimborne a été fondée en 705 par Cuthburga, sœur du roi du Wessex. L'église fut dévastée au Xe siècle par des pillards danois ; l'édifice actuel en pierre grise a été construit en 1043 par Édouard le Confesseur *(p. 48-49).* Les bâtisseurs de l'époque ont sculpté dans le marbre de Purbeck des monstres, des scènes bibliques et des motifs géométriques. Le **Priest's House Museum**, installé dans des bâtiments du XVIe siècle où logeaient les prêtres, abrite des salles meublées dans différents styles.

Aux environs
Construit pour la famille Bankes après la destruction du château de Corfe, **Kingston Lacy** fut acquis par le National Trust en 1981. Le domaine est toujours exploité suivant les

méthodes traditionnelles ; les animaux sauvages, les fleurs protégées et les papillons y sont nombreux. Dans ce coin tranquille et oublié du Dorset, le bétail se rend dans les pâturages en empruntant des chemins dont le tracé remonte au temps des Romains ou des Saxons. Au centre du domaine, une jolie demeure du XVIIIe siècle abrite une collection de peintures exceptionnelle, avec des toiles de Rubens, Titien ou Vélasquez.

🏛 **Priest's House Museum**
High St. 📞 *01202 882533.* ⬤ *d'avril à oct. : du lun. au sam. ; juin à sept. : t.l.j. ; 2 sem. après Noël.* 📷 ♿ *limité.*
🏰 **Kingston Lacy**
(NT) B3082. 📞 *01202 883402.* ⬤ *d'avril à oct. ; du sam. au mer.* ⬤ *ven. saint.* 📷 ♿ *jardins seulement.*

Bournemouth ㉕

Dorset. 🏘 *155 000.* ✈ 🚉 🚌 ℹ *Westover Rd (01202 451700).*

L a popularité de Bournemouth, une des stations balnéaires préférées des Anglais, est due à sa longue plage, qui s'étend d'une traite de Poole Harbour à Hengistbury Head. La majeure partie du front de mer est couverte de grandes villas et d'hôtels. À l'ouest, le sommet des falaises, où des jardins ont été aménagés, est interrompu parfois par des ravines boisées. À **Compton Acres** sont reconstitués tous les types de jardins possibles. Au centre de Bournemouth, attractions, casinos, discothèques et boutiques sont implantés pour distraire les vacanciers. L'été, des groupes de rock et le fameux

Le train miniature qui longe le bord de mer à Bournemouth

La Marquise Maria Grimaldi, par Rubens (1577-1640), Kingston Lacy

orchestre symphonique de Bournemouth se produisent au **Winter Gardens Theatre**, dans Exeter Road. Le **Russell-Cotes Art gallery and Museum** conserve une belle collection d'objets d'art oriental et de l'époque victorienne.

Aux environs
Le magnifique **prieuré de Christchurch**, à l'est de Bournemouth, est, avec ses 95 m, l'église la plus longue d'Angleterre. Il a été reconstruit entre les XIIIe et XVIe siècle, et on y reconnaît différents styles. La nef, de 1093, est un bon exemple d'architecture normande, mais on retiendra surtout un retable de pierre où figurent l'Arbre de Jessé et la lignée des ancêtres du Christ. À côté du prieuré se trouvent les ruines d'un **château** normand. Entre Bournemouth et Christchurch, les hauteurs de **Hengistbury Head** offrent de magnifiques points de vue sur la mer ; la faune ailée de **Stanpit March**, à l'ouest de Bournemouth, enchantera les amoureux des oiseaux.

🌿 **Compton Acres**
Canford Cliffs Rd. 📞 *01202 700778.* ⬤ *de mars à oct. : t.l.j.* 📷 ♿
🏛 **Russell-Cotes Art Gallery and Museum**
Russell-Cotes Rd. 📞 *01202 551009.* ⬤ *du mar. au dim.* ⬤ *25 et 26 déc., 1er jan., ven. saint.* ♿

LE DEVON ET LES CORNOUAILLES

DEVON · CORNOUAILLES

*L*e sud-ouest de la Grande-Bretagne offre sur des kilomètres de côtes une succession de paysages variés. Là, les villes de vacances alternent avec de petites criques et des villages de pêcheurs. À l'intérieur des terres, changement de décor : des jardins exotiques, des landes parsemées de buttes rocheuses et les vestiges d'un riche passé.

Voisins sur la carte, le Devon et les Cornouailles ont cependant des personnalités très différentes. Dans les Cornouailles celtiques, dont de nombreux villages portent le nom des premiers missionnaires chrétiens venus évangéliser, les arbres sont plutôt rares ; la région porte encore comme des cicatrices la marque des mines d'étain et de cuivre qui ont joué un rôle important dans son économie pendant quelque 4 000 ans. Cela n'altère en rien la beauté et la variété de toute la ligne côtière, avec ses phares et ses petites baies où se jettent des rivières profondes.

Le Devon, au contraire, est une terre de prairies, divisée en une mosaïque de petits champs où se faufilent d'étroits chemins fleuris au printemps de primevères, en été de digitales, de marguerites et de bleuets. L'atmosphère rurale et paisible que l'on retrouve tant ici que dans les Cornouailles contraste avec l'agitation des villes : Exeter et sa célèbre cathédrale, Plymouth, ville historique, l'élégante Truro et Totnes, la cité élisabéthaine, sont des centres urbains débordants de vie et de caractère.

La beauté de la côte et le climat tempéré de la région attirent les familles, les surfers et les passionnés de voile. Pour les amateurs de solitude, le Southwest Coastal Path permet de découvrir des endroits plus tranquilles. Les villages de pêcheurs et les ports ont connu leur apogée à l'époque des boucaniers, de Drake et Raleigh *(p. 50-51)*. À l'intérieur des terres court la lande sauvage de Bodmin et de Dartmoor, qui a inspiré nombre de légendes mettant en scène le roi Arthur *(p. 269)*, qui serait né en effet à Tintagel, sur la côte nord des Cornouailles.

Cabines de plage multicolores à Torquay

◁ Bateaux de pêche à Port Isaac, sur la côte nord des Cornouailles

À la découverte du Devon et des Cornouailles

L'intérieur du Devon et des Cornouailles, couvert d'une lande romantique, est un terrain d'exploration idéal pour les randonneurs ; la vue s'y étend de toutes parts sur des kilomètres. La côte en revanche est entaillée par des centaines de petites criques qui semblent totalement coupées du monde ; c'est une des raisons pour lesquelles la région donne toujours l'impression d'être quasi déserte, même en pleine saison. Si vous disposez d'une semaine au plus pour visiter le Devon et les Cornouailles, ne cherchez pas à tout voir ; explorez plutôt à fond une petite partie de la région.

LÉGENDE

- Autoroute
- Route principale
- Route secondaire
- Route pittoresque
- Chemin pittoresque
- Cours d'eau
- Point de vue

LA RÉGION D'UN COUP D'ŒIL

Appledore ⑮
Barnstaple ⑯
Bideford ⑭
Bodmin ⑩
Buckfastleigh ㉒
Buckland Abbey ㉕
Bude ⑫
Burgh Island ㉓
Clovelly ⑬
Cotehele ㉖
Dartmoor p. 280-281 ㉘
Dartmouth ⑳
Exeter ⑱
Falmouth ⑥
Fowey ⑨
Helston et le cap Lizard ⑤
Lynton et Lynmouth ⑰
Morwellham Quay ㉗
Penzance ③
Plymouth ㉔
St Austell ⑧
St Ives ②
St Michael's Mount p. 264-265 ④
Tintagel ⑪
Torbay ⑲
Totnes ㉑
Truro ⑦

Excursion
Le Penwith ①

Les falaises spectaculaires de Land's End : le Finistère à l'anglaise

CLOVE
BUDE ⑫
TINTAGEL ⑪
LAUNC
BODMIN MOOR
WADEBRIDGE
BODMIN ⑩
LISKEARD
NEWQUAY
ST AUSTELL ⑧
FOWEY ⑨
South West Coast P
TRURO ⑦
EXCURSION DANS LE PENWITH ①
ST IVES ②
ST MICHAEL'S MOUNT
PENZANCE ③ ④
HELSTON & LIZARD PENINSULA ⑤
FALMOUTH ⑥
LAND'S END
Isles of Scilly
LIZARD

VOIR AUSSI
- *Hébergement* p. 553-555
- *Restaurants et pubs* p. 589-591

Jardins subtropicaux à Torquay, une ville balnéaire très populaire

CIRCULER

De mi-juillet à début septembre, l'autoroute M5 et les grandes routes telles que l'A30 risquent d'être encombrées et le trafic très ralenti, surtout le samedi. Une fois que vous serez dans la région, empruntez de préférence les routes secondaires.

L'infrastructure ferroviaire est excellente. Entre Paddington et Penzance, le train dessert la plupart des grandes villes, en suivant le Brunel's Great Western Railway. Quelques rares bus sillonnent aussi la région.

Petits cottages typiques de la région du Dartmoor

15 km

Excursion dans le Penwith ❶

Ce circuit traverse les paysages spectaculaires des Cornouailles, où l'on peut découvrir les traces des anciennes exploitations d'étain, de pittoresques villages de pêcheurs et de nombreux monuments préhistoriques. La côte offre des aspects très variés, depuis la lande à peine ondulée du nord jusqu'aux falaises escarpées du sud. La beauté des paysages et la qualité de la lumière attirent depuis près d'un siècle de nombreux artistes, dont les œuvres sont exposées dans les musées de Newlyn, St Ives et Penzance.

CARNET DE ROUTE

Itinéraire : 50 km.
Où faire une pause ? Il y a des pubs et des cafés dans la plupart des villages. À mi-parcours, Sennen Cove sera une halte très agréable.
(Voir aussi p. 636-637.)

Zennor ①
Dans l'église, un bas-relief rappelle l'histoire d'une sirène qui séduisit un jour le fils du châtelain et l'entraîna avec elle dans l'océan.

Lanyon Quoit ②
Le dolmen, à gauche de la route qui mène à Madron, est l'un des nombreux monuments préhistoriques de la région.

Botallack Mine ⑧
Des bâtiments abandonnés accrochés aux falaises témoignent de l'ancienne activité minière de la région.

Land's End ⑦
La pointe la plus occidentale de la Grande-Bretagne est remarquable par ses falaises déchiquetées et ses paysages spectaculaires.

Trengwainton ③
Ses jardins luxuriants sont renommés (p. 230).

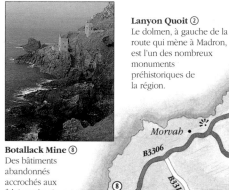

Newlyn ④
Le plus grand port de pêche des Cornouailles a donné son nom à une école de peinture fondée dans les années 1880 (p. 264).

Merry Maidens ⑤
D'après la légende, 19 jeunes filles auraient été changées en rochers pour avoir dansé un dimanche.

Minack Theatre ⑥
Cet amphithéâtre de 1923, construit suivant le modèle antique, domine la magnifique baie de Porthcurno. L'été, il sert de cadre à des spectacles.

LÉGENDE

▬ Circuit
═ Autres routes
☀ Point de vue

0 ___ 3 km

St Ives ❷

Cornouailles. 🏘 *11 000.* 🚉 🚌 ℹ️
Street-an-Pol (01736 796297).

L a ville est connue des amateurs d'art à cause du **Barbara Hepworth Museum** et de la **Tate Gallery** ; ils présentent les œuvres d'un groupe de peintres, céramistes et sculpteurs qui fondèrent ici une colonie d'artistes dans les années vingt. L'architecture de la Tate Gallery a été conçue de manière à privilégier une large vue panoramique sur la plage de Pothmeor. Le musée Barbara Hepworth (Barbara Hepworth Museum) est installé dans la maison et le jardin où l'artiste a vécu et travaillé pendant de nombreuses années. À l'intérieur, on retrouve l'atmosphère de l'atelier ; les

La terrasse de la Tate Gallery

jardins subtropicaux, eux, sont organisés comme une galerie d'art où sont présentées les œuvres de Barbara Hepworth. La ville de St Ives elle-même est une cité

balnéaire anglaise très courue, où l'art joue un grand rôle ; de nombreuses galeries se sont ouvertes le long des rues de la ville. Certaines d'entre elles se sont installées dans d'anciennes caves ou dans les greniers où l'on salait autrefois le poisson. À St Ives, on verra aussi nombre de jolis cottages blanchis à la chaux. Leurs petits jardins sont pleins de fleurs aux couleurs éclatantes.

🏛 **Barbara Hepworth Museum**
Barnoon Hill. 📞 *01736 796226.*
⭕ *d'avril à oct. : t.l.j. ;*
de nov. à mars : du mar. au dim.
⚫ *25 et 26 déc.* 📷
🏛 **Tate Gallery**
Porthmeor Beach. 📞 *01736 796226.*
⭕ *d'avril à oct. : t.l.j. ; de nov. à mars :*
du mar. au dim. et jours fériés.
⚫ *du 24 au 26 déc.* 📷 ♿

LES ARTISTES DU XXᵉ SIÈCLE À ST IVES

C'est autour du peintre Ben Nicholson et du sculpteur Barbara Hepworth que s'est formé le groupe de St Ives, dont l'importance est considérable dans le développement de l'art abstrait européen. Dès les années vingt, les villes de St Ives et de Newlyn *(p. 262)* ont été le point de ralliement de jeunes artistes. Parmi les plus grands, le potier Bernard Leach (1887-1979) et le peintre Patrick Heron (né en 1920), à qui l'on doit la verrière qui orne l'entrée de la Tate Gallery *(p. 226)*. La plupart des œuvres présentées relèvent de l'art abstrait, mais on y décèle l'influence des vigoureux paysages de la région et des couleurs changeantes du bord de mer.

Barbara Hepworth *(1903-1975) compte parmi les premiers sculpteurs abstraits de sa génération. Cette* Vierge à l'Enfant *de 1953 est conservée dans l'église St Ia.*

John Wells *(né en 1907) s'intéresse à la lumière, à des formes souples inspirées du vol des oiseaux.* Aspiring Forms *date de 1950.*

Ben Nicholson *(1894-1982), l'un des plus grands peintres anglais de ce siècle, a peu à peu évolué vers l'abstraction. Cette toile de 1943-1945,* St Ives, Cornouailles, *marque une transition : le thème est encore reconnaissable, mais le peintre procède déjà par grandes masses géométriques.*

Penzance ❸

Cornouailles. 🏘 15 000. ✈ 🚇 ⛴
ℹ Station Rd (01736 362207).

La petite ville de Penzance bénéficie d'un climat si doux que des palmiers et des plantes subtropicales se sont très bien acclimatés dans les luxuriants **Morrab Gardens**. On a depuis la ville, environnée d'une vaste plage de sable, une vue splendide sur St Michael's Mount.

La rue principale est Market Jew Street, qui mène à Market House, une magnifique construction de 1837 ; juste en face, la statue de Sir Humphrey Davy (1778-1829), originaire de Penzance, qui inventa pour les mineurs une lampe de sécurité qui permettait de détecter les gaz mortels.

Chapel Street est bordée de curieux édifices, dont le plus spectaculaire est sans doute l'**Egyptian House** (maison égyptienne) de 1835. À voir aussi, **Admiral Benbow Inn**, auberge de 1696, avec sa figure de pirate scrutant la mer depuis le haut du toit. En face, un petit **Maritime Museum** (musée maritime) expose toutes sortes d'objets recueillis sur les épaves. Le **Museum and Art Gallery**, musée de la ville, abrite des œuvres de l'école de Newlyn.

Aux environs
Tout près de Penzance, **Newlyn** *(p. 262)* est le plus grand port de pêche des Cornouailles. La ville a donné son nom à une école de peinture fondée par Stanhope Forbes (1857-1947),

Maison égyptienne (1835)

dont les représentants préféraient peindre en plein air les effets changeants du vent, du soleil et de la mer. Plus au sud, la route côtière se termine à **Mousehole**, un village plein de charme avec un petit port, des rangées de

St Michael's Mount ❹

(NT) Marazion, Cornouailles.
📞 01736 710507.
⛴ depuis Marazion (d'avril à oct.).
⏰ t.l.j. ; de nov. à mars : visites guidées seulement (tél. avant). ● 25 et 26 déc. 📷

La masse de St Michael's Mount émerge en face du petit village de Marazion.

Au temps des Romains, le mont s'appelait Ictis ; c'était depuis l'âge du fer une plaque tournante pour le commerce de l'étain. Le mont est dédié à saint Michel, qui y serait apparu en 495.

Quand les Normands envahirent l'Angleterre en 1066 *(p. 46-47)*, ils furent frappés de la ressemblance de l'île avec « leur » Mont-Saint-Michel et demandèrent aux bénédictins de l'abbaye normande d'édifier ici une seconde abbaye, plus petite. Lors de la dissolution des monastères *(p. 50-51)*, l'édifice devint une forteresse, car Henri VIII s'employait à construire sur toute la côte une chaîne de fortifications capable de repousser d'éventuelles attaques françaises.

En 1659, St Michael's Mount fut acheté par Sir John St Aubyn. Ses descendants en firent une demeure somptueuse.

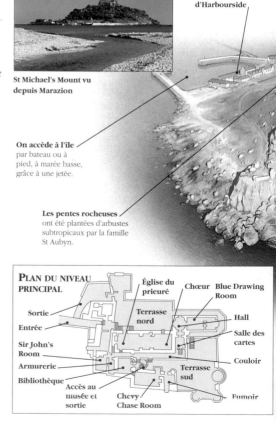

St Michael's Mount vu depuis Marazion

Le village d'Harbourside

On accède à l'île par bateau ou à pied, à marée basse, grâce à une jetée.

Les pentes rocheuses ont été plantées d'arbustes subtropicaux par la famille St Aubyn.

PLAN DU NIVEAU PRINCIPAL

Sortie

Entrée

Sir John's Room

Armurerie

Bibliothèque

Accès au musée et sortie

Chevy Chase Room

Terrasse sud

Église du prieuré

Chœur   Blue Drawing Room

Terrasse nord

Hall

Salle des cartes

Couloir

Fumoir

chaumières et des ruelles étroites.

Au nord de Penzance, dominant la splendide côte des Cornouailles, **Chysauster** est un bel exemple de village romano-britannique au début de notre ère. Le site est resté pratiquement inchangé depuis qu'il a été abandonné au IIIᵉ siècle. La lande qui entoure le village se couvre au printemps de fleurs sauvages d'espèces rares.

🏛 **Maritime Museum**
19 Chapel St. 📞 *01736 368890.*
⭕ *de Pâques à oct. : du lun. au sam.*
🈂

🏛 **Museum and Art Gallery**
Morrab Rd. 📞 *01736 363625.*
⭕ *du lun. au sam.* ⬤ *25 et 26 déc.,*
1ᵉʳ jan 🈂 ♿

⛪ **Chysauster**
Près de la B3311 📞 *01736 361889.*
⭕ *d'avril à oct. : t.l.j.* 🈂

LE DÉVELOPPEMENT DU MÉTHODISME

Les mineurs et les pêcheurs de la région travaillaient dur et n'avaient guère de temps à consacrer à la religion, mais ils furent séduits par les rites méthodistes, les prêches en plein air, les hymnes et leur lecture approfondie, « méthodique », de la Bible. Quand John Wesley, fondateur du méthodisme, vint pour la première fois dans la région en 1743, il fut accueilli par des jets de pierres. Sa persévérance porta cependant ses fruits, et en 1762 il prêchait parfois devant 30 000 personnes. Des lieux de culte furent établis dans tout le comté, notamment dans l'amphithéâtre de **Gwennap Pit**, à Busveal. Le musée de Truro *(p. 267)* conserve de nombreux objets liés au courant méthodiste.

John Wesley (1703-1791)

Entrée du château

La terrasse sud coiffe l'aile XIXᵉ de l'édifice, qui abrite des appartements privés sur cinq étages.

Le Cabinet bleu a été aménagé au XVIIIᵉ siècle dans l'ancienne Lady Chapel. Dans un décor néo-gothique sont présentées notamment des peintures de Gainsborough et Thomas Hudson.

Dans l'armurerie sont exposés des armes et des trophées rapportés par la famille St Aubyn de différentes guerres.

La chapelle du prieuré, reconstruite à la fin du XIVᵉ siècle, couronne tout l'édifice. Elle est éclairée par deux magnifiques verrières.

La Chevy Chase Room est décorée d'une frise sculptée de 1641 représentant des scènes de chasse.

Rochers de serpentine émergeant à Kynance Cove, cap Lizard

Helston et le cap Lizard ❺

Cornouailles. 🚌 *depuis Penzance.* ℹ️
79 Meneage St (01326 565431).

La charmante ville d'Helston est une excellente base de départ pour explorer le cap Lizard (Lizard Peninsula), déchiqueté à souhait et battu par les vents. À Helston se déroule chaque année, au printemps, un festival de danse très apprécié, le Furry Dance *(p. 62)* ; le **Folk Museum**, consacré aux traditions locales, explique tout de cette ancienne coutume. La ville était autrefois une cité prospère où les lingots d'étain étaient dûment pesés, contrôlés et certifiés avant d'être vendus. De cette époque

datent les élégantes maisons georgiennes et les auberges de Coinagehall Street. On acheminait l'étain provenant des mines locales vers la mer par la rivière ; au XIIIᵉ siècle, une barre de sable condamna le port et créa un lac d'eau douce, Loe Pool, entouré de forêts. En 1880, un nouveau port fut créé plus à l'est sur l'Helford, à Gweek. La ville accueille aujourd'hui le **Cornish Seal Sanctuary**, où les phoques malades ou blessés sont soignés avant d'être remis en liberté.

La **Poldark Mine** présente les activités minières des Cornouailles depuis l'époque romaine jusqu'à nos jours ; la visite des galeries souterraines, très impressionnante, évoque les conditions de travail

effroyables des mineurs au XVIIIᵉ siècle. À voir aussi, le **Flambards Village Theme Park**, pour sa reconstitution d'un village du siècle dernier et son évocation de la vie en Grande-Bretagne pendant la dernière guerre.

Plus au sud, les structures modernes d'une station satellite émergent de la lande ; c'est le **BT Satellite Station**, qui présente aussi au public les données de la communication par satellite.

Dans les boutiques, vous trouverez toutes sortes d'objets sculptés en serpentine, une belle pierre verte très répandue dans la région et notamment dans la petite baie de **Kynance Cove**.

🏛 **Folk Museum**
Old Butter Market, Helston. 📞 *01326 564027.* ⬭ *du lun. au sam.* ⬤ *jours fériés.*
❌ **National Seal Sanctuary**
Gweek. 📞 *01326 221361.* ⬭ *t.l.j.* ⬤ *25 déc.* 🎦 ♿
🏛 **Poldark Mine**
Wendron. 📞 *01326 573173.* ⬭ *de Pâques à oct. : t.l.j.* 🎦
🏛 **Flambards Village Theme Park**
Culdrose Manor, Helston. 📞 *01326 573404.* ⬭ *de Pâques à oct. : t.l.j.* 🎦 ♿
🏛 **BT Satellite Station**
Goonhilly Downs, près de la B3293. 📞 *01326 221333.* ⬭ *de Pâques à oct. : t.l.j.* 🎦 ♿

Falmouth ❻

Cornouailles. 🏘 *18 000.* 🚆 🚌 ⛴
ℹ️ *28 Killigrew St (01326 312300).*

Falmouth est construite tout près des **Carrick Roads**, une large entaille dans la côte où confluent sept rivières. L'estuaire est si profond que des transatlantiques peuvent remonter presque jusqu'à Truro. Les criques semées tout le long de la côte sont idéales pour faire du bateau ou observer les oiseaux. Falmouth est une jolie station balnéaire très populaire, au port pittoresque. La ville possède encore de nombreuses maisons anciennes, comme **Customs House** ; tout près de là se trouve King's Pipe (la pipe du roi), où l'on brûlait au XIXᵉ siècle le tabac de contrebande.

LES CONTREBANDIERS

Avant la création de l'impôt sur le revenu, les finances de l'État étaient alimentées principalement par les taxes prélevées sur les produits de luxe importés. En ne payant pas ces taxes, qui atteignirent des sommets entre 1780 et 1815, on pouvait réaliser des bénéfices substantiels. Les Cornouailles, à l'écart du reste du pays, parcourues de rivières faciles à remonter, étaient un terrain d'action idéal pour les contrebandiers. On estime à 100 000 le nombre de personnes, femmes et enfants inclus, concernés par cette activité parallèle. Des naufrageurs allumaient aussi des fanaux trompeurs sur les côtes rocheuses. Les navires qui venaient s'y échouer étaient alors pillés.

En face de Falmouth, **Pendennis Castle** et St Mawes Castle furent construits par Henri VIII pour protéger l'accès aux Carrick Roads.

Figure de proue, Falmouth

Aux environs
Au sud, les jardins de **Glendurgan** (p. 320) et de **Trebah** sont plantés dans des vallées protégées qui descendent en pente douce vers les baies de l'Helford.

♠ **Pendennis Castle**
The Headland. ☎ 01326 316594. ○ t.l.j. ● du 24 au 26 déc. 🖾 ♿ limité.

♣ **Glendurgan**
(NT) Mawnan Smith. ☎ 01326 250906. ○ de mars à oct. : du mar. au sam. et jours fériés. ● ven. saint. 🖾

♣ **Trebah**
Mawnan Smith. ☎ 01326 250448. ○ t.l.j. 🖾 ♿

Truro ❼

Cornouailles. 🏠 18 000. ≈ 🚉 🚌 🛈 Boscawen St (01872 274555). 🛒 mer. (bétail).

Truro était autrefois une ville commerçante et un port ; elle est aujourd'hui la capitale administrative des Cornouailles. Les nombreuses maisons georgiennes témoignent de sa prospérité pendant le « boom » minier du début du XIXᵉ siècle. En 1876, Truro devint un diocèse ; l'église du XVIᵉ siècle fit place à une **cathédrale**, la première construite en Angleterre depuis l'achèvement de Saint-Paul de Londres (p. 116-117) par Sir Christopher Wren. Avec ses tours et ses fenêtres lancéolées, la cathédrale de Truro ressemble plus aux édifices gothiques de France qu'aux autres cathédrales d'Angleterre.

Les ruelles pavées bordées de boutiques sont pittoresques. Le **Royal Cornwall Museum** éclaire toutes les particularités du comté, la mine, le méthodisme, l'archéologie et la contrebande. Parmi les œuvres d'art, des toiles de l'école de Newlyn (p. 263).

Aux environs
Dans les faubourgs de la ville, jardins de **Trewithen** et **Tressilick** (p. 230-231) ; le premier a de nombreuses variétés de plantes asiatiques.

🏛 **Royal Cornwall Museum**
River St. ☎ 01872 272205. ○ du lun. au sam. ● jours fériés. 🖾 ♿

♣ **Trewithen**
Grampound Rd. ☎ 01726 882763. ○ de mars à sept. : du lun. au sam. ; d'avril à mai : t.l.j. 🖾 ♿

♣ **Trelissick**
(NT) Feock. ☎ 01872 862090. ○ du 1ᵉʳ mars au 1ᵉʳ nov. : t.l.j. 🖾 ♿

Les « Alpes des Cornouailles », au nord de St Austell

St Austell ❽

Cornouailles. 🏠 20 000. ≈ 🚉 🚌 🛈 Station-service BP, Southbourne Rd (01726 76333). 🛒 du ven. au dim.

Cette ville très affairée doit sa prospérité aux gisements de kaolin de la région, qui suscitèrent une véritable industrie au XVIIIᵉ siècle. C'est aujourd'hui encore un facteur essentiel de l'économie locale, car seule la Chine possède des gisements comparables. Les monticules de kaolin blanc qui ponctuent le paysage brillent au soleil comme des pics enneigés ; ils ont valu à la région le surnom de « Cornish Alps », ou Alpes des Cornouailles.

Aux environs
Le **Wheal Martyn Museum** explique l'extraction et le raffinage du kaolin jusqu'à sa transformation en porcelaine. Les moulins à eau et les pompes ont été restaurés ; les tunnels d'exploitation et les monticules de déchets miniers sont aujourd'hui colonisés par toute une faune sauvage.

🏛 **Wheal Martyn Museum**
Carthew. ☎ 01726 850362. ○ de Pâques à oct. : t.l.j. 🖾 ♿ limité.

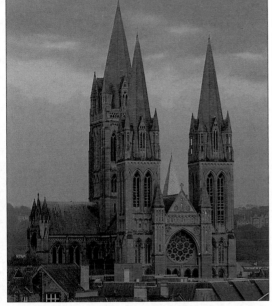

La cathédrale de Truro, dessinée par J. L Pearson et construite en 1910

Depuis Fowey, vue de Polruan, de l'autre côté de l'estuaire

Fowey ❾

Cornouailles. 🏠 *2 000*. 🚢 🛈
4 Custom House Hill (01726 833616).

L a ville de Fowey apparaît
sous le nom de Troy Town
dans les romans pleins
d'humour de l'écrivain anglais
Sir Arthur Quiller-Couch (1863-
1944), qui a vécu à **The
Haven**. Fowey est fréquentée
par de nombreux Londoniens
fortunés qui viennent y faire du
bateau. Avec ses restaurants de

DAPHNÉ DU MAURIER

Dans les romans historiques
de Daphné du Maurier
(1907-1989) on retrouve les
paysages des Cornouailles
où l'écrivain a grandi. C'est
avec *L'Auberge de la
Jamaïque* qu'elle s'est fait
connaître dès 1936 ; avec la
publication deux ans plus
tard de *Rebecca* elle
devenait l'un des écrivains
anglais les plus populaires
de son temps. *Rebecca* a été
adapté au cinéma par
Hitchcock, avec Joan
Fontaine et Laurence
Olivier.

luxe, c'est l'une des villes les
plus huppées des Cornouailles.
Et elle a un charme
indéniable : petites rues
fleuries, vues panoramiques
sur la mer et Polruan, de l'autre
côté de l'estuaire. Saint's Way,
le chemin du saint, ainsi appelé
en hommage aux
missionnaires celtes venus
évangéliser les Cornouailles,
aboutit à l'église
St Fimbarrus, qui
possède un porche
majestueux et une
splendide tour
sculptée. À l'intérieur,
plusieurs tombeaux
XVIIe des Rashleigh,
une grande famille
de la région. Leur
propriété, Menabilly,
fut habitée longtemps
par Daphné du
Maurier ; c'est le
Manderley de son
célèbre roman
Rebecca, paru en 1938.

**L'Auberge de la
Jamaïque, à
Bodmin Moor**

Aux environs
Des circuits sur la rivière au
départ de petites criques
permettent d'aborder
Polruan, une ville portuaire
à l'activité incessante. À
l'entrée de l'estuaire, on voit
encore les deux tours
jumelles entre lesquelles on
accrochait autrefois une
énorme chaîne pour arrêter
les envahisseurs venus par la
mer. En suivant la côte par
l'est, on parvient
à **Polperro**, village de
pêcheurs blotti au fond d'un
ravin verdoyant, tout près de
Looe. En remontant la rivière,
on arrive à **Lostwithiel**.
Sur une colline toute proche,
les ruines d'un château
normand, **Restormel Castle**.

⚜ Restormel Castle
Lostwithiel. 📞 *01208 872687.* ◯
de Pâques à sept. : t.l.j. 🖼

Bodmin Moor ❿

Cornouailles. 🚉 *Bodmin Parkway.* 🚌
Bodmin. 🛈 *Mount Folly Sq, Bodmin
(01208 76616).*

L a ville de Bodmin, au cœur
d'une lande immense, est la
capitale des Cornouailles. Le
Bodmin Town Museum
(musée de la ville) retrace toute
son histoire. **Bodmin Jail**, où
des exécutions capitales ont eu
lieu jusqu'en 1909, n'est plus
qu'un endroit touristique, qui
remporte un certain succès
auprès des amateurs de
frissons. Il y a dans le cimetière
une source miraculeuse près
de laquelle saint Guron, au
VIe siècle, établit son ermitage.
L'**église** elle-même est dédiée à
saint Petroc, un grand
missionnaire gallois qui fonda
de nombreux monastères, ici
et dans toute la
région. Quelques
reliques du saint
sont abritées dans
une splendide
châsse d'ivoire
sculpté du XIIe siècle,
conservée dans
l'église.
Au sud de
Bodmin se dresse
Lanhydrock, une
demeure massive
entourée d'étendues
boisées et de jardins
(p. 231). Le manoir a
été reconstruit en 1881 après
un incendie, mais conserve
quelques éléments XVIIe. Dans
ses grandes pièces et le
labyrinthe règne encore
l'atmosphère des vastes
demeures anglaises du siècle
dernier. Le chef-d'œuvre de
Lanhydrock est sans doute le
plafond de la Grande Galerie,
orné de sculptures du
XVIIe siècle représentant des
scènes bibliques.
Bodmin Moor, la lande
alentour, porte encore la trace
de tout un réseau de champs
préhistoriques, mais on y
trouve surtout la célèbre
Jamaica Inn (Auberge de la
Jamaïque) immortalisée par
Daphné du Maurier.
Aujourd'hui, elle abrite un
restaurant, un bar et un musée.
À une demi-heure de marche
de l'auberge se trouve
Dozmary Pool, un puits
réputé sans fond, mais qui a

Les ruines du château de Tintagel, sur la côte nord des Cornouailles

fini par se tarir au cours de la sécheresse de 1976. D'après la légende, c'est dans ce puits que l'épée Excalibur aurait été jetée.

À l'est se trouve le charmant village d'**Altarnun**. Sa vaste église du XVe siècle, **St Nonna**, est parfois appelée la « cathédrale de la lande ».

🏛 Bodmin Town Museum
Mt Folly Sq, Bodmin. 📞 01208 77067. ◯ de Pâques à oct. : du lun. au sam., ven. saint. ● jours fériés. ⚼ limité.

🚪 Bodmin Jail
Berrycombe Rd, Bodmin. 📞 01208 76292. ◯ t.l.j. ● 25 déc. 📷

🚪 Lanhydrock
(NT) Bodmin. 📞 01208 73320. **Maison** ◯ d'avril à oct. : du mar. au dim. et jours fériés. **Jardins** ◯ t.l.j. 📷 ⚼ limité.

Tintagel ⓫

Cornouailles. 🏃 1 700. 🚌 jeu. (l'été).

Les ruines romantiques et mystérieuses de **Tintagel Castle**, château construit vers 1240 par le comte Richard de Cornouailles, dominent un paysage de falaises d'ardoise et de grottes béantes. On accède au château par deux escaliers très raides, accrochés à la falaise et bordés de lavande.

Le comte Richard choisit de faire construire une forteresse dans cet endroit escarpé et battu par les vents sur la foi de l'*Histoire des rois d'Angleterre* de Geoffrey de Monmouth, qui en faisait le lieu de

naissance du roi Arthur.

On a découvert sur le site de grandes quantités de beaux vases méditerranéens du Ve siècle environ, qui témoignent d'une intense activité économique bien avant la construction du château médiéval. Les habitants de l'époque, peut-être les rois de Cornouailles, avaient, semble-t-il, un train de vie fastueux.

Le chemin qui suit le haut des falaises mène du château à l'**église** de Tintagel, d'architecture normande et saxonne. À Tintagel, même l'ancien bureau de poste **(Old Post Office)** est une belle salle du XIVe siècle très bien restaurée et qui conserve un mobilier de chêne du XVIIe siècle.

Aux environs
À l'est, on rencontre le joli village de **Boscastle**. La Valency traverse la rue principale, avant de se jeter dans le port de pêche de la ville, protégé de la pleine mer par de hautes falaises d'ardoise. On accède à la mer par un défilé taillé dans le rocher.

🏰 Tintagel Castle
Près de High St. 📞 01840 770328. ◯ t.l.j. ● 25 et 26 déc., 1er jan. 📷
🚪 Old Post Office
(NT) Fore St. 📞 01840 770024. ◯ d'avril à oct. : t.l.j. 📷

Bude ⓬

Cornouailles. 🏃 8 000. 🛈 parking The Crescent (01288 354240). 🚌 ven. (l'été).

Les magnifiques plages de Bude sont un lieu de vacances familiales idéal. Ces étendues de sable faisaient autrefois de la ville un port animé. Riche en coquillages et en chaux, le sable était transporté le long d'un canal jusqu'aux fermes de l'intérieur ; il servait à neutraliser l'acidité du sol. Le canal est abandonné depuis les années 1880, mais une petite partie subsiste, véritable paradis pour les oiseaux.

Le roi Arthur, d'après un manuscrit du XIVe siècle

LE ROI ARTHUR

Les historiens considèrent que le roi Arthur a réellement existé. Il s'agissait probablement d'un chef d'armée ou d'un guerrier romano-britannique du VIe siècle qui se serait placé à la tête de la résistance anglaise face aux envahisseurs saxons *(p. 46-47)*. L'*Histoire des rois d'Angleterre* de Geoffrey de Monmouth (1139) a fait du roi Arthur une figure quasi mythique en accréditant de nombreuses légendes : comment il devint roi après avoir dégagé Excalibur du rocher qui l'emprisonnait, l'histoire des Chevaliers de la Table ronde *(p. 156)*... Depuis lors, la figure du roi Arthur n'a cessé d'inspirer les écrivains et les artistes.

Martin-pêcheur

Clovelly ⑬

Devon. 🏛 350. 📞 01237 431781. **La ville et le centre d'information** ◯ t.l.j. ● 25 et 26 déc. 🅿️ ♿ Visitors' Centre.

Le pont médiéval de Bideford, aux 24 arches, a 203 mètres de long

Clovelly est un petit village côtier plein de charme, avec des rues pavées qui montent à l'assaut de la falaise, des maisonnettes peintes de couleurs vives entourées de jardins pleins de fleurs. Aujourd'hui, le village est devenu un site touristique très fréquenté, où l'industrie de la pêche, jadis florissante, ne joue plus qu'un rôle secondaire. Depuis le haut du village, on a une vue superbe sur toute la côte alentour. Plusieurs sentiers de randonnée permettent de faire connaissance avec la région, qu'un Centre d'information (Visitors' Centre) vous présente en détail.

Une route à péage, le Hobby Drive (à partir de l'A39, près de Bucks Cross), est le chemin le plus agréable pour arriver à Clovelly, car elle longe la côte en passant à travers bois. Le Hobby Drive a été construit entre 1811 et 1829 pour donner du travail aux hommes de la région, qui avaient perdu leur emploi à la suite des guerres napoléoniennes *(p. 54-55)*.

Bideford ⑭

Devon. 🏛 13 000. 🚂 ℹ The Quay (01237 477676). 🚌 mar., sam.

Le village de Bideford, dont les maisons s'égrènent tout le long de l'estuaire de la Torridge, s'est développé dès le XVIᵉ siècle grâce au commerce du tabac, importé du Nouveau Monde *(p. 50-51)*. Plusieurs demeures du XVIIᵉ siècle qui appartenaient autrefois à de riches marchands subsistent dans Bridgeland Street, notamment la belle maison du nº 28, avec ses baies vitrées en encorbellement (1693). Tout près de là, Mill Street, bordée de boutiques, mène à l'église et à un pont du XVᵉ siècle. Dans un parc, la statue de Charles Kingsley à qui la région doit beaucoup ; c'est dans ses livres qu'au siècle dernier le grand public a découvert le charme de cette partie de la côte.

Aux environs
À l'ouest de Bideford se trouve le village de **Westward Ho !** construit à la fin du XIXᵉ siècle. Il doit son nom à l'une des plus célèbres nouvelles de Kingsley. Le village fait aujourd'hui partie d'un vaste complexe de vacances. Il donne par-delà l'estuaire de la Taw sur la réserve naturelle de Braunton Burrows. La région est décidément très marquée par la littérature : une colline au sud du village porte le nom de **Kipling Tors** en hommage à Rudyard Kipling *(p. 149)*, qui a fait de la campagne alentour le décor de son roman *Stalky & Co* (1899).

Le chef-d'œuvre d'Henry Williamson, *Tarka la loutre* (1927), décrit la vie des loutres de la **vallée de la Torridge**. Le Tarka Trail (circuit de Tarka) a été aménagé le long de la rivière ; il passe tout près des magnifiques jardins de **Rosemoor Garden**. Pour le suivre, on peut louer des bicyclettes à la gare de Bideford.

Des excursions au départ de Bideford mènent à l'île de **Lundy**, ancien repaire de pirates. La faune et la flore sauvages y sont variées.

♣ **RHS Rosemoor Garden**
Great Torrington. 📞 01805 624067. ◯ t.l.j. ● 25 déc. 🅿️ ♿

Barques de pêche sur la grève à Clovelly

Maisons de pêcheurs à Appledore

Appledore ⑮

Devon. 👥 *3 000.*

C'est grâce à sa situation retirée, à l'extrémité de l'estuaire de la Torridge, qu'Appledore a pu conserver tout son charme. Le bord de la rivière est toujours très animé ; de là partent aussi bien les pêcheurs que les vacanciers qui se rendent de l'autre côté de l'estuaire, sur les plages de Braunton Burrows. La rue principale est bordée de très belles bâtisses anciennes, derrière lesquelles se développe tout un réseau de ruelles pavées qui mènent à des maisons de pêcheurs du XVIIIᵉ siècle. Certaines boutiques ont conservé la structure originale de leur vitrine en avancée sur la rue.

Le **North Devon Maritime Museum**, musée maritime, évoque l'histoire locale, dont l'épopée des habitants du comté partis coloniser l'Australie, et le travail sur les chantiers navals, avec des maquettes et des photos. La **Victorian Schoolroom** présente une série de documentaires vidéo sur la pêche, la charpenterie de navire et les ressources économiques de la région.

🏛 **North Devon Maritime Museum**
Odun Rd. ☎ *01237 474852.* ☐ *de Pâques à oct. : t.l.j.* 📷 ♿ *limité.*

Barnstaple ⑯

Devon. 👥 *33 000.* 🚆 🚌 🅸 *Tuly St (01271 388584).* 🛒 *du lun. au sam.*

B arnstaple joue un rôle central dans l'économie de la région, mais le centre-ville, interdit à la circulation, reste calme. Un grand marché couvert, **Pannier Market** (1855), propose toutes sortes de primeurs, des œufs et du miel produits dans les fermes de la région. Tout près de là, **St Peter's Church**, dont le clocher a été tordu par la foudre qui faussa toute la charpente en 1810.

Près de la grève s'élève un bâtiment surmonté d'une statue de la reine Anne ; les commerçants venaient y vendre la cargaison de leurs navires amarrés tout près, sur la rivière. Plus loin, un pont du XVᵉ siècle et le **Museum of North Devon**, musée consacré à l'histoire régionale ; on y évoque l'ancienne tradition du travail de l'argile et la faune locale, dont les loutres, qui colonisent à nouveau les rivières du comté. Un circuit touristique appelé le Tarka Trail (290 km) décrit un 8 autour de Barnstaple.

Statue de la reine Anne (1708)

Aux environs
À l'ouest de Barnstaple, **Braunton "Great Field"** (le Grand Champ de Braunton) est le témoin d'anciens modes de culture remontant au Moyen Âge. **Braunton Burrows** est l'un des plus vastes ensembles de dunes protégées de toute l'Angleterre. Tout près de là, à Croyde et Woolacombe, les grandes plages de sable où viennent s'écraser les vagues sont le paradis des surfers, mais il y a aussi des coins plus tranquilles, des creux dans les rochers et des endroits où l'eau est peu profonde.
À **Arlington Court**, au nord de Barnstaple, est conservée une belle collection de maquettes de bateaux du début du XIXᵉ. L'endroit plaira surtout aux passionnés de chevaux : les écuries abritent toute une série d'équipages hippomobiles ; des promenades en calèche permettent de découvrir les puissants chevaux de trait de la région.

🏛 **Museum of North Devon**
The Square. ☎ *01271 346747.* ☐ *du mar. au sam.* ⬤ *jours fériés.* 📷 ♿ *limité.*

🏛 **Arlington Court**
(NT) Arlington. ☎ *01274 850296.* ☐ *d'avril à oct. : du dim. au ven.* 📷 ♿ *limité.*

Au marché couvert de Barnstaple

Le village de Lynmouth

Lynton et Lynmouth ⑰

Devon. 👥 2 000. 🚆 ℹ️ Town Hall, Lee Rd (01598 52225). Voir p. 236-237.

Situé à l'embouchure de la Lyn, Lynmouth est un village de pêcheurs pittoresque, même s'il est très touristique. La rue principale, piétonnière, est bordée de boutiques où l'on trouve la fameuse crème caillée et des souvenirs. Elle est parallèle à la Lyn, canalisée aujourd'hui par de hauts murs à cause des inondations ; l'une d'elles a dévasté la ville au cours de l'été 1952. Les traces de ce désastre, dû à des pluies diluviennes tombées sur Exmoor, disparaissent aujourd'hui sous les arbres de **Glen Lyn Gorge**, au nord du village. Lynton est le village jumeau de Lynmouth. Perché tout en haut d'une falaise de 130 m, d'où la vue porte jusqu'à la côte galloise, Lynton date en grande partie du XIXᵉ siècle. On peut l'atteindre depuis le port par le train ou par un sentier escarpé à flanc de falaise.

Aux environs
Lynmouth constitue une excellente base de départ pour découvrir Exmoor à pied. Un circuit long de 3 km mène à **Watersmeet** *(p. 237)*.
Sur la côte ouest d'Exmoor se trouve **Combe Martin** *(p. 236)*, blotti au creux d'une vallée protégée. Dans la rue principale, bordée de villas victoriennes, se trouve Pack of Cards Inn (l'Auberge du Jeu de cartes), construite au XVIIIᵉ siècle par un joueur. Elle comporte 52 fenêtres, autant qu'il y a de cartes dans un jeu.

Exeter ⑱

Exeter est la capitale du Devon, une cité affairée et très vivante qui a su conserver tout son cachet malgré les bombardements de la Deuxième Guerre mondiale qui ont détruit la plus grande partie du centre-ville. Construite sur un haut plateau qui domine l'Exe, la ville est encore entourée d'importants vestiges de remparts romains et médiévaux ; le tracé des rues, lui, n'a guère changé depuis l'époque romaine. L'enceinte de la cathédrale est un véritable havre de paix ; alentour, tout un réseau d'allées étroites et de ruelles pavées bordées de boutiques pleines de spécialités locales.

À la découverte d'Exeter
L'enceinte de la cathédrale d'Exeter englobe de vastes pelouses où la foule se presse tout l'été pour écouter des musiciens ambulants. Les bâtiments de l'enceinte juxtaposent harmonieusement plusieurs styles architecturaux. L'un des plus beaux est **Mol's Coffee House**, d'époque élisabéthaine. Parmi les autres constructions anciennes qui ont échappé aux bombardements de la Deuxième Guerre mondiale, on peut citer le **Guildhall** (hôtel de ville) de 1330, dans High Street, **Custom House**, construite en 1681 près du quai, et **Rougement House**, une élégante maison XVIIIᵉ qui se dresse tout près des vestiges d'un **château** normand bâti par Guillaume le Conquérant *(p. 46-47)*.
La zone portuaire est devenue très touristique ; tous les entrepôts du début du XIXᵉ siècle ont été convertis en boutiques, magasins d'antiquités ou cafés. Sur le port, on peut louer des bateaux pour remonter le canal. Le

Le Mol's Coffee House, construit en 1596 près de la cathédrale

La façade ouest et l'une des tours de la cathédrale Saint-Pierre d'Exeter

Quay House Interpretation Centre, ouvert d'avril à octobre, présente l'histoire de la ville.

🔒 Cathedral Church of St Peter

Enceinte de la cathédrale. 📞 01392 55573. 🕐 t.l.j. ♿
La cathédrale d'Exeter est l'une des plus belles d'Angleterre. Les deux tours sont normandes, mais elle date pour la plus grande partie du XIIIᵉ siècle. Son style orné d'une très grande richesse est illustré par les motifs tournoyants de la grande rosace centrale.
La façade, décorée de statues de pierre, ressemble à une vaste salle d'audience où seraient assemblés, assis sous un dais, des centaines de chevaliers et de nobles. À l'intérieur, la voûte gothique, ponctuée çà et là de motifs sculptés peints de couleurs vives, est d'une homogénéité remarquable. Le chœur abrite de nombreuses tombes, parmi lesquelles celle de Walter de Stapledon (1261-1326), trésorier d'Édouard II, tué lors d'une émeute à Londres. Stapledon a réuni presque tout l'argent nécessaire à la construction de cette cathédrale et du collège d'Exeter à Oxford *(p. 208-213)*.

Les coquillages et le bric-à-brac poétique de la maison A La Ronde

MODE D'EMPLOI

Devon. 🏠 104 000. ✈ 8 km à
l'est. 🚆 Exeter St David's, Bonhay
Rd; Exeter Central, Queen St. 🚌
Paris St. 🛈 Paris St (01392
265700). 🚪 t.l.j. 🎫 Festival
d'Exeter . fin juin à mi-juil.

Au nord de Sidmouth se
trouve la magnifique église
d'**Ottery St Mary**. Construite
entre 1338 et 1342 par l'évêque
Grandisson, c'est une réplique
à échelle réduite de la
cathédrale d'Exeter. Dans le
cimetière, une plaque rappelle
que le poète anglais Samuel
Taylor Coleridge est né dans la
ville en 1772.

Tout près de là, le village
d'**Honiton**, où l'on fabrique
depuis l'époque élisabéthaine
une dentelle délicate.

Plus au nord, juste après la
M5, **Killerton** accueille la
collection de vêtements
anciens du National Trust ; des
scènes illustrent la mode et
l'art de vivre de l'aristocratie
du XVIIIe siècle à nos jours.

Plus au nord, près de
Tiverton, se trouve
Knightshayes Court, une
demeure néo-gothique du
XIXe siècle aux jardins
magnifiques *(p. 230-231)*.

🏛 Passages souterrains

Roman Gate Passage. 📞 01392
265887. ⭘ du lun. au sam. (en
hiver : l'après-midi). ● 25 et 26 déc.,
1er jan., ven. saint. 🎫

Près du centre-ville se
trouvent les vestiges
du système qui
alimentait la ville en
eau au Moyen Âge.
Une visite guidée
explique comment
aux XIVe et XVe siècles
on a construit des
tunnels de pierre en
pente très douce
pour acheminer
l'eau des sources
avoisinantes.

🏛 Maritime Museum

The Haven. 📞 01392
58075. ⭘ t.l.j. ● du
24 au 26 déc. 🎫 ♿ rez-de-chaussée
seulement.

Le Musée maritime abrite
des bateaux venus du
monde entier, dont une
gondole vénitienne,
une jonque chinoise et la
fameuse *Bertha*, le plus
ancien bateau à vapeur
en état de marche, conçu
en 1844 par Isambard
Kingdom Brunel. De
nombreux vaisseaux sont
amarrés dans le bassin du
canal ; les visiteurs peuvent
grimper à bord de la plupart
d'entre eux.

🏛 Royal Albert Memorial Museum and Art Gallery

Queen St. 📞 01392 265858. ⭘ du
lun. au sam. ● du 24 au 26 déc.,
1er jan. ♿

Les collections de ce
musée sont très variées.
Elles vont des vestiges
d'époque romaine à
une galerie d'animaux
empaillés, en passant
par l'art extrême-
oriental et une section
ethnographique très
intéressante. L'argenterie
et l'horlogerie sont
deux sections
particulièrement
riches.

Tête africaine du
XIXe siècle, au Royal
Albert Museum

Aux environs

Au sud d'Exeter sur
l'A376 se trouve **A La
Ronde**, une étrange
maison à 16 côtés construite
en 1796 pour deux sœurs qui
la décorèrent de coquillages et
de souvenirs rapportés de
leurs voyages.

Plus à l'est, la ville Regency
de **Sidmouth** est abritée dans
une baie. Ses bâtiments les plus
anciens remontent aux années
1820 ; la ville était alors une
station balnéaire très en vogue.
Les chaumières y côtoient les
villas édouardiennes ; de belles
maisons s'alignent sur le front
de mer. En été, la ville accueille
un festival international des arts
traditionnels *(p. 63)*.

🏠 A La Ronde

(NT) Summer Lane, Exmouth. 📞
01395 265514. ⭘ d'avril à oct. : du
dim. au jeu. 🎫

🏠 Killerton

(NT) Broadclyst. 📞 01392 881345.
⭘ de mi-mars à oct. : du mer. au lun.
🎫 ♿

🌼 Knightshayes Court

(NT) Bolham. 📞 01884 254665. ⭘
d'avril à oct. : du sam. au jeu. 🎫 ♿
limité.

**Danseuse mexicaine au festival
des arts traditionnels de Sidmouth**

Torbay ⑲

Devon. ⬛ 🚉 *Torquay, Paignton.*
🅸 *Vaughan Parade, Torquay (01803
297428).*

Torquay, Paignton et
Brixham forment
aujourd'hui une seule et même
ville balnéaire baignée par les
eaux de Torbay. La douceur de
son climat, ses jardins
subtropicaux et ses grands
hôtels du siècle dernier ont valu
à la région le surnom de Riviera
anglaise. Torbay a connu son
apogée au début du XIXᵉ siècle,
notamment durant les guerres
napoléoniennes *(p. 54)* ; elle
était fréquentée par tous les
Anglais fortunés, car se rendre
en villégiature sur le continent
n'était alors ni patriotique ni
prudent. Aujourd'hui, Torquay
est une ville balnéaire
importante et très vivante.

Torre Abbey inclut les
vestiges d'un monastère fondé
en 1196 et transformé
aujourd'hui en galerie d'art.
Dans une très belle grange
furent enfermés les soldats de
l'Invincible Armada capturés en
1588. Le musée de Torquay
(Torquay Museum) est
consacré à l'histoire naturelle et
à l'archéologie, avec des objets
trouvés lors des fouilles menées
aux **Kents Cavern Showcaves**,
dans les faubourgs de la ville.
Ce site préhistorique est l'un des
plus importants d'Angleterre ;
dans ces grottes spectaculaires
est évoquée la vie des hommes
et des animaux qui vivaient ici
il y a 350 000 ans.

La ville miniature du
Babbacombe Model Village
se trouve au nord de Torquay ;
à environ 1,5 km à l'intérieur
des terres, on rencontre le
charmant village de
Cockington. Un circuit en
calèche permet de voir son
beau manoir Tudor, l'église, les
chaumières et une forge.

Le **zoo de Paignton**
explique tout aux enfants sur la
vie sauvage ; de là, un train à
vapeur permet de visiter
Dartmouth.

En continuant vers le sud
depuis Paignton, on arrive à
Brixham, autrefois le plus
important port de pêche du
pays.

Bayards Cove, Dartmouth

🔒 **Torre Abbey**
King's Drive, Torquay. 📞 *01803
293593.* ◯ *de Pâques à oct. : t.l.j.* 🈸

🏛 **Torquay Museum**
Babbacombe Rd, Torquay. 📞 *01803
293975.* ◯ *t.l.j. (de nov. à Pâques : du
lun. au ven.).* ⬤ *une sem. à Noël,
1ᵉʳ jan., ven. saint.* 🈸

🔒 **Kents Cavern Showcaves**
Ilsham Rd, Torquay. 📞 *01803
294059.* ◯ *t.l.j.* ⬤ *25 déc.* 🈸 ♿

🏛 **Babbacombe Model
Village**
Hampton Ave, Torquay. 📞 *01803
328669.* ◯ *t.l.j.* ⬤ *25 déc.* 🈸 ♿

🐾 **Paignton Zoo**
Totnes Rd, Paignton. 📞 *01803
557479.* ◯ *t.l.j.* ⬤ *25 déc.* 🈸 ♿

Dartmouth ⑳

Devon. 🏠 *5 500.* ⬛ 🅸 *Mayors Ave
(01803 834224).* 🛒 *du mar. au ven.*

C'est au **Royal Naval
College**, haut perché sur
une falaise dominant la Dart,
que se déroule depuis 1905
l'instruction des officiers de la
Marine anglaise. Bien avant
cette date, Dartmouth était un
port important, d'où leva
l'ancre la flotte anglaise partant
pour les deuxième et troisième
croisades *(p. 48-49).*

Des maisons du XVIIIᵉ siècle
s'alignent sur le quai pavé de
Bayards Cove ; Butterwalk est
bordé de bâtiments XVIIᵉ ornés
de bois sculpté ; au nᵒ 6 se
trouve le **Dartmouth Museum**.
Au sud, **Dartmouth Castle**, un
pittoresque château fin XVᵉ.

🏛 **Dartmouth Museum**
6 Butterwalk. 📞 *01803 832923.* ◯ *du
lun. au sam.* ⬤ *25 et 26 déc., 1ᵉʳ jan.* 🈸

⛪ **Dartmouth Castle**
Castle Rd. 📞 *01803 833588.* ◯ *t.l.j.
(de nov. à Pâques : du mer. au dim.).*
⬤ *24 au 26 déc., 1ᵉʳ jan.* 🈸

Les jardins de Torquay, sur la « Riviera anglaise »

Ce vitrail orne l'une des chapelles de l'abbaye de Buckfast

Totnes ㉑

Devon. 🏠 6 000. 🚃 🚌 🚤 ⓘ The Plains (01803 863168). 🛒 mar. (l'été), ven.

Totnes, avec son **château** normand, est situé au bout de la partie navigable de la Dart. Entre la ville et le château se trouve High Street, bordée de maisons élisabéthaines. **Eastgate**, une porte vestige des remparts médiévaux, barre la rue. Le musée local, **Totnes Elizabethan Museum**, évoque la ville à son apogée, au XVIᵉ siècle ; une des salles est consacrée au mathématicien Charles Babbage (1791-1871), considéré comme un pionnier de l'informatique. À voir aussi, le **Guildhall** (hôtel de ville) médiéval et l'**église**, au jubé doré délicatement sculpté. Le mardi, tout l'été, les vendeurs du marché portent des costumes élisabéthains.

Aux environs
Non loin au nord de Totnes, **Dartington Hall** possède 10 ha de beaux jardins. La célèbre école de musique de la ville donne des concerts dans une salle du XIVᵉ siècle, le Great Hall.

Au marché de Totnes

⚓ Totnes Castle
Castle St. 🕿 01803 864406. ◯ d'avril à oct. : t.l.j. ; de nov. à mars : du mer. au dim. ● du 24 au 26 déc., 1ᵉʳ jan. 🏵
🏛 Totnes Elizabethan Museum
Fore St. 🕿 01803 863821. ◯ fin mars à fin oct., du lun. au ven. 🏵 ⚒ limité.
🏰 Guildhall
Rampart Walk. 🕿 01803 862147. ◯ d'avril à oct. : du lun. au ven. 🏵
🌿 Dartington Hall Gardens
Dartington Hall Rd. 🕿 01803 862367. ◯ t.l.j.

Buckfastleigh ㉒

Devon. 🏠 3 300. 🚃

Cette ville commerçante, aux confins du Dartmoor (p. 280-281), est dominée par **Buckfast Abbey**. La première abbaye, fondée à l'époque des Normands, tomba en ruine après la dissolution des ordres monastiques ; ce n'est qu'en 1882 qu'un petit groupe de bénédictins français y construisit de nouveaux bâtiments. La construction de l'abbaye fut achevée en 1938. Elle accueille aujourd'hui une communauté nombreuse. Les mosaïques et les vitraux sont aussi l'œuvre des moines. Tout près se trouvent **Buckfast Butterfly Farm and Otter Sanctuary**, ferme où sont élevés des papillons et réserve où les loutres sont protégées, et le terminus des trains à vapeur du **South Devon Steam Railway**, qui rejoint Totnes en haletant tout le long de la vallée.

🏠 Buckfast Abbey
Buckfastleigh. 🕿 01364 642519. ◯ t.l.j. ● 25 au 27 déc., ven. saint. ⚒
🦋 Buckfast Butterfly Farm and Otter Sanctuary
Buckfastleigh. 🕿 01364 642916. ◯ de Pâques à nov. : t.l.j. 🏵 ⚒

Burgh Island ㉓

Devon. 🚃 Plymouth, puis taxi. ⓘ The Barbican, Plymouth (01752 264849).

Une courte promenade à marée basse permet de retrouver ici toute l'atmosphère des années vingt et trente. En 1929, le millionnaire Archibald Nettlefold fit construire le luxueux **Burgh Island Hotel**. Créé dans le style Art déco avec une piscine d'eau de mer creusée dans le rocher, ce palace a été fréquenté notamment par le duc de Windsor et Agatha Christie. Aujourd'hui restauré, il offre un très bel exemple de la fastueuse décoration intérieure des palaces au début du siècle. Sur l'île, on peut visiter aussi un charmant village et **Pilchard Inn**, une auberge de 1336 qui serait hantée par le fantôme d'un contrebandier.

Le bar Art déco du Burgh Island Hotel

Plymouth ㉔

Devon. 🏛 250 000. 🛬 ⛴ 🚌
🚆 ℹ️ *Island House, The Barbican*
(01752 264849). 🛍 *t.l.j.*

L'ancien petit port d'où sont
partis Drake, Raleigh, Cook
et Darwin est aujourd'hui une
cité importante. La vieille ville
s'organise autour du **Hoe**, un
petit terrain planté de gazon
où Sir Francis Drake, dit-on,
aurait calmement
terminé sa partie de
boules alors que
l'Invincible Armada
approchait de la
côte *(p. 50-51)*.
Aujourd'hui, le Hoe
est un parc très
agréable où se
dressent de
nombreux

Les armoiries de Drake

monuments élevés à de grands
capitaines de la marine
anglaise. Jouxtant le parc se
trouvent la **Royal Citadel**
construite par Charles II vers
1660 pour protéger le port, et
un très bel **aquarium**. Le
Plymouth Dome est l'une des
principales attractions de la
ville. Le passé et le présent de
la cité y sont évoqués grâce
aux technologies de pointe.
On y découvre aussi la
retransmission par satellite des
images météorologiques et les
écrans radar. Tout près de là,
le **Mayflower Stone and
Steps** marque l'endroit où ont
embarqué en 1620 les
premiers émigrants anglais
partis coloniser le Nouveau
Monde.

Aux environs
Une promenade en
bateau permet de
découvrir l'ancien
complexe portuaire
de Plymouth, où,
depuis l'époque
des guerres
napoléoniennes
(p. 54-55), on construit et
équipe des navires de guerre
et des sous-marins. On y
admire aussi de superbes
panoramas et de beaux jardins,
comme le **Mount Edgcumbe
Park** *(p. 230-231)*, semés tout
le long de la côte.

**Cheminée en bois sculpté du
XVIIIᵉ siècle, Saltram House**

À l'est de la ville, **Saltram
House**, belle demeure du
XVIIIᵉ siècle, comprend deux
pièces splendides, décorées
par Adam *(p. 24-25)*. On y
verra aussi des œuvres de
Joshua Reynolds, né tout près
de Plymouth.

🏰 **Royal Citadel**
The Hoe. 📞 *01752 775841.* 🕐 *de
mai à sept. t.l.j. (uniquement visites
guidées).* 🅿️ ♿ *limité.*
🐠 **Aquarium**
Citadel Hill. 📞 *01752 633100.* 🕐
t.l.j. ● *24 au 26 déc.* 🅿️ ♿
🏛 **Plymouth Dome**
The Hoe. 📞 *01752 603300.* 🕐 *t.l.j.*
● *25 déc.* 🅿️ ♿
🌳 **Mount Edgcumbe Park**
Cremyll, Torpoint. 📞 *01752 822236.*
🕐 *d'avril à mi-oct. : du mer. au dim.*
🏰 **Saltram House**
(NT) Plympton. 📞 *01752 336546.* 🕐
d'avril à oct. : du dim. au jeu. 🅿️ ♿

Buckland Abbey ㉕

(NT) Yelverton, Devon. 📞 *01822
853607.* 🚌 *d'Yelverton.* 🕐 *du ven.
au mer. (de nov. à mars : sam. et dim.
après-midi).* ● *du 24 au 29 déc., jan.*
🅿️ ♿ *limité.*

F ondée en 1278 par des
moines cisterciens,
l'abbaye de Buckland a été
transformée en simple
demeure de particuliers après
la dissolution des ordres
monastiques ; Drake y vécut
de 1581 à sa mort en 1596.
Une partie de la maison est
consacrée à Drake et à son
époque, évoqués par des
peintures, des cartes et des
souvenirs divers.

Le port de Plymouth vu depuis le Hoe

Cotehele 26

(NT) St Dominick, Cornwall.
📞 01579 51346. 🚂 Calstock.
Maison 🔘 d'avril à oct. : du sam. au
jeu. **Domaine** 🔘 t.l.j. 📷 ♿ limité.

L es bois qui l'entourent
et la présence de la rivière
font du domaine de Cotehele
un endroit particulièrement
agréable où passer la journée.
Loin de la civilisation, perdu
dans un massif forestier
en pleines Cornouailles,
Cotehele est resté en sommeil
pendant près de 500 ans.
La demeure a été construite
entre 1489 et 1520 ; c'est
un exemple très bien
conservé des maisons de
cette époque, ordonnées
autour de plusieurs cours,
avec une magnifique salle
centrale, des cuisines, une
chapelle et un ensemble de
pièces privées. Le côté
enchanteur de la demeure
est encore renforcé par les
jardins en terrasses qui la
bordent à l'est. Un tunnel
conduit le visiteur à d'autres
jardins exubérants.
Le sentier qui les traverse
passe non loin d'un beau
pigeonnier médiéval
couronné d'un dôme et mène
au quai où l'on embarquait
autrefois la chaux et le
charbon. Dans le domaine se
trouvent aussi un village, avec
un petit musée maritime, des
moulins en état de marche,
d'anciens fours à chaux et tout
un équipement industriel
datant du XIXᵉ siècle. La rivière
présente de très beaux
paysages.

**Le pigeonnier médiéval, perdu
dans les jardins de Cotehele**

La flotte anglaise et l'Invincible Armada peu avant l'affrontement

SIR FRANCIS DRAKE

Sir Francis Drake (vers 1540-1596) est le premier Anglais qui ait
navigué tout autour de la Terre ; il fut anobli par Élisabeth Iʳᵉ en
1580. Quatre ans plus tard, il introduisit dans le pays le tabac et
la pomme de terre, après avoir ramené chez eux 190 colons qui
avaient tenté de s'établir en Virginie. Pour nombre de ses
contemporains, Drake n'était cependant guère plus qu'un
aventurier opportuniste, qui devait sa renommée à des exploits
suspects, proches de la piraterie. L'Espagne catholique était
alors l'ennemi public numéro 1, et Drake recouvra la faveur de
la reine et du peuple en jouant un rôle important dans la
victoire anglaise sur l'Invincible Armada (p. 50-51).

Morwellham Quay 27

Près de l'A390, à proximité de
Gunnislake, Devon. 📞 01822
832766. 🚂 Gunnislake. 🔘 t.l.j. ⬤
du 23 déc. au 1ᵉʳ jan. 📷 ♿ limité.

M orwellham Quay,
longtemps abandonné,
a connu un regain d'intérêt
dans les années soixante-dix,
quand les membres d'une
association locale ont
entrepris de restaurer les
cottages abandonnés, l'école,
les fermes, le quai et les
anciennes mines de cuivre
dans leur état du XIXᵉ siècle.
Aujourd'hui, on y trouve
un ensemble d'archéologie
industrielle très complet,
où le visiteur peut passer la
journée entière à partager les
activités d'un village du siècle
dernier. Des habitants du
village, en costumes
d'époque, donnent toutes
sortes d'explications qui
rendent ce musée
particulièrement vivant. Les
visiteurs peuvent mettre la
main à la pâte, assister à une

**Vestiges du passé industriel de
Morwellham Quay**

leçon dans l'école, prendre
part à des jeux typiques du
siècle dernier ou même revêtir
les longues jupes à cerceaux,
les bonnets, les vestes et les
hauts-de-forme de l'époque.
Les habitants du village jouent
leur rôle avec beaucoup de
conscience et connaissent une
foule de détails sur la vie
quotidienne d'autrefois dans
cette petite communauté
minière.

Le parc national du Dartmoor ❷❽

La lande sauvage du Dartmoor, où traînent souvent des lambeaux de brume, est le décor d'un célèbre roman policier de Conan Doyle, *Le Chien des Baskerville* (1902). C'est ici, à Princetown, entourée de buttes rocheuses pelées, que se trouve la plus sûre des prisons anglaises. Les paysages sont semés de vestiges préhistoriques taillés dans le granit. Plus loin règne une atmosphère très différente. Les torrents qui se précipitent à travers des ravins encombrés de rochers deviennent par endroits des cascades ; dans les vallées des abords de la lande sont nichées de jolies chaumières où les randonneurs fatigués peuvent boire un thé à la crème et se réchauffer à un feu dans l'âtre.

Busard

La lande près de Drewsteignton

À Okehampton se trouvent un musée local et les ruines d'un château (XIVᵉ s.)

Okehampton

LAUNCESTON   A386   MELDON RESERVOIR

High Willhays
621 m

West Okement

Lydford Gorge (accessible d'avril à oct.) est un ravin boisé impressionnant qui mène à une cascade.

Lydford

TERRAIN MILITAIRE

Brentor
Sur cette colline volcanique est perchée une petite église fondée en 1130.

Le ministère de la Défense a établi dans la région des terrains d'entraînement. On y a accès le week-end.

Walkham   Postbrid

Two Bridges

A386

Tavistock   Merrivale   Blackbroo

LISKEARD   Princetown

Meavy

Principal centre d'information

LÉGENDE

i	Information touristique
▬▬	Route A
░░	Route B
═ ═	Route secondaire
⚡	Point de vue

Yelverton   BURRATOR RESERVOIR

0   5 km

PLYMOUTH   Plym

PLYMOU

Ivyb

Postbridge
Le village de Postbridge permet de rayonner dans la plaine la plus septentrionale du Dartmoor. La lande onduleuse est quadrillée de murets de pierres sèches.

Les poneys sauvages vivent en liberté dans les vastes espaces du Dartmoor

Les poneys du Dartmoor
Ces petits chevaux robustes vivent à l'état sauvage dans la région depuis le Xe siècle.

Grimspound est un ensemble impressionnant de huttes datant de l'âge du bronze, il y a plus de 4 000 ans.

Castle Drogo est un pastiche de château médiéval construit par Sir Edwin Lutyens *(p. 25)* entre 1910 et 1930.

EXETER
Drewsteignton
Teign

À Becky Falls (de Pâques à nov.), on peut faire de belles randonnées jusqu'à une plate-forme panoramique dominant une cascade de 22 m.

EXETER
● Moretonhampstead

WORTHY
TOR

Bovey

● Manaton

EXETER

ℹ️ Bovey Tracey

Hound Tor
Sur cette colline se trouvent d'importants vestiges d'un site médiéval habité depuis l'époque saxonne jusqu'au début du XIVe siècle.

● Buckland-in-the-Moor

A38

ENFORD
ESERVOIR ℹ️
Buckfastleigh

Ashburton

Bovey Tracey est au cœur d'une vaste étendue boisée.

Haytor Rocks est la plus accessible des buttes rocheuses de la région.

Dart

N DAM
SERVOIR

Le train à vapeur du sud du Devon

L'abbaye de Buckfast a été fondée par le roi Canut *(p. 157)* en 1018.

A38

La ferme aux papillons et la réserve de loutres du Dartmoor

Dartmeet est parcouru de nombreuses rivières.

Buckland-in-the-Moor
L'un des plus jolis villages du Dartmoor, tout en granit et toits de chaume.

LES MIDLANDS

Les Midlands d'un coup d'œil

Dans les Midlands alternent paysages magnifiques et villes industrielles. On vient y découvrir la beauté sauvage des Peaks dentelés, descendre les canaux dans des péniches aux couleurs vives et explorer les nombreux jardins enchanteurs. Cette région présente toute la gamme de l'architecture britannique, des cathédrales et des petites églises aux charmantes villes d'eau, aux nobles demeures et aux cottages campagnards. Les musées industriels sont souvent implantés dans des sites pittoresques.

Cheshire

Staffordshire

Shropshire

Le Tissington Trail (p. 323) *ajoute à une promenade à travers le Peak District un divertissant aperçu de la coutume des puits fleuris.*

LE CŒUR DE L'ANGLETERRE
(voir p. 290-315)

W Mid

Ironbridge Gorge (p. 300-301) *a vu naître la révolution industrielle* (p. 334-335). *Ce site inscrit au patrimoine mondial est un exemple des premières implantations industrielles au cœur de la campagne anglaise.*

Hereford et Worcester

Gloucestershire

Dans les Cotswolds (p. 290-291), *nombreuses sont les maisons construites dans la pierre locale grâce aux profits tirés du commerce de la laine au Moyen Âge. Le manoir de Snowshill (à gauche) est proche du village préservé de Broadway.*

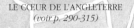

0   25 km

◁ **Façade à colombage du Lord Leycester Hospital, Warwick**

Chatsworth House (p. 320-321), *superbe bâtiment baroque, est célèbre par ses jardins dessinés par Capability Brown. Ici le Conservative Wall, serre pour plantes exotiques.*

La cathédrale de Lincoln (p. 327), *édifice vaste et imposant, domine la vieille ville. Elle abrite de splendides miséricordes et le chœur des Anges du XIIIᵉ siècle, qui compte 30 anges sculptés.*

Nottinghamshire

Lincolnshire

Derbyshire

L'EST DES MIDLANDS
(voir p. 316-329)

Leicestershire

Burghley House (p. 328-329), *avec ses motifs architecturaux de style Renaissance, se voit à des lieues à la ronde dans le paysage peu vallonné des Midlands.*

...rwickshire

Le château de Warwick (p. 308-309) *est un étonnant mélange de forteresse médiévale et de demeure campagnarde, avec ses tours massives, ses remparts, son souterrain et ses appartements historiques, comme la chambre de la reine Anne.*

Northamptonshire

Stratford-upon-Avon (p. 310-313), *ville natale de Shakespeare, compte nombre d'anciennes demeures, dont certaines se visitent. Ces constructions à colombage noir et blanc, courantes dans les Midlands, sont typiques de l'architecture Tudor (p. 288-289).*

Les canaux des Midlands

C'est le troisième duc de Bridgewater qui fit creuser, en 1761, l'un des premiers canaux d'Angleterre, pour relier la mine de charbon de son domaine de Worsley aux usines textiles de Manchester. En 1805, 4 800 km de voies navigables, reliées au réseau hydrographique quadrillaient le pays. Ce fut le moyen de transport de marchandises le plus rapide et le moins coûteux, jusqu'à la concurrence du chemin de fer à partir de 1840. On cessa de convoyer les marchandises sur les canaux en 1963, mais près de 3 200 km en sont encore navigables pour les voyageurs qui désirent faire une croisière tranquille en péniche.

Le Grand Union Canal (peinture de 1931), long de 485 km, fut construit dans les années 1790 afin de relier Londres aux Midlands.

Les éclusiers étaient logés dans de petites maisons.

Des auberges d'écluses approvisionnaient les bateliers.

Le Farmer's Bridge, à Birmingham, est une suite d'écluses. Les péniches peuvent ainsi passer d'un niveau du canal à l'autre. Plus la dénivellation est forte, plus les écluses doivent être nombreuses.

De lourdes portes en V ferment l'écluse.

C'est la pression de l'eau qui maintient la porte fermée.

Le chemin de halage permettait aux chevaux de remorquer les péniches avant qu'elles ne soient motorisées. Les chevaux étaient régulièrement remplacés.

Les péniches à fond plat ont la proue et la poupe identiques. Le chargement occupait presque toute la place, sauf une petite cabine pour l'équipage. Elles étaient peintes de couleurs vives.

LE RÉSEAU DE CANAUX DES MIDLANDS

Les Midlands, région industrielle qui a vu naître le réseau de canaux anglais, a toujours la plus forte concentration de voies navigables.

LÉGENDE

▬ Canal

▭ Cours d'eau

MODE D'EMPLOI

Sociétés spécialisées dans les péniches de tourisme :
Blake's Holidays ☏ *01603 782911* ; Hoseasons ☏ *01502 501010* ; Canal Cruising Co ☏ *01785 813982* ; Black Prince Holidays ☏ *01527 575115* ; Alvechurch Boat Centres Ltd ☏ *0121 445 2909 ;* Rushbrooke Narrow Boats ☏ *01963 78652.*
Musées des canaux :
National Waterways Museum *(voir p. 315)* ; Canal Museum, Stoke Bruerne, Towcester ☏ *01604 862229* ; Boat Museum, South Pier Rd, Ellesmere Port ☏ *0151 3555017.*

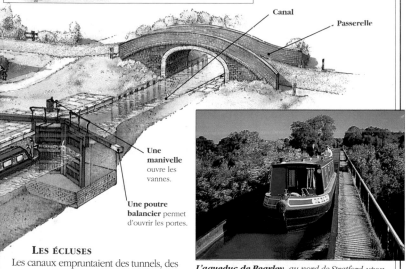

Canal

Passerelle

Une **manivelle** ouvre les vannes.

Une **poutre balancier** permet d'ouvrir les portes.

LES ÉCLUSES

Les canaux empruntaient des tunnels, des remblais et des écluses pour assurer la rapidité du transport des marchandises. Les écluses permettaient de franchir les déclivités.

L'aqueduc de Bearley, au nord de Stratford-upon-Avon. Cette construction en acier de 180 m, supportée par des piliers de brique, permet au canal de passer au-dessus des routes et d'une voie ferrée fréquentée.

L'ART DES BATELIERS

Les cabines sont si petites que chaque centimètre carré est mis à profit pour en faire une habitation confortable. L'intérieur était agrémenté de peintures colorées et abondamment décoré.

Le mobilier était conçu pour être commode et pour tenir dans des cabines exiguës.

Les pots à eau étaient également peints. Les motifs les plus répandus étaient les roses et les châteaux, avec des variantes de style locales.

Les péniches sont souvent ornées d'éléments en cuivre.

Les manoirs Tudor

Nombre de manoirs remarquables ont été édifiés dans le centre de l'Angleterre sous les Tudors *(p. 50-51)*, époque de paix et de prospérité relatives. La dissolution des monastères fit démembrer de vastes domaines, vendus à des propriétaires laïques qui firent construire des maisons en accord avec leur nouveau statut *(p. 24)*. Dans les Midlands, le bois

Armes de était le matériau de
la famille construction principal, et la
Lucy

gentry affichait sa fortune en ornant son intérieur de boiseries sculptées.

Les moulures *sculptées de l'aile sud datent de la fin du XVIe siècle. Des motifs traditionnels, comme la vigne ou le trèfle, se combinent à ceux empruntés à la Renaissance italienne.*

Les douves *rectangulaires étaient décoratives plutôt que défensives. Elles entourent un potager reconstitué (p. 22) en 1975 avec des plantes qui existaient sous les Tudors.*

La grande galerie, *partie la plus récente (1580), servait de salle de jeu. Des peintures murales d'origine représentent la Destinée (à gauche) et la Fortune.*

Encorbellement (aux étages supérieurs)

DEMEURES TUDOR ET NÉO-TUDOR

Les Midlands comptent de nombreuses demeures Tudor somptueusement décorées. Au XIXe siècle, la « vieille Angleterre » adopta l'architecture néo-Tudor, qui représentait l'idée de tradition familiale.

Hardwick Hall, *dans le Derbyshire, dont on voit ici l'immense cuisine, est l'une des plus belles demeures Tudor du pays. On appelle ces bâtiments les « maisons du prodige » (p. 328) à cause de leur taille.*

Charlecote Park, *dans le Warwickshire, demeure édifiée par Sir Thomas Lucy en 1551-1559, a été restaurée dans le style Tudor au XIXe siècle, mais il a conservé une belle maison de garde d'origine. Shakespeare (p. 310-313), dit-on, fut pris dans sa jeunesse à braconner le chevreuil dans le parc.*

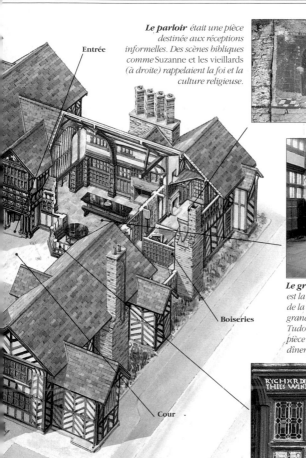

Entrée

Le parloir était une pièce destinée aux réceptions informelles. Des scènes bibliques comme Suzanne et les vieillards (à droite) rappelaient la foi et la culture religieuse.

Boiseries

Le grand salon (vers 1440) est la partie la plus ancienne de la maison, et la plus grande à l'époque des Tudors. C'était la principale pièce commune pour les dîners et les réceptions.

Cour

LITTLE MORETON HALL
La demeure des Moreton (p. 297) fut construite entre 1440 et 1580 par l'assemblage de nombreuses pièces de bois. Boiseries et encorbellements en reflétaient la richesse.

Le vitrage de la grande baie est typique du XVIᵉ siècle : de petites pièces de verre fabriquées sur place étaient taillées à facettes comme un diamant avant d'être ajustées avec des baguettes de plomb.

Packwood House, dans le Warwickshire, est une demeure à colombage du milieu de l'époque Tudor, largement modifiée au XVIIᵉ siècle. L'étonnant jardin, dont les ifs taillés sont censés représenter le sermon sur la montagne, date du XVIIᵉ siècle.

Moseley Old Hall, dans le Staffordshire, a un mur de ...ue qui dissimule le colombage XVIIᵉ siècle. La chambre du roi ...elle dans laquelle Charles II se réfugia après la bataille de Worcester (p. 52-53).

Wightwick Manor, dans l'ouest des Midlands, date de 1887-1893. Ce bel ensemble néo-Tudor possède des meubles et des décors superbes de la fin du XIXᵉ siècle.

La pierre des Cotswolds

Les Cotswolds sont une chaîne élevée de collines calcaires qui court sur 80 km au nord-est en direction de Bath *(p. 244)*. Les sols peu profonds sont difficiles à labourer mais parfaits pour paître les moutons, et la richesse tirée de la laine au Moyen Âge a permis de construire des églises majestueuses et d'opulentes demeures en ville.

Dragon, église de Deerhurst

Ce sont les pierres de ces collines qui ont servi à bâtir la cathédrale Saint-Paul *(p. 116-117)*, ainsi que les villages, les granges et les manoirs qui rendent le paysage si pittoresque.

Les cottages d'Arlington Row, à Bibury, furent construits au XVII siècle pour des tisserands dont les métiers étaient installés dans les greniers.

Les fenêtres étant frappées d'un impôt et le verre coûteux, les cottages ouvriers n'avaient que quelques ouvertures étroites à petits carreaux.

Un larmier permet à l'eau de s'écouler.

Le toit est en pente raide pour supporter le poids des ardoises. Des maîtres artisans les fabriquaient en effeuillant les blocs d'ardoise.

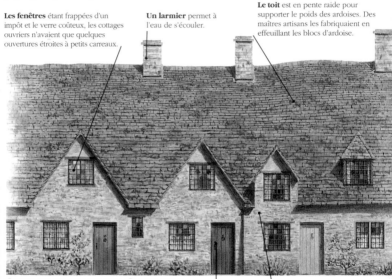

COTTAGE EN PIERRE DES COTSWOLDS
Les cottages à deux étages d'Arlington Row, construits à partir de pierres aux formes curieuses, sont asymétriques. Il y fait sombre à cause de l'étroitesse des ouvertures.

Portes et linteaux en bois

Le bois, moins cher que la pierre, servait à édifier les étages supérieurs sous les toits.

VARIATIONS EN PIERRE
La pierre des Cotswolds a des tons chauds dans le Nord, nacrés dans le Centre et gris clair dans le Sud. On dirait qu'elle restitue la lumière qu'elle a absorbée. Cette pierre tendre, facile à sculpter, se prête à tous les usages : bâtiments, ponts, tombes, gargouilles.

« Tiddles » est la pierre tombale d'un chat (cimetière de Fairford).

Lower Slaughter doit son nom au mot anglo-saxon slough, « lieu boueux ». Son pont bas en pierre enjambe le cours de l'Eye.

VILLES ET VILLAGES EN PIERRE DES COTSWOLDS

Les villes et les villages de cette carte sont de bons exemples de sites bâtis presque entièrement en pierre. Presque tous les villages de la région ont été fondés avant le XIIIe siècle. L'abondance de pierre calcaire a entraîné une multitude de constructions. Les maçons travaillaient selon des modèles locaux qui se transmettaient de génération en génération.

① Winchcombe
② Broadway
③ Stow-on-the-Wold
④ Upper et Lower Slaughter
⑤ Bourton-on-the-Water
⑥ Sherborne
⑦ Northleach
⑧ Painswick
⑨ Bibury
⑩ Fairford

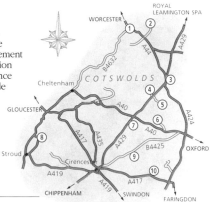

Les maisons des marchands de laine étaient construites en belle *ashlar* (pierre de taille) avec des pierres d'angle, des linteaux et des chambranles décoratifs.

Avant-toit dentelé

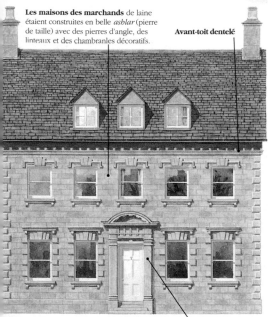

MAISON EN PIERRE DES COTSWOLDS

Cette maison de marchand du début de l'époque georgienne, à Painswick, est d'un style des Cotswolds accompli, qui emprunte des éléments décoratifs à l'architecture classique.

La porte est surmontée d'un fronton arrondi sur des pilastres lisses.

LES GARGOUILLES

Celles de l'église de Winchcombe (XVe siècle) mêlent croyances païennes et chrétiennes.

Dieux païens écartant les esprits maléfiques.

Les allégories de la fertilité, importantes à la campagne, apparaissaient dans des fêtes chrétiennes.

Visages humains souvent caricatures de dignitaires locaux.

Dieux animaux représentant des qualités comme la force.

Les murs de pierre sèche sont construits sans mortier, selon une vieille technique des Cotswolds.

Les croix de pierre telles que celle du village de Stanton, près de Broadway (XVIe s.), sont nombreuses dans les Cotswolds.

Sarcophages et « boîtes à thé » : belles tombes du XVIIIe siècle dans le cimetière de Painswick.

The Cotswold Arms

Bar Snacks
Restaurant
Beer Garden
Morning Coffee

LE CŒUR DE L'ANGLETERRE

CHESHIRE · HEREFORD ET WORCESTER · GLOUCESTERSHIRE · SHROPSHIRE
STAFFORDSHIRE · WARWICKSHIRE · L'OUEST DES MIDLANDS

L*e plus grand attrait de la Grande-Bretagne est sa variété, et rien ne le prouve mieux que le cœur du pays où les collines des Cotswolds, qui dissimulent des cottages et des églises de pierre, cèdent la place aux plaines fertiles du Warwickshire. Le pays de Shakespeare voisine avec le centre industriel de l'Angleterre, qui fut l'atelier du monde.*

Coventry, Birmingham, les « Potteries » et leurs arrière-pays travaillent le fer, le textile et la céramique depuis le XVIIIe siècle. Au XXe siècle, ces industries ont décliné, et un nouveau genre de musée est apparu pour faire revivre les heures de gloire de ces villes et les techniques d'autrefois. Ironbridge Gorge et la filature de Quarry Bank, à Styal, dont les usines sont devenues des musées vivants, sont des sites industriels captivants implantés en pleine nature.

On peut goûter ces paysages depuis le pont d'une péniche qui descend les canaux des Midlands vers la région frontalière du pays de Galles connue sous le nom de Marches. Là, les murs massifs de Chester et les châteaux de Shrewsbury et de Ludlow rappellent les batailles féroces des Gallois contre les barons normands et les lords des Marches. Celles-ci sont maintenant parsemées de localités rurales qui s'approvisionnent aux marchés de Leominster, Malvern, Ross-on-Wye et Hereford. Les villes de Worcester et Gloucester possèdent des centres commerciaux modernes, mais leurs cathédrales majestueuses conservent une sérénité d'un autre âge.

Cheltenham comporte de nombreux édifices Régence, Cirencester un riche héritage romain et Tewkesbury une solide abbaye normande. Voici enfin Stratford-upon-Avon, où Shakespeare naquit et mourut.

Paisible passe-temps villageois, hérité de siècles plus tranquilles

◁ **Les constructions du cœur de l'Angleterre utilisent souvent la pierre des Cotswolds**

À la découverte du cœur de l'Angleterre

Plus que toute autre région, le cœur de l'Angleterre doit son caractère à ses paysages. Maisons pittoresques, pubs et églises, à colombage ou en pierre des Cotswolds, charment les yeux et ajoutent beaucoup au plaisir de la découverte. La région proche de Birmingham et de Stoke-on-Trent (ancien centre industriel de l'Angleterre) tranche cependant avec le reste. À certains endroits, l'horizon bétonné n'est guère riant, mais l'art et l'architecture victoriens triomphants, ainsi qu'une série de beaux musées de l'industrie, reflètent l'histoire passionnante de la région.

Arlington Row : cottages de pierre à Bibury, village des Cotswolds

LA RÉGION D'UN COUP D'ŒIL

Birmingham **13**
Cheltenham **20**
Chester **2**
Chipping Campden **18**
Cirencester **22**
Coventry **14**
Gloucester **21**
Great Malvern **11**
Hereford **8**
Ironbridge p. 300-301 **5**
Ledbury **10**
Leominster **7**
Ludlow **6**
Quarry Bank Mill, Styal **1**
Ross-on-Wye **9**
Shrewsbury **4**
Stoke-on-Trent **3**
Stratford-upon-Avon p. 310-313 **17**
Tewkesbury **19**
Warwick p. 306-309 **16**
Worcester **12**

Excursions
Les jardins des Midlands **15**

CIRCULER

Le cœur de l'Angleterre est d'accès facile par le train, grâce au service InterCity jusqu'à Cheltenham, Worcester, Birmingham et Coventry. Les autoroutes M5 et M6 sont les voies routières principales, mais elles sont souvent embouteillées. Des compagnies d'autocars font la navette entre Cheltenham et Birmingham. Il est encore mieux de se déplacer en voiture. Les petites routes sont souvent désertes ; cependant, les principaux centres d'intérêt, comme Stratford-upon-Avon, peuvent être envahis l'été.

VOIR AUSSI

• **Hébergement** p. 555-556
• **Restaurants et pubs** p. 591-593

Wigan
Liverpool
Birkenhead
Mersey
M53
M56
A5
2 CHESTER
Wrexham
Dee
A41
Llang
A495
● ELLESMERE
Welshpool
A458
4
SHREWSBURY
SHROPSHIRE HILLS
MARCHES
LUDLOW **6**
Llandrindod Wells
LEOMINSTER **7**
Wye
HEREFORD **8**
ROSS-ON-W

0　　　　　　　10 km

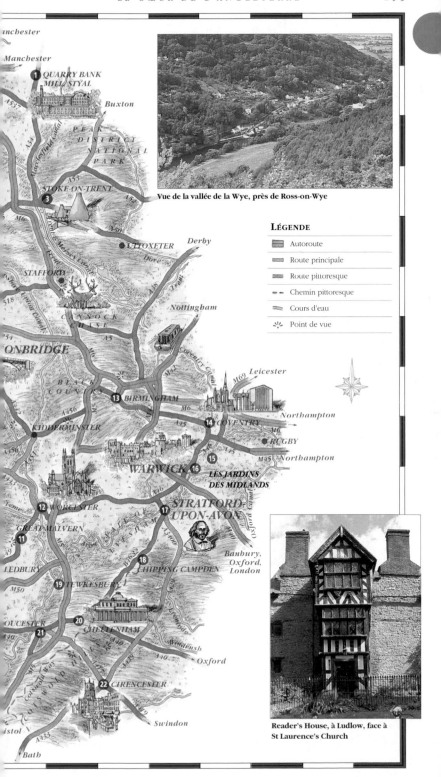

anchester

Manchester

1 QUARRY BANK
MILL STYAL

Buxton

P E A K
D I S T R I C T
N A T I O N A L
P A R K

3 STOKE-ON-TRENT

Vue de la vallée de la Wye, près de Ross-on-Wye

UTTOXETER

Derby

Dove

STAFFORD

C A N N O C K
C H A S E

Nottingham

ONBRIDGE

B L A C K
C O U N T R Y

Leicester

13 BIRMINGHAM

Northampton

KIDDERMINSTER

14 COVENTRY

RUGBY

Northampton

15

12 WORCESTER

WARWICK **16**

LES JARDINS
DES MIDLANDS

GREAT MALVERN

11

17 STRATFORD-
UPON-AVON

LEDBURY

Banbury,
Oxford,
London

18 CHIPPING CAMPDEN

19 TEWKESBURY

OUCESTER

20 CHELTENHAM

21

Oxford

22 CIRENCESTER

Swindon

istol

Bath

LÉGENDE

▨	Autoroute
▭	Route principale
▭	Route pittoresque
●─	Chemin pittoresque
≈	Cours d'eau
☼	Point de vue

Reader's House, à Ludlow, face à
St Laurence's Church

La filature de Quarry Bank, témoin vivant de la révolution industrielle

Quarry Bank Mill, Styal ❶

Cheshire. 📞 01625 527468.
🚆 Wilmslow puis en bus. ⬜ d'avril à sept. : t.l.j. ; d'oct. à mars : du mar. au dim. ⬛ du 23 au 25 déc. 🎦 ♿ limité.

La filature de Quarry Bank, transformée en musée, fait revivre la révolution industrielle (p. 54-55). C'est là qu'en 1784 Samuel Greg utilisa pour la première fois les eaux de la vallée de la Bollin pour actionner le métier qui transformait les fibres de coton en toile. Vers 1840, Greg possédait l'un des empires du coton les plus importants de Grande-Bretagne, et ses coupons de tissu s'exportaient dans le monde entier.

La vieille filature massive, restaurée, accueille un musée vivant de l'industrie du coton, qui a dominé la région de Manchester pendant près de deux cents ans avant d'être détrônée par la concurrence étrangère. Une série de reconstitutions, de démonstrations et de nombreuses manipulations amusantes montrent toutes les étapes, du filage et du tissage au blanchiment en passant par l'impression et la teinture. Dans la salle de tissage, des

métiers produisent du tissu dans un grand cliquètement. On peut ainsi voir comment l'eau actionne les machines, parmi lesquelles une roue de 50 t, haute de 7 m, qui met encore parfois en branle les métiers à tisser.

La famille Greg prit conscience qu'elle avait besoin d'une main-d'œuvre en bonne santé, loyale et stable. Une exposition sur l'histoire sociale explique comment les ouvriers de la filature logeaient au village de Styal, construit spécialement, dans des cottages spacieux avec potagers et lieux d'aisances. Des panneaux détaillent les salaires, les conditions de travail et l'état sanitaire. Des visites guidées de l'**Apprentice House** voisine sont organisées : elle accueillait des orphelins qui travaillaient jusqu'à 12 h par jour à la filature dès l'âge de six ou sept ans. Les visiteurs peuvent essayer les lits des enfants et même goûter les potions qu'on leur servait… Quarry Bank est entouré de plus de 115 ha de forêt.

Chester ❷

Cheshire. 🏘 120 000. 🚆 🚌
ℹ Town Hall, Northgate St (01244 402111). ⬜ t.l.j.

Les rues principales de cette ville, ancien camp romain (p. 44-45) établi en 79 apr. J.-C. pour défendre les terres fertiles riveraines de la Dee, sont maintenant bordées de maisons à colombage. Ce sont les **Rows**, qui, avec leurs deux étages de boutiques et leur galerie supérieure continue, ont précédé de plusieurs siècles les grands magasins.

Bien que leurs fenêtres à oriel et leur colombage décoratif soient presque tous du xixe siècle, ces galeries datent du xiiie et du xive siècle, et la structure d'origine est apparente en de nombreux endroits. La façade de la **Bishop Lloyd's House**, Watergate Street, est l'une des plus richement sculptées de Chester. C'est au coin d'Eastgate Street et de Bridge Street que les galeries sont les plus variées et les plus belles. Ici, la vue sur la cathédrale et les remparts donne l'impression que la ville n'a guère changé depuis le Moyen Âge. D'autant plus que le crieur public annonce les heures et des avis, l'été, depuis la Croix, reconstitution d'un crucifix de pierre du xve siècle détruit pendant la guerre civile (p. 52-53). L'**Heritage Centre**, au sud de la Croix, retrace l'histoire de la ville.

La **cathédrale** se trouve au nord. Les stalles du chœur possèdent de magnifiques miséricordes (p. 327), ornées

Tour de l'horloge de Chester, 1897

Sculptures de la façade de Bishop Lloyd's House, à Chester

Les Rows de Chester, véritables galeries marchandes

de scènes parmi lesquelles une truie allaitant ses petits et un couple se querellant, qui contrastent avec les flèches délicates des dais des stalles. Le **mur d'enceinte**, romain à l'origine mais plusieurs fois rebâti, longe la cathédrale sur deux côtés. La plus belle perspective va de la cathédrale à Eastgate, dont l'**horloge** de fer ouvré date de 1897. La route de Newgate mène à un **amphithéâtre romain** construit en 100 apr. J.-C.

🏛 Heritage Centre
Bridge St Row, Bridge St. **C** 01244 317948. ◯ t.l.j. ● du 25 au 26 déc., 1er jan., ven. saint. 🎦 � limité.
⋔ Roman Amphitheatre
Little St John St. **C** 01244 321616. ◯ t.l.j. ● 25, 26 déc, 1er jan., ven. saint. �

Stoke-on-Trent ❸

Staffordshire. 🏠 250 000. 🚄 🚌
ℹ Quadrant Rd, Hanley (01782 284600). 🚩 du lun. au sam.

Au milieu du XVIIIe siècle, le Staffordshire est devenu un foyer de la céramique industrielle. Il doit sa réputation aux fines porcelaines tendres de Wedgwood, Minton,

Doulton et Spode, mais on y fabrique aussi des produits usuels : baignoires, lavabos et carrelage.

En 1910, Longton, Fenton, Hanley, Burslem, Tunstall et Stoke-upon-Trent formèrent Stoke-on-Trent, surnommé les « Potteries ». Les lecteurs d'Arnold Bennett (1867-1931) reconnaîtront les « cinq villes » qu'il met en scène dans la série de romans consacrée à cette région.

Le **Gladstone Pottery Museum** est un complexe industriel de l'époque victorienne, avec ateliers, fours, galeries, salle des machines et démonstrations de techniques traditionnelles de céramique. Le **City Museum and Art Gallery**, à Hanley, expose des céramiques anciennes ou modernes.

Josiah Wedgwood fonda sa fabrique de faïence en 1769 et construisit un village ouvrier, Etruria (référence à la poterie d'Étrurie ou étrusque). L'**Etruria Industrial Museum** abrite la dernière fabrique de poterie à vapeur.

Aux environs
À 16 km se trouve **Little Moreton Hall** (p. 288-289), manoir de style Tudor primitif à colombage.

🏛 Gladstone Pottery Museum
Uttoxeter Rd, Longton. **C** 01782 319232. ◯ t.l.j. ● du 25 déc. au 1er jan. 🎦 ⋔
🏛 City Museum and Art Gallery
Bethesda Rd, Hanley. **C** 01782 232323. ◯ t.l.j. ● du 25 déc. au 1er jan. ⋔ ▣
🏛 Etruria Industrial Museum
Lower Bedford St, Etruria. **C** 01782 287557. ◯ du mer. au dim. ● du 25 déc. au 1er jan. **Offrandes**.
🏠 Little Moreton Hall
(NT) A34. **C** 01260 272018. ◯ de mars à nov. : du mer. au dim. et jours fériés. De nov. au 22 déc., sam., dim. (après-midi).

LA CÉRAMIQUE DU STAFFORDSHIRE

Beaucoup d'eau, de la marne, de l'argile et du charbon facile à extraire permirent au Staffordshire de devenir un centre de la céramique ; les ressources locales en fer, en cuivre et en plomb servaient à la vitrerie. Au XVIIIe siècle, la céramique devint abordable. La porcelaine anglaise (« china »), qui devait sa dureté et sa translucidité à l'utilisation d'os d'animaux broyés, s'exportait dans le monde entier, et Josiah Wedgwood (1730-1795) mit sur le marché une faïence simple et solide, bien que son modèle le plus connu soit le bleu jaspé décoré de motifs blancs classiques (jasper). L'argile cuisait dans des fours verticaux à charbon jusque vers 1950, où la loi sur la pollution de l'air les fit remplacer par des fours électriques ou à gaz.

Chandeliers Wedgwood, 1785

Les maisons à colombage de Fish Street, à Shrewsbury

Shrewsbury ❹

Shropshire. 🏠 96 000. 🚇 🔲
ℹ️ *The Square (01743 350761).*
🔲 *mar., mer., ven., sam.*

C ette ville, située au milieu
d'un méandre de la
Severn, est presque une île.
Un **château** sévère de
grès rouge, qui se
dresse depuis 1083
sur sa seule limite
terrestre, en
commande
l'entrée. De tels
ouvrages étaient
nécessaires aux
marches de
l'Angleterre et du
pays de Galles,
dont les
farouches habitants défiaient
les envahisseurs saxons et
normands *(p. 46-47)*. Le
château, plusieurs fois
reconstruit au cours des
siècles, abrite le Shropshire
Regimental Museum.

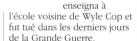

**Miroir romain en argent du
Rowley's House Museum**

En 60 apr. J.-C., les Romains
(p. 44-45) bâtirent la ville de
garnison de Viroconium,
aujourd'hui Wroxeter, à 8 km
à l'est de Shrewsbury. Le
Rowley's House Museum
expose le produit de fouilles,
dont un miroir d'argent
décoré du IIe siècle et des
objets de luxe apportés par
l'armée romaine.

L'autre musée important de
la ville, le **Clive House
Museum**, porte le nom de
Lord Clive *(p. 446)*, député du
lieu depuis son retour des
Indes jusqu'à sa mort et maire
de Shrewsbury en 1762, alors

qu'il habitait cette maison.
Cette demeure de brique du
XVIIIe siècle abrite une jolie
collection de porcelaine
locale, présentée par périodes.

Les maisons à colombage de
High Street, Butcher Row et
Wyle Cop rappellent la
richesse de la ville au Moyen
Âge, due au commerce de la
laine. Deux des plus grandes
maisons de High Street,
Ireland's Mansions et
Owen's Mansions, doivent
leur nom à Robert Ireland et
Richard Owen, riches
marchands de laine qui les
firent construire
respectivement en 1575 et
1570. D'autres maisons
intéressantes de Fish Street
encadrent une face du
Prince Rupert Hotel,
éphémère quartier général du
prince Rupert, royaliste
pendant la guerre civile
(p. 52-53).

De l'autre côté du fleuve,
l'**abbatiale** est tout ce qui
reste du monastère médiéval.
Elle abrite des
mémoriaux
intéressants, parmi
lesquels celui
du lieutenant
W. E. S. Owen,
M. C., plus connu
sous le nom de
Wilfred Owen,
poète de la
guerre (1893-
1918). Il
enseigna à
l'école voisine de Wyle Cop et
fut tué dans les derniers jours
de la Grande Guerre.

Aux environs
Au sud de Shrewsbury, la
route de Ludlow traverse les
paysages chantés en 1896 par
A. E. Housman (1859-1936).
Autres sites d'intérêt, la lande
battue par le vent de **Long
Mynd**, avec ses 15 tumulus
préhistoriques, et la longue
crête de **Wenlock Edge**,
merveilleux paysage propice à
la promenade où la vue porte
très loin.

♣ **Shrewsbury Castle**
Castle St. 📞 *01743 358516.*
🔲 *du mar. au dim. (d'oct. à Pâques :
du mar. au sam.).* ⚫ *2 sem. après
Noël.* 📷 ♿
🏛 **Rowley's House Museum**
Barker St. 📞 *01743 361196.*
🔲 *du mar. au dim. (d'oct. à Pâques :
du mar. au sam.) ; jours fériés.* ⚫
2 sem. après Noël. 📷 ♿ *limité.*
🏛 **Clive House Museum**
College Hill. 📞 *01743 354811.*
🔲 *du mar. au dim. (d'oct. à Pâques :
du mar. au sam.) ; jours fériés.*
⚫ *3 sem. après Noël.* 📷 ♿ *limité.*

Ironbridge
Gorge ❺

Voir p. 300-301.

Ludlow ❻

Shropshire. 🏠 9 000. 🚇 ℹ️ *Castle
St (01584 875053).*

S on magnifique château attire
de nombreux visiteurs, mais
cette petite ville aux boutiques
et aux charmantes maisons
Tudor à colombage recèle

La tour et l'aile sud du château de Stokesay, près de Ludlow

d'autres curiosités. Ludlow est un site archéologique et le **musée**, tout proche du centre, conserve des fossiles d'animaux et de plantes.

Le **château** domine le cours de la Teme du haut d'une falaise. Édifié en 1086, il fut endommagé pendant la guerre civile *(p. 52-53)* et abandonné en 1689. C'est dans le Great Hall que fut créé *Comus*, masque de John Milton (1608-1674) mêlant musique et théâtre, spectacle précurseur de l'opéra. Une pièce de Shakespeare est représentée au début de chaque été au milieu des ruines.

Le prince Arthur (1486-1502), frère aîné d'Henri VIII *(p. 50-51)*, est mort au château de Ludlow. Son cœur est enterré dans **St Laurence's Church**, à l'autre bout de Castle Square. À l'est, l'église s'appuie contre les bâtiments à colombage décorés du **Bull Ring**.

Deux auberges attirent l'attention de l'autre côté de la rue : **The Bull**, avec sa cour Tudor, et **The Feathers**, à la façade flamboyante, dont le nom rappelle que la fabrication des flèches empennées était une activité locale.

Aux environs
À 8 km au nord, dans un site ravissant, s'élève **Stokesay Castle**, manoir fortifié aux douves transformées en jardin floral.

🔼 **Ludlow Castle**
The Square. 📞 01584 873355.
⏰ t.l.j. ● du 24 déc. au 1er fév. 📷
♿ limité.

🏛 **Ludlow Museum**
Castle St. 📞 01584 875384.
⏰ de Pâques à mai, sept. : du lun. au sam. ; de juin à août : t.l.j. 📷 ♿

🔼 **Stokesay Castle**
Craven Arms, A49. 📞 01588 672544.
⏰ d'avril à oct. : t.l.j. ; de nov. à mars : du mer. au dim. ● du 24 au 26 déc., 1er jan. 📷 ♿

Leominster ❼

Herefordshire. 🏘 10 000. 🚉 🛈
Corn Sq (01568 616460). 🛍 ven.

L eominster (prononcer « Lemster ») est un marché agricole prospère au centre d'une région fertile. Ville lainière pendant 700 ans, elle

Vue de Leominster, arrosé par la Lugg dans un paysage doucement vallonné

compte deux monuments notables : dans le centre, la magnifique **Grange Court**, sculptée de motifs vigoureux et étonnants par John Abel en 1633 ; non loin de là, le **prieuré**, dont l'imposant portail normand est orné d'un mélange tout aussi étrange d'oiseaux mythiques, de bêtes et de serpents. Les lions, au moins, s'expliquent : au Moyen Âge, les moines croyaient que Leominster venait de *monasterium leonis*, le « monastère des lions ». En fait, *leonis*, qui vient sans doute du latin médiéval,

Maison Tudor de Leominster, bâtie grâce au commerce de la laine

signifie « des marais ». Les champs verdoyants autour de la ville, en prolongement de riches vallées qui se rejoignent à Leominster, montrent la justesse de ce terme.

Aux environs
À l'ouest, le long de l'Arrow, se trouvent **Eardisland** et **Pembridge**, deux villages coquets aux jardins bien tenus et aux maisons à colombage. Au nord-est, la ville d'eau de **Tenbury Wells** eut son heure de gloire au XIXe siècle. La Teme, qui la traverse, pleine d'épinoches et de saumons venus frayer, était chère au compositeur Sir Edward Elgar *(p. 303)*, qui cherchait souvent l'inspiration sur ses rives. La rivière arrose aussi **Burford House Gardens**, jardins situés à la limite ouest de Tenbury Wells, où ses eaux alimentent des canaux, des fontaines et des bassins qui abondent en plantes semi-aquatiques rares.

🌿 **Burford House Gardens**
Tenbury Wells. 📞 01584 810777.
⏰ t.l.j. ● 25, 26 déc, 1er jan. 📷 ♿

Ironbridge Gorge ❺

Ironbridge Gorge était l'un des centres les plus importants de la révolution industrielle *(p. 54-55)*. C'est ici qu'en 1709 Abraham Darby Iᵉʳ (1678-1717) inaugura l'usage du coke, combustible meilleur marché que le charbon de bois, pour fondre le minerai de fer. L'usage de l'acier pour les ponts, les navires et les bâtiments fit d'Ironbridge Gorge l'un des grands centres sidérurgiques du monde. Le déclin du xxᵉ siècle entraîna la décadence du site, qui a été restauré plus tard pour devenir un lieu de mémoire industrielle, avec plusieurs musées alignés le long des rives boisées de la Severn.

MODE D'EMPLOI

Shropshire. 🚶 2 900. 🚃 Telford, puis en bus. 📞 01952 433522. ⬜ de déc. à mars : de 10 h à 16 h ; d'avril à juin : de 10 h à 17 h ; juil.-août : de 10 h à 18 h ; de sept. à nov. : de 10 h à 17 h t.l.j. ⬤ 24, 25 déc. Certains sites sont fermés de nov. à avril, téléphoner pour informations ♿ la plupart des sites. 📷🅿🖥🍴🛍 Midsummer Fair : juin (artisanat et expositions toute l'année).

Horloge de fer forgé (1843) sur le toit du Museum of Iron

MUSEUM OF IRON

Ce musée remarquable retrace l'histoire de l'acier et des hommes qui le fabriquaient. La découverte par Abraham Darby Iᵉʳ du procédé de fonte au coke permit une production de masse, ouvrant la voie de l'industrialisation. Son premier haut fourneau est la pièce maîtresse du musée.

L'un des thèmes du musée est l'histoire des Darby, famille de quakers qui eut une grande influence sur la localité de Coalbrookdale. Les conditions de travail et de vie des ouvriers, qui travaillaient parfois 24 heures d'affilée, sont aussi décrites. C'est Ironbridge qui produisit les premières roues en fer et les premiers cylindres de la première machine à vapeur. Parmi les produits de la Coalbrookdale Company exposés, une locomotive restaurée et

des statues en fonte, dont beaucoup commandées pour l'exposition universelle de 1851 *(p. 56-57)*.

L'une des demeures de la famille Darby se trouve à Coalbrookdale, le village voisin : **Rosehill House**, meublée dans le style victorien.

MUSEUM OF THE RIVER

Dans ce bâtiment victorien aux allures de château était entreposée la production des usines sidérurgiques qui devait être embarquée à bord des péniches naviguant sur la Severn. Le Museum of the River, installé dans cet entrepôt, raconte l'histoire de la Severn et des industries de l'eau. Avant l'arrivée du chemin de fer au milieu du xixᵉ siècle, la Severn était la principale voie de transport des marchandises. Son débit était irrégulier : tantôt à sec, tantôt en crue, elle était difficilement navigable; dans les années 1890, le trafic avait été interrompu. La pièce maîtresse du musée est une maquette de 12 m de haut de la Gorge telle qu'elle devait être en 1796, avec les fonderies, les chalands et les villages en construction.

Europe (1860), musée du Fer

JACKFIELD TILE MUSEUM

L'industrie de la céramique est implantée dans la région depuis le xviiᵉ siècle, mais ce n'est qu'avec le goût victorien pour les carreaux décoratifs que Jackfield se fit connaître. Deux usines de céramique, Maw et Craven Dunhill, transformaient l'argile extraite non loin de là

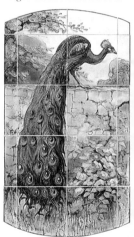

Panneau au paon (1928), musée de la Céramique

en céramique aux décors variés. Des dessinateurs de talent composèrent quantité de motifs. Le Jackfield Tile Museum de l'ancienne usine Craven Dunhill conserve une collection de carrelages et de frises murales des années 1850 à 1960. On peut aussi observer des démonstrations de techniques traditionnelles, avec un four à biscuit et les ateliers de décoration.

À NE PAS MANQUER

Blists Hill Museum ⑥
Coalport China
    Museum ⑤
Ironbridge ③
Jackfield Tile
    Museum ④
Museum of Iron ①
Museum of the River ②

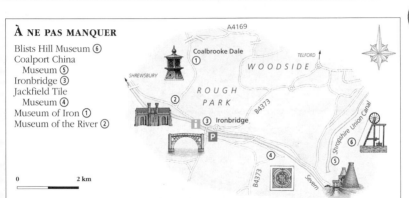

COALPORT CHINA MUSEUM

Au milieu du XIXe siècle, Coalport Works était l'une des plus grandes usines de porcelaine de Grande-Bretagne, spécialisée dans la belle vaisselle. La Coalport Company, qui fabrique encore aujourd'hui de la porcelaine, a été transférée depuis longtemps pour Stoke-on-Trent *(p. 297)*. Les ateliers ont été transformés en un musée où l'on peut voir les étapes de fabrication, parmi lesquelles le moulage, la peinture et l'émaillage. L'un des fours verticaux abrite une superbe collection de porcelaine du XIXe siècle.

Non loin de là se trouve le **Tar Tunnel**, gisement de bitume naturel découvert au XVIIIe siècle à 110 m sous terre. À une époque, on en extrayait 20 500 litres par semaine. Une partie du tunnel est encore accessible.

Les fours en forme de bouteille du musée de la Porcelaine de Coalport

LE PONT D'IRONBRIDGE

Abraham Darby III (petit-fils d'Abraham Ier) construisit sur la Severn le premier pont métallique du monde en 1779, révolutionnant ainsi les techniques de l'époque. Le bureau de péage, sur la rive sud, en raconte la construction.

BLISTS HILL MUSEUM

Ce musée en plein air reconstitue la vie quotidienne à Ironbridge Gorge telle qu'il y a cent ans. Un ensemble de bâtiments du XIXe siècle (habitations, église, école…) a été reconstruit sur les 20 ha de Blists Hill, mine de charbon qui alimentait les hauts fourneaux de la Gorge. Des figurants en costume refont les gestes d'autrefois, par exemple ceux des forgerons. On peut échanger son argent contre de la monnaie ancienne pour faire ses courses chez le boulanger ou prendre un verre au pub du coin. La pièce maîtresse est une fonderie complète qui fonctionne encore, et l'une des plus spectaculaires est le plan incliné couvert de paille utilisé pour faire franchir aux péniches les dénivellations du canal. On voit aussi des machines à vapeur, un bourrelier, un médecin, un pharmacien, un fabricant de chandelles et une confiserie.

Hereford ❽

Herefordshire. 🏠 *50 000.* 🚆 🏢 🛈
King St (01432 268430).
🛒 *mer. (bétail), sam. (général).*

Ancienne capitale de l'État
saxon de West Mercia,
Hereford est devenue une
agréable ville, centre d'une
région principalement agricole.
Un marché aux bestiaux s'y
tient tous les mercredis et les
productions locales sont
vendues sous le marché
couvert du centre. Presque en
face, l'**Old House**, édifice à
colombage de 1621 transformé
en musée, rassemble meubles
jacobites originaux et copies.

La **cathédrale** possède
quelques curiosités, parmi
lesquelles la Lady Chapel, de
style gothique primitif *(Early
English)* très orné, et la
Chained Library, dont les
1 500 livres ont été attachés
aux rayons afin d'éviter les
vols. Bishop's Meadow, au sud
du centre-ville, offre la
meilleure vue
d'ensemble de la
cathédrale. De là, on
descend vers la rive
de la Wye, où se
déroulent les régates
annuelles de
Hereford.

Parmi les musées,
citons le **City
Museum and Art
Gallery**,
remarquable par ses
mosaïques et des
aquarelles d'artistes
locaux, et le **Churchill House
Museum** où sont exposés
meubles et costumes des XVIIIe
et XIXe siècles. Devant ce
dernier se trouve *Roaring Meg*,

**Détail d'une sculpture
de Kilpeck Church**

canon qui servit pendant la
guerre civile *(p. 52-53).* La
visite du **Cider Museum and
King Offa Distillery** explique
comment, chaque année, les
pommes de la région
permettent d'obtenir
250 millions de litres
de cidre.

Aux environs
Au XIIe siècle, Oliver
de Merlemond partit
de Hereford en
pèlerinage pour
l'Espagne. Séduit par
l'architecture des
églises qu'il vit en
chemin, il ramena
des maçons
français, qui
introduisirent leurs techniques
dans la région. **Kilpeck
Church**, à 10 km au sud-ouest,
en est un exemple ; les figures
grotesques et les dragons qui

L'Old House de Hereford, du XVIIe siècle, meublée dans le style de l'époque

couvrent l'église sont
d'inspiration plus païenne que
chrétienne. À **Abbey Dore**, à
6 km à l'ouest, les jardins au
bord de l'eau d'**Abbey Dore
Court** agrémentent l'abbatiale
cistercienne.

🏛 **Old House**
High Town. ☎ *01432 268121.* ◯ *de
juin à oct. : t.l.j. ; de nov. à mai : du mar.
au sam. et jours fériés.* ● *25, 26 déc.,
1er jan., ven. saint.* 🖼

🏛 **City Museum and Art
Gallery**
Broad St. ☎ *01432 268121.* ◯ *de
mai à sept. : du mar. au dim. ; d'oct. à
avril : du mar. au sam et jours fériés.* ●
25, 26 déc., 1er jan., ven. saint. 🔾

🏛 **Churchill House Museum**
Venus Lane. ☎ *01432 267409.* ◯ *de
mai à sept. : du mar. au dim (après-
midi) ; d'oct. à avril : du mar. au sam. et
jours fériés.* ● *25, 26 déc., 1er jan.,
ven. saint.* 🖼 🔾

🏛 **Cider Museum and King
Offa Distillery**
Ryelands St. ☎ *01432 354207.* ◯
*d'avril à oct. t.l.j. ; de nov. à mars : du
lun. au sam. et jours fériés.* ● *du 24
au 26 déc., 1er et 2 jan.* 🖼 🔾 *limité.*

Ross-on-Wye ❾

Herefordshire. 🏠 *10 000.* 🏢 🛈
Eddie Cross St (01989 562768).
🛒 *jeu., sam.*

Cette jolie ville est située
sur une falaise de grès
rouge dominant des prés
inondés des rives de la Wye.
Depuis les jardins au bord de
l'à-pic, don à la ville d'un

LA MAPPA MUNDI

Le trésor de la cathédrale
de Hereford est une carte
du monde établie en 1290
par un prêtre, Richard de
Haldingham. Cette
représentation du monde
s'inspire de la Bible :
Jérusalem au centre, le
jardin d'Éden bien en
évidence, et les monstres
relégués aux confins du
monde.

Détail de la Mappa mundi

La vallée boisée de la Wye près de Ross

bienfaiteur local, John Kyrle (1637-1724), la vue sur la rivière est magnifique. Alexander Pope (1688-1744) fit, dans *Moral Essays on the Uses of Riches*, l'éloge de l'usage que Kyrle faisait de sa fortune. Un mémorial lui rend également hommage dans **St Mary's Church**.

Aux environs
De Hereford à Ross, la **Wye Valley Walk** traverse 26 km de paysage agréable. Après Ross, elle continue sur 54 km en terrain rocheux dans de profonds ravins boisés. **Goodrich Castle**, château fort du XIIᵉ siècle en grès rouge, à 8 km au sud de Ross, se dresse au sommet d'un piton dominant la rivière.

♣ Goodrich Castle
Goodrich. (01600 890538. ◯ t.l.j. ◯ du 24 au 26 déc.

Ledbury ❿

Herefordshire. 🏠 6 500. ≋ 🚌
🅱 3 Homend Rd (01531 636147).

L a grand-rue est bordée de maisons à colombage, parmi lesquelles le **Market Hall**, de 1655. Church Lane, voie pavée qui donne dans High Street, compte de jolis bâtiments du XVIᵉ siècle : l'**Old Grammar School** et la **Butcher Row House** sont des musées ; **St Michael and All Angels Church** possède un clocher massif isolé, une décoration du gothique primitif élaborée et d'intéressants monuments funéraires.

Carreau médiéval du prieuré de Great Malvern

🏛 Old Grammar School
Church Lane. (01531 635680. ◯ de Pâques à oct. : t.l.j.
🏛 Butcher Row House
Church Lane. (01531 632040. ◯ de Pâques à oct. : t.l.j.

Great Malvern et les Malverns ⓫

Herefordshire. 🏠 40 000. ≋ 🚌
🅱 21 Church St (01684 892289). 🚌 ven.

V isible de loin, le vieux massif granitique des Malvern Hills s'élève,

majestueux, au-dessus du bassin de la Severn. C'est dans ces lieux que Sir Edward Elgar (1857-1934) écrivit certaines de ses plus belles œuvres, parmi lesquelles *Le Songe de Gerontius*, oratorio de 1900. Elgar habitait à **Little Malvern**, où l'on peut voir, sur une colline abrupte et boisée, le prieuré Saint-Gilles ; les pierres de la nef furent volées lors de la dissolution des monastères *(p. 50-51)*. **Great Malvern**, capitale du massif, est ornée d'édifices du XIXᵉ siècle qui font penser à des sanatoriums suisses : les patients résidaient à l'époque dans des établissements comme celui du docteur Gulley (aujourd'hui Tudor Hotel). L'eau qui jaillit du flanc de la colline à Saint Ann's Well, au-dessus de la ville, est mise en bouteilles et vendue dans toute l'Angleterre.

Le lieu le plus intéressant de Malvern est le **prieuré**, avec ses vitraux du XVᵉ siècle et ses miséricordes médiévales. Le lac du **jardin d'hiver**, au-dessous de l'église, est l'ancien vivier du monastère. C'est là que, lors du Festival Theatre, fin mai, sont jouées des œuvres d'Elgar et des pièces de George Bernard Shaw *(p. 219)*.

Vue sur la chaîne des Malverns, formée de roches dures du précambrien

Worcester ⓬

Worcestershire. 🏘 86 000. ⚊ 🚃
ℹ️ High St (01905 722480). 🏛 mar.,
mer., jeu., sam.

Comme de nombreuses
villes d'Angleterre,
Worcester a été marquée par
les transformations du monde
moderne. Le monument le
plus remarquable est la
cathédrale, à côté de College
Yard, dont le clocher
s'effondra en 1175. Elle fut
ravagée par un incendie en
1203. L'édifice actuel date du
XIIIᵉ siècle. La nef et le clocher
furent achevés vers 1370, après
une interruption due à la peste
noire qui décima les ouvriers
(p. 48-49). Les modifications
les plus récentes datent de
1874 : Sir George Gilbert Scott
(p. 451) dessina le chœur
gothique en incorporant des
miséricordes du XIVᵉ siècle.
Parmi les nombreuses tombes
intéressantes, celle du roi Jean
(p. 48-49), chef-d'œuvre de
sculpture médiévale, face à
l'autel. Le prince Arthur, frère

**Charles Iᵉʳ portant le symbole de
l'Église, Guildhall de Worcester**

d'Henri VIII *(p. 299)* mort à
quinze ans, est enterré dans la
chapelle, au sud de l'autel. La
grande crypte normande est
un vestige de l'ancienne
cathédrale (1084).
　Du cloître attenant, une porte
mène au College Green et à
l'école, puis à Edgar Street, aux
maisons georgiennes. Le
Dyson Perrins Museum
possède une collection de

porcelaine royale de Worcester,
dont certaines pièces
remontent à 1751. Dans la
grand-rue, au nord de la
cathédrale, le **Guildhall** de
1723 est orné de statues des
Stuarts rappelant la fidélité de
la ville à la monarchie. C'est
dans **Ye Old King Charles
House**, sur le Cornmarket, que
le prince Charles, futur
Charles II, se cacha après la
bataille de Worcester *(p. 52-53)*.
　Friar Street compte
quelques-unes des plus belles
maisons à colombage :
Greyfriars (vers 1480) vient
d'être redécorée dans le style
de l'époque. La
Commandery, hospice du
XIᵉ siècle reconstruit au XVᵉ,
servit de quartier général au
prince Charles pendant la
guerre civile. Elle abrite
aujourd'hui le Civil War
Museum.
　Elgar's Birthplace, maison
natale de Sir Edward Elgar
(p. 303), conserve des
souvenirs de la vie et de
l'œuvre du compositeur.

🏛 **Dyson Perrins
Museum**
Severn St. 📞 01905 23221. ⚪ t.l.j.
⚫ 25, 26 déc., 1ᵉʳ jan. 🦽♿
🏠 **Greyfriars**
(NT) Friar St. 📞 01905 23571. ⚪
de Pâques à oct. : mer., jeu. et jours
fériés. 🦽
🏛 **Commandery**
Sidbury. 📞 01905 355071.
⚪ t.l.j. ⚫ du 24 au 26 déc., 1ᵉʳ jan.
🦽
🏛 **Elgar's Birthplace**
Lower Broadheath. 📞 01905 333224.
⚪ du jeu. au mar. ⚫ du 24 au
26 déc., de mi-jan. à mi-fév. 🦽

Birmingham ⓭

West Midlands. 🏘 1 000 000. ✈
⚊ 🚃 ℹ️ City Arcade (0121
6432514). 🏛 du lun. au sam.

Brum, comme ses habitants
la surnomment, fut au
XIXᵉ siècle l'un des principaux
foyers de la révolution
industrielle. L'implantation
d'un nombre important
d'industries donna naissance à
des usines sinistres et à un
habitat misérable. Après la
guerre, plusieurs de ces
quartiers ont été rasés, et
Birmingham a pris une allure

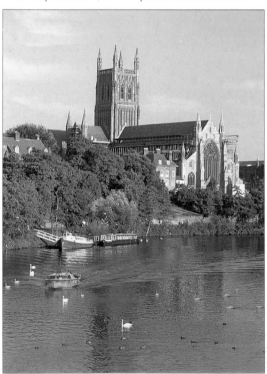

La cathédrale de Worcester domine le cours de la Severn

Adieu à l'Angleterre, de Ford Madox Brown, galerie de Birmingham

plus avenante. La ville a su convaincre Sir Simon Rattle de venir diriger son orchestre symphonique et l'ancien Royal Sadler's Wells Ballet (devenu le Birmingham Royal Ballet) de quitter Londres pour les installations plus récentes de Birmingham. Les salles de séminaire, de conférence et d'exposition du **National Exhibition Centre**, à 8 km à l'ouest du centre-ville, attirent des milliers de personnes.

À part l'imposant centre commercial Bullring, les bâtiments publics du XIXᵉ siècle de la cité sont typiquement néo-classiques. Citons le **City Museum and Art Gallery**, dont les collections comprennent des œuvres majeures d'artistes préraphaélites comme Sir Edward Burne-Jones (1833-1898), enfant du pays, et Ford Madox Brown (1821-1893). Les expositions temporaires sont organisées par le musée autour de sujets aussi variés que Canaletto ou bien les motocyclettes rutilantes des *Hell's Angels* locaux !

Le réseau de canaux très complet est surtout utilisé par les bateaux de plaisance *(p. 286-287)*. Plusieurs entrepôts ont été transformés en musées ou en galeries. Le **Museum of Science and Industry** rappelle la contribution de la ville au développement du chemin de fer, de l'aviation et de l'automobile. Dans le vieux quartier des bijoutiers, au nord de ce musée, les artisans travaillent les matières précieuses depuis le XVIᵉ siècle.

La banlieue possède de nombreux attraits, dont le **jardin botanique** d'Edgbaston et le **Cadbury World**, à Bournville, très fréquenté, consacré au chocolat (mieux vaut réserver). Ce sont les frères Cadbury, des quakers, qui ont fait bâtir en 1890 pour leurs ouvriers le village de Bournville, précurseur des banlieues vertes.

🏛 **City Museum and Art Gallery**
Chamberlain Sq. ☎ 0121 2352834. ○ t.l.j. ● du 24 au 27 déc., 1ᵉʳ et 2 jan. ♿

🏛 **Museum of Science and Industry**
Newhall St. ☎ 0121 2351661. ○ t.l.j. ● du 24 au 27 déc., 1ᵉʳ et 2 jan. ♿

🌿 **Botanical Gardens**
Westbourne Rd, Edgbaston. ☎ 0121 4541860. ○ t.l.j. ● 25 déc. 📷 ♿

🏛 **Cadbury World**
Linden Rd, Bournville. ☎ 0121 4514159. ○ d'avril à oct. : t.l.j. ; de nov. à mars : mer., jeu., sam. et dim. ● les 16, 23-25 et 31 déc. 📷 ♿

Bâtiment officiel de Victoria Square, à Birmingham

Coventry ⑭

West Midlands. 🏠 *295 000.* 🚊 🚌
ℹ *Bayley Lane (01203 832303).*
🛍 *du lun. au sam.*

Les usines d'armement de Coventry furent la cible des bombardiers allemands, qui en 1940 détruisirent la **cathédrale** médiévale. Sir Basil Spence (1907-1976) dessina la première cathédrale entièrement moderne, édifiée le long des ruines de

Saint Michel terrassant le démon, cathédrale de Coventry

l'ancienne. Les sculptures sont de Sir Jacob Epstein (1880-1959) et la tapisserie du mur ouest, le *Christ en Majesté*, de Graham Sutherland (1903-1980). Benjamin Britten *(p. 189)* composa son *War Requiem* pour la cérémonie de consécration, le 30 mai 1962.

Le **Herbert Gallery and Museum** retrace la légende de Lady Godiva, qui au XIᵉ siècle traversa la ville nue sur son cheval pour protester contre les impôts levés par son mari, le comte de Mercia. Tous les habitants gardèrent leurs volets clos, sauf un, Peeping Tom, à qui l'on creva les yeux. Peeping Tom est resté le sobriquet de tous les curieux.

🏛 **Herbert Gallery and Museum**
Jordan Well. ☎ 01203 832381. ○ t.l.j. ● 24 et 26 déc. ♿

Excursion dans les jardins des Midlands ⑮

Prunier en fleur

Les bâtiments en pierre des Cotswolds s'accordent à merveille avec les célèbres jardins de la région. Ce circuit pittoresque, de Warwick à Cheltenham, permet d'admirer tous les styles de jardins, depuis ceux des petits cottages, avec leurs fleurs à clochettes et leurs roses trémières, jusqu'aux parcs des domaines aristocratiques peuplés de cervidés. La route suit la chaîne des Cotswolds, à travers des paysages spectaculaires et quelques-uns des plus jolis villages des Midlands.

CARNET DE ROUTE

Itinéraire : 50 km.

Où faire une pause ? Hidcote Manor propose des déjeuners et des thés excellents ; on trouve des rafraîchissements à Kiftsgate Court et à Sudeley Castle. À Broadway, on a le choix entre des pubs et des salons de thé et le luxueux Lygon Arms (p. 591-593).

Cheltenham Imperial Gardens ⑨
C'est en 1817-1818 qu'on aménagea ce jardin public coloré, afin d'encourager les promeneurs à se rendre de la ville à la station thermale *(p. 312)*.

Sudeley Castle ⑧
Des haies et des arbres taillés et un jardin élisabéthain mettent en valeur le château restauré *(p. 22)* où Catherine Parr, veuve d'Henri VIII, mourut en 1548.

Broadway ⑤
Des cottages du XVIIe siècle se cachent derrière de la glycine et des arbres fruitiers.

Stanway House ⑦
Planté de beaux arbres, le parc de ce manoir possède une cascade surmontée d'une pyramide.

Snowshill Manor ⑥
Ce manoir en pierre des Cotswolds abrite des collectio éclectiques (bicyclettes, armur japonaises…). Les jardins clos les terrasses sont ornés de nombreux objets d'art tels que cette horloge (à gauche), à la couleur bleue caractéristique.

Warwick Castle ①
es jardins du château
08-309) comprennent
le Mound, de style
nédiéval, où alternent
ses, chênes, ifs et des
haies taillées.

nne Hathaway's Cottage ②
a un joli jardin tout simple dans
e style du XVIᵉ siècle *(p. 313).*

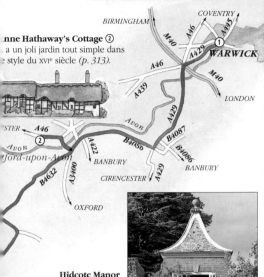

**Hidcote Manor
Gardens ③**
Entrepris dans les premières
années du XXᵉ siècle, ces
magnifiques jardins ont
inauguré la conception du
jardin comme une suite de
« pièces » en plein air, ceintes
de haies d'ifs et plantées
chacune selon un thème.

Kiftsgate Court Garden ④
Ce charmant jardin naturel s'étend
en face de Hidcote Manor. Sa série
de terrasses à flanc de colline
comprend de nombreuses plantes
rares, parmi lesquelles l'énorme rose
« Kiftsgate », haute de près de 30 m.

LÉGENDE

▦	Autoroute
▬	Itinéraire
═	Autre route
✷	Point de vue

```
0              5 km
```

Warwick ⑯

Warwickshire. 🏠 28 000. 🚆 🚌
ℹ️ *The Courthouse, Jury St (01926
492212).* 🛒 *sam.*

De beaux bâtiments
médiévaux ont survécu au
grand incendie de 1694. Le
Doll Museum (1573), Castle
Street, expose des jouets et des
poupées du monde entier. À
l'extrémité ouest de la grand-
rue, le **Lord Leycester
Hospital**, fondé en 1571 par le
comte de Leicester (1532-1588)
pour ses anciens domestiques,
occupe les bâtiments des
corporations du Moyen Âge.

Les arcades de **Market Hall**
(1670), place du Marché, font
partie du Warwickshire
Muscum, connu pour scs
tapisseries de 1558
représentant la carte de la
région.

Church Street, au sud de St
Mary's Church, la **chapelle
Beauchamp** (1443-1464), bel
exemple d'architecture
perpendiculaire, abrite les
tombes des comtes de
Warwick. Du clocher, on a une
vue plongeante sur le **château**
(p. 308-309).

🏛 **Warwick Doll Museum**
Castle St. 📞 01926 495546. ⭕ de
Pâques à sept. : t.l.j. (dim. : l'après-midi) ;
d'oct. à Pâques le sam. 🏷 👥 limité.
🏨 **Lord Leycester Hospital**
High St. 📞 01926 491422. ⭕ du
mar. au dim. et jours fériés. ●
25 déc., ven. saint. 🏷 👥 limité.
🏛 **Market Hall**
Market Place. 📞 01926 410410.
⭕ de mai à sept. : t.l.j. (dim. : l'après-
midi). ● 24, 25 déc., 1ᵉʳ jan.
👥 limité.

**Le Lord Leycester Hospital, devenu
un asile pour anciens soldats**

Le château de Warwick

La famille Neville en prière (v. 1460)

Place forte médiévale, Warwick est aussi l'une des plus belles demeures du pays. Le château normand d'origine fut modifié au XIVe siècle par l'édification d'un épais mur d'enceinte et de tours, afin d'affirmer la puissance de grands seigneurs féodaux, les Beauchamp et les Neville, comtes de Warwick. Le château échut en 1604 à la famille Greville qui le transforma aux XVIIe et XVIIIe siècles en maison d'agrément. Les propriétaires du musée de Madame Tussaud *(p. 106)* l'achetèrent en 1978 et y installèrent des tableaux et des figures de cire pour en évoquer l'histoire.

La Watergate Tower est hantée, dit-on, par le fantôme de Sir Fulke Greville qui fut assassiné par un de ses serviteurs en 1628.

Le Mound contient des vestiges de la motte, du mur d'enceinte *(p. 472)*, et du donjon du XIIIe siècle.

Royal Weekend Exhibition
Ce valet en cire fait partie de la reconstitution de la visite du prince de Galles en 1898.

★ Great Hall et State Rooms
Les appartements médiévaux sont devenus le Great Hall et les State Rooms, qui furent rebâtis après un incendie en 1871. Le Great Hall abrite armes, armures, meubles et autres curiosités.

Kingmaker Exhibition
Sont restituées des scènes de la vie au Moyen Âge comme les préparatifs de Warwick, le « faiseur de rois », Richard Neville, avant une bataille (p. 49).

Vue du château de Warwick, côté sud, par Antonio Canaletto (1697-1768)

La Guy's Tower (1393) abrite des logements des hôtes et des membres de la suite du comte de Warwick.

Remparts et tours, en grès gris du pays, furent ajoutés au XIVe siècle pour renforcer les défenses.

★ **Salle d'armes**
On peut y voir le casque de Cromwell, une lourde épée à deux mains du XIVe siècle et un chevalier en armure sur son cheval.

Entrée

La Caesar's Tower et son souterrain contiennent une collection d'instruments de torture médiévaux.

Le portail est gardé par des herses et des mâchicoulis par lesquels on jetait de l'huile bouillante sur les assaillants.

À NE PAS MANQUER

★ **Le Great Hall et les State Rooms**

★ **La salle d'armes**

CHRONOLOGIE

1068 Construction de la motte normande et du mur d'enceinte

1264 Simon de Montfort, champion du Parlement contre Henri III, met le château à sac

Bouclier (1745), Great Hall

1478 Le château revient à la couronne après le meurtre du gendre de Richard Neville

1893-1910 Visites du futur Édouard VII

1000	1200	1400	1600	1800

Richard Neville

1356-1401 Les Beauchamp, comtes de Warwick, édifient le château actuel

1604 Jacques Ier donne le château au comte Fulke Greville

1642 Des royalistes y sont enfermés

1871 Anthony Salvin (1799-1881) restaure le Great Hall et les State Rooms après un incendie

1449-1471 Richard Neville, comte de Warwick

1600-1800 Remaniement de l'intérieur et aménagement du paysage

Stratford-upon-Avon pas à pas ⑰

Bouffon (1930)

S ur la rive ouest de l'Avon, au cœur des Midlands, Stratford est l'une des villes les plus célèbres d'Angleterre. Ses origines remontent au moins à l'époque romaine. Elle conserve l'apparence d'une petite ville Tudor, avec ses maisons à colombage patinées et sa promenade le long de la rivière bordée d'arbres. Son charme en fait le site le plus visité en dehors de Londres : des hordes de touristes se rendent sur les lieux qui évoquent le souvenir de Shakespeare et de sa famille.

Bancroft Gardens
On y voit un joli bassin avec des péniches et une chaussée du XVᵉ siècle.

Information touristique et gare

The Cage

★ Shakespeare's Birthplace
La maison natale de Shakespeare fut presque entièrement reconstruite au XIXᵉ siècle dans le style Tudor d'origine.

0   100 m

Shakespeare Centre

UNION STREET
BRIDGE STREET
WATE
HIGH STREET
HENLEY STREET
MEER STREET
WOOD STREET
ELY STREET

Harvard House
La maison de la romancière Marie Corelli (1855-1924), restaurée, jouxte le Garrick Inn, pub du XVIᵉ siècle.

Old Bank

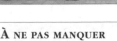

À NE PAS MANQUER

★ **Shakespeare's Birthplace**

★ **Hall's Croft**

★ **Holy Trinity Church**

Hôtel de ville
La façade de ce bâtiment de 1767 porte des traces de graffiti du XVIIIᵉ siècle proclamant « God Save the King ».

Royal Shakespeare Theatre
*Depuis sa fondation en 1961, la célèbre Royal Shakespeare
Company qui l'occupe a monté toutes les pièces de Shakespeare.*

MODE D'EMPLOI

Warwickshire. 🏠 *22 000.*
✈ *32 km au N.-O. de Stratford-
upon-Avon.* 🚉 *Alcester Rd.* 🚌
Bridge St. ℹ️ *Bridge Foot (01789
293127) ; Shakespeare Centre,
Henley St (01789 204016).* 🛒
ven. 🎉 *Shakespeare's Birthday :
avril ; Stratford Festival : juil. ; Mop
Fair : oct.*

★ Hall's Croft
*John Hall, gendre de
Shakespeare, était médecin.
Une pièce de cette charmante
maison est aménagée en
dispensaire, avec un
mobilier jacobite d'époque.*

★ Holy Trinity Church
*Cette église abrite la tombe
de Shakespeare et le registre
paroissial portant les
déclarations de sa
naissance et de sa mort.*

AVON

SOUTHERN LANE

CHAPEL LANE

OLD TOWN

OLD TOWN

Swindon

CHURCH STREET

**Edward VI
Grammar
School**

Nash's House
*Les fondations de
New Place, où
Shakespeare est mort,
vues du jardin qui
jouxte cette maison.*

**Guild
Chapel**

LÉGENDE

ottage
Anne
athaway

– – – Itinéraire conseillé

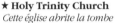

À la découverte de Stratford-upon-Avon

**Mosaïque représentant
Shakespeare sur Old Bank (1810)**

William Shakespeare est né à Stratford-upon-Avon le 23 avril 1564, jour de la Saint-Georges. Les admirateurs de son œuvre ont commencé à s'y rendre en pèlerinage dès sa mort, en 1616. En 1847, une souscription publique permit d'acheter sa maison natale. Stratford devint ainsi un lieu de mémoire dédié au plus grand dramaturge britannique. Elle est aussi la ville qui accueille la Royal Shakespeare Company, troupe qui monte régulièrement à Stratford les pièces qu'elle joue ensuite à Londres *(p. 124)*.

Le cottage d'Anne Hathaway, femme de Shakespeare

À travers Stratford

De nombreux bâtiments évoquent Shakespeare. Au coin de la grand-rue, la **Cage**, prison du XVe siècle, fut transformée en habitation. Judith, la fille de Shakespeare, y vécut. C'est aujourd'hui une boutique. Au bout de la grand-rue, une statue de Shakespeare, don de David Garrick (1717-1779), l'acteur qui organisa le premier festival Shakespeare, orne la façade de l'**hôtel de ville**.

La grand-rue mène à Chapel Street, où **Nash's House**, maison à colombage, est devenue un musée d'histoire locale. C'est là que s'élevait

New Place, où Shakespeare mourut ; il n'en subsiste que les fondations. Dans Church Street, en face, le jubé de la **Guild Chapel** (1496) est orné d'un Jugement dernier (vers 1500). Shakespeare a, croit-on, fréquenté l'**Edward VI Grammar School**, sa voisine immédiate (au-dessus du Guildhall).

En tournant à gauche dans Old Town, on arrive à **Hall's Croft**, ancienne demeure de la fille de Shakespeare, Susanna, où sont exposés des objets médicaux des XVIe et XVIIe siècles. Une avenue bordée de tilleuls mène à **Holy Trinity Church**, où Shakespeare est enterré. De là, une promenade le long de la rivière conduit aux **Bancroft Gardens**, au confluent du canal de Stratford et de l'Avon.

♔ Shakespeare's Birthplace

Henley St. 📞 *01789 204016.* ○ *t.l.j.* ● *23-26 déc.* ♿ *limité.* Achetée par l'État en 1847 (c'était alors une taverne), la maison natale du dramaturge fut restaurée dans le style élisabéthain. Des souvenirs de son père, gantier et marchand de laine, y sont exposés. Dans la pièce où Shakespeare est supposé être né (choisie arbitrairement par Garrick), on peut voir des autographes de visiteurs dont celui de Sir Walter Scott *(p. 498)*.

Holy Trinity Church vue de l'autre rive de l'Avon

♛ Harvard House

High St. **☎** *01789 204016.* ◯ *de mi-mai à sept. : du lun. au sam.* 🅿 **&** *limité.*

Construite en 1596 et ornée de têtes sculptées grotesques, c'est la maison de la mère de John Harvard. Celui-ci émigra aux États-Unis et légua en 1638 son domaine à un collège qui devint l'université de Harvard. Des souvenirs de la famille y sont exposés.

Aux environs

Une visite de Stratford serait incomplète sans un passage par **Anne Hathaway's Cottage**. Avant d'épouser Shakespeare, elle vivait à Shottery, à 1,5 km de là. En dépit d'un incendie en 1969, ce cottage, meublé de quelques belles pièces du XVIe siècle, est toujours intéressant. Les Hathaway vécurent dans cette maison agrémentée d'un jardin jusqu'au début du XXe siècle.

♛ Anne Hathaway's Cottage

Cottage Lane. **☎** *01789 292100.* ◯ *t.l.j.* ◯ *du 24 au 26 déc.* 🅿

Kenneth Branagh dans *Hamlet*

LA ROYAL SHAKESPEARE COMPANY

Cette troupe renommée pour sa nouvelle interprétation de l'œuvre de Shakespeare se produit au Royal Shakespeare Theatre (1932), bâtiment aveugle en brique adjacent au Swan Theatre, construit en 1986 sur le modèle d'un théâtre élisabéthain. Un bâtiment voisin expose accessoires, affiches et costumes. La Royal Shakespeare Company se produit aussi dans une salle de 150 places connue sous le nom de l'Other Theatre ainsi qu'à Londres *(p. 124).*

Grevel House, la plus ancienne maison de Chipping Campden

Chipping Campden ⓲

Gloucestershire. 🏠 *2 000.* **ℹ** *Hollis House, Stow-on-the-Wold (01451 831082).*

C'est au Campden Trust, association fondée en 1929 pour perpétuer l'art de la taille de pierre, que cette ville typique des Cotswolds doit d'avoir gardé les coloris de ses pierres dorées couvertes de lichen. En venant du nord-ouest par la B4035, on aperçoit d'abord les ruines de **Campden Manor**, commencé vers 1613 par Sir Baptist Hicks, premier vicomte de Campden. À la fin de la guerre civile *(p. 52-53)*, comme il était aux mains du Parlement, les troupes royalistes y mirent le feu, épargnant cependant les hospices, en face du portail. Ils formaient la lettre I (qui en latin équivaut au J) en signe de fidélité du propriétaire au roi Jacques Ier.

L'**église Saint-Jacques**, en ville, l'une des plus belles des Cotswolds, fut construite au XVe siècle grâce aux subsides des marchands qui exportaient la laine de la région. L'église contient de nombreuses tombes et une magnifique plaque tombale en cuivre dédiée à William Grevel. Ce marchand de laine fit bâtir **Grevel House** (v. 1380) dans la grand-rue (High Street), la plus ancienne d'une belle rangée de maisons, qui se signale par sa baie à deux étages.

Le vicomte de Campden fit don de **Market Hall** (marché couvert) en 1627. Robert Dover, son contemporain, fonda en 1612 le Cotswold Olympicks, longtemps avant l'organisation des olympiades modernes. Celles de 1612 comprenaient des sports violents, comme la lutte. Ces compétitions se déroulent toujours le premier vendredi après Spring Bank Holiday (dernier lundi de mai). Elles sont suivies d'une marche aux flambeaux juste avant le Scuttlebrook Wake Fair du lendemain. Le site des jeux est une spectaculaire cuvette naturelle sur **Dover's Hill**, qui domine la ville. L'escalade de cette colline par temps clair permet de découvrir le panorama du Vale of Evesham.

Le marché couvert du XVIIe siècle à Chipping Campden

L'abbatiale de Tewkesbury domine la ville, qui se presse le long des rives de la Severn

Tewkesbury ⑲

Gloucestershire. 🏠 11 000. 🚌 Barton St (01684 295027). 🅰 mer., sam.

Cette jolie ville au confluent de la Severn et de l'Avon possède l'une des plus belles abbatiales normandes, **St Mary the Virgin**, avec sa tour massive et sa façade normande. Les gens du pays la sauvèrent lors de la Dissolution *(p. 50)* en payant 453 livres à Henri VIII. Les maisons à colombage qui l'entourent se serrent dans un méandre de la rivière. Entrepôts et quais rappellent la richesse passée, et le Borough Mill de Quay Street, seul moulin qui tire encore son énergie de la rivière, continue de moudre du grain.

Détail de la Pump Room de Cheltenham

Aux environs

Des croisières partent de la marina fluviale pour les pubs au bord de l'eau d'**Upton-on-Severn**, à 10 km au nord.

Cheltenham ⑳

Gloucestershire. 🏠 107 000. 🚂 🅿
🚌 77 Promenade (01242 522878). 🅰 jeu., dim.

Sa réputation d'élégance date du XVIIIe siècle, alors que la haute société venait y prendre les eaux à l'exemple de Georges III *(p. 54-55)*. Le long de larges avenues, on construisit de nombreuses maisons élégantes aux terrasses néo-classiques. Certaines ont subsisté autour du Queen's Hotel, près de **Montpellier**, ravissante arcade Régence bordée d'artisans et d'antiquaires, et sur la **Promenade**, avec ses grands magasins et ses couturiers chic. L'atmosphère est plus moderne dans la récente Regency Arcade, dont l'attraction est l'**horloge** de Kit Williams (1987) : toutes les heures, des poissons soufflent des bulles au-dessus de la tête des passants. Le **Museum and Art Gallery** mérite une visite pour sa collection de meubles et d'objets dus à des membres de l'Arts and Crafts Movement *(p. 25)*, dont William Morris *(p. 206)* définit les principes strictement utilitaires.

La **Pitville Pump Room**, dessinée d'après le temple d'Ilissos, à Athènes, raconte l'histoire de la mode, de la Régence aux années 1960. Sous son dôme ont souvent lieu des représentations, à l'occasion des festivals de musique (en juillet) et de littérature (en octobre).

Mais l'événement qui attire vraiment les foules est la Cheltenham Gold Cup, première manifestation de la saison nationale de chasse, qui se déroule en mars à l'hippodrome de Presbury, à l'est de la ville *(p. 66)*.

🏛 **Museum and Art Gallery**
Clarence St. 📞 01242 237431.
🔵 du lun. au sam. ⚫ jours fériés, 24 déc. 🚻
🚻 **Pitville Pump Room**
Pitville Park. 📞 01242 523852.
🔵 du mer. au lun. ⚫ 25, 26 déc., 1er jan.

L'horloge de Kit Williams, dans la Regency Arcade de Cheltenham

Nef de la cathédrale de Gloucester

Gloucester ㉑

Gloucestershire. 🏠 *110 000.* 🚉 🏠
🛈 *28, Southgate St (01452 421188)*
📅 *mer., sam.*

C'est à Gloucester que Guillaume le Conquérant commanda l'inventaire de toutes les terres de son royaume, qui devait être consigné dans le *Domesday Book* de 1086 *(p. 48)*.

Les souverains normands appréciaient la ville, et c'est dans sa magnifique **cathédrale** qu'Henri III se fit couronner en 1216. La nef, solide et majestueuse, fut entreprise en 1089. Édouard II *(p. 425)*, qui fut assassiné en 1327 au château de Berkeley, à 14 km au sud-ouest, est enterré près du maître-autel. De nombreux pèlerins vinrent lui rendre hommage, laissant de généreuses offrandes, ce qui permit à l'abbé Thoky de commencer la reconstruction en 1331. On lui doit le magnifique vitrail (à l'est) et le cloître, surmonté d'une voûte en éventail, qui fut souvent copié à travers le pays.

Parmi les beaux bâtiments qui entourent la cathédrale, citons College Court. Là, le **Beatrix Potter Museum** *(p. 353)* occupe la maison que l'auteur pour enfants utilisa pour illustrer l'histoire du *Tailleur de Gloucester*. Un ensemble de musées a été ouvert dans les **Gloucester Docks**, encore en partie en activité, reliés au détroit de Bristol par le canal de Gloucester et Sharpness (ouvert en 1827). Dans le vieux port, le **National Waterways Museum** retrace l'histoire des canaux, et la passionnante **Robert Opie Collection**, musée de la réclame et de l'emballage, évoque la promotion des objets usuels de 1870 à nos jours.

🏛 **Beatrix Potter Museum**
College Court. 📞 *01452 422856.*
📅 *du lun. au sam.* ⬤ *jours fériés.*
🏛 **National Waterways Museum**
Llanthony Warehouse, Gloucester Docks. 📞 *01452 318054.* 📅 *t.l.j.*
⬤ *25 déc.* 📷 ♿
🏛 **Robert Opie Collection – Museum of Advertising and Packaging**
Albert Warehouse, Gloucester Docks.
📞 *01452 302309.* 📅 *de mai à sept., t.l.j.; d'oct. à avril, du mar. au dim.* ⬤ *25, 26 déc.* 📷 ♿

Cirencester ㉒

Gloucestershire. 🏠 *18 000.* 🚉 🏠
🛈 *Market Place (01285 654180).* 🏠
du lun. au sam.

L a capitale des Cotswolds est construite autour d'une place du marché où fromages, poissons, fleurs et herbes s'étalent chaque vendredi. L'**église Saint-Jean-Baptiste**, dont la chaire « en verre à vin » (1515) est l'une des rares d'Angleterre datant d'avant la Réforme, domine la place du marché. À l'ouest, le **Cirencester Park** fut dessiné par le premier comte de Bathurst, à partir de 1714, avec l'aide du poète Alexander Pope *(p. 303)*. La demeure est ceinte d'une haie d'ifs qu'on dit la plus haute du monde. Les maisons de marchands de laine des XVIIe et XVIIIe siècles de Cecily Hill, de style italianisant, se concentrent autour de l'entrée du parc. Coxwell Street compte des habitations des Cotswolds plus modestes.

Sous ces maisons en pierre dorée se trouve une ville romaine dont les vestiges apparaissent au premier coup de pioche. Le **Corinium Museum** (du nom latin de la ville) expose des objets mis au jour, mettant en scène la vie d'une famille romaine.

🌿 **Cirencester Park**
Cirencester Park. 📞 *01285 653135.*
📅 *t.l.j.* ♿
🏛 **Corinium Museum**
Park St. 📞 *01285 655611.*
📅 *t.l.j. (de nov. à avril : du mar. au dim.).* ⬤ *25 déc.* 📷 ♿

L'église paroissiale de Cirencester, l'une des plus grandes d'Angleterre

---

ART ET NATURE DANS LE MONDE ROMAIN

À l'époque romaine, Cirencester produisait des mosaïques. Le Corinium Museum en expose de belles pièces, qui illustrent des thèmes classiques, comme Orphée subjuguant les lions et les tigres au son de sa lyre ou la représentation réaliste d'un lièvre. Les mosaïques de la villa de Chedworth, à 13 km au nord, s'inspirent de la vie quotidienne. Parmi celles dites des *Quatre Saisons*, l'Hiver représente un paysan dont le manteau flotte au vent, le lièvre qu'il vient d'attraper dans une main, du bois pour le feu dans l'autre.

Mosaïque au lièvre, **Corinium Museum**

L'EST DES MIDLANDS

DERBYSHIRE · LEICESTERSHIRE · LINCOLNSHIRE
NORTHAMPTONSHIRE · NOTTINGHAMSHIRE

L'est des Midlands présente trois types de paysages très différents. À l'ouest, les plaines basses et les villes industrielles du cœur de la région sont dominées par des landes sauvages qui s'élèvent jusqu'aux hauteurs escarpées du Peak District. À l'est, collines et villages de pierre calcaire s'étirent le long d'une côte basse.

L'est des Midlands doit beaucoup à la combinaison entre les villes et la campagne. Les stations thermales, les vieux villages et les grands domaines s'insèrent dans un paysage profondément modelé par l'industrialisation.

Cette région est habitée depuis la préhistoire. Les Romains exploitaient des mines de plomb et de sel ; ils établirent un vaste réseau de voies et de camps. L'influence des Anglo-Saxons et des Vikings, quant à elle, se manifeste dans la toponymie. Au Moyen Âge, les bénéfices de l'industrie lainière permirent l'essor de villes comme Lincoln, qui compte encore nombre de beaux édifices. L'est des Midlands fut le théâtre de batailles féroces pendant la guerre des Deux-Roses et la guerre civile, et les insurgés, pendant l'insurrection jacobite, atteignirent Derby.

Dans l'ouest de la région s'étend le Peak District, le premier parc naturel de Grande-Bretagne, fondé en 1951. Les landes couvertes de bruyère ou la vallée boisée de la Dove attirent les visiteurs en quête de sites naturels. Les amateurs d'escalade et de varappe fréquentent assidûment les Peaks. Les prés clos de murets de pierre sont situés sur les versants orientaux des Peaks qui s'abaissent progressivement vers des vallées abritées. Les thermes romains de Buxton mettent une dernière note d'élégance avant les plaines du Derbyshire, du Leicestershire et du Nottinghamshire. Ce paysage, semé de mines de charbons et d'usines depuis la fin du XVIIe siècle, est destiné à devenir une forêt domaniale au cours du XXIe siècle.

Danse à l'occasion de la fête ancestrale des puits fleuris, à Stoney Middleton dans le Peak District

◁ **Façade ouest de Chatsworth House, superbe demeure baroque du Peak District**

À la découverte de l'est des Midlands

L'est des Midlands, région très fréquentée, possède un bon réseau routier, mais est plus agréable à parcourir à pied. De nombreux sentiers bien balisés traversent le parc national du Peak District. Chatsworth et Burghley ont de magnifiques demeures et les villes historiques comme Lincoln ou Stamford sont passionnantes.

LA RÉGION D'UN COUP D'ŒIL

Burghley p. 328-329 **8**
Buxton **1**
Chatsworth p. 320-321 **2**
Lincoln p. 326-327 **7**
Matlock Bath **3**
Nottingham **6**
Stamford **9**

Excursions

Le Peak District **5**
Tissington Trail **4**

CIRCULER

Les principales routes pour l'est des Midlands sont la M6, la M1 et l'A1, mais elles souffrent de l'encombrement dû au volume du trafic. Il est parfois plus rapide et plus intéressant d'emprunter de petites routes qui traversent, par exemple, les villages des alentours de Stamford et de Northampton. L'été, les routes du Peak District sont surchargées, et il est conseillé de partir tôt le matin. Lincoln et Stamford sont bien reliés à Londres par le train. Le chemin de fer est beaucoup moins commode dans le Peak District, mais des lignes locales desservent Matlock et Buxton.

LÉGENDE

▬	Autoroute
▬	Route principale
▬	Route pittoresque
▬	Chemin pittoresque
▬	Cours d'eau
☼	Point de vue

Burghley House vue de la cour nord

VOIR AUSSI

- **Hébergement** p. 558-559
- **Restaurants et pubs** p. 593-595

(carte)
Doncaster
A628
Pennine Way
A57
EDALE
A6013
PEAK
A6187
DISTRICT
Sheff
A623
NATIONAL
BUXTON **1**
PARK
Stoke-on-Trent
A53
A6
2 CHATSWOR
A515
A5012
3 MATLOCK
4 TISSINGTON TRAIL
5 LE PEAK DISTRICT
A52
DERBY
Dore
Trent
Coventry
Birmi

Paysage du Peak District vu du Tissington Trail

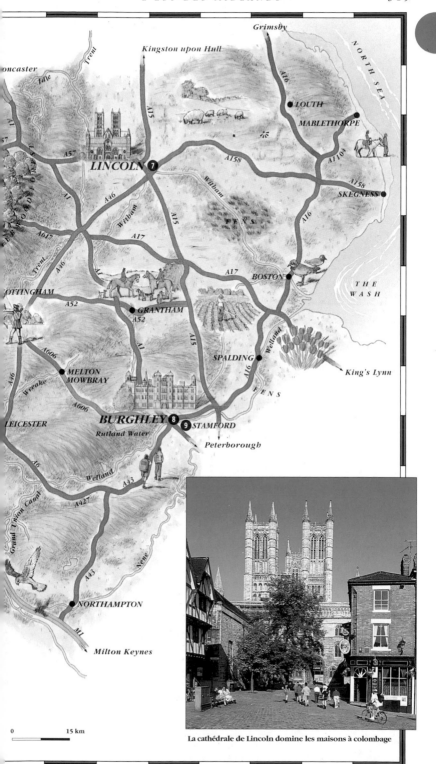

La cathédrale de Lincoln domine les maisons à colombage

0   15 km

L'opéra de Buxton, de la fin du xixᵉ siècle, restauré en 1979

Buxton ❶

Derbyshire. 🏃 20 000. 🚃 🅿
ℹ The Crescent (01298 25106).
🏛 mar., sam.

C'est le cinquième duc de Devonshire qui en fit une ville d'eau à la fin du xviiiᵉ siècle. Buxton compte de beaux édifices néo-classiques, parmi lesquels des écuries devenues le **Devonshire Royal Hospital** (1790), à l'entrée de la ville. Le **Crescent** (1780-1790) fut bâti afin de rivaliser avec celui de Bath (p. 244).

Le bureau d'information touristique est installé dans les anciens bains municipaux, au sud-ouest de la ville. Là se trouve une source d'où l'eau jaillit avec un débit de 7 000 l/h. L'eau de Buxton se vend en bouteille, mais il existe une fontaine publique à **St Ann's Well**.

Des jardins en pente, les Slopes, vont du Crescent au petit **Museum and Art Gallery**. Derrière le Crescent, dominant les Pavilion Gardens, s'élève l'étonnant **Pavilion** de fer et de verre du xixᵉ siècle et l'**Opéra**, magnifiquement restauré, qui accueille l'été un festival de musique et d'art.

🏛 Buxton Museum and Art Gallery
Terrace Rd. 📞 01298 24658.
⬭ de Pâques à sept. : du mar. au dim. (d'oct. à Pâques : du mar. au sam.). ⬤ 25, 26 déc., 1ᵉʳ jan. 🎫 ♿
🏛 Pavilion
St John's Rd. 📞 01298 23114.
⬭ t.l.j. ⬤ 25 déc. ♿

Château et jardins de Chatsworth ❷

C ette grande demeure est l'une des plus marquantes de Grande-Bretagne. Entre 1687 et 1707, le quatrième comte de Devonshire remplaça la demeure Tudor par ce palais baroque aux magnifiques jardins dessinés dans les années 1760 par Capability Brown (p. 23) et améliorés par Joseph Paxton (p. 56-57) au milieu du xixᵉ siècle.

Bess de Hardwick bâtit la première demeure en 1552

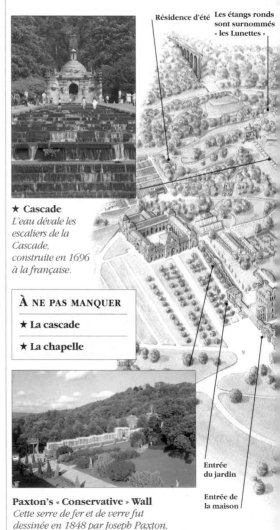

Résidence d'été

Les étangs ronds sont surnommés « les Lunettes »

★ **Cascade**
L'eau dévale les escaliers de la Cascade, construite en 1696 à la française.

À NE PAS MANQUER

★ **La cascade**

★ **La chapelle**

Entrée du jardin

Entrée de la maison

Paxton's « Conservative » Wall
Cette serre de fer et de verre fut dessinée en 1848 par Joseph Paxton, auteur du Great Conservatory de Chatsworth (aujourd'hui détruit).

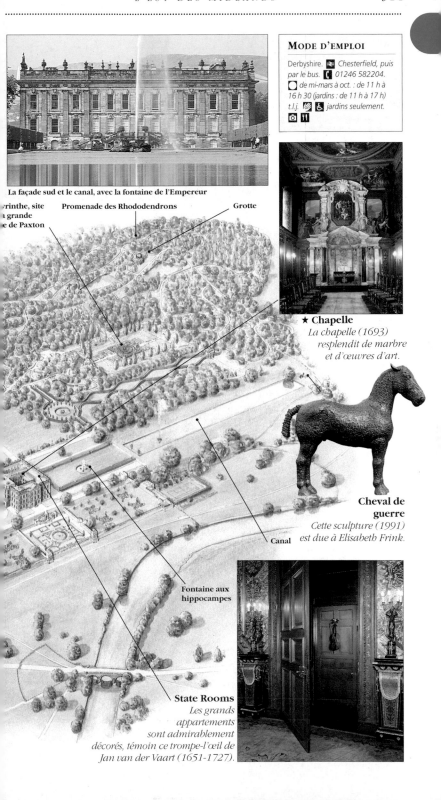

La façade sud et le canal, avec la fontaine de l'Empereur

MODE D'EMPLOI

Derbyshire. ⊟ Chesterfield, puis
par le bus. ☏ 01246 582204.
◯ de mi-mars à oct. : de 11 h à
16 h 30 (jardins : de 11 h à 17 h)
t.l.j. 🎫 ♿ jardins seulement.
📷 ∏

.rinthe, site
a grande
e de Paxton

Promenade des Rhododendrons

Grotte

★ **Chapelle**
*La chapelle (1693)
resplendit de marbre
et d'œuvres d'art.*

**Cheval de
guerre**
*Cette sculpture (1991)
est due à Elisabeth Frink.*

Canal

**Fontaine aux
hippocampes**

State Rooms
*Les grands
appartements
sont admirablement
décorés, témoin ce trompe-l'œil de
Jan van der Vaart (1651-1727).*

Matlock ❸

Derbyshire. 🏠 23 000. 🚆
ℹ️ The Pavilion (01629 55082).

Le téléphérique qui conduit les visiteurs aux Heights of Abraham

Matlock devint une ville d'eau vers 1780. L'imposant **palais** (1853), situé sur une colline qui domine la ville, est un établissement thermal transformé en bureaux du conseil municipal. Sur la colline d'en face se trouve le **Riber Castle Wildlife Park**, où subsistent les ruines d'un château néo-gothique.

L'A6 quitte Matlock et traverse la très belle **Derwent Gorge** jusqu'à **Matlock Bath**, d'où un téléphérique mène au parc de loisirs des **Heights of Abraham**, avec ses grottes, ses sentiers sauvages et son vaste panorama. Le **Peak District Mining Museum**, complété par la **Temple Mine**, est consacré à l'extraction du plomb. **Arkwright's Mill** (1771), première filature du monde à énergie hydraulique, est située à l'extrémité sud de la gorge (p. 325).

🦌 **Riber Castle Wildlife Park**
A615, S.-E. de Matlock. ☎ 01629 582073. ◯ t.l.j. ● 25 déc. 🎫 ♿
🚡 **Heights of Abraham**
A6. ☎ 01629 582365. ◯ de Pâques à oct. : t.l.j. 🎫 ♿
🏛 **Peak District Mining Museum**
The Pavilion, A6. ☎ 01629 583834. ◯ t.l.j. ● 25 déc. 🎫 ♿
⛏ **Temple Mine**
Temple Rd, A6. ☎ 01629 583834. ◯ t.l.j. (l'ap.-m. en hiver). ● 25 déc. 🎫
⛏ **Arkwright's Mill**
Mill Lane, Cromford. ☎ 01629 824297. ◯ t.l.j. ● 25 déc. ♿

Tissington Trail ❹

Voir p. 323.

Excursion dans le Peak District ❺

Voir p. 324-325.

Nottingham ❻

Nottinghamshire. 🏠 270 000. 🚆
🚌 ℹ️ Smithy Row (0115 9470661).
🚌 t.l.j.

Ce nom évoque, bien sûr, le shérif ennemi de Robin des Bois. Le **château de Nottingham** existe bel et bien, dressé sur un rocher truffé de passages souterrains. Il abrite un musée d'histoire de la ville et la galerie d'art municipale la plus ancienne de Grande-Bretagne, qui compte des œuvres de Sir Stanley Spencer (1891-1959) et de Dante Gabriel Rossetti (1828-1882). Au pied du château, la plus vieille taverne de Grande-Bretagne, le **Trip to Jerusalem** (1189), accueille toujours des clients. Si l'enseigne évoque les croisades, pour l'essentiel les bâtiments datent du xviiᵉ siècle.

Plusieurs musées sont installés non loin du château : le **Tales of Robin Hood** recourt à des effets spéciaux pour retracer la vie du célèbre bandit ; le **Museum of Costume and Textiles** rappelle le rôle de Nottingham dans l'industrie de la broderie, de la dentelle, de la tapisserie et du tricot.

Aux environs
Kedleston Hall (p. 24-25), néo-classique, fait partie des grandes demeures qui se trouvent dans un rayon de quelques kilomètres. C'est Bess de Hardwick, l'avide comtesse de Shrewsbury (p. 320), qui a fait construire le spectaculaire **Hardwick Hall**.

♟ **Nottingham Castle**
Castle Gate. ☎ 0115 9483504. ◯ t.l.j. ● 25, 26 déc. 🎫 sam., dim. et jours fériés. ♿
🏛 **Tales of Robin Hood**
30-38 Maid Marion Way. ☎ 0115 9414414. ◯ t.l.j. ● du 24 au 26 déc. 🎫 ♿
🏛 **Museum of Costume and Textiles**
51 Castle Gate. ☎ 0115 9483504. ◯ t.l.j. ● 25, 26 déc. ♿ limité.
🏰 **Kedleston Hall**
(NT) A38. ☎ 01332 842191. ◯ d'avril à oct. : du sam. au mer. 🎫 🍴
🏰 **Hardwick Hall**
(NT) A617. ☎ 01246 850430. ◯ d'avril à oct. : mer., jeu., sam. dim. et jours fériés. 🎫 ♿ limité. 🍴

ROBIN DES BOIS, DE LA FORÊT DE SHERWOOD

Nombre de livres et de films retracent les aventures mouvementées de Robin et de ses « joyeux compagnons » dans la forêt de Sherwood, près de Nottingham. Issu de la tradition orale, ce personnage, qui dévalisait les riches au profit des pauvres, apparut d'abord dans des ballades ; les premiers écrits écrits de ses exploits datent du xvᵉ siècle. Il évoque sans doute à la fois plusieurs hors-la-loi du Moyen Âge qui refusaient de se soumettre aux contraintes de la vie féodale.

Illustration victorienne représentant frère Tuck et Robin des Bois

Tissington Trail ❹

L e Tissington Trail parcourt en tout 20 km, du village d'Ashbourne à Parsley Hay, où il rejoint le High Peak Trail. En voici une partie, qui emprunte un chemin facile, le long d'une voie ferrée désaffectée autour du village de Tissington, d'où l'on a de belles vues sur les paysages de White Peak. La coutume de fleurir les puits dans le Derbyshire est certainement bien antérieure à la christianisation. Elle reprit vie au début du XVIIe siècle ; on décora les sources de Tissington, car on attribuait la fin de l'épidémie de peste à l'effet salvateur de l'eau. Cet acte est resté un événement important dans le Peak District, surtout dans les villages dont les ressources en eau ont tendance à s'amenuiser.

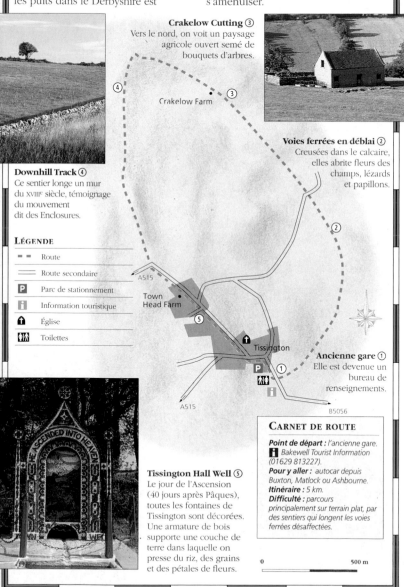

Crakelow Cutting ③
Vers le nord, on voit un paysage agricole ouvert semé de bouquets d'arbres.

④

③ Crakelow Farm

Voies ferrées en déblai ②
Creusées dans le calcaire, elles abrite fleurs des champs, lézards et papillons.

②

Downhill Track ④
Ce sentier longe un mur du XVIIIe siècle, témoignage du mouvement dit des Enclosures.

Légende

= =	Route
= =	Route secondaire
P	Parc de stationnement
i	Information touristique
�	Église
🚻	Toilettes

A515

Town Head Farm

⑤

✝ Tissington

Ancienne gare ①
Elle est devenue un bureau de renseignements.

P
🚻
i

A515

B5056

Tissington Hall Well ⑤
Le jour de l'Ascension (40 jours après Pâques), toutes les fontaines de Tissington sont décorées. Une armature de bois supporte une couche de terre dans laquelle on presse du riz, des grains et des pétales de fleurs.

CARNET DE ROUTE

Point de départ : *l'ancienne gare.*
i *Bakewell Tourist Information (01629 813227).*
Pour y aller : *autocar depuis Buxton, Matlock ou Ashbourne.*
Itinéraire : *5 km.*
Difficulté : *parcours principalement sur terrain plat, par des sentiers qui longent les voies ferrées désaffectées.*

0   500 m

Excursion dans le Peak District ❺

Angelot, Opéra de Buxton

Dans le Peak District, les sites naturels et les hauteurs rocailleuses où paissent les moutons contrastent avec les villes industrielles des vallées. Le premier parc naturel de Grande-Bretagne, créé en 1951, présente deux types de paysages : dans le sud, les collines de calcaire blanc du White Peak ; au nord, à l'est et à l'ouest, les landes sauvages et couvertes de bruyère des tourbières de Dark Peak recouvrant une couche de grès meulier.

STOCKPORT, MANCHESTER

Edale ⑤
Les pics élevés et périlleux du pittoresque Edale sont le point de départ du sentier de Pennine Way, long de 412 km *(p. 32)*.

Buxton ⑥
On a surnommé l'Opéra *(p. 320)* de cette jolie ville d'eau le « théâtre sur la colline », en raison de son site magnifique.

CARNET DE ROUTE

Itinéraire : 60 km.
Où faire une pause ? On trouve des rafraîchissements au musée des Tramways de Crich et à la filature d'Arkwright, à Cromford. Eyam compte de bons salons de thé . *La Nag's Head*, à Edale, est une charmante auberge Tudor. À Buxton, nombreux pubs et cafés (voir p. 636-637).

Arbor Low ⑦
Ce cercle de pierres qui date de 2000 av. J.-C., surnommé le « Stonehenge du Nord », compte 46 pierres couchées ceintes d'un fossé.

LÉGENDE

▬▬ Route du circuit

═══ Autre route

☀ Point de vue

Dovedale ⑧
Cette vallée fréquentée est la plus jolie du Peak District, avec ses pierres de gué, ses rives densément boisées et ses rochers sculptés par le gel et la glace. Izaac Walton (1593-1683), auteur de *The Compleat Angler* (« le Parfait Pêcheur »), venait y pêcher.

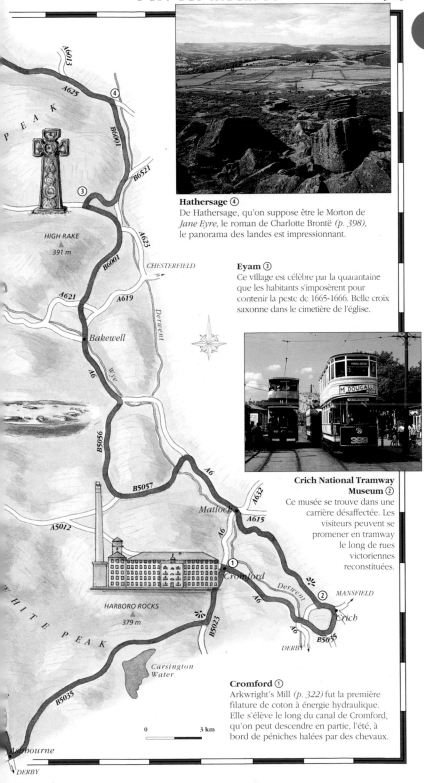

Hathersage ④
De Hathersage, qu'on suppose être le Morton de
Jane Eyre, le roman de Charlotte Brontë *(p. 398)*,
le panorama des landes est impressionnant.

Eyam ③
Ce village est célèbre par la quarantaine
que les habitants s'imposèrent pour
contenir la peste de 1665-1666. Belle croix
saxonne dans le cimetière de l'église.

Crich National Tramway Museum ②
Ce musée se trouve dans une
carrière désaffectée. Les
visiteurs peuvent se
promener en tramway
le long de rues
victoriennes
reconstituées.

Cromford ①
Arkwright's Mill *(p. 322)* fut la première
filature de coton à énergie hydraulique.
Elle s'élève le long du canal de Cromford,
qu'on peut descendre en partie, l'été, à
bord de péniches halées par des chevaux.

0   3 km

Lincoln pas à pas ➐

**Sculpture
du *Chœur
des Anges***

Au milieu du paysage
plat des Fens, Lincoln
dresse du haut d'une falaise,
au-dessus du cours de la
Witham, les trois tours de sa
cathédrale. Ce sont les Romains
(p. 44-45) qui ont fondé la ville en 48 apr. J.-C. À
l'époque de l'invasion normande
(p. 47), Lincoln était la quatrième
ville d'Angleterre (après
Londres, Winchester et
York). Elle devait sa
richesse à sa situation
stratégique pour
l'exportation de la laine
des collines crayeuses du
Lincolnshire vers le
continent. Beaucoup de
beaux bâtiments
médiévaux ont survécu,
pour la plupart le long de
Steep Hill, rue très en
pente qui mène à la
cathédrale.

Newport Arch
(IIᵉ s.)

**Museum of
Lincolnshire Life**

WESTGATE

BAILGATE

CASTLE HILL

STEEP HILL

DRURY LANE

MICHAELGATE

**Maison
d'Aaron le Juif**

★ Le château
*Ce château normand primitif fut la
prison de la ville de 1787 à 1878.
Les bancs en forme de cercueil de la
chapelle rappelaient leur châtiment
aux criminels.*

LÉGENDE

    Itinéraire conseillé

Jew's House
*Au Moyen Âge,
Lincoln avait
une vaste
communauté
juive. Cette
maison du
XIIᵉ siècle,
l'une des plus
vieilles encore
debout,
appartenait à
une famille
juive.*

Stonebow Gate
(XVᵉ s.) et la gare

0   100 m

À NE PAS MANQUER

★ Le château

★ La cathédrale

MODE D'EMPLOI

Lincolnshire. 🚶 85 000. ✈
E Midlands, 82 km au S.-O. de
Lincoln. 🚆 St Mary St. 🚌
Melville St. ℹ Castle Hill (01522
529828). 🛒 du lun. au sam. 🎪
Christmas Market : début déc.

★ La cathédrale
*La façade ouest est un mélange harmonieux
de styles normand et gothique. À l'intérieur,
il faut remarquer le Chœur des Anges,
parmi lesquels figure le diablotin de Lincoln.*

Alfred, Lord Tennyson
*Une statue du poète né
dans le Lincolnshire
(1809-1892) se
dresse dans le
parc.*

EASTGATE

MINISTER YARD

POTTERGATE

GREENSTONE PLACE

Potter Gate
(XIVe s.)

Arboretum

**Ruines du
palais épiscopal**

DANESGATE

LINDUM ROAD

TERRACE

**Gare
routière**

Usher Art Gallery
*Regorgeant
d'horloges, de
porcelaine et
d'argenterie,
elle conserve
des œuvres de
Peter de Wint
(1784-1849) et
de Turner (p. 93).*

LES MISÉRICORDES

Ce support placé sous le
siège mobile d'une stalle
d'église permet aux
religieux de s'appuyer ou de
s'asseoir en ayant l'air d'être
debout. Celles des
stalles de la cathédrale de Lincoln,
dans le chœur d'un style gothique
primitif perpendiculaire, sont les
plus belles d'Angleterre. Parmi la
grande variété de sujets, des
mythes, des scènes bibliques et des
scènes de la vie quotidienne.

**Saint François
d'Assise**

Lion faisant partie d'une paire

Burghley House ⑧

Portrait de Newton, salle de billard

W illiam Cecil, premier lord Burghley (1520-1598), fut 40 ans durant le confident et conseiller de la reine Élisabeth Ire. Il fit construire l'étonnante Burghley House en 1560-1587, probablement d'après ses propres dessins. Le toit est hérissé de pyramides, de cheminées déguisées en colonnes à l'antique et de clochetons en forme de poivrière. Vus de l'ouest, où se dresse encore l'un des nombreux tilleuls plantés par Capability Brown *(p. 23)* qui redessina le parc aux cerfs en 1760, ces toits paraissent simples et symétriques. Les murs et les plafonds sont abondamment ornés de fresques italiennes représentant des scènes mythologiques.

★ Vieille cuisine
Cette pièce voûtée a peu changé depuis l'époque Tudor. Des casseroles de cuivre bien astiquées sont suspendues aux murs.

Porte nord
Les entrées principales sont ornées de portails de fer ouvré du XIXe siècle assez chargés.

La salle de billard compte de nombreux portraits encastrés dans la boiserie.

Les coupoles étaient très en vogue à la Renaissance.

Les cheminées sont camouflées en colonnes à l'antique.

Les fenêtres à meneaux furent ajoutées en 1683, quand le verre devint moins coûteux.

L'entrée principale, flanquée de tourelles, est typique de l'architecture « prodigieuse » de l'époque Tudor *(p. 288)*.

Façade ouest
La façade ouest, où apparaissent les armes de Burghley, fut achevée en 1577 ; c'était l'entrée principale.

À NE PAS MANQUER

★ La vieille cuisine

★ Chambre du Paradis

★ Escalier de l'Enfer

Mode d'emploi

A1 S.-E. de Stamford, Lincolnshire. 01780 52451. Stamford. d'avril à oct. : 11 h à 17 h t.l.j. 1 jour début sept. (concours hippique). limité.

★ Chambre du Paradis
Les dieux descendent du ciel et des satyres et des nymphes gambadent sur les murs et le plafond de ce chef-d'œuvre d'Antonio Verrio (1639-1707).

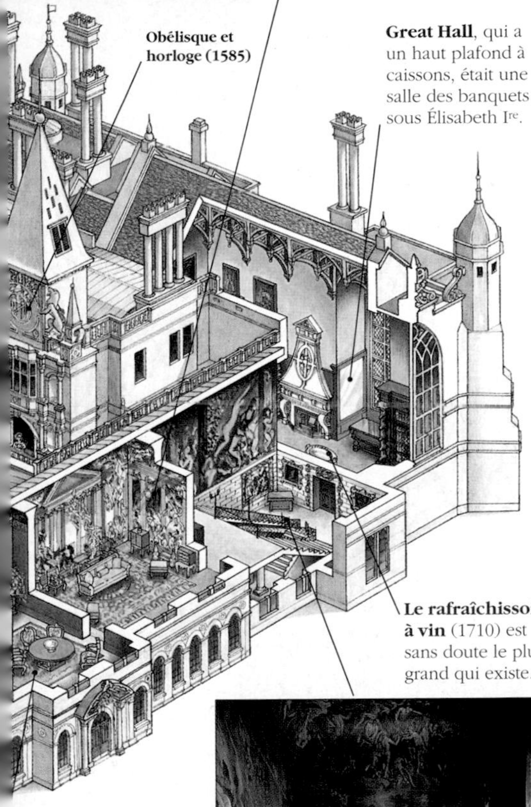

Obélisque et horloge (1585)

Great Hall, qui a un haut plafond à caissons, était une salle des banquets sous Élisabeth Ire.

Le rafraîchissoir à vin (1710) est sans doute le plus grand qui existe.

…a chambre Georges IV, …ui fait partie d'une suite, … des boiseries de chêne …achées de bière.

★ Escalier de l'Enfer
Sur le plafond, Verrio a représenté l'enfer sous la forme d'une gueule de chat pleine de damnés. L'escalier, en pierre du pays, date de 1786.

Stamford 9

Lincolnshire. 18 000. 27 St Mary's St (01780 755611). ven.

Cette ville est connue pour ses nombreuses églises et ses maisons georgiennes d'un caractère original, élevées par des marchands et des artisans membres de la bourgeoisie du XVIIIe siècle. Certaines sont d'un pur classicisme, d'autres montrent un curieux mélange de styles en raison des différents constructeurs locaux. Stamford a gardé son réseau médiéval de rues tortueuses et pavées.

Il semble qu'il y ait une église à chaque coin de rue. Les flèches des églises médiévales (il en reste 5 sur 11) rappellent celles d'Oxford. Il y a un autre lien entre les deux villes : en 1333, des étudiants renvoyés de Brasenose Hall, à Oxford, essayèrent de fonder ici une nouvelle université, tentative qui échoua. Stamford vivait de la céramique, de la taille de pierres, de l'exportation de laine et du tissage de vêtements en laine peignée.

Barn Hill, qui monte jusqu'à All Saints Church, montre l'architecture georgienne de la ville dans toute sa variété. Plus bas s'étire Broad Street, où un **musée** évoque l'histoire de la ville. La pièce la plus célèbre en est une figure de cire de Daniel Lambert, l'homme le plus gros de Grande-Bretagne (336 kg), qui mourut en assistant aux courses à Stamford en 1809.

L'**Assembly Room** de 1725 et l'**Old Theatre** de 1768, situés tous deux dans Maiden Lane, forment l'Arts Centre. **St Martin's Church**, église voisine abrite la tombe de Daniel Lambert, celles de William Cecil, lord Trésorier sous Élisabeth Ire, et de son descendant, le 5e comte d'Exeter (1648-1700).

Stamford Museum
Broad St. 01780 766317. d'avril à sept. : t.l.j. (l'après-midi le dim.) ; d'oct. à mars : du lun. au sam. 25, 26 déc. limité.

Le Nord

Le Nord d'un coup d'œil

D es côtes découpées, des randonnées et des ascensions spectaculaires, de belles demeures aristocratiques et des cathédrales stupéfiantes font l'attrait du nord de l'Angleterre, qui a connu la *pax romana*, l'invasion saxonne, les raids vikings et les escarmouches frontalières. Halifax, Liverpool et Manchester regorgent de témoignages de la révolution industrielle, tandis que les montagnes romantiques et les plans d'eau du Lake District invitent au repos de l'esprit.

Le mur d'Hadrien (p. 408-409), *construit vers 120 afin de protéger les Bretons romanisés contre les Pictes du nord, traverse le paysage découpé du parc national du Northumberland.*

NORTHUMBR
(p. 400-415

Northumber

Dans le Lake District (p. 340-357) *alternent des pics superbes, des cours d'eau entrecoupés de chutes et des lacs, comme le Wast Water.*

Durha

Cumbria

Le Yorkshire Dales National Park (p. 370-372) *est un cadre idéal pour les randonnées à travers un paysage champêtre semé de délicieux villages comme Thwaite, dans le Swaledale.*

Lancashire

LANCASHIRE
ET LES LACS
(p. 340-366)

La Walker Art Gallery (p. 364-365) *de Liverpool, l'un des temples de l'art du Nord, conserve une collection connue dans le monde entier qui va des maîtres anciens à l'art moderne. Parmi les sculptures, la* Tinted Venus *(vers 1851-1856) de John Gibson.*

Greater Mancheste

Merseyside

◁ **Le château du XIᵉ siècle d'Alnwick, dans le Northumberland, vu de l'autre rive de l'Aln**

La cathédrale de Durham (p. 414-415), *bâtiment normand impressionnant qui possède un chœur remarquable et de beaux vitraux, domine la ville depuis 995.*

Fountains Abbey (p. 376-377), *l'un des plus beaux monuments religieux du Nord, fut fondée au XIIe siècle par des moines dans un souci de simplicité et d'austérité. L'abbaye connut par la suite une grande prospérité.*

Castle Howard (p. 384-385), *triomphe de l'architecture baroque, offre de superbes décors, parmi lesquels le Museum Room (1805-1810), œuvre de C. H. Tatham.*

Cleveland

North Yorkshire

YORKSHIRE
ET
HUMBERSIDE
(p. 366-399)

Humberside

York (p. 390-395) *est une ville riche en monuments historiques médiévaux ou georgiens. Sa magnifique cathédrale est ornée de nombreux vitraux et les murs de la cité médiévale sont bien conservés. Sans oublier les églises, les ruelles et d'intéressants musées.*

West Yorkshire

South Yorkshire

0   25 km

La révolution industrielle dans le Nord

Au XIXᵉ siècle, l'essor des mines de charbon et des industries textile et navale changea radicalement la physionomie du nord de l'Angleterre. Le Lancashire, le Northumberland et le West Riding (*p. 367*) du Yorkshire connurent une croissance rapide de la population en liaison avec un fort exode rural. Malgré les initiatives de certains industriels philanthropes pour améliorer l'habitat en milieu urbain, beaucoup de gens vivaient encore dans des conditions difficiles. À la suite du déclin ou de la disparition, faute de demande, des industries traditionnelles, une activité touristique a pris le relais dans beaucoup d'anciens sites industriels.

Des corons semblables à ces maisons d'Easington furent bâtis à partir de 1800 par les propriétaires de houillères. Ils comprenaient deux petites pièces (une chambre et une cuisine) et des toilettes à l'extérieur.

1815 Sir Humphrey Davis invente une lampe à huile de sûreté pour les puits. Une feuille cylindrique de gaze filtrant la lumière empêche la chaleur d'enflammer le méthane présent dans la mine. Cette invention sauva la vie à des milliers de mineurs.

Dans le nord de l'Angleterre, les mines de charbon employaient toute la famille : les femmes et les enfants travaillaient au côté des hommes.

1750	1800
AVANT LA VAPEUR	ÂGE DE LA VAPEUR
1750	1800

1781 Ouverture du canal de Leeds à Liverpool. En permettant le transport des matières premières et des produits finis, les canaux aidèrent fortement la mécanisation.

1830 Ouverture **ligne de chemins de** Liverpool-Manch reliant les deux grandes villes a Londres. La ligne accue 1 200 passagers par n

Le Piece Hall de Halifax (p. 398-399), restauré en 1976, est le plus beau témoin de l'architecture industrielle du nord de l'Angleterre. C'est le seul marché aux tissus du XVIIIᵉ siècle préservé dans le Yorkshire. Les marchands taillaient leurs tissus par mesures appelées pièces, dans les échoppes qui bordent l'intérieur des galeries.

Hebden Bridge (p. 398), *cité textile typique du West Ridin implantée dans l'étroite Calder Valley, est un ensemble de maisons ouvrières entourant une filature centrale. La ville put tirer parti de sa situation lorsque le canal de Rochdale (1804) puis le chemin de fer (1841) empruntèrent cette voi relativement basse à travers les Pennines.*

Saltaire (p. 397), ci-contre vers 1870, est un village modèle édifié pour ses ouvriers par le riche marchand de tissu et propriétaire de filatures Sir Titus Salt (1803-1876). Aux maisons venaient s'ajouter des magasins, des jardins et des terrains de sport, des hospices, un hôpital, une école et une chapelle. Homme strict, Salt prohiba de Saltaire l'alcool et les pubs.

George Hudson (1800-1871) construisit la première gare à York (p. 394) en 1840-1842. Dans les années 1840, il possédait plus du quart des voies ferrées et était surnommé « le roi du chemin de fer ».

Port Sunlight (p. 365) fut fondé par William Hesketh Lever (1851-1925) afin de loger les ouvriers de l'usine de savon Sunlight. De 1889 à 1914, il fit bâtir 800 cottages et des équipements dont une piscine.

Les grèves pour l'amélioration des conditions de travail étaient courantes. En juillet 1893, le conflit éclata quand les propriétaires de houillères fermèrent les puits parce que la fédération des mineurs s'était opposée à une diminution de salaire de 25 %. Plus de 300 000 ouvriers luttèrent sans être payés jusqu'en novembre, où le travail reprit à l'ancien tarif.

1842 Le Coal Mine Act interdit le travail des femmes et des enfants dans les mines.

1850	1900
MÉCANISATION	
1850	1900

Les métiers à tisser mécaniques transformèrent l'industrie textile et réduisirent les artisans tisserands au chômage. Vers 1850, le West Riding comptait 30 000 métiers à tisser mécaniques, dans des filatures de coton ou de laine. La moitié des 79 000 ouvriers se trouvaient à Bradford.

La cale sèche de Furness fut construite vers 1890, quand les chantiers navals se déplacèrent vers le nord, en quête de main-d'œuvre bon marché et de matières premières, qu'ils trouvèrent à Barrow-in-Furness, Glasgow (p. 502-505) et Tyne and Wear (p. 410).

Joseph Rowntree (1836-1925), ancien collaborateur de George Cadbury, fonda son usine de chocolat à York en 1892. Quakers, les Rowntree voulaient le bien-être social de leurs ouvriers (ils fondèrent un village modèle en 1904), et, avec la confiserie de Terry (1767), ils contribuèrent grandement à la prospérité d'York. Nestlé Rowntree est aujourd'hui la plus grande chocolaterie du monde et York est la capitale du chocolat en Grande-Bretagne.

Les abbayes du Nord

Le Nord compte certains des établissements religieux les plus beaux et les mieux conservés d'Europe. Lieux de prière, d'étude et de pouvoir au Moyen Âge, les plus importants d'entre eux sont les abbayes. La

Les ruines de Saint Mary's Abbey

plupart se trouvaient à la campagne, cadre propice à la vie contemplative.

Aux VIIIᵉ et IXᵉ siècles *(p. 46-47)*, les Vikings détruisirent beaucoup de monastères anglo-saxons. Ce ne fut qu'avec la fondation par Guillaume le Conquérant de l'abbaye bénédictine de Selby que la vie monastique reprit vigueur dans le Nord. De nouveaux ordres, comme les augustiniens, vinrent du continent, et en 1500 le Yorkshire comptait 83 monastères.

Moine cistercien

Liberty of St Mary, tel était le nom que portait le territoire qui entourait l'abbaye, pratiquement une ville dans la ville. L'abbé y avait son propre marché, sa foire, sa prison et son gibet, qui échappaient tous à l'autorité de la ville.

ST MARY'S ABBEY

Fondée à York en 1086, cette abbaye bénédictine fut l'une des plus prospères d'Angleterre. Son activité dans le commerce de la laine à York, l'octroi de privilèges royaux et pontificaux et ses vastes domaines conduisirent à un relâchement de la règle au début du XIIᵉ siècle. L'abbé avait même le droit de porter des vêtements épiscopaux, et le pape l'éleva à la dignité d'« abbé mitré ». Si bien que 13 moines partirent en 1132 fonder l'abbaye de Fountains *(p. 376-377)*.

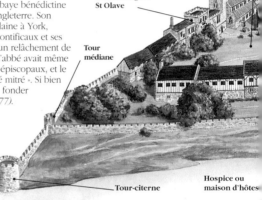

Portail et église St Olave

Tour médiane

Tour-citerne

Hospice ou maison d'hôtes

LES MONASTÈRES ET LA VIE LOCALE

Grands propriétaires terriens, les monastères jouaient un rôle crucial dans l'économie locale. Ils fournissaient des emplois et tenaient le commerce de la laine, premier produit d'exportation au Moyen Âge. En 1387, les deux tiers de toute la laine exportée d'Angleterre passaient par St Mary's Abbey, premier marchand de laine d'York.

Moines cisterciens labourant

OÙ VOIR DES ABBAYES AUJOURD'HUI

Fountains Abbey *(p. 376-377)*, fondée par des moines bénédictins et reprise ensuite par des cisterciens, est la plus fameuse des nombreuses abbayes de la région. Rievaulx *(p. 379)* Byland *(p. 378)* et Furness *(p. 356)* ont toutes été édifiées par des cisterciens, et Furness devint le second établissement cistercien le plus prospère d'Angleterre après Fountains. L'abbaye de Whitby *(p. 382)*, mise à sac par les Vikings, fut reconstruite par les bénédictins. Le Northumberland est connu pour ses églises anglo-saxonnes primitives telles que Ripon, Lastingham et Lindisfarne *(p. 404-405)*.

Mount Grace Priory (p. 380), *fondé en 1398, est l'établissement chartreux le mieux conservé d'Angleterre. Les anciens jardins individuels et les cellules des moines sont encore bien visibles.*

LA DISSOLUTION DES MONASTÈRES (1536-1540)

Au début du XVIᵉ siècle, les monastères possédaient le sixième du territoire anglais et leur revenu était quatre fois supérieur à celui de la couronne. En 1536, Henri VIII ordonna la fermeture de tous les établissement religieux et s'attribua leurs biens, provoquant un soulèvement des catholiques du Nord, derrière Robert Aske. Cette rébellion échoua ; Aske et ses lieutenants furent exécutés pour conspiration. La dissolution continua sous l'impulsion de Thomas Cromwell, qui fut surnommé « le fléau des moines ».

Thomas Cromwell (v. 1485-1549)

La grande maison de l'abbé témoigne du train de vie que les abbés avaient adopté à la fin du Moyen Âge.

La maison du chapitre, dans laquelle celui-ci se réunissait, était le bâtiment le plus important après l'église.

Cabinet

Le chauffoir était, à part la cuisine, la seule pièce du monastère à avoir une cheminée.

Cuisine

Le mur d'enceinte fut renforcé de créneaux en 1318 en prévision des raids des soldats écossais.

Réfectoire

Parloir commun

Cloître

Kirkham Priory, établissement augustinien des années 1120, jouit d'un site tranquille sur les rives de la Derwent, près de Malton. Le plus bel élément des ruines est l'avant-corps de bâtiment, qui date du XIIIᵉ siècle.

...asby Abbey s'élève au bord de la Swale, près de la jolie ville de Richmond. Parmi les ruines de cet établissement des prémontrés, fondé en 1155, signalons le réfectoire et les dortoirs du XIIIᵉ siècle et le portail du XIVᵉ siècle.

Kirkstall Abbey fut fondée en 1152 par des moines de Fountains Abbey. Les ruines bien conservées de cet établissement cistercien proche de Leeds comprennent l'église, la maison du chapitre, de style normand tardif, et le logis de l'abbé. Cette vue vespérale est due à Norman Girtin (1775-1802).

La géologie du Lake District

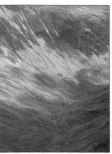

L e Lake District comprend quelques-uns des paysages les plus spectaculaires de Grande-Bretagne. On y découvre, sur 231 km², les sommets les plus élevés, les vallées les plus encaissées et les lacs les plus profonds. La chaîne pennine, qui limite à l'est la région, prolonge vers le nord la grande chaîne calédonienne. Elle fut le siège d'une calotte glaciaire pendant la période froide du Quaternaire. Le paysage a peu changé depuis la fin de la dernière glaciation, phase climatique majeure (- 10 000 ans env.). Les reliefs qui furent mis au jour lorsque les glaciers se retirèrent ont fait partie d'un ensemble plus vaste dont on retrouve des témoins en Amérique du Nord.

Ardoise du Lake District

Honister Pass *est un exemple très caractéristique de vallée glaciaire « en auge », aujourd'h[...] totalement libre de glace.*

HISTOIRE DES RELIEFS

Des roches sédimentaires se déposèrent au fond d'un ancien océan. Il y a 450 millions d'années, un vaste mouvement de plaques continentales entraîna la disparition de celui-ci.

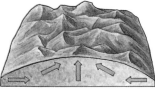

1 *La chaîne pennine est le résultat d'une compression de l'écorce terrestre. Des montées de magma eurent lieu au sein des couches sédimentaires.*

2 *Pendant la glaciation, des cirques furent excavés par les glaciers et les débris (moraines) transportés vers le fond des vallées.*

3 *Lors de la déglaciation, des lacs subsistèrent en arrière de cordons de moraines barrant les vallées. La végétation colonisa de nouveau les reliefs.*

LES LACS

La diversité des paysages lacustres doit beaucoup à la nature des roches sur lesquelles s'est exercée l'action érosive des glaciers. Au nord sont associés à l'ardoise tendre des reliefs émoussés, alors que la roche volcanique dure du centre donne naissance à des collines plus découpées.

Scafell Pike est le point culminant de l'Angleterre (960 m). Non loin se trouvent le Broad Crag et l'Ill Crag.

Great Gable

Old Man of Coniston

Coniston Water

Wast Water *est le plus profond des lacs. Les éboulis, situés au pied des escarpements de ses rives sud-est, sont grossis par les fragments qui se détachent des corniches lors du dégel printanier.*

L'HOMME ET LA MONTAGNE

Le fond des vallées jouit d'un climat plus doux et d'un sol fertile. Les fermes, les murs de pierres sèches, les pâturages et les enclos à moutons sont les éléments clés du paysage. Plus haut, arbres et fougères sont absents à cause du vent et du froid.
Mines et rails sont les vestiges d'industries autrefois florissantes.

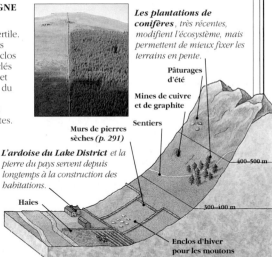

Les plantations de conifères, *très récentes, modifient l'écosystème, mais permettent de mieux fixer les terrains en pente.*

Pâturages d'été

Mines de cuivre et de graphite

Sentiers

Murs de pierres sèches (p. 291)

L'ardoise du Lake District *et la pierre du pays servent depuis longtemps à la construction des habitations.*

Haies

400–500 m

300–400 m

Enclos d'hiver pour les moutons

...waite

Blencathra

...nt Water

Helvellyn

Ullswater

High Street

Windermere

Le Skiddaw *est constitué par une ardoise issue de la compression de sédiments marins surgis d'un ancien océan.*

Striding Edge *est une longue crête abrupte qui grimpe jusqu'au sommet du Helvellyn. Elle marque la séparation de deux anciens cirques glaciaires évidés sur ses flancs.*

Les Langdale Pikes *sont des témoins d'une ancienne activité volcanique. Ces roches magmatiques, dites de Barrowdale, ont mieux résisté à l'érosion que les ardoises tendres du Skiddaw, donnant ainsi une ligne de crête plus escarpée.*

LE LANCASHIRE ET LES LACS

Le peintre paysagiste John Constable (1776-1837) disait que le Lake District, visité chaque année par 18 millions de personnes, était « le plus beau paysage qu'on ait jamais vu ». Les Normands y fondèrent de nombreux monastères et Guillaume II y attribua leurs premiers fiefs aux barons anglais. Le National Trust en est aujourd'hui le premier propriétaire.

Dans un rayon de 45 km autour du Lake District se trouvent un grand nombre de lacs et de *fells*. Le Nord-Ouest paraît aujourd'hui paisible, mais, de l'antiquité au Moyen Âge, la région fut très convoitée. L'histoire a laissé des monuments celtes, des ruines romaines, de grandes demeures et des vestiges de monastères. Il est possible de pratiquer de nombreuses activités d'extérieur et de participer à des spectacles sportifs, comme la lutte de Cumberland, ou de partir en marchant à la découverte de la nature.

Parmi les centres d'intérêt du Lancashire, la jolie ville de Lancaster, chef-lieu du comté, la brillante Blackpool, avec ses illuminations d'automne et ses manifestations, ainsi que les paisibles bords de mer au sud. À l'intérieur des terres, les régions les plus séduisantes sont la forêt de Bowland, lande clairsemée peuplée de coqs de bruyère, et la vallée de Ribble. Plus au sud s'étendent les conurbations de Manchester et du Merseyside, qui offrent les attraits des grands centres urbains. Manchester compte de nombreux monuments victoriens, ainsi qu'un quartier industriel réhabilité, Castlefield. Liverpool, important port dont on rénove aujourd'hui les docks, est avant tout la ville des Beatles. Les clubs de musique sont nombreux et on y tourne de plus en plus de films. Ces deux villes possèdent des galeries d'art et des musées intéressants.

Ponton à Grasmere, l'une des régions les plus appréciées du Lake District

◁ L'Albert Dock, le long de la Mersey, à Liverpool

À la découverte du Lancashire et des lacs

L es paysages du Lake District éclipsent ses monuments. Les reliefs ont été largement façonnés par les glaces *(p. 338-339)*, et quatre pics dépassent 1 000 m. Les principales activités sont les carrières, les mines, l'agriculture et le tourisme.

L'été, la région des lacs est surtout fréquentée par les amateurs de canotage et de randonnées. Keswick et Ambleside sont les meilleurs points de départ, mais on trouve aussi de bons hôtels sur les rives des lacs de Windermere et d'Ullswater, et dans la région de Cartmel.

La forêt de Bowland et ses villages, dans le Lancashire, offrent de multiples promenades. Aux amateurs d'art, enfin, s'adressent les galeries et les musées de Liverpool et de Manchester.

Le canoë est un sport apprécié, ici sur le Derwent Water, dans le nord de la région des Fells et des lacs

CIRCULER

La plupart des visiteurs se rendent dans le Lake District par la M6, mais l'A6 est plus spectaculaire. On peut gagner Windermere par le train, mais il faut changer à Oxenholme, sur la ligne principale InterCity d'Euston à Carlisle. Penrith est aussi reliée aux lacs par le chemin de fer et l'autocar. L'al Ratty, chemin de fer miniature qui va à Eskdale, et la ligne Lakeside & Haverthwaite, qui rejoint la ligne à vapeur à Windermere, permettent

d'agréables excursions. Tous les principaux points de départ d'excursions sont reliés par autocar. Les minibus Mountain Goat, à Windermere et Keswick, sont parmi les plus efficaces.

Lancaster, Liverpool et Manchester sont situés sur les grandes voies routières et ferroviaires, et sont dotés d'aéroports. Pour Blackpool, il faut changer de train à Preston. La meilleure façon de visiter la région est encore de se déplacer à pied.

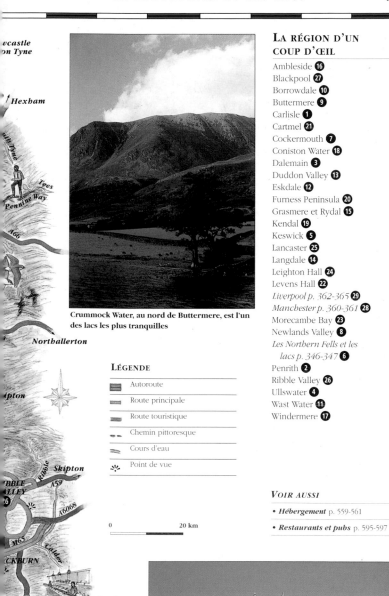

Crummock Water, au nord de Buttermere, est l'un des lacs les plus tranquilles

Newcastle
on Tyne

Hexham

Pennine Way

Tees

A66

Northallerton

Skipton

Skipton
Ribble
A59
A6068

RIBBLE
VALLEY

M65
Calder

BLACKBURN

Rochdale Canal
Leeds
M62
Pennine Way
M62
Tame

28
MANCHESTER A57
M60
M60
Macclesfield Canal
Sheffield

Birmingham

ingham A34

LA RÉGION D'UN COUP D'ŒIL

LÉGENDE

▬	Autoroute
▬	Route principale
▬	Route touristique
▬ ▬	Chemin pittoresque
～	Cours d'eau
⁂	Point de vue

0   20 km

VOIR AUSSI

• **Hébergement** p. 559-561

• **Restaurants et pubs** p. 595-597

Les docks anciens et le Liver Building à Liverpool

Carlisle ❶

Cumbria. 🏛 *105 000*. ✈ ⛴ 🚌
ℹ *The Old Town Hall, Green Market
(01228 512444).*

Luguvalium, poste
avancé du mur d'Hadrien
(p. 408-409) et position
défensive en raison de la
proximité de la
frontière de l'Écosse,
fut mis à sac à plusieurs
reprises par les Danois,
les Normands et ses
voisins immédiats.
Et Carlisle souffrit
d'être un bastion
royaliste sous Cromwell
(p. 52).
Au centre de la
capitale de la Cumbria
sont situés le Guildhall à
colombage et la place du
marché. Des fortifications
existent encore autour
des West Walls, des
portes flanquées de tours
rondes et du **château**
normand, dont la tour
abrite un petit musée du
régiment King's Own
Border. La cathédrale,
ancien prieuré
augustinien, date de
1133. Sa fenêtre
décorative, à l'est, est une
curiosité. Le **Tullie
House Museum** évoque
de manière originale
l'histoire de la ville :
histoire romaine, combats

Façade de Hutton-in-the-Forest, avec sa tour médiévale à droite

**Épée de fer saxonne du Tullie
House Museum**

frontaliers… Non loin de là,
au milieu des troupeaux,
s'élèvent les ruines évocatrices
de **Lanercost Priory** (vers
1166).

♦ Carlisle Castle
Castle Way. 📞 *01228 591922.* ◯
t.l.j. ⬤ *25 et 26 déc.* 🎦 ♿ *limité.*
🏛 Tullie House Museum
Castle St. 📞 *01228 34781.*
◯ *t.l.j.* ⬤ *25 déc.* 🎦 ♿
⛪ Lanercost Priory
Près de Brampton. 📞 *016977 3030.*
◯ *d'avril à nov. : t.l.j.* ♿ *limité.*

Penrith ❷

Cumbria. 🏛 *13 000.* ℹ *Robinson's
School, Middlegate (01768 867466).*
🚌 *mar., sam.*

Il faut voir les façades
gauchies des boutiques de
la place du marché et le
château du XIVe siècle. Les
pierres en dos d'âne du
cimetière de l'église Saint-
André seraient celles de la
tombe d'un géant. Du sommet

du phare (285 m), on peut
apercevoir les *fells*, au loin.

Aux environs
Au nord, à Little Salkeld, se
trouve un cercle de 70 pierres
levées de l'âge du bronze
surnommé **Long Meg et ses
Filles** *(p. 42-43).* À 9 km au
nord-ouest, **Hutton-in-the-
Forest** est une demeure dont
la partie la plus ancienne est
une tour du XIIIe siècle, édifiée
pour résister aux incursions
écossaises. Elle abrite un
magnifique escalier de style
italien, une grande galerie aux
sompteuses boiseries du
XVIIe siècle, une salle dite de
Cupidon, ornée de délicats
stucs (v. 1740) et plusieurs
pièces victoriennes. Le jardin
clos, les terrasses ornées
d'arbres taillés et les bois
invitent à la promenade.

♦ Penrith Castle
Ullswater Rd. ◯ *t.l.j.* ♿ *dans les jardins.*
🏰 Hutton-in-the-Forest
B5305. 📞 *017684 84449.*
Maison ◯ *de mai à sept. : jeu., ven.,
dim. et jours fériés (l'après-midi) ; août :
mer., dim. et jours fériés (l'après-midi).*
Jardins ◯ *du dim. au ven.* ⬤
25 déc. 🎦 ♿ *limité.*

Dalemain ❸

Penrith, Cumbria. 📞 *017684 86450.*
⛴ 🚌 *Penrith, puis en taxi.* ◯ *d'avril
à mi-oct. : du dim. au jeu.* 🎦 ♿ *limité.*

Une façade d'allure
georgienne donne à cette
belle maison proche de
l'Ullswater un semblant
d'unité, mais dissimule une
structure médiévale et
élisabéthaine qui forme un
étonnant labyrinthe. Parmi les
pièces de réception, un salon
chinois au papier peint à la
main et un salon aux boiseries

LES SPORTS TRADITIONNELS DE CUMBRIA

La lutte de Cumberland est l'un des sports les plus
intéressants à voir l'été. Les lutteurs, vêtus d'un maillot et
d'un pantalon de velours brodé, se saisissent au moyen
d'une clef du bras et cherchent à se renverser. La technique
et l'équilibre comptent plus que la force. La course de
fells est une épreuve de vitesse et d'endurance à travers
les montagnes. Lors des courses de chiens, les animaux
suivent des pistes anisées à travers les collines. L'été
ont lieu des courses
de chiens de berger,
des foires, des
expositions florales et
des gymkhanas.
L'Egremeont Crab
Fair, en septembre,
comprend des
épreuves comme
l'escalade
de mât graissé.

Lutte de Cumberland

Moutons à Glenridding, sur la rive ouest de l'Ullswater

du XVIIᵉ siècle. Des bâtiments annexes abritent plusieurs musées. Dans le jardin poussent de nombreuses espèces de rosiers arborescents et un magnifique sapin argenté.

Le somptueux salon chinois de Dalemain

Ullswater ❹

Cumbria. 🚂 Penrith. 🛈 principal parc de stationnement, Glenridding, Penrith (017684 82414).

Ce lac, peut-être le plus beau de Cumbria, s'inscrit entre un paysage bucolique près de Penrith et des collines et rochers plus romantiques à son extrémité sud. La route principale, sur la rive ouest, est parfois encombrée. L'été, deux vapeurs du XIXᵉ siècle font la navette entre Pooley Bridge et Glenridding. L'une des plus belles promenades, sur la rive est, va de Glenridding à Halin Fell et à la lande de Martindale. Du côté ouest se trouve Gowbarrow, dont Wordsworth a décrit la floraison de « la multitude des narcisses d'or » (p. 352).

Keswick ❺

Cumbria. 🏘 5 000. 🛈 Moot Hall, Market Sq (017687 72645).

Fréquentée depuis l'époque victorienne, la ville compte des pensions de famille, un théâtre d'été, des boutiques d'équipements pour loisirs de plein air… et des embouteillages en haute saison. Le monument le plus remarquable est le **Moot Hall** de 1813, devenu l'office du tourisme. Née du commerce de la laine et du cuir, Keswick se convertit à l'industrie du crayon grâce aux gisements de graphite découverts sous les Tudors. Pendant la dernière guerre, on fabriqua des crayons creux pour cacher les cartes des espions. L'ancienne usine abrite le **Pencil Museum** où l'on peut voir d'intéressants montages audiovisuels. Le **Museum and Art Gallery** expose des manuscrits d'écrivains de la région des Lacs comme Robert Southey (1774-1843) et William Wordsworth (p. 352). Le nouveau centre commercial présente une exposition multimédia sur le **Lake District de Beatrix Potter** (p. 353) et son rôle dans la fondation du National Trust.

🏛 **Pencil Museum**
Carding Mill Lane. 📞 017687 73626. ◐ t.l.j. ● 25, 26 déc., 1ᵉʳ jan. 🎫 ♿
🏛 **Keswick Museum and Art Gallery**
Fitz Park, Station Rd. 📞 017687 73263. ◐ de Pâques à oct. : t.l.j. 🎫 ♿
🏛 **Beatrix Potter's Lake District**
Packhorse Court. 📞 017687 75173. ◐ d'avril à oct. : t.l.j. ; de nov. à mars : sam. et dim. ● 25, 26 déc., 1ᵉʳ jan. 🎫 ♿

Boutique d'équipements pour loisirs de plein air à Keswick

Les Northern Fells et les lacs ❻

L'écureuil roux, rare, est présent dans la région

Beaucoup apprécient le Lake District National Park pour ses paysages et son intérêt géologique *(p. 338-339)*. C'est un pays idéal pour les marcheurs et, non loin du Derwent Water, le Thirlmere et le Bassenthwaite offrent des espaces infinis, des possibilités de randonnées et l'occasion de pratiquer les sports nautiques. De vastes régions voisines de Keswick *(p. 345)*, capitale de la région, ne sont accessibles qu'à pied, en particulier l'imposant massif du Back of Skiddaw (entre Skiddaw et Calbeck) ou la chaîne de Helvellyn, à l'est de Thirlmere.

Le col de Whinlatter permet de passer facilement de Keswick aux bois de Lorton Vale. De là, la vue sur le lac de Bassenthwaite est belle, et on aperçoit Grisedale Pike.

Bassenthwaite est plus beau vu de la rive est. La route traverse Dodd Wood, au pied du Skiddaw.

Lorton Vale
Au sud de Cockermouth, la campagne verdoyante contraste avec les paysages montagneux plus austères du centre du Lake District. À Low Lorton se trouve Lorton Hall, manoir du XVe siècle.

Derwent Water
Entouré de pentes et de fells *boisés, ce beau lac ovale est semé d'îlots dont l'un fut habité par saint Herbert, disciple de saint Cuthbert (p. 405), qui vécut ici en ermite jusqu'en 687. De Keswick, un bateau propose une excursion sur le lac.*

LES SOMMETS PRINCIPAUX

Les monts du Lake District sont les plus élevés d'Angleterre. Bien que petits par rapport aux Alpes, ils paraissent hauts dans le paysage. Quelques sommets importants, reconnaissables à leur silhouette particulière, apparaissent ci-contre. Cette coupe montre les Skiddaw Fells, au nord de Keswick.

Blencathra
Skiddaw
Grisedale Pike
Grasmoor
Knott Rigg
Helvellyn
Great Gable
High Street
Wast Water Screes
Scafell
Hard Knott
The Old Man of Coniston

LÉGENDE

— De ① Blencathra à ② Cockermouth *(ci-contre)*

— De ③ Grisedale Pike à ④ l'Old Man de Coniston *(p. 348-349)*

— De ⑤ l'Old Man de Coniston au ⑥ Windermere et au Tarn Crag *(p. 350-351)*

— Limite du parc national

MODE D'EMPLOI

Keswick, Cumbria. Keswick.
Keswick. 017687 72645.
(NT) Castlerigg Stone Circle
de jan. à juin : t.l.j.

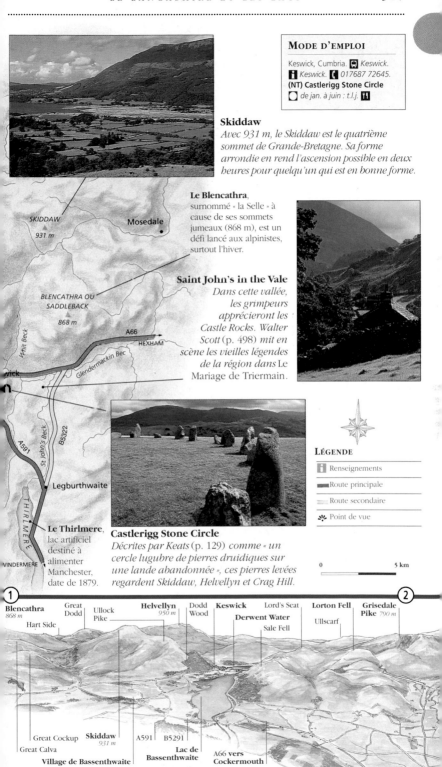

Skiddaw
Avec 931 m, le Skiddaw est le quatrième sommet de Grande-Bretagne. Sa forme arrondie en rend l'ascension possible en deux heures pour quelqu'un qui est en bonne forme.

SKIDDAW
931 m
Mosedale
BLENCATHRA OU SADDLEBACK
868 m
Whit Beck
A66
HEXHAM
Glendermackin Bec
wick
A591
St John's Beck
B5322
Legburthwaite
THIRLMERE
VINDERMERE

Le Blencathra, surnommé « la Selle » à cause de ses sommets jumeaux (868 m), est un défi lancé aux alpinistes, surtout l'hiver.

Saint John's in the Vale
Dans cette vallée, les grimpeurs apprécieront les Castle Rocks. Walter Scott (p. 498) *mit en scène les vieilles légendes de la région dans* Le Mariage de Triermain.

Castlerigg Stone Circle
Décrites par Keats (p. 129) *comme « un cercle lugubre de pierres druidiques sur une lande abandonnée », ces pierres levées regardent Skiddaw, Helvellyn et Crag Hill.*

Le Thirlmere, lac artificiel destiné à alimenter Manchester, date de 1879.

LÉGENDE

- Renseignements
- Route principale
- Route secondaire
- Point de vue

0 — 5 km

1
2
Blencathra
868 m
Great Dodd
Ullock Pike
Helvellyn
950 m
Dodd Wood
Keswick
Lord's Seat
Lorton Fell
Grisedale Pike 790 m
Hart Side
Derwent Water
Ullscarf
Sale Fell
Great Cockup
Great Calva
Skiddaw
931 m
Village de Bassenthwaite
A591
B5291
Lac de Bassenthwaite
A66 vers Cockermouth

Crummock Water, l'un des « lacs de l'ouest » les plus tranquilles

Cockermouth ❼

Cumbria. 🏘 7 000. 🚆 *Workington.* 🚌 ℹ️ *Town Hall, Market St (01900 822634).* 🛒 *lun.*

L es maisons aux couleurs pastel et les cottages ouvriers restaurés font l'intérêt de cette ville active qui remonte au XIIᵉ siècle. Il ne faut pas manquer **Wordsworth House**, dans la grand-rue, maison natale du poète *(p. 352)*. Ce beau bâtiment georgien, qui a conservé des souvenirs de sa famille, est meublé dans le style de la fin du XVIIIᵉ siècle. Dans le *Prélude*, Wordsworth évoque le superbe jardin en terrasse qui domine la Derwent. Dans l'église de la paroisse se trouve un vitrail à la mémoire du poète.

Le **château** de Cockermouth, en partie en ruine, est toujours habité et désormais ouvert au public. La ville a aussi de petits musées de l'imprimerie et des jouets, une collection de minéraux et une galerie d'art. La **brasserie Jennings**, fondée en 1828, propose des visites et des dégustations.

La cuisine de la maison de Wordsworth

🏛 **Wordsworth House**
(NT) Main St. ☎ *01900 824805.*
⭕ *d'avril à juin, sept., oct. : du lun. au ven., sam., jours fériés ; juil., août : du lun. au sam.* 🎦 ♿ *jardins.*
🍺 **Jennings Brewery**
Castle Brewery. ☎ *01900 823214.*
⭕ *de mars à oct. : t.l.j.*

Newlands Valley ❽

Cumbria. 🚆 *Workington, puis bus.* 🚌 *Cockermouth.* ℹ️ *Town Hall, Market St, Cockermouth (01900 822634).*

D es rives boisées du Derwent Water, cette vallée semée de fermes d'élevage s'élève rudement jusqu'au sommet du col à 335 m, où des marches mènent à la cascade de Moss Force. Grisedale Pike, Grasmoor et Knott Rigg sont des buts de promenade à travers les *fells*, par de grandes étendues couvertes de fougères où paissent de robustes moutons. Les gisements de cuivre, de graphite, de plomb et même un peu d'or et d'argent ont été intensément exploités depuis le règne d'Élisabeth Iʳᵉ. Beatrix Potter *(p. 353)* fit de **Little Town** le décor de *Madame Piquedru la blanchisseuse.*

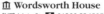

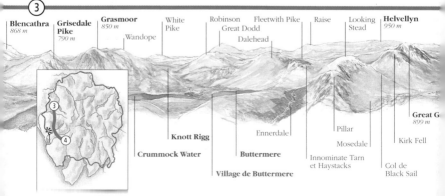

Blencathra *868 m* · Grisedale Pike *790 m* · Grasmoor *850 m* · Wandope · White Pike · Robinson · Great Dodd · Dalehead · Fleetwith Pike · Raise · Looking Stead · Helvellyn *950 m* · Great G *899 m*

Knott Rigg · Crummock Water · Ennerdale · Buttermere · Village de Buttermere · Innominate Tarn et Haystacks · Pillar · Mosedale · Col de Black Sail · Kirk Fell

Buttermere ❾

Cumbria. 🚋 *Workington, puis bus.* 🚌 *Cockermouth.* 🛈 *Town Hall, Market St, Cockermouth (01900 822634).*

À la limite entre le Crummock Water et le Loweswater, ce lac et ses environs offrent quelques-uns des paysages les plus séduisants de la région. Souvent appelés les « lacs de l'ouest », tous trois sont suffisamment à l'écart pour ne pas être envahis. Le Buttermere est un joyau au milieu de *fells* majestueux : High Stile, Red Pike et Haystacks.

Le village de Buttermere, avec sa poignée de maisons et ses deux auberges, est le point de départ de nombreuses randonnées autour des trois lacs. Entouré de bois et de collines, le Loweswater, le plus difficile d'accès, est le plus tranquille. La Scale Force voisine, la plus haute chute du Lake District, plonge de 36 m de haut.

La verte vallée de la Borrow, favorite des artistes

Borrowdale ❿

Cumbria. 🚋 *Workington.* 🚌 *Cockermouth.* 🛈 *Town Hall, Market St, Cockermouth (01900 822634).*

Cette jolie vallée, sujet d'innombrables dessins et aquarelles, s'étend à côté des rives boisées du Derwent Water, au pied de rochers imposants. Elle offre de nombreuses possibilités de promenades et attire ceux qui viennent de Keswick. Le hameau de **Grange**, à l'endroit où la vallée se rétrécit brusquement pour former les « Mâchoires de Borrowdale », est l'un des sites les plus remarquables. Depuis le Castle Crag voisin, la vue est superbe.

De Grange, on peut finir le tour du Derwent Water par la rive ouest ou bien aller au sud vers la campagne dégagée proche de Seatoller. En allant vers le sud par la route, un panneau du National Trust *(p. 25)* indique **Bowder Stone**, roc de 2 000 t en équilibre, sans doute tombé des *crags* au-dessus ou déposé par un glacier il y a un million d'années.

Rosthwaite et **Stonethwaite** sont d'attrayants hameaux. Watendath, village à l'écart d'une petite route proche de **Ashness Bridge**, vaut un détour, de préférence à pied.

LA RANDONNÉE DANS LE LAKE DISTRICT

Deux sentiers de grande randonnée traversent les plus beaux paysages des lacs. Le Cumbrian Way (110 km) court de Carlisle à Ulverston par Keswick et Coniston. La partie ouest du Coast-to-Coast Walk *(p. 33)* traverse la région. Des centaines de promenades longent les lacs et se prolongent par des parcours de montagne plus ardus. Il est conseillé de ne pas sortir des itinéraires afin d'éviter l'érosion et de s'informer des conditions météo auprès des centres de renseignements du National Park.

Échalier

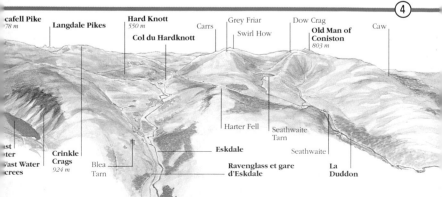

cafell Pike
...78 m

Langdale Pikes

Hard Knott
550 m

Col du Hardknott

Carrs

Grey Friar

Swirl How

Dow Crag

Old Man of Coniston
803 m

Caw

Harter Fell

Seathwaite Tarn

Seathwaite

st ...ter

Crinkle Crags
924 m

Blea Tarn

Eskdale

Ravenglass et gare d'Eskdale

La Duddon

...ast Water ...crees

④

La petite auberge de Wasdale Head
(p. 561)

Wast Water ⓫

Cumbria. ⬛ Seascale. ℹ 12 Main St, Egremont (01946 820693).

Ce lac, dans les eaux sombres duquel se reflètent des paysages inquiétants, est mystérieux et évocateur. Le long de la rive est, des éboulis escarpés plongent de 600 m de haut dans des eaux d'un noir d'encre, quel que soit le temps. C'est le lac le plus profond d'Angleterre (80 m). Se promener sur les éboulis est possible, mais difficile et dangereux. Le canotage est interdit, mais le camp voisin du National Trust délivre des permis de pêche.

À **Wasdale Head** s'étend l'une des vues les plus majestueuses de Grande-Bretagne : la pyramide sévère de **Great Gable**, pièce maîtresse d'un beau massif montagneux d'où se détachent les imposants Scafell et **Scafell Pike**. Le paysage est préservé, et les seuls bâtiments existants s'élèvent à l'autre bout du lac : une auberge et une petite église à la mémoire des alpinistes disparus. La route se termine là, ce qui oblige à faire demi-tour ou à continuer à pied en suivant les flèches vers Black Sail Pass et Ennerdale ou escalader les grands *fells* qui s'élèvent en face. Wasdale fut la toile de fond des exploits des premiers vrais alpinistes britanniques, qui, au xixe siècle, débarquaient ici, vêtus d'une simple veste de tweed, un rouleau de corde sur l'épaule.

Eskdale ⓬

Cumbria. ⬛ Ravenglass, puis petit train jusqu'à Eskdale (de Pâques à oct. : t.l.j. ; de nov. à Pâques : sam. et dim.). ℹ 12 Main St, Egremont (01946 820693).

C'est depuis **Hardknott Pass**, éprouvant à passer en voiture tant il est raide, qu'on a la meilleure vue sur les environs d'Eskdale. Une pause au sommet (393 m) permet de visiter le **camp romain**, d'où l'on jouit d'un beau panorama de la vallée. En descendant vers Eskdale, on est surpris par les rhododendrons et les pins qui poussent au milieu des hameaux, des chemins de terre et des fermes. Les principales localités sont Boot et le village côtier de Ravenglass, avec leurs vieux **moulins**.

Juste au sud de Ravenglass s'élève l'impressionnant **Muncaster Castle**, demeure richement meublée de la famille Pennington. Le petit train (le La'l Ratty) qui va de Ravenglass à Dalegarth permet de profiter du paysage.

🏭 **Eskdale Mill**
Boot. ☎ 019467 23335.
◯ d'avril à sept. : du mar. au dim., jours fériés. 🖾
🏭 **Muncaster Mill**
Ravenglass. ☎ 01229 717232.
◯ d'avril à oct. : t.l.j. 🖾
🏰 **Muncaster Castle**
Ravenglass. ☎ 01229 717614.
◯ de mars à oct. : du dim. au ven., jours fériés (lun.). 🖾 ⬛ rez-de-chaussée seulement.

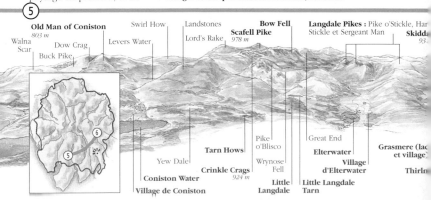

Vestiges du camp romain de Hardknott, à Eskdale

Vue de Seathwaite en automne, dans la vallée de la Duddon, rendez-vous des grimpeurs

Duddon Valley ⑬

Cumbria. ⊒ *Ulverston.* ⊣ *Ruskin Ave, Coniston (015394 41533).*

Cette petite région, appelée aussi Dunnerdale, a inspiré 35 sonnets à Wordsworth *(p. 352).* Les sites les plus charmants se trouvent entre Ulpha et Cockley Beck. L'automne, les couleurs de la bruyère des landes semées de bouleaux sont magnifiques. Des pierres de gué et des ponts, dont le plus joli est Birk's Bridge, près de Seathwaite, franchissent le fleuve. À l'extrémité sud-ouest de la vallée, là où la Duddon se jette dans la mer à Duddon Sands, se trouve Broughton-in-Furness, joli village du XVIIIe siècle dont l'église date du XIe siècle. Noter le vieux pilori et les dalles de pierre de la grand-place, qui servent pour le marché au poisson.

Langdale ⑭

Cumbria. ⊒ *Windermere.* ⊣ *The Old Courthouse, Church St, Ambleside (015394 32582).*

Cette vallée double va de Skelwith Bridge, où le Brathay domine des chutes d'eau, jusqu'aux sommets du Great Langdale. Randonneurs et alpinistes s'y rassemblent au pied du **Pavery Ark**, du **Pike o'Stickle**, des **Cringle Crags** et du **Bow Fell**.

Great Langdale, vallée la plus spectaculaire, est très souvent visitée, bien que **Little Langdale** soit elle aussi attrayante. En revenant vers Ambleside par le sud, il faut s'arrêter à Blea Tarn. L'**Elterwater** envahi de roseaux est un lieu pittoresque, site d'une ancienne usine de poudre à canon. Précédant Hardknott Pass, Wrynose Pass, à l'ouest de Little Langdale, culmine à 390 m. Au sommet se trouve la Three Shires Stone, ancienne borne frontalière entre les comtés de Cumberland, de Westmorland et de Lancashire.

⑥

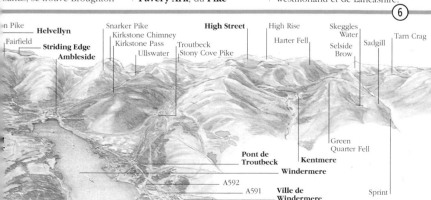

Le lac de Rydal, l'un des fleurons du Lake District

Grasmere et Rydal ⓯

Cumbria. **Grasmere** 👥 *700.*
Rydal 👥 *100.* 🚉 *Grasmere.*
ℹ️ *Redbank Rd, Grasmere (015394 35245).*

Wordsworth résida dans ces deux villages situés sur les rives de deux lacs. Le Fairfield, le Hart Crag et le Loughrigg Fell, qui dominent les berges envahies de roseaux, offrent des buts de promenade. Grasmere est prospère avec ses cottages, ses boutiques et ses restaurants. En août, ses jeux *(p. 344)* déplacent des foules. L'église Saint-Oswald abrite les tombes des Wordsworth, et la cérémonie annuelle au cours de laquelle on en couvre le sol de joncs fraîchement coupés attire beaucoup de monde. C'est à **Dove Cottage** que le poète a passé ses années les plus fécondes. Derrière, une grange abrite un musée où sont exposés des souvenirs.

En 1813, les Wordsworth emménagèrent à **Rydal Mount**, vaste maison située à Rydal, où ils vécurent jusqu'en 1850. Le parc comprend des cascades et un pavillon où le poète venait s'asseoir. Non loin de là, Dora's Field se couvre de narcisses au printemps, et Fairfield Horseshoe est une promenade un peu ardue.

🏛 **Dove Cottage and the Wordsworth Museum**
A591 près de Grasmere. 📞 *015394 35544.* 🕐 *t.l.j.* 🔴 *du 24 au 26 déc., de mi-jan. à mi-fév.* 🎦 ♿

🏛 **Rydal Mount**
Rydal. 📞 *015394 33002.* 🕐 *de mars à oct. : t.l.j. ; de nov. à fév. : du mer. au lun.* 🎦

Ambleside ⓰

Cumbria. 👥 *3 400.* 🚉 ℹ️ *The Old Courthouse, Church St (015394 32582).* 🗓 *mer.*

Ambleside, bien reliée par la route à toutes la région des lacs, est un bon point de départ, surtout pour les montagnards. Son architecture est surtout victorienne et on y trouve des boutiques de vêtements, d'artisanat et de spécialités culinaires. Un petit cinéma et, l'été, un festival de musique classique animent les soirées. Les centres d'intérêt ne sont pas très nombreux : les restes du camp romain de Galava (79 apr. J.-C.), la chute d'eau de Stock Ghyll Force et la **Bridge House**, au-dessus de Stock Beck, devenue un centre d'information du National Trust.

Aux environs
La vallée boisée de Rothay, les **Kirkstone Galleries** à Skelwith Bridge et le col abrupt de Kirkstone sont d'accès facile. À Troutbeck,

La petite Bridge House, au-dessus de Stock Beck, à Ambleside

WILLIAM WORDSWORTH (1770-1850)

Le poète romantique anglais le plus connu est né dans le Lake District et y a passé la majeure partie de sa vie. Il fréquenta l'école de Hawkshead et Cambridge, puis un héritage lui permit d'embrasser la carrière littéraire. Il s'établit à Dove Cottage avec sa sœur et épousa en 1802 une camarade de classe, Mary Hutchinson. Ils vivaient au milieu de leurs enfants, recevant la visite de Coleridge ou de Thomas de Quincey. Wordsworth a aussi écrit un des premiers guides sur la région des lacs.

BEATRIX POTTER ET LE LAKE DISTRICT

Ses livres pour enfants, qu'elle illustrait elle-même, ont pour héros Pierre Lapin ou Sophie Canétang Beatrix Potter (1866-1943) se battit pour la préservation du Lake District, où elle vivait depuis 1906. Après son mariage, elle se consacra à l'agriculture et devint spécialiste du mouton de Herdwick. Elle fit don de ses terres au National Trust.

Illustration de couverture de *Sophie Canétang* **(1908)**

Townend (1626) est une ferme où l'on a reconstitué un intérieur de la région des lacs.

🏛 **Kirkstone Galleries**
Skelwith Bridge. ☎ *015394 34002.*
⭘ *t.l.j.* ● *du 24 au 26 déc.*
🏛 **Townend**
Troutbeck. ☎ *015394 32628.*
⭘ *d'avril à oct. : du mar. au ven. et jours fériés.* 🖼

Windermere ⑰

Cumbria. 🚉 *Station Rd.* 🚌 *Victoria St.* 🛈 *Victoria St (015394 46499) ou Glebe Rd, Bowness-on-Windermere (015394 42895).*

L ong de 16 km, ce plan d'eau est le plus vaste d'Angleterre. Avant l'arrivée du chemin de fer, des magnats de l'industrie construisirent des résidences sur ses rives. La majestueuse **Brockhole**, devenue un office de renseignements du parc

national, en est un exemple. Le chemin de fer, en 1847, permit aux ouvriers de s'y ruer les jours de congé.

Un ferry fait toute l'année la liaison entre les rives est et ouest du lac (de Ferry Nab à Ferry House) et, l'été, des vapeurs relient Lakeside, Bowness et Ambleside, dans l'axe nord-sud. Belle Isle, curieuse île boisée sur laquelle se dresse une unique maison ronde, est l'un des sites les plus attrayants, mais il est interdit d'y débarquer. Le meilleur endroit où se baigner est **Fell Foot Park**, à l'extrémité sud du lac, et la rive nord-ouest permet de belles promenades à pied. L'un des points de vue marquants est Orrest Head (238 m), au nord-est du village de Windermere.

Aux environs

Bowness-on-Windermere, sur la rive est, est très fréquentée.

De nombreux bâtiments possèdent des éléments architecturaux de style victorien. Saint Martin's Church date du XVe siècle. Le **Steamboat Museum** expose une collection de bateaux de l'époque victorienne, dont un, l'*Osprey*, navigue encore régulièrement. Le **World of Beatrix Potter** fait revivre les personnages de cet auteur et un film raconte sa vie. Beatrix Potter a écrit nombre de ses livres à **Hill Top**, ferme du XVIIe siècle à Near Sawrey, au nord-ouest de Windermere. Cette maison est si fréquentée qu'il est préférable d'éviter les heures d'affluence. Hill Top est restée telle qu'elle était du vivant de sa propriétaire. La **Beatrix Potter Gallery**, à Hawkshead, expose ses manuscrits.

🛈 **Brockhole Visitor Centre**
A591. ☎ *015394 46601.*
⭘ *d'avril à oct. : t.l.j.* 🖼 ♿
⛵ **Fell Foot Park**
(NT) Newby Bridge. ☎ *015395 31273.* ⭘ *d'avril à oct. : t.l.j.* ♿
🏛 **Windermere Steamboat Museum**
Rayrigg Rd, Windermere. ☎ *015394 45565.* ⭘ *d'avril à oct. : t.l.j.* 🖼 ♿
🏛 **World of Beatrix Potter**
The Old Laundry, Crag Brow.
☎ *015394 88444.* ⭘ *t.l.j.* 🖼 ♿
🏠 **Hill Top**
(NT) Près de Sawrey, Ambleside. ☎ *015394 36269.* ⭘ *d'avril à oct. : du sam. au mer.*
🏛 **Beatrix Potter Gallery**
(NT) The Square, Hawkshead.
☎ *015394 36355.* ⭘ *d'avril à oct. : du dim. au jeu.* 🖼

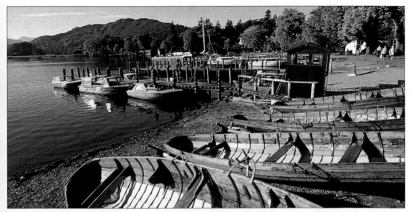

Barques échouées et amarrées le long de la rive à Ambleside, extrémité nord de Windermere

Le paisible lac de Coniston, cadre du roman d'Arthur Ransome, *Hirondelles et Amazones* (1930)

Coniston Water ⑱

Cumbria. 🚂 *Windermere, puis bus.* 🚌 *Ambleside, puis bus.* 🛈 *parc de stationnement de Coniston (015394 41533).*

Il faut grimper pour avoir la meilleure vue sur ce long plan d'eau frontalier du Lake District. John Ruskin, critique d'art et écrivain du XIXᵉ siècle, le contemplait depuis **Brantwood**, sa maison, où l'on peut voir ses peintures et des souvenirs, ainsi qu'une exposition consacrée à l'influence de Ruskin sur le mahatma Gandhi.

L'été, la promenade sur le lac à bord du vapeur *Gondola* part de Coniston Pier et fait escale à Brantwood et Park-a-Moor. C'est aussi à Coniston que Donald Campbell perdit la vie en tentant de battre le record de vitesse sur l'eau en 1967. Ce village aux ardoises vertes, qui vivait de l'exploitation du cuivre, est une étape idéale pour les marcheurs.

Au nord-ouest, **Hawkshead**, village interdit à la circulation, se signale par ses ruelles surannées et ses maisons à colombage. Au sud s'étend la vaste forêt de Grisedale où l'on peut voir des sculptures sur bois.

Au nord de Coniston Water se trouve **Tarn Hows**, lac artificiel entouré de bois. L'ascension de l'Old Man de Coniston (803 m) est agréable.

🏛 Brantwood

B5285, près d'Hawkshead Hill. 📞 *015394 41396.* ⭘ *de mi-mars à mi-nov. : t.l.j. ; de mi-nov. à mi-mars : du mer. au dim.* ● *25, 26 déc.* 📷 ♿ *limité.*

Kendal ⑲

Cumbria. 🏘 *26 000.* 🚂 🛈 *Town Hall, Highgate (01539 725758).* 🛒 *mer., sam.*

Ville animée construite en calcaire gris, la capitale administrative de la région est aussi la porte sud des lacs.

Kendal possède un centre artistique dynamique, le **Brewery**. L'**Abbot Hall** (1759) conserve des peintures de

Le gâteau à la menthe de Kendal, plein d'énergie pour les randonneurs

Turner et de Romney, ainsi que des meubles de Gillows *(p. 358)*. Ses écuries abritent le **Museum of Lakeland Life and Industry**, dont les ateliers vivants illustrent l'artisanat et le commerce local. Le **Museum of Natural History and Archaeology** présente des dioramas sur la géologie et la vie sauvage. À 5 km au sud de la ville s'élève **Sizergh Castle**, du XIVᵉ siècle, avec sa tour

fortifiée, ses cheminées sculptées et son joli jardin.

🏛 Abbot Hall Art Gallery and Museum of Lakeland Life and Industry

Kirkland. 📞 *01539 722464.* ⭘ *de mi-fév. au 24 déc. : t.l.j.* 📷 ♿ *galerie.*

🏛 Kendal Museum of Natural History and Archaeology

Station Rd. 📞 *01539 721374.* ⭘ *de mi-fév. au 24 déc. : du lun. au sam.* 📷 ♿ *limité.*

⚜ Sizergh Castle

(NT) A591& A590. 📞 *015395 60070.* ⭘ *d'avril à oct. : du dim. au jeu.* 📷 ♿ *terrasses seulement.*

Furness Peninsula ⑳

Cumbria. 🚂 🚌 *Barrow-in-Furness.* 🛈 *28 Duke St, Barrow-in-Furness (01229 870156).*

Barrow-in-Furness, foyer d'industrie navale *(p. 335)* en déclin, est la ville principale de la péninsule. Son **Dock Museum** retrace de manière vivante l'histoire de Barrow, illustrée en particulier par la goélette *Emily Baratt.*

Les ruines de grès rouge de **Furness Abbey**, dans le Vale of Dreadly Nightshade, et une petite exposition sur la vie monastique sont à voir. C'est la cité d'Ulverston qui reçut, en 1280, la charte de l'abbaye, dont l'**Ulverston Heritage Centre** retrace l'histoire.

◁ **Paysage boisé de Thirlmere, au pied du Helvellyn**

La ville vit également naître le comédien Stan Laurel, en 1890. Dans un **musée** dédié à sa mémoire sont projetés certains de ses films.

🏛 Dock Museum

North Rd, Barrow-in-Furness. 📞 01229 870871. ☐ d'avril à oct. : du mer. au dim. ; de nov. à mars : du mer. au dim. (sam., dim. après-midi) ; jours fériés. ● 25, 26 déc., 1er jan. ⛔

⛪ Furness Abbey

Vale of Deadly Nightshade. 📞 01229 823420. ☐ de Pâques à oct. : t.l.j. ; de nov. à Pâques : du mer. au dim. ● 25 déc. 🖼 ⛔

🏛 Ulverston Heritage Centre

Lower Brook St. 📞 01229 580820. ☐ d'avril à jan. : du lun. au sam. ; de jan. à mars : lun., mar., du jeu. au sam. ● 25, 26 déc., 1er jan. 🖼 ⛔ limité.

🏛 Laurel and Hardy Museum

Upper Brook St, Ulverston. 📞 01229 582292. ☐ t.l.j. ● 25 déc. 🖼

L'escalier d'Holker Hall

Cartmel ㉑

Cumbria. 🏠 700. 🛈 Victoria Hall, Main St (015395 34026).

Le **prieuré** du XIIe siècle de ce joli village est l'une des plus belles églises du Lake District. Il reste peu de chose du bâtiment d'origine, à part la jolie maison de gardien au centre du village, propriété du National Trust *(p. 25)*, devenue galerie d'art. L'église restaurée se signale par son vitrail est, une pierre tombale sculptée du XIVe siècle et de magnifiques miséricordes. Cartmel, qui s'enorgueillit aussi d'un petit champ de courses, a donné son nom à une région vallonnée et verdoyante, parsemée de bois et de rochers calcaires.

Le riche mobilier, les cheminées en marbre, le superbe escalier de chêne, les jardins à la française et le parc aux cerfs font de **Holker Hall**, ancienne demeure des ducs de Devonshire, un des sites les plus recherchés de la région.

🏛 Holker Hall

Cark-in-Cartmel. 📞 015395 58328. ☐ d'avril à oct. : du dim. au ven. 🖼 ⛔ limité.

Levens Hall ㉒

Près de Kendal, Cumbria. 📞 015395 60321. 🚌 depuis Kendal ou Lancaster. ☐ d'avril à mi-oct. : du dim. au jeu. 🖼 ⛔ jardins seulement.

Ce manoir élisabéthain, surtout connu pour ses jardins ornementaux, ne manque pas lui-même d'intérêt. Construit autour d'une tour du XIIIe siècle, il abrite une collection de meubles jacobites et d'aquarelles de Peter de Wint (1784-1849). À signaler : les moulures des plafonds, les chaises de salle à manger Charles II, le plus ancien ouvrage de *patchwork* anglais et les cœurs dorés sur les gouttières.

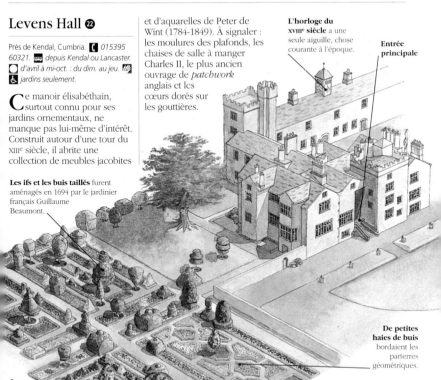

L'horloge du XVIIIe siècle a une seule aiguille, chose courante à l'époque.

Entrée principale

Les ifs et les buis taillés furent aménagés en 1694 par le jardinier français Guillaume Beaumont.

De petites haies de buis bordaient les parterres géométriques.

Les parterres, vieux de trois cents ans, sont composés de plantes de différentes couleurs.

Les jardiniers taillent les arbres en forme de cône, de vis ou de pyramide. Certains mesurent 6 m de haut.

Morecambe Bay regarde au nord-ouest vers Barrow-in-Furness

Morecambe Bay ㉓

Lancashire. ⇄ *Morecambe.*
🚢 *Heysham (vers Isle of Man).* ℹ️
Central Promenade (01524 582808).

Pour découvrir Morecambe, mieux vaut prendre le train d'Ulverston à Arnside. Il franchit une série de viaducs bas à travers des lagunes où vivent des milliers d'échassiers. Cette baie est l'une des plus grandes réserves d'oiseaux du pays. Sur la côte de Cumbria, les résidences secondaires ont envahi Grange-over-Sands, paisible lieu de villégiature qui a pris son essor grâce au chemin de fer en 1857 et doit beaucoup à son cadre naturel. C'est de **Hampsfield Fell** et de **Humphrey Head Point** que les vues sur la baie sont les plus intéressantes.

Leighton Hall ㉔

Carnforth, Lancashire. 📞 *01524 734474.* 🚌 *vers Yealand Conyers (depuis Lancaster).* ⭕ *de mai à juil., sept. : du mar. au ven. et dim. (après-midi) ; août : du mar. au ven. et dim.* ⚫ *lors de certains événements.* 📷 ♿

Cette grande demeure date du XIIIᵉ siècle, mais l'essentiel du bâtiment actuel est du XIXᵉ siècle, y compris la pâle façade néo-gothique. Elle appartient à la famille Gillow, fondatrice de l'industrie du meuble à Lancaster, dont les produits sont devenus des antiquités prisées. De belles pièces sont exposées, parmi lesquelles une boîte à ouvrage incrustée de scènes bibliques.

On peut également voir un élevage d'oiseaux de proie ; l'après-midi ont lieu des démonstrations en vol.

Lancaster ㉕

Lancashire. 🚶 *45 000.* ⇄ 🚌 ℹ️ *Castle Hill (01524 32878).* 🛒 *du lun. au sam.*

Ce chef-lieu de comté, petit comparé à Liverpool ou Manchester (elles-mêmes devenues comtés), a une longue histoire. Ce sont les Romains qui lui ont donné son nom, celui de leur camp sur la rive de la Lune. Ce port devint prospère en grande partie

Aigle fauve à Leighton Hall

grâce au trafic d'esclaves. Son université et sa vie culturelle sont encore très actives.

Le **château** normand fut modifié aux XIVᵉ et XVIᵉ siècles. Il fut le siège d'un tribunal de la couronne et abrita une prison à partir du XVIIIᵉ siècle. Le Shire Hall est orné de 600 blasons. Certains fragments de la tour d'Adrien (collection d'instruments de torture) ont 2 000 ans.

Non loin, le prieuré de **Sainte-Marie**, sur Castle Hill, possède un portail saxon et des stalles sculptées du XIVᵉ siècle dans le chœur. Les **Judge's Lodgings** du XVIIᵉ siècle abritent un musée du meuble. Le **Maritime Museum**, dans la maison des douanes georgienne de Saint George's Quay, évoque l'histoire du port. Le **City Museum**, dans l'ancien hôtel de ville, est consacré à la vie maritime à Lancaster. Les cinq grandes arches du **Lune Aqueduct** font passer le canal au-dessus de ce fleuve. Le **Williamson Park** contient l'Ashton Memorial de 1907, folie due au magnat local du linoléum et homme politique Lord Ashton. Du haut de son dôme de 67 m, la vue est superbe. En face se trouvent la volière de papillons tropicaux et un café.

LES SABLES DE MORECAMBE BAY

Plus d'un voyageur, qui pour éviter de contourner l'estuaire du Kent, coupait à marée basse à travers les sables mouvants que provoque la remontée des eaux, y perdit la vie lorsque les brouillards dissimulent le sentier. Des gens du pays se firent guides, et vous pouvez utiliser leurs services pour aller de Kents Bank à Hest Bank, près d'Arnside.

La Traversée des sables de Morecambe (anonyme)

♠ Lancaster Castle

Castle Parade. 📞 *01524 64998.*
⭘ *de Pâques à oct. : t.l.j.*
● *lors des sessions de la cour.* 📷
♿ *limité.*

Façade des Judge's Lodgings de Lancaster, aujourd'hui musée

🏛 Judge's Lodgings

Church St. 📞 *01524 32808.* ⭘ *de Pâques à juin, oct. : du lun. au sam. (après-midi) ; de juil. à sept. : lun. à sam. (sam. après-midi).* 📷

🏛 Maritime Museum

Custom House, St George's Quay. 📞 *01524 64637.* ⭘ *t.l.j. (de Pâques à nov. : l'après-midi).* ● *du 24 au 27 déc., 1er et 2 jan.* 📷 ♿

🏛 City Museum

Market Sq. 📞 *01524 64637.* ⭘ *du lun. au sam.* ● *du 24 déc. au 2 jan.* ♿ *limité.*

♣ Williamson Park

Quernmore Rd. 📞 *01524 33318.* ⭘ *t.l.j.* ● *25-26 déc., 1er jan.* 📷 *limité.*

Ribble Valley ㉖

Lancashire. 🚉 *Clitheroe.* 🛈 *Market Place, Clitheroe 01200 425566.*

Clitheroe, petite ville que domine un château, est un bon point de départ pour découvrir cette vallée, ses rivières et ses vieux villages comme Slaidburn ou Waddington. À Ribchester, on peut visiter les vestiges d'un **camp romain** et un musée. Whalley possède une **abbaye cistercienne**. À l'est, un tumulus de l'âge du bronze couronne Pendle Hill (560 m). À l'ouest, la forêt de Bowland.

♠ Ribchester Roman fort

Ribchester. 📞 *01254 878261.*

LES SORCIÈRES DE PENDLE

En 1612, dix femmes furent jugées pour sorcellerie au château de Lancaster : un enfant les avait accusées d'avoir pris part à des rites sataniques. La plupart appartenaient à des familles de paysans qui, réduites à la misère à la suite d'une vengeance, sillonnaient le pays en mendiant et en maudissant ceux qui ne donnaient rien. Plusieurs d'entre elles avouèrent leurs méfaits, mais nul ne sait si on les y força, si elles étaient folles ou si elles pratiquaient bel et bien la magie noire.

L'une des sorcières de Pendle

⭘ *t.l.j.* ● *24-25 déc.* 📷 ♿

♠ Whalley Abbey

Whalley. 📞 *01254 822268.* **Terrasses** ⭘ *t.l.j.* **Centre d'exposition** ⭘ *de Pâques à oct. : t.l.j.* 📷 ♿

Blackpool ㉗

Lancashire. 🏙 *150 000.* ✈ 🚉 🚌
🛈 *Clifton St (01253 21623).*

Le style des vacances a changé en quelques décennies, mais si Blackpool a perdu son statut de perle de la côte, son attrait demeure. Salles de jeu, établissements de loisirs, embarcadères et petits restaurants se succèdent le long de la plage. Les tramways d'autrefois roulent toujours et des artistes de cabaret se produisent à la lueur des réverbères. En septembre et octobre, les illuminations de la Blackpool Tower (158 m) attirent des milliers de personnes.

Blackpool est un lieu de villégiature depuis le XVIIIe siècle, mais elle prit son essor vers 1840, grâce au chemin de fer qui acheminait les vacanciers depuis Lancaster.

La Blackpool Tower, revêtue de peinture dorée lors du centenaire en 1994

Manchester ㉘

Enseigne de la bibliothèque Rylands

L'histoire de Manchester commence en 79 apr. J.-C., lorsque les légions d'Agricola implantèrent le camp de Mancunium sur ce site. La ville prit son essor à la fin du XVIIIe siècle, quand les métiers à filer mus à la vapeur de Richard Arkwright firent un bond à l'industrie du coton. Vers 1830, une première voie ferrée relia Manchester à Liverpool, et en 1894 le Ship Canal de Manchester permit aux cargos de remonter jusqu'à 55 km dans les terres. Grâce aux profits de l'industrie textile, de fiers bâtiments officiels s'élevèrent, tandis que s'étendaient les quartiers ouvriers surpeuplés. La question sociale conduisit écrivains, politiciens et réformateurs à embrasser la cause libérale ou radicale. Il en résulta entre autres la fondation du *Manchester Guardian*, devenu un quotidien national important. Dans les années 1950, la ville fut la première à raser des quartiers insalubres et à lutter contre la pollution de l'air.

À la découverte de Manchester

Presque toutes les curiosités se trouvent dans le centre. La rénovation du tramway permet de se déplacer facilement dans une ville où le XIXe siècle a laissé de nombreuses traces : filatures et docks imposants, mais aussi la cathédrale néo-gothique, la **bibliothèque John Rylands**, qui appartient à l'université, l'**hôtel de ville**, le **Royal Exchange**, transformé en théâtre et en restaurant, et le **Free Trade Hall**, qui accueille les fameux concerts Hallé. Les noctambules apprécieront les clubs et les nombreux restaurants.

Le centre d'exposition G-Mex, ancienne gare centrale

LE CENTRE DE MANCHESTER

Air and Space Gallery ④
Castlefield ③
City Art Galleries ⑩
Free Trade Hall ⑥
G-Mex Centre ⑤
Granada Studios Tour ①
John Rylands Library ⑦
Museum of Science and Industry in Manchester ②
Royal Exchange ⑧
Town Hall ⑨

LÉGENDE

🚌 Station d'autobus
🚏 Gare routière
🚊 Tramway
— Ligne de tramway
🚆 Gare ferroviaire
🅿 Parc de stationnement
ℹ Information touristique
✚ Église

0   250 m

Le pont routier de Trafford enjambe le Manchester Ship Canal

🏛 Museum of Science and Industry in Manchester

Liverpool Rd. 📞 *0161 832 2244.* ◯ *t.l.j.* ● *24-26 déc.* 🅿 ♿

Ce musée, qui fait partie du Castlefield Urban Heritage Park, évoque l'esprit d'entreprise et la puissance industrielle qui firent la grandeur de Manchester. Parmi les salles intéressantes, Power Hall, collection de machines à vapeur, Electricity Gallery, qui retrace l'histoire de l'énergie domestique, et une exposition sur la voie ferrée de Liverpool à Manchester. L'Air and Space Gallery, de l'autre côté de la rue, expose des montgolfières et des combinaisons spatiales.

🎬 Granada Studios Tour

Water St. 📞 *0161 832 9090.* ◯ *d'avril à sept. : t.l.j. ; d'oct. à mars : du mer. au dim. ; du 8 au 30 jan. : du ven. au dim., jours fériés et vacances scolaires.* ● *21 au 26 déc.* 🅿 ♿

Au coin se trouvent les studios Granada, où l'on peut suivre une **visite guidée** dans les coulisses des émissions de télévision populaires. La plus célèbre d'entre elles est *Coronation Street*, le plus long des *soap-operas* britanniques.

À **Castelfield**, tout près, on peut voir la reconstitution du « château dans le pré » (ruines du camp romain) et les quais restaurés du canal de Bridgewater.

🏛 City Art Galleries

Mosley St. 📞 *0161 236 5244.* ◯ *t.l.j. (l'après-midi le dim.).* ● *25, 26 déc., 1ᵉʳ jan., ven. saint.* ♿

Le bâtiment à portique dessiné par Sir Charles Barry (1795-

1860) en 1824 abrite une belle collection d'art britannique, notamment de préraphaélites comme Holman Hunt et Dante Gabriel Rossetti. Les écoles italienne, flamande et française anciennes sont aussi représentées. À noter également, une collection d'argenterie, de céramiques et de verrerie.

🏛 G-Mex Centre

Windmill St. 📞 *0161 834 2700.* ◯ *du lun. au sam.* ● *25 déc.* ♿

L'ancienne gare centrale, fermée depuis 1969, est devenue un vaste lieu d'exposition. Au rez-de-chaussée,

plus de 9 000 m² accueillent des concerts et des spectacles.

🏛 Manchester Ship Canal

La reine Victoria inaugura ce magnifique ouvrage d'art en 1894. Il devait permettre à des navires de haute mer d'aller d'Eastham, sur la Mersey, jusqu'aux Salford Quays, au cœur de la ville, à 58 km dans les terres. Chaque année, 3 000 bateaux l'empruntent encore, et les docks, à l'extrémité du canal, sont en cours de restauration.

La Genèse (1930-1931) de Jacob Epstein, à la galerie Whitworth

🏛 Whitworth Art Gallery

University of Manchester, Oxford Rd. 📞 *0161 275 7450.* ◯ *t.l.j. (dim. après-midi)* ● *du 23 déc. au 2 jan., ven. saint.* ♿

Ce beau bâtiment de brique rouge, qui doit son nom à Sir Joseph Whitworth, ingénieur et fabricant de machines-outils, abrite une superbe collection d'art contemporain, de textiles et d'imprimés. *La Genèse*, nu de Jacob Epstein, orne l'entrée, mais ce sont plutôt les aquarelles de Turner *(p. 93)* qui font l'unanimité.

LE MASSACRE DE PETERLOO

Les conditions de travail dans les usines de Manchester étaient si dures que, le 16 août 1819, 50 000 personnes s'assemblèrent à Saint Peter's Field pour protester contre les *Corn Laws*. D'abord pacifique, la foule s'échauffa et les troupes montées, peu entraînées, prirent peur et chargèrent sabre au clair. Il y eut 11 morts et de nombreux blessés. On appela cet incident Peterloo (allusion à Waterloo). La même année furent votées des réformes comme le *Factory Act*.

Le massacre de Peterloo, par G. Cruikshank

Liverpool ㉙

L es traces de peuplement sur les rives de la Mersey remontent au Iᵉʳ siècle. En 1207, Jean sans Terre accorda une charte à un village de pêcheurs, « Livpul ». Sous les Stuarts, la ville ne comptait que mille habitants, mais aux XVIIᵉ et XVIIIᵉ siècles, les profits tirés du commerce des esclaves avec les Caraïbes permirent à Liverpool de prospérer. Les premiers quais, ouverts en 1715, finirent par border la Mersey sur 11 km. C'est en 1840 qu'un premier vapeur de haute mer appareilla de Liverpool, et les candidats à l'émigration vers le Nouveau Monde affluèrent de toute l'Europe, en particulier des Irlandais victimes d'une famine. Beaucoup se fixèrent à Liverpool, qui devint une métropole. Le port accueille toujours autant de cargos que dans les années 50 et 60, mais les porte-conteneurs accostent à Bootle. En dépit des crises économiques et sociales, l'esprit de Liverpool renaquit dans les *Swinging Sixties*, quand « quatre garçons dans le vent » inventèrent la musique pop. C'est en hommage aux Beatles que beaucoup de gens visitent Liverpool, qui est aussi connue pour son orchestre philharmonique, ses sports (le football et le steeple-chase du Grand National) et son université.

Liver bird, toit du Royal Liver Building

Ouvrage en fer restauré et poli de l'Albert Dock

À la découverte de Liverpool

On reconnaît facilement le front de mer, qui part de Pier Head, gardé par les deux légendaires *Liver Birds* (des cormorans avec des algues dans le bec) du Royal Liver Building. Non loin de là se trouvent l'embarcadère de ferries sur la Mersey et les docks, qui ont repris vie. À

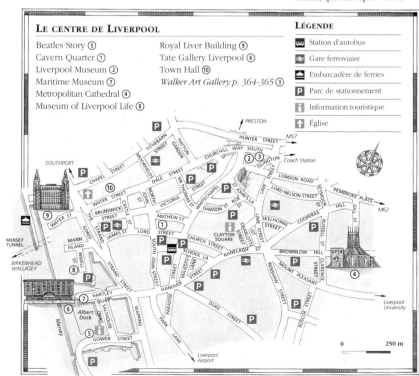

LE CENTRE DE LIVERPOOL

Beatles Story ⑤
Cavern Quarter ①
Liverpool Museum ②
Maritime Museum ⑦
Metropolitan Cathedral ④
Museum of Liverpool Life ⑧

Royal Liver Building ⑨
Tate Gallery Liverpool ⑥
Town Hall ⑩
Walker Art Gallery p. 364-365 ③

LÉGENDE

🚌 Station d'autobus
🚆 Gare ferroviaire
⛴ Embarcadère de ferries
🅿 Parc de stationnement
ℹ Information touristique
✝ Église

voir aussi, des musées de premier ordre et de belles galeries comme la Walker Art Gallery *(p. 364-365)*. Les amateurs d'architecture pourront admirer quelques-uns des plus beaux monuments néo-classiques de Grande-Bretagne, dans le centre, et deux cathédrales.

Albert Dock

Wapping. 🄲 *0151 708 8854.* ⭘ *t.l.j.* ⬤ *25-26 déc. ; 1ᵉʳ jan.* 🈲 *certaines attractions.* ♿
Les cinq entrepôts de l'Albert Dock ont été conçus par Jesse Hartley (1846). Les docks déclinèrent à partir de 1900 et fermèrent en 1972. Après dix ans d'abandon, on restaura ces bâtiments classés Grade I *(p. 617)*, qui abritent désormais studios de télévision, musées, galeries, boutiques, restaurants et bureaux.

Quai de l'Albert Dock, le long de la Mersey

🏛 Maritime Museum

Albert Dock. 🄲 *0151 207 0001.* ⭘ *t.l.j.* ⬤ *23-26 déc., 1ᵉʳ jan.* 🈲 ♿ *sauf Piermaster's House et sous-sol.*
Ce grand musée maritime, consacré à l'histoire du port de Liverpool, évoque les chantiers navals, les paquebots de la Cunard et White Star… Une nouvelle salle a été ouverte qui traite du commerce triangulaire. La bataille de l'Atlantique pendant la Deuxième Guerre mondiale est retracée par des

Cloche de bateau au Maritime Museum

maquettes et des documents. Une autre salle traite de l'émigration vers le Nouveau Monde. Celle consacrée aux douanes et taxes révèle tous les aspects de la contrebande et du trafic de drogue. De l'autre côté du quai ont été reconstruits Piermaster's House et le Cooperage.

🏛 Museum of Liverpool Life

Mann Island 🄲 *0151 207 0001* ⭘ *t.l.j.* ⬤ *24-26 déc., 1ᵉʳ jan.* 🈲♿
De nombreux aspects de la vie à Liverpool sont évoqués : la plus vieille bannière de syndicat de Grande-Bretagne, la reconstitution d'une boutique coopérative, la première Ford Anglia construite près de Halewood, une imprimerie ancienne, une des équipes de football de la ville, celle d'Everton…

MODE D'EMPLOI

Merseyside. 🏘 *450 000.*
✈ *11 km au S.-E. de Liverpool.*
🚉 *Lime St.* 🚌 *Norton St.*
🚢 *depuis Pier Head jusqu'au Wirral, et croisières vers l'île de Man et l'Irlande du Nord* 🛈 *Clayton Sq Shopping Centre (0151 709 3631).*
🛒 *dim. (heritage market).* 🎟
Liverpool Show : mai ; défilé du lord-maire et River Festival : juin ; Beatles Festival : août.

On peut voir aussi une imitation du Becher's Brook, le fossé rempli d'eau du Grand National d'Aintree.

🏛 Beatles Story

Britannia Pavilion. 🄲 *0151 709 1963.* ⭘ *t.l.j.* ⬤ *25, 26 déc.* 🈲 ♿
Ce musée propose une promenade qui retrace la fabuleuse histoire de ce groupe, de son premier disque *Love Me Do* à sa dernière apparition en scène en 1969 et sa séparation en 1970, en passant par la « beatlemania ». On peut entendre les « tubes » qui ont électrisé toute une génération.

🏛 Tate Gallery Liverpool

Albert Dock. 🄲 *0151 709 3223.* ⭘ *du mar. au dim., jours fériés.* ⬤ *25 déc.* ♿
Elle abrite l'une des plus belles collections d'art contemporain après celle de Londres. Décoré de panneaux bleu et orange vif, cet ancien entrepôt transformé par l'architecte contemporain James Stirling devint en 1988 la première « filiale » de la Tate Gallery.

LES BEATLES

Liverpool a vu naître nombre de groupes et de chanteurs, d'acteurs et de comiques. Mais John Lennon, Paul McCartney, George Harrison et Ringo Starr les ont éclipsés, et les quelques lieux qui évoquent le groupe sont vénérés comme des temples. Des circuits à pied ou en autocar passent par l'asile de l'armée du Salut de Strawberry Fields, Penny Lane (à l'écart du centre) et les maisons natales des Beatles. L'endroit le plus visité est le Cavern Club, Matthew Street, près de la gare centrale, où résonnèrent pour la première fois les accents d'une musique nouvelle. Le lieu initial a été transformé en galerie commerçante, mais les briques d'origine ont été utilisées pour le reconstituer. Les statues des Beatles et d'*Eleanor Rigby* s'élèvent non loin de là.

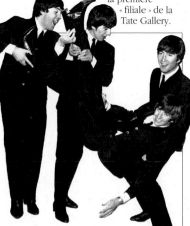

La Walker Art Gallery de Liverpool

Plat italien
(vers 1500)

Cette galerie fondée en 1873 par Sir Andrew Barclay Walker, maire de Liverpool et brasseur, conserve l'une des plus belles collections d'art du Nord : primitifs italiens et tableaux flamands, Rubens, Rembrandt, Poussin, toiles impressionnistes françaises comme *La Repasseuse* de Degas (vers 1890). Le fonds est très riche en œuvres britanniques des XVIIIe et XIXe siècles. Ainsi sont conservées des peintures de Gainsborough (*La Comtesse de Sefton*, 1769), Millais et Turner.

La production contemporaine est représentée par Hockney et Sickert ou des sculptures d'Henry Moore.

Coquillages (*1870*)
Albert Moore peignait des figures féminines d'après des statues antiques. Sa façon de traiter les ombres fut influencée par Whistler (p. 505).

Salle Bowring

1

2

5

6

7

8

9

Intérieur à Paddington
En 1951, Harry Diamond posa six mois pour son ami Lucian Freud, qui par ce tableau voulait « mettre l'être humain mal à l'aise ».

4

12

11

10

1er étage

Rez-de-chaussée

La façade est de H. H. Vale et Cornelius Sherlock

Entrée principale

SUIVEZ LE GUIDE !

Toutes les collections de peinture sont au premier étage. Salles Cole et Bowring : peinture médiévale et Renaissance ; salles Wavertree et Audley : œuvres flamandes, françaises, italiennes et espagnoles du XVIIe siècle. Salles 1 à 9 : art britannique des XVIIIe et XIXe siècles ; salles 10 et 12 : art moderne ; et salle 11 : les impressionnistes et post-impressionnistes.

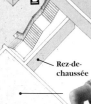

Berger endormi (*1835*)
Le plus grand sculpteur néo-classique britannique du milieu du XIXe siècle, John Gibson (1790-1866), faisait usage classique de la couleur pour donner à ses statues un aspect lisse

• Salle Cole

Salle
Wavertree

Salle
Audley

Présentation du Christ au Temple (1342)
Dans un cadre gothique travaillé, cette Sainte Famille révèle tout l'art de Simone Martini visible dans le jeu des courbes, la souplesse des gestes et des plis des vêtements.

LÉGENDE

☐ Art européen, XIIIe-XVIIe s.

☐ Art britannique préraphaélite et victorien, XVIIIe-XIXe s.

☐ Art britannique, XIXe s., et expositions temporaires

☐ Impressionistes, post-impressionistes

☐ Art britannique, XXe s.

☐ Salle des sculptures

☐ Pièces utilitaires

Kingston Brooch, broche saxonne du VIIe s., musée de Liverpool

🏛 Liverpool Museum
William St. 📞 0151 478 4399.
⬤ t.l.j. ⬤ 23-26 déc., 1er jan., ven. saint. 🖼 ♿
Les cinq étages de ce remarquable musée comprennent une belle collection de bronzes du Bénin, des antiquités égyptiennes, grecques et romaines et des salles d'histoire naturelle. Sans oublier les céramiques, le planétarium et des expositions temporaires.

✝ Anglican Cathedral
St James' Mount. 📞 0151 709 6271.
⬤ t.l.j. (dim. : l'après-midi). ♿
Cet édifice de style gothique ne fut achevé qu'en 1978. Cette belle cathédrale en grès rouge, la plus vaste du monde anglican, fut dessinée par Sir Giles Gilbert Scott. C'est Édouard VII qui en posa la première pierre en 1904, mais les deux guerres mondiales entravèrent les travaux. Les nefs latérales sont construites comme des tunnels à travers les murs. On remarque les vitraux, le maître-autel et la collection de broderies.

✝ Metropolitan Cathedral of Christ the King
Mount Pleasant. 📞 0151 709 9222.
⬤ t.l.j. **Donation**. ♿
La cathédrale catholique marque l'abandon d'une architecture traditionnelle au profit d'un style moderne. Les plans proposés par Pugin, puis par Lutyens (p. 25) dans les années 30, se révélèrent trop coûteux. C'est le projet de Sir Frederick Gibberd qui fut retenu : un bâtiment circulaire surmonté d'une couronne d'épines de 88 m de haut. Il fut édifié de 1962 à 1967. Les non-catholiques l'ont surnommé « Paddy's Wigwam » (de nombreux

Irlandais, surnommés Paddy, le fréquentent). La lanterne en vitrail de John Piper et Patrick Reyntiens inonde la nef circulaire d'une lumière bleutée. Le beau Christ en bronze de l'autel est l'œuvre d'Elisabeth Frink (1930-1994).

Aux environs
Speke Hall, superbe manoir à colombage (1490) doté d'un joli parc, se trouve à 10 km à l'est du centre. La partie la plus ancienne comprend une cour où s'élèvent deux ifs taillés, *Adam* et *Ève*. La cachette du XVIe siècle destinée aux prêtres persécutés existe toujours.

Pendant plus de 800 ans, **Birkenhead**, sur la péninsule de Wirral, ne fut reliée à Liverpool que par bac. À présent, des tunnels routiers et ferroviaires assurent le passage. On y voit un prieuré normand qui ouvre encore ses portes le dimanche, et Hamilton Square, château conçu par J. Gillespie Graham, l'un des architectes de la New Town d'Édimbourg.

Port Sunlight Heritage Centre (p. 335), sur la même rive de la Mersey que Wirral, est un village-jardin victorien construit par William Hesketh Lever, riche fabricant de savon, pour ses ouvriers.

🏛 Speke Hall
(NT) The Walk, Speke. 📞 0151 427 7231. ⬤ de mars à oct. : du mar. au dim. et jours fériés (après-midi) ; de nov. à déc. : sam. et dim. (après-midi).
🖼 ♿ limité.

🏛 Port Sunlight Heritage Centre
95 Greendale Rd, Port Sunlight, Wirral.
📞 0151 644 6466. ⬤ d'avril à oct. : t.l.j. ; de nov. à mars : du lun. au ven. et jours fériés. ⬤ du 23 déc. au 2 jan. 🖼 ♿ limité.

Entrée du manoir à colombage de Speke Hall

LE YORKSHIRE ET LE HUMBERSIDE

··

YORKSHIRE DU NORD · YORKSHIRE DE L'OUEST · HUMBERSIDE

*C*ette région, au cœur de laquelle se trouve la vénérable ville
d'York, est un pays de landes sauvages, de vallées verdoyantes
et de jolis villages. Au nord s'étendent les Dales (vallées) et les
Moors (landes) du Yorkshire ; à l'est, une côte de falaises et de plages
peuplées d'oiseaux ; et au sud, de grasses prairies.

Trois comtés autrefois distincts (les anciens « Ridings ») constituent l'actuel Yorkshire. Humberside et Yorkshire s'étendent sur 15 400 km². Les paysages calcaires tourmentés de la partie nord furent modelés à l'époque glaciaire. Jusqu'au XIXe siècle, cette région vivait principalement de ses ressources agricoles. Des murets de pierres sèches couraient le long des pentes et quadrillaient le terroir. Puis la révolution industrielle apporta son cortège de filatures aux cheminées noircies, de rails et de viaducs.

Le Humberside, au contraire, est traditionnellement tourné vers la mer, mais les ports de pêche sont aujourd'hui en déclin, sauf dans le nord. Des prairies basses s'étendent à l'intérieur, et la côte exceptionnelle est, vers le nord, émaillée de plages de sable et de petits ports actifs. Ce sont ces paysages contrastés, des landes battues par les vents, comme dans les romans des sœurs Brontë, jusqu'aux falaises abruptes proches de Whitby et à l'étendue plate de Sunk Island dans le Humberside, qui font le charme de la région.

York, qui conserve des vestiges attestant une occupation romaine, puis viking, est la ville de Grande-Bretagne la plus visitée après Londres. Le centre de cette agglomération représente sans aucun doute le pôle le plus attractif de la région. Cependant, on ne peut prétendre connaître le Yorkshire et le Humberside sans avoir parcouru la campagne alentour. D'excellentes routes touristiques et un réseau de sentiers permettent de suivre tranquillement le Cleveland Way ou d'escalader les rochers par le Pennine Way en partant du Pen-y-Ghent.

Casiers à homards sur le quai du petit port de pêche de Whitby

◁ La paisible vallée de Rosedale, dans les North York Moors

À la découverte du Yorkshire et du Humberside

L e Yorkshire englobe les trois anciens comtés des « Ridings ». Avant le développement du chemin de fer, de la mine et de l'industrie de la laine au xixe siècle, l'économie reposait sur l'agriculture. Dans le Nord, des murs de pierres sèches divisent les champs et pâturages où se dressent encore les cheminées des anciennes filatures. De prestigieuses abbayes, comme Rievaulx et Fountains, s'y élèvent. La ville médiévale d'York et les plages du Yorkshire sont les deux pôles d'attraction des touristes. Le Humberside se signale par les paysages vallonnés des Wolds et ses réserves naturelles.

Rosedale, village des North York Moors

LA RÉGION D'UN COUP D'ŒIL

Darlington

RICHMOND

Swale

Kendal A684

YORKSHIRE DALES NATIONAL PARK

Ure

Pennine Way

Ribble

B6160

Nidd

FOUNTAINS ABBEY

RI

Wharfe

MARKENFIELD H

1

2

LA RÉGION DE MALHAM

RIPLE

HARI

A59

SKIPTON

A65

Clitheroe

Aire

Pennine Way

A629

Aire

A6108

HAREWOOD H

36 HAWORTH

A6033

35 BRADFORD

LE

A6036

M62

37 HEBDEN BRIDGE

Caldev

A646

38 HALIFAX

MUSÉE DE LA MINE DU YORKSHIR

M62

HUDDERSFIELD

A616

Manchester

A612

PARC

SCULPTURE

YORKSH

A628

A616

PEAK DISTRICT NATIONA

Manchester

SH

A6024

A628

Chest

VOIR AUSSI

• *Hébergement* p. 562-563

• *Restaurants et pubs* p. 597-599

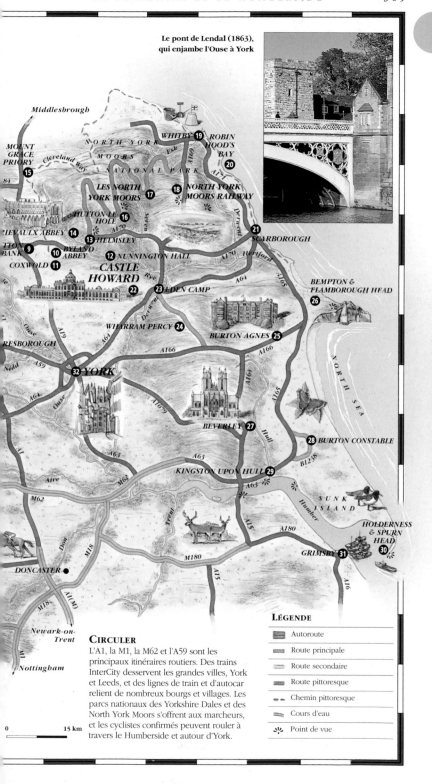

Le pont de Lendal (1863),
qui enjambe l'Ouse à York

Middlesbrough

NORTH YORK MOORS

NATIONAL PARK

Cleveland Way

WHITBY **19** ROBIN HOOD'S BAY **20**

MOUNT GRACE PRIORY **15**

Esk

A169

A171

84

LES NORTH YORK MOORS **17**

NORTH YORK MOORS RAILWAY **18**

HUTTON-LE-HOLE **16**

A170

Seven

RIEVAULX ABBEY **14**

13 HELMSLEY

Derwent

SCARBOROUGH **21**

TTON BANK **9**

BYLAND ABBEY **10**

COXWOLD **11**

NUNNINGTON HALL **12**

A170 *Hertford*

CASTLE HOWARD

Rye

A165

BEMPTON & FLAMBOROUGH HEAD **26**

22 **23** EDEN CAMP

Derwent

A64

WHARRAM PERCY **24**

BURTON AGNES **25**

RESBOROUGH

A19

Ouse

A64

A166

A166

Nidd

A59

32 YORK

Ouse

A64

A1079

A164

NORTH SEA

BEVERLEY **27**

Hull

28 BURTON CONSTABLE

A63

A63

KINGSTON UPON HULL **29**

B1238

A63

Aire

M62

SUNK ISLAND

Humber

A15

A180

HOLDERNESS & SPURN HEAD **30**

M62

Trent

M180

GRIMSBY **31**

Don

M18

A15

DONCASTER ●

A16

Newark-on-Trent

M1

CIRCULER

L'A1, la M1, la M62 et l'A59 sont les principaux itinéraires routiers. Des trains InterCity desservent les grandes villes, York et Leeds, et des lignes de train et d'autocar relient de nombreux bourgs et villages. Les parcs nationaux des Yorkshire Dales et des North York Moors s'offrent aux marcheurs, et les cyclistes confirmés peuvent rouler à travers le Humberside et autour d'York.

Nottingham

0   15 km

LÉGENDE

▭	Autoroute
▭	Route principale
▭	Route secondaire
▭	Route pittoresque
- -	Chemin pittoresque
▭	Cours d'eau
⛅	Point de vue

Parc national des Yorkshire Dales ❶

Les Yorkshire Dales forment le cœur d'une région rurale doucement vallonnée. Swaledale, Wharfedale, Wensleydale et Deepdale en sont les principales vallées *(dales)*. Elles ont été dégagées lors de la dernière glaciation. Leur aspect verdoyant contraste avec la rudesse des hautes landes. Cependant, douze siècles de présence humaine ont agrémenté le paysage de cottages, de châteaux et de villages. Parc national depuis 1954, la région offre des distractions tout en répondant aux besoins des localités voisines.

Monk's Wynd, l'une des ruelles tortueuses de Richmond

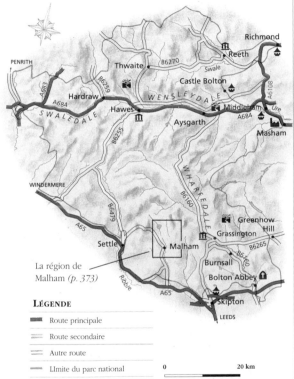

LÉGENDE

▆▆▆	Route principale
▬▬▬	Route secondaire
▭▭▭	Autre route
▬▬▬	Limite du parc national

0   20 km

À la découverte de la Swaledale

C'est la laine qui fit la prospérité de la vallée, ce que rappellent les troupeaux de moutons qui paissent sur les pentes sauvages par tous les temps. Le cours rapide de la Swale, qui a donné son nom à la vallée, traverse des landes mornes et se précipite en cascades magnifiques au milieu des pentes boisées, pour venir ensuite baigner Reeth, Thwaite et Richmond.

♣ Richmond Castle

Tower Street. 🔲 *01748 822493.*
◯ *t.l.j.* ● *24-26 déc., 1ᵉʳ jan.* 📷 🔲
Le principal point d'accès à la Swaledale est le bourg médiéval de Richmond, avec sa grande place du marché pavée. Alan Rufus, 1ᵉʳ comte normand de Richmond, entama la construction du château en 1071 ; certains pans du mur d'enceinte datent sans doute de cette époque. Les murs du beau donjon normand, haut de 30 m, atteignent 3,30 m d'épaisseur. Une arche du xiᵉ siècle mène à la cour où s'élève Scolland's Hall (1080), l'un des plus vieux bâtiments d'Angleterre.

La place du marché est l'ancienne enceinte extérieure du château. Les ruelles capricieuses ont inspiré à Leonard McNally la chanson *The Lass of Richmond Hill* (1787), composée pour sa

Le paysage onduleux et verdoyant de la Deepdale, près de Dent

femme, élevée à Richmond Hill. Turner *(p. 93)* a souvent représenté cette ville. Le Georgian Theatre (1788), restauré en 1962, est le seul théâtre de cette époque aujourd'hui conservé.

⛪ Swaledale Folk Museum

Reeth Green. 📞 *01748 884373.* ◯ *de Pâques à oct. : t.l.j.* 📷 ⛓
Ce musée se trouve à Reeth, dont les mines de plomb apportèrent la prospérité à la région. Installé dans une ancienne école méthodiste (1830), il présente les activités de la mine et de l'industrie lainière (la laine des vigoureux moutons de la Swaledale était un des piliers de l'économie).

🪺 Buttertubs

Près de Thwaite, sur la B6270 vers Hawes, on peut voir une série de trous où s'engouffre le courant. Ils furent surnommés « pots à beurre », car les paysans qui se rendaient au marché y mettaient le beurre à rafraîchir.

Buttertubs, près de Thwaite

À la découverte de la Wensleydale

La plus grande vallée du Yorkshire était surtout connue par ses fromages. Plus récemment, c'est une série télévisée britannique, *All Creatures Great and Small*, qui l'a rendue célèbre. Les randonneurs y trouveront des itinéraires qui ne nécessitent pas un entraînement particulier.

⛪ Dales Countryside Museum

Station Yard, Hawes. 📞 *01969 667450.* ◯ *de Pâques à oct. : t.l.j.* 📷 ⛓

Tonneaux à la brasserie Theakston

L'ancienne gare de marchandises de Hawes, capitale de l'Upper Wensleydale, abrite un intéressant musée de la vie et des industries des XVIIIe et XIXe siècles dans les Upper Dales. La fabrication du fromage et du beurre y est à l'honneur. Ce sont les moines de l'abbaye voisine de Jervaulx qui inventèrent le fromage de la Wensleydale.

À Hawes se tient aussi un important marché. Chaque été, des milliers d'ovins et de bovins y sont vendus aux enchères.

🪺 Hardraw Force

Hardraw, petit village voisin, possède la cascade la plus haute d'Angleterre : rien n'interrompt la chute d'eau sur 29 m. Elle a connu son heure de gloire à l'époque victorienne, quand le cascadeur Blondin la franchit sur une corde raide. Il est possible de passer contre le rocher derrière l'écran d'eau sans se faire mouiller.

🪺 Aysgarth Waterfalls

Depuis le vieux pont qui servait aux chevaux de trait, on peut regarder le cours placide de l'Ure se déverser tel un torrent furieux sur de larges dalles de pierre. Turner a peint les impressionnantes chutes inférieures en 1817.

⛪ Theakston Brewery

Masham. 📞 *01765 689057.* ◯ *d'avril à oct. : du mer. au lun. ; de nov. à mi-déc. : mer., sam., dim. ; mars : mer. et sam.* 📷 ⛓ limité.
À Masham est installée la brasserie qui produit la bière forte Old Peculier. Un centre d'accueil pour les visiteurs

MODE D'EMPLOI

North Yorkshire. 🚆 *Skipton.*
🛈 *Hebdon Road, Grassington (01756 752774).*

retrace l'histoire de cette petite entreprise familiale depuis 1827. Sur la place du village, bordée de maisons des XVIIe et XVIIIe siècles, se tenaient autrefois les foires aux moutons. Remarquez aussi l'église médiévale.

♟ Bolton Castle

Castle Bolton, près de Leyburn. 📞 *01969 23981.* ◯ *de mars à oct. : t.l.j.* 📷
Le château du village de Castle Bolton fut construit en 1379 par le 1er Lord Crope, chancelier d'Angleterre, comme demeure d'agrément. En 1568-1569, Élisabeth Ire *(p. 50-51)*, qui craignait une rébellion, y retint Marie Stuart *(p. 497)* prisonnière. Trois des quatre tours ont conservé leur hauteur d'origine (30 m).

♟ Middleham Castle

Middleham, près de Leyburn. 📞 *01969 23899.* ◯ *d'avril à oct. : t.l.j. ; de nov. à mars : du mer. au dim.* ◑ *24-26 déc., 1er jan.* 📷 ⛓
Propriété de Richard Neville, comte de Warwick, ce château date de 1170. On le connaît surtout comme résidence de Richard III *(p. 49)* lorsque celui-ci fut élevé au rang de Lord of the North. Cette place forte, l'une des plus puissantes du Nord, fut abandonnée au XVe siècle, et ses pierres servirent de matériau.

Vestiges du château de Middleham, ancienne résidence de Richard III

Les vastes ruines du prieuré de Bolton, qui date de 1154

À la découverte de la Wharfedale

Des bourgs calmes se nichent le long des méandres de la rivière qui parcourt cette vallée de landes gréseuses. Grassington est une bonne base pour entreprendre une randonnée, mais l'on peut aussi partir des villages de Burnsall, au pied d'un *fell* de 506 m, et de Buckden, au pied du Buckden Pike (701 m).

C'est la région des Trois Pics : le Whernside (736 m), l'Ingleborough (724 m) et le Pen-y-Ghent (694 m), d'accès difficile, et connus pour leurs fondrières. C'est un véritable défi pour les grimpeurs les plus hardis que de les escalader tous les trois en une journée. En signant un registre avant le départ au café du Pen-y-Ghent à Horton-in-Ribblesdale pour prouver que les 32 km de course ont été parcourus en moins de 12 heures, ils peuvent devenir membres du club des Three Peaks of Yorkshire.

🔒 Burnsall

St Wilfrid's, Burnsall. 📞 *01756 720232.* 🔘 *t.l.j.* ♿
Dans le cimetière de l'église Saint-Wilfrid, on peut voir l'ancien pilori, des tombes de l'époque viking et la pierre tombale de la famille Dawson sculptée par Eric Gill (1882-1940). Le village, groupé autour d'un très vieux pont à 5 arches, accueille en août la plus ancienne course de montagne de Grande-Bretagne.

🏛 Upper Wharfedale Museum

The Square, Grassington. 📞 *01756 752800.* 🔘 *d'avril à sept. : t.l.j. ; d'oct. à mars : sam. et dim. (après-midi).* 📷 ♿ *limité.*
Ce musée des traditions populaires installé dans des cottages de mineurs du XVIIIe siècle évoque la vie quotidienne et économique de la région.

🔒 Bolton Priory

Bolton Abbey, près de Skipton. 📞 *01756 710238.* 🔘 *t.l.j.* ♿
L'un des plus jolis paysages de la Wharfedale s'étend autour de Bolton Abbey. Quarante-six km de sentiers, accessibles pour la plupart aux handicapés et aux enfants, permettent de parcourir ce site préservé.

Les ruines du prieuré de Bolton, fondé par des chanoines augustiniens en 1154 sur le site d'un manoir saxon, comprennent une

église, une salle du chapitre, un cloître et la maison du prieur. Tous ces bâtiments sont empreints de la richesse acquise par les chanoines grâce à la laine de leurs moutons. La nef du prieuré tient lieu d'église paroissiale. Une autre curiosité de la région est le « Strid », endroit où la Wharfe se précipite dans une gorge, produisant une écume jaune et creusant la roche.

🦇 Stump Cross Caverns

Greenhow, Pateley Bridge. 📞 *01756 752780.* 🔘 *de Pâques à oct. : t.l.j. ; de nov. à Pâques : sam., dim. ; vacances scolaires d'hiver : t.l.j.* ● *25 déc.* 📷
En un demi-million d'années, ces grottes ont été façonnées en dédales de forme et de taille fantastiques par la circulation des eaux souterraines. Obstruées par la dernière glaciation, ces cavernes ne furent découvertes que vers 1850, lorsque des mineurs y débouchèrent en creusant une galerie.

♟ Skipton Castle

High St. 📞 *01756 792442.* 🔘 *t.l.j.* ● *25 déc.* 📷
Située hors du parc national, cette ville est toujours l'un des principaux centres de vente aux enchères et d'élevage du Nord. Son château du XIe siècle fut presque entièrement reconstruit par Robert de Clifford au XIVe siècle. La magnifique Conduit Court est un ajout d'Henry, Lord Clifford, sous Henri VIII. L'if central fut planté par Lady Anne Clifford en 1659, en souvenir de la restauration du château après les dégâts de la guerre civile.

La Conduit Court (1495) et l'if du château de Skipton

Excursion dans la région de Malham ❷

L a région de Malham, modelée par l'érosion glaciaire il y a 10 000 ans, est l'un des paysages calcaires les plus spectaculaires de Grande-Bretagne. La randonnée, en partant de Malham, peut durer plus de quatre heures si l'on prend le temps de faire un détour par la Gordale Scar. On peut aussi s'arrêter à Malham Cove, vaste amphithéâtre naturel formé

Bécasseau à Malham Tarn

par un effondrement géologique qui fait penser à l'empreinte d'un géant. Au-dessus, les profondes crevasses de Malham Lings abritent des plantes rares. D'autres poussent dans les eaux très calcaires du Malham Tarn. Cette rivière aurait inspiré à Charles Kingsley son roman *Les Bébés d'eau* (1863). L'été, ce lac est peuplé de foulques et de colverts, l'hiver de morillons.

Croisement du sentier et de la route ⑤
D'ici, un autobus rejoint Malham.

Malham Tarn House

P MALHAM

⑤

④

Malham Tarn ④
Second lac du Yorkshire par sa taille, il est situé à 305 m d'altitude, dans une réserve naturelle.

Malham Lings ③
Cet affleurement est lié à la déglaciation : les eaux de fonte des glaciers ont dissous une partie du calcaire qui le constituait.

SETTLE

③

②

Gordale Scar ⑥
Cette gorge bordée de falaises fut creusée par les eaux de fonte des glaciers.

⑥

Malham Cove ②
Cet escarpement de 76 m porte encore la trace d'une ancienne chute d'eau.

Malham Beck

P ① i

Gordale Beck

SKIPTON

Malham ①
Le centre d'information de ce joli village au bord de la rivière donne des renseignements sur les randonnées.

Légende

- ▪ ▪ Circuit
- ═══ Route secondaire
- ☆ Point de vue
- P Parc de stationnement
- i Renseignements
- 🚻 Toilettes

0   1 km

Carnet de route

Point de départ : Malham
Comment y aller ? Quitter la M65 par la sortie 14 et prendre l'A56 pour Skipton, puis suivre les panneaux Malham, voisin de l'A65.
Itinéraire : 11 km.
Difficulté : Malham Cove est abrupt, la région du Tarn l'est moins.

Affiche des années 1920 vantant les eaux de Harrogate

Harrogate ❸

North Yorkshire. 👥 69 000. 🚉 🚌
🛈 Assembly Rooms, Crescent Rd
(01423 525666). 🛍 du lun. au sam.

Près de 90 sources thermales firent d'Harrogate la principale ville d'eau du Nord, entre 1880 et la Grande Guerre. C'était une étape idéale pour les aristocrates qui désiraient se remettre d'une trépidante saison londonienne avant d'aller chasser la grouse en Écosse.

Les attraits de Harrogate résident dans cette atmosphère de ville d'eau, son architecture, ses jardins publics et sa situation au cœur du Yorkshire du Nord et des Dales.

Les sources naturelles ne sont pas toujours en service ; rendez-vous alors aux bains turcs qui sont parmi les plus attrayants du pays. L'entrée du côté des Royal Assembly Rooms (1897) ne paie pas de

mine, mais l'intérieur du **Turkish Sauna Suite** est somptueusement décoré de céramique victorienne.

Le **Royal Pump Room Museum** retrace l'histoire de la ville. Au début du siècle, on pensait que les eaux étaient plus riches en fer le matin : entre 7 et 9 h, le bâtiment octogonal voyait affluer les riches curistes venus recueillir le précieux breuvage. Les plus pauvres pouvaient se servir à la pompe extérieure, toujours en usage. On peut goûter les eaux et visiter le musée, qui conserve une bicyclette Penny Farthing de 1874.

Les plates-bandes du **Stray**, parc public situé au sud du centre, sont fleuries à profusion, et les **Harlow Car Gardens**, jardin ornemental, appartiennent à la Northern Horticultural Society ; l'été et l'automne (p. 164) s'y tiennent deux festivals floraux spectaculaires. Les **Betty's Café**

Tea Rooms (p. 598) proposent de délicieuses pâtisseries dans un cadre raffiné.

🗝 **Turkish Sauna Suite**
Assembly Rooms, Crescent Rd.
📞 01423 562498. 🚪 *hommes : lun., mer. et ven. : l'après-midi ; mar. : le matin ; sam. **femmes** : lun. : le matin ; mar. et jeu. : l'après-midi ; ven. : le matin ; dim. **mixes** : (couples en maillot de bain uniquement) ven. et dim. : le soir* ● *jours fériés.* 🦽

🏛 **Royal Pump Room Museum**
Crown Pl. 📞 01423 503340.
🚪 *d'avril à oct. : t.l.j.* 🦽 ♿

🗝 **Betty's Café Tea Rooms**
1 Parliament St. 📞 01423 502746.
🚪 *t.l.j.* ● *25 et 26 déc.*

🌿 **Harlow Car Gardens**
Crag Lane. 📞 01423 565418.
🚪 *t.l.j.* 🦽 ♿

Knaresborough ❹

North Yorkshire. 👥 14 000. 🚌
depuis Harrogate. 🛈 35 Market Place
(01423 866886). 🛍 mer.

Cette ville, l'une des plus vieilles d'Angleterre, citée dans le *Domesday Book* de 1086 (p. 48), surplombe le cours de la Nidd. Les rues, qui relient l'église, le château en ruine de John of Gaunt et la place du marché à la rivière, sont maintenant bordées de maisons du XVIIIe siècle.

Non loin se trouve la **Mother Shipton's Cave**, sans doute l'attraction touristique la plus ancienne d'Angleterre. Cette grotte acquit sa réputation en 1630 comme lieu de naissance d'Ursula

La grotte de Mother Shipton et ses objets recouverts de calcaire

Porche Tudor et douves de Markenfield Hall

Sontheil, célèbre prophétesse locale. À proximité, on peut voir une source qui, en quelques semaines, recouvre d'une couche de calcaire n'importe quel objet, que ce soit un parapluie ou un jouet.

🖼 Mother Shipton's Cave

Prophesy House, High Bridge.
📞 01423 864600. ⬜ t.l.j.
⬛ 25 déc. 🅿 ♿ limité.

Ripley ❺

North Yorkshire. 🏠 150. 🚌 depuis Harrogate ou Ripon.

Depuis 1320 environ, époque où la première génération de la famille Ingilby vivait au château de Ripley, presque tous les villageois sont employés au château. L'empreinte la plus visible laissée par cette famille date du XIXe siècle : vers 1820, Sir William Amcotts Ingilby s'éprit d'un village de l'Est de la France, et le fit reproduire avec son hôtel de ville.

Dans le cimetière de l'église, une croix médiévale comporte des niches où l'on peut poser les genoux.

C'est à **Ripley Castle**, dont le portail est du XVe siècle, qu'Olivier Cromwell (p. 52) fit étape après la bataille de Marston Moor. La 28e génération d'Ingilby réside aujourd'hui dans cette demeure qui est ouverte au public. Le beau domaine comprend deux lacs et un parc aux cerfs, ainsi que des jardins plus classiques.

⚜ Ripley Castle

Près de Ripley. 📞 01423 770152. ⬜ avril-mai, oct. : sam., dim. ; juil.-août : t.l.j. ; juin, sept. : du jeu. au dim. ⬛ jours fériés. 🅿 ♿

Markenfield Hall ❻

Près de Markenfield, North Yorkshire. ℹ 01765 604625. 🚌 depuis Harrogate ou Ripon. ⬜ d'avril à oct. : lun. 🅿 ♿ limité.

Ce manoir du XIVe siècle ceint de douves n'est ouvert que l'été et il n'est pas signalé. Pour y aller, il faut se rendre à 5 km au sud de Ripon et emprunter un chemin de terre (Hell Wath Lane). D'un côté du pont-levis, entre les fossés et les murs du manoir, se trouve le potager du fermier. À l'intérieur de la grande maison en forme de L, on remarque la salle des banquets, la chapelle et la cheminée de la cuisine.

Les Markenfield firent partie des grandes familles du Nord qui s'opposèrent à la dissolution des monastères ordonnée par Henri VIII (p. 50). C'est de Markenfield Hall qu'une armée partit en 1569 pour tenter de remplacer Élisabeth Ire, fille d'Henri VIII, par Marie Stuart, reine d'Écosse et catholique.

Fountains Abbey ❼

Voir p. 376-377.

Ripon ❽

North Yorkshire. 🏠 14 000. 🚌 depuis Harrogate. ℹ Minster Rd (01765 604625). 🔵 jeu.

Cette petite ville est surtout connue par sa cathédrale et par son *wakeman* (chevalier du guet) qui veille sur la population depuis la fin du Moyen Âge. En échange de sa protection, il lève une taxe annuelle de 2 pence par foyer. Il sonne du cor tous les soirs à 9 h, et tous les jeudis c'est une cloche qui annonce l'ouverture du marché.

La **cathédrale Saint-Pierre et Saint-Wilfrid** est construite sur une crypte saxonne, prétendument la plus ancienne d'Angleterre, de 3 m de haut et 2 m de large. La collection de miséricordes (p. 327) d'inspiration païenne et biblique est remarquable. Sir Nikolaus Pevsner (1902-1983), auteur d'un inventaire en trois volumes des monuments de Grande-Bretagne, considérait la façade ouest comme la plus belle d'Angleterre.

Le **Prison and Police Museum** se trouve dans la « maison de correction » de 1686. Les cellules du premier étage montrent les conditions de vie dans les prisons victoriennes.

🏛 Prison and Police Museum

St Marygate. 📞 01765 690799. ⬜ d'avril à oct. : t.l.j. 🅿 ♿ limité.

Le *wakeman* de Ripon sonnant du cor place du marché

Fountains Abbey ●

L es vastes ruines en grès de
l'abbaye de Fountains et les
pièces d'eau de Studley Royal se
nichent dans la vallée boisée de la
Skell. L'abbaye fut fondée par des
moines bénédictins en 1132 et
reprise par des cisterciens trois ans
plus tard. Au milieu du XIIᵉ siècle,
elle était la plus prospère de Grande-
Bretagne, mais elle tomba en ruine
après la dissolution des monastères
(p. 50). En 1720, John Aislabie,
député de Ripon et chancelier de
l'Échiquier, reprit les terres et la
forêt. Il entreprit la création des
fameux jardins d'eau et l'installation
des statues et temples à l'antique
dans le parc, qui contrastent avec la
simplicité de l'abbaye. Son fils
poursuivit son œuvre.

Fountains Hall
*Construit par Sir Stephen Proctor vers
1611 avec des pierres de l'abbaye, on
l'attribue à l'architecte Robert
Smythson. Le grand salon comprend
une tribune des musiciens et l'entrée
est flanquée de colonnes classiques.*

L'ABBAYE

Elle fut fondée pour répondre aux aspirations
cisterciennes de simplicité et d'austérité. Les
pauvres, les malades et les voyageurs étaient
toujours bien accueillis.

*La chapelle des Neuf Autels,
à l'est de l'église, fut
construite de 1203 à 1247.
Contrairement à la rigueur
du reste de l'abbaye, son
architecture répond à un souci
d'ornementation ; en témoigne
un vitrail de 18 m de haut.*

Salle du chapitre
Résidence
de l'abbé
Cloître
Cellier
Cuisine
Infirmerie des
moines
Réfectoire
Infirmerie des   Réfectoire
frères convers   des convers

*L'entrepôt voûté en
sous-sol, soutenu par
19 piliers et long de 90 m,
servait à emmagasiner les
toisons que les moines
vendaient aux marchands
vénitiens et florentins.*

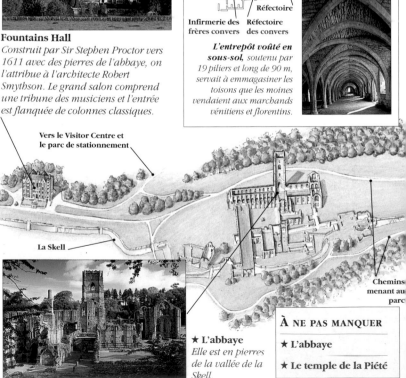

Vers le Visitor Centre et
le parc de stationnement

La Skell

Chemins
menant au
parc

★ **L'abbaye**
*Elle est en pierres
de la vallée de la
Skell.*

À NE PAS MANQUER

★ L'abbaye

★ Le temple de la Piété

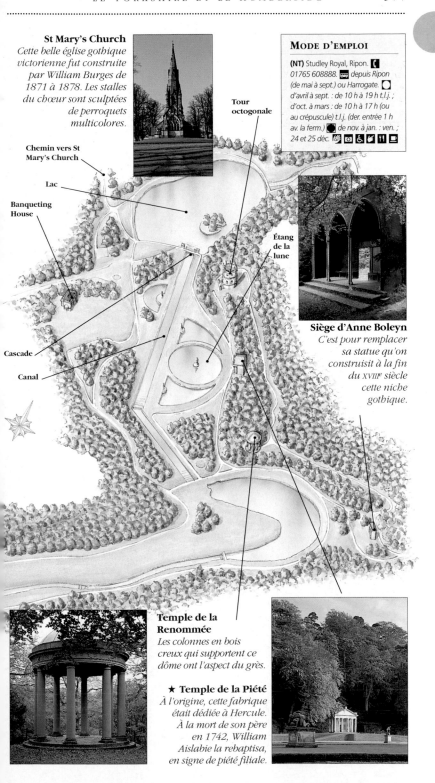

St Mary's Church
Cette belle église gothique victorienne fut construite par William Burges de 1871 à 1878. Les stalles du chœur sont sculptées de perroquets multicolores.

Tour octogonale

Chemin vers St Mary's Church

Lac

Banqueting House

Étang de la lune

Cascade

Canal

MODE D'EMPLOI

(NT) Studley Royal, Ripon. 01765 608888. depuis Ripon (de mai à sept.) ou Harrogate. d'avril à sept. : de 10 h à 19 h t.l.j. ; d'oct. à mars : de 10 h à 17 h (ou au crépuscule) t.l.j. (der. entrée 1 h av. la ferm.) de nov. à jan. : ven. ; 24 et 25 déc.

Siège d'Anne Boleyn
C'est pour remplacer sa statue qu'on construisit à la fin du XVIIIe siècle cette niche gothique.

Temple de la Renommée
Les colonnes en bois creux qui supportent ce dôme ont l'aspect du grès.

★ Temple de la Piété
À l'origine, cette fabrique était dédiée à Hercule. À la mort de son père en 1742, William Aislabie la rebaptisa, en signe de piété filiale.

Le cheval blanc du XIXe siècle, non loin de Sutton Bank

Sutton Bank ⑨

North Yorkshire. 🚆 *Thirsk*. 🛈 *Sutton Bank (01845 597426).*

Très fréquentée par les motards qui en apprécient le relief accidenté, la région de Sutton Bank offre de vastes panoramas ; par temps clair, on peut voir du Vale of York au Peak District *(p. 324-325)*. C'est ce paysage qu'admira William Wordsworth en 1802, sur le chemin qui le menait chez sa future femme, Mary Hutchinson, à Brompton.

Véritable curiosité, le cheval blanc de Sutton Bank est une figure de craie réalisée au XIXe siècle. On peut en faire le tour à pied.

Byland Abbey ⑩

Coxwold, York. 📞 *01347 868614.* 🚌 *depuis York ou Helmsley.* 🚆 *Thirsk.* ⭘ *d'avril à oct. : t.l.j. ; de nov. à mars : du mer. au dim.* ⬤ *25 et 26 déc., 1er jan.* 📷 ♿

Ce monastère cistercien fut fondé en 1177 par des moines de l'abbaye de Furness, en Cumbria. Son église était à l'époque la plus grande d'Angleterre (100 m de long, 41 m de large d'un transept à l'autre). L'agencement des bâtiments est encore visible : le grand cloître, la façade ouest de l'église, ainsi que le pavage en céramique vernie jaune et vert. Un petit musée conserve de belles pierres sculptées et des chapiteaux.

En 1322, la bataille de Byland se déroula non loin de là, et Édouard II *(p. 40)* faillit être capturé par les Écossais qui avaient appris qu'il dînait au monastère. Ses ennemis firent main basse sur toutes les richesses qu'il dut abandonner dans sa fuite précipitée.

Coxwold ⑪

North Yorkshire. 🚶 *160.* 🛈 *Kirkgate, Thirsk (01845 522755).*

Juste à la limite du parc national des North York Moors *(p. 381)*, ce charmant village se niche au pied des Howardian Hills. Les maisons en pierre du pays entourent l'église du XVe siècle caractérisée par une imposante tour octogonale et meublée de bancs fermés géorgiens.

C'est à Coxwold que résida l'écrivain Laurence Sterne

Shandy Hall, maison de l'écrivain Laurence Sterne, devenue un musée

(1713-1768), auteur de *La vie et les opinions deTristram Shandy* et d'*Un voyage sentimental en France et en Italie*, qui, en 1760, vint prendre en charge la paroisse. Il loua une maison toute biscornue qu'il baptisa **Shandy Hall**, ce qui veut dire « excentrique » en patois du Yorkshire. Cette maison à colombage et galerie ouverte du XVe siècle fut remaniée au XVIIe, et Sterne y fit ajouter plus tard une façade. Sa tombe se trouve à côté du porche de l'église.

Le salon miniature Queen Anne de Nunnington Hall

🏛 Shandy Hall

Coxwold. 📞 *01347 868465.* ⏱ *de juin à sept. : mer. et dim. (après-midi).* 🖼 🚻 *limité.* **Jardins** ⏱ *de juin à sept. : du dim. au ven.*

Nunnington Hall 🕘

(NT) Nunnington, York. 📞 *01439 748283.* 🚆 *Malton, puis bus ou taxi.* ⏱ *d'avril à mai, sept. à oct. : du mer. au dim. (après-midi) ; de juin à août : du mar. au dim., jours fériés (après-midi).* 🖼 🚻 *rez-de-chaussée.*

Nunnington Hall fut une propriété de famille jusqu'en 1952, lorsque Mme Ronald Fife en fit don au National Trust. Ce manoir du XVIIe siècle construit dans un bel environnement mêle les styles élisabéthain et Stuart. À l'intérieur comme à l'extérieur, l'architecte a eu recours au fronton brisé (l'arc supérieur n'a pas de clef de voûte). On remarque les boiseries de l'Oak Hall, autrefois peint, qui se prolongent le long de la cloison à trois voûtes jusqu'au grand escalier.

La collection de 22 pièces miniatures, meublées chacune dans un style, est remarquable.

Pour la petite histoire, c'est là que vécut au milieu du XVIe siècle, le Dr Huickes, médecin d'Henri VIII *(p. 50-51)*, connu pour avoir déconseillé à Élisabeth Ire, alors âgée de 32 ans, d'avoir des enfants.

Helmsley 🕓

North Yorkshire. 🏘 *2 000.* 🚌 *depuis Malton.* 🛈 *Town Hall, Market Place (01439 770173).* 🛍 *ven.*

Cette jolie ville est remarquable par son château aux ruines imposantes, construit de 1186 à 1227, dont le donjon, la tour et le mur d'enceinte rappellent la fonction défensive. Si le donjon en forme de D a été partiellement détruit pendant la guerre civile *(p. 52)*, il a cependant conservé son aspect général. Le château était si impressionnant que les tentatives pour le prendre d'assaut furent rares. En 1644 cependant, après un siège de trois mois, la forteresse fut vaincue et démantelée par Sir Thomas Fairfax, général au service du Parlement.

La tour de l'église de Helmsley

Rievaulx Abbey 🕔

Près d'Helmsley, North Yorkshire. 📞 *01439 798228.* 🚆 *Thirsk, puis bus ou taxi.* ⏱ *t.l.j.* ⏱ *du 24 au 26 déc.* 🖼 🚻 *limité.*

Cette abbaye est sans doute la plus belle de la région, en partie grâce à sa situation dans la vallée boisée de la Rye, en partie grâce à l'importance de ses vestiges. Le relief escarpé qui l'entoure renforce son isolement. C'est ici que les moines de Clairvaux fondèrent le premier des grands monastères cisterciens de Grande-Bretagne en 1132. Les bâtiments principaux, dont la nef de l'abbatiale, étaient achevés en 1200. Ils témoignent de la rigueur imposée à l'origine à l'ordre cistercien.

L'abbaye de Rievaulx peinte par Thomas Girtin (1775-1802)

Ruines du prieuré de Mount Grace, avec la ferme et les habitations au premier plan

Mount Grace Priory ⓯

(NT) Northallerton, North Yorkshire. 📞 01609 883494. 🚂 Northallerton, puis bus. ⭘ d'avril à oct. : t.l.j. ; de nov. à mars : de mer. à dim. ⬤ 24-26 déc., 1er jan. 📷 ♿ terrasses et boutiques seulement.

Fondé par Thomas Holland, duc de Surrey, et en activité de 1398 à 1539, c'est le monastère chartreux (p. 336-337) le mieux conservé d'Angleterre. La première communauté ne comptait que 20 moines qui avaient fait vœu de silence et vivaient en cellule. Chacune était dotée d'un jardin et d'un guichet qui empêchait de voir celui qui apportait le repas. Les moines ne se réunissaient qu'aux matines, aux vêpres et aux repas de fête. Ceux qui tentaient de s'échapper étaient punis de prison. Les ruines comprennent l'ancienne prison, le corps de garde et la cour extérieure, des cellules et l'église (XIVe s.), élément le mieux conservé. Celle-ci était de petite taille, car elle ne servait que rarement à l'ensemble de la communauté. Une cellule reconstituée donne un aperçu de la vie monastique.

Hutton-le-Hole ⓰

North Yorkshire. 🚶 400. 🚂 Malton, puis bus. 🛈 parc de stationnement d'Eastgate (01751 473791).

Dans ce village pittoresque, des moutons paissent en liberté dans un vaste pré entouré de maisons impeccables, d'une auberge et de boutiques. Ce ne sont pas les traditionnels ponts de pierre, mais des planches de bois blanc qui enjambent les cours d'eau des landes. Les cottages, dont la date de construction figure parfois au-dessus de la porte, sont en

Atelier de charron au Ryedale Folk Museum

calcaire et recouverts de tuiles rouges. Le **Ryedale Folk Museum**, dans le centre, évoque la vie de cette localité agricole grâce à des objets romano-bretons et des bâtiments reconstitués.

🏛 **Ryedale Folk Museum**
Hutton-le-Hole. 📞 01751 417367. ⭘ de mi-mars à oct. : t.l.j. 📷 ♿

Les North York Moors ⓱

Voir p. 381.

Le chemin de fer des North York Moors ⓲

Pickering, North Yorkshire. 📞 01947 895359. ⭘ d'avril à oct. : t.l.j. ; certains week-ends en déc. 📷 ♿

Tracée en 1831 le long de la vallée de l'Esk par George Stephenson pour relier Pickering et Whitby (p. 382), cette voie ferrée fut considérée comme un exploit technique. Le budget ne permettant pas de creuser un tunnel, la voie dut emprunter la déclivité de 1,5 km entre Beck Hole et Goathland. Autour de Fen Bog, il fallut stabiliser le terrain à l'aide de poutres, de brandes, de broussailles et de peaux pour faire un remblai. Un cheval tirait les convois à 16 km/h. La vapeur le remplaça, et 130 ans durant le chemin de fer relia Whitby au reste du pays. Vers 1960, la ligne ferma faute de trafic, mais en 1967 des gens du pays en réclamèrent la réouverture, qui fut déclarée officiellement en 1973 par la duchesse de Kent. La ligne parcourt 29 km, via Levisham, Newtondale Halt et Goathland, avant de s'arrêter à Grosmont, au cœur des pittoresques North York Moors.

Les North York Moors ⑰

Ce circuit traverse une partie de la région entre Cleveland, le Vale of York et le Vale of Pickering, autrement dit le parc national des North York Moors. Les vallées verdoyantes y alternent avec les landes (*moors*) désolées. L'agriculture est la principale richesse, et avant l'introduction du charbon les villageois se chauffaient à la tourbe. Au XIXᵉ siècle apparurent des industries d'extraction (minerai de fer, chaux, charbon, pierre de taille).

Mallyan Spout ⑦
De Goathland, un sentier mène à cette cascade.

Goathland ⑧
Point de départ des randonnées en forêt et dans les landes. Nombreux lieux d'hébergement.

Farndale ③
Au printemps, cette vallée se couvre d'un tapis de narcisses.

Croix blanche « Fat Betty » ④
Au Moyen Âge, on déposait de l'argent au pied de cette croix pour les pauvres voyageurs.

DANBY MOORS CENTRE

LEALHOLM

EGTON BRIDGE

WHITBY

Wheeldale Gill

West Beck

Thorgill

Seven

Hartoft Beck

Rutmoor Beck

Blawath Beck

Rosedale ⑤
Après la découverte de minerai de fer en 1856, cette jolie vallée devint un centre minier, dont les vestiges sont encore visibles.

Hutton-le-Hole ②
Dans ce joli village, un musée intéressant présente les coutumes et l'artisanat locaux.

Dove

Spaunton

Wade's Causeway ⑥
L'armée romaine construisit cette route vers 80 apr. J.-C. en recouvrant une chaussée de gravier et de sable avec des dalles de grès. Selon la légende, le géant Wade l'aurait tracée pour servir de sentier à sa femme.

CARNET DE ROUTE

Itinéraire : 45 km.
Où faire une pause ? La Forge Tea Shop de Hutton-le-Hole ouv. t.l.j. de mar. à oct. et le week-end de nov. à fév. L'auberge Mallyan Spout (p. 610) de Goathland est fréquentée par les marcheurs (voir aussi p. 636-637).

0   2 km

Lastingham ①
La crypte normande de l'église (1078) contient des sculptures en pierre. Sous la crypte repose saint Cedd, qui fonda le monastère saxon primitif en 654.

LÉGENDE

▬▬▬ Circuit

═══ Autre route

🌼 Point de vue

Whitby ⑲

L'histoire de cette ville remonte au moins au VIIe siècle, époque de la fondation d'un monastère saxon, sur le site duquel fut édifiée au XIIIe siècle la fameuse abbaye de Whitby. Au XVIIIe et au début du XIXe siècle, Whitby devint un port industriel avec des chantiers navals, d'où les bateaux partaient pêcher la baleine. À l'ère victorienne, de petits ateliers, au pied de la colline, créaient bijoux et objets à partir du jais.
Des boutiques d'artisanat les ont aujourd'hui remplacés ; elles proposent des pièces anciennes aux touristes.

Peigne en jais (vers 1870)

MODE D'EMPLOI

North Yorkshire. 🏠 13 500.
✈ Teeside, 80 km au N.-O. de Whitby. 🚉 Station Sq. ℹ
Langborne Rd (01947 602674).
🖻 mar., sam. 🎪 Whitby Festival : juin ; Angling Festival : juil. ; Lifeboat Day : 29 juil. ; Folk Week : 17-23 août ; Whitby Regatta : août ; Captain Cook Festival : oct.

À la découverte de Whitby

L'estuaire de l'Esk divise Whitby en deux. La vieille ville, avec ses rues pavées et ses maisons aux teintes pastel, se presse autour du port. St Mary's Church, dont l'intérieur en bois est l'œuvre de charpentiers de marine, la domine.

Les ruines de l'abbaye du XIIIe siècle, toute proche, servent encore de repère aux marins. De là, on a une belle vue sur le port attrayant, encore actif, où sèchent les filets colorés et que domine, au bord de la falaise, la statue en bronze du capitaine James Cook (1728-1779), qui débuta comme apprenti chez un armateur de Whitby.

Casiers à homards le long du quai du port de Whitby

Les arches médiévales de la nef de l'abbaye de Whitby

⛪ Whitby Abbey

Abbey Lane. 📞 01947 603568.
🕐 t.l.j. 🚫 24-26 déc. 🖼
Le monastère pour hommes et femmes fondé en 657 par l'abbesse Hilda fut mis à sac par les Vikings en 870. Reconstruit à la fin du XIe siècle, il échut aux bénédictins. Les ruines actuelles datent principalement du XIIIe siècle.

⛪ St Mary's Parish Church

East Cliff. 📞 01947 603421.
🕐 d'avril à oct. : t.l.j. ; de nov. à mars : du mar. au sam.
Les remaniements, dans le style Stuart puis georgien, ont apporté à cette église normande un mélange d'éléments divers : colonnes torses en bois, labyrinthe de bancs fermés, chaire à trois étages (1778) équipée de cornets acoustiques…

🏛 Captain Cook Memorial Museum

Grape Lane. 📞 01947 601900.
🕐 mars : sam. et dim. ; d'avril à oct. : t.l.j. 🖼
Jeune apprenti, Cook dormait sous les combles de cette maison. Le mobilier d'époque a été reconstitué d'après les inventaires et aquarelles des artistes qui ont suivi Cook dans ses voyages.

🏛 Whitby Museum et Pannett Art Gallery

Pannett Park. 📞 01947 602908.
🕐 de mai à sept. : t.l.j. ; d'oct. à avril : du mar. au dim. 🚫 24 déc. au 2 jan. 🖼 musée. 🚻 limité.
Le parc, le musée et la galerie ont été donnés à Whitby par un avocat de la ville, Robert Pannett (1834-1920), pour abriter sa collection d'art. Des objets illustrent l'histoire locale : bijoux de jais, fossiles, maquettes de bateaux et objets personnels du capitaine Cook.

🏛 Museum of Victorian Whitby

Sandgate. 📞 01947 601221.
🕐 t.l.j. 🚫 25 déc. 🖼
Parmi les témoignages de l'époque victorienne, on peut remarquer la timonerie animée d'un baleinier et une collection unique de pièces d'habitation miniature.

⛪ Caedmon's Cross

East Cliff. 📞 01947 603421.
Cette croix, proche du cimetière de l'abbaye, porte le nom d'un laboureur illettré qui y travaillait au VIIe siècle. Une vision lui inspira des cantiques en vers anglo-saxons qui se chantent encore.

La croix de Caedmon (1898)

Robin Hood's Bay ⑳

North Yorkshire. 🏠 1 400. 🚋 🚌 Whitby. 🛈 Langbourne Rd, Whitby (01947 602674).

Selon la légende, Robin des Bois *(p. 322)* y postait ses bateaux en prévision d'une éventuelle fuite. Le port fut un centre de contrebande ; de nombreuses maisons ont d'ingénieuses cachettes dans le sol ou les murs. La rue principale pavée est si raide qu'il faut laisser son véhicule en bas. Dans le centre, de jolies ruelles bordées de maisons de pierre aux couleurs un peu passées se serrent le long d'un quai pittoresque. Sur la plage, les enfants peuvent jouer dans les creux des rochers. À marée basse, il faut 15 mn pour aller jusqu'à Boggle Hole, au sud, mais il faut prendre garde à la marée montante.

Ruelle pavée à Bay Town dans Robin Hood's Bay

Le bourg de Scarborough se serre autour du port de pêche

Scarborough ㉑

North Yorkshire. 🏠 54 000. 🚋 🚌 🛈 St Nicholas Cliff (01723 373333). 🏪 du lun. au sam.

Fréquentée dès 1626, Scarborough, surnommée « la reine des villes d'eau » pendant la révolution industrielle *(p. 334-335)*, déclina après 1945. Deux plages se distinguent : les établissements de loisirs de South Bay contrastent avec le calme de North Bay. Les premières des pièces d'Alan Ayckbourn ont toujours lieu au théâtre Joseph Rowntree. Anne Brontë *(p. 398)* est enterrée à St Mary's Church. Des vestiges de l'âge du bronze et du fer ont été découverts sur le site du **château**. Le **Wood End Museum** présente la géologie et l'histoire locales. La **Rotunda** (1828-1829) fut l'un des premiers bâtiments à vocation de musée construits en Grande-Bretagne. La **Scarborough Art Gallery** expose des œuvres de l'artiste local Atkinson Grimshaw (1836-1893). Au **Sea-Life Centre**, on peut voir des bébés hippocampes. L'été, des concerts sont organisés au **Peasholm Park**.

♣ **Scarborough Castle**
Castle Rd. 📞 01723 372451. ◯ d'avril à oct. : t.l.j. ; de nov. à mars : du mer. au dim. ● 24-26 déc. 🦽 ♿

🏛 **Wood End Museum**
The Crescent. 📞 01723 367326. ◯ avril-sept. : mar.-dim. ; oct.-mai : ven.-dim., jours fériés. ● 25, 26 déc., 1er jan.

🏛 **Rotunda Museum**
Vernon Rd. 📞 01723 374839. ◯ avril-sept. : mar.-dim. ; oct.-mai : ven.-dim., jours fériés. ● 25, 26 déc., 1er jan.

🏛 **Scarborough Art Gallery**
The Crescent. 📞 01723 374753. ◯ avril-sept. : mar.-dim. ; oct.-mai : ven.-dim., jours fériés. ● 25, 26 déc., 1er jan.

🐟 **Sea-Life Centre**
Scalby Mills Rd. 📞 01723 376125. ◯ t.l.j. ● 25 déc. 🦽 ♿

♣ **Peasholm Park**
Columbus Ravine. 📞 01723 373333. ◯ t.l.j. 🦽 ♿

LA VOGUE DES BAINS DE MER

Au XVIIIe siècle, on se mit à considérer les bains de mer comme une saine activité, et à partir de 1735 hommes et femmes, sur des plages séparées, se plongeaient dans l'eau depuis des cabines, appelées des « machines » ; la nudité était alors admise. Le costume de bain, vêtement à part entière, apparut à l'époque victorienne. Au XIXe siècle, les ouvriers profitèrent des premiers trains à vapeur pour fréquenter la côte les jours de congé. C'est à cette époque que les stations de bord de mer comme Blackpool *(p. 359)* et Scarborough prirent leur essor.

Cabine de bain victorienne sur roues

Castle Howard ②

Chapiteau sculpté par Samuel Carpenter (Great Hall)

Quand Charles Howard obtint le titre de 3ᵉ comte de Carlisle en 1692, il commanda les plans d'une demeure à Sir John Vanbrugh, homme plein d'idées mais sans expérience de l'architecture. C'est l'architecte Nicholas Hawksmoor *(p. 24)* qui réalisa les grands projets de Vanbrugh en 1699, et le corps principal fut achevé en 1712. L'aile ouest vit le jour entre 1753 et 1759 selon les dessins de Thomas Robinson, gendre du 3ᵉ comte. Le château servit de décor à l'adaptation télévisée du roman d'Evelyn Waugh *Retour à Brideshead* (1945). Il est toujours la propriété de la famille Howard.

Temple des Quatre Vents
Cette fabrique typique du XVIIIᵉ siècle fut la dernière œuvre de Vanbrugh. Dans le parc, au bout de la terrasse, elle se distingue par son dôme et ses quatre portiques ioniques.

Aile est

La façade regarde au nord, chose rare au XVIIᵉ siècle, tandis que toutes les pièces de réception donnent au sud, offrant une belle vue sur les jardins.

Façade nord

★ Great Hall
Le grand hall de 515 m² s'élève à 20 m de haut sous le dôme. Il est orné de colonnes de Samuel Carpenter (1660-1713), de peintures murales de Pellegrini et d'une galerie circulaire.

SIR JOHN VANBRUGH

Vanbrugh (1664-1726) reçut une formation militaire, mais c'est comme dramaturge, architecte et membre de la noblesse whig qu'il est connu. Il collabora avec Hawksmoor aux plans de Blenheim Palace, mais ses idées hardies furent mal accueillies par la société de l'époque. Il mourut alors qu'il était en train de réaliser les fabriques et le parc de Castle Howard.

Vitrail de la chapelle
*L'amiral Edward Howard,
Lord Lanerton, modifia la
chapelle entre 1870 et 1875.
Les vitraux sont d'Edward
Burne-Jones et William Morris.*

MODE D'EMPLOI

A64 depuis York, Yorkshire.
☎ 01653 648444. ➥ York puis
bus, ou Malton puis taxi. **Maison**
○ de mars à oct. : de 11 h à
16 h 30 t.l.j. **Terrasses** ○ de 10 h
à 18 h 30 t.l.j. 🖼 ⓰ ⓘ ⚏ 🍴 ⬚

Buste du 7ᵉ comte
*Ce buste de J. H. Foley (1870)
se trouve au sommet du grand
escalier de l'aile ouest.*

★ Grande galerie
*Un grand nombre de
portraits, dont certains
de Lely ou Van Dyck,
retracent la lignée de la
famille Howard.*

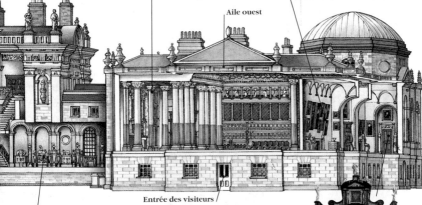

Aile ouest

Entrée des visiteurs

Galerie des antiques
*Des antiquités rassemblées
par plusieurs comtes de
Carlisle aux XVIIIᵉ et
XIXᵉ siècles y sont exposées.
L'abondance de personnages
mythologiques reflète l'intérêt
de l'époque pour la
civilisation antique.*

À NE PAS MANQUER

★ Great Hall

★ La grande galerie

Museum Room
*Parmi les meubles, des
chaises Régence, des
tapis persans et ce
cabinet du XVIIᵉ siècle.*

Eden Camp

Malton, North Yorkshire. 01653 697
777. Malton, puis taxi. de mi-jan.
à mi-fév. : du lun. au ven. ; de mi-fév. à
déc. : t.l.j. du 24 déc. à mi-jan.

Ce musée original rend
hommage au
comportement du peuple
britannique pendant la
Deuxième Guerre mondiale. À
Eden Camp, de 1939 à 1948,
furent emprisonnés des soldats
italiens et allemands.
Aujourd'hui, les baraques
construites par des Italiens en
1942 abritent un musée, avec
des reconstitutions par
périodes et un guide sonore.
Chacune évoque la vie
quotidienne en temps de
guerre, depuis l'annonce à la
radio de la déclaration de
guerre par Churchill jusqu'au
retour de la paix. Les visiteurs
peuvent voir la bombe volante
V1 qui s'abattit à côté du mess
des officiers, prendre le thé à la
cantine ou vivre une nuit sous
le Blitz. La visite peut nécessiter
plusieurs heures.

**Les drapeaux britannique et
américain à l'entrée d'Eden Camp**

Wharram Percy

North Yorkshire. 0191 2611585
(English Heritage). Malton, puis
taxi. t.l.j.

Wharram Percy est situé
dans une jolie vallée,
indiquée à partir de la B1248
à Burdale, au cœur des Wolds
verdoyants et vallonnés. C'est
l'un des sites médiévaux
majeurs d'Angleterre. Des
fouilles récentes ont mis au
jour les traces d'une localité
de 30 feux, deux demeures
seigneuriales et les vestiges
d'une église. Le bief d'un
moulin couvert de fleurs
sauvages au printemps en fait
un lieu de pique-nique
agréable, à 20 mn à pied du
parc de stationnement.

Sculpture en albâtre de la cheminée de Burton Agnes

Burton Agnes

Près de Driffield, East Yorkshire.
01262 490324. Driffield, puis bus.
d'avril à oct. : t.l.j. limité à la
maison.

C'est l'atmosphère familiale
qui règne dans ce château
élisabéthain en brique rouge
qui distingue Burton Agnes
Hall de toutes les grandes
demeures situées dans un
triangle entre Hull, York et
Scarborough.
Burton Agnes n'a pas
changé de propriétaire ni
même d'aspect depuis sa
construction de 1598 à 1610.
On peut voir dans Small Hall
le portrait d'Anne Griffith,
dont le père, Sir Henry, fit
construire la maison. L'église
voisine abrite un monument à
sa mémoire.
On pénètre dans la demeure
par un corps de garde à
tourelles ; la cheminée de
l'entrée est remarquable par
ses ornements en albâtre.
L'escalier en chêne massif est
un bel exemple
d'ouvrage élisabéthain.
La bibliothèque
conserve une
collection de

tableaux impressionnistes et
post-impressionnistes (Renoir,
Derain, Augustus John) qui
tranche avec le style de la
maison. Dans le vaste parc se
trouve une aire de jeu pour les
enfants.

Bempton et Flamborough Head

East Yorkshire. 4 300. Bempton.
Bridlington. Prince St,
Bridlington (01262 673474).

Falaises calcaire à pic
s'étirant sur 8 km entre
Speeton et Flamborough
Head, Bempton est la plus
grande colonie d'oiseaux de
mer d'Angleterre. La paroi
rocheuse
abrite les
nids de
plus de

Nid de fou de Bassan sur les falaises calcaires de Bempton

100 000 couples. Huit espèces, parmi lesquelles le cormoran huppé et la mouette tridactyle, nichent sur ces falaises classées Grade 1 *(p. 617)*. Bempton est le seul asile non insulaire du fou de Bassan, dont est connue la technique de pêche spectaculaire. Mai, juin et juillet sont propices à l'observation des oiseaux.

Les falaises sont plus belles vues du côté nord de la péninsule de Flamborough Head, qui offre d'agréables possibilités de randonnées.

Beverley ㉗

Humberside. 🏠 *26 000.* ℹ️ *The Guildhall, Register Sq (01482 867430).* 🚌 *sam.*

L'histoire de cette ville remonte au VIIIᵉ siècle, quand John, futur évêque d'York, canonisé à la suite de guérisons miraculeuses, se retira à Old Beverley. Devenue lieu de pèlerinage, Beverley s'agrandit peu à peu. Comme York, c'est un agréable mélange d'architecture médiévale et georgienne.

Le pilier des Ménestrels de St Mary's Church

Il est conseillé d'entrer par la dernière des cinq portes de la ville, North Bar, qui, au Moyen Âge, permettait de franchir le mur d'enceinte. Elle fut reconstruite en 1409-1410.

Les tours jumelles de Beverly Minster dominent la cité. Un monastère *(minster)* fut fondé par Athelstan, roi de Wessex, sur le site de celui que John de Beverley avait choisi pour dernière demeure en 721. La nef (début du XIIIᵉ s.) est la partie conservée la plus ancienne. Les stalles du chœur du XVIᵉ siècle et les 68 miséricordes *(p. 327)* sont particulièrement remarquables. Parmi les nombreuses sculptures anciennes, un groupe de quatre représente des maladies (entre autres, rage de dents et lumbago). Au nord de l'autel se trouve une tombe gothique du XVIᵉ siècle richement sculptée, qui serait celle de Lady Idoine Percy, morte en 1365. Également au nord, la chaise de la paix, ou Fridstol (v. 924-939, époque d'Athelstan) : elle garantissait 30 jours d'impunité à qui s'y asseyait. **St Mary's Church**, à l'intérieur de l'enceinte, abrite la plus belle collection de sculptures représentant des instruments de musique d'Angleterre, en particulier le

Le fameux lapin pèlerin de St Mary's Church, à Beverley

pilier des Ménestrels du XVIᵉ siècle, peint de couleurs vives. Le plafond lambrissé du chœur (XIIIᵉ s.) est orné des portraits de tous les souverains anglais depuis 1445. Sur le portail richement sculpté de St Michael's Chapel, le lapin pèlerin souriant passe pour avoir inspiré à Lewis Carroll le lapin blanc d'*Alice au pays des merveilles*.

Au sud-est de la cathédrale, le **Museum of Army Transport** expose plus de 100 véhicules militaires. Le marché se tient le samedi depuis le Moyen Âge.

🏛 Museum of Army Transport

Flemingate. 📞 *01482 860445.* 🕐 *t.l.j.* 🔴 *24-26 déc.* ♿ &

Beverley Minster, l'une des plus belles constructions gothiques d'Europe

Burton Constable  28

Près d'Hull, East Yorkshire.
📞 01964 562400. 🚌 Hull, puis taxi.
🕐 de Pâques à juin : du sam. au jeu.
♨ ♿

C'est une famille de grands propriétaires terriens remontant au XIIIᵉ siècle, les Constable, qui habite Burton Constable depuis sa construction en 1570. Elle en occupe aujourd'hui l'aile sud. Cette demeure élisabéthaine a été modifiée au XVIIIᵉ siècle par Thomas Lightholer, Thomas Atkinson et James Wyatt. Elle compte 30 pièces, certaines de style georgien, d'autres de style victorien, abrite une collection de meubles Chippendale et des portraits de famille conservés depuis le XVIᵉ siècle. L'essentiel de la collection d'imprimés, de textiles et de dessins appartient à la City Art Gallery de Leeds.

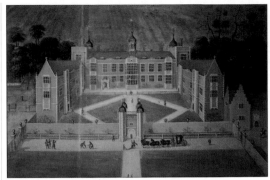

Burton Constable (vers 1690) peint par un artiste anonyme

Hull Docks Company (1871), retrace l'histoire maritime de la ville. On y voit un os de baleine décoré, un banc en vertèbres et une exposition de nœuds de marins comme l'*eye splice* et le *midshipman's hitch*.
Hands on History, imposant bâtiment élisabéthain, raconte l'histoire de Hull à travers une collection d'objets appartenant à certaines de ses familles.
William Wilberforce House, au cœur de la vieille ville, dans une rue qui sent fort l'air marin, est l'exemple d'une habitation de marchand. Les pièces du premier étage, couvertes de boiseries de chêne, datent du XVIIᵉ siècle. L'essentiel de la maison rappelle le souvenir des

Wilberforce, car le grand-père de l'abolitionniste s'y installa en 1732 ; un musée est consacré à l'esclavage.
Non loin, **Streetlife Transport Museum**, musée le plus récent et le plus bruyant de Hull, est apprécié des enfants. Une évocation de la vie des rues et des transports permet de voir des bottes de postillon renforcées pour protéger des coups de sabots ou la reconstitution d'un atelier de réparation de bicyclettes.

🏛 **Maritime Museum**
Queen Victoria Sq. 📞 01482 593902. 🕐 t.l.j. ● 23-27 déc., 1ᵉʳ jan., ven. saint. ♿
🏛 **Hands on History**
South Churchside. 📞 01482 610610. 🕐 week-end et vacances scolaires. ● 23-27 déc., 1ᵉʳ jan., ven. saint. ♿

Le Prince's Dock, dans le quartier des docks rénovés de Kingston upon Hull

Kingston upon Hull 29

Humberside. 🏙 270 000. 🚌 🚉 ⛴
ℹ Paragon St (01482 223559). ⛴
mar., ven., sam.

Hull offre bien plus que l'héritage d'une industrie de la pêche. Les docks restaurés du centre sont attrayants et la vieille ville au plan médiéval n'est que rues pavées sinueuses et maisons de brique rouge biscornues. Les poissons de métal du Fish Trail, incrustés dans le sol, rappellent les variétés que les pêcheurs capturaient, de l'anchois au requin. Le **Maritime Museum**, Victoria Square, anciens bureaux de la

---

WILLIAM WILBERFORCE (1758-1833)

Né à Hull dans une famille de marchands, il fit des études classiques à Cambridge. Il entra dans la politique et, en 1784, prononça l'un de ses premiers discours à York, où il donna la mesure de son talent oratoire, devant une assistance passionnée. À partir de 1785, porte-parole du gouvernement Pitt pour l'abolition de l'esclavage, il mena une campagne vigoureuse et habile. Mais ses prises de position lui valurent des inimitiés et, en 1792, les menaces d'un marchand d'esclaves le forcèrent à être escorté d'hommes en armes. Son décret abolissant le commerce des esclaves entra en vigueur en 1807.

Wilberforce, d'après une gravure du XIXᵉ siècle de J. Jenkins

**⛪ William Wilberforce
House**
South Churchside. 📞 *01482
593902.* ⭕ *t.l.j.* ⚫ *25-27 déc.,
1er jan., ven. saint.* ♿

**⛪ Streetlife Transport
Museum**
South Churchside. 📞 *01482
593902.* ⭕ *t.l.j.* ⚫ *25-27 déc.,
1er jan., ven. saint.* ♿

Holderness et
Spurn Head ㉚

North Humberside. 🚉 *Hull (Paragon
St), puis bus.* ℹ️ *Newbegin, Hornsea
(01964 536404).*

Cette curieuse région plate
à l'est de Hull, aux routes
droites et aux champs
d'avoine et d'orge
délicatement ondulés,
ressemble par bien des côtés
à la Hollande, malgré ses
moulins en ruine. Des plages
s'étirent sur 46 km le long de
la côte, où les stations
principales sont **Withernsea**,
dont le phare est devenu un
musée, et **Hornsea**, connue
par sa céramique.

Le paysage du Holderness a
évolué sous l'action des
courants marins. Vers 1560,
ceux-ci auraient commencé à
accumuler une importante
quantité de sable. Ce
phénomène s'est poursuivi au
cours des siècles au point de
former une île, Sonke Sand,
attestée comme telle dès 1669
et reliée à la côte vers 1830.
On peut désormais traverser
en voiture l'étrange et sauvage
Sunk Island et se diriger vers
Spurn Head. Ce point est situé

au bout de la péninsule de
Spurn constituée par un
cordon sableux de 6 km. Le
Yorkshire Naturalists' Trust en
protège la flore et la faune de
cette île depuis 1960. Le sol
meuble donne parfois
l'impression de se dérober
sous les pieds des marcheurs.

À l'extrémité de Spurn
Head, on découvre avec
surprise une petite
communauté de sauveteurs et
pilotes toujours prêts à guider
les navires vers le port de Hull
ou à secourir les marins et
bateaux en détresse.

**Bateau de pêche au National
Fishing Heritage Centre de
Grimsby**

Grimsby ㉛

South Humberside. 🏠 *92 000.*
🚉 🚌 ℹ️ *Heritage Sq (01472
342422).* 🛒 *mar., jeu., sam.*

Fondée au Moyen Âge à
l'embouchure de la
Humber par un pêcheur

danois du nom de Grim,
Grimsby devint au XIXe siècle
l'un des plus importants ports
de pêche du monde. Ses
docks datent de 1800 et, grâce
au chemin de fer, la ville
s'assura le moyen de
transporter ses prises à travers
tout le pays. Malgré le déclin
de la pêche traditionnelle
depuis 1970, le
réaménagement des docks
prouve que Grimsby n'a pas
renié son passé.

Le **National Fishing
Heritage Centre**, est un
musée qui recrée l'atmosphère
de la grande époque, dans les
années 1950. Le visiteur
s'engage comme matelot à
bord d'un chalutier et, grâce à
des montages interactifs,
voyage des rues de Grimsby
aux zones de pêche arctiques.
En chemin, il peut sentir le
roulis du bateau, l'odeur du
poisson et la chaleur des
machines. Le parcours
s'achèvera par la visite guidée
du *Ross Tiger*, chalutier
restauré de la même époque.

Grimsby est aussi une cité
animée où, chaque année en
juillet, se déroule un festival
international de jazz. Dans
Abbeygate, rue commerçante
victorienne restaurée, on
trouvera un marché et nombre
de restaurants. Les stations de
bord de mer de Cleethorpes,
Mablethorpe et Skegness ne
sont pas loin.

**⛪ National Fishing
Heritage Centre**
Heritage Sq, Alexandra Dock.
📞 *01472 344868.* ⭕ *t.l.j.* ⚫ *25,
26 déc., 1er jan.* 🎫 ♿

Phare isolé à Spurn Head, à la pointe de la péninsule de Spurn

York pas à pas 32

Y ork a conservé une grande partie de son aspect médiéval, si bien que le centre est un musée vivant à parcourir à pied. Nombre des maisons à colombage dominant les rues sinueuses, comme les Shambles, sont classées. Le centre-ville est interdit aux voitures, mais les rues pavées sont souvent encombrées par les deux-roues des étudiants. Bénéficiant de sa situation, York est devenu un nœud ferroviaire au XIXe siècle.

Blason sur Monk Bar

★ York Minster
Cette cathédrale médiévale, la plus vaste d'Angleterre, fut commencée en 1220 (p. 392-393).

Stonegate
Le diable rouge du Moyen Âge est l'emblème de cette rue.

Thirsk ←   **Helmsley**

DEANGATE

HIGH PETERGATE   LOW PETER

ST LEONARDS PLACE

DUNCOMBE PLACE

STONEGATE

BLAKE STREET

DAVYGATE

St Mary's Abbey

Le Yorkshire Museum
conserve une belle collection de fossiles découverts à Whitby au XIXe siècle.

MUSEUM STREET

LENDAL STREET

CONEY STREE

Lendal Bridge

OUSE

↓
Gare ferroviaire, gare routière, National Railway Museum et Leeds

St Olave's Church
Le comte de Northumbria fonda cette église au XIe siècle, près du portail de St Mary's Abbey (p. 392), en mémoire de saint Olaf, roi de Norvège. À gauche se trouve la chapelle St Mary on the Walls.

Ye Old Starre Inne est l'un des plus vieux pubs d'York.

Guildhall
Ce bossage médiéval représentant deux têtes orne le Guildhall du XVe siècle, restauré après les bombardements de la dernière guerre.

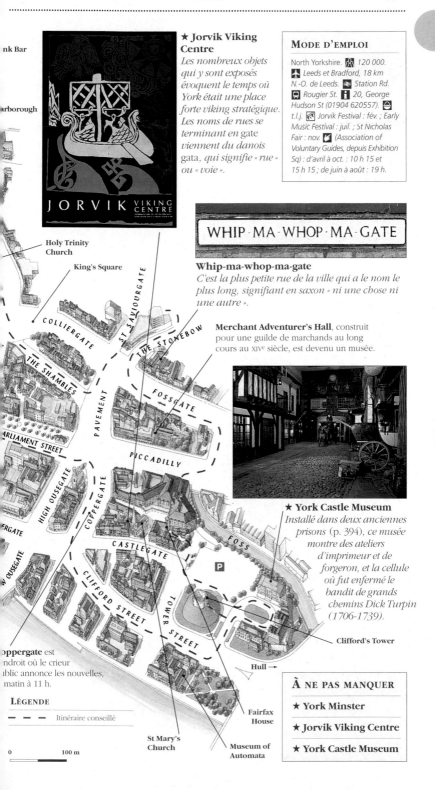

nk Bar

rborough

★ Jorvik Viking Centre

Les nombreux objets qui y sont exposés évoquent le temps où York était une place forte viking stratégique. Les noms de rues se terminant en gate *viennent du danois* gata, *qui signifie « rue » ou « voie ».*

MODE D'EMPLOI

North Yorkshire. 120 000.
Leeds et Bradford, 18 km
N.-O. de Leeds. Station Rd.
Rougier St. 20, George
Hudson St (01904 620557).
t.l.j. Jorvik Festival : fév. ; Early
Music Festival : juil. ; St Nicholas
Fair : nov. (Association of
Voluntary Guides, depuis Exhibition
Sq) : d'avril à oct. : 10 h 15 et
15 h 15 ; de juin à août : 19 h.

Holy Trinity Church

King's Square

COLLIERGATE

ST SAVIOURGATE

THE STONEBOW

THE SHAMBLES

TOWER

ARLIAMENT STREET

PAVEMENT

FOSSGATE

PICCADILLY

HIGH OUSEGATE

COPPERGATE

ERGATE

W OUSEGATE

CASTLEGATE

FOSS

CLIFFORD STREET

TOWER STREET

WHIP · MA · WHOP · MA · GATE

Whip-ma-whop-ma-gate
C'est la plus petite rue de la ville qui a le nom le plus long, signifiant en saxon « ni une chose ni une autre ».

Merchant Adventurer's Hall, construit pour une guilde de marchands au long cours au XIVᵉ siècle, est devenu un musée.

★ York Castle Museum

Installé dans deux anciennes prisons (p. 394), ce musée montre des ateliers d'imprimeur et de forgeron, et la cellule où fut enfermé le bandit de grands chemins Dick Turpin (1706-1739).

Clifford's Tower

ppergate est
ndroit où le crieur
blic annonce les nouvelles,
matin à 11 h.

LÉGENDE

– – – Itinéraire conseillé

0   100 m

Hull →

Fairfax House

St Mary's Church

Museum of Automata

À NE PAS MANQUER

★ **York Minster**

★ **Jorvik Viking Centre**

★ **York Castle Museum**

York Minster

Rosace centrale de York Minster

Cette cathédrale gothique, une des plus grandes d'Europe (163 m de long sur 76 m entre les transepts), possède le plus grand nombre de vitraux médiévaux de Grande-Bretagne *(p. 395)*. Le mot *minster* désigne normalement un monastère, mais à York le service fut toujours assuré par des prêtres séculiers. Sur ce site se succédèrent plusieurs cathédrales, dont une imposante construction normande du XIᵉ siècle, sans doute bâties sur l'emplacement de la chapelle en bois dans laquelle le roi Edwin de Northumbria fut baptisé en 627. La cathédrale actuelle fut commencée en 1220 et achevée 250 ans plus tard. En juillet 1984, le feu détruisit le toit du transept sud, qui a été restauré.

La tour centrale
Reconstruite de 1420 à 1465 (après un effondrement partiel en 1407) sur les plans du maître maçon William Colchester, la tour lanterne s'élève à la croisée du transept.

Lady Chapel

Le chœur a une entrée voûtée avec un bas-relief du XIIᵉ siècle, l'Assomption de la Vierge.

Sortie vers le transept sud

Rosace du XVIᵉ siècle

★ Salle capitulaire
Près de l'entrée de cette salle à voûte de bois (1260-1285), une inscription en latin dit : « Comme la rose est la fleur des fleurs, cette maison est la maison des maisons. »

★ Jubé
Entre le chœur et la nef, cet ouvrage de pierre du XVᵉ siècle est orné des statues des rois d'Angleterre, de Guillaume Iᵉʳ à Henri VI, sous un dais d'anges.

La nef, bâtie en 1291, fut ravagée par le feu en 1840. Après une coûteuse reconstruction, elle rouvrit en 1840 dotée d'un nouveau carillon.

La charpente du Merchant Adventurers' Hall

Les tours ouest, avec leurs
panneaux décoratifs du
XVe siècle et leurs pinacles
ornés, contrastent avec l'allure
plus simple du transept nord. La
tour sud-ouest sert de clocher.

Grand portail ouest

Grand vitrail ouest
(p. 395)

À NE PAS MANQUER

★ **Salle capitulaire**

★ **Jubé**

♛ Monk Bar

Cette porte médiévale, située à
l'extrémité de Goodramgate, est
une des plus belles d'York.
Elle est voûtée sur trois étages,
et la herse fonctionne
toujours. Au Moyen Age, les
pièces du haut étaient louées ;
elle devint une prison au
XVIe siècle. Elle est décorée de
statues d'hommes jetant des
pierres sur les assaillants.

�🏛 Museum of Automata

9 Tower St. ☎ 01904 655550.
◯ t.l.j. ● 25 déc. 🏷 ♿
Ce musée des automates
retrace l'histoire des objets
mécaniques, des simples
figurines articulées de
l'antiquité aux machines du
XXe siècle. Des animations
vidéo permettent de voir
fonctionner les automates
les plus fragiles, comme
l'acrobate et les clowns
de la French
Gallery, qui datent
d'environ 1820.

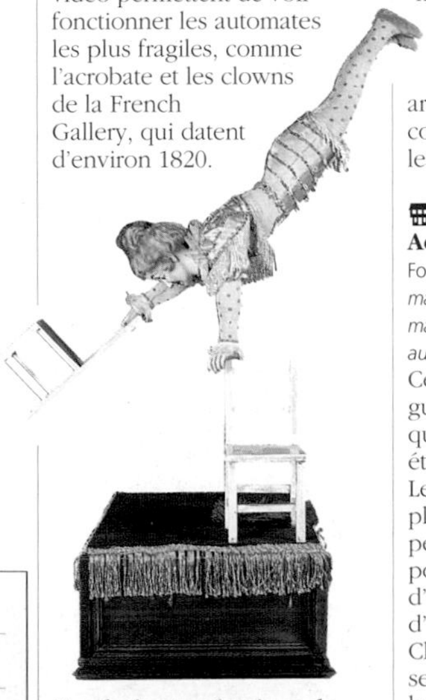

L'un des jouets mécaniques du
musée des Automates

♛ Clifford's Tower

Clifford's St. ☎ 01904 646940.
◯ t.l.j. ● 24 au 26 déc. 1er jan. 🏷
Cette tour du XIIIe siècle a été
édifiée au sommet de la motte
du château d'origine en bois
de Guillaume le Conquérant,
qui brûla durant des émeutes
contre les juifs en 1190. Bâtie
par Henri III, elle évoque
Roger de Clifford, pendu en
1322 après sa capture à la
bataille de Boroughbridge.

🏛 ARC

St Saviourgate. ☎ 01904 654324
◯ du lun. au sam. ● de mi-déc. au 5
jan., ven. saint. 🏷 ♿
Dans ce centre de recherche
archéologique installé dans
une église médiévale restaurée
des Shambles, on peut
manipuler des échantillons et
faire des expériences
manuelles ou sur
ordinateur. Des
archéologues expliquent
comment identifier et classer
les fragments d'objets.

♛ Merchant
Adventurers' Hall

Fossgate. ☎ 01904 654818. ◯ de mi-
mars à mi-nov. : t.l.j. ; de mi-nov. à mi-
mars : du lun. au sam. ● du 24 déc.
au 3 jan. 🏷 ♿ limité.
Ce bâtiment fut construit par la
guilde des marchands d'York,
qui contrôlait le commerce des
étoffes du XVe au XVIIe siècle.
Le Great Hall est sans doute le
plus beau d'Europe. Parmi les
peintures, une copie du
portrait par Van Dyck
d'Henriette de France, fille
d'Henri IV et femme de
Charles Ier. Sous le Great Hall
se trouvent l'hôpital utilisé par
la guilde jusqu'en 1900 et une
chapelle privée.

À la découverte d'York

L'histoire d'York est riche et pleine de rebondissements. L'implantation humaine sur le site est antérieure à l'arrivée des Romains, en 71 apr. J.-C. , qui en firent la capitale de la province du Nord sous le nom d'Eboracum. C'est là que Constantin le Grand fut proclamé empereur en 306 et qu'il redécoupa la Grande-Bretagne en quatre provinces. Cent ans plus tard, les légions s'étaient retirées. Sous les Saxons, Eboracum devint Eoforwic, puis se convertit au christianisme. Les noms de rues danois rappellent la présence des Vikings qui, à partir de 867, en firent l'un de leurs grands ports de commerce. De 1100 à 1500, York fut la deuxième ville d'Angleterre. Son fleuron est sa cathédrale *(p. 392-393)*, mais elle compte 18 autres églises médiévales, 4,8 km de mur d'enceinte, d'élégants bâtiments XVIIe et georgiens et de beaux musées.

Le grand escalier et le beau plafond en stuc de Fairfax House

Le
**Middleham
Jewel, au
Yorkshire
Museum**

⌂ York Minster
P. 392-393.

🏛 Jorvik Viking Centre
Coppergate. ☎ *01904 643211.* ◯ *t.l.j.* ● *25 déc.* ♿ ♿
Ce centre est construit sur l'emplacement de la première implantation viking d'York, mise au jour à Coppergate. Il évoque la vie et l'histoire de la ville viking. Une exposition relate la découverte du village viking le mieux conservé de Grande-Bretagne.

🏛 Yorkshire Museum et St Mary's Abbey
Museum Gardens. ☎ *01904 629745.* ◯ *t.l.j.* ● *25 et 26 déc., 1er jan.* ♿ ♿
Ce musée fit la une des journaux quand il acquit le Middleham Jewel (XVe s.), l'un des chefs-d'œuvre d'orfèvrerie gothique anglaise trouvés au XXe siècle. On y voit aussi des mosaïques romaines du IIe siècle et une coupe anglo-saxonne en argent doré.

Tous les trois ans, les mystères d'York ont lieu à St Mary's Abbey *(p. 336)*, dans le parc au bord de l'eau.

🏛 York Castle Museum
The Eye of York. ☎ *01904 653611.* ◯ *t.l.j.* ● *25 et 26 déc., 1er jan.* ♿ ♿ *rez-de-chaussée seulement.*
Ce musée des traditions populaires, ouvert en 1938, est situé dans deux prisons du XVIIIe siècle. Les collections furent rassemblées à partir de celle du Dr John Kirk, de la ville de Pickering. On peut voir, entre autres, les reconstitutions d'une salle à manger XVIIe, d'un cottage des landes, d'une pièce typique des années 1950. La plus intéressante est celle d'une rue de l'époque victorienne, avec ses vitrines et un attelage. Sans oublier une vaste collection d'objets domestiques du début du XXe siècle. Ne manquez pas non plus l'un des trois seuls casques anglo-saxons connus, découvert en 1982.

⊞ Fairfax House
Castlegate. ☎ *01904 655543.* ◯ *de mi-fév. au 6 jan. : du sam. au jeu.* ● *25 et 26 déc.* ♿ ♿ *limité.*
De 1755 à 1762, le vicomte Fairfax fit édifier pour sa fille cette maison georgienne, dessinée par John Carr *(p. 24)*. Elle fut restaurée vers 1980, après avoir successivement abrité un cinéma et une salle de danse de 1920 à 1965. À voir, la chambre d'Anne Fairfax et une belle collection de meubles, de porcelaines et d'horloges du XVIIIe siècle.

🏛 National Railway Museum
Leeman Rd. ☎ *01904 621261.* ◯ *t.l.j.* ● *du 24 au 26 déc., 1er jan.* ♿ ♿
Dans un ancien hangar à locomotives, le plus grand musée du chemin de fer du monde retrace 200 ans d'histoire grâce à toutes sortes de documents. Une salle interactive permet d'essayer la suspension ou les aiguillages et de comprendre ce qui fit le succès de la *Rocket* de Stephenson. Uniformes, voitures, dont celle de la reine Victoria dans le train royal, ainsi que les dernières innovations techniques sont également exposés.

Reproduction d'une locomotive et d'une voiture de première classe au National Railway Museum d'York

Les vitraux de la cathédrale d'York

La cathédrale *(minster)* d'York possède le plus grand nombre de vitraux médiévaux de Grande-Bretagne, certains datant de la fin du XIIᵉ siècle. En général, le verre était teinté dès le début à l'aide d'oxydes de métaux, puis découpé et taillé sur place conformément au modèle. On soulignait les détails avec une peinture à

Détail d'un vitrail

l'oxyde de fer qui s'incrustait dans le verre après cuisson dans un four. Le verre et le plomb étaient enfin assemblés pour former le vitrail.

C'est la variété des sujets qui caractérise les vitraux de cette cathédrale. Certains illustrent un sujet imposé par un donateur laïque, d'autres par le pouvoir religieux.

Le Miracle de saint Nicolas *(fin du XIIᵉ s.) fut placé dans la nef plus de cent ans après sa fabrication.*

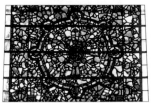

Les Cinq Sœurs *du transept nord sont le plus grand spécimen de vitrail en grisaille de Grande-Bretagne. Cette technique, répandue au XIIIᵉ siècle, consistait à dessiner un fin motif sur du verre blanc et à le décorer à l'émail noir.*

L'Arche de Noé *est facile à reconnaître dans la grande verrière est.*

Édouard III *est un bel exemple du style de peinture estompé du XIVᵉ siècle, s'achevant en pointillé.*

La grande verrière est *(1405-1408), aussi grande qu'un court de tennis, est le plus grand vitrail médiéval peint du monde. Le doyen et le chapitre payèrent 4 shillings par jour au maître verrier John Thornton pour cet hymne à la création.*

Saint Jean l'Évangéliste, *sur la grande verrière ouest (vers 1338), tient un aigle, lui-même exemple de vitrail dont la peinture est grattée pour révéler le verre blanc.*

Walter Skirlaw, *évêque révoqué en faveur de Richard Scrope, fit don de ce vitrail en 1408.*

Harewood House ㉝

Harewood, Yorkshire. **(** 0113 2886331. **≥** Leeds, puis bus. **◯** de mars à oct. : t.l.j. 🎦 **&**

Cette demeure d'allure palladienne conçue par John Carr en 1759 est la résidence du comte de Harewood dans le Yorkshire.

Sa décoration intérieure fut réalisée par Robert Adam et l'incomparable mobilier du XVIIIᵉ siècle fait sur mesure par Thomas Chippendale (1711-1779), natif du Yorkshire. La belle collection de peinture italienne et anglaise rassemble des œuvres de Reynolds et de Gainsborough, et deux salles récentes d'aquarelles. Dans le parc, dessiné par Capability Brown *(p. 23)*, le **Harewood Bird Garden** est peuplé d'espèces locales ou exotiques, ainsi que d'espèces en voie de disparition.

Étourneau de Bali, l'un des oiseaux rares de Harewood

Leeds ㉞

Yorkshire. 🚶 700 000. ✈ ≥ ⊟ **ℹ** Leeds City Station (0113 2425242). ⊟ du lun. au dim.

La troisième ville d'Angleterre fut au sommet de sa prospérité à l'époque victorienne, ce dont témoignent les arcades commerçantes. C'est la reine Victoria qui inaugura en 1898 l'**hôtel de ville**, conçu par Cuthbert Brodrick. Ville industrielle, Leeds se signale aussi par l'Opera North, troupe du théâtre **The Grand**, l'une des meilleures du pays.

La **City Art Gallery** conserve une belle collection d'art britannique du XXᵉ siècle et des tableaux du XIXᵉ siècle dont les œuvres d'Atkinson Grimshaw (1836-1893), natif de la région. Parmi les œuvres françaises de la même époque sont exposées celles de Signac, Courbet et Sisley. Le Henry

Moore Institute (1993) est consacré à la sculpture de toutes les époques. Il comporte salle de lecture, centre d'étude, bibliothèque et vidéothèque, salles d'exposition et documents relatifs à Henry Moore et à d'autres sculpteurs d'avant-garde.

L'**Armley Mills Museum**, établi dans une filature de laine du XIXᵉ siècle, retrace, à l'aide d'objets, d'enregistrements et de modèles de vêtements d'ouvriers du XIXᵉ siècle, l'histoire de l'industrie du prêt-à-porter à Leeds.

Le développement des quais de l'Aire a attiré deux musées. Les collections du **Royal Armouries Museum**, qui doit ouvrir en 1996, proviennent de la Tour de Londres : armes et armures du monde entier sont évoquées par des démonstrations, des films, la musique et la poésie. Le **Tetley's Brewery Wharf** retrace l'histoire des pubs anglais de la brasserie du XIVᵉ siècle de Kirstall à un pub futuriste de 2053.

Les enfants ne seront pas non plus en manque de distractions. Le **Tropical World** comprend des bassins cristallins, une forêt tropicale humide, des papillons et des poissons tropicaux. Quant au parc de la **Temple Newsam**

La County Arcade, l'une des galeries marchandes restaurées de Leeds

House, il abrite une ferme et un élevage d'animaux rares ; cette demeure Tudor XVIIᵉ possède en outre un remarquable mobilier Chippendale.

🏛 **City Art Gallery**
The Headrow. **(** 0113 2478248. **◯** t.l.j. **◯** jours fériés. **&**

🏛 **Armley Mills Museum**
Canal Rd, Armley. **(** 0113 2201999. **◯** du mar. au dim., jours fériés. **◯** du 24 au 26 déc., 1ᵉʳ jan. 🎦 **&**

🏛 **Royal Armouries**
Armouries Drive. **(** 0113 2201999. **◯** t.l.j. **◯** 24-25 déc., 1ᵉʳ jan. 🎦 **&**

🏛 **Tetley's Brewery Wharf**
The Waterfront. **(** 0113 2420666. **◯** du mar. au sam. **◯** du 24 au 26 déc., 1ᵉʳ jan. 🎦 **&**

🍀 **Tropical World**
Canal Gdns, Princes Ave. **(** 0113 2661850. **◯** t.l.j. **◯** 25 déc. **&**

🏛 **Temple Newsam House**
Près de l' A63. **(** 0113 2647321. **◯** du mar. au dim., jours fériés. **◯** 25 et 26 déc., 1ᵉʳ jan. 🎦 **&** limité dans la maison.

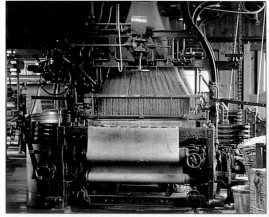

Métier à tisser en activité, Armley Mills Museum de Leeds

L'autre côté (1990-1993), de David Hockney, 1853 Gallery de Saltaire à Bradford

Bradford ⑤

West Yorkshire. 🏠 475 000. ✈ 🚆
🚌 🛈 *National Museum of
Photography, Film & Television,
Pictureville (01274 753678).* 🏪 *du
lun. au sam.*

Si Bradford était déjà une
active ville de marché au
XVIᵉ siècle, l'ouverture
du canal en 1774
stimula encore le
commerce. En
1850, c'était la
capitale mondiale
de la laine à tricot
et à tapisserie.
Nombre de ses
bâtiments officiels
ou industriels, bien
préservés, datent
de cette époque,
comme le Wool Exchange de
Market Street. Vers 1800, des
filateurs allemands
s'installèrent dans un quartier
appelé aujourd'hui Petite
Allemagne où les maisons aux
façades sculptées témoignent
de la richesse de leurs
occupants.

Le **National Museum of
Photography, Film and
Television**, fondé en 1983,
est consacré à l'art et aux
techniques des médias. Il est
possible de regarder le
programme de son choix (TV
Heaven) ou de se voir
présentant le journal télévisé.
Sur un écran géant IMAX sont
projetés des films dans le plus
grand format du monde : un
voyage dans l'espace, le parc

**Appareil daguerreotype
de Giroux (1839)**

de Yellowstone aux États-Unis
ou les débuts des Rolling
Stones.

Le **Colour Museum**
présente les techniques de
teinture et l'impression sur
tissu de l'Égypte ancienne à
nos jours (entre autres, un
ordinateur qui contrôle la
couleur du tissu). Le
**Bradford
Industrial
Museum** est
installé dans une
ancienne
filature où
l'on peut
voir
fonctionner les
métiers. Saltaire,
village ouvrier du
XIXᵉ siècle *(p. 335)*,
est situé à
l'extérieur de la ville. Construit
par Sir Titus Salt pour ses

ouvriers, il fut achevé en
1873. La **1853 Gallery**, dans
l'usine principale, expose des
œuvres de David Hockney, né
à Bradford en 1937.

🏛 **National Museum of
Photography, Film and
Television**
Pictureville. ☎ *01274 727488.* ⏰
*du mar. au dim., jours fériés, vac. scol. :
t.l.j.* ● *du 24 au 26 déc.* ♿

🏛 **Colour Museum**
82 Grattan Rd. ☎ *01274 390955.* ⏰
du mar. au sam. ● *du 19 au 30 déc.,
1ᵉʳ jan.* 📷 ♿

🏛 **Bradford Industrial
Museum**
Moorside Mills, Moorside Rd. ☎
01274 631756. ⏰ *du mar. au sam.,
dim. après-midi, jours fériés.* ● *25 et
26 déc.* 📷 ♿ *limité.*

🏛 **1853 Gallery**
Salts Mill, Victoria Rd. ☎ *01274
531163.* ⏰ *t.l.j.* ● *25-26 déc.* ♿

LA COMMUNAUTÉ INDIENNE DE BRADFORD

Des immigrants du sous-continent indien vinrent dans les
années 50 travailler dans les filatures de Bradford, mais, avec
le déclin de cette industrie,
beaucoup ouvrirent de petits
commerces. Vers 1975, la
région en comptait environ
1 400, dont un sur cinq dans
la restauration. Ces
établissements étaient à
l'origine de simples cafés où
se retrouvaient les immigrés.
La cuisine indienne devenant
à la mode, ces restaurants ont
prospéré ; ils sont plus de 200
à servir des spécialités
indiennes épicées.

Balti **dans un restaurant de Bradford**

Le presbytère de Haworth, foyer de la famille Brontë, devenu un musée

Haworth ㊱

West Yorkshire. 🏃 5 000. 🚆 Keighley.
ℹ️ 2-4 West Lane (01535 642329).

D ans les landes sévères des
Pennines semées de
fermes, Haworth n'a guère
changé depuis l'époque des
Brontë. Cette ville qui fut le
cadre d'un important essor
économique vers 1840 (plus
de 1 200 métiers à tisser à la
main étaient alors en activité)
est surtout connue comme
berceau de la famille Brontë.
Le **Brontë Parsonage
Museum** est l'ancienne
maison où vécurent, de 1820
à 1861, Charlotte, Emily,
Anne, leur frère
Branwell et leur
père, le révérend
Patrick Brontë.
Cette demeure de
1778-1779 a
conservé un décor
des années 1850.
Lettres, manuscrits,
livres, meubles et
objets personnels
sont exposés dans 7 pièces :
la cuisine, la salle d'étude, la
chambre de Charlotte, etc.
Ayant chaussé de bons
souliers, retrouvez les
promenades favorites de la
famille Brontë, du côté de
Brontë Falls ou de **Brontë
Bridge**. Non loin de là,
Brontë Seat est une pierre en
forme de siège.
  L'été, le **Keighley and
Worth Valley Railway**, train
de l'époque victorienne,

traverse Haworth. Il s'arrête à
Oakworth Station, où furent
tournées des scènes de *The
Railway Children*. La ligne
s'achève au musée du chemin
de fer (Railway Museum)
d'Oxenhope.

🏛 Brontë Parsonage Museum
Church St. 📞 01535 642323. ⭕
t.l.j. ⬤ du 24 au 27 déc., du 13 jan.
au 7 fév. 📷

Hebden Bridge ㊲

West Yorkshire. 🏃 4 500. 🚆 ℹ️
1 Bridgegate (01422 843831). 🔲 jeu.

D ans cette
jolie ville
textile du
West
Riding,
entourée
de collines
abruptes
et de
filatures du
XIXᵉ siècle,
est
implantée
la
dernière

Le livre de contes écrit
par Charlotte Brontë
pour sa sœur Anne

fabrique de sabots de Grande-
Bretagne. À cause de la
déclivité, chaque maison est
faite de deux rez-de-chaussée
et les deux niveaux supérieurs
forment une autre unité. Pour
définir le propriétaire légal de
ces lots, il fallut un vote spécial
du Parlement.
  De Hebden Bridge, on a une
belle vue sur **Heptonstall**, où

repose la poétesse Sylvia Plath
(1932-1963). Le village a une
chapelle méthodiste
wesleyenne (1764).

Halifax ㊳

West Yorkshire. 🏃 88 000. 🚆 🚌
ℹ️ *Piece Hall (01422 368725).* 🔲 du
jeu. au sam.

L 'histoire de Halifax est liée
au textile depuis le Moyen
Âge, mais la plupart des
vestiges de cette industrie
datent du XIXᵉ siècle. William
Blake en a décrit les « filatures
noires et sataniques » dans son
poème *Jérusalem* (1820). Le
commerce de la laine aida les
Pennines à devenir l'épine
dorsale industrielle de
l'Angleterre.
  Jusqu'au milieu du XVᵉ siècle,
la production de tissu resta
modeste, mais suffisante pour

CHARLOTTE BRONTË
Au cours d'une enfance
difficile, sans mère,
Charlotte (1816-1855), Emily
et Anne trouvèrent refuge
dans la fiction. Adultes, elles
durent travailler comme
gouvernantes ou
institutrices, mais elles
publièrent encore un recueil
de poèmes en 1846. Seuls
deux exemplaires de
l'ouvrage furent vendus.
Charlotte, en revanche,
rencontra un vif succès
l'année suivante avec *Jane
Eyre*. À la mort de ses sœurs
en 1848-1849, elle se
consacra à l'écriture et
publia son dernier roman,
Villette, en 1852. Elle
mourut peu après avoir
épousé le révérend Arthur
Albert Nicholls, vicaire de
son père.

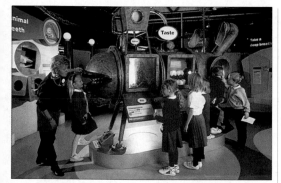

Enfants dans la Bouche géante du musée Eureka ! de Halifax

inspirer la *Gibbet Law*, loi selon laquelle tout voleur de tissu risquait la pendaison. Au bas de Gibbet Street se trouve une réplique de la potence en question. Bien des bâtiments du XVIIIe et du XIXe siècle doivent leur existence aux négociants en laine. La famille Crossley demanda à Sir Charles Barry (1795-1860), architecte du Parlement de Londres, de concevoir l'hôtel de ville. Elle fit aussi dessiner le People's Park par Sir Joseph Paxton (1801-1865), auteur du Crystal Palace. Les négociants en laine vendaient leurs coupons dans l'une des 315 « Merchants' Rooms » du **Piece Hall** *(p. 334)* du XVIIIe siècle, œuvre de Thomas Bradley. Le marché de la ville se tient dans l'imposante cour à l'italienne, superbement restaurée, que firent construire les marchands de laine.

Jouxtant le Piece Hall, le **Calderdale Industrial Museum** évoque une vingtaine d'industries de la région, dont l'horlogerie et la confiserie. Des machines textiles fonctionnent sous vos yeux. Le musée **Eureka !** conçu pour les enfants de moins de 12 ans propose des « aventures du savoir » avec des attractions comme la Bouche géante ou le Mur d'eau. Le **Shibden Hall Museum**, belle maison datant en partie du XVe siècle, évoque la vie domestique d'un manufacturier prospère du XVIIe-XVIIIe siècle. Dans sa grange (XVIIe siècle) sont rassemblées des voitures à cheval. Des ateliers du XIXe siècle, parmi lesquels une sellerie et une forge, donnent sur la cour pavée.

🏛 **Calderdale Industrial Museum**
Central Works, Square Rd. 🕿 *01422 358087*. ◯ *du mar. au dim. (l'après-midi), jours fériés.* ◑ *25 et 26 déc., 1er jan.* 🖻 🕭

🏛 **Eureka !**
Discovery Rd. 🕿 *01426 983191*. 🕿 *01422 330069 (réservations de groupes et infos sur les expos).* ◯ *t.l.j.* ◑ *du 24 au 26 déc.* 🖻 🕭

🏛 **Shibden Hall Museum**
Listers Rd. 🕿 *01422 352246*. ◯ *de mars à nov. : t.l.j. ; fév. : dim.* 🖻

Yorkshire Mining Museum ❸❾

Wakefield, West Yorkshire. 🕿 *01924 848806.* ≈ *Wakefield, puis bus.* ◯ *t.l.j.* ◑ *du 24 au 26 déc., 1er jan.* 🕭

D ans l'ancienne Caphouse Colliery, ce musée donne l'occasion de descendre dans un vrai puits de mine (se vêtir chaudement), à 137 m sous terre, équipé d'un casque et d'une lampe de mineur. Dans certains boyaux, on peut voir des reconstitutions de taille réelle. Le musée décrit les conditions de travail des mineurs de 1820 à nos jours.

Yorkshire Sculpture Park ❹❶

Wakefield, West Yorkshire. 🕿 *01924 830302.* ≈ *Wakefield, puis bus.* ◯ *t.l.j.* ◑ *24-25-29-30-31 déc.* 🕭

C e musée en plein air occupe les 45 ha d'un parc du XVIIIe siècle. Chaque année, de grandes expositions internationales s'ajoutent à la collection permanente, qui compte des œuvres de Barbara Hepworth, Sol LeWitt et Mimmo Paladino. Henry Moore (1898-1986), premier directeur du parc, estimait le grand air et la lumière du jour nécessaires pour apprécier la sculpture.

Deux grandes formes **(1966-1969), par Henry Moore, dans Bretton Country Park**

LA NORTHUMBRIA

NORTHUMBERLAND · DURHAM · TYNE & WEAR · CLEVELAND

L*a partie nord-est de l'Angleterre est une mosaïque de landes, de ruines, de châteaux, de cathédrales et de villages dispersés. L'intérêt principal de cette région est de présenter à la fois un passé chargé d'histoire et un superbe cadre naturel, notamment le parc national du Northumberland et le lac de Kielder Water.*

Des collines paisibles et désertes, une vie sauvage intacte et les vues panoramiques du parc national du Northumberland font oublier une histoire troublée : combattants écossais et anglais, tribus de pillards, voleurs de bétail et trafiquants de whisky ont arpenté les chemins qui parcourent les Cheviot Hills. À la limite sud du parc serpente le mur d'Hadrien, vestige majeur des 400 ans de présence romaine et frontière septentrionale de l'empire.

Les conflits entre Écossais et Anglais durèrent 1 000 ans après le départ des Romains, et se poursuivirent après l'union entre les deux couronnes en 1603. Un chapelet de châteaux crénelés longe la côte, tandis que la plupart de ceux qui défendaient le flanc nord de l'Angleterre le long de la Tweed sont en ruine. Au VIIe siècle, la Northumbria fut, grâce à saint Aidan, un bastion du christianisme. Mais les incursions vikings, à partir de 793, dévastant les monastères, y mirent fin. Saint Cuthbert et Bède le Vénérable n'en sont pas moins enterrés dans la cathédrale de Durham.

Les effets de la révolution industrielle, concentrés autour de la Tyne, de la Wear et de la Tees, firent de Newcastle upon Tyne la capitale des industries minière et navale du Nord. La ville est renommée pour la mise en valeur de son patrimoine industriel et pour ses réalisations dans le domaine de l'urbanisme.

Tronçon du mur d'Hadrien, édifié par les Romains vers 120, vu depuis Cawfields

◁ Les tours de la cathédrale de Durham dominent le cours de la Wear

À la découverte de la Northumbria

L es sites historiques sont nombreux le long de la côte. Au sud de Berwick-upon-Tweed, une digue mène au prieuré en ruine et au château de Lindisfarne, et Bamburgh, Alnwick et Warworth ont d'importants châteaux. L'arrière-pays est une région de grands espaces, où s'étend le parc national du Northumberland et où se dressent les vestiges du mur d'Hadrien. Durham, ville chargée de gloire, est établie au pied de son château et de sa cathédrale. Newcastle upon Tyne est réputée pour sa vie nocturne.

LA RÉGION D'UN COUP D'ŒIL

Alnwick Castle **5**
Bamburgh **4**
Barnard Castle **17**
Beamish Open Air Museum **13**
Berwick-upon-Tweed **1**
Cheviot Hills **8**
Corbridge **10**
Durham p. 414-415 **14**
Farne Islands **3**
Mur d'Hadrien p. 408-409 **11**
Hexham **9**
Kielder Water **7**
Lindisfarne **2**
Middleton-in-Teesdale **16**
Newcastle upon Tyne **12**
Warkworth Castle **6**

Excursions
North Pennines **15**

VOIR AUSSI

• *Hébergement* p. 563-564

• *Restaurants et pubs* p. 599-601

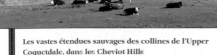

Les vastes étendues sauvages des collines de l'Upper Coquetdale, dans les Cheviot Hills

0   10 km

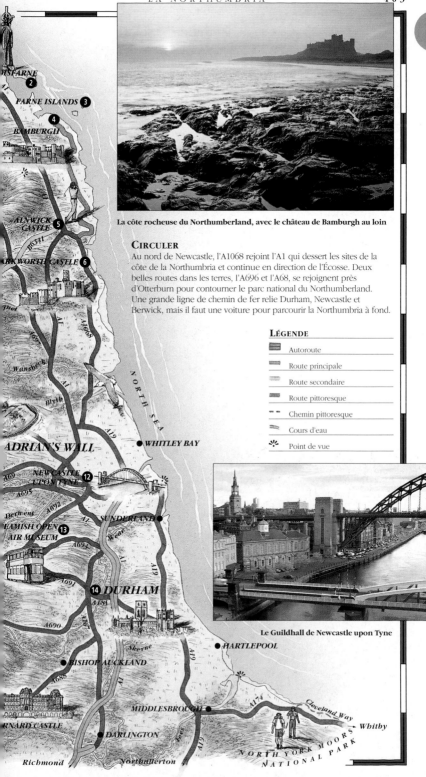

La côte rocheuse du Northumberland, avec le château de Bamburgh au loin

CIRCULER

Au nord de Newcastle, l'A1068 rejoint l'A1 qui dessert les sites de la côte de la Northumbria et continue en direction de l'Écosse. Deux belles routes dans les terres, l'A696 et l'A68, se rejoignent près d'Otterburn pour contourner le parc national du Northumberland. Une grande ligne de chemin de fer relie Durham, Newcastle et Berwick, mais il faut une voiture pour parcourir la Northumbria à fond.

LÉGENDE

▭	Autoroute
▭	Route principale
▭	Route secondaire
▭	Route pittoresque
- -	Chemin pittoresque
▭	Cours d'eau
☀	Point de vue

Le Guildhall de Newcastle upon Tyne

Les trois ponts de Berwick-upon-Tweed

Berwick-upon-Tweed ❶

Northumberland. 🏠 *13 000.*
🚉 🚌 ℹ️ *parc de stationnement de Castlegate (01289 330733).* 🛍️ *mer., sam.*

E ntre le XIIe et le XVe siècle, la ville changea 14 fois de mains, passant alternativement aux Écossais et aux Anglais. Située à l'embouchure du fleuve qui sépare les deux peuples, c'était un lieu hautement stratégique.

Les Anglais prirent définitivement la ville en 1482 et en firent une place forte. Du haut des remparts de 1555, longs de 1,5 km et épais de 7 m, on a une belle vue sur la Tweed. Les casernes du XVIIIe abritent à la fois le **King's Own Scottish Borderers Regimental Museum**, le **musée** et la **galerie** de la ville et le **By Beat of Drum**, qui retrace l'histoire de l'infanterie britannique.

🏛️ King's Own Scottish Borderers Regimental Museum

The Barracks. 📞 *01289 307427.*
⭕ *du lun. au sam.* ⚫ *du 23 déc. au 3 jan., jours fériés.* 📷

Lindisfarne ❷

Northumberland. 🚉 🚌 *Berwick-upon-Tweed, puis bus.* ℹ️ *parc de stationnement de Castlegate (01289 330733).*

D eux fois par jour, l'étroite bande de terre qui relie Lindisfarne à la côte disparaît pour cinq heures sous les eaux de la mer du Nord. À marée basse, on peut emprunter la digue pour se rendre sur cette île rendue célèbre par saint Aidan, saint Cuthbert et l'Évangile de Lindisfarne. Il ne reste rien du monastère celtique, abandonné en 875 après plusieurs attaques des Vikings, mais les belles arches du **prieuré** du XIe siècle s'élèvent toujours au milieu des friches.

Après 1540, des pierres du prieuré serviront à construire **Lindisfarne Castle**, restauré en 1903 par Sir Edwin Lutyens *(p. 25)*, qui l'habita. Il comprend un joli jardin clos dû à Gertrude Jekyll *(p. 23)*.

⛴️ Lindisfarne Castle

(NT) Holy Island. 📞 *01289 389244.*
⭕ *d'avril à oct. : du sam. au jeu. et ven. saint (l'après-midi).* 📷

Farne Islands ❸

(NT) Northumberland. 🚢 *depuis Seahouses.* ℹ️ *Parc de stationnement de Castlegate (01289 330733).*

S elon la hauteur des eaux, ce sont de 15 à 28 îles qui émergent au large de Bamburgh, à 16 km au sud de Lindisfarne. L'île la plus haute atteint 31 m d'altitude. Quelques amoureux de la nature et gardiens de phare y vivent en compagnie de phoques, de macareux et autres oiseaux de mer.

Les croisières au départ de **Seahouses** ne peuvent accoster qu'à Staple et Inner Farne, site de la chapelle du XIVe siècle de saint Cuthbert.

Lindisfarne Castle (1540)

La chrétienté celtique

Saint Cuthbert dans sa nef

En 635, le moine irlandais saint Aidan, souhaitant évangéliser le nord de l'Angleterre, quitta l'île d'Iona, à l'ouest de l'Écosse, pour la Northumbria. Il fonda à Lindisfarne un monastère qui devint l'un des lieux de culte les plus importants d'Angleterre. Cette communauté prospéra, progressant dans l'étude sans jamais renoncer à la pauvreté. Elle devint aussi un lieu de pèlerinage après que des miracles se furent produits sur le tombeau de saint Cuthbert, évêque le plus célèbre de Lindisfarne. Mais les moines ne purent résister aux attaques des Vikings au IXe siècle.

Le monastère de saint Aidan s'agrandit au fil des siècles et devint le prieuré de Lindisfarne. Ce morceau de croix du VIIIe siècle s'orne de motifs d'animaux entrelacés.

Bède le Vénérable *(673-735), l'un des plus fins lettrés du Moyen Âge, moine à Saint-Paul de Jarrow, est l'auteur de L'Histoire ecclésiastique des Angles (731).*

Saint Aidan *(600-651), missionnaire irlandais, fonda un monastère à Lindisfarne et devint évêque de Northumbria en 635. Cette sculpture de Kathleen Parbury (1960) se trouve dans le parc du prieuré.*

Saint Cuthbert *(635-687) fut le moine et l'auteur de miracles le plus vénéré. Il vécut en ermite à Inner Farne (où une chapelle fut élevée à sa mémoire) et devint évêque de Lindisfarne.*

Le prieuré de Lindisfarne *fut édifié par les bénédictins au XIe siècle sur le site du monastère de saint Aidan.*

L'ÉVANGILE DE LINDISFARNE

Ce livre d'histoires tirées de l'Évangile, richement illustré, est un chef-d'œuvre de la « Renaissance northumbrienne », qui influença durablement l'art chrétien. Les moines de Lindisfarne menèrent cette œuvre à bien vers 700 sous la direction de l'évêque Eadfrith. Ils sauvèrent le livre *(p. 109)* en l'emportant dans leur fuite devant les raids des Vikings en 875, alors que d'autres trésors disparurent.

Lettrine de l'Évangile selon saint Matthieu (vers 725)

Grace Darling, illustration de l'édition de 1881 du *Sunday at Home*

Bamburgh ❹

Northumberland. 🏰 *1100*. 🚂
Berwick. 🛈 *parc de stationnement
de Castlegate (01289 330733)*.

E n raison des hostilités
opposant la Northumbria
et les Écossais, les châteaux
sont plus nombreux dans
cette région que dans le reste
de l'Angleterre. La plupart
d'entre eux furent élevés par
des seigneurs entre le XIe et
le XVe siècle. Bamburgh est
une place forte côtière en grès
rouge, située sur une hauteur
fortifiée depuis la préhistoire.
Le premier véritable **château**
fut édifié en 550 par un chef
saxon, Ida the Flamebearer.
   Entre 1095 et 1464, c'est
à Bamburgh que
les rois de
Northumbria se
firent couronner. Le
château tomba ensuite
dans l'oubli jusqu'en
1894 où il fut acquis par
le magnat des armes de
Newcastle Lord
Armstrong, qui le
restaura. Dans le Great
Hall, très sombre, sont
exposées des œuvres
d'art, et le sous-sol
abrite des armures
et des objets du
Moyen Âge.
   Bamburgh possède
aussi le **Grace
Darling Museum**,
à la gloire de cette
jeune fille de
23 ans qui brava la tempête
avec son père, gardien
du phare de Longstone,
pour porter secours aux
9 naufragés du vapeur
Forfarshire.

**Cheminée en marbre
de Carrare (1840) du
château d'Alnwick**

♙ Bamburgh Castle
Bamburgh. 📞 *01668 214515*.
🕐 *de Pâques à oct. : t.l.j.* 🏷 ♿
🏛 **Grace Darling Museum**
Radcliffe Rd. 📞 *01665 214465*.
🕐 *de Pâques à oct. : t.l.j.* ♿

Alnwick Castle ❺

Alnwick, Northumberland. 📞 *01665
510777*. 🚂 *Alnmouth*. 🕐 *de
Pâques à mi-oct. : t.l.j.* 🏷 ♿ limité.

S urnommé le « Windsor
du Nord » au XIXe siècle,
c'est le fief des ducs de
Northumberland, dont la
famille, les Percy, y réside
depuis 1309. Cette place
forte frontalière qui a résisté
à de nombreux assauts
domine Alnwick,
au bord de l'Aln,
au milieu d'un parc
dessiné par Capability
Brown. L'extérieur
médiéval est austère,
mais l'intérieur,
meublé dans le
style du palais de
la Renaissance,
abrite une superbe
collection de
porcelaine de
Meissen et des
tableaux de Titien,
Van Dyck et Canaletto.
Dans Postern Tower
est rassemblée une
collection de
vestiges bretons
et romains. Abbot's
Tower abrite le
**Regimental
Museum of Royal
Northumberland Fusiliers**.
On peut aussi voir le carrosse
des Percy, le souterrain, la
plate-forme à canons et un
beau panorama des environs.

Warkworth Castle ❻

Près d'Amble. 📞 *01665 711423*.
🕐 *t.l.j.* ● *24-26 déc.*
🏷 ♿ *limité*.

P erché sur une colline verte
au-dessus du cours de la
Coquet, ce château fut la
demeure des Percy à l'époque
où Alnwick se trouvait à
l'abandon. Shakespeare situe
à Warkworth des scènes de sa
pièce *Henri V*, entre le comte
de Northumberland et son fils,
Harry Hotspur. La plupart de
ce qui subsiste date du
XIVe siècle. L'étrange donjon à
tourelles en forme de croix,
ajout du XVe siècle, est
l'élément le plus intéressant.

**Le château de Warkworth se
reflète dans les eaux de la Coquet**

Kielder Water ❼

Yarrow Moor, Falstone, Hexham.
📞 *01434 240398*. 🕐 *t.l.j.* ● *24,
25 déc., 1er et 2 jan.* ♿

C e lac, l'un des sites
majeurs du
Northumberland, est situé à
proximité de la frontière
écossaise, au milieu d'un
paysage spectaculaire.
C'est le lac artificiel le plus
grand d'Europe (44 km de
circonférence). On peut y
pratiquer tous les sports
nautiques et la pêche. L'été,
l'*Osprey* effectue des
croisières autour du lac en
partant de Leaplish. La Kielder
Water Exhibition, près du
Tower Knowe Visitor Centre,
retrace l'histoire de la vallée
depuis la dernière glaciation.

Les Cheviot Hills ⑧

Ces landes désolées au relief émoussé par la glaciation forment une frontière naturelle avec l'Écosse. Aucune autre région d'Angleterre n'est aussi sauvage. Cette partie reculée du parc national du Northumberland fut cependant le théâtre d'événements historiques. Les traces laissées par les légions romaines, les guerriers écossais, les voleurs de chevaux et contrebandiers de whisky anglais sont encore nombreuses.

MODE D'EMPLOI

Northumberland. 🚂 *Berwick-upon-Tweed.* 🛈 *Eastburn, South Park, Hexham.* ☎ *01434 605555.*

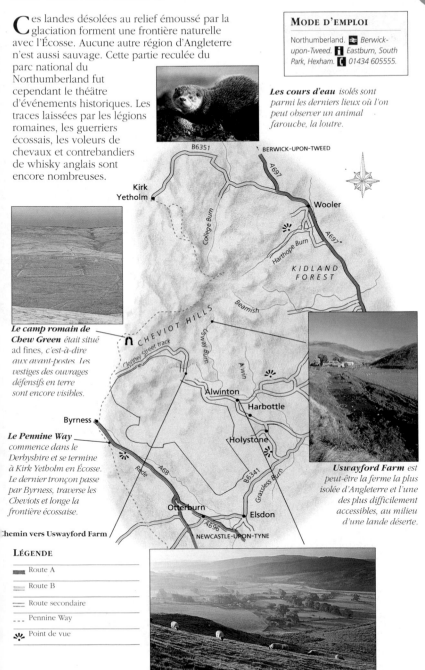

Les cours d'eau isolés sont parmi les derniers lieux où l'on peut observer un animal farouche, la loutre.

Le camp romain de Chew Green était situé ad fines, c'est-à-dire aux avant-postes. Les vestiges des ouvrages défensifs en terre sont encore visibles.

Le Pennine Way commence dans le Derbyshire et se termine à Kirk Yetholm en Écosse. Le dernier tronçon passe par Byrness, traverse les Cheviots et longe la frontière écossaise.

Chemin vers Uswayford Farm

Uswayford Farm est peut-être la ferme la plus isolée d'Angleterre et l'une des plus difficilement accessibles, au milieu d'une lande déserte.

LÉGENDE

▬▬	Route A
▭▭	Route B
▭▭	Route secondaire
- - -	Pennine Way
☀	Point de vue

0 ____ 5 km

Alwinton, un petit village blotti au fond de la vallée de la Coquet, est le point de départ de nombreuses randonnées parmi de vastes landes sauvages où pâturent de robustes moutons.

Hexham ❾

Northumberland. 🏠 *10 000.* 🚆 🚌
ℹ️ *The Manor Office, Hallgate (01434
605225).* 🏛️ *mar.*

Cette ville active fondée
au VIIᵉ siècle se
développa autour d'une
église et d'un monastère
fondés par saint Wilfrid,
mais les Vikings la
mirent à sac en 876. En
1114, les augustiniens
entreprirent de construire
un prieuré et une abbaye
sur les ruines de l'église.
Les tours de **Hexham**

Abbey dominent toujours la
place du marché. Il ne reste
que la crypte saxonne de St
Wilfrid's Church, construite
avec les pierres de l'ancien fort
romain de Corbridge. Dans le

**Sculptures de
l'abbaye de Hexham**

transept sud de l'abbaye, un
escalier du XIIᵉ siècle mène au
dortoir. Dans le chœur se
trouve Frith Stool, trône saxon
placé au milieu d'un cercle qui
garantissait une protection aux
fugitifs. Des ruelles médiévales,
souvent bordées de
boutiques georgiennes ou
victoriennes, partent de
la place du marché.
Moot Hall est une
ancienne chambre de
conseil du XVᵉ siècle, et
la vieille prison abrite
un musée de l'histoire
de cette région
frontalière.

Le mur d'Hadrien ⓫

En 120, l'empereur Hadrien ordonna
l'édification d'un mur long de 117 km afin de
protéger la frontière nord de la province, limite
nord-ouest de l'empire romain. Les troupes
stationnaient dans des fortins placés à
intervalles réguliers et des tours, qui devinrent
des forts, s'élevaient tous les 8 km. Le mur
fut abandonné en 383 quand l'empire
romain se disloqua, mais il en reste
d'importants vestiges. Il est désormais la
propriété du National Trust.

**Emplacement du
mur d'Hadrien**

*Vindolanda compte plusieurs forts.
Le premier, en bois, date de 90 apr.
J.-C., et le premier fort en pierre ne
remonte qu'au IIᵉ siècle. Le musée
conserve des tablettes donnant des
informations sur la vie quotidienne.*

Great Chesters Fort fut édifié
face à l'est pour défendre Caw
Gap, mais il en reste peu de
chose. Au sud et à l'est se
trouvent des traces d'installations
civiles et des thermes.

Carvoran Fort est sans
doute antérieur au mur. Peu
de ces forts ont survécu. Le
Roman Army Museum
voisin retrace l'histoire de
l'ouvrage.

*L'empereur Hadrien
(76-138), fin stratège,
vint en Grande-Bretagne
en 120 mettre en place
un système de défense.
La visite d'un empereur
était souvent suivie de
l'émission d'une pièce de
monnaie, comme ce sesterce
de bronze.*

**Housesteads
Settlement** compre
les vestiges de
boutiques ou de
tavernes.

*Cawfields, à 3 kr
au nord de
Haltwhistle, donne
accès au tronçon
plus élevé et le plu
irrégulier du mur.
l'est, les ruines d'i
fortin s'élèvent sur
Whin Sill Crag.*

🏛 Hexham Abbey
Market Place. **📞** *01434 602031.*
🕐 *t.l.j.* **♿**
🏛 Border History Museum
Old Jail, près de Hallgate.
📞 *01434 652349.* **🕐** *Pâques à oct. : t.l.j. ; nov., de fév. à Pâques : du sam. au mar.* 🖼

Corbridge ⑩

Northumberland. **🏘** *3 500.* **🚊**
ℹ *Hill St (01434 632815).*

Plusieurs bâtiments historiques de cette ville calme ont été construits avec les

Le presbytère fortifié du xivᵉ siècle à Corbridge

pierres de Corstopitum, ville de garnison romaine voisine : la tour saxonne la plus imposante de St Andrew's Church et la tour fortifiée du xivᵉ siècle destinée à la protection du prêtre. Les fouilles du **Corbridge Roman Site and Museum** ont mis au jour des forts plus anciens, un grenier bien conservé, des temples, des fontaines et un aqueduc.

🏛 Corbridge Roman Site and Museum
📞 *01434 632349.* **🕐** *d'avril à oct. : t.l.j. ; de nov. à mars : du mer. au dim.* **🕐** *24 au 26 déc.* 🖼 **♿** *limité.*

LE MUR D'UNE CÔTE À L'AUTRE

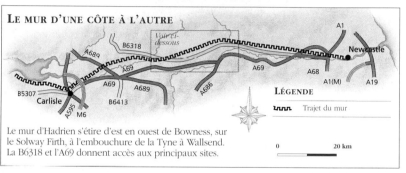

Voir ci-dessous

A1 Newcastle
B6318
A689
A69
A686
A69
A68
A1(M)
A19
B5307
Carlisle
A595 M6
A69 A689
B6413

LÉGENDE

〰〰 Trajet du mur

0   20 km

Le mur d'Hadrien s'étire d'est en ouest de Bowness, sur le Solway Firth, à l'embouchure de la Tyne à Wallsend. La B6318 et l'A69 donnent accès aux principaux sites.

Carrawburgh Fort, une garnison de 500 hommes, contrôlait le Newbrough Burn et l'accès au North Tyndale.

Limestone Corner Milecastle, situé sur la partie la plus au nord du mur, offre un splendide panorama des Cheviot Hills *(see p. 407).*

Sewingshields Milecastle, qui offre une belle vue à l'ouest sur Housesteads, est l'un des meilleurs lieux de randonnée. Cette reconstitution montre la disposition d'un fortin.

Chesters Fort était une tête de pont sur la North Tyne. Le musée conserve des autels, des sculptures et des inscriptions.

Chesters Bridge enjambait la Tyne. Ce sont les ruines du second pont, reconstruit en 207, que l'on peut encore voir.

Housesteads Fort, la partie de l'ouvrage la mieux préservée, commande un beau panorama. Les fouilles ont mis au jour la maison du commandant et un hôpital.

0   500 m

Newcastle upon Tyne ⑫

Tyne & Wear. 🏛 *273 000.* ✈ 🚊 🚌
🚢 🛈 *Central Library, Princess Sq
(0191 2610610).* 🛒 *dim.*

L a ville doit son nom au **château** normand fondé en 1080 par Robert Courteheuse, fils aîné de Guillaume le Conquérant *(p. 47).* Mille ans plus tôt, les Romains avaient construit un pont sur la Tyne et un fort. Au Moyen Âge, la ville servit de base aux Anglais dans leurs expéditions contre les Écossais. Puis elle prospéra grâce au charbon et à l'exportation. Au XIXᵉ siècle, elle se distingua par ses activités industrielles. Si l'industrie a décliné, les « Geordies », comme on appelle les habitants, ont encore des raisons de fierté : le centre commercial ultra-moderne Metro Centre de Gateshead, à 6 km au sud-ouest de la ville, et l'équipe de football Newcastle United. La vie nocturne se passe dans les clubs, les pubs, les théâtres et les restaurants étrangers. Les prestigieux témoins du passé sont le magnifique Tyne Bridge et le monument de Benjamin Green à la mémoire du comte Grey. Les nobles façades du centre (Grey Street) reflètent aussi la grandeur passée. Quelques quartiers sont abîmés, mais nombre d'immeubles des quais sont en cours de restauration.

Ponts franchissant la Tyne à Newcastle

♜ Le château

St Nicholas St. 📞 *0191 2327938.* ⏰ *du mar. au dim. et jours fériés.* 🔴 *25 et 26 déc., 1ᵉʳ jan., ven. saint.*
📷
Construit en bois à l'origine, le « nouveau château » de Robert Courteheuse fut rebâti en pierre au XIIᵉ siècle.

Beamish Open Air Museum ⑬

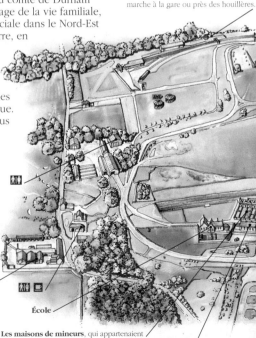

Emblème du tramway

C et immense musée en plein air qui couvre 120 ha du comté de Durham donne une fidèle image de la vie familiale, professionnelle et sociale dans le Nord-Est avant la Grande Guerre, en se gardant de l'idéaliser : grand-rue typique, village minier, mine désaffectée, école, chapelle et ferme. Tous les guides sont en costume d'époque. Un tramway restauré dessert tous les sites du musée.

La gare comporte locomotives, voitures, wagons, une plate-forme, un poste d'aiguillage et une passerelle de fer. On voit souvent des locomotives en marche à la gare ou près des houillères.

La Home Farm recrée l'atmosphère d'une ferme ancienne. On peut y voir des races de bétail que l'élevage de masse a rendu plus rares.

École

Les maisons de mineurs, qui appartenaient à la houillère, étaient petites, éclairées à la lampe à huile et dotées d'un potager.

Chapelle

Seuls le donjon crénelé et trapu et deux appartements royaux sont encore intacts. Des escaliers en spirale mènent aux chemins de ronde restaurés, d'où l'on voit la ville et la Tyne. À voir également, la chapelle normande restaurée (v. 1168-1178), le Great Hall et la salle des gardes.

St Nicholas Cathedral
St Nicholas Sq. **(** 0191 2321939. **○** t.l.j. **&**
L'une des plus petites cathédrales de Grande-Bretagne contient des vestiges de l'église normande originelle du XIe siècle sur laquelle elle fut construite aux XIVe et XVe siècles. On remarque surtout la tour lanterne, moitié tour, moitié flèche ; il n'en existe que trois en Grande-Bretagne. Construite en 1448, rebâtie en 1608, elle fut encore réparée aux XVIIIe et XIXe siècles.

Retable des saints de la Northumbria, St Nicholas Cathedral

Bessie Surtees' House
41 44 Sandhill. **(** 0191 2611585.
○ du lun. au ven. **●** 25 déc.
au 2 jan., jours fériés
Les maisons à colombage des XVIe et XVIIe siècles rappellent l'histoire de la belle et riche Bessie, qui vivait ici avant

d'être enlevée par John Scott, jeune homme sans le sou qui devint chancelier d'Angleterre (la fenêtre par laquelle elle s'enfuit a une vitre bleue). Elles évoquent aussi la vie de ce quartier commerçant.

Tyne Bridge
Newcastle–Gateshead. **(** 0191 2328520. **○** t.l.j. **&**
Inauguré par George V en 1928, ce pont métallique à deux pylônes conçu par Mott, Hay et Anderson fut le plus long de ce type en Grande-Bretagne (162 m de travée). Il est devenu le symbole de la ville.

Earl Grey's Monument
Grey St. **(** 0191 2328520. **○** de ven. saint au 5 oct. : sam. et jours fériés.
Dû à Benjamin Green, il honore le 2e comte Grey, Premier ministre libéral (1830-1834) qui fit voter le Great Reform Bill. La statue est l'œuvre d'Edward H. Baily.

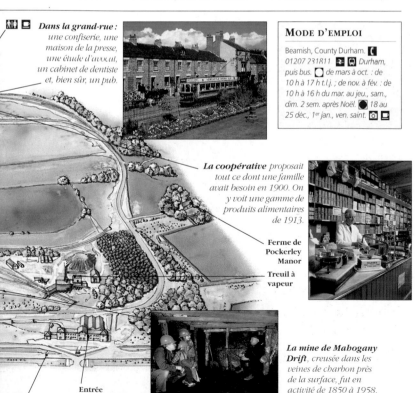

Dans la grand-rue : une confiserie, une maison de la presse, une étude d'avocat, un cabinet de dentiste et, bien sûr, un pub.

MODE D'EMPLOI
Beamish, County Durham. **(** 01207 231811 **□ □** Durham, puis bus. **○** de mars à oct. : de 10 h à 17 h t.l.j. ; de nov. à fév. : de 10 h à 16 h du mar. au jeu., sam., dim. 2 sem. après Noël. **●** 18 au 25 déc., 1er jan., ven. saint. **○ □**

La coopérative proposait tout ce dont une famille avait besoin en 1900. On y voit une gamme de produits alimentaires de 1913.

Ferme de Pockerley Manor

Treuil à vapeur

La mine de Mahogany Drift, creusée dans les veines de charbon près de la surface, fut en activité de 1850 à 1958. Des visites guidées sont proposées dans les puits.

Entrée

P

Maisons construites par la London Lead Company à Middleton-in-Teesdale

Durham ⑭

Voir p. 414-415.

Excursion dans les Pennines du Nord ⑮

Voir p. 413.

Fromage de Cotherstone, spécialité de la région de Middleton

Middleton-in-Teesdale ⑯

Comté de Durham. 👥 *1 100.* 🚆 *Darlington.* 🛈 *1C Chapel Row.*

Cette ville qui vivait de l'exploitation des mines de plomb s'étend à flanc de colline dans le paysage sauvage des Pennines, au bord de la Tees. Nombre des habitations de mineurs en pierre grise ont été construites par la London Lead Company. Cette entreprise paternaliste, dirigée par des quakers, intervenait dans tous les domaines de la vie quotidienne des ouvriers. Ceux-ci devaient respecter un principe de tempérance, envoyer leurs enfants à l'école du dimanche et se conformer aux nombreuses maximes de la compagnie. Fondée en 1753, celle-ci posséda bientôt virtuellement Middleton, qui correspondait à l'idée de « ville-entreprise » en vogue au XVIIIᵉ siècle. Si toutes les mines de plomb de la Teesdale sont aujourd'hui fermées, on peut toujours voir à Middleton les bureaux de la compagnie.

Ne manquez pas de goûter le fromage de chèvre à pâte friable de Cotherstone, spécialité des vallées voisines, que proposent les boutiques.

Barnard Castle ⑰

Comté de Durham. 👥 *5 000.* 🚆 *Darlington.* 🛈 *43 Galgate (01833 690909).* 🛒 *mer.*

Surnommée « Barney » dans la région, Barnard Castle est une petite ville de caractère avec ses vieilles vitrines et sa place du marché pavée que dominent les ruines du château normand auquel elle doit son nom. Le château d'origine fut construit vers 1125-1140 pour commander un gué par Bernard Balliol, ancêtre du fondateur de Balliol College, à Oxford *(p. 211).* Une ville de marché naquit ensuite au pied des murailles.

Barnard Castle est connu par l'extraordinaire château de style français situé à l'est de la ville, entouré de vastes jardins à la française. Commandé en 1860 par John Bowes, aristocrate local, et sa femme Joséphine, artiste et actrice française, il fut conçu dès le début comme un musée et un bâtiment public. Achevé en 1892, après leur mort, le **Bowes Museum** reste un monument célébrant la fortune de l'un et l'extravagance de l'autre. Il conserve une splendide collection d'art espagnol où figurent les *Larmes de saint Pierre* du Greco (vers 1580) et *Don Juan Meléndez Váldez* de Goya (1797), sans compter les horloges, porcelaines, meubles, instruments de musique, jouets, tapisseries et un cygne mécanique en argent considéré comme la pièce maîtresse.

🏛 Bowes Museum
Barnard Castle. 📞 *01833 690606.* ⭘ *t.l.j. (dim. après-midi).* ● *du 19 au 26 déc., 1ᵉʳ jan.* 📷 ♿

Le Bowes Museum, château de style français proche de Barnard Castle

Excursion dans les Pennines du Nord ⑮

Ce circuit commence juste au sud du mur d'Hadrien et passe par la South Tyne Valley et l'Upper Weardale, à travers des landes parmi les plus sauvages d'Angleterre, avant de repartir vers le nord. Les hauteurs où paissent les moutons sont couvertes de bruyère et sillonnées de murs de pierre sèche. Des busards et autres oiseaux les survolent et les cours d'eau drainent les vallées où se blottissent les villages.

Celtes, Romains et autres colons y ont laissé leur empreinte. La région a dû depuis toujours sa prospérité à l'agriculture et à l'exploitation des mines de plomb et des carrières.

Mouton sur la lande

Haltwhistle ①
L'église de la Sainte-Croix (Church of the Holy Cross) abrite la tombe du frère de Nicholas Ridley, martyr anglican mort sur le bûcher en 1555.

Haydon Bridge ③
Il y a de délicieuses promenades à faire autour de cette ville d'eau où le peintre John Martin naquit en 1789. Le château voisin de Langley mérite une visite.

Hexham ④
Cette vieille cité pittoresque (p. 409) est dotée d'une belle abbaye.

Blanchland ⑤
Certaines maisons de ce bourg minier du XVIIIᵉ siècle ont été bâties sur le site d'une abbaye du XIIᵉ siècle.

Bardon Mill ②
Au nord se trouvent le camp romain et la colonie civile de Vindolanda (p. 408).

Allendale ⑦
Dans cette région aux paysages spectaculaires, on peut pratiquer la pêche à la truite aussi bien que la randonnée.

Carte de l'itinéraire avec les localités : Carlisle, A69, South Tyne, North Tyne, A686, B6305, B6531, B6307, River Tyne, NEWCASTLE UPON TYNE, West Dipton Burn, Ham Burn, Devil's Water, B6306, Allendale Town, Derwent reservoir, B6295, River East Allen, Beldon Burn, Edmundbyers, B6278, Allenheads, Rookhope Burn, A689, Cowshill, Killhope Burn, Wearhead, Eastgate, Stanhope, Westgate, River Wear, DURHAM, Burnhope Burn

CARNET DE ROUTE

Itinéraire : 80 km.
Où faire une pause ? Plusieurs pubs de Stanhope proposent un buffet, et le Durham Dales Centre sert du thé toute l'année. L'hôtel Horsley Hall d'Eastgate sert des repas à toute heure. (Voir aussi p. 636-637.)

LÉGENDE

▬▬ Itinéraire conseillé

══ Autre route

❁ Point de vue

Stanhope ⑥
Un château du XVIIIᵉ siècle domine la place du marché. Le tronc géant d'un arbre fossile, vieux, dit-on, de 250 millions d'années, garde le cimetière.

0   5 km

Durham ⓮

C'est en 995 que la ville fut bâtie sur Island Hill ou « Dunholm », un éperon rocheux que contourne la Wear avant de se jeter dans la mer. Le site fut choisi par des moines pour ensevelir la dépouille de saint Cuthbert ; puis on apporta les reliques de Bède le Vénérable qui attirèrent de nouveaux pèlerins. En construisant la cathédrale, les architectes inaugurèrent un plan géométrique. Le château tint lieu d'évêché jusqu'en 1832, lorsque Mgr William van Mildert en fit don, ainsi que d'une partie de ses revenus, pour fonder la troisième université britannique. Les 23 ha de ce site sont parcourus de sentiers et parsemés de monuments.

Heurtoir, sanctuaire de la cathédrale

★ Cathédrale
Bâtie de 1093 à 1274, elle est typiquement normande.

Old Fulling Mill, bâtiment en grande partie du XVIIIᵉ siècle, abrite un musée d'archéologie.

Le pont de Prebend date de 1777. Deux sculptures de Colin Winbourne figurent du côté « île ».

College Green

Cuisine des moines

Église St Mary the Less

Portail du collège

Cour sud

Tombe de saint Cuthbert

Vitrail du « Pain quotidien »
Ce vitrail moderne, au nord de la nef, fut offert par un grand magasin local en 1984.

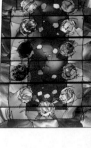

Galilee Chapel
Les architectes de cette chapelle, commencée en 1170, s'inspirèrent de la grande mosquée de Cordoue, en Andalousie. L'évêque Langley (mort en 1437) la modifia. Sa tombe se trouve à la porte ouest.

À NE PAS MANQUER

★ La cathédrale

★ Le château

★ **Le château**
*Commencé en 1072,
c'est une belle forteresse
normande. Le donjon
fait à présent partie de
l'université.*

Hôtel de ville (1851)   St Nicholas' Church (1857)

Palace Green

Tunstal's Chapel
À l'extrémité de la Tunstal's Gallery, la chapelle du château date d'environ 1542. Parmi ses belles sculptures sur bois, la miséricorde à la licorne (p. 327).

Corps de garde du château
L'arche extérieure porte des traces de sculptures normandes, tandis que les murs épais et la partie supérieure sont du XVIIIe siècle, ayant été reconstruits dans un style décrié pour sa lourdeur.

L'université fut édifiée par l'évêque John Cosin au XVIIe siècle.

se St y le Bow

e pont de Kingsgate 962-1963) ne à North Bailey.

L'ARCHITECTURE DE LA CATHÉDRALE

Les dimensions des colonnes, des piliers et des voûtes vieux de 900 ans, les chevrons et les losanges géants, les colonnes sculptées en treillage ou en dent-de-chien sont les aspects les plus nouveaux de l'architecture. Les architectes des XIe et XIIe siècles, comme l'évêque Ranulph Flambard, semblent avoir tenté d'en unifier les parties, comme on le voit dans l'aile sud de la nef ci-dessous.

Les voûtes nervurées, qui montent des murs, sont devenues classiques dans les églises. Apport important du gothique, c'est à Durham qu'elles apparurent.

Le losange, motif utilisé pendant la préhistoire, ne l'avait encore jamais été dans une cathédrale.

Les chevrons de certaines colonnes de la nef sont d'influence mauresque.

LE PAYS DE GALLES

Le pays de Galles d'un coup d'œil

L es paysages du pays de Galles, splendides et variés, invitent à de nombreuses activités : escalader les sommets, marcher dans la forêt, pêcher dans de larges cours d'eau ou profiter d'un littoral vierge sur des kilomètres. Les vacanciers anglais en apprécient depuis longtemps les nombreuses stations balnéaires. On ne compte pas les châteaux, les abbayes en ruine, les grandes demeures et les villes à l'architecture remarquable. Il ne faut surtout pas négliger la culture galloise profondément imprégnée de traditions celtiques.

Le château de Beaumaris (p. 424) *devait être un point clé de la « ceinture de fer » conçue par Édouard Ier pour contenir les rebelles gallois (p. 422). Commencé en 1295 et jamais achevé, il est doté d'un système de défense sans équivalent au pays de Galles.*

Anglesey

Caernarfonshire & Merionethshire

Portmeirion (p. 440-441), *village privé aux maisons pour le moins incongrues dans le paysage, concrétise l'ambition personnelle de l'architecte Sir Clough Williams-Ellis. Pour construire certains édifices, des éléments d'architecture furent prélevés sur d'autres sites.*

Card

Carmarthens

Pembrokeshire

Saint David's *est la plus petite ville de Grande-Bretagne, mais sa cathédrale (p. 450-451) est la plus grande du pays de Galles, avec une nef remarquable par son plafond de chêne sculpté et son magnifique jubé. Le palais épiscopal, tout proche, est en ruine.*

◁ Le quai coloré de Caernarfon

Llanberis et Snowdon (p. 437) forment une région connue pour ses pics élevés et dangereux, appréciés depuis longtemps par les alpinistes. C'est depuis Llanberis que l'accès au sommet du mont Snowdon est le plus facile. Son nom gallois, Yr Wyddfa Fawr, signifie « grande tombe » ; ce serait l'emplacement légendaire de la tombe d'un géant tué par le roi Arthur (p. 269).

Flintshire

rconwy
Colwyn   Denbighshire

**NORD DU PAYS
DE GALLES**
(p. 426-441)   Wrexham

Le château de Conwy veille sur l'une des villes médiévales fortifiées les mieux conservées de Grande-Bretagne (p. 432-433). Construit par Édouard Ier, le château assiégé fut près de se rendre en 1294. Il céda à l'assaut des partisans d'Owain Glyndŵr en 1401.

Powys

**SUD ET CENTRE DU
PAYS DE GALLES**
(p. 442-461)

Les Brecon Beacons (p. 454-455), *belle région de montagnes, de forêts et de landes du sud, appréciée des marcheurs et des naturalistes, sont un parc national. Le Pen-y-Fan en est l'un des principaux sommets.*

Monmouthshire

*Cardiff, Swansea
et leurs environs*

**Au château de
Cardiff** (p. 458-459),
la tour d'horloge fait
partie des nombreuses
modifications
réalisées au XIXe siècle
par l'architecte,
excentrique mais
doué, William Burges.
Son style flamboyant
fait l'étonnement des
visiteurs.

0   25 km

UNE IMAGE DU PAYS DE GALLES

Appréciés depuis longtemps par les vacanciers britanniques, les charmes du pays de Galles ne sont plus à vanter. Les paysages en font certes partie, mais aussi une culture vivace dont la poésie, les chœurs masculins et les sports d'équipe sont quelques aspects. Gouverné de Westminster depuis 1536, le pays de Galles conserve cependant sa propre identité celtique.

La majeure partie du pays de Galles est constituée par la chaîne des monts Cambriens, frontière naturelle avec l'Angleterre. Le Gulf Stream lui procure un climat doux, plus pluvieux que dans le reste de la Grande-Bretagne. Les terres se prêtent moins aux labours

L'un des beaux parcs nationaux gallois

qu'à l'élevage d'ovins et de bovins. Les sentiers par lesquels on conduisait les moutons vers l'Angleterre à travers les collines sont devenus des sentiers de randonnée. C'est en partie la rudesse du pays qui a permis aux Gallois de conserver leur identité et leur langue.

Le gallois est une langue expressive et musicale parlée seulement par un cinquième des 2,7 millions d'habitants, mais dans certaines régions du Nord c'est la langue de la conversation courante. La politique officielle est le bilinguisme : les panneaux routiers sont traduits dans les deux langues, même dans les régions où le gallois est peu

parlé. Les noms de lieux gallois, parfois déroutants, décrivent en général la nature du terrain ou d'anciens bâtiments ; par exemple, *aber* (embouchure), *afon* (rivière), *fach* (petit), *llan* (église), *llyn* (lac) et *nant* (vallée).

Le pays de Galles subit l'invasion romaine, mais non celle des Saxons. Le pays et ses habitants gardèrent ainsi leurs traditions domestiques et familiales pendant six siècles, jusqu'à la conquête normande en 1066. Ceci laissa le temps aux Gallois de se constituer en une nation distincte et homogène, qui est toujours une réalité aujourd'hui.

Les premiers rois normands soumirent le pays de Galles en chargeant les seigneurs des marches de tenir les régions

Le rugby, grand sport populaire

frontalières. Un chapelet de solides châteaux rappelle l'époque à laquelle les soulèvements gallois étaient une menace constante. Ce n'est qu'en 1535 que le pays de Galles s'agrégea vraiment à la Grande-Bretagne. Aujourd'hui, à Londres, un ministre est en charge de ses affaires.

Le non-conformisme religieux et le radicalisme politique sont solidement ancrés dans les esprits. Saint David convertit le pays au VIe siècle. Au XIXe siècle, le méthodisme, le protestan-

Les terres se prêtent surtout à l'élevage ovin

Une *gorsedd* (assemblée) de druides à l'eisteddfod

goût bien connu des Gallois pour la musique vient des anciens bardes : ménestrels et poètes, peut-être associés aux druides. Les histoires des bardes, pleines de figures légendaires et de magie, faisaient partie de la tradition orale du haut Moyen Âge. Elles furent transcrites pour la première fois au XIVe siècle dans le *Mabinogion*, qui a inspiré nombre de poètes gallois jusqu'à Dylan Thomas au XXe siècle. Les chœurs masculins qui se produisent dans beaucoup de villes, de villages et d'usines, en particulier dans le Sud industriel, expriment la tradition musicale celte. Ils se mesurent au cours des *eisteddfods*, festivals de la culture galloise.

tisme et le fondamentalisme s'enracinèrent. Certains pubs sont fermés le dimanche (dans la péninsule de Llŷn, la vente d'alcool est tout simplement interdite). Une tradition ancienne a donné naissance à de nombreux orateurs, hommes politiques et acteurs. Les dirigeants gallois du parti travailliste ont joué un grand rôle dans l'histoire des syndicats et du socialisme britanniques.

La civilisation galloise s'exprime davantage à travers le chant, la musique, la poésie et les légendes que dans l'artisanat, à l'exception notable de la « cuillère d'amour » sculptée, récemment remise au goût du jour. Le

Cuillère d'amour

Au XIXe siècle, l'exploitation du gisement de charbon du Sud à Glamorgan (qui fut le plus grand du monde) déclencha l'essor industriel et l'exode rural vers les hauts fourneaux et les aciéries. Cette prospérité ne dura pas ; après un bref répit dû à la Deuxième Guerre mondiale, le charbon connut un déclin irrémédiable, entraînant une crise économique sévère. La promotion du tourisme se fait aujourd'hui dans l'espoir que les richesses qu'il apporte pallieront la disparition du « roi Charbon ».

Le petit port coloré de Conwy, pittoresque ville médiévale ceinte de remparts

Histoire du pays de Galles

Saint David, patron du pays de Galles

La présence humaine au pays de Galles remonte à la préhistoire. De nombreux facteurs, des invasions à la révolution industrielle, ont influencé le cours de son histoire. Si les Romains avaient établi des camps dans les montagnes, c'est encore une véritable nation celte qui résista à l'invasion saxonne du VIIIᵉ siècle. Puis des siècles de raids frontaliers et de campagnes militaires suivirent, jusqu'à l'acte d'union de 1535 entre pays de Galles et Angleterre. Le Nord-Ouest, ancien bastion des princes gallois, maintient les coutumes et la langue galloises.

Owain Glyndŵr incarne l'opposition galloise à l'Angleterre

UNE NATION CELTE

Ornement de l'âge du bronze trouvé à Anglesey

Des vagues de migration peuplèrent le pays de Galles à la préhistoire. À l'âge du fer *(p. 42)*, des paysans celtes avaient établi des oppidums et implanté leur religion, le druidisme. Du Iᵉʳ siècle apr. J.-C. au retrait des légions vers 400, les Romains construisirent des forts et des routes, et exploitèrent des mines de plomb, d'argent et d'or. Durant les deux siècles suivants, des missionnaires venus d'Europe convertirent le pays au christianisme. C'est saint David *(p. 450-451)*, dit-on, qui fit du poireau l'emblème national en conseillant aux Gallois de le porter sur leur casque pour se distinguer des Saxons pendant un combat.

Les Saxons *(p. 46-47)* ne purent conquérir le pays de Galles. En 770, leur roi Offa fit élever un rempart de terre le long de la frontière *(p. 447)*. De l'autre côté de l'Offa's Dyke, les peuples se nommèrent eux-mêmes *Y Cymry* (« ceux de l'autre pays ») et appelèrent leur pays *Cymru*. Les Saxons le baptisèrent « Wales », de *wealas*, « étrangers ». Il se divisait en royaumes dont les plus grands étaient Gwynedd au nord, Powys au centre et Dyfed au sud.

LES SEIGNEURS DES MARCHES

L'invasion de 1066 *(p. 47)* n'atteignit pas le pays de Galles, mais Guillaume le Conquérant concéda les marches du pays à trois puissants barons : Shrewsbury, Hereford et Chester, qui tenaient la majeure partie des basses terres. Les princes gallois

Édouard Iᵉʳ proclame son fils prince de Galles en 1301

contrôlaient le Nord-Est montagneux et profitaient de la faiblesse des Anglais. Sous Llywelyn le Grand (mort en 1240), le Nord fut presque entièrement indépendant ; son petit-fils, Llywelyn le Dernier, fut reconnu prince de Galles par Henri III en 1267.

Édouard Iᵉʳ, monté sur le trône d'Angleterre en 1272, fit construire des places fortes et partit à la conquête du pays de Galles. En 1282, Llywelyn périt au combat, coup fatal pour les Gallois. Le roi imposa les lois anglaises et proclama son fils prince de Galles *(p. 430)*.

LA RÉBELLION D'OWAIN GLYNDŴR

Le ressentiment des Gallois contre les seigneurs des marches devint rébellion. En 1400, Owain Glyndŵr (vers 1350-1416), descendant des princes de Galles, mit à sac les positions anglaises. Reprenant le titre de ses ancêtres, il trouva des alliés celtes en Écosse, en Irlande, en France et en Northumbria. En 1404, il prit Harlech et Cardiff et réunit un parlement à Machynlleth *(p. 448)*. En 1408, les Français conclurent une trêve avec Henri IV d'Angleterre. La rébellion échoua alors et Glyndŵr dut se cacher jusqu'à sa mort.

L'UNION AVEC L'ANGLETERRE

Le pays de Galles souffrit beaucoup de la guerre des Deux-Roses *(p. 49)*, car les York et les Lancaster se disputèrent les châteaux gallois. À la fin de la guerre, en 1485, le Gallois Henri Tudor, né à Pembroke, devint Henri VII. L'acte d'union de 1535 et d'autres lois supprimèrent les marches, donnant aux Gallois une représentation au Parlement de Londres. Les usages anglais remplacèrent les coutumes locales et l'anglais devint la langue des tribunaux et de l'administration. Le gallois survécut en partie grâce à l'Église et à la traduction de la Bible du Dr William Morgan (1588).

Bible en langue vernaculaire qui aida le gallois à survivre

INDUSTRIE ET RADICALISME

Dans le sud et l'est du pays de Galles, l'industrie naquit des mines de charbon de Wrexham et Merthyr Tydfil, vers 1760. Le développement des ports bien équipés et du chemin de fer la stimula. Dans la seconde moitié du XIXe siècle, les puits de la Rhondda Valley supplantèrent les mines à ciel ouvert.

Les ouvriers et les paysans menaient une vie rude. Des émeutes *(Rebecca Riots)* dans le Sud entre 1839 et 1843, au cours desquelles les

Mineurs du sud du pays de Galles en 1910

paysans, habillés en femmes, protestèrent contre les dîmes et les loyers, furent durement réprimées. Les chartistes, les syndicats et le parti libéral avaient de nombreux adhérents au pays de Galles.

L'essor du méthodisme *(p. 265)* suivit celui de l'industrie ; en 1851, 80 % de la population l'avait embrassé. Le gallois survécut malgré les efforts du gouvernement pour en décourager l'usage, y compris en punissant les enfants surpris à le parler.

LE PAYS DE GALLES AUJOURD'HUI

Au XXe siècle, pour la première fois, les Gallois, jouèrent un rôle actif dans la politique britannique. David Lloyd George fut le premier chef du gouvernement issu d'une famille galloise. S'il n'était pas né au pays de Galles, du moins y avait-il été élevé. Aneurin Bevan, fils de mineur devenu ministre travailliste, participa à la fondation du National Health Service *(p. 59)*.

Le nationalisme continua de croître ; le Plaid Cymru, parti nationaliste gallois, fut fondé en 1926. En 1955, Cardiff fut reconnue capitale du pays de Galles *(p. 456)* et, quatre ans plus tard, l'ancien dragon rouge devint l'emblème du nouveau drapeau gallois. Le Plaid Cymru remporta deux sièges au Parlement en 1974, mais en 1979 les Gallois rejetèrent par référendum l'autonomie partielle.

Le gallois a décliné ; alors que la moitié de la population le parlait en 1901, ce chiffre était tombé à 21 % 70 ans plus tard. Grâce au Welsh Language Act de 1967, cette langue est enseignée à l'école, et la chaîne de télévision S4C (Sianel 4 Cymru) diffuse de nombreux programmes en gallois.

Depuis 1960, le charbon et l'acier connaissent un réel déclin, avec le chômage pour conséquence . Les industries de pointe et le tourisme n'y ont qu'en partie remédié.

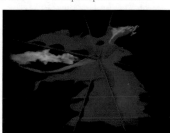

Logo de S4C, chaîne de télévision galloise

Les châteaux du pays de Galles

L es châteaux médiévaux sont nombreux au pays de Galles. Peu après la bataille d'Hastings *(p. 47)*, les Normands convoitèrent ce territoire. Ils édifièrent des places fortes de terre et de bois, que remplacèrent bientôt des châteaux en pierre. Les princes de Galles et les envahisseurs poursuivirent ces constructions. C'est sous

Le château de Conwy, miniature française (xvᵉ s.)

Édouard Iᵉʳ *(p. 422)* qu'elles furent les plus nombreuses. À la fin du Moyen Âge, la paix revenue, certains châteaux devinrent des demeures d'agrément.

Le corps de garde nord devait mesurer 18 m de haut et offrir un confort royal, mais l'étage supérieur ne fut jamais construit.

L'enceinte intérieure était bordée d'une salle, d'un grenier, de cuisines et d'écuries.

Les tours rondes, présentant moins d'angles morts que les tours carrées, étaient plus sûres.

Meurtrière

BEAUMARIS CASTLE

Le dernier des châteaux d'Édouard Iᵉʳ *(p. 430)*, symétrique et concentrique, associait puissance et un certain confort. Il y avait de nombreux obstacles à franchir avant d'atteindre l'enceinte intérieure.

Fossé

Mur d'enceinte

OÙ VOIR DES CHÂTEAUX GALLOIS

Outre Beaumaris, le nord du pays de Galles comporte Caernarfon *(p. 430)*, Conwy *(p. 432)* et Harlech *(p. 440)*. Édouard Iᵉʳ construisit aussi Denbigh, Flint (près de Chester) et Rhuddlan (près de Rhyll). Dans le Sud et le Centre, Caerphilly (près de Cardiff), Kidwelly (près de Carmathen) et Pembroke datent du xiᵉ au xiiiᵉ siècle. Cilgerran (près de Cardigan), Criccieth (près de Porthmadog) et Carreg Cennen *(p. 454)* occupent des sites spectaculaires. Chirk, près de Llangollen, est le type même d'une place forte devenue résidence d'agrément.

Caerphilly, à 10 km au nord de Cardiff, place forte massive défendue par des enceintes concentriques de pierre et des douves, couvre 12 ha.

Harlech (p. 440) est connu pour son puissant corps de garde, ses tours jumelles et son escalier fortifié qui descend jusqu'à la mer. Ce fut le quartier général d'Owain Glyndŵr (p. 422) de 1404 à 1408.

CASTELL-Ŷ-BERE
Llywelyn le Grand *(p. 422)* fonda ce château au pied du Cader Idris *(p. 440)* en 1221 pour protéger la frontière intérieure plutôt que pour résister aux Anglais.

Entrée

La tour allongée, en forme de D, est typique des châteaux gallois.

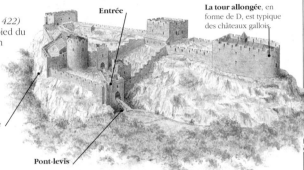

La construction épouse le rocher. L'enceinte extérieure est trop basse et trop faible pour être vraiment sûre.

Pont-levis

a **Chapel Tower** abrite une elle chapelle médiévale.

Le quai fortifié, sur un canal qui rejoignait la mer, permettait l'approvisionnement pendant les sièges.

ceinte intérieure, qui
e un passage, était plus
e que l'enceinte extérieure
de permettre un tir simultané.

Corps de garde à tours jumelles

ÉDOUARD Ier ET JACQUES DE SAINT-GEORGES
En 1278, Édouard Ier fit venir de Savoie un maître maçon qui devint un grand architecte militaire, Jacques de Saint-Georges. Maître d'œuvre d'au moins douze des châteaux gallois d'Édouard Ier, il reçut libéralités et pensions qui témoignent de l'estime que le roi lui portait.

Édouard Ier
(p. 422), roi chevalier dont les châteaux permirent la conquête du pays de Galles.

Plan du château de Caernarfon montrant comment le site, sur un promontoire entouré d'eau, a déterminé la forme et le système de défense .

Caernarfon (p. 430), où naquit le malheureux Édouard II (p. 315), destiné à être la résidence royale officielle dans le nord du pays de Galles, possède des appartements somptueux.

Castell Coch fut restauré en style néo-gothique par Lord Bute et William Burges (p. 458). Beaucoup d'industriels victoriens édifièrent des châteaux d'opérette.

Conwy (p. 433), comme tant d'autres châteaux, fut bâti en recourant au travail forcé sur une grande échelle.

LE NORD DU PAYS DE GALLES

ABERCONWY & COLWYN · ANGLESEY · CAERNARFONSHIRE &
MERIONETHSHIRE · DENBIGHSHIRE · FLINTSHIRE · WREXHAM

*L*e paysage du nord du pays de Galles est aussi tourmenté que son
histoire. Pendant la préhistoire, Anglesey était le fief des druides.
Les Romains et les Normands se concentrèrent le long des côtes,
laissant aux Gallois les montagnes, qui sont restées le bastion de leurs
coutumes et de leur langue.

Invasion et résistance sont les thèmes majeurs de l'histoire du pays. Le Nord a été le théâtre de luttes féroces entre princes de Galles et rois anglo-normands bien déterminés à faire régner la loi anglaise. Le chapelet de châteaux forts du nord du pays de Galles témoigne autant de la résistance galloise que de la puissance de l'envahisseur. Plusieurs forteresses imposantes, parmi lesquelles Beaumaris, Caernarfon et Harlech, cernent presque les hautes terres rudes de Snowdonia, région qui a gardé tout son caractère.

L'élevage est le fondement de l'économie rurale, mais les étendues boisées sont encore nombreuses. Le long de la côte, le tourisme est florissant. Llandudno, station balnéaire de l'époque victorienne, popularisa la côte sableuse du Nord au XIXᵉ siècle.

La région attire encore de nombreux visiteurs, surtout sur l'étroite bande côtière entre Prestatyn et Llandudno, laissant l'île d'Anglesey et la péninsule de Llŷn relativement à l'écart de ce développement. Cette dernière est un bastion du gallois, tout comme des localités isolées dans les terres, telles Dolgellau et Bala.

Aucune partie du nord du pays de Galles ne peut être qualifiée d'industrielle, bien que l'industrie ardoisière autrefois prospère de Snowdonia ait laissé des cicatrices grises au milieu de belles montagnes. Au pied du Snowdon (point culminant du pays de Galles), les villages de Beddgelert, Betws-y-Coed et Llanberis sont particulièrement fréquentés, servant de points de départ aux randonneurs qui viennent admirer les panoramas spectaculaires et la frappante beauté de cette magnifique région reculée.

Le château de Caernarfon, l'une des grandes places fortes édifiées pour Édouard Iᵉʳ

◁ **La Dee à Llangollen, dans une région dont la beauté naturelle est préservée**

À la découverte du nord du pays de Galles

L e point culminant du Nord (et du pays de Galles) est le Snowdon. Le parc national de Snowdonia s'étend vers le sud du massif du Snowdon jusqu'après Dolgellau, avec ses vallées boisées, lacs de montagne, landes et estuaires. À l'est, les Clwydian Hills sont plus douces. Anglesey et la belle péninsule de Llŷn ont une côte intacte.

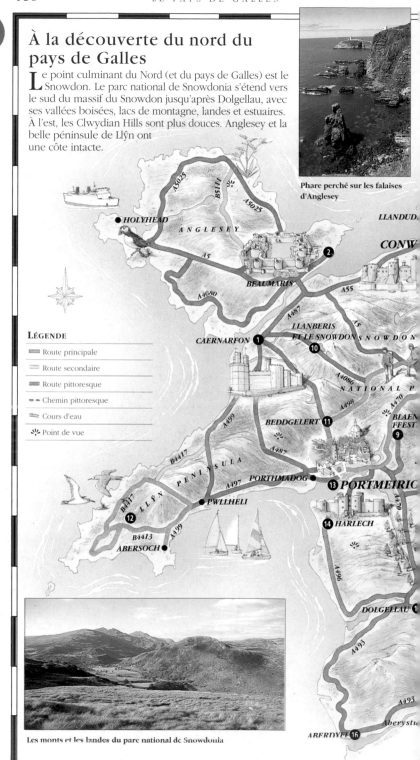

Phare perché sur les falaises d'Anglesey

Légende

- Route principale
- Route secondaire
- Route pittoresque
- Chemin pittoresque
- Cours d'eau
- Point de vue

Les monts et les landes du parc national de Snowdonia

CIRCULER

La principale route du nord-ouest de l'Angleterre est l'A55. Elle permet d'éviter plusieurs goulets d'étranglement, tels que Conwy. La région est également traversée par l'A5, de Shrewsbury à Holyhead, voie qui suit celle ouverte dans la montagne au XIXe siècle par l'ingénieur Thomas Telford *(p. 433)*. Le chemin de fer longe la côte jusqu'à Holyhead, d'où partent les ferries vers Dublin et Dun Laoghaire. Des lignes pittoresques vont de Llandudno Junction à Blaenau Ffestiniog (par Betws-y-Coed) et le long de la partie sud de la péninsule de Llŷn.

LA RÉGION D'UN COUP D'ŒIL

Aberdyfi 🔟6
Bala 🔟7
Beaumaris ❷
Beddgelert 🔟1
Betws-y-Coed ❽
Blaenau Ffestiniog ❾
Caernarfon ❶
Conwy p. 432-433 ❸
Dolgellau 🔟5
Harlech 🔟4
Llanberis et le Snowdon 🔟
Llandudno ❹
Llangollen ❻
Péninsule de Llŷn 🔟2
Portmeirion p. 440-441 🔟3
Ruthin ❺

L'imposant château de Conwy édifié par Édouard Ier au XIIIe siècle

VOIR AUSSI

• *Hébergement* p. 564-565

• *Restaurants et pubs* p. 601-602

Le château de Caernarfon, dont Édouard Ier fit le symbole de son pouvoir nouvellement conquis sur le pays de Galles

Caernarfon ❶

Caernarfonshire & Merionethshire (Gwynedd). 🏘 10 000. 🚍 🛈 Castle St (01286 672232). 🖼 sam.

L'un des châteaux les plus célèbres du pays de Galles domine une ville active. Édouard Ier les fonda tous deux après la défaite du dernier prince de Galles, Llywelyn ap Gruffydd, en 1283 *(p. 422)*. Le mur d'enceinte de la ville est bordé de rues commerçantes qui partent du centre médiéval et débouchent sur la place du marché.

Dominant la ville et le port,

L'INVESTITURE

En 1301, le futur Édouard II devint le premier prince de Galles anglais *(p. 422)*, titre qui se transmet depuis au fils aîné du souverain. En 1969, 500 millions de téléspectateurs suivirent l'investiture du prince Charles (ci dessus) au château de Caernarfon.

Caernarfon Castle *(p. 425)*, avec ses tours polygonales, était le siège du gouvernement du Nord (North Wales). Caernarfon fut un port actif au XIXe siècle, et à cette époque l'architecte Anthony Salvin restaura les ruines du château. Celui-ci abrite à présent le Royal Welsh Fusilier Museum et une galerie qui retrace l'histoire des princes de Galles.

Sur la colline qui domine la ville se trouvent les ruines de **Segontium**, camp romain datant de 78 apr. J.-C. Une légende peu crédible affirme que Constantin, premier empereur chrétien, y serait né en 280.

⚜ Caernarfon Castle
Y Maes. 【 01286 677617. 🕐 t.l.j. ● 24 et 25 déc., 1er jan. 🖼 ♿ limité.
⛨ Segontium
Beddgelert Rd. 【 01286 675625. 🕐 t.l.j. ● du 24 au 26 déc., 1er jan. 🖼 ♿ limité.

Beaumaris ❷

Anglesey (Gwynedd). 🏘 2 000. 🚍 🛈 Llanfair PG, Station Site, Holyhead Rd, Anglesey (01248 713177).

U n beau mélange d'architecture georgienne et victorienne donne à Beaumaris l'air d'une station de la côte sud de l'Angleterre. Les bâtiments témoignent encore de l'importance de ce qui fut le principal port d'Anglesey, avant que l'île ne soit reliée au continent par des ponts routiers et ferroviaires, au-dessus du Menai Strait, au XIXe siècle.

Dans ce site fut construit le dernier et peut-être le plus grand **château** d'Édouard Ier *(p. 424)*, pour contrôler cet accès maritime stratégique au pays de Galles.

L'auberge **Ye Olde Bull's Head**, Castle Street, date de 1617 et est marquée d'une empreinte littéraire : Samuel Johnson (1709-1784) et Charles Dickens *(p. 175)* en furent des habitués.

Le tribunal **(Courthouse)** édifié en 1614 est toujours utilisé, et la prison **(Gaol)** restaurée de 1829 a conservé sa salle de torture insonorisée et une énorme machine disciplinaire. Deux pendaisons publiques y eurent lieu. Richard Rowlands, le dernier condamné, clama son innocence jusqu'à la fin et, sur le chemin de la potence, lança une malédiction au clocher de l'église : jamais plus les quatre faces de l'horloge ne devaient indiquer la même heure. Et il en fut ainsi jusqu'à une révision complète en 1980.

Le **Museum of Childhood** conserve nostalgiquement une collection de jeux et jouets des XIXe et XXe siècles.

⚜ Beaumaris Castle
Castle St. 【 01248 810361. 🕐 t.l.j. ● du 24 au 26 déc., 1er jan. 🖼
⚖ Courthouse
High St. 【 01286 679098. 🕐 de juin à sept. : t.l.j. 🖼 ♿ limité.
⚖ Gaol
Bunkers Hill. 【 01286 679098. 🕐 de juin à sept. : t.l.j. 🖼
⛨ Museum of Childhood
Castle St. 【 01248 712498. 🕐 de mi-mars à oct. : t.l.j. 🖼

ALICE AU PAYS DES MERVEILLES

L'hôtel Gogarth Abbey de Llandudno était la maison de vacances des Liddell. Charles Dodgson (1832-1898), ami de la famille, racontait à la petite Alice l'histoire du lapin blanc et du chapelier fou. Sous le nom de Lewis Carroll, Dodgson écrivit *Alice au Pays des Merveilles* (1865) et *De l'autre côté du miroir* (1871).

Illustration d'Arthur Rackham (1907) pour *Alice au Pays des Merveilles*

Conwy ❸

Voir p. 432-433.

Llandudno ❹

Aberconwy & Colwyn (Gwynedd). 🏠 19 000. 🚂 🖪 🚻 *1-2 Chapel St (01492 876413).* 🛍 *du lun. au sam.*

La baie en demi-lune de Llandudno

L landudno a gardé l'esprit des lieux de villégiature du XIXᵉ siècle, alors que le chemin de fer permettait au plus grand nombre de se rendre sur la côte. Sa **jetée** de 700 m et ses promenades couvertes rappellent la grande époque. Llandudno doit beaucoup de son atmosphère chaleureuse et intime à la fierté qu'elle a de ses racines victoriennes, alors que bien des villes balnéaires leur ont préféré les néons du XXᵉ siècle. La ville entretient fidèlement le souvenir du passage de Lewis Carroll, comme on peut le voir en visitant **The Rabbit Hole**, grotte décorée de scènes grandeur nature extraites de ses livres pour enfants.

Afin de tirer le meilleur parti de sa vaste plage, Llandudno fut bâtie entre les deux caps qui bornent celle-ci, Great Orme's Head et Little Orme's Head.

Great Orme's Head, parc régional et réserve naturelle, s'élève à 207 m. Son histoire remonte à l'âge du bronze, où l'on exploitait des **mines de cuivre** que l'on peut toujours visiter. L'**église** du cap fut d'abord construite en bois par le missionnaire saint Tudno, rebâtie en pierre au XIIIᵉ siècle, puis restaurée en 1855. On y célèbre toujours un office. Au sommet, un centre d'information retrace l'histoire et la vie sauvage de Great Orme's Head.

Il est possible d'atteindre sans effort le sommet en empruntant soit le **Great Orme Tramway**, l'un des trois seuls tramways urbains à câble du monde (avec ceux de San Francisco et de Lisbonne), soit le **Llandudno Cable Car**. L'un et l'autre ne fonctionnent que l'été.

🏛 **The Rabbit Hole**

Trinity Sq. 📞 *01492 860082.* 🕙 *de Pâques à oct. : t.l.j. ; de nov. à Pâques : du lun. au sam.* 🛑 *25 et 26 déc., 1ᵉʳ jan.* 🧺 ♿

⛏ **Great Orme Copper Mines**

Près de l'A55. 📞 *01492 870447.* 🕙 *de fév. à nov. : t.l.j.* 🧺 ♿ *limité.*

Ruthin ❺

Denbighshire (Clwyd). 🏠 5 000. 🚌 🖪 *Craft Centre, Park Rd (01824 703992).* 🛍 *1ᵉʳ mar. de chaque mois.*

L es maisons médiévales à colombage de Ruthin reflètent la longue prospérité de cette ville de marché. En témoignent sur St Peter's Square les banques National Westminster et Barclays. La première fut un ancien palais de justice et une prison du XVᵉ siècle, la seconde fut la maison de Thomas Exmewe, lord-maire de Londres en 1517-1518. Le roi Arthur *(p. 269)* aurait, dit-on, décapité Huail, son rival en amour, sur la **Maen Huail** (« pierre de Huail »), devant la Barclays.

L'aile nord de **St Peter's Church**, sur St Peter's Square, fondée en 1310, est ornée d'un plafond Tudor comportant 500 panneaux sculptés. À côté du Castle Hotel s'élève le **Myddleton Arms**, pub du XVIIᵉ siècle. Sur sa toiture, 7 chiens-assis au style hollandais inhabituel portent le nom d' « yeux de Ruthin ».

Les « yeux de Ruthin », élément inhabituel dans l'architecture galloise

Conwy pas à pas ❸

Cette ville, l'une des plus mésestimées de Grande-Bretagne, ne fut connue jusque vers 1990 que comme goulet d'étranglement routier. Grâce à une déviation, on peut désormais en apprécier l'architecture, sans équivalent au pays de Galles. L'austère château construit par Édouard Ier *(p. 422)* la domine. Conwy se distingue des autres villes médiévales par le bon état de son mur d'enceinte. Renforcé de 21 tours et de 3 portails, il fait presque le tour complet de la ville.

Smallest House
Ce cottage de pêcheur sur le quai, haut de 3 m, passe pour la plus petite maison de Grande-Bretagne.

Plas Mawr, la « Grande Maison », fut construite pour un aristocrate, Robert Wynne, en 1576.

St Mary's Church
Cette église médiévale, dans un parc tranquille, est construite sur le site d'une abbaye cistercienne du XIIe siècle.

Bangor

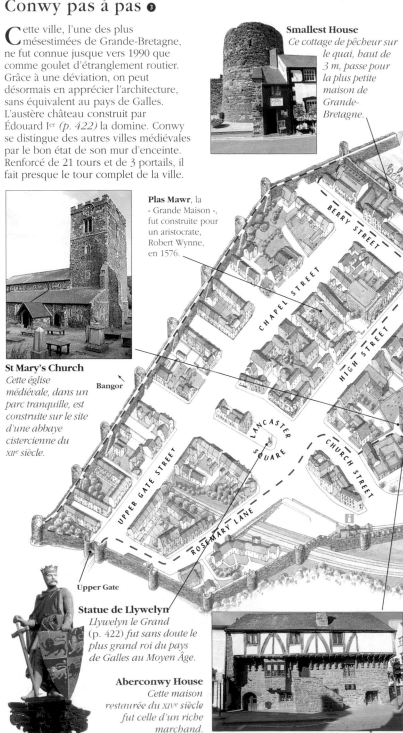

UPPER GATE STREET

BERRY STREET

CHAPEL STREET

HIGH STREET

LANCASTER SQUARE

CHURCH STREET

ROSEMARY LANE

Upper Gate

Statue de Llywelyn
Llywelyn le Grand (p. 422) fut sans doute le plus grand roi du pays de Galles au Moyen Âge.

Aberconwy House
Cette maison restaurée du XIVe siècle fut celle d'un riche marchand.

THOMAS TELFORD

La Grande-Bretagne doit à cet ingénieur écossais (1757-1834) bien des routes, des ponts et des canaux. Au pays de Galles, le Menai Bridge *(p. 430)*, l'aqueduc de Pontcysyllte *(p. 436)* et le pont de Conwy sont ses chefs-d'œuvre. Le gracieux pont de Conwy a des qualités esthétiques et pratiques. Achevé en 1826 au-dessus de l'estuaire de Conwy, il fut dessiné pour être en harmonie avec le château. Avant la construction du pont, seul un bac permettait de traverser l'estuaire.

MODE D'EMPLOI

Aberconwy & Colwyn (Gwynedd).
🚶 *8 000*. 🚆 *Conwy*. ℹ️ *01492 592248*. 🎭 *Conwy Festival : juil.*
Aberconwy House, Castle St. 📞 *01492 592246*. ⭕ *du mer. au lun.*
Conwy Castle, Castle Square.
📞 *01492 592358*. ⭕ *t.l.j.* 📷
Smallest House, Lower Gate St.
📞 *01492 593484*. ⭕ *t.l.j.* 📷

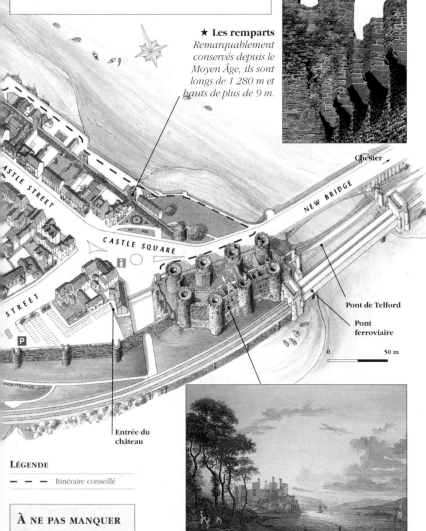

★ Les remparts
Remarquablement conservés depuis le Moyen Âge, ils sont longs de 1 280 m et hauts de plus de 9 m.

Chester

Pont de Telford

Pont ferroviaire

0   50 m

Entrée du château

LÉGENDE

— — — Itinéraire conseillé

À NE PAS MANQUER

★ **Les remparts**

★ **Le château de Conwy**

★ Château de Conwy
Cette aquarelle représentant Conwy Castle (vers 1770) est de Paul Sandby, de Nottingham.

L'aqueduc de Pontcysyllte (1795-1805) porte le canal de Llangollen

Llangollen ❻

Denbighshire (Clwyd). 🚶 5 000. 🚌
ℹ️ *Town Hall, Castle St (01978
860828).* 🛍️ *mar.*

Cette jolie ville sur la Dee, que franchit un pont du XIVᵉ siècle, est surtout fameuse par son festival *(eisteddfod)* annuel. La ville s'est fait connaître au XVIIIᵉ siècle lorsque deux Irlandaises excentriques, Lady Eleanor Butler et Sarah Ponsonby, les « dames de Llangollen », s'installèrent à **Plas Newydd**. Leur costume étrange et leur passion pour la littérature attirèrent des personnalités comme le duc de Wellington *(p. 148)* et William Wordsworth *(p. 352)*. Les ruines du **Castell Dinas Brân** (XIIIᵉ s.) se dressent au sommet d'une colline qui domine la ville.

Aux environs
L'été, des bateaux partent de Wharf Hill sur le **Llangollen Canal** et franchissent les 300 m du spectaculaire aqueduc de Pontcysyllte, œuvre de Thomas Telford *(p. 433)*.

🏛️ **Plas Newydd**
Hill St. 📞 *01978 861314.* 🕐 *d'avril à oct. : t.l.j.* 🅿️ 🅰️ *limité.*

Bala ❼

Caernarfonshire & Merionethshire (Gwynedd). 🚶 2 000. 🚃 *depuis Llangollen.* ℹ️ *Pensarn Rd (01678 521021).*

Le Bala Lake, le plus grand lac naturel du pays de Galles, s'étend entre les monts Aran et Arenig, à la lisière du parc national de Snowdonia. Il permet les sports nautiques et abrite un poisson que l'on ne trouve nulle part ailleurs, le *gwyniad*, cousin du saumon.

La petite ville gallophone en pierre grise s'étire le long d'une seule rue à l'extrémité est du lac. Là vécut Thomas Charles (1755-1814), qui dirigea une église méthodiste. Une plaque sur son ancienne maison rappelle qu'une certaine Mary Jones fit, en 1800, 40 km pieds nus depuis Abergynolwyn pour acheter une bible, ce qui incita Charles à fonder la Bible Society, pour fournir des bibles à bon marché.

Le **Bala Lake Railway** à voie étroite suit la rive depuis Llanuwchllyn, à 6 km au sud-ouest.

Betws-y-Coed ❽

Aberconwy & Colwyn (Gwynedd). 🚶 600. 🚃 ℹ️ *Royal Oak Stables (01690 710426).*

Ce village proche des pics de Snowdonia attire les grimpeurs depuis le XIXᵉ siècle. Aux **Swallow Falls**, à l'ouest,

**Choristes à l'eisteddfod,
festival populaire gallois**

la Llugwy s'engouffre dans une gorge boisée. La curieuse **Tŷ Hyll** (« Maison laide ») est une *tŷ unnos* (« maison d'une nuit »). Ces maisons édifiées en une nuit sur un terrain commun échappaient à l'impôt foncier ; la distance à laquelle retombait une hache lancée depuis le seuil déterminait l'étendue du terrain que l'on pouvait enclore. À l'est se trouve le **Waterloo Bridge** de Thomas Telford, bâti l'année de la victoire sur Napoléon Iᵉʳ.

🏛️ **Tŷ Hyll**
Capel Curig. 📞 *01690 4287.* 🕐 *de mai à oct. : t.l.j.* 🔴 *25 et 26 déc., 1ᵉʳ jan.* 🅿️ 🅰️ *limité.*

Waterloo Bridge, construit en 1815 après la célèbre bataille

◁ **Beddgelert, pittoresque village du parc national de Snowdonia**

La région de Snowdonia vue du col de Llanberis, trajet le plus fréquent pour le mont Snowdon

Blaenau Ffestiniog ❾

Caernarfonshire & Merionethshire (Gwynedd). 🚶 5 500. 🚌 ℹ️ Betws-y-Coed (01690 710426). 🗓️ mar. (de juin à sept.).

Cette ancienne capitale de l'ardoise est située au cœur de montagnes creusées de carrières. Les **Llechwedd Slate Caverns**, au-dessus de Blaenau, se visitent depuis environ 1970, redonnant un second souffle à une ville en déclin. Le tramway électrique des mineurs conduit les passagers dans les grottes d'origine.

Le Deep Mine Tour permet de descendre, par la ligne de voyageurs la plus raide de Grande-Bretagne, jusqu'aux chambres souterraines, tandis que des effets sonores donnent l'impression que la carrière est toujours en activité.

À la surface ont lieu des démonstrations de taille d'ardoise. Une série de cottages a été reconstituée, chacun illustrant la vie des ouvriers de 1880 à 1945. Le **Ffestiniog Railway** *(p. 438-439)* à voie étroite va de Blaenau à Porthmadog.

🏛 Llechwedd Slate Caverns
Crimea Pass. 📞 01766 830306. 🕐 t.l.j. 🚫 25 et 26 déc., 1er jan. 🏷️ 🚻 sauf Deep Mine.

Llanberis et le Snowdon ❿

Caernarfonshire & Merionethshire (Gwynedd). 🚶 2 100. ℹ️ High St, Llanberis (01286 870765).

Le Snowdon, point culminant du pays de Galles (1 085 m), est le site majeur du parc national de Snowdonia, comprenant de vastes étendues de montagnes, de landes et de plages. Le **Llanberis Track** (8 km), chemin le plus facile pour accéder au sommet du Snowdon, part de Llanberis. Du Llanberis Pass partent aussi le Miners' Track (qu'empruntaient les mineurs de cuivre) et le Pyg Track. Prenez garde aux changements de temps ; ils sont parfois soudains. Le **Snowdon Mountain Railway,** chemin de fer à voie étroite, ouvert en 1896, est encore le moyen de transport le plus simple.

Llanberis était au XIXe siècle une ville ardoisière, avec ses terrasses grises à flanc de colline. À voir aussi, les ruines de **Dolbadarn Castle** (XIIe s.), sur une hauteur entre les lacs de Padarn et de Peris. Le **Power of Wales Museum** organise des visites de la plus grande station hydro-électrique à pompage d'Europe.

⌂ Dolbadarn Castle
Près de l'A4086 à proximité de Llanberis. 📞 01286 870765. 🕐 t.l.j. 🚫 du 24 au 26 déc., 1er jan. 🏷️

ℹ️ Electric Mountain
Llanberis. 📞 01286 870636. 🕐 jan. à Pâques : mar. à dim. ; de Pâques au 23 déc. : t.l.j. 🏷️ 🚻

LA CAPITALE DE L'ARDOISE

Au XIXe siècle, l'ardoise galloise couvrit les toitures des villes en expansion. En 1898, cette industrie employait 17 000 personnes, dont le quart à Blaenau Ffestiniog. Mais la concurrence étrangère et les nouveaux matériaux la détrônèrent. Des carrières comme Gloddfa Ganol et Llechwedd, à Blaenau Ffestiniog, vivent désormais grâce au tourisme.

L'art en déclin de la taille de l'ardoise

Beddgelert, au milieu des monts de Snowdonia

Beddgelert ⓫

Caernarfonshire & Merionethshire
(Gwynedd). 🏠 500. 🚉 High St,
Porthmadog (01766 512981).

Ce village jouit d'une belle
situation dans un des
paysages les plus
spectaculaires de Snowdonia,
au confluent de la Glaslyn et
de la Cilwyn, à proximité de
deux cols : le magnifique Nant
Gwynant Pass, qui mène à la
partie la plus élevée de
Snowdonia, et l'Aberglaslyn

Pass, gorge boisée qui joue le
rôle de porte de la mer.

Au XIXᵉ siècle, Dafydd
Pritchard, propriétaire du
Royal Goat Hotel, transposa
une vieille légende galloise à
Beddgelert : Llywelyn le
Grand (p. 422) aurait confié la
garde de son fils à son chien
Gelert. À son retour de la
chasse, il trouva le berceau
renversé et Gelert couvert de
sang. Persuadé que le chien
avait tué son enfant, il l'abattit,
avant de découvrir son fils
sain et sauf sous le berceau,

près de la carcasse d'un loup
que Gelert avait tué pour le
protéger. Afin d'accréditer
cette histoire, Pritchard éleva
la **tombe de Gelert** (*bedd
Gelert* en gallois), monticule
de pierres au bord de la
Glaslyn, un peu au sud du
village.

Aux environs
Les promenades agréables
sont nombreuses dans la
région : l'une mène à
l'Aberglaslyn Pass et le long
de la partie désaffectée de la
voie de chemin de fer du
Welsh Highland Railway. À la
mine de cuivre de Sygun, à
1,5 km au nord-est de
Beddgelert, des visites
guidées, dans les galeries
illuminées à flanc de
montagne, recréent la vie des
mineurs au XIXᵉ siècle.

🏔 **Sygun Copper Mine**
A498. 📞 01766 890595. ☐ t.l.j.
⬤ 24 et 25 déc. 📷 ♿

Le Ffestiniog Railway

**Plaque de
locomotive**

Le train à voie étroite de
Ffestiniog emprunte une
pittoresque ligne de 22 km de
Porthmadog Harbour aux
montagnes et à la ville
ardoisière de Blaenau Ffestiniog
(p. 437). Conçu pour transporter
l'ardoise des carrières jusqu'aux
quais, il remplaçait alors un
tramway à cheval qui datait de
1836. Après sa fermeture en 1946, il fut
entretenu par des bénévoles et rouvrit par
tronçons à partir de 1955.

La traction à vapeur *apparut en 1863 sur
la ligne de Ffestiniog. S'il existe quelques
locomotives diesel, la plupart des trains
utilisent encore la vapeur.*

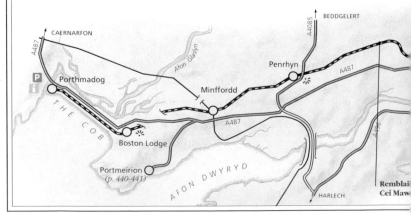

Péninsule de Llŷn ⑫

Caernarfonshire & Merionethshire (Gwynedd). 🚉 🚌 *Pwllheli.* 🚢 *depuis Pwllheli et Aberdaron jusqu'à Bardsey Island.* 🛈 *Min-y-don, Station Sq, Pwllheli (01758 613000).*

Cette langue de terre de 38 km de long s'avance dans la mer d'Irlande au sud-ouest de Snowdonia. Malgré quelques plages fréquentées, notamment à Pwllheli, Criccieth, Abersoch et Nefyn, l'ensemble de la côte est très préservé. C'est à l'extrême ouest et le long de la côte nord, bordée de montagnes, que les panoramas sont les plus captivants.

Braich-y-Pwll, cap battu par le vent à l'ouest d'Aberdaron, regarde vers Bardsey Island, l'« île aux 20 000 saints », lieu de pèlerinage depuis le

vIᵉ siècle, époque où un monastère fut fondé. Des saints sont enterrés, dit-on, dans le cimetière de **St Mary's Abbey**, du xIIIᵉ siècle, en ruine. **Porth Oer**, petite baie voisine, est appelée aussi « Whistling Sands » (le sable est censé « siffler » sous les pieds).

À 6,5 km à l'est d'Aberdaron s'étend la baie de **Porth Neigwl**, la « Porte de l'enfer », où la traîtrise des courants causa de nombreux naufrages. À l'abri au-dessus de la baie de

Porth Neigwl, à 1,5 km au nord-est d'Aberdaron, **Plas-yn-Rhiw** est un petit manoir médiéval remanié aux époques Tudor et georgienne.

Llithfaen, village minier « fantôme », niché au pied des falaises abruptes, est maintenant un centre d'étude de la langue galloise.

🏛 Plas-yn-Rhiw
(NT) B4413. **📞** *01758 780219.*
⭕ *d'avril à sept. : du mer. au lun.*
📷 ♿

Llithfaen, village devenu un centre d'étude linguistique

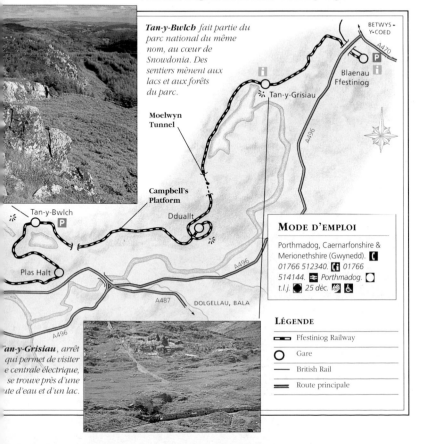

Tan-y-Bwlch fait partie du parc national du même nom, au cœur de Snowdonia. Des sentiers mènent aux lacs et aux forêts du parc.

BETWYS-Y-COED

A470

Blaenau Ffestiniog

Tan-y-Grisiau

Moelwyn Tunnel

A496

Campbell's Platform

Dduallt

Tan-y-Bwlch 🅿

Plas Halt

A496

A487 — DOLGELLAU, BALA

'an-y-Grisiau, arrêt qui permet de visiter e centrale électrique, se trouve près d'une ute d'eau et d'un lac.

MODE D'EMPLOI

Porthmadog, Caernarfonshire & Merionethshire (Gwynedd). **📞** *01766 512340.* **📠** *01766 514144.* 🚉 *Porthmadog.* ⭕ *t.l.j.* ⬤ *25 déc.* 📷 ♿

LÉGENDE

▬▭▬ Ffestiniog Railway

◯ Gare

— British Rail

▬▬ Route principale

Portmeirion ⓭

Caernarfonshire & Merionethshire
(Gwynedd). 📞 *01766 770228.* 🚆
Minffordd. 🕐 *t.l.j.* ⬤ *25 déc.* 🖾 ♿

Cet étrange village au petit
air italien, situé sur une
presqu'île privée de la baie de
Cardigan, est l'œuvre de Sir
Clough Williams-Ellis (1883-
1978). Cet architecte gallois
accomplissait un rêve d'enfant,
en construisant un village « à
(s)a façon et sur le site de (s)on
choix ». Une cinquantaine de
bâtiments de style oriental
aussi bien que
gothique entourent
une place
centrale. Un
hôtel luxueux ou
l'un des
charmants
cottages
accueillent les
visiteurs.
Portmeirion a
servi de décor à
des films et à la
série télévisée
des années
1960
Le Prisonnier.

**Sir Clough
Williams-Ellis à
Portmeirion**

La statue d'Hercule, grandeur
nature, est proche de l'hôtel de ville.
Là, ses aventures sont représentées
sur un plafond du XVIIᵉ siècle,
récupéré dans une maison
destinée à la démolition.

Fountain Cottage est
l'endroit où le
dramaturge Noel Coward
(1899-1973) écrivit
Blithe Spirit.

Les *Amis
Réunis* est
la réplique
en pierre
d'un bateau
qui a sombré
dans la baie.

Piscine

Le Portmeirion Hotel
contient de nombreux décors
exotiques. Le mobilier du Jaipur
Bar vient du Râjasthân.

Harlech ⓮

Caernarfonshire & Merionethshire
(Gwynedd). 🏙 *1 300.* 🚆 ℹ *High St
(01766 780658).* 🛒 *dim. (en été).*

Le **château** médiéval
(p. 424) construit par
Édouard Iᵉʳ de 1283 à 1289
domine cette jolie ville aux
belles plages. Perché sur un
escarpement, il commande
une belle vue sur Tremadog
Bay et la péninsule de Llŷn à

l'ouest, et le Snowdonia au
nord. À l'origine, la mer
atteignait un escalier fortifié
taillé dans la falaise, qui
permettait l'approvisionnement
par bateau. Un corps de garde
flanqué de tours protège la
cour, ceinte de murs et de
quatre tours rondes. En dépit
de ses défenses, le château
tomba en 1404 aux mains
d'Owain Glyndŵr *(p. 422)*
dont il abrita la cour, mais fut
repris par les Anglais quatre

ans plus tard. La chanson *Men
of Harlech* s'inspire, dit-on, de
la résistance héroïque de
Harlech Castle à huit ans de
siège pendant la guerre des
Deux-Roses *(p. 49).*

🏰 **Harlech Castle**
Castle Sq. 📞 *01766 780552.* 🕐
t.l.j. ⬤ *du 24 au 26 déc., 1ᵉʳ jan.* 🖾

Dolgellau ⓯

Caernarfonshire & Merionethshire
(Gwynedd). 🏙 *2 650.* ℹ *Eldon Sq
(01341 422888).* 🛒 *ven. (alimentation).*

Une impression de solidité
se dégage de cette ville
construite en pierre sombre du
pays, où la langue et les
coutumes galloises sont
vivaces. Selon la légende,
quiconque passe une nuit au
sommet du Cader Idris
(892 m), qui la domine, se
réveille poète ou fou, ou ne se
réveille pas. Dolgellau connut
la fièvre de l'or au XIXᵉ siècle,
quand on découvrit du
minerai de bonne qualité dans
la Mawddach Valley voisine.

Le site stratégique du château de Harlech domine la montagne et la mer

L'arc de triomphe est l'entrée principale du village.
Place centrale
Pavillon de gardien
Campanile
Royal Dolphin Cottage
Bristol Colonnade
Plate-forme d'observation

Le Panthéon *fut édifié en 1958. Faute de fonds, le dôme ne put être réalisé en cuivre ; on utilisa du bois que l'on peignit en vert. La partie supérieure d'une cheminée, œuvre de Norman Shaw* (p. 25)*, servit à la construction de sa curieuse façade.*

Le Ship Shop *vend la fameuse poterie fleurie de Portmeirion.*

Les bâtiments de pierre grise de Dolgellau paraissent petits au milieu des montagnes

Au **Gwynfynydd Gold Centre and Mine**, au nord de Dolgellau, les visiteurs peuvent filtrer l'eau et garder la poudre d'or qu'ils y trouvent.

Dolgellau est le point de départ de randonnées au cœur d'un paysage de vallées et de montagnes romantiques. Les **lacs de Cregennen** dominent l'**estuaire de la Mawddach**, boisé, au nord-ouest ; les **landes de Rhinog**, au nord, sont l'un des derniers paysages gallois vraiment sauvages.

Gwynfynydd Gold Centre and Mine

The Lion Yard. 01341 423332. *d'avril à oct. : t.l.j. ; de nov. à mars : du lun. au ven.* *25 déc., 1er jan.*

Aberdyfi 16

Caernarfonshire & Merionethshire (Gwynedd). *900.* *Wharf Gardens (01654 767321).*

Ce petit port de plaisance, à l'embouchure de l'estuaire de la Dyfi, tire bien parti d'un site splendide mais exigu : chaque mètre carré de la bande de terre entre mer et montagne est occupé par des habitations. Au XIXe siècle, on exportait l'ardoise du pays, et de 1830 à 1860 une centaine de navires furent construits à Aberdyfi. *Les cloches d'Aberdovey*, air de l'opéra *Liberty Hall* (1785) de Charles Didbin, raconte la légende de Cantref-y-Gwaelod, localité que l'on situait dans la région et que des digues protégeaient de la mer. Une nuit de tempête, le prince Seithenyn, ivre, laissa les vannes ouvertes et les eaux engloutirent le pays. On entend encore, dit-on, les cloches de l'église sonner sous les eaux.

Maison georgienne au bord de la mer à Aberdyfi

LE SUD ET LE CENTRE DU PAYS DE GALLES

CARDIFF, SWANSEA ET LEURS ENVIRONS · CARDIGANSHIRE
CARMARTHENSHIRE · MONMOUTHSHIRE · POWYS · PEMBROKESHIRE

*L*e sud et le centre du pays de Galles présentent moins d'unité que le nord. La majeure partie de la population vit dans le sud-est. À l'ouest se trouve le Pembrokeshire, la plus belle partie de la côte. Au nord, les vallées industrielles laissent place aux collines sauvages des Brecon Beacons et au cœur rural du Centre.

L'implantation humaine sur le littoral du sud du pays de Galles remonte à la préhistoire, comme en témoignent les sites préhistoriques du Vale of Glamorgan et du Pembrokeshire. Les Romains établirent un camp important à Caerleon et les Normands construisirent un chapelet de châteaux entre Chepstow et Pembroke. Aux XVIIIe et XIXe siècles, mines de charbon et hauts fourneaux apparurent dans les vallées du sud, attirant des immigrants venus de toute l'Europe. De petites localités se sont développées en se vouant entièrement au commerce du charbon et Cardiff, paisible ville côtière, devint le premier port exportateur de charbon du monde.

Avec le déclin de ce combustible, les terrils se sont couverts de végétation et les villes des vallées cherchent de nouvelles ressources. Des mines comme le Big Pit de Blaenafon sont devenues des sites touristiques, dont la visite guidée est assurée par d'anciens mineurs donnant un aperçu de leurs conditions de vie avant la fermeture des puits.

Le pays de Galles rural commence à la frontière sud du parc national des Brecon Beacons. Dans cette région de petites villes, d'élevage de moutons, d'exploitation forestière et de lacs artificiels, la population est la moins dense de toute la Grande-Bretagne.

Plus on s'éloigne de l'Angleterre, plus la langue et les coutumes galloises sont vivaces, à l'exception d'une enclave anglaise dans le sud du Pembrokeshire.

Anciens mineurs devenus guides pour les visiteurs au Big Pit de Blaenafon

◁ Le magnifique paysage côtier près de St David's, dans le Pembrokeshire

À la découverte du sud et du centre du pays de Galle

L e littoral du parc national du Pembrokeshire et les falaises de
la péninsule de Gower sont magnifiques, cependant que les
baies de Cardigan et de Carmarthen abritent de belles plages.
Les marcheurs apprécient la végétation rase des Brecon Beacons
et le paysage doux et verdoyant de la vallée de la Wye. Les villes
se concentrent dans le sud-est, et les anciens foyers miniers
implantés dans les vallées au nord de Cardiff, la capitale.

MACHYNLLE

CIRCULER

L'autoroute M4 est la principale voie
reliant le sud de l'Angleterre au pays de
Galles, et de bonnes routes longent la
côte à partir de Swansea. L'A483 et
l'A488 relient les Midlands au centre
du pays de Galles. Des trains
fréquents assurent la liaison
entre Londres, Cardiff,
Swansea et Fishguard,
port de ferries.

ABERYSTWYTH 7

Rheidol

**Falaises du parc national du
Pembrokeshire**

CARDIGAN BAY

8 ABERAERON

LAMPETER

CARDIGAN

Teifi

FISHGUARD

9 ST DAVID'S

MYNYDD
PRESELI

Pembrokeshire Coast Path

A487

A478

A40

A40

Cleddau

A478

CARMARTHEN

A48

A40

PEMBROKE DOCK

10 TENBY

LLANELLI

11

SW

BRISTOL CHANNEL

GOWER
PENINSULA

A4118

B4295

LA RÉGION D'UN COUP D'ŒIL

VOIR AUSSI

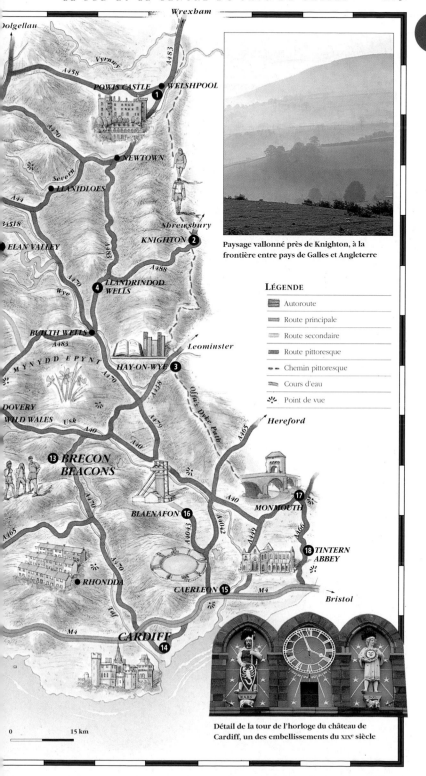

Wrexham

Dolgellau

Vyrnwy

A458

POWIS CASTLE ● **WELSHPOOL** ❶

A483

A470

● **NEWTOWN**

Severn

A44

● **LLANIDLOES**

B4518

● **ELAN VALLEY**

Shrewsbury

KNIGHTON ❷

A488

Wye

❹ **LLANDRINDOD WELLS**

● **BUILTH WELLS** ●

A483

Leominster

M Y N Y D D   E P Y N T

A470

HAY-ON-WYE ❸

A438

Offa's Dyke Path

DOVEY WILD WALES

Usk

A40

Hereford

A479

A465

❸ **BRECON BEACONS**

A40

❶❼ **MONMOUTH**

BLAENAFON ❶❻

A4043

A4042

A479

A466

❶❽ **TINTERN ABBEY**

CAERLEON ❶❺

M4

Bristol

● **RHONDDA**

Taff

M4

CARDIFF

❶❹

Paysage vallonné près de Knighton, à la frontière entre pays de Galles et Angleterre

LÉGENDE

	Autoroute
	Route principale
	Route secondaire
	Route pittoresque
	Chemin pittoresque
	Cours d'eau
	Point de vue

Détail de la tour de l'horloge du château de Cardiff, un des embellissements du XIXe siècle

0   15 km

Les terrasses à l'italienne et les jardins à la française du château de Powis lui donnent un air méditerranéen

Powis Castle ❶

(NT) Welshpool, Powys. 📞 *01938 554336.* 🚆 *Welshpool, puis bus.* ⭕ *d'avril à juin et de sept. à nov. : mer. au dim. ; juil.-août : mar à dim.* 📷 ♿ *limité.*

Bien que le nom du château dérive de celui des princes de Powys, il ne lui reste rien de ses origines militaires. Malgré ses faux créneaux et son site élevé, à 1,6 km au sud-ouest de Welshpool, ce magnifique édifice de pierre rouge sert de résidence d'agrément depuis des siècles. Au XIIIᵉ siècle, ce fut une place forte construite par les princes de Powys pour contrôler la frontière avec l'Angleterre.

Édifiée en 1283 par Owain de la Pole, la porte, flanquée de deux tours rondes percées de meurtrières et des fentes d'une herse, est l'un des rares vestiges médiévaux.

L'intérieur chargé n'a plus rien de guerrier. La **salle à manger** est ornée de belles boiseries du XVIIᵉ siècle et de portraits de famille. Le **grand escalier**, ajouté à la fin du XVIIᵉ siècle et abondamment sculpté de fruits et de fleurs, mène aux grands appartements : une bibliothèque du début du XIXᵉ siècle, un **salon à boiseries de chêne** et la **grande galerie** élisabéthaine, dont les stucs ornés de la cheminée et du plafond datent de 1590 environ. Dans le **salon bleu**, trois tapisseries de Bruxelles du XVIIIᵉ siècle.

La famille Herbert acheta le château en 1587 et, fière de ses convictions jacobites, fit graver le monogramme royal dans la **chambre d'honneur**.

Le grand escalier richement sculpté du XVIIᵉ siècle

Le château défendit Charles Iᵉʳ pendant la guerre civile *(p. 52-53)*, mais tomba aux mains du Parlement en 1644. Le 3ᵉ baron Powis, fidèle à Jacques II, dut quitter le pays quand la reine Marie et Guillaume d'Orange montèrent sur le trône en 1688 *(p. 52-53)*.

Le **Clive Museum** comprend une section consacrée à « Clive of India » (1725-1774), général et homme d'État qui assura l'emprise britannique sur l'Inde au milieu du XVIIIᵉ siècle. Le lien de cette famille avec le château remonte au 2ᵉ lord Clive, qui épousa une Herbert et devint comte de Powis en 1804.

Les jardins, parmi les plus connus de Grande-Bretagne, ont des terrasses à l'italienne ornées de statues, de niches, de balustres et de jardins suspendus le long de la pente abrupte au pied du château. Réalisés entre 1688 et 1722, ce sont les seuls jardins à la française de cette période en Grande-Bretagne qui aient gardé leur forme d'origine *(p. 22-23)*.

Knighton ❷

Powys. 🏠 2 800. 🚮 **West St**
(01547 528753). 🛒 jeu.

Son nom gallois, Tref y
Clawdd (« la Ville sur la
levée »), rappelle qu'elle fut
la première localité de
l'**Offa's Dyke**. Au
VIIIe siècle, Offa, roi de
Mercie (centre et sud de
l'Angleterre), fit
construire un fossé et
une levée à la frontière
de son territoire pour
appliquer la loi
saxonne qui disait :
« Nul Gallois ne
devra pénétrer en
territoire anglais sinon
accompagné d'un
homme de l'autre côté
qui le recevra à la
levée et le ramènera
sans qu'il ait commis
aucun tort. » Certains
des tronçons les mieux
conservés de cet
ouvrage de terre de
6 m de haut sont
situés dans les
collines proches
de Knighton. L'Offa's Dyke
Footpath longe la frontière
entre Angleterre et pays de
Galles sur 285 km.

L'horloge de Knighton

Knighton est construite à
flanc de colline. Au pied,
St Edward's Church (1877),
avec sa tour médiévale ; au
sommet, le site d'un château
disparu. La grand-rue traverse
la place du marché, où s'élève
une tour d'horloge du
XIXe siècle, puis longe **The
Narrows**, une rue Tudor
bordée de petites boutiques.
The Old House, dans Broad
Street, est une maison
médiévale d'un style
particulier ; son toit repose sur
deux poutres courbes, et un
trou dans le plafond sert de
cheminée.

Hay-on-Wye ❸

Powys. 🏠 1 300. 🚮 Oxford Rd
(01497 820144). 🛒 jeu.

Les amateurs de livres du
monde entier visitent cette
petite ville frontalière des
Black Mountains dont les
25 bouquinistes ont des
millions de titres en réserve.
Elle accueille au début de l'été

un prestigieux festival de
littérature. Cette passion pour
les livres naquit vers 1960,
quand Richard Booth, roi
autoproclamé de
l'*Independent Hay* et hôte de
Hay Castle (demeure du
XVIIe siècle bâtie dans le parc
de l'ancien château du
XIIIe siècle), ouvrit une
librairie. La plus vieille
auberge de Hay, les
Three Tuns du
XVIe siècle, dans Bridge
Street, à la belle façade à
colombage, est
toujours un pub.

Aux environs
Hay s'étend sur les
contreforts des Black
Mountains, au milieu
de jolies collines
arrondies. Au sud
s'élèvent le Hay Bluff et
le Vale of Ewyas, où les
ruines du **prieuré de
Llanthony** (XIIe s.,
p. 455) témoignent
encore de la beauté
de l'ouvrage.

🏛 **Hay Castle**
Castle Sq. 🕿 01497 820503. ◯
t.l.j. ⬤ 25 déc. 🎟 jardins seulement.

Llandrindod Wells ❹

Powys. 🏠 5 000. 🚉 🚮 Memorial
Gardens (01597 822600). 🛒 ven.

Ville d'eau dès l'origine, elle
fut au XIXe siècle le premier
lieu de villégiature dans les
terres du pays de Galles. Ses
eaux riches en soufre et en
magnésium traitaient maladies
de peau, calculs rénaux et bien
d'autres maux. Cette ville
victorienne type aux rues

Une librairie de Hay-on-Wye

bordées d'auvents, ornements
de fer ouvragé, villas à pignon
et parcs ornementaux, tente de
conserver ce caractère. On
canote encore sur le lac et les
Rock Park Gardens sont des
jardins très bien entretenus. La
Pump Room (où l'on sert le
thé) du XIXe siècle, au **Spa
Centre**, est l'été le cadre du
Victorian Festival ; les habitants
revêtent pour l'occasion des
costumes d'époque et les
voitures sont bannies du
centre-ville.

Le **Radnorshire Museum**
évoque l'histoire de la cité ainsi
que celle d'autres villes d'eau
comme Builth (aujourd'hui
bourg agricole), Llangammarch
(redevenue simple hameau) et
Llanwrtyd (d'où partent des
promenades à poney).

🚻 **Spa Centre**
Rock Park Gardens. 🕿 01597
822997. ◯ du lun. au ven. ⬤
20 déc. au 2 jan. ♿
🏛 **Radnorshire Museum**
Memorial Gardens. 🕿 01597
824513. ◯ de Pâques à sept. : lun.,
mar., jeu., dim. d'oct. à Pâques : lun.
au sam. (matin). ⬤ semaine de Noël.
🎟 ♿ limité.

Architecture victorienne de Spa Road, à Llandrindod Wells

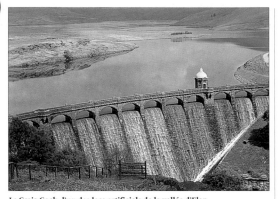

Le Craig Coch, l'un des lacs artificiels de la vallée d'Elan

Elan Valley ❺

Powys. 🚉 *Llandrindod.* 🛈 *Rhayader (01597 810898).*

Un chapelet de lacs artificiels spectaculaires en a fait l'une des vallées les plus réputées du pays de Galles. **Caban Coch, Garreg Ddu, Pen-y-Garreg** et **Craig Coch** furent aménagés de 1892 à 1903 pour approvisionner en eau Birmingham, à 117 km de là. Sur une étendue de 14 km de long, ils retiennent 50 milliards de litres. Les ingénieurs de l'époque choisirent ces landes élevées des monts Cambriens à cause de l'abondance des précipitations (1 780 mm), mais pour créer Caban Coch, il fallut déplacer plus de mille personnes.

À l'époque de leur aménagement, l'aspect esthétique fut naturellement pris en compte. Les pierres de taille qui les recouvrent leur donnent un air de grandeur, qui manque à l'énorme lac de **Claerwen**, ajouté vers 1950 afin de doubler la capacité totale. Retenu par un barrage de 1 165 m, il suit la B4518 sur 6 km dans Elan Valley et offre des vues magnifiques.

Les landes reculées et les bois qui entourent les lacs abritent une faune importante ; on y voit souvent, par exemple, le milan. Le **centre d'accueil des visiteurs d'Elan Valley**, proche du barrage de Caban Coch, relate l'aménagement des lacs et l'histoire de la

vallée. **Elan Village**, près du centre, est un village ouvrier modèle conçu au début du siècle pour loger les ouvriers des barrages. À l'extérieur du centre s'élève la statue de Shelley *(p. 208)* ; en effet, le poète et sa femme Harriet vécurent dans la vallée en 1810, à la résidence de Nantgwyllt. La maison et tout le village dorment sous les eaux de Caban Coch.

Machynlleth ❻

Powys. 🏠 *2 200.* 🚉 🛈 *Canolfan Owain Glyndŵr (01654 702401).* 🛍️ *mer.*

Les maisons à colombage et les façades georgiennes s'y mêlent aux maisons de pierre grise. C'est ici qu'Owain Glyndŵr, dernier chef gallois,

réunit un parlement en 1404. **Parliament House**, restaurée, abrite une exposition qui lui est consacrée et un atelier de polissage du bronze.

En 1874, le marquis de Londonderry fit ériger la tour de l'horloge ouvragée **(Clock Tower)**, au milieu de Maengwyn Street, pour célébrer la majorité de son héritier, Lord Castlereagh. Il habitait **Plas Machynlleth**, maison du XVIIᵉ siècle située dans un parc au bord de la grand-rue, transformée en centre de la civilisation celte.

Aux environs
Dans une ancienne carrière d'ardoise à 4 km au nord, un « village du futur » est administré par le **Centre for Alternative Technology** (centre des technologies de rechange). Un funiculaire hydraulique conduit les visiteurs aux maisons à faible consommation d'énergie et aux jardins biologiques.

Senedd-dy
Owain Glyndŵr
Tywysog Cymru

Arddangosfa

Enseigne de la
Parliament House
à Machynlleth

🏛 **Parliament House**
Maengwyn St. 📞 *01654 702827.* ⏰ *de Pâques à sept. : t.l.j.* ♿
🏛 **Centre for Alternative Technology**
A487. 📞 *01654 702400.* ⏰ *t.l.j.* ⬤ *fin déc. à mi-jan.* 🏷️

Aberystwyth ❼

Cardiganshire (Dyfed). 🏠 *11 000.* 🚉 🛈 *Terrace Rd (01970 612125).*

Cette ville balnéaire et universitaire revendique la position de capitale du centre du pays Galles. Dans cette région rurale, « Aber » paraît une grande ville, d'autant que de nombreux étudiants viennent accroître sa population.

Au XIXᵉ siècle, Aberystwyth était la « Biarritz du pays de Galles ». La promenade et ses hôtels à pignon n'ont guère changé. L'été, un train électrique le **Cliff Railway**, vous mènera au sommet de

La passerelle entre Machynlleth et
Devil's Bridge, près d'Aberystwyth

Constitution Hill, hauteur abrupte située au nord. Là, dans une **chambre obscure**, une lentille projette des vues de la ville. Le **château** (1277) en ruine se trouve au sud de la promenade. Dans le centre, le **Ceredigion Museum**, dans un ancien théâtre de variétés,

Musiciens des rues à Aberystwyth

retrace l'histoire de la ville. Au nord-est de celle-ci, la bibliothèque, **The National Library of Wales**, qui jouxte l'université, conserve une collection de manuscrits gallois.

Aux environs
L'été, le Vale of Rheidol Railway, chemin de fer à voie étroite, parcourt 19 km jusqu'au **Devil's Bridge**, où une série de chutes d'eau

---

spectaculaires se précipitent dans un ravin boisé et où un sentier à pic descend au fond de la vallée.

🏛 **Ceredigion Museum**
Terrace Rd. ▌ 01970 634212. ◯ du lun. au sam. ● du 25 déc. au 3 jan., ven. saint. ♿

Aberaeron ⑧

Cardiganshire (Dyfed). 🏠 1 500.
🚋 Aberystwyth. 🅸 The Quay
(01545 570602).

Au début du xixᵉ siècle, son port bordé de maisons georgiennes se consacrait au commerce et à la construction

---

navale. Les rues furent tracées à l'époque où les ports de la baie de Cardigan étaient particulièrement prospères, avant l'arrivée du chemin de fer. Le dernier navire est sorti des chantiers en 1994, et seuls les bateaux de plaisance fréquentent encore assidûment le port. On peut le traverser l'été par l'**Aeron Ferry**, réplique approximative du bac de 1885. Sur le quai, la **Honey Bee Exhibition** montre des abeilles à l'œuvre dans des ruches transparentes.

🏛 **Honey Bee Exhibition**
Cadwgan Pl. ▌ 01545 570445. ◯
de la Pentecôte à mi-sept. : t.l.j. 🅵

Maisons georgiennes peintes de couleurs vives le long du port d'Aberaeron

St David's ⑨

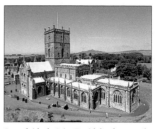

V ers 550, saint David, patron du pays de Galles, fonda dans ce coin reculé du Sud-Ouest un monastère, qui devint l'un des lieux de culte chrétiens les plus importants. La cathédrale actuelle, édifiée au XIIe siècle, et le palais épiscopal, datant du XIe siècle, s'étendent dans une cuvette herbue au-dessous de St David's, la plus petite ville du pays de Galles. Le 1er mars, on commémore la mort de saint David dans toute la région.

St Élisée, icône du transept sud

La cathédrale Saint-David, la plus grande du pays de Galles

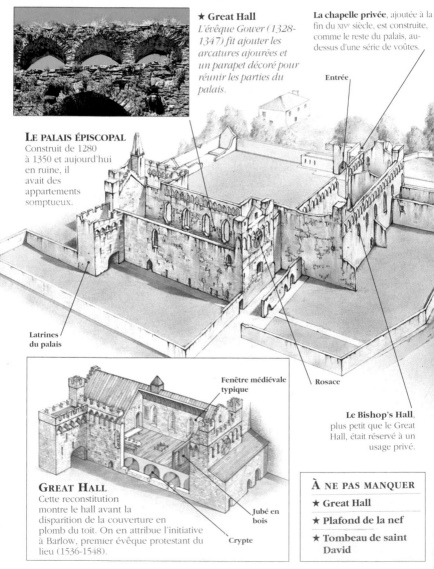

★ Great Hall
L'évêque Gower (1328-1347) fit ajouter les arcatures ajourées et un parapet décoré pour réunir les parties du palais.

La chapelle privée, ajoutée à la fin du XIVe siècle, est construite, comme le reste du palais, au-dessus d'une série de voûtes.

Entrée

LE PALAIS ÉPISCOPAL
Construit de 1280 à 1350 et aujourd'hui en ruine, il avait des appartements somptueux.

Latrines du palais

Fenêtre médiévale typique

Rosace

Le Bishop's Hall, plus petit que le Great Hall, était réservé à un usage privé.

GREAT HALL
Cette reconstitution montre le hall avant la disparition de la couverture en plomb du toit. On en attribue l'initiative à Barlow, premier évêque protestant du lieu (1536-1548).

Jubé en bois

Crypte

À NE PAS MANQUER

★ **Great Hall**

★ **Plafond de la nef**

★ **Tombeau de saint David**

★ Plafond de la nef
Un plafond de chêne du début du XVIᵉ siècle cache la charpente. Un magnifique jubé du XIVᵉ siècle sépare la nef du chœur.

MODE D'EMPLOI

Cathedral Close, St David's, Pembrokeshire (Dyfed). 01437 720202. Haverfordwest, puis bus. de 7 h à 19 h t.l.j. 7 h 30, 8 h, 18 h, du lun. au sam. ; 8 h, 9 h 30, 11 h 30, 18 h dim.

LA CATHÉDRALE
Saint David fut l'un des fondateurs de l'Église chrétienne celtique, si bien que ce sanctuaire devint un lieu de pèlerinage ; trois visites ici valaient un pèlerinage à Jérusalem.

Vitraux
Huit panneaux des années 1950 rayonnent autour d'un vitrail central représentant la colombe de la paix.

St Mary's College Chapel

La Bishop Vaughan's Chapel a un beau plafond Tudor primitif en éventail.

Entrée

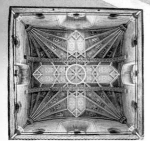

Plafond de la tour lanterne
À sa restauration vers 1870 par Sir George Gilbert Scott (p. 304), il fut orné des insignes épiscopaux.

Stalles du chœur du XVIᵉ siècle
Le blason royal au-dessus d'une des stalles indique que le souverain est membre du chapitre de Saint-David. Trois stalles présentent d'intéressantes miséricordes (p. 327).

★ Tombeau de saint David
L'original fut volé en 1089 et ce tombeau de 1275 fut dépouillé de ses joyaux lors de la Dissolution (p. 50-51). En 1866, on découvrit des reliques de saint David dans le sol.

Tenby ❿

Pembrokeshire (Dyfed). 🏠 *5 000.* 🚈
🚌 🚢 ℹ️ *The Croft (01834 842402).*

Malgré l'important afflux touristique, Tenby a trouvé un équilibre, refusant de perdre son caractère comme tant de villes balnéaires. Les maisons georgiennes qui bordent le port précèdent une ville médiévale bien conservée au sommet de la falaise, avec ses ruelles et ses passages. La vieille ville était défendue par des fortifications aujourd'hui en ruine, sur le promontoire. Les murailles du XIIIᵉ siècle ainsi qu'une porte fortifiée, les **Five Arches**, sont encore debout.

La **Tudor Merchant's House** (XVᵉ siècle), remarquable par ses cheminées d'origine, témoigne de la prospérité maritime passée de Tenby. Du port abrité partent régulièrement des croisières pour **Caldey Island**, à 5 km au large, où une communauté de moines fabrique du parfum à partir des fleurs sauvages qu'ils récoltent sur place.

🏛 **Tudor Merchant's House**
(NT) Quay Hill. 📞 *01834 842279.*
◯ *d'avril à oct. : du lun. au ven. ; le dim sur r.-v.*

Restaurant voisin de la Tudor Merchant's House

Swansea et la péninsule de Gower ⓫

Swansea (West Glamorgan). 🏠 *190 000.* 🚈 🚌 🚢 ℹ️ *Singleton St (01792 468321).* 🛒 *du lun. au sam.*

La deuxième ville du pays de Galles s'étend le long d'une vaste baie incurvée. Le centre fut reconstruit après les bombardements de la Deuxième Guerre mondiale, mais l'atmosphère galloise prévaut toujours, en particulier au marché, où sont vendues des spécialités comme le *laverbread* *(p. 36)* et les coques pêchées sur la côte. Le projet du **Maritime Quarter** a transformé les docks. Dans un vieil entrepôt du front de mer, le **Maritime and Industrial Museum** évoque les industries du cuivre et du fer-blanc et le premier

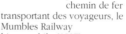

Le poète Dylan Thomas, le plus célèbre enfant de Swansea

chemin de fer transportant des voyageurs, le Mumbles Railway hippomobile (1807).

Une statue de John Henry Vivian (1779-1855), magnat du cuivre, domine le port de plaisance. Cette grande famille de Swansea a fondé la **Glynn Vivian Art Gallery** où sont exposées de belles céramiques et porcelaines locales. Le **Swansea Museum**, le plus vieux musée du pays de Galles (1838), traite de l'archéologie et de l'histoire galloises.

Dylan Thomas (1914-1953), poète dont la statue domine le Maritime Quarter, a passé son enfance dans les collines des faubourgs ouest. Un de ses premiers poèmes, *The Hunchback in the Park*, évoque **Cwmdonkin Park** ; dans son jardin aquatique, une pierre rappelle *Fern Hill*, une des œuvres les plus célèbres du poète.

L'austère **Guildhall** (1934) est orné de grands panneaux

Cottages de pêcheurs à la station balnéaire des Mumbles

de Sir Frank Bragwyn (1867-1956) illustrant le thème de l'empire britannique. À l'origine destinés à la Chambre des lords, il furent jugés trop colorés et incongrus.

La baie de Swansea mène aux **Mumbles**, centre de sports nautiques aux portes de la péninsule de Gower (site naturel classé en 1956). Un chapelet de baies abritées orientées au sud mène à Oxwich et Port-Eynon, plages jadis hantées par les contrebandiers.

De Port-Eynon, la falaise calcaire s'interrompt de façon spectaculaire à Rhossili et à Worm's Head, promontoire accessible à marée basse. La grande plage de Rhossili s'étend vers le nord de Gower et une côte parsemée de terriers profonds, de marais salants et de bancs de vase. Sur la presqu'île, on peut voir de nombreux sites préhistoriques comme **Parc Le Breose**, une chambre funéraire.

🏛 **Maritime and Industrial Museum**
Museum Sq. 📞 *01792 650351.* ◯ *du mar. au dim. et jours fériés.* ⬤ *25 et 26 déc., 1ᵉʳ jan.* ♿
🏛 **Glynn Vivian Art Gallery**
Alexandra Rd. 📞 *01792 655006.* ◯ *du mar. au dim. et jours fériés.* ⬤ *25 et 26 déc., 1ᵉʳ jan.* ♿
🏛 **Swansea Museum**
Victoria Rd. 📞 *01792 653763.* ◯ *du mar. au dim. et jours fériés.* ⬤ *25 et 26 déc., 1ᵉʳ jan.*
🏛 **Guildhall**
Brangwyn. 📞 *01792 302489.* ◯ *du lun. au ven.* ⬤ *jours fériés.* ♿ *limité.*

Excursion dans les Wild Wales ⑫

Ce circuit fait le tour des landes battues par le vent, des hauteurs et collines verdoyantes et des plateaux déserts des Cambrian Mountains. Des routes récentes mènent au grand Llyn Brianne Reservoir, au nord de Llandovery, et la vieille route du bétail vers Tregaron est goudronnée. Mais cette région est avant tout sauvage, avec ses hameaux cachés, fermes isolées et vieux bourgs tranquilles.

Llanidloes ⑥
Cette ville était un foyer d'agitation religieuse et sociale aux XVIIᵉ et XVIIIᵉ siècles *(p. 423)*. Le marché Tudor est un exemple rare de halle couverte. L'église médiévale fut restaurée à la fin du XIXᵉ siècle.

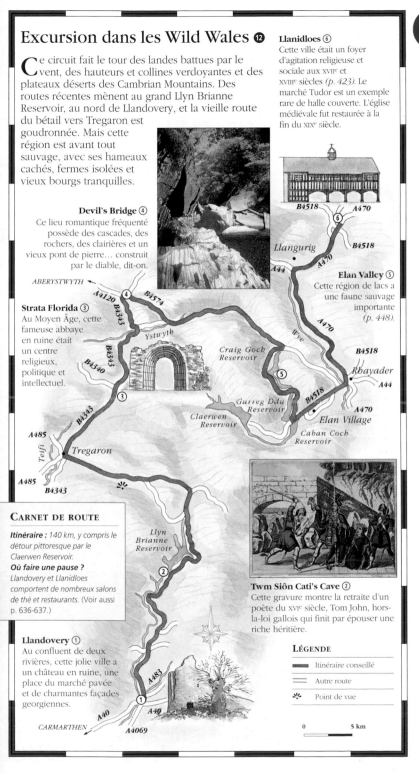

Devil's Bridge ④
Ce lieu romantique fréquenté possède des cascades, des rochers, des clairières et un vieux pont de pierre… construit par le diable, dit-on.

ABERYSTWYTH ←

Strata Florida ③
Au Moyen Âge, cette fameuse abbaye en ruine était un centre religieux, politique et intellectuel.

Ystwyth

Elan Valley ⑤
Cette région de lacs a une faune sauvage importante *(p. 448)*.

Llangurig

Craig Goch Reservoir

Rhayader

Garreg Ddu Reservoir

Claerwen Reservoir

Elan Village

Caban Coch Reservoir

Tregaron

CARNET DE ROUTE

Itinéraire : 140 km, y compris le détour pittoresque par le Claerwen Reservoir.
Où faire une pause ?
Llandovery et Llanidloes comportent de nombreux salons de thé et restaurants. (Voir aussi p. 636-637.)

Llyn Brianne Reservoir

Twm Siôn Cati's Cave ②
Cette gravure montre la retraite d'un poète du XVIᵉ siècle, Tom John, hors-la-loi gallois qui finit par épouser une riche héritière.

Llandovery ①
Au confluent de deux rivières, cette jolie ville a un château en ruine, une place du marché pavée et de charmantes façades georgiennes.

CARMARTHEN ←

LÉGENDE

▬▬▬ Itinéraire conseillé
═══ Autre route
☀ Point de vue

0   5 km

Les Brecon Beacons ⓭

L e parc national des Brecon Beacons s'étend sur 1 345 km², depuis la frontière anglaise jusqu'aux environs de Swansea. Le parc englobe cinq chaînons montagneux :

Randonnée dans les Beacons

la Black Mountain (à l'ouest), le Fforest Fawr, les Brecon Beacons et les Black Mountains (à l'est). Il est essentiellement formé de hauts plateaux de grès rouge aux vallons herbus. La lisière sud comporte des escarpements calcaires, des gorges boisées, des cascades et des grottes. C'est le royaume des activités de plein air : pêche dans les nombreux lacs artificiels, randonnées à poney et à pied, spéléologie.

Llyn y Fan Fach
Ce fameux lac glaciaire est situé à 6,5 km de Llanddeusant.

La Black Mountain, suite d'arêtes, de hauteurs et de landes désertes en partie inexplorées, occupe l'angle ouest du parc.

BUILTH WELLS
LAMPETER
Llandovery
A40
Sennybridge
Usk
U·S·K RESERVOIR
A40
A4069
A4067
L
A421
A40
CARMARTHEN
Tywi
Llanddeusant
Senni
Llandeilo
A483
Trapp
B L A C K   M O U N T A I N
A4067
Y·S·T·R·A·D·F·E·L·L·T RESERVOI
A4069
F·F·O·R·E·S·T FAWR
Llandybie
Twrch
Gwed
Melte
LLANELLI
A471
A4068
Tawe
A4221
Hepste
A4059
Ammanford
SWANSEA
Ystradgynlais
A4109
A465
NEATH
Hirwaun

0   10 km

La Fforest Fawr (« Grande Forêt ») était une terre de chasse royale au Moyen Âge.

Grottes de Dan-yr-Ogof
Les Brecon Beacons dissimulent un labyrinthe de grottes. Ici, deux d'entre elles se visitent.

LÉGENDE

▬▬	Route A
⎓⎓	Route B
⁓⁓	Route secondaire
– –	Sentier
☀	Point de vue

Carreg Cennen Castle
Ce château fort (p. 424) en ruine se dresse sur une falaise calcaire escarpée, site spectaculaire proche du village de Trapp.

Hay Bluff
À 677 m d'altitude, il domine la région frontalière. Une petite route de montagne va de Hay-on-Wye au Gospel Pass, puis redescend vers Llanthony.

MODE D'EMPLOI

Powys. ⟨⟩ Abergavenny. ℹ
Libanus. ℂ 01874 623366.
Carreg Cennen Castle, Trapp.
ℂ 01558 822291. ◯ t.l.j. ♿
Dan-yr-Ogof Caves, Abercraf.
ℂ 01639 730284. ◯ d'avril à
oct. **Llanthony Priory**,
Llanthony. ℂ 01646 672224. ◯
de mai à oct. **Tretower Castle
and Court**, Crickhowell. ℂ
01874 730279. ◯ t.l.j. ♿

Brecon est un vieux bourg aux belles constructions georgiennes.

Les Black Mountains marquent la frontière avec l'Angleterre.

Prieuré de Llanthony
Cet édifice du XIIe siècle, en ruine, se caractérisait par l'élégante simplicité du travail de la pierre. Au XIXe siècle, un petit hôtel (toujours ouvert) s'installa dans une partie du prieuré.

Tretower Castle and Court
comprennent un donjon normand en ruine et un manoir de la fin du Moyen Âge.

Pen y Fan
Le sommet plat du point culminant du sud du pays de Galles (886 m), est relié par des sentiers à Storey Arms, sur l'A470. Un cimetière s'y trouvait à l'âge du bronze (p. 42).

Monmouthshire and Brecon Canal
Ce canal achevé en 1812 servit au transport des matières premières entre Brecon et Newport. Ce sont désormais les plaisanciers qui le fréquentent.

Cardiff

Cardiff fut d'abord occupée par les Romains, qui y établirent un camp en 75 apr. J.-C. *(p. 44-45)*. Son histoire est ensuite obscure jusqu'à l'attribution d'un fief à Robert Fitzhamon *(p. 458)*, chevalier au service de Guillaume le Conquérant, en 1093. Au XIIIᵉ siècle, la localité était assez grande pour obtenir une charte royale, mais ce n'est que vers 1830 que cette petite ville rurale devint un port, grâce à la famille Bute, qui avait hérité de terres dans la région. En 1913, il était le premier port d'exportation de charbon, grâce aux liaisons ferroviaires avec les mines du sud du pays de Galles. Cette prospérité permit d'élever des édifices grandioses, tandis que les docks se développaient. Cardiff devint en 1955 la première capitale du pays de Galles, alors que le déclin du port et des mines était amorcé. Commerçante et administrative, elle est aujourd'hui en pleine période de rénovation urbaine.

Détail de la cheminée de la salle des banquets du château *(p. 458-459)*

Visitors' Centre, où sont exposés les projets immobiliers visant à réunir le centre administratif et le quartier portuaire.

♠ Cardiff Castle
Voir p. 458-459.

⊞ City Hall et le centre administratif
Cathays Park. ☎ 01222 871075. ○ du lun. au ven. ● jours fériés. ♿
Les monuments néo-classiques en pierre blanche de Portland du centre administratif bordent les parcs et les avenues autour des Alexandra Gardens. Le City Hall (1905), l'un des plus anciens, est doté d'un dôme de 60 m de haut et d'un beffroi. Au premier étage, le Marble Hall aux colonnes de marbre de Sienne, orné de statues des grands hommes du pays de Galles, comme saint David *(p. 450-451)*, est ouvert à la visite. À la limite nord du quartier, le Crown

Le dôme de l'hôtel de ville orné du dragon, emblème gallois

À la découverte de Cardiff
Cardiff a deux pôles d'activité. Le centre d'abord, aux rues et aux jardins victoriens et édouardiens, avec un château néo-gothique et des bâtiments officiels néo-classiques, des passages commerçants et un **marché couvert** du XIXᵉ siècle. Des arcades bordées de boutiques, dont la **Royal Arcade**, datant de 1856, partent de la grand-rue.

Au sud du centre, les docks deviennent l'autre zone active grâce à l'aménagement d'un port de plaisance et du front de mer. Une nouvelle Cardiff naît, surtout autour de l'Inner Harbour. Le **Pier Head Building**, construit sur la baie en 1896 pour la compagnie de chemins de fer de Cardiff, rappelle la grande époque. Sa décoration compliquée et les éléments en terre cuite s'inspirent des bâtiments mogols de l'Inde. Ce quartier comporte aussi le **National**

Techniquest, musée des sciences où l'on peut faire des expériences, et le **Welsh Industrial Maritime Museum**, qui met en lumière, par des reconstitutions, les liens entre industrie et transport au pays de Galles.

L'église norvégienne **(Norwegian Church)** en bois de Waterfront Park fut élevée en 1898 pour les marins norvégiens qui acheminaient les poutrelles de bois destinées aux puits de mine du sud du pays de Galles. Autrefois entourée d'entrepôts, elle fut déplacée lors du remaniement des docks et abrite un centre culturel et le **Cardiff Bay**

Le Pier Head Building domine le quartier rénové de la baie de Cardiff

Building abrite le Welsh Office, en charge des affaires du gouvernement gallois.

🏛 National Museum of Wales

Cathays Park. 📞 *01222 397951.* ⬭ *du mar. au dim. et jours fériés.* ⬤ *25 déc., 1ᵉʳ jan.* 📷 ♿

Ce musée ouvert en 1927 occupe un imposant bâtiment avec un portique à colonnade sur lequel veille une statue de David Lloyd George *(p. 423).* La belle collection de tableaux impressionnistes de Renoir, Monet et Van Gogh fut constituée après la Deuxième Guerre mondiale, par le don des sœurs Davies à leur ville.

🏛 Crafts in the Bay

72, Bute St. 📞 *01222 484611.* ⬭ *du mar. au dim.* ♿

Un grand centre d'artisanat, crée à l'initiative de la corporation des artisans du Pays de Galles, a ouvert en

Statue de David Lloyd George

1996. Le bâtiment, qui a été entièrement rénové, propose une grande variété d'expositions et de manifestations d'artisanat incluant de nombreuses démonstrations, dont le tissage et la réalisation de céramique. En plus des collections permanentes, sont souvent présentées des expositions d'art thématiques. Les visiteurs peuvent circuler librement dans le centre ou participer à l'un des ateliers régulièrement proposés.

Aux environs

Installé depuis les années 1940 à St Fagans, à la limite est de la ville, le **Museum of Welsh Life**, musée de la vie quotidienne en plein air, fut l'un des premiers du genre. Des bâtiments de tout le pays de Galles (alignements de cottages ouvriers, fermes, bureau de péage, galerie de boutiques, chapelle, école) ont été soigneusement reconstitués

sur les 40 ha de ce parc, ainsi qu'un village celtique. On peut aussi visiter une demeure Tudor et ses jardins.

Une **cathédrale** s'élève dans une cuvette herbue au bord de la Taf à Llandaff, jolie banlieue rurale à 3 km du centre de Cardiff. D'abord médiévale, elle occupait le site d'un monastère du vɪᵉ siècle. Restaurée après les sévères bombardements de la Deuxième Guerre mondiale et à nouveau ouverte en 1957, elle abrite l'immense *Christus* de Sir Jacob Epstein, qui surmonte une arche de béton.

🏛 Museum of Welsh Life

St Fagans. 📞 *01222 573500.* ⬭ *d'avril à oct. : t.l.j. ; de nov. à mars : du lun. au sam.* ⬤ *24 et 25 déc., 1ᵉʳ jan.* 📷 ♿

CENTRE DE CARDIFF

Château de Cardiff p. 458-459 ③
City Hall & Civic Centre ②
Covered Market ④
National Museum of Wales ①
National Techniquest ⑥
Norwegian Church & Visitor Centre ⑨
Old Library ⑤
Pier Head Building ⑧
Welsh Industrial Maritime Museum ⑦

0   500 m

LÉGENDE

🚌 Gare routière

🚆 Gare ferroviaire

🅿 Parc de stationnement

ℹ Renseignements

✝ Église

Le château de Cardiff

À l'origine, un camp romain était établi sur le site. Ses vestiges sont séparés des ouvrages postérieurs par une rangée de pierres rouges. Au XIIe siècle, un donjon fut construit parmi les ruines romaines. Au cours des 7 siècles suivants, le château appartint à plusieurs grandes familles, pour échoir en 1766 à John Stuart, comte de Bute. Son arrière-petit-fils, le 3e marquis de Bute, fit appel au « génie excentrique » de l'architecte William Burges pour le transformer, de 1867 à 1881, en romantique demeure de style médiéval.

Pièce arabe
Des artistes arabes exécutèrent en 1881 le plafond doré, au décor oriental de marbre et de lapis-lazuli.

Animal Wall
Un lion et d'autres créatures gardent ce mur au sud du château. Ils furent ajoutés entre 1885 et 1930.

Herbert Tower

★ **Fumoir d'été**
Situé dans Clock Tower, il faisait partie d'un appartement de célibataire qui comprenait aussi un fumoir d'hiver.

Clock Tower

Entrée principale des appartements

CHRONOLOGIE

	1107 Mabel Fitzhamon hérite du château. Son mari est fait Lord de Glamorgan	**1423-1449** La famille Beauchamp ajoute la tour octogonale et le plafond du Great Hall	**1867** Le 3e marquis de Bute commence la reconstruction
75 apr. J.-C. Construction du camp romain			
	1183 Une incursion galloise l'endommage	**1445-1776** Il appartient tour à tour aux Neville, aux Tudors et aux Herbert	

1000	1200	1400	1600	1800

	1308-1414 Il appartient à la famille Despenser		**1766** La famille Bute acquiert le château
1093 Construction du premier château normand par Robert Fitzhamon de Gloucester		*Salle des banquets, détail*	**1948** Le château est confié à la ville de Cardiff

MODE D'EMPLOI

Castle St, Cardiff. 01222 878100.
de mai à sept. : de 10 h à 18 h t.l.j. ;
d'oct. à avril : de 10 h à 16 h 30 t.l.j.
25 et 26 déc., 1er jan.
rez-de-chaussée seulement.

★ **Salle des banquets**
*Dans cette pièce,
les peintures murales
et la cheminée en forme
de forteresse racontent
l'histoire du château.*

La tour octogonale, ou
Beauchamp Tower,
abrite la Chaucer Room
de Burges, décorée de
sujets tirés des *Contes
de Cantorbéry (p. 172).*

★ **Roof Garden**
*Dallages, arbrisseaux
et fontaine centrale
donnent un air
méditerranéen à ce
jardin d'hiver que
Burges souhaitait la
pièce maîtresse des
appartements.*

Dans Bute Tower
fut aménagée en
1873 une suite
d'appartements
privés, dont une
salle à manger,
une chambre à
coucher et un
salon.

★ **Bibliothèque**
*Des scribes présentant les caractères des
anciens alphabets grec, assyrien, hébreu,
égyptien et gallois ornent la cheminée.*

À NE PAS MANQUER

★ **Salle des
banquets**

★ **Bibliothèque**

★ **Fumoir d'été**

★ **Roof Garden**

Vestiges de l'amphithéâtre de Caerleon, édifié au IIe siècle

Caerleon ❶

Newport (Gwent). 👥 *11 000*. 🚹 *Ffwrwm Art & Craft Centre, High St (01633 430777).*

C aerleon fut, avec York *(p. 390-391)* et Chester *(p. 296-297)*, l'un des trois seuls camps romains de Grande-Bretagne destinés à des légions d'élite. À partir de 74 apr. J.-C., Caerleon (*Isca* pour les Romains, du nom de l'Usk qui arrose la ville) fut la garnison de la IIe légion Augusta, envoyée au pays de Galles pour mater les tribus silures. Les vestiges de leur camp se trouvent maintenant sous la ville moderne et le fleuve.

Autel, Legionary Museum de Caerleon

Les fouilles de Caerleon ont été riches d'enseignement sur la vie sociale et militaire. En effet, les Romains n'avaient pas seulement construit un camp pour les 5 500 soldats de leur troupe d'élite, mais une ville entière. À en juger par les fouilles effectuées depuis la mise au jour d'un amphithéâtre en pierre par Sir Mortimer Wheeler en 1926, Caerleon est l'un des sites militaires romains les plus vastes et les plus importants d'Europe. Les défenses englobent, sur 20 ha, 64 rangées de casernes disposées deux par deux, un hôpital et des thermes.

À l'extérieur du camp, les fondations de l'amphithéâtre sont très bien conservées. Il pouvait accueillir 6 000 spectateurs venus voir des sports violents ou des combats de gladiateurs. Les thermes, qui se visitent depuis 1985, sont plus impressionnants encore. Somptueux, ils apportaient tout le confort de la civilisation à une armée postée aux marches des contrées barbares : une piscine découverte, un terrain d'exercice, un gymnase et une suite de bains-chaud, tiède et froid.

À côté se trouvent les fondations des seuls baraquements de légionnaires visibles en Europe. Les nombreux objets découverts sur le site, parmi lesquels une belle collection de pierres gemmes gravées, sont exposés au **Legionary Museum**.

🏛 **Legionary Museum**
High St. 📞 *01633 423134.* 🕐 *lun. au dim. (dim. après-midi).* ● *du 24 au 26 déc., 1er jan.* 📷 ♿

Le musée de la mine de Big Pit, témoin d'une industrie disparue

Blaenafon ❶

Torfaen (Gwent). 👥 *9 500*. 🚹 *Swan Meadow, Monmouth Rd (01873 857588).*

L es mines de charbon des vallées du sud du pays de Galles sont presque toutes désaffectées, alors qu'il y a cent ans la prospection de la houille agitait cette région. Si l'on n'extrait plus de charbon au **Big Pit**, le **Mining Museum** entretient le souvenir de cette puissante industrie. Fermé en 1980, le Big Pit rouvrit trois ans plus tard comme musée. Une parcours balisé à la surface mène des bains des mineurs à la forge, aux ateliers et à la salle des machines. On y voit aussi la réplique d'une galerie souterraine, où les méthodes de travail sont expliquées. Mais le moment fort de la visite se passe sous terre. Équipé d'un casque de mineur, d'une lampe et de batteries de sécurité, on descend dans une cage à 90 m au-dessous de la surface, avant de suivre d'anciens mineurs à travers les galeries et les écuries souterraines.

Blaenafon conserve aussi des vestiges de l'industrie sidérurgique ; de l'autre côté de la vallée s'élèvent les hauts fourneaux du XVIIIe siècle et les cottages ouvriers qui faisaient partie des **Blaenafon Ironworks**. C'est aujourd'hui un musée industriel.

🏛 **Big Pit Mining Museum**
Pit Rd. 📞 *01495 790311.* 🕐 *de mars à nov. : t.l.j.* 📷 ♿ *tél. avant.*
🏛 **Blaenafon Ironworks**
North St. 📞 *01495 792615.* 🕐 *d'avril à sept. et une semaine à Pâques : t.l.j.* 📷 ♿

Monmouth ❶

Monmouthshire (Gwent). 👥 *8 500*. 🚉 🚹 *Shire Hall (01600 713899).* 🛒 *ven., sam.*

L 'histoire de cette ville de marché située au confluent de la Wye et de la Monnow est riche. Derrière Agincourt Square se trouve le château du XIe siècle, à présent en ruine, où naquit

Le Monnow Bridge de Monmouth, ancienne tour de guet et prison

Henri V *(p. 49)* en 1387. À côté, le **Regimental Museum**. Une statue d'Henri V se dresse sur la place, ainsi que celle de Charles Stewart Rolls, né non loin de là, à Hendre.
Le cofondateur de l'entreprise de construction d'automobiles Rolls-Royce est mort dans un accident d'avion en 1910.

Lord Horatio Nelson *(p. 54)*, le célèbre amiral, vint à Monmouth en 1802. Une intéressante collection réunie par Lady Llangattock, mère de Charles Rolls, conservée au **Monmouth Museum**, en évoque le souvenir.

Monmouth était le chef-lieu du comté de Monmouthshire, comme le rappellent les élégants et opulents bâtiments georgiens, dont le **Shire Hall** raffiné, qui domine Agincourt Square. À l'entrée ouest se trouve le monument majeur de la ville ; l'étroit **Monnow Bridge**, du XIIIe siècle, est sans doute le seul pont fortifié encore debout en Grande-Bretagne.

Du haut du Kymin (256 m), on a la meilleure vue sur les environs. Le **Naval Temple** qui le couronne date de 1801, époque à laquelle la marine britannique « régnait sur les mers ».

🏰 **Monmouth Castle and Regimental Museum**
The Castle. 📞 *01600 772175.* 🕐 *d'avril à oct. : t.l.j. (après-midi).* ♿
🏛 **Monmouth Museum**
Priory St. 📞 *01600 713519.* 🕐 *t.l.j.* ● *25 et 26 déc., 1er jan.* 📷

Tintern Abbey ⑱

Monmouthshire (Gwent). 📞 *01291 689251.* 🚉 *Chepstow, puis bus.*
🕐 *t.l.j.* ● *du 24 au 26 déc., 1er jan.*
📷 ♿

D epuis le XVIIIe siècle, les paysages de la vallée profonde et boisée de la Wye et les ruines majestueuses de l'abbaye ont séduit bien des voyageurs et inspiré des poètes. Un sonnet de Wordsworth, *Lines composed a few miles above Tintern Abbey*, décrit cet endroit romantique :

[…] une fois encore
J'aperçois ces versants abrupts et altiers,
Qui à ce cadre sauvage et solitaire impriment
Des pensées d'une solitude plus profonde […]

L'abbaye fut fondée en 1131 par des moines cisterciens qui cultivaient les terres avoisinantes (aujourd'hui une forêt). Ils en firent un influent foyer religieux. Au XIVe siècle, c'était l'abbaye la plus riche du pays de Galles, mais elle subit le sort des autres monastères en 1536 lors de la Dissolution *(p. 50)*. Ses ruines sont ouvertes à tous les vents, et les arcs et les fenêtres leur donnent une beauté et une grâce mélancoliques.

L'abbaye de Tintern, dans la vallée de la Wye, autrefois centre spirituel et intellectuel, est une ruine romantique

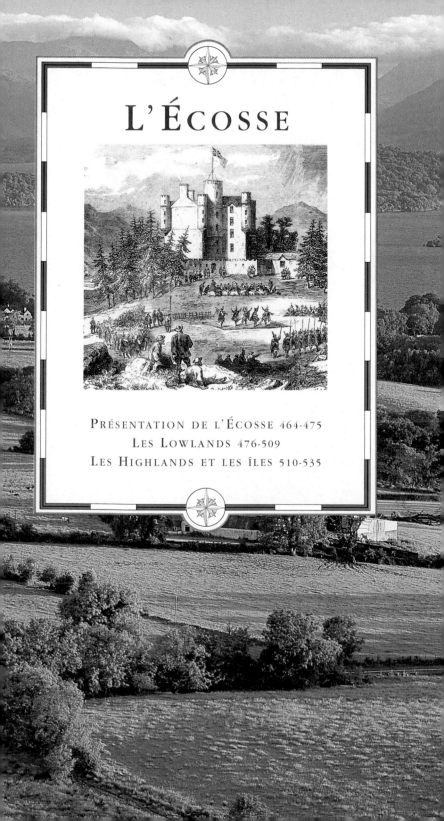

L'ÉCOSSE

L'Écosse d'un coup d'œil

D es riches terres agricoles des Borders jusqu'aux îles peuplées d'oiseaux des Shetland, à quelques degrés du cercle arctique, l'Écosse présente une variété de paysages sans équivalent en Grande-Bretagne. La majeure partie de la population se concentre dans les Lowlands (Basses Terres), mais les massifs anciens creusés de lacs glaciaires des Highlands (Hautes Terres) renferment de nombreux vestiges archéologiques.

Western Isles

Skye (p. 520-521), *île des Hébrides intérieures, possède une côte spectaculaire. À l'est, une cascade dévale le Kilt Rock, falaise de basalte qui porte le nom de la célèbre jupe du costume national écossais.*

LES HIGHLANDS ET LES ÎLES *(p. 510-535)*

Argyll and Bute

Clyde Valley

Ayrs

Les Trossachs (p. 480-481), *magnifique chaîne de collines creusée de lochs, s'étendent à la frontière entre Lowlands et Highlands. En leur cœur, les pentes boisées du Ben Venue s'élèvent au-dessus des eaux paisibles du loch Achray.*

Le Culzean Castle (p. 508-509) *se dresse au bord d'une falaise sur le Firth of Clyde. Entouré d'un vaste parc, ce château où se déploie tout le talent de l'architecte écossais Robert Adam (p. 24) est un des joyaux des Lowlands.*

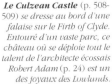
Le loch Lomond dans les Lowlands

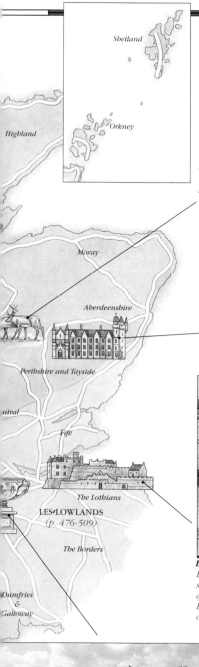

Shetland

Orkney

Highland

Moray

Aberdeenshire

Perthshire and Tayside

ntral

Fife

The Lothians

LES LOWLANDS
(p. 476-509)

The Borders

Dumfries
&
Galloway

Les Cairngorms (p. 530-531), *montagnes surtout réputées pour leur beauté sauvage et la richesse de leur faune, sont également riches en vestiges historiques comme ce pont du XVIIIᵉ siècle à Carrbridge.*

La vallée de la Dee (p. 526-527), *dans les Grampians, abrite entre autres châteaux celui de Balmoral acheté par la reine Victoria en 1852.*

Edinburgh (p. 490-497) *est la capitale de l'Écosse. Entre son château médiéval et l'Holyrood Palace s'étend le Royal Mile bordé d'édifices historiques tels que l'ancien Parlement écossais et la maison de John Knox. Créé au XVIIIᵉ siècle, le quartier de New Town offre un bel exemple d'architecture georgienne.*

La Burrel Collection (p. 506-507), *superbe collection d'art d'un remarquable éclectisme, est exposée dans un spacieux bâtiment vitré inauguré en 1983 dans un parc à la périphérie de Glasgow.*

0   50 km

UNE IMAGE DE L'ÉCOSSE

Terre marquée par l'histoire et un climat rigoureux, l'Écosse présente des paysages d'une extraordinaire diversité. Gorges isolées, lacs scintillants et ciels en perpétuel changement donnent au pays tout son caractère. Sa rudesse et sa beauté ont déterminé les qualités des habitants, fournissant à la Grande-Bretagne certains de ses meilleurs soldats et de ses plus audacieux explorateurs.

L'Écosse occupe un tiers de la superficie de la Grande-Bretagne, mais représente moins d'un dixième de sa population (un peu plus de 5 millions sur 57). Soumise à l'autorité du Parlement britannique depuis l'Acte d'Union avec l'Angleterre en 1707, elle conserve néanmoins des

Lancer du marteau aux Braemer Games

systèmes juridique et éducatif qui lui sont propres. Obtenir l'indépendance, ou au moins une plus grande autonomie, demeure d'ailleurs le souhait de nombreux Écossais. Malgré leurs aspirations nationalistes, ceux-ci ne forment pas un peuple homogène. La principale division sépare les Lowlanders de culture anglo-saxonne et les Highlanders d'origine celte. Malgré la généralisation de la langue anglaise, le gaélique est encore parlé dans certaines régions, principalement les Western Isles, et présent dans de nombreux noms propres tels que ceux commençant par « Mac » qui signifie « fils de ». Sous domi-

nation scandinave pendant cinq siècles, les îles Shetland ont gardé des traditions spécifiques comme la fête du feu, Up Helly Aa, qui célèbre le retour du soleil.

Une institution concourt cependant à unir les deux grandes régions de l'Écosse : l'Église presbytérienne. Depuis sa fondation en 1560 par John Knox, un disciple de Calvin, elle défend âprement son indépendance et une vision austère de la religion face à l'Église anglicane. Cette prédominance du protestantisme n'empêche pas toutefois l'existence d'une forte minorité catholique. Ses membres habitent pour la plupart autour de Glasgow et dans les Western Isles, où s'est

Joueur de cornemuse

maintenu le mode de vie rural qui prévalait jadis dans tous les Highlands, la région d'origine de la plupart des traits culturels considérés comme typiquement écossais, en particulier l'organisation en clans, la cornemuse ou des sports singuliers comme le lancement de troncs d'arbre *(tossing the caber)*. Ces sports, ainsi que les danses traditionnelles, restent pratiqués lors de jeux annuels *(p. 64)*.

La rigueur du climat et la pauvreté des sols ont de tout temps contraint la population écossaise à se montrer ingénieuse et endurante, et elle a produit un

La fête du feu, Up Helly Aa, à Lerwick aux Shetland

Abri traditionnel dans l'île de Lewis

nombre élevé d'inventeurs. Au XVIIIe siècle, c'est James Watt qui adapte le moteur à vapeur aux besoins de l'industrie, tandis qu'Adam Smith établit les fondements de l'économie politique. Au siècle suivant, James Simpson découvre les propriétés anesthésiques du chloroforme, James Young crée la première raffinerie de pétrole du monde et Alexander Bell révolutionne les communications en inventant le téléphone. En 1928, Alexander Fleming découvre la pénicilline.

Habitués à se montrer économes en raison de maigres ressources (ce qui leur

valut une fausse réputation d'avarice), les Écossais ont souvent brillé dans la finance, participant notamment à la création des banques centrales d'Angleterre et de France, alors qu'au XIXe siècle, Andrew Carnegie bâtit l'un des plus grands empires industriels des États-Unis. Ils entretinrent également une forte tradition littéraire avec des auteurs aussi célèbres que Walter Scott ou Robert Louis Stevenson. Le festival d'Edinburgh est aujourd'hui une des grandes manifestations culturelles européennes.

Ce sont toutefois ses vastes étendues sauvages et la richesse de sa faune qui attirent en Écosse la majorité des visiteurs. Au plaisir de découvrir de splendides paysages s'ajoutent ceux de la randonnée, de la pêche, de la chasse ou du ski. L'ouverture de la chasse à la grouse, le 12 août, est depuis des siècles un des grands événements de la vie locale.

Décor du bureau du Fringe Festival d'Edimbourg

Le climat de l'Écosse se montre peu clément et ses habitants le reconnaissent. Mais ils affirment que nulle part l'air n'est aussi pur que chez eux – et que c'est de devoir faire face à des conditions difficiles qui a forgé leur caractère si différent de celui de leurs voisins du sud.

Le loch Achray au cœur des Trossachs, au nord de Glasgow

Histoire de l'Écosse

Bonnie Prince Charlie, par G. Dupré

D ans leur conquête de la Grande-Bretagne, les Romains durent renoncer à l'Écosse dont ils ne purent soumettre les habitants. Cette résistance marque toute l'histoire d'un pays dont les frontières restent celles qu'avait en 1018 le royaume des Scots, un peuple celte venu d'Irlande. De longs siècles de conflits avec l'Angleterre se succédèrent, jusqu'à l'union des deux couronnes en 1603, puis celle des Parlements en 1707. Cette alliance s'est révélée bénéfique pour les deux partis, mais a entraîné le déclin des traditions celtes.

Monolithe sculpté picte à Aberlemno, Angus

LES ORIGINES

D e nombreux vestiges témoignent en Écosse d'un important peuplement préhistorique, notamment dans les Western Isles alors habitées principalement par des Pictes, Celtes originaires du continent. Au premier siècle après Jésus-Christ, c'est au moins à 17 tribus que doivent se confronter les envahisseurs romains, dont la conquête s'arrête aux vallées du Forth et de la Clyde au pied des Highlands. En 120, les Romains ont reculé à peu près jusqu'à l'actuelle frontière et l'empereur Hadrien fait construire une muraille courant d'une mer à l'autre pour protéger les territoires qu'il contrôle. Celtes venus d'Irlande, les Scots, aussi appelés Gaëls, fondent au VIᵉ siècle un royaume en Écosse. Sous l'autorité de Kenneth McAlpin, ce royaume s'unit en 843 à celui des Pictes. Il incorpore en 1018 la région du Lothian peuplée par des Angles d'origine germanique et en 1034 le territoire des Britons, celtes eux aussi.

LA REVENDICATION ANGLAISE

B ien que Guillaume le Lion d'Écosse ait reconnu leur souveraineté par le traité de Falaise (1174), les rois normands, descendants de Guillaume le Conquérant, ne parviennent pas à étendre leur contrôle sur les Highlands et les îles. En 1296, John Wallace, soutenu par les Français (le début de l'Auld Alliance qui dura deux siècles), entame une guerre d'indépendance pendant laquelle Édouard Iᵉʳ d'Angleterre s'empare de la pierre sacrée de Scone *(p. 484)* et l'installe à l'abbaye de Westminster. Bien que n'ayant pu profiter de ses pouvoirs magiques, le roi Robert Bruce remporte en 1314 contre les Anglais la bataille décisive de Bannockburn.

Statue de John Knox, Edinburgh

LA VOIE VERS L'UNION

E n 1503, Jacques IV d'Écosse épouse Marguerite Tudor, fille de son puissant voisin, le roi Henry VII. Malgré ce pas vers l'union, il entre en guerre en 1513 contre Henry VIII, monté sur le trône en 1509. Il meurt à la bataille de Flodden Field où les troupes écossaises sont écrasées. Son fils Jacques V épouse en secondes noces une princesse française, Marie de Guise, qui devient régente après sa mort en 1542. Quoique catholique fervente,

Bruce en combat singulier à Bannockburn (1906) par John Hassall

elle ne peut enrayer les progrès de la Réforme et, en 1560, le prêcheur John Knox fonde l'Église presbytérienne. L'année suivante, Marie Stuart assume le pouvoir. Veuve de François II de France, elle est aussi héritière du trône d'Angleterre, Élisabeth Iʳᵉ n'ayant pas de descendance. Son catholicisme trop intransigeant et son mariage avec l'assassin de son deuxième mari soulèvent une telle hostilité qu'elle est contrainte à l'abdication en 1568. Réfugiée en Angleterre, elle est exécutée en 1587.

Les chantiers de la Clyde construisaient jadis les plus grands navires du monde

UNION ET RÉVOLTE

À la mort sans descendance d'Élisabeth Iʳᵉ en 1603, Jacques VI d'Écosse lui succède sur le trône d'Angleterre sous le nom de Jacques Iᵉʳ et unit ainsi les deux couronnes. Tolérant, il réussit à contenir en Écosse les rivalités entre les membres de l'Église presbytérienne, les

Articles de l'Union entre l'Écosse et l'Angleterre, 1707

défenseurs de l'Église anglicane et les catholiques. En tentant d'imposer l'anglicanisme, son fils, Charles Iᵉʳ, provoque une révolte qui culmine en 1638 par la signature à Edinburgh du National Covenant, document condamnant les doctrines catholique et anglicane. Des conflits de religions déchirent alors le pays, jusqu'à ce que Guillaume III, couronné roi d'Angleterre en 1689, accorde son autonomie à l'Église presbytérienne. En 1707, l'Acte d'Union officialise toutefois la dépendance de l'Écosse en supprimant son Parlement. En 1746, la tentative du

dernier des Stuarts, Bonnie Prince Charlie *(p. 521)*, pour reprendre le trône échoue à Culloden *(p. 523)*.

INDUSTRIALISATION ET BOULEVERSEMENTS SOCIAUX

La fin du XVIIIᵉ siècle voit l'expulsion de nombreux fermiers des Highlands par des propriétaires terriens décidés à développer l'élevage. Ce mouvement, qui entraîna une terrible émigration, fut d'une telle ampleur qu'il prit le nom de Highland Clearances *(p. 517)*. À la même époque, l'industrialisation se développe dans les Lowlands, notamment l'exploitation minière, la sidérurgie et la construction navale.

Ces transformations n'apportent pas que des progrès et un puissant mouvement syndical voit le jour dans les populations défavorisées. En 1892, Keir Hardie, un mineur de l'Ayrshire, devient le premier socialiste élu au Parlement. Il fonde l'année suivante l'Independent Labour Party.

L'ÉCOSSE AUJOURD'HUI

La dépression qui toucha les pays occidentaux dans les années 1920 eut de graves conséquences pour la

vallée de la Clyde très industrialisée. La fondation en 1928 du Scottish Nationalist Party témoigne à la même époque d'un retour aux valeurs traditionnelles des Highlands. L'essor du tourisme dans une région qui accueille aujourd'hui 12 millions de visiteurs par an a contribué à le renforcer, ainsi que la découverte en 1970 de pétrole en mer du Nord. Avec la mise en place de la New Labour en 1997, ce sentiment n'a pu être ignoré plus longtemps et un référendum concernant l'autonomie du pays a été organisé. Les Écossais se sont exprimés en faveur d'une assemblée possédant le pouvoir de lever les impôts.

Plate-forme prétrolière en mer du Nord

Clans et tartans

L'organisation de la société des Highlands en tribus rangées chacune sous l'autorité d'un patriarche remonte au moins au XIIe siècle, époque où leurs membres s'habillaient déjà d'une pièce de tissu au dessin spécifique, qui prendra plus tard le nom de tartan. Tous les membres du clan portaient le nom du chef, sans avoir obligatoirement avec lui des liens de sang, et se tenaient prêts à partir en guerre à sa demande. La répression qui suivit la bataille de Culloden *(p. 523)* interdit toute identification aux clans, notamment le port du tartan.

Les Mackay, *aussi appelés clan Morgan, établirent leur réputation pendant la guerre de Trente Ans.*

Les MacLeod *sont d'origine nordique. Leur chef habite le château de Dunvegan (p. 520).*

Les MacDonald, *jadis le plus puissant des clans portent le titre de Lords of the Isles.*

Les Mackenzie *reçurent leurs terres du Kintail (p. 516) de David II en 1362.*

Les Campbell *étaient un clan redouté qui combattit les jacobites en 1746 (p. 523).*

LE CHEF DU CLAN

Patriarche, juge et commandant militaire, le chef exigeait une loyauté absolue des membres de son clan qui devaient, en échange de sa protection, le suivre au combat. Pour les y appeler, il envoyait un coureur portant une croix embrasée sillonner son territoire.

Bonnet orné de plumes d'aigle, de l'écusson et de l'emblème végétal du clan.

Poignard

Sporran, poche en peau de blaireau.

Feileadh-mor, ou « grand plaid » (ancien kilt) drapé autour des hanches et de l'épaule.

Épée à garde coquille

La Black Watch, *fondée en 1729 pour maintenir l'ordre dans les Highlands, fut l'un des régiments où le tartan survécut. À partir de 1746, les civils risquaient une peine allant jusqu'à 7 ans d'exil s'ils le portaient.*

Les Sinclair, venus de France au XIᵉ siècle, devinrent comtes de Caithness en 1455.

Les Frazer arrivèrent de Bretagne avec les troupes de Guillaume le Conquérant.

George IV, vêtu en Highlander, visita Edinburgh en 1822, année où le tartan revint en grâce. Beaucoup de motifs datent de cette époque, les originaux ayant été perdus.

Les Gordon étaient des soldats réputés et avaient pour devise : « Par courage et non par ruse. »

Les Stuarts, dynastie royale, avaient pour devise : « Personne ne me blesse impunément. »

LES TERRITOIRES DES CLANS

Leurs écussons situent ici les territoires de 10 clans importants. Ceux dont les tartans étaient très colorés en portaient de plus sombres pour la chasse.

Les Douglas jouèrent un rôle dans l'histoire écossaise, mais leur origine est inconnue.

EMBLÈMES VÉGÉTAUX

Chaque clan portait un emblème végétal au bonnet, notamment lors d'une bataille.

Le pin d'Écosse des MacGregor d'Argyll.

Les sorbes arborées par le clan Malcolm.

Le lierre du clan Gordon de l'Aberdeenshire.

Le chardon des Stuarts est devenu un emblème national.

Le lin des marais du clan Henderson.

LES CLANS DES HIGHLANDS AUJOURD'HUI

Jadis costume de tous les jours, le kilt ne se porte plus guère désormais que dans les grandes occasions. Au original a succédé le *feileadh-beag* ou « petit plaid » *feileadh-mor* fabriqué avec environ 7 mètres de tissu et fixé sur le devant par une épingle en argent. Bien que leurs chefs aient perdu tout pouvoir, appartenir à un clan reste une grande source de fierté pour les Écossais, qu'ils continuent à habiter sur les territoires traditionnels de leurs ancêtres ou qu'ils soient descendants de Highlanders contraints à l'émigration.

Costume highlander moderne

L'évolution du château écossais

L es îles Britanniques offrent peu de spectacles aussi romantiques que celui d'un château écossais au bord d'une côte escarpée ou d'un loch isolé. Édifices bâtis à l'origine pour la défense, ils évoluèrent à partir des premiers forts pictes, puis des donjons protégeant une basse-cour inspirés des Normands, jusqu'à donner au XIVᵉ siècle la maison-tour typiquement écossaise. Au XVIIᵉ siècle, la fin des luttes entre clans fait perdre à la tour son importance défensive, mais elle reste un important élément décoratif, tandis que les espaces d'habitation s'étendent et deviennent plus luxueux.

Détail de la façade baroque, Drumlanrig

DONJON ET BASSE-COUR

Ces châteaux apparurent au XIIᵉ siècle. Bâtis sur deux éminences voisines, ils étaient constitués d'un donjon servant de demeure au chef et dominant une enceinte entourée d'une palissade ou d'un fossé, la basse-cour, où vivaient les villageois. Il n'en subsiste guère plus aujourd'hui que les terrassements.

Donjon de défense où habitait le chef

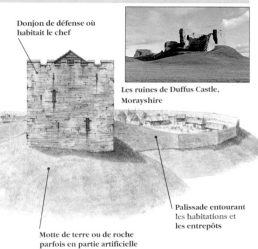

Les ruines de Duffus Castle, Morayshire

Duffus Castle *(v. 1150), au nord d'Elgin, est un des rares châteaux de l'époque à avoir été construits en pierre.*

Motte de terre ou de roche parfois en partie artificielle

Palissade entourant les habitations et les entrepôts

MAISON-TOUR PRIMITIVE

Conçues pour repousser l'attaque de voisins plutôt que celle d'une véritable armée, les maisons-tours apparurent au XIVᵉ siècle et se maintinrent pendant 400 ans. Elles avaient à l'origine un plan rectangulaire et possédaient 3 ou 4 niveaux. Les murs sans ornement comportaient peu d'ouvertures et étaient coiffés de structures défensives. Les adjonctions étaient elles aussi les plus verticales possible pour réduire l'espace à protéger lors d'un assaut.

Parapet crénelé

Murs nus percés de meurtrières

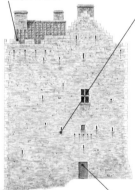

Claypotts Castle (v. 1570) possède des combles en surplomb uniques en leur genre

Braemar Castle (v. 1630), une juxtaposition de tours

Neidpath Castle*, qui se dresse sur un rocher escarpé dominant la Tweed, est une maison-tour en forme de L de la fin du XIVᵉ siècle. Place forte de Charles II, elle porte toujours les traces d'un siège conduit par Oliver Cromwell (p. 52).*

Entrée étroite et discrète

MAISON-TOUR TARDIVE

La diminution des problèmes de sécurité laissa la priorité au confort, mais le modèle de la maison-tour garda sa popularité. Au XVIIe siècle, des ailes d'habitation complétèrent la tour originale (créant souvent une cour) et les éléments de fortification prirent une fonction décorative.

Drum Castle *(p. 527)*, résidence construite en 1619 autour d'un donjon du XIIIe siècle

Chambre du prêtre avec accès secret

Maison-tour du XVe siècle

Tour d'angle contenant un escalier

Adjonction du XVIe siècle

Traquair House (p. 499), *au bord de la Tweed, serait la plus ancienne maison d'Écosse habitée sans interruption. Adjonctions à la maison-tour originale (XVe siècle), la plupart des bâtiments datent du XVIe siècle.*

Tourelle décorative en encorbellement

Blair Castle *(p. 529)* incorpore une tour médiévale

PALAIS CLASSIQUE

Au XVIIIe siècle, les impératifs de défense avaient complètement disparu et les châteaux prirent la forme de somptueuses résidences de campagne largement ouvertes sur l'extérieur et marquées par des influences de toute l'Europe, notamment françaises, néo-Renaissance et néo-gothiques. La construction d'imitations d'édifices fortifiés se poursuivit toutefois jusqu'au XIXe siècle.

Dunrobin Castle (v. 1840), Perthshire

Grande fenêtre

Balustrade remplaçant les créneaux

Coupole décorative

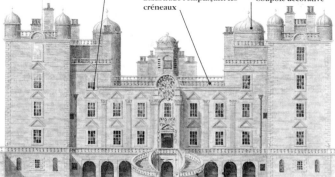

Drumlanrig Castle (p. 500), *construit au XVIIe siècle, associe des éléments d'architecture typiquement écossais et une décoration de façade Renaissance.*

Colonnade Renaissance

Escalier en fer à cheval baroque

Que manger et boire en Écosse ?

L a cuisine écossaise accomode en général simplement, sans sauces élaborées, les richesses naturelles du pays : le gibier qui abonde dans les collines, les truites et saumons dont sont riches les rivières, et les animaux d'élevage. Le bœuf « Aberdeen Angus » est particulièrement réputé. Le climat de la région convenant mal à la culture du blé, c'est l'avoine qui entre dans la composition de nombreux plats traditionnels tels que le porridge, les oatcakes et, bien sûr, le haggis.

Le porridge, avoine bouillie dans de l'eau et du lait, se mange sucré ou salé au petit déjeuner.

Les kippers, harengs salés et fumés, se consomment aussi au petit déjeuner.

Le saumon poché cuit dans un court-bouillon d'eau, de vin, d'épices et de légumes. Il provient le plus souvent des rivières de la côte est.

Le scotch broth est un bouillon léger de bœuf ou de mouton au tapioca et aux légumes.

Le gibier est faisandé une dizaine de jours puis mariné dans du vin, du vinaigre et des épices avant d'être rôti.

Le haggis est un hachis d'abats de mouton et de farine d'avoine servi avec de la purée de navets (neeps) ou de pommes de terre.

LA MARMELADE

La marmelade d'oranges est née au xviiie siècle à Dundee *(p. 485)* d'une erreur commerciale. James Keiller ayant acheté une cargaison d'oranges amères qu'il n'arrivait pas à revendre, sa femme Janet en fit de la confiture. Sa délicieuse invention se déguste désormais dans le monde entier.

Le Dundee cake est une pâtisserie riche parfumée aux fruits secs et aux amandes.

Bonnet

Sablé   Bonchester

Marmelade d'oranges   Raisin et gingembre

Les oatcakes, biscuits à la farine d'avoine, accompagnent les sucreries ou le fromage, de vache ou de brebis, qui se mange après le dessert.

LA FABRICATION DU WHISKY

Il existe deux sortes de whisky (du gaélique *usquebaugh*, ou eau-de-vie), le *pure malt* produit à partir d'orge fermenté (le malt) et le *grain whisky* fabriqué avec plusieurs céréales. Les *blended whiskies* mélangent les deux dans des proportions propres à chaque marque. Si sa distillation ne demande qu'environ trois semaines, le whisky doit vieillir au moins trois ans en fût.

Épis d'orge

1 Le maltage commence par l'humidification des grains d'orge étalés sur une aire. Ils sont régulièrement retournés pour faciliter la germination qui stimule la production d'enzymes capables de transformer l'amidon en sucres fermentescibles.

2 Au bout de 12 jours, les grains sont séchés dans un four au-dessus d'un feu de tourbe. Sa fumée donne au malt un parfum qui influence le goût final du whisky. Débarrassé des germes, le malt est ensuite moulu.

3 Le pétrissage dans une vaste cuve, la *mash tun*, du malt moulu, ou *grist*, mélangé à de l'eau de source chaude, produit une solution sucrée appelée *wort*, qui est ensuite mise à fermenter.

4 La fermentation est provoquée dans des cuves en bois, les *washbacks*, par l'apport de levures qui transforment les sucres en alcool. Brassé pendant des heures, le mélange donne un liquide clair appelé *wash*.

5 La distillation, ou extraction de l'alcool par condensation, se fait en deux temps. Le *wash* est d'abord mis à bouillir dans un premier alambic en cuivre, le *wash still*, puis le résultat de cette distillation passe dans le *spirit still*, d'où sort le whisky jeune qui titre 57 degrés d'alcool.

Coupes de dégustation, ou *quaichs*, en argent

6 Dernière étape, la maturation dure au moins trois ans dans des fûts de chêne. Ceux-ci ont généralement servi auparavant au vieillissement de sherry ou de porto pour s'alléger en tanin.

Les *blended whiskies* sont le résultat de mélanges de pure malt et de grain whisky.

Les *pure malt* prennent un goût lié aux qualités de la tourbe et de l'eau de source locales.

LES LOWLANDS

CLYDE VALLEY · CENTRAL · FIFE · THE LOTHIANS
AYRSHIRE · DUMFRIES AND GALLOWAY · THE BORDERS

*S*i l'image de l'identité écossaise s'enracine dans des traditions d'origine celte propres aux Highlands, le sud du pays, anglo-saxon, en a toujours été la partie la plus peuplée et le moteur économique. Après avoir assuré la richesse agricole de l'Écosse, les Lowlands en constituent aujourd'hui le grand pôle industriel et commercial.

Leur voisinage avec l'Angleterre a fait des Lowlands le creuset de l'histoire écossaise. Pendant des siècles après la construction par les Romains du mur antonin *(p. 44)* entre les golfes du Forth et de la Clyde, des combats y firent rage et les châteaux qui parsèment les collines des Borders témoignent de la difficulté à habiter un territoire convoité par des voisins belliqueux. Les remparts de Stirling Castle ne dominent pas moins de sept champs de bataille différents où les Écossais défendirent leur indépendance.

Les ruines d'abbayes comme celle de Melrose rappellent également les risques d'une situation à proximité de l'Angleterre. Le commerce de la laine fondé par leurs moines prospère cependant toujours à Peebles et Hawick.

Au nord des Borders, Edinburgh, capitale culturelle et administrative de l'Écosse, s'étend près du Firth of Forth. Avec ses places georgiennes dominées par une forteresse médiévale, c'est une des plus élégantes villes d'Europe. Tandis que les arts et la littérature fleurissaient aux XVIIIe et XIXe siècles à Edinburgh, Glasgow devenait la deuxième cité commerciale de Grande-Bretagne après Londres. Son port, l'amélioration du moteur à vapeur vers 1840 par James Watt et les richesses minières de la région lui permirent de développer une puissante industrie.

Ces deux villes ont conservé leur dynamisme. Alors que Glasgow est présentée comme un exemple de reconversion économique réussie, Edinburgh organise chaque été l'un des plus grands festivals artistiques d'Europe.

Jongleur au festival d'Edinburgh

◁ **Avec ses tourelles, Glamis Castle présente à 19 km de Dundee un aspect typiquement écossais**

À la découverte des Lowlands

Les Lowlands occupent le territoire situé au sud de la ligne de failles orientée au nord-est entre le loch Lomond et Stonehaven. Si la région porte le nom de « Basses Terres », elle inclut cependant de vastes espaces en altitude et offre le meilleur exemple de la diversité des paysages écossais. Aux vallées boisées et aux rivières sinueuses des Borders succèdent les landes dénudées des Cheviots et des Lammermuirs. De petits villages de pêcheurs s'accrochent aux côtes rocheuses de l'Est, tandis que de riantes stations balnéaires parsèment le littoral du Firth of Clyde et de ses îles. Au nord de Glasgow, les Trossachs dominent le loch Lomond et attirent de nombreux randonneurs *(p. 32-33)*.

Le loch Lomond vu depuis le sommet du Ben A'an dans les Trossachs

Voir aussi

- *Hébergement* p. 568-570

- *Restaurants et pubs* p. 604-606

LA RÉGION D'UN COUP D'ŒIL

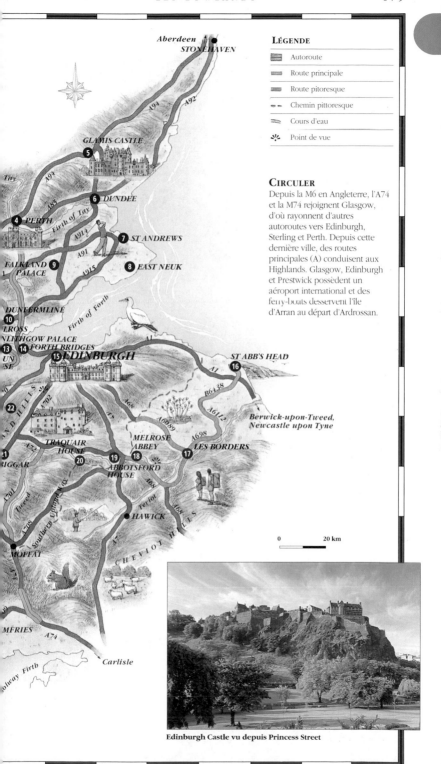

Légende

▬	Autoroute
▭	Route principale
▭	Route pitoresque
•–	Chemin pittoresque
～	Cours d'eau
☆	Point de vue

CIRCULER

Depuis la M6 en Angleterre, l'A74 et la M74 rejoignent Glasgow, d'où rayonnent d'autres autoroutes vers Edinburgh, Sterling et Perth. Depuis cette dernière ville, des routes principales (A) conduisent aux Highlands. Glasgow, Edinburgh et Prestwick possèdent un aéroport international et des ferry-boats desservent l'île d'Arran au départ d'Ardrossan.

Aberdeen
STONEHAVEN

A94 A92

GLAMIS CASTLE
5

Tay A93

A85

6 DUNDEE

4 PERTH

Firth of Tay

A914

7 ST ANDREWS

A91

FALKLAND **9**
PALACE

A915

8 EAST NEUK

DUNFERMLINE

Firth of Forth

10

ROSS

LINLITHGOW PALACE

FORTH BRIDGES

13 **14**

UN
SE

15 EDINBURGH

A1

ST ABB'S HEAD

16

A1

B6438

22

D HILLS

A702

A68

A6105

A6112

*Berwick-upon-Tweed,
Newcastle upon Tyne*

TRAQUAIR
HOUSE

A72

MELROSE
ABBEY

A6091

A698

21

IGGAR

20

19 **18**

ABBOTSFORD
HOUSE

17 LES BORDERS

A701

Tweed

A708

Southern Upland W

A6

A68

Teviot

HAWICK

A7

A708

A7

MOFFAT

CHEVIOT HILLS

0   20 km

A9

MFRIES

A74

Solway Firth

Carlisle

Edinburgh Castle vu depuis Princess Street

Les Trossachs ❶

Highlands et Lowlands se rencontrent dans cette région de collines escarpées et de lochs scintillants où l'austérité des Grampians se marie avec le charme pastoral des Borders. Abritant une faune d'une grande richesse, comprenant notamment aigle royal, faucon pèlerin, cerf et chat sauvage, les Trossachs ont inspiré de nombreux écrivains, en particulier Sir Walter Scott *(p. 498)* qui en fit le cadre de plusieurs de ses romans. C'est également là qu'au début de XVIIIe siècle vécut et se cacha Rob Roy, héros si populaire qu'il devint de son vivant le sujet d'un roman attribué à Daniel Defoe.

Aigle royal

Loch Katrine
Décor d'un roma de Sir Walter Scot La Dame du lac (1810), ce lac pe se découvrir à bord du vapeur qui porte le nom du célèbre auteu et part du Trossachs Pier.

Loch Lomond
Parsemé d'îles, le plus grand lac de Grande-Bretagne a inspiré bien des poèmes. Des bateaux-promenades partent du port de Balloch où l'on peut aussi louer des barques.

Luss
Entourés de vertes collines et occupant un superbe site sur la côte orientale du loch Lomond, ses cottages pittoresques font de Luss l'un de plus jolis villages des Lowlands.

FORT WILLIAM

Inveruglas

LOCH ARKLET

B829

Tarbet

BEN LOMOND
▲
974 m

Kinloch

BEN UIRD
▲
596 m

B837

Luss

Balma

*L O C H
L O M O N D*

A811

Le West Highland Way est un sentier pédestre traversant la région.

LÉGENDE

ℹ️	Information touristique
▬	Route A
═	Route B
⋯	Route secondaire
– –	Sentier
🔆	Point de vue

Balloch

GLASGOW

A82

0   5 km

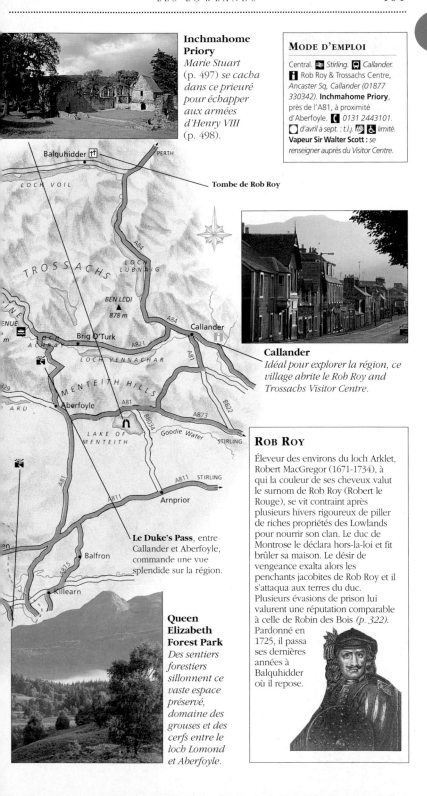

Inchmahome Priory
Marie Stuart
(p. 497) *se cacha
dans ce prieuré
pour échapper
aux armées
d'Henry VIII*
(p. 498).

MODE D'EMPLOI

Central. ⊠ *Stirling.* 🚌 *Callander.*
🛈 Rob Roy & Trossachs Centre,
*Ancaster Sq, Callander (01877
330342).* **Inchmahome Priory**,
près de l'A81, à proximité
d'Aberfoyle. ☎ *0131 2443101.*
◯ *d'avril à sept. : t.l.j.* 🎥 🔥 *limité.*
Vapeur Sir Walter Scott : *se
renseigner auprès du Visitor Centre.*

Balquhidder 🏛

PERTH

LOCH VOIL

Tombe de Rob Roy

TROSSACHS

LOCH LUBNAIG

A84

BEN LEDI
▲
878 m

A84

Brig O'Turk

A821

Callander 🛈

LOCH ACHRAY

LOCH VENNACHAR

A81

MENTEITH HILLS

Callander
*Idéal pour explorer la région, ce
village abrite le Rob Roy and
Trossachs Visitor Centre.*

Aberfoyle

A81

A873

B822

LAKE OF
MENTEITH

Goodie Water

B8034

STIRLING

A811

STIRLING

Arnprior

Le Duke's Pass, entre
Callander et Aberfoyle,
commande une vue
splendide sur la région.

Balfron

B815

Killearn

Queen
Elizabeth
Forest Park
*Des sentiers
forestiers
sillonnent ce
vaste espace
préservé,
domaine des
grouses et des
cerfs entre le
loch Lomond
et Aberfoyle.*

ROB ROY

Éleveur des environs du loch Arklet,
Robert MacGregor (1671-1734), à
qui la couleur de ses cheveux valut
le surnom de Rob Roy (Robert le
Rouge), se vit contraint après
plusieurs hivers rigoureux de piller
de riches propriétés des Lowlands
pour nourrir son clan. Le duc de
Montrose le déclara hors-la-loi et fit
brûler sa maison. Le désir de
vengeance exalta alors les
penchants jacobites de Rob Roy et il
s'attaqua aux terres du duc.
Plusieurs évasions de prison lui
valurent une réputation comparable
à celle de Robin des Bois *(p. 322).*
Pardonné en
1725, il passa
ses dernières
années à
Balquhidder
où il repose.

La demeure des ducs d'Argyll
(XVIIe s.) à Stirling

Stirling ❷

Central. 🏚 28 000. ⛟ 🅿
ℹ Dunbarton Rd (01786 475019).

E ntre les Ochil Hills et les
Campsie Fells, Stirling s'est
développé autour de son
château qui joua un rôle
essentiel dans l'histoire
écossaise. Au pied du rocher
où il se dresse, la vieille ville a
conservé les remparts
construits au XVIe siècle pour
protéger Marie Stuart *(p. 497)*
des menées d'Henry VIII. Son
fils, Jacques VI, fut couronné
en 1567 sur Castle Wynd dans
la **Church of the Holy Rude**,
église qui possède l'une des
dernières charpentes à
blochets en chêne d'Écosse.
De l'autre côté de la rue, il ne
subsiste que la façade
Renaissance de **Mar's Wark**,
palais commandé en 1570 par
le premier comte de Mar et
détruit par les jacobites
(p. 523) en 1746. En face
s'élève la superbe demeure
(XVIIe siècle) des ducs d'Argyll.

Aux environs
À trois kilomètres au sud de
Stirling, le **Bannockburn
Heritage Centre** se trouve
près du champ de bataille où
Robert Bruce vainquit les
Anglais *(p. 468)*. Après sa
victoire, il démantela le
château pour éviter qu'il ne
tombe à nouveau dans des
mains ennemies. Une statue
équestre en bronze rappelle la
mémoire de celui qui incarnait
l'indépendance écossaise.

ℹ **Bannockburn Heritage
Centre**
(NTS) Glasgow Rd. 📞 01786
812664. ☐ de mars au 23 déc. : t.l.j.
● du 24 déc. à fév. 🎦 🅱

Stirling Castle

O ccupant au-dessus de la ville une
position stratégique qui lui valut d'être
pendant des siècles l'enjeu d'âpres combats,
ce superbe édifice est un des plus beaux
exemples d'architecture Renaissance
d'Écosse. Selon la légende, le roi Arthur
(p. 269) aurait arraché aux Saxons le château d'origine,
mais rien ne confirme que le site ait été fortifié avant
1124. Le château actuel date des XVe et XVIe siècles et a
subi son dernier assaut, mené par des jacobites
(p. 523), en 1746. Garnison d'un bataillon de
Highlanders de 1881 à 1964, il ne remplit plus
aujourd'hui de fonction militaire.

Gargouille

Robert Bruce
*Sur l'esplanade, cette statue
moderne montre le vainqueur
de Bannockburn
remettant son épée
au fourreau après
la bataille.*

Prince's Tower

Fortification

Entrée

***Stirling Castle à l'époque des Stuarts**, peinture de Johannes Vorsterman
(1643-1699)*

★ **Le palais**
La salle la plus intéressante des appartements royaux renferme de superbes médaillons Renaissance représentant, pense-t-on, 38 personnages de la cour.

MODE D'EMPLOI

Castle Wynd, Stirling. 01786 450000. d'avril à sept. : de 9 h 30 à 18 h t.l.j. ; d'oct. à mars : de 9 h 30 à 17 h t.l.j. (der. entrée 45 mn avant la ferm.). 25 et 26 déc., du 1er au 3 jan. sauf dans le musée. sauf dans le musée.

Le King's Old Building abrite un musée consacré au régiment des Argyll and Sutherland Highlanders.

★ **La chapelle royale**
Des fresques peintes au XVIIe siècle par Valentine Jenkins ornent ce sanctuaire reconstruit en 1594.

Basse-cour

Le Great Hall, bâti en 1500, a un toit semblable à celui d'Edinburgh Castle *(p. 492-493)*.

À NE PAS MANQUER

★ **Le palais**

★ **La chapelle royale**

L'Elphinstone Tower devint une plate-forme d'artillerie en 1714.

Batterie d'artillerie
Sept canons occupent ce parapet construit en 1708 lors d'un renforcement des défenses après la révolution de 1688 (p. 53).

LES BATAILLES DE STIRLING

Commandant l'accès aux Highlands, Stirling occupait au plus haut point navigable du Forth une position clé dans les défenses de l'Écosse, et sept champs de bataille se découvrent depuis son château. À Abbey Craig, le Wallace Monument, haut de 67 m, commémore la victoire de William Wallace sur les Anglais à Stirling Bridge en 1297. Elle annonçait celle de Bruce en 1314 *(p. 468)*.

Le Wallace Monument

Perth vu depuis la rive orientale de la Tay

Doune Castle ❸

Doune, Central. 📞 *01786 841742.* 🚉
🚌 *Stirling, puis bus.* 🔲 *d'avril à oct. :*
t.l.j. ; de nov. à mars : du sam. au jeu.
⬤ *21 déc. au 8 jan.* 📷 ♿

Construit au XIVe siècle par Robert, duc d'Albany, le château de Doune fut une forteresse Stuart jusqu'à ce qu'il tombe en ruine au XVIIIe siècle. Aujourd'hui complètement restauré, il offre un superbe aperçu, avec ses communs, ses escaliers et ses passages étroits, de la vie d'une famille seigneuriale au Moyen Âge.

Le corps de garde dominant l'entrée, jadis résidence autonome avec sa propre alimentation en eau, donne accès à la cour centrale d'où les visiteurs peuvent gagner le Great Hall. Entièrement reconstituée avec sa galerie des ménestrels et sa cheminée centrale, cette vaste salle jouxte le Lord's Hall et une pièce qui servait à l'usage privé du seigneur et a conservé ses toilettes d'origine.

Perth ❹

Perthshire. 🏘 *42 000.* 🚉 🚌 🚹 *45*
High St (01738 38353). 🚢 *dim.*

Capitale de l'Écosse au Moyen Âge, Perth a gardé de beaux monuments qui témoignent de son riche passé. Ce fut dans l'**église Saint-Jean**, fondée en 1126, que John Knox *(p. 469)* adressa les prêches enflammés qui conduisirent à la destruction de nombreux monastères de la région. Remaniée dans le style victorien, la **Fair Maid's House** (v. 1600), sur le North Port, une des plus anciennes maisons de la ville, inspira Sir Walter Scott *(p. 498).* Il en fit l'habitation de *La Jolie Fille de Perth* (1828).

Dans **Balhousie Castle**, un musée rend hommage au régiment de la Black Watch, tandis que l'**Art Gallery and Museum** évoque l'histoire de la ville.

Aux environs
À 3 km au nord de Perth, le **Scone Palace**, résidence néogothique, se dresse sur le site d'une abbaye détruite par les disciples de John Knox en 1559. Du IXe au XIIIe siècle, elle veilla sur la Pierre de la Destinée de Scone *(p. 468-469)* qui servait au sacre des rois écossais et se trouve à Westminster Abbey depuis plusieurs siècles *(p. 94-95).* Des broderies de Marie Stuart *(p. 497)* font partie des œuvres d'art exposées.

🏰 **Balhousie Castle**
RHQ Black Watch, Hay St. 📞 *01738 621281.* 🔲 *d'avril à sept. : du lun. au sam. ; d'oct. à avril : du lun. au ven.* ⬤ *du 23 déc. au 3 jan.*
🏛 **Art Gallery and Museum**
78 George St. 📞 *01738 632488.* 🔲 *du lun au sam.* ⬤ *du 24 déc. au 4 jan.* ♿
🏰 **Scone Palace**
A93 vers Braemar. 📞 *01738 552300.* 🔲 *du ven. saint à mi-oct. : t.l.j.* 📷 ♿

Glamis Castle ❺

Forfar, Tayside. 📞 *01307 840242.* 🚉 🚌 *Dundee, puis bus.* 🔲 *d'avril à oct. : t.l.j.* 📷 ♿ *parc.*

Ancien pavillon de chasse royal entrepris au XIe siècle mais très remanié au XVIIe siècle, **Glamis Castle**

Statues de Jacques VI (à gauche) et Charles Ier dans le parc de Glamis Castle

évoque une forteresse médiévale et un château de la Loire. La reine mère Élisabeth y passa son enfance. Un portrait d'Henri de Laszlo (1878-1956), la représentant jeune, orne son ancienne chambre.

Derrière les remparts gris-rose, de nombreuses pièces sont ouvertes au public, notamment la plus ancienne, le Duncan Hall du donjon où Shakespeare situa le meurtre du roi dans *Macbeth*. Peintures, tapisseries, porcelaines et mobilier d'époque décorent les appartements. Dans le parc à l'italienne se dressent deux portails en fer forgé fabriqués pour le 80e anniversaire de la reine mère en 1980.

Dundee ❻

Tayside. 🏘 180 000. ✈ 🚍 🚂
🚌 4 City Square (01382 227723).
🔁 mar., du ven. au dim.

Célèbre par son gâteau et sa marmelade *(p. 474)*, Dundee fut aussi un important centre de construction navale quand prospérait la pêche à la baleine aux XVIIIe et XIXe siècles, époque dont une promenade aux Victoria Docks permet de retrouver l'atmosphère. Construit en 1824 et conservé en état, l'**HMS Unicorn** est le plus ancien des navires de guerre britanniques encore à flot. Amarré au Craig Pier, le **Discovery** est l'un des derniers grands voiliers (1901) construits au Royaume-Uni. Il servit à la première expédition du capitaine Scott dans l'Antarctique.

St Andrews derrière les ruines de sa cathédrale

Installées dans un édifice néo-gothique, les **McManus Galleries** présentent des peintures, des vestiges archéologiques et une exposition sur l'histoire de Dundee. Au nord-est de City Square, le cimetière, **Howff Burial Ground**, renferme des tombes victoriennes dont certaines portent de curieuses inscriptions.

🏛 HMS Unicorn
Victoria Docks. 📞
01382 200900. 🕐 de
mi-mars à oct. : t.l.j. ; de
nov. à mi-mars : du lun.
au ven. (après-midi) ●
dern. sem. de déc. et prem.
sem. de jan. 🎫 ♿ limité.

🏛 Discovery
Discovery Point. 📞
01382 201245. 🕐 t.l.j. ●
25 déc., 1er-2 jan. 🎫 ♿

🏛 McManus Galleries
Albert Sq. 📞 01382 432020. 🕐 lun.
au dim. ● du 25 au 26 déc., du 2 au
3 jan. ♿

Insigne de St Mary's
College, St Andrews
University

St Andrews ❼

Fife. 🏘 14 000. 🚂 Leuchars.
🚌 Dundee. 🚌 70 Market St (01334
472021).

La plus ancienne ville universitaire d'Écosse, **St Andrews** est aujourd'hui la Mecque des golfeurs du monde entier *(voir ci-dessous)*. Ses trois artères principales et de nombreuses ruelles bordées de maisons bancales, de vénérables édifices universitaires et d'églises médiévales convergent vers les ruines de la **cathédrale**. Entreprise au XIIe siècle, puis mise à sac par les réformés, elle finit par servir de carrière. John Knox et ses disciples occupèrent pendant un an **St Andrew's Castle**, ancien palais épiscopal bâti en 1200. Pour une somme modique, les golfeurs pourront pratiquer leur sport favori sur les terrains qui se trouvent au nord de la ville, ou visiter le **British Golf Museum** qui retrace l'histoire du célèbre Royal and Ancient Golf Club fondé en 1754.

⛳ St Andrew's Castle
South St. 📞 01334 477196. 🕐 t.l.j.
● 25 déc., du 1er au 2 jan. 🎫
♿

🏛 British Golf Museum
Bruce Embankment. 📞 01334
478880. 🕐 de mi-mai à mi-oct. : t.l.j. ;
de mi-oct. à mi-avril : du jeu. au lun.

LES ORIGINES DU GOLF

Né sur les dunes entourant St Andrews, le sport national écossais est mentionné dès 1457 quand Jacques II l'interdit parce qu'il distrait ses sujets de l'entraînement au maniement de l'arc. Bien qu'élevée en France, la reine d'Écosse Marie

Stuart *(p. 497)* adorait ce jeu, et elle se vit reprocher en 1568 de l'avoir pratiqué juste après l'assassinat de son second mari, Lord Darnley.

Marie Stuart à
St Andrews en 1563

Cour intérieure de Falkland Palace

East Neuk ❽

Fife. 🚆 🚌 Glenrothes.
ℹ St Andrews (01334 472021).

Sur la péninsule de Fife, de jolis villages de pêcheurs jalonnent la côte de l'**East Neuk** (le « Coin est »). Les pignons d'inspiration flamande qui ornent nombre de leurs cottages rappellent qu'ils assuraient au Moyen Âge une grande partie des échanges commerciaux entre l'Écosse et le continent. La raréfaction des harengs en mer du Nord conduit un nombre croissant d'habitants à se détourner des activités traditionnelles pour s'orienter vers le tourisme. St Monans, une charmante bourgade aux rues tortueuses, continue cependant de fabriquer et de réparer des bateaux de pêche, tandis que Pittenweem possède encore une flotte importante. Cette ville est aussi connue par **St Fillan's Cave**, grotte d'un ermite du IXe siècle dont les reliques auraient servi à bénir l'armée de Robert Bruce

(p. 468) avant la bataille de Bannockburn. Autre source de légende, la pierre posée près du portail de l'église du charmant village de Crail. Le diable l'aurait jetée là depuis l'île de May.

À Anstruther, des bâtiments édifiés du XVIe au XIXe siècle abritent le **Scottish Fisheries Museum** dont les expositions retracent l'histoire de la région grâce à la reconstitution d'intérieurs anciens, de bateaux et de souvenirs de marins. Du port partent des navires pour l'**Isle of May** (île de May), réserve d'oiseaux où prospère une colonie de phoques gris.

La statue d'Alexander Selkirk, à Lower Largo, rappelle le lieutenant de marine abandonné pour insoumission pendant plus de quatre ans sur une île déserte. Ses aventures inspirèrent le *Robinson Crusoé* (1719) de Daniel Defoe.

🏛 Scottish Fisheries Museum
Harbour Head, St Ayles, Anstruther.
☎ 01333 310628. ◯ t.l.j. 🦽 ⅃

Falkland Palace ❾

(NTS) Falkland, Fife. ☎ 01337 857397. 🚆 🚌 Ladybank, Kirkcaldy, puis bus. ◯ d'avril à oct. : t.l.j. 🦽

Jacques IV Stuart entreprit en 1500 ce pavillon de chasse royal, mais c'est son fils, Jacques V *(p. 496)*, qui en fit le superbe palais Renaissance visible aujourd'hui. Sous l'influence de ses deux épouses françaises, Madeleine de France et Marie de Guise, il employa des artisans français pour construire l'aile est, incendiée en 1654, et l'aile sud dont la façade évoque les châteaux de la Loire. Le palais tomba en ruine à l'époque du Commonwealth *(p. 52)*, et Rob Roy *(p. 481)* l'occupa brièvement en 1715.

Après avoir acquis le domaine en 1887, le 3e marquis de Bute prit le titre de Keeper (litt. « Gardien ») et restaura les bâtiments dans leur état actuel. De superbes meubles et des portraits contemporains de membres de la dynastie des Stuarts ornent ses pièces aux riches boiseries. Le court de tennis aménagé dans le jardin pour Jacques V est le plus vieux de Grande-Bretagne.

Dunfermline ❿

Fife. 🏙 45 000. 🚆 🚌
ℹ 13-15 Maygate (01383 720999).

Capitale de l'Écosse jusqu'en 1603, Dunfermline s'étend au-dessous des vestiges de son abbaye et de son palais du XIIe siècle. La ville fut la résidence de Malcolm III ; c'est ici qu'il épousa en 1070 la reine Margaret d'origine saxonne. Elle fonda peu après un prieuré bénédictin à l'emplacement de l'actuelle **église abbatiale**. Dotée d'une nef normande du XIIe siècle et d'un chœur du XIXe siècle, celle-ci renferme les tombeaux de 22 rois et reines écossais, dont Robert Bruce *(p. 468)*.

Les ruines du **palais** dominent les superbes jardins du Pittencrieff Park. Parce qu'on lui en avait interdit l'entrée pendant son enfance, le plus célèbre enfant de

Nef normande (XIIᵉ siècle) de l'abbatiale de Dunfermline

Dunfermline, le philanthrope Andrew Carnegie (1835-1919), décida, une fois fortune faite, d'acheter le domaine pour l'offrir à la ville. Installé dans sa maison dont l'ameublement n'a pas changé depuis l'époque, le **Carnegie Birthplace Museum** retrace son histoire : émigré avec sa famille en Pennsylvanie en 1848, Andrew Carnegie fonda un des plus puissants empires industriels des États-Unis et le céda en 1901 pour consacrer une partie de sa richesse (350 millions de dollars) à la création de fondations et d'œuvres charitables.

⬛ Carnegie Birthplace Museum

Moodie St. **[** 01383 724302. **◯** t.l.j. **●** du 24 au 26 et 31 déc., 1ᵉʳ jan. 📷 **&**

Culross ⓫

Fife. 🏘 350. 🚋 🚌 **ℹ** National Trust Visitors' Centre, The Square (01383 880359). **◯** d'avril à sept. : t.l.j. 📷

Saint Mungo serait né en 512 à Culross, alors important centre religieux. Ce petit bourg connut une grande période de prospérité à partir du XVIᵉ siècle avec le développement des industries du sel et du charbon, notamment grâce à un descendant de Robert Bruce (p. 468), Sir George Bruce, qui dirigea la houillère de Culross en 1574 et créa un système d'évacuation d'eau (« roue égyptienne ») drainant une mine longue de 1,5 km.

Après être entré en déclin, Culross se figea pour garder l'aspect qu'il avait au XVIIIᵉ siècle. Le National Trust entama la restauration des maisons en 1932 et il organise maintenant des visites guidées de la ville. Elles partent du **Visitors' Centre** installé dans l'ancienne prison.

Construit en 1597, le **palais** de Bruce présente le mélange de styles flamand et écossais caractéristique de l'époque. L'intérieur a conservé ses plafonds peints du début du XVIIᵉ siècle qui font partie des plus beaux d'Écosse. Traversant la place, dépassez l'**Oldest House** (la « plus vieille maison ») bâtie en 1577 et dirigez-vous vers la **Town House** à l'ouest. Derrière la

Back Causeway, une rue pavée possédant encore la partie surélevée jadis réservée à la noblesse, conduit au **Study** entrepris en 1610 pour loger l'évêque de Dunblane. Ouverte au public, la pièce principale mérite une visite pour son plafond norvégien. En continuant vers le nord en direction des ruines de l'abbaye, ne manquez pas la **House with the Evil Eyes** (« maison aux yeux malfaisants »), demeure à pignon hollandais.

Le Study (XVIIᵉ siècle) de Culross au plafond décoré

Linlithgow Palace ⓬

Linlithgow, The Lothians. **[** 01506 842 896. 🚋 🚌 **◯** t.l.j. **●** 25 et 26 déc., du 1ᵉʳ au 2 jan. 📷 **&** limité.

Au bord du loch Linlithgow se dressent les ruines du palais royal qu'entreprit Edouard Iᵉʳ en 1302. Les vestiges qui se visitent aujourd'hui remontent cependant pour la plupart au règne de Jacques V. Celui-ci fit notamment édifier l'aile sud abritant la chapelle et le Great Hall, salle longue de 28 mètres qui a conservé son immense cheminée sculptée. Restaurée, la belle fontaine de la cour fut installée en 1538 pour célébrer son mariage avec Marie de Guise. Leur fille, Marie Stuart (p. 497), naquit en 1542 au château.

Attenante, la **Church of St Michael** est la plus grande église d'Écosse élevée avant la Réforme. Elle offre un bel exemple de gothique à décoration écossaise.

Le palais construit au XVIᵉ siècle à Culross par Sir George Bruce

Hopetoun House 🔞

The Lothians. 📞 0131 331 2451. 🚃 Dalmeny, puis taxi. ⏰ de mi-avril à sept. : t.l.j. 🎞 ♿ limité.

Au bord du Firth of Forth, un vaste parc inspiré des jardins du château de Versailles sert d'écrin à l'une des plus belles résidences seigneuriales d'Écosse. De la demeure d'origine bâtie en 1707 ne subsiste que le corps central, que William Adam intégra à partir de 1721 dans un vaste édifice au plan en fer à cheval de style georgien. Des tableaux de maîtres décorent les appartements. Les salons rouge et jaune, avec leurs stucs rococo et leurs cheminées ornementées, leur offrent un cadre particulièrement impressionnant. La famille du marquis de Linlithgow, descendant du premier comte d'Hopetoun, habite toujours une partie de la maison.

L'Hopetoun House représentée sur un panneau peint de son escalier

Les ponts du Forth 🔞

Lothian. 🚃 🚌 Dalmeny, Inverkeithing.

La petite ville de South Queensferry est dominée par deux immenses ponts qui traversent le Forth, à cet endroit d'une largeur de 1,6 km, pour rejoindre Inverkeithing sur l'autre rive. Premier grand ouvrage d'art en acier de ce type au monde,

Les falaises de St Abb's Head

le spectaculaire pont ferroviaire ouvrit en 1890, un an après l'inauguration de la tour Eiffel. Il reste l'une des plus belles réussites techniques de l'ère victorienne. Plus de 8 millions de rivets assemblent les poutrelles de ses arches et ses surfaces peintes représentent quelque 55 hectares. D'où l'expression populaire « C'est comme peindre le Forth Bridge » pour décrire une tâche sans fin. Le pont routier voisin était le plus long hors des États-Unis lors de sa mise en service en 1964.

C'est la promenade de South Queensferry qui offre le meilleur point de vue sur les deux ouvrages d'art. La ville doit son nom à la pieuse épouse de Malcolm III, la reine Margaret *(p. 493)*, qui, au cours de ses trajets entre Edinburgh et le palais royal de Dunfermline *(p. 487)*, prenait ici le bac au XIᵉ siècle.

Edinburgh 🔞

Voir p. 490-497.

St Abb's Head 🔞

The Borders. 🚃 Berwick-upon-Tweed. 🚌 Edinburgh.

Les falaises déchiquetées de St Abb's Head, la pointe sud-est de l'Écosse, s'élèvent jusqu'à 91 mètres au-dessus des eaux de la mer du Nord. Cette réserve naturelle de 80 hectares est un important lieu de nidification pour de nombreuses espèces d'oiseaux marins, et plus de 50 000 fulmars, guillemots, mouettes tridactyles et macareux, entre autres, viennent s'y reproduire en mai et juin. Depuis le village de pêcheurs de St Abbs, l'un des ports les plus authentiques encore en activité sur la côte orientale de la Grande-Bretagne, un sentier côtier permet de monter admirer leurs ballets aériens. Il part du **Visitors' Centre** où une exposition comprend des planches servant à l'identification des oiseaux.

🛈 **Visitors' Centre**
St Abb's Head. 📞 018907 71443. ⏰ de mi-mars à oct. : t.l.j.

Le Forth Bridge vu depuis South Queensferry

Excursion dans les Borders ⑰

L a zone frontalière entre l'Angleterre et l'Écosse est jalonnée de ruines laissées par les conflits entre les deux nations. Les plus poignantes sont celles des abbayes fondées au XIIᵉ siècle pendant le règne de David Iᵉʳ et détruites par Henry VIII *(p. 498)*. La splendeur des vestiges témoigne de leur ancienne puissance spirituelle et politique.

Melrose Abbey ⑥
Le cœur de Robert Bruce *(p. 498)* aurait été déposé dans cette abbaye qui fut une des plus riches d'Écosse.

Kelso Abbey ①
La plus grande des abbayes des Borders était aussi la plus puissante institution ecclésiastique d'Écosse.

Floors Castle ②
Bâti par William Adam au XVIIIᵉ siècle, le château du duc de Roxburghe se visite en été.

Scott's View ⑤
Lors des funérailles de Sir Walter Scott, le corbillard s'arrêta brièvement devant ce paysage comme l'écrivain l'avait fait tant de fois dans sa vie.

BERWICK-UPON-TWEED

GALASHIELS

LÉGENDE

 Itinéraire conseillé

Autres routes

☼ Point de vue

Dryburgh Abbey ④
Sur le bord de la Tweed, les ruines de ce monastère de prémontrés abritent la tombe de Sir Walter Scott.

CARNET DE ROUTE

Itinéraire : 50 km.
Où faire une pause ? Depuis Kelso, prenez la Cobby Riverside Walk pour déjeuner au restaurant du Floors Castle.
(Voir aussi p. 636-637.)

0   5 km

Jedburgh Abbey ③
Fondée en 1138, elle incorpore des fragments architecturaux celtiques du IXᵉ siècle appartenant à une construction antérieure. Une exposition au Visitors' Centre évoque la vie qu'y menaient les augustins.

Edinburgh ⑮

Dominée par les collines volcaniques d'Arthur's Seat (« Siège d'Arthur ») au sud et de Calton Hill au nord, la capitale de l'Écosse juxtapose une cité médiévale et un quartier georgien dont le contraste en fait une des villes les plus remarquables d'Europe. Elle entretient depuis le XVᵉ siècle une tradition artistique et culturelle qui lui valut le surnom d'Athènes du Nord et que perpétuent ses musées et son festival international *(p. 495)*, la plus importante manifestation artistique de Grande-Bretagne.

Soldats de la garnison du château

Entrée de la Georgian House au 7, Charlotte Square

À la découverte d'Edinburgh

Grande artère commerçante de la ville, Princes Street sépare les deux quartiers formant le cœur de la cité. Au sud, l'Old Town s'accroche à une arête volcanique entre le château et Holyrood Palace, et les ruelles rayonnant du Grassmarket et du Royal Mile offrent un résumé de l'histoire médiévale d'Edinburgh. Au nord, le développement de la New Town, entamé en 1767, suivit un plan d'urbanisme ambitieux avec ses places et ses avenues bordées de superbes immeubles georgiens.

🏛 National Gallery of Scotland

The Mound. 📞 *0131 556 8921.* ◐ *t.l.j.* ● *25 et 26 déc., 1ᵉʳ et 2 jan., 1ᵉʳ mai.* ♿

Cette collection d'art, une des plus belles d'Écosse, mérite une visite, ne serait-ce que pour ses peintures du XVᵉ au XIXᵉ siècle. Accrochées sur des murs d'un rouge profond, elles s'admirent dans une ambiance feutrée.

Parmi les plus belles œuvres écossaises figurent des portraits réalisés par Allan Ramsay et Henry Raeburn, comme *Le Révérend Robert Walker patinant sur le loch Duddingston* (v. 1800), tandis que la collection de primitifs d'Europe du Nord comprend *Les Trois légendes de saint Nicolas* (v. 1500) par Gérard David. Le Tintoret, Titien et Raphaël, entre autres, représentent l'Italie, et la *Vieille Femme faisant frire des œufs* (1618) témoigne de l'intérêt de l'Espagnol Vélasquez pour les scènes populaires. Une salle entière est consacrée aux *Sept sacrements* (v. 1640) de Nicolas Poussin. Les tableaux de Reynolds, Ramsay et Gainsborough, pour l'école anglaise, et ceux de Rembrandt, Van Dyck et Rubens, parmi les grands maîtres hollandais et flamands, sont également remarquables.

Le Rév. Robert Walker patinant sur le loch Duddingston par Raeburn

♨ Georgian House

7 Charlotte Sq. 📞 *0131 225 2160.* ◐ *d'avril à oct. : t.l.j.* ♿ limité.

Au cœur de la New Town, Charlotte Square est une réalisation particulièrement harmonieuse de l'époque georgienne ; le côté nord de cette place, entrepris en 1791, est un des chefs-d'œuvre de l'architecte Robert Adam *(p. 24-25)*. Au nᵒ 7, la Georgian House a retrouvé sa décoration intérieure et son ameublement de la fin du XVIIIᵉ siècle, et offre un remarquable aperçu de la vie menée par les riches habitants de la ville neuve. Dans la salle à manger, la table est dressée avec de la vaisselle de Sheffield et de Wegwood, tandis que l'atmosphère intime du salon abritant des services de porcelaine du Staffordshire et de Spode contraste avec la majesté de la salle de réception.

Le Duncan's Monument sur Calton Hill et, à l'arrière-plan, le château

🏛 National Gallery of Modern Art

Belford Rd. 📞 0131 556 8921. ⏰ t.l.j. ⬤ 25 et 26 déc., 1ᵉʳ et 2 jan. ♿

Dans une ancienne école du XIXᵉ siècle entourée d'un vaste parc, ce musée présente des œuvres de la plupart des grandes écoles picturales du XXᵉ siècle avec des tableaux d'artistes européens et américains tels que Vuillard, Picasso, Magritte ou Lichtenstein. La collection écossaise comprend des peintures de John Bellany. Des sculptures par Henry Moore et Eduardo Paolozzi décorent le jardin.

Pièces d'échecs médiévales au Museum of Scotlands

In the Car **par Roy Lichtenstein, National Gallery of Modern Art**

🏛 Museum of Scotland

Chambers St. 📞 0131 225 7534. ⏰ lun., mer à sam. de 10 h à 17 h ; mar. 10 h à 20 h ; dim. (après-midi) jusqu'à 17 h. ⬤ 25 déc. 🎫 sauf enfants. Inclus l'accès au Royal Museum (p. 497). ♿ 📷 🏠 🚻

Ce musée abrite les collections écossaises du Musée national d'Écosse. Des expositions illustrent l'histoire de l'Écosse, le pays et ses habitants, depuis ses origines jusqu'à nos jours.

Les œuvres clefs incluent le fameux *Lewis Chessmen* du Moyen Âge, les *Pictish Chains*, les plus anciens joyaux de la couronne écossaise, la locomotive *Ellsmere* et des objets représentatifs du XXᵉ siècle, sélectionnés par des Écossais célèbres et par le public. Livres et activités pour les enfants sont disponibles.

MODE D'EMPLOI

The Lothians. 👥 420 000. ✈ Islington, à 13 km à l'ouest d'Edinburgh. 🚆 North Bridge (Waverley Station). 🚌 St Andrew St. 🛈 3 Princes St (0131 557 1700). 🎭 Edinburgh International : août ; Military Tattoo : août ; Edinburgh Fringe : août.

🏛 Scottish National Portrait Gallery

Queen St. 📞 0131 556 8921. ⏰ t.l.j. ⬤ 25, 26 et 31 déc., 1ᵉʳ et 2 jan. ♿

Ce musée retrace la turbulente histoire de l'Écosse à travers celle de ses grands personnages, et notamment de 12 générations de la famille royale écossaise, de Robert Bruce (p. 468) à la reine Anne. Parmi les souvenirs liés à cette dynastie figurent des bijoux de Marie Stuart (p. 497) et une cantine de voyage en argent abandonnée par Bonnie Prince Charlie (p. 521) à Culloden (p. 523).

La galerie supérieure présente des portraits d'Écossais célèbres, tel celui de Robert Burns (p. 501) peint par Alexander Nasmyth.

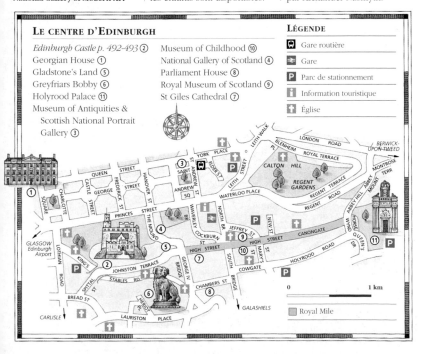

LE CENTRE D'EDINBURGH

LÉGENDE

🚌 Gare routière
🚆 Gare
🅿 Parc de stationnement
🛈 Information touristique
🕂 Église

0   1 km

⬜ Royal Mile

Edinburgh Castle

oiffant le noyau granitique d'un
ancien volcan, le château
d'Edinburgh est composé de bâtiments
construits du XIIᵉ au XXᵉ siècle au gré
de ses nombreux changements
de fonction : forteresse, palais royal,
caserne, prison… Déjà occupé à l'âge
du bronze, le site devrait son nom au roi

**Console de poutre
du Great Hall**

de la Northumbria, Edwin, qui y édifia
un fort au VIᵉ siècle. Siège de la cour de Malcolm III
et de la reine Margaret à la fin du XIᵉ siècle, le château
perd son rôle de résidence royale en 1603 avec l'Union
des Couronnes *(p. 469)* le roi s'installant à Londres.
Après l'Union des Parlements en 1707, les joyaux
de la couronne (Regalia) sont enfermés pendant
plus d'un siècle dans le palais. Le château
possède la « Stone of Destiny », une relique
ayant appartenu aux rois d'Écosse, saisie par
les Anglais et finalement restituée en 1996.

**Couronne
d'Écosse**
*Jacques V fit redessiner en
1540 la couronne aujourd'hui
exposée dans le palais.*

**Prison
militaire**

Governor's House
*Construit en 1742,
cet édifice aux
pignons à redents de
style flamand abrite
le mess des officiers
de la garnison.*

Old Back Parade

MONS MEG

Le duc de Bourgogne fit fabriquer en Belgique en 1449
cette bombarde capable de tirer un boulet à plus de
1 000 m et l'offrit à son neveu, Jacques II d'Écosse.
Celui-ci s'en servit en 1455 contre le clan Douglas
retranché dans sa forteresse de Threave Castle *(p. 501)*.
Jacques IV l'utilisa ensuite en Angleterre contre
Norham Castle. Après avoir explosé lors
d'une salve en l'honneur du duc
d'York en 1682, Mons Meg
resta dans la Tour de
Londres jusqu'à son
retour à Edinburgh,
réclamé par
Sir Walter Scott,
en 1829.

Cachots
*Laissé par un détenu français
en 1780, ce graffiti rappelle les
conflits qui opposèrent
l'Angleterre à la France
aux XVIIIᵉ et XIXᵉ siècles.*

À NE PAS MANQUER

★ Le Great Hall

★ Le palais

Argyle Battery
Ce mur fortifié commande une vue superbe sur la New Town.

★ **Le palais**
Marie Stuart (p. 497) mit au monde Jacques VI dans ce palais du XVe siècle abritant les joyaux de la couronne.

Entrée

Royal Mile →

L'Esplanade sert de cadre à la Military Tattoo *(p. 495)*.

L'Half Moon Battery est un bastion construit dans les années 1570 pour défendre l'aile nord du château.

St Magaret's Chapel
Probablement construite par David Ier en l'honneur de sa mère Margaret, l'épouse de Malcolm III représentée sur ce vitrail, cette chapelle est le plus ancien bâtiment du château.

★ **Le Great Hall**
Le Parlement écossais se réunit jusqu'en 1639 dans cette salle du XVe siècle à la charpente en voûte aujourd'hui restaurée.

À la découverte du Royal Mile : de Castle Hill à High Street

Entre Edinburgh Castle et Holyrood Palace, quatre rues, de Castle Hill à Cannongate, forment le Royal Mile, axe de circulation de la cité médiévale. Enfermée dans ses murs, celle-ci se développa en hauteur et certains de ses immeubles atteignirent 20 étages. Le passé reste vivant dans les 66 ruelles et impasses qui donnent dans le Royal Mile.

Aigle à l'extérieur de Gladstone's Land

Carte de situation

Le Gladstone's Land est une maison de marchand du XVIIᵉ siècle.

Le Scotch Whisky Centre est consacré à la boisson nationale écossaise.

L'Outlook Tower abrite un observatoire d'où l'on peut découvrir la ville.

Edinburgh Castle

CASTLE HILL

LAWNMARKET

Lady Stair's House
Cette maison du XVIIᵉ siècle abrite un musée consacré aux écrivains Burns, Scott (p. 498) et Stevenson.

La Tolbooth Kirk (v. 1840) a la plus haute flèche de la ville.

🏛 **Gladstone's Land**
(NTS) 477B Lawnmarket. ☎ 0131 2265856. ◯ d'avril à oct. : t.l.j. 🅿
Le nom de « land » était jadis donné à d'étroits immeubles bâtis sur des parcelles exiguës, notamment le long du Royal Mile. Le Gladstone's Land porte le nom du marchand qui le fit construire en 1617, Thomas Gledstanes. Récemment restauré, il plonge le visiteur dans la vie quotidienne d'une maison typique de la vieille ville avant que les notables d'Edinburgh n'aillent s'installer dans la New Town georgienne. L'édifice a conservé en particulier un plafond peint de motifs floraux scandinaves. Outre un mobilier d'époque, il renferme des objets usuels et évocateurs comme des galoches en bois portées pour protéger les souliers en cuir de la saleté des rues. Certains ont une histoire, tel le coffre de la belle Painted Chamber qu'un capitaine hollandais aurait offert à un marchand écossais pour l'avoir sauvé d'un naufrage. Un immeuble semblable, le Morocco Land, borde Cannongate *(p. 497)*.

🏛 **Parliament House**
Parliament Sq, High St. ☎ 0131 2252595. ◯ du lun. au ven. ● jours fériés. ♿
Construit dans les années 1630 pour abriter les réunions du Parlement écossais, ce bel édifice d'inspiration italienne dont la façade date du XIXᵉ siècle est depuis l'Acte d'Union de 1707 *(p. 469)* le siège de la Haute cour écossaise. Il mérite une visite, ne serait-ce que pour le vitrail du Great Hall représentant l'inauguration de la cour par Jacques V en 1532 et le spectacle offert par les juges et avocats en perruque.

Chambre à coucher de Gladstone's Land

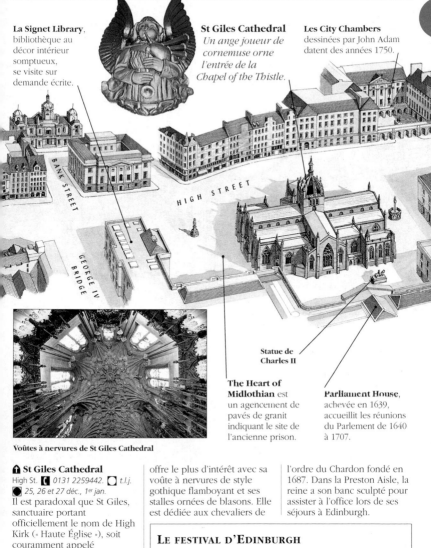

La Signet Library, bibliothèque au décor intérieur somptueux, se visite sur demande écrite.

St Giles Cathedral
Un ange joueur de cornemuse orne l'entrée de la Chapel of the Thistle.

Les City Chambers dessinées par John Adam datent des années 1750.

BANK STREET

HIGH STREET

GEORGE IV BRIDGE

Statue de Charles II

The Heart of Midlothian est un agencement de pavés de granit indiquant le site de l'ancienne prison.

Parliament House, achevée en 1639, accueillit les réunions du Parlement de 1640 à 1707.

Voûtes à nervures de St Giles Cathedral

⌂ St Giles Cathedral
High St. **▌** *0131 2259442.* **◯** *t.l.j.*
● *25, 26 et 27 déc., 1er jan.*
Il est paradoxal que St Giles, sanctuaire portant officiellement le nom de High Kirk (« Haute Église »), soit couramment appelé cathédrale, qualificatif normalement réservé à une église épiscopale. En effet, c'est de là que John Knox *(p. 469)* prêcha la Réforme en Écosse, jetant les fondements de l'Église presbytérienne qui dénie toute autorité aux évêques.

Si une église occupait probablement ce site dès le XIe siècle, le bâtiment actuel date pour l'essentiel du XVe siècle. Sa tour est le seul élément à ne pas avoir connu une importante restauration au XIXe siècle. À l'intérieur, c'est la Thistle Chapel (chapelle du Chardon) qui offre le plus d'intérêt avec sa voûte à nervures de style gothique flamboyant et ses stalles ornées de blasons. Elle est dédiée aux chevaliers de l'ordre du Chardon fondé en 1687. Dans la Preston Aisle, la reine a son banc sculpté pour assister à l'office lors de ses séjours à Edinburgh.

LE FESTIVAL D'EDINBURGH

Chaque année à la fin de l'été *(p. 63)*, la capitale écossaise accueille pendant trois semaines l'une des plus importantes manifestations culturelles du monde. Fondé en 1947, le festival officiel propose une remarquable programmation internationale d'opéra, de théâtre, de danse et de musique. Parallèlement, comme à Avignon, des centaines de compagnies et d'artistes indépendants viennent proposer en marge du festival (Festival Fringe) leurs créations souvent novatrices. Toutes les formes d'art et de spectacle prennent possession de la ville. Au château se tient la célèbre parade des régiments écossais, le Military Tattoo.

Artiste de rue de l'Edinburgh Festival Fringe

À la découverte du Royal Mile : de High Street à Canongate

Sur la deuxième partie du Royal Mile se dressent deux monuments de la Réforme : la maison de John Knox et la Tron Kirk. Cette dernière doit son nom à un bras de pesage *(tron)* qui se trouvait à proximité au Moyen Âge. Canongate était jadis un quartier autonome, propriété des chanoines de l'abbaye d'Holyrood. Résidentiel, il renferme de beaux immeubles dans ses impasses. Certains ont été magnifiquement restaurés. Huit cents mètres séparent Morocco Land d'Holyrood Palace.

Carte de situation

HIGH STREET

SOUTH BRIDGE STREET

Royal Museum of Scotland,
↓ **Greyfriars Bobby**

La Mercat Cross marque l'ancien centre de la ville et l'endroit où Bonnie Prince Charlie *(p. 521)* fut proclamé roi en 1745.

La Tron Kirk fut construite en 1630 pour les presbytériens qui quittèrent St Giles quand la cathédrale passa sous l'autorité de l'évêque d'Edinburgh.

🏛 Museum of Childhood

42 High St. 📞 0131 529 4142. 🔲 du lun. au sam. ● du 25 au 27 déc., 1er jan. ♿ limité.

Fondé en 1955 par un conseiller municipal, Patrick Murray, qui affirmait adorer les enfants… servis au petit déjeuner, ce musée fut le premier du monde entièrement consacré aux joies et épreuves du jeune âge. Cette remarquable exposition comprend non seulement de nombreux jouets anciens, mais aussi des médicaments, des manuels scolaires ou des landaus. Son théâtre miniature, ses vieilles machines à sous et l'enthousiasme de ses jeunes

Entrée et façade orientale d'Holyrood Palace

visiteurs lui ont valu la réputation d'être le musée le plus bruyant du monde.

⛪ Holyrood Palace

Extrémité est du Royal Mile. 📞 0131 556 1096. 🔲 t.l.j. ● du 25 au 27 déc., 1er et 2 jan. 🎫 🚫 ♿ 🎥

Le nom de ce palais (« Sainte-Croix ») renvoie à une aventure de chasse qui serait advenue à David Ier en 1128. Menacé par un cerf, il aurait eu la vie sauve grâce à l'apparition miraculeuse d'une croix devant les bois de la bête.

Jacques V *(p. 487)* édifia en 1529 le palais actuel pour s'y installer avec son épouse française, Marie de Guise. Après un incendie en 1650,

Charles II le fit reconstruire dans le style Renaissance par Sir William Bruce.

Sauf pendant les rares séjours de la reine dont c'est la résidence officielle en Écosse, le château se visite. Il faut voir notamment les appartements où Marie Stuart assista en 1566 à l'assassinat de son secrétaire italien, David Rizzio, meurtre probablement commandité par Lord Darnley qu'elle avait épousé l'année précédente dans la chapelle du palais.

De belles tapisseries ornent les appartements royaux dont les moulures des plafonds exigèrent dix ans de travail. Dehors s'étendent les ruines de l'abbaye.

Pierrot lunaire, automate (1880) du Museum of Childhood

John Knox's House

John Knox (p. 469) vécut à partir de 1561 dans cette maison bâtie en 1490, la plus ancienne de la ville. Il y serait mort. Ouverte tous les jours, elle renferme objets et souvenirs.

Morocco Land, reconstitution d'un immeuble du XVIIᵉ siècle, doit son nom à la statue de Maure qui orne son entrée.

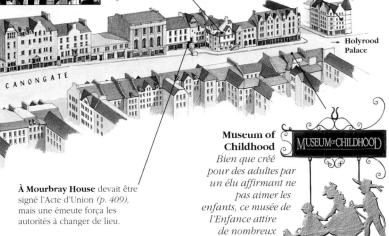

CANONGATE

→ **Holyrood Palace**

À Mourbray House devait être signé l'Acte d'Union *(p. 409),* mais une émeute força les autorités à changer de lieu.

Museum of Childhood

MUSEUM OF CHILDHOOD

Bien que créé pour des adultes par un élu affirmant ne pas aimer les enfants, ce musée de l'Enfance attire de nombreux jeunes visiteurs.

🏛 Royal Museum of Scotland

Chamber St. ☎ 0131 225 7534. ○ t.l.j. ● 25 déc. ♿ &

Un superbe édifice de verre et d'acier construit en 1861 abrite ce musée consacré aux arts décoratifs, aux sciences et aux techniques. Dans le hall principal, une belle collection de sculptures asiatiques comprend une statue du XIIIᵉ siècle de la déesse hindoue Parvati. Le premier étage présente des créations européennes de 1200 à 1800 incluant des meubles et des tapisseries. Parmi les instruments scientifiques exposés au deuxième étage figure le plus ancien astrolabe du monde. Le

Parvati, au Royal Museum of Scotland

dernier étage abrite un département d'arts décoratifs orientaux et une collection de spécimens géologiques.

⚜ Greyfriars Bobby

Une vieille fontaine proche de l'accès à Greyfriars Church (église des Franciscains) porte

la statue du petit terrier de l'île de Skye qui garda pendant 14 ans la tombe de son maître, John Gray, mort en 1858. Les habitants de la ville le nourrirent tous les jours et lui accordèrent la citoyenneté pour lui permettre d'échapper au sort des chiens errants.

MARIE Iʳᵉ STUART, REINE D'ÉCOSSE (1542-1587)

MARIE REINE DESCOS

Née quelques jours avant la mort de son père, Jacques V, la jeune reine d'Écosse passe son enfance en France où elle épouse le dauphin en 1558. Il meurt deux ans plus tard, peu de temps après son couronnement sous le nom de François II. Elle retourne alors à Holyrood. Sa ferveur catholique inquiète les protestants aussi bien en Écosse que dans l'Angleterre d'Élisabeth Iʳᵉ dont elle est l'héritière. Les démêlés de sa vie privée renforcent ses opposants menés par John Knox *(p. 469).* Quand elle épouse en 1567 le comte de Bothwell soupçonné du meurtre de son deuxième mari, Lord Darnley, une révolte la contraint à l'abdication. Réfugiée en Angleterre, elle complote contre Élisabeth Iʳᵉ, qui la fait incarcérer pendant 20 ans, puis décapiter.

Les ruines de Melrose Abbey vues du sud-ouest

Melrose Abbey ⑱

Melrose, The Borders. **☎** *01896 822562*. 🚇 *depuis Melrose.* ◯ *t.l.j.* ● *25 et 26 déc., du 1er au 3 jan.* 🏷 **♿** *limité.*

Les ruines de pierre rose de ce qui fut une des plus belles et des plus riches abbayes des Borders *(p. 489)* témoignent des dévastations que les relations mouvementées entre l'Écosse et sa puissante voisine firent subir à la région. Fondée par David Ier en 1136 pour des moines cisterciens du Yorkshire et pour remplacer un monastère du VIIe siècle, Melrose subit les assauts répétés des armées anglaises, notamment en 1322 et 1385. Le coup fatal vint en 1545 des troupes d'Henry VIII.

Il ne subsiste aujourd'hui que le pourtour du cloître, quelques bâtiments monastiques, notamment la cuisine, et les vestiges de l'église abbatiale richement sculptée et percée au transept d'une superbe fenêtre. L'extérieur de la façade sud présente, entre autres décorations, une gargouille en forme de cochon jouant de la cornemuse et des personnages en situation comme un cuisinier armé de sa louche.

Le cœur embaumé retrouvé à Melrose en 1920 est probablement celui de Robert Bruce *(p. 468)* qui fit restaurer l'abbaye en 1326. Il avait demandé à ce qu'on emporte la relique en croisade jusqu'en Terre Sainte, mais elle aurait été rapportée au monastère après la mort en Espagne de son dépositaire, Sir James Douglas *(p. 501)*.

Abbotsford House ⑲

Galashiels, The Borders. **☎** *01896 752043*. 🚇 *depuis Galashiels.* ◯ *d'avril à oct. : t.l.j. (dim. : l'après-midi).* 🏷 **♿** *limité.*

Peu de maisons portent autant l'empreinte de leur propriétaire que celle où Sir Walter Scott passa les 20 dernières années de sa vie et mourut en 1832. La ferme qu'il acheta ici en 1811 portait le nom de Clarteyhole (« Trou sale » en dialecte des Lowlands), mais il la rebaptisa peu après Abbotsford (« Gué des abbés ») en mémoire des moines de l'abbaye de Melrose qui franchissaient non loin la Tweed. Le succès de ses romans lui permit peu après de la faire démolir pour édifier l'ensemble composite de style seigneurial qui se visite aujourd'hui.

La bibliothèque de l'auteur d'*Ivanhoé* comprend plus de 9 000 livres rares. Ses collections d'objets historiques témoignent de sa fascination pour un passé héroïque. Le sabre de Rob Roy *(p. 481)* fait partie des armes et armures qui ornent les murs, tandis que les souvenirs des Stuarts incluent un crucifix ayant appartenu à Marie Stuart et une mèche de cheveux de Bonnie Prince Charlie *(p. 521)*.

Le Great Hall d'Abbotsford, maison de Sir Walter Scott

SIR WALTER SCOTT

Issu d'une famille originaire des Borders, Walter Scott (1771-1832) naît à Edinburgh le 15 août 1771. Après des études de droit, il devient en 1799 shérif du Shelkirkshire, puis, en 1806, greffier de la Haute cour. Ces activités lui permettront de poursuivre une carrière littéraire sans en dépendre financièrement. Ses premières œuvres sont des ballades, mais c'est avec son roman *Waverley*, publié en 1814, qu'il connaît un succès international. Celui-ci ne se démentira pas, et plus de quarante ouvrages apporteront une nouvelle dimension au récit historique. Ils réhabiliteront également les traditions et légendes des Highlands et contribueront à refaire du tartan le costume national écossais après la visite de George IV à Edinburgh *(p. 471)* en 1822. La faillite de son éditeur en 1826 oblige Walter Scott à consacrer les dernières années de sa vie à rembourser une dette de 114 000 £. Il repose à Dryburgh Abbey *(p. 489)*.

Traquair House ⑳

Peebles, The Borders. 📞 01896 830323. 🚌 depuis Peebles. ◯ d'avril à oct. : t.l.j. 🎧 ♿ limité.

La plus ancienne demeure d'Écosse habitée sans interruption, à l'origine maison-tour fortifiée, s'est transformée pour devenir un beau manoir au XVIIe siècle (p. 473). Bastion des Stuarts pendant cinq siècles, elle reçut la visite de 27 souverains écossais, notamment Marie Ire (p. 497) dont on peut voir la chambre. Parmi les objets exposés, des lettres et une collection de verrerie gravée du parti jacobite (p. 523) indiquent clairement les sympathies de la famille des comtes de Traquair. Le 5e comte décida en effet en 1745, après avoir reçu Bonnie Prince Charlie (p. 521), que le portail principal (Bear Gates) resterait fermé jusqu'au retour d'un Stuart sur le trône. Un vœu respecté depuis 250 ans.

Crucifix de Marie Stuart, reine d'Écosse

Un escalier secret conduit à la Priest's Room (chambre du prêtre) qui atteste la clandestinité dans laquelle les familles catholiques pratiquaient leur religion avant sa légalisation en 1829. Dans le jardin, une brasserie du XVIIIe siècle produit la Traquair House Ale, bière qui n'est vendue que sur place.

Biggar ㉑

Clyde Valley. 👥 2 000. 🈺 High St (01899 21066).

Cette ville de marché typique des Lowlands possède plusieurs musées méritant une visite. Au **Gladstone Court Museum** est reconstituée une rue victorienne avec son imprimerie, son magasin de mode et sa bibliothèque villageoise. Le **Gasworks Museum** évoque le passé industriel de la ville grâce à des objets tels que des moteurs et des lampes et appareils à gaz. Fondée en 1839, la Biggar Gasworks est la seule usine de production de gaz de l'Écosse rurale à avoir échappé à la démolition.

🏛 **Gladstone Court Museum**
Northback Rd. 📞 01899 21050. ◯ d'avril à oct. : t.l.j. (dim. : l'après-midi). 🎧 ♿
🏛 **Gasworks Museum**
Gasworks Rd. 📞 0131225 7534. ◯ de juin à sept. : t.l.j. (après-midi). ♿

Pentland Hills ㉒

The Lothians. 🚉 Edinburgh. 🈺 Regional Park Headquarters, Biggar Rd, Edinburgh (0131 4453383).

Les pentes douces des Pentland Hills s'étendent sur 26 km au sud-ouest d'Edinburgh et offrent certaines des plus belles promenades à pied des Lowlands. De nombreux sentiers fléchés les sillonnent, mais les randonneurs ambitieux pourront aussi suivre la piste de crête entre Caerketton et West Kip, ou emprunter en été le télésiège de la station de ski de Hillend pour gagner les hauteurs depuis lesquelles on atteint le sommet (493 m) de l'Allermuir.

À l'est de l'A703, à l'abri des Pentlands, se dresse la **Roslin Chapel** dont l'intérieur présente une extraordinaire ornementation sculptée. Entreprise au XVe siècle par William Sinclair, prince d'Orkney, qui voulait en faire une église, elle servit de lieu de sépulture à ses descendants. Selon la légende, découvrant le plus beau pilier, l'Apprentice Pillar torsadé, le maître-d'œuvre aurait tué par jalousie l'apprenti qui l'avait sculpté.

🈺 **Roslin Chapel**
Roslin. 📞 0131 4402159. ◯ d'avril à oct. : t.l.j. 🎧 ♿ limité.

Détail des voûtes de Roslin Chapel

New Lanark, ville nouvelle de la fin du XVIIIᵉ siècle au bord de la Clyde

New Lanark ㉓

Clyde Valley. 🏃 150. 🚆 ℹ️
Ladyacre Rd (01555 661661). 🅿️ lun.

L'entrepreneur David Dale fonda en 1785 le village de New Lanark près des superbes chutes de la Clyde, rivière qui alimentait en énergie sa filature. Celle-ci devint en 1800 la plus importante de Grande-

DAVID LIVINGSTONE

Le grand missionnaire, médecin et explorateur écossais naquit en 1813 à Blantyre, où il travailla, dès l'âge de dix ans, dans une manufacture de coton. En 1840, il part pour l'Afrique où il fonde écoles et missions. Il réussit la première traversée d'est en ouest du continent, découvre les chutes Victoria et meurt en 1873 en cherchant la source du Nil. Il repose à Westminster Abbey *(p. 94-95)*.

Bretagne. Son gendre, George Owen, put appliquer ses idées charitables, créant crèches, écoles et coopérative pour améliorer les conditions de vie des ouvriers. La ville conservée permet de découvrir une des premières grandes réalisations sociales de l'ère industrielle. Au Visitor Centre, l'**Annie McLeod Experience** est l'illustration de la vie que menait une petite fille travaillant aux filatures en 1820 à New Lanark.

Aux environs
À 24 km au nord, dans la ville de Blantyre, la maison natale de David Livingstone a été transformée en mémorial en l'honneur du célèbre explorateur.

🏛 **Annie McLeod Experience**
New Lanark Visitor Centre. 📞 01555 661345. 🕐 t.l.j. ⬤ 25 déc., 1ᵉʳ et 2 jan. 🚫 ♿

Glasgow ㉔

Voir p. 502-507.

Sanquhar ㉕

Dumfries & Galloway. 🏃 2 500. 🚆
🚌 ℹ️ The Tolbooth, High St. (01659 50185).

Dessinée par William Adam *(p. 534)*, la mairie-prison, ou **Tolbooth** (1735), de Sanquhar abrite un office du tourisme et un musée.

Inaugurée en 1763, la poste est la plus ancienne de Grande-Bretagne. Ce petit bourg présente toutefois un intérêt plus historique qu'architectural en raison de son rôle dans l'évolution des covenantaires *(p. 469)*. C'est en effet sur la Mercat Cross que Richard Cameron placarda sa déclaration d'opposition à l'église épiscopale (un obélisque de granit en marque aujourd'hui l'emplacement). Ses émules formèrent le Cameronian Regiment.

Drumlanrig Castle ㉖

Thornhill, Dumfries & Galloway. 📞 01848 331682. 🚆 🚌 Dumfries, puis bus. 🕐 de mai à août : du ven. au mer. 🚫

Construit en grès rose entre 1676 et 1691 sur le site d'une forteresse des Douglas du XIᵉ siècle, ce manoir orné de nombreuses tourelles *(p. 473)* se dresse sur une plate-forme gazonnée. Il possède un très beau mobilier

L'escalier baroque de Drumlanrig Castle

et une riche collection d'art comprenant des tableaux d'Holbein, de Léonard de Vinci et de Rembrandt. Parmi les souvenirs jacobites figurent la cassette, l'écharpe et la bouilloire de campagne de Bonnie Prince Charlie. Portraits de famille, panneaux sculptés et candélabres d'argent décorent la salle à manger.

Emblème des Douglas, le cœur ailé représenté sur les stucs ou les tentures évoque Sir James, surnommé « Black Douglas », qui emporta le cœur de Robert Bruce *(p. 468)* à la croisade, mais ne put atteindre la Terre Sainte pour remplir le vœu du roi défunt.

L'austère Threave Castle sur une île de la Dee

Threave Castle ㉗

(NTS) Castle Douglas, Dumfries & Galloway. 01556 502611. Dumfries. *d'avril à sept. : t.l.j.*

Forteresse des Douglas, cette tour austère sur une île de la Dee protégeait au Moyen Âge un port fluvial. Les conflits opposant les Douglas aux Stuarts culminèrent en 1455 quand le château tomba après un siège de deux mois pendant lequel Jacques II fit donner contre les murailles la puissante bombarde Mons Meg *(p. 492)*. Threave subit son dernier assaut en 1640 quand des troupes covenantaires *(p. 469)* vainquirent ses défenseurs catholiques. Il fut ensuite démantelé.

À l'intérieur de la tour, que l'on atteint en barque, ne subsiste que la carcasse de la cuisine, de la salle de réception et de pièces d'habitation. Au-dessus de l'entrée datant du XVᵉ siècle, le support de potence rappelle l'époque où les propriétaires de la forteresse se vantaient de ne jamais décrocher le nœud coulant.

Whithorn ㉘

Dumfries & Galloway. 1 000. Stranraer. Dashwood Sq, Newton Stewart (01671 402431).

Ce village doit son nom, qui signifie « Maison blanche », à la chapelle élevée, dit-on, par saint Ninian en 397. Il n'en subsiste rien, mais une visite guidée des fouilles archéologiques révèle l'existence d'implantations northumbriennes, vikings et écossaises datant du Vᵉ au XIXᵉ siècle. Au Visitor Centre, **Whithorn : Cradle of Christianity** (« Berceau de la chrétienté ») propose une information audiovisuelle sur ces fouilles et rassemble une belle collection de pierres sculptées. L'une d'elle, dédiée à Latinus, date de 450 ; c'est le plus vieux vestige chrétien d'Écosse.

Whithorn: Cradle of Christianity
The Whithorn Trust, 45-47 George St. 01988 500508. *d'avril à oct. : t.l.j.*

Culzean Castle ㉙

Voir p. 508-509.

Robert Burns entouré de ses créations, par un artiste inconnu

Burns Cottage ㉚

Alloway, Dumfries & Galloway. 01292 441215. Ayr, puis bus. *de mai à oct. : t.l.j. ; de nov. à avril : du lun. au sam.* 25 et 26 déc., 1ᵉʳ et 2 jan.

Le plus grand poète écossais, Robert Burns (1759-1796), naquit et passa les sept premières années de sa vie dans ce petit cottage à toit de chaume construit par son père et qui contient encore la majeure partie de son mobilier d'origine. Entre autres souvenirs, le musée attenant possède plusieurs manuscrits de l'auteur et certaines de ses premières éditions. À la sortie du bourg d'Alloway se dresse un monument en forme de temple grec érigé à sa mémoire.

Mort à 37 ans d'une déficience cardiaque à la suite d'une beuverie, Robert Burns compte tellement pour les Écossais qu'ils se réunissent dans le monde entier le 25 janvier, pour fêter son anniversaire.

TISSUS ÉCOSSAIS

La tradition textile des Borders remonte au Moyen Âge où des moines venus de Flandre établirent un fructueux commerce drapier avec le continent. La filature du coton devint une activité importante de la vallée de la Clyde au XIXᵉ siècle avec le développement des machines. Réputées, les cotonnades colorées de Paisley s'inspirent de motifs indiens.

Un tissu de Paisley

Glasgow ❷

**Les armoiries
de Glasgow**

S i son nom celtique, *Glas cu*, signifie
« cher endroit vert », la capitale
économique de l'Écosse reste cependant
associée dans bien des esprits à son passé
industriel. Au XIXᵉ siècle en effet se
multiplièrent entrepôts et usines au bord
de la Clyde, tandis que s'édifiaient dans le
centre d'imposants édifices victoriens.
Depuis la crise des années 1970 qui l'a
durement touchée, la ville a su se tourner vers des
activités moins polluantes et réhabiliter son patrimoine.
Élue capitale européenne de la culture en 1990, elle
possède des musées remarquables.

**La cathédrale de Glasgow vue
depuis le sud-ouest**

À la découverte de Glasgow

Glasgow est une ville de
contraste et dans l'East End,
que domine la cathédrale,
l'étonnant marché aux puces
des « Barras », qui se tient le
week-end, ne se trouve qu'à
quelques pas de George
Square, place victorienne, et
de la Merchant City en pleine
rénovation. Plus opulent, le
West End se développa au
XIXᵉ siècle à l'instigation de
riches marchands fuyant les
rives industrialisées de la
Clyde. Au sud de la rivière
s'étendent les quartiers de
Govan et de Gorbals, puis le
Pollock Country Park, site de
la Burrel Collection. Le métro
permet de circuler aisément
dans toute la cité.

🛈 Glasgow Cathedral

Castle St. **[** *0141 5526891* **◯** *t.l.j.*
Offrande. &
Seule cathédrale écossaise avec
celle des Orcades *(p. 514)* à
avoir échappé à la destruction
pendant la Réforme, ce
sanctuaire construit du XIIIᵉ au
XVᵉ siècle se dresse sur le site
d'une chapelle bâtie par saint
Mungo, patron de la ville.

Évêque de Starthclyde au
VIᵉ siècle, Mungo aurait, selon
la légende, placé le corps d'un
saint homme nommé Fergus
dans un chariot attelé de deux
taureaux en leur ordonnant de
l'emporter dans le lieu choisi
par Dieu. Au « cher endroit
vert » où ils s'arrêtèrent, il édifia
sa chapelle.

Occupant un terrain en
pente, la cathédrale fut
construite sur deux niveaux.
L'église inférieure, la plus
ancienne, contient le tombeau
de saint Mungo entouré d'une

LE CENTRE DE GLASGOW

Art Gallery and Museum ③
Glasgow Cathedral ⑧
Glasgow School of Art ⑤
Hunterian Art Gallery ①
Museum of Transport ②
Provand's Lordship ⑦

People's Palace ⑩
St Mungo Museum of
Religious Art ⑨
Tenement House ④
Willow Tea Room ⑥

LÉGENDE

🚍 Terminus d'autobus

🚌 Gare routière

🚉 Gare

Ⓤ Station de métro

Ⓟ Parc de stationnement

ℹ Information touristique

✝ Église

Le Christ de saint Jean de la Croix **par Dali au St Mungo Museum**

occidentales, orientales et africaines, mettant en parallèle leurs approches différentes de la foi. Parmi les œuvres d'art exposées figurent ainsi un Shiva nataraja du XIXᵉ siècle, une peinture islamique, œuvre d'Ahmed Moustafa, intitulée *Attributs de la divine perfection* (1986) et *Le Christ de saint Jean de la Croix* de Dali (1951). Un département illustre l'histoire de la religion à Glasgow, et les visiteurs peuvent également découvrir le seul jardin zen permanent de Grande-Bretagne.

🚇 **Tenement House**
(NTS) 145 Buccleuch St.
📞 0141 3330183. ○ de mars à oct. : t.l.j. (après-midi). 🅰

forêt de piliers soutenant une voûte à nervures délicatement sculptée. Dans l'église supérieure, les sculptures du jubé représentent les sept péchés capitaux.

🏛 **St Mungo Museum of Religious Life and Art**
2 Castle St. 📞 0141 5532557. ○ mer. à lun. ● 25 et 26 déc., 1ᵉʳ jan. 🅰
Ce musée de la vie et de l'art religieux est unique au monde en ce qu'il présente un panorama de toutes les grandes religions

Nombre des immeubles de rapport *(tenements)* bâtis aux époques victorienne et édouardienne pour loger les ouvriers venus travailler dans les usines de Glasgow ont été détruits au cours de la rénovation de la ville. Tenement House offre une occasion unique de pénétrer dans l'intimité d'un mode de vie en cours de disparition, celui d'un logement modeste de Glasgow au début de ce siècle.

MODE D'EMPLOI

Clyde Valley. 🚉 735 000. 🛬 ✈
Argyle St (Glasgow Central). 🚌
Buchanan St. 🛈 11, George
Square (0141 204 4400). 🎭
sam., dim. 🎨 Mayfest : mai ; Jazz
Festival : juil.

La cuisine édouardienne de Tenement House

Une certaine Agnes Toward habita ce petit appartement de 1911 à 1965. Il est resté quasiment inchangé depuis et, comme son occupante répugnait à remplacer des objets encore utilisables, il renferme un véritable trésor d'histoire sociale. Dans le salon, le service à thé est dressé sur une nappe de dentelle blanche comme si des invités allaient arriver et dans la cuisine, lit clos, cuisinière à charbon, moule à gaufres, planche à laver ou chaufferette évoquent des gestes d'un autre âge.

Dans la salle de bains, les médicaments et l'eau de lavande de Miss Agnes sont restés disposés comme si cette dernière était sortie faire une course il y a soixante-dix ans, et avait oublié de rentrer.

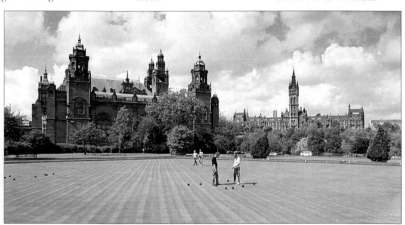

La Kelvingrove Art Gallery et l'université de Glasgow vues du sud

Provand's Lordship, maison médiévale de Glasgow

☗ Provand's Lordship

3 Castle St. ☎ *0141 5528819.* ○ *mer. à lun.* ● *25 et 26 déc., 1er et 2 jan.* 🎫 ♿ *limité.*

Ancienne résidence de chanoine construite en 1471, la plus vieille maison de Glasgow abrite désormais un musée. Ses plafonds bas et son austère mobilier en bois recréent le cadre de vie de notables du XVIe siècle. Marie Stuart *(p. 497)* y aurait séjourné

L'intérieur du Willow Tea Room de Mackintosh

lorsqu'elle vint à Glasgow en 1566 rendre visite à son cousin et époux Lord Darnley.

☗ Willow Tea Room

217 Sauchiehall St. ☎ *0141 332 0521.* ○ *du lun. au sam., dim. après-midi* ● *jours fériés, 2 jan.*

De 1897 à 1904, Charles Rennie Mackintosh réalisa pour la restauratrice Kate Cranston la série des quatre « Cranston's Tearooms » qui l'imposèrent comme un maître de l'Art nouveau. Le « Salon de thé du Saule » est le seul à avoir subsisté. L'architecte en dessina également le mobilier, tables et chaises à haut dossier, et jusqu'à l'argenterie, composant un cadre d'une grande homogénéité qui a gardé tout son modernisme. Un endroit remarquable où déguster quelques pâtisseries.

🏛 Museum of Transport

1 Bunhouse Rd. ☎ *0141 2219600.* ○ *mer. au lun.* ● *25 et 26 déc., 1er jan.* ♿

Installé dans le Kelvin Hall, ce vaste musée témoigne de l'optimisme avec lequel Glasgow aborda l'ère industrielle. Locomotives à vapeur, véhicules de pompiers, tramways, automobiles, motos et même voitures à chevaux et bicyclettes offrent un raccourci pittoresque de l'histoire des modes de transports modernes, tandis que des maquettes de bateaux rappellent l'importance de la construction navale dans la vallée de la Clyde. La reconstitution complète d'une rue avec ses devantures Art déco, son cinéma et sa station de métro fait revivre le Glasgow de 1938.

Reconstitution d'une rue de 1938 au Museum of Transports

⌂ Glasgow Necropolis

Cathedral Sq. ☎ *0141 3057561.* ○ *t.l.j.* ♿ *limité.*

Derrière la cathédrale, le réformateur John Knox *(p. 469)* surveille la ville depuis le sommet d'une colonne dorique dominant un cimetière victorien où s'érodent les monuments à la mémoire de riches familles de Glasgow.

CHARLES RENNIE MACKINTOSH

Le plus célèbre des architectes et stylistes écossais, Charles Rennie Mackintosh (1868-1928) entra à la Glasgow School of Art à 16 ans. Remarqué après la réalisation des premiers Cranston's Tearooms, il devint un des inspirateurs du mouvement Art nouveau et développa un style original inspiré du gothique et du genre seigneurial écossais. Estimant qu'un bâtiment doit être une œuvre d'art complète, il dessinait également le mobilier et les éléments

Motif floral par Mackintosh

décoratifs des édifices qu'il construisait. Une démarche dont la Glasgow School of Art offre un superbe exemple. S'il fut surtout reconnu à l'étranger de son vivant, le travail de Mackintosh est devenu une grande source d'inspiration et ses motifs où droites et courbes composent un rythme raffiné ont influencé de nombreux créateurs de Glasgow.

♿ People's Palace

Glasgow Green. ☎ 0141 5540223. ◯ t.l.j. ● 25 et 26 déc., 1er jan. ♿

Ce « Palais du Peuple » Renaissance fut construit en 1898 afin d'abriter un musée consacré à l'histoire de la ville et de ses habitants. Comprenant aussi bien vestiges médiévaux qu'affiches ou reconstitutions de magasins, l'exposition offre un aperçu riche et varié de la vie sociale, politique, artistique et sportive de Glasgow du XIIe au XXe siècle. Une magnifique serre tropicale abrite derrière le bâtiment un jardin d'hiver.

🏛 Glasgow School of Art

167 Renfrew St. ☎ 0141 3534526. ◯ du lun. au sam. (visites guidées seulement). ● du 20 déc. au 4 jan. 🎨♿

C'est à l'âge de 28 ans que Charles Rennie Mackintosh remporta le concours organisé pour la construction de l'école des Beaux-Arts de Glasgow. Pour des raisons budgétaires, les travaux se firent en deux temps (de 1896 à 1899 et de 1907 à 1909) et la comparaison entre la façade la plus ancienne et l'aile ouest permet d'observer l'évolution du style de l'architecte qui réalisa ici un de ses chefs-d'œuvre.

À l'intérieur, où vous guidera un étudiant, chaque salle, comme la Furniture Gallery ou la Board Room, est une recherche d'harmonie entre proportions, éclairage et décoration. Célèbre, la bibliothèque est particulièrement remarquable. Ce que vous pourrez découvrir de l'école dépendra toutefois des cours donnés au moment de votre visite.

🏛 Hunterian Art Gallery

82 Hillhead St. ☎ 0141 3305431. ◯ du lun. au sam. ● du 23 déc. au 2 jan., jours fériés. ♿

Construit pour accueillir les tableaux légués à l'université de Glasgow par un de ses anciens étudiants, le médecin William Hunter (1718-1783), ce musée possède la plus riche collection de gravures d'Écosse et de belles peintures anciennes, entre autres une *Mise au tombeau* de Rembrandt. Son département d'art moderne comprend un

Japonaise à l'éventail **par George Henry, Art Gallery and Museum**

bel ensemble d'œuvres écossaises du XIXe et du XXe siècle, notamment par William McTaggart (1835-1906), mais ce sont les toiles de James McNeill Whistler (1834-1903) qui ont établi sa réputation. La reconstitution de la maison où vécut Charles Rennie Mackintosh de 1906 à 1914 permet de découvrir les meubles qu'il dessina.

Esquisse pour Annabel Lee **par Whistler, Hunterian Art Gallery**

🏛 Art Gallery and Museum

Dunbarton Rd, Kelvingrove. ☎ 0141 2872699. ◯ du lun. au sam. ● 25 et 26 déc., 1er jan. ♿

En 1854, la donation faite par un fabricant de coches d'un Botticelli, d'un Giorgione et d'un Rembrandt fut à l'origine des collections éclectiques de ce musée installé en 1902 dans un bâtiment de grès rouge bâti à son intention. À côté des maîtres anciens, le XIXe siècle français est bien représenté avec des tableaux de Degas, Millet et Monet. Parmi les peintures britanniques figurent des œuvres de Joshua Reynolds (1723-1792), le célèbre *Massacre de Glencoe (p. 529)* par James Hamilton (1853-1894), et celles de George Henry marquées d'une nette influence japonaise.

Le rez-de-chaussée présente une exposition très variée d'armes, d'armures, de céramiques, d'antiquités, de maquettes, d'argenterie, etc.

Pollok House, maison georgienne, vue du sud

Glasgow : la Burrell Collection

Riche armateur, Sir William Burrell amassa au cours de sa vie une collection de près de 8 000 objets d'art qu'il donna à la ville en 1944. Conformément à ses vœux, ils sont aujourd'hui présentés au milieu de la nature dans un bâtiment vitré construit à cet effet en 1983. Le soleil y joue dans les vitraux, tandis que les tapisseries semblent se confondre avec les forêts environnantes.

Tête de taureau
Ce bronze du VIIᵉ siècle av. J.-C. retrouvé en Turquie faisait partie de la poignée d'un chaudron.

🏛 Pollok House

2060 Pollokshaws Rd. 📞 0141 6320274. ⬜ t.l.j. ⬤ 25 et 26 déc., 1ᵉʳ et 2 jan. ♿

Les Maxwell ont vécu sur ces terres depuis le milieu du XIIIᵉ siècle, mais c'est en 1750 qu'a été construit l'édifice actuel, manoir dont le sobre extérieur néo-classique ne laisse rien deviner de l'exubérance des stucs intérieurs. Dernier descendant mâle de la lignée, Sir John Maxwell fit ajouter le grand hall d'entrée à la fin du XIXᵉ siècle. Éminent botaniste, il dessina une grande partie des jardins entourant la maison et du parc qui s'étend au-delà.

Papiers peints à la main, beaux meubles anciens, argenterie, porcelaine et cristaux du XVIIᵉ siècle décorent Pollok House, offrant un cadre d'époque à la collection de peintures réunies par Sir William Stirling Maxwell (1818-1878). Celle-ci est riche en toiles hollandaises et anglaises, comprenant notamment un tableau majeur de William Blake, un des précurseurs du romantisme : *Sir Geoffrey Chaucer and the Nine and Twenty Pilgrims*. Ce sont toutefois les œuvres espagnoles de maîtres comme El Greco, Goya ou Murillo qui en constituent le principal intérêt ; Pollok House rassemble une des plus belles collections de peintures espagnoles du pays. En 1966, Mrs Anne Maxwell Macdonald fit don à la ville de la maison et de son domaine de 146 ha. Le parc abrite aujourd'hui la Burrell Collection.

Salle à manger d'Hutton Castle
Le musée abrite la reconstitution de plusieurs pièces de la demeure de Burrell, Hutton Castle (XVIᵉ siècle), proche de Berwick-upon-Tweed.

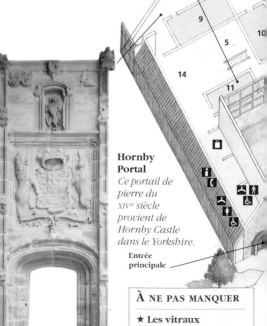

Hornby Portal
Ce portail de pierre du XIVᵉ siècle provient de Hornby Castle dans le Yorkshire.

Entrée principale

B

A

9

5

14

11

10

À NE PAS MANQUER

★ **Les vitraux**

★ **Les tapisseries**

Rembrandt van Rijn
Cet autoportrait de 1632 occupe une place de choix parmi les peintures des XVIIe et XVIIIe siècles.

Mezzanine

Lohan
Ce disciple de Bouddha date de la dynastie Ming (1484).

MODE D'EMPLOI

2060 Pollokshaws Rd, Glasgow. 0141 6497151. Pollokshaws West. 45, 48, 57 depuis Glasgow. de 10 h à 17 h du lun. au sam., de 11 h à 17 h le dim. 25 et 26 déc., 1er jan.

SUIVEZ LE GUIDE !
À l'exception des peintures exposées sur la mezzanine, le musée présente toutes les collections sur un même niveau. Les salles à droite de l'entrée sont consacrées aux tapisseries, aux vitraux et à la sculpture, celles en face aux civilisations antiques et à l'art oriental.

LÉGENDE

- ☐ Civilisations antiques
- ☐ Art oriental
- ☐ Art européen médiéval et post-médiéval, vitraux et tapisseries
- ☐ Salles d'époque
- ☐ Pièces d'Hutton Castle
- ☐ Peintures et dessins
- ☐ Expositions temporaires

Rez-de-chaussée

Le Maréchal-ferrant
Cette œuvre de Constantin Meunier (1831-1905) à la gloire du travail se trouve dans la Bronze Gallery.

★ **Les vitraux**
La collection de vitraux comprend de nombreuses scènes profanes, telle cette pièce du XVe siècle qui décorait une église du Suffolk.

★ **Les tapisseries**
La collection comprend de nombreuses tapisseries ont ces Scènes de la vie du Christ et de la Vierge sées en Suisse vers 1450.

Culzean Castle ㉙

Roger Adam par George Willison

L'architecte néo-classique Robert Adam *(p. 24)* agrandit et remania de 1777 à 1792 le château de Culzean (prononcer comme Cullayn), manoir du XVIᵉ siècle des comtes de Cassillis, donnant à chaque pièce une superbe décoration. Restauré dans les années 1970, le vaste ensemble de bâtiments occupe en bord de falaise un site exceptionnel au cœur d'un grand parc où le voisinage de jardins ornementaux et de terres cultivées reflète l'organisation traditionnelle d'un domaine seigneurial, exploitation agricole entourant la résidence du maître.

Vue de Culzean Castle (v. 1815), par Nasmyth

Les appartements de Lord Cassillis abritent un mobilier et une garde-robe typiques du XVIIIᵉ siècle.

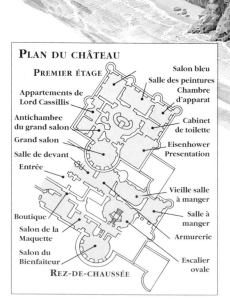

PLAN DU CHÂTEAU

PREMIER ÉTAGE

Salon bleu
Salle des peintures
Chambre d'apparat

Appartements de Lord Cassillis

Antichambre du grand salon

Grand salon

Salle de devant

Entrée

Cabinet de toilette

Eisenhower Presentation

Vieille salle à manger

Salle à manger

Armurerie

Boutique

Salon de la Maquette

Salon du Bienfaiteur

Escalier ovale

REZ-DE-CHAUSSÉE

La tour de l'horloge était à l'origine la maison des équipages. Elle reçut son horloge au XIXᵉ siècle et remplit aujourd'hui des fonctions résidentielles et éducatives.

À NE PAS MANQUER

★ **Le grand salon**

★ **L'escalier ovale**

Armurerie
Sur les murs, les baïonnettes et pistolets à pierre attribués au West Lowland Fencible Regiment pour parer à une éventuelle invasion de Napoléon.

MODE D'EMPLOI

(NTS) 6 km à l'ouest de Maybole.
☎ 01655 760 269. 🚌 *Ayr, puis bus.* **Château** ◯ *d'avril à oct. : t.l.j. de 10 h 30 à 17 h 30 (der. entrée : 17 h).* **Parc** ◯ *du lever au coucher du soleil.* 🅿️ ♿ 📷 🍴 🏪 🛒

Fountain Court
Ce jardin offre un point de départ à la visite de l'est du parc.

L'Eisenhower Presentation rend hommage au général qui se vit offrir le dernier étage du château en remerciement de son rôle pendant la guerre.

Chaussée

★ Le grand salon
Une restauration a rendu sa décoration du XVIIIe siècle à cet élégant salon aux sièges Louis XVI qui domine de 46 mètres le Firth of Clyde. Le tapis est une copie de celui que dessina Adam.

★ L'escalier ovale
Éclairé par une verrière, cet escalier à colonnes doriques et corinthiennes est considéré comme une des plus belles réussites d'Adam.

LES HIGHLANDS ET LES ÎLES

SHETLAND · ORKNEY · WESTERN ISLES · THE HIGHLANDS · MORAY
ABERDEENSHIRE · ARGYLL AND BUTE · PERTHSHIRE (AND TAYSIDE)

*L*a plupart des symboles de l'identité écossaise – clans et tartans, whisky et porridge, cornemuses et bruyère – appartiennent en réalité aux Highlanders. Leur culture d'origine celte, façonnée par la rudesse du climat et la pauvreté de terres montagneuses, faillit cependant être anéantie après la bataille de Culloden.

Les pierres dressées et les cairns laissés par les tribus qui habitaient le nord de l'Écosse à l'âge de la pierre témoignent d'une occupation de plus de 5 000 ans. Les Celtes, ou Gaëls, dont descendent les Highlanders actuels, arrivèrent d'Irlande aux Vᵉ et VIᵉ siècles. Parmi eux, saint Columba qui introduisit le christianisme. Celui-ci se propagea jusqu'aux Orkney Islands dominées jusqu'en 1468 par des envahisseurs scandinaves, où se dresse St Magnus Cathedral. Pendant plus d'un millénaire, la société des Highlands reposa sur un système de clans, tribus fondées sur l'obéissance à un chef. Ceux-ci soutinrent la tentative jacobite menée par Bonnie Prince Charlie *(p. 521)* pour reconquérir la couronne d'Angleterre.

Ils furent systématiquement brisés après la défaite de Culloden *(p. 470)*. Toute référence à leurs traditions fut interdite et le mode de fermage en vigueur depuis des siècles laissa place à de grands domaines d'élevage, ce qui poussa des familles entières à l'émigration. Les Hautes Terres se vidèrent et il fallut attendre le début du XIXᵉ siècle et les romans et ballades de Sir Walter Scott, puis l'achat du château de Balmoral par la reine Victoria, pour qu'elles retrouvent une image positive. Les difficultés économiques demeurent toutefois. Aujourd'hui encore, la moitié des habitants des Highlands et des îles vivent en communautés de moins de 1 000 âmes. La pêche, le tourisme, le whisky et l'exploitation du pétrole de la mer du Nord ont cependant permis un nouvel accroissement de la population.

Le seul troupeau de rennes de Grande-Bretagne se trouve dans les Cairngorms

◁ Eilean Donan Castle, sur le loch Duich dans le Glen Shiel

À la découverte des Highlands et des îles

Au nord et à l'ouest de Stirling s'étendent les superbes montagnes creusées de ravins, les côtes déchiquetées et les îles sauvages qui sont le berceau de l'âme écossaise. Inverness, la capitale des Highlands, fera une bonne base d'où découvrir le loch Ness et les Cairngorms, tandis que Fort Williams sera le point de départ d'une ascension du Ben Nevis. À l'ouest d'Aberdeen se trouvent la vallée de la Dee et ses châteaux et la vallée de la Spey, cœur du pays du whisky. Un court trajet en bateau conduira depuis Oban ou Ullapool jusqu'aux romantiques Hébrides.

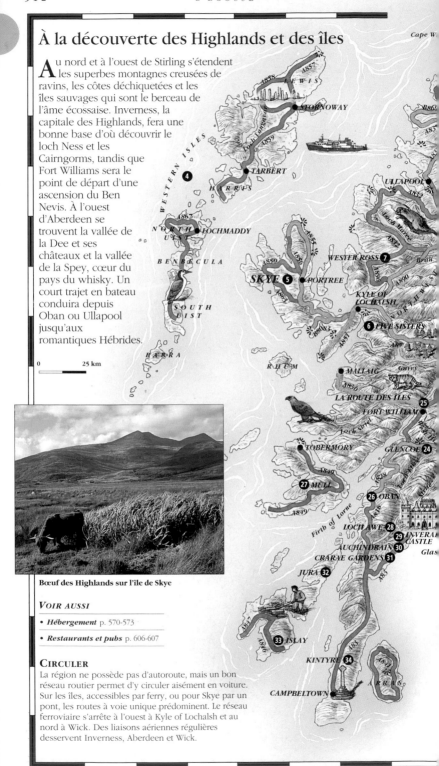

Bœuf des Highlands sur l'île de Skye

VOIR AUSSI

- *Hébergement* p. 570-573

- *Restaurants et pubs* p. 606-607

CIRCULER

La région ne possède pas d'autoroute, mais un bon réseau routier permet d'y circuler aisément en voiture. Sur les îles, accessibles par ferry, ou pour Skye par un pont, les routes à voie unique prédominent. Le réseau ferroviaire s'arrête à l'ouest à Kyle of Lochalsh et au nord à Wick. Des liaisons aériennes régulières desservent Inverness, Aberdeen et Wick.

Maisons peintes du port de Tobermory sur l'île de Mull

LÉGENDE

▬▬	Route principale
▬▬	Route pittoresque
▬ ▬	Chemin pittoresque
▬▬	Cours d'eau
↘↙	Point de vue

LA RÉGION D'UN COUP D'ŒIL

Shetland ❶

Shetland. 🏘 21 500. ✈ ⛴ depuis
Aberdeen et John o'Groats.
ℹ Lerwick (01595 693434).

À six degrés au sud du
cercle arctique, l'archipel
des Shetland comporte une
centaine d'îles, dont une
quinzaine habitées. Il appartint
avec les Orcades à la
couronne de Norvège jusqu'en
1469. À Lerwick, la ville
principale, la fête du feu, Up
Helly Aa *(p. 466)*, rappelle
chaque année cet héritage
nordique. Elle s'achève par
l'embrasement d'un drakkar.
Le **Shetland Museum** de
Lerwick retrace l'histoire d'un
peuple dont la survie a
toujours dépendu de la mer, y
compris depuis la découverte
du pétrole de la mer du Nord.

Depuis Sandwick, on peut
aller visiter sur une île la tour
du **Mousa Broch**, trésor
archéologique de l'âge du fer.
Sur le site archéologique de
Jarlshof, occupé pendant
3 000 ans, un petit musée
explique l'histoire des ruines
bien conservées. Depuis
Lerwick, un bateau part pour
l'île de Noss, réserve naturelle
où phoques gris et oiseaux de
mer offrent un spectacle qu'on
peut surtout apprécier en mai
et juin.

🏛 Shetland Museum
The Hillhead, Lerwick. 📞 01595
695057. ◯ du lun. au sam. ● du
24 au 26 déc., 1er et 2 jan. ♿

Orkney ❷

Orkney. 🏘 19 600. ✈ ⛴ depuis John
o'Groats, Aberdeen, Scrabster.
ℹ Broad St, Kirkwall (01856 872856).

L es vestiges préhistoriques
jalonnant les îles des
Orcades, ou Orkney Islands,
en font un des grands sites
archéologiques d'Europe. À
l'ouest de Kirkwall, la ville
principale, le cairn de **Maes
Howe** est une chambre
funéraire néolithique vieille
de plus de 4 000 ans. Des
Scandinaves revenant des
croisades en 1150 auraient
gravé les runes qui courent
sur ses parois. Non loin se
trouvent les **Standing Stones**

LES OISEAUX DE MER DES SHETLAND

Les falaises inaccessibles de sites comme
Noss ou Hermaness sur l'île d'Unst offrent à
des milliers d'oiseaux, en majorité migrateurs,
un endroit sûr où nidifier. Si le spectacle
qu'offre leurs ballets se poursuit jusqu'en
juillet, c'est en mai qu'il est le plus beau.

Macareux

Grand labbe

Fulmar

Guillemot noir

Pingouins torda

Goéland
argenté

of Steness (les pierres levées
de Stenness) et celles,
dressées en cercle à l'âge du
bronze, du **Ring of Brodgar**.

Dans la baie de Skail, une
tempête déterra en 1850 le
village de l'âge de la pierre de
Skara Brae qui était resté
enfoui sous le sable pendant
4 500 ans. Sept maisons
disposées autour d'un foyer
central sont particulièrement
bien conservées.

À Kirkwall, un réseau de
ruelles enserre **St Magnus
Cathedral**. Bâtie en grès au
XIIe siècle, elle associe styles
roman et gothique. Parmi les
nombreux tombeaux
intéressants qu'elle renferme
figure celui de son saint patron.
Non loin, le comte Patrick
Stewart construisit au début du
XVIIe siècle **Earl's Palace**,
aujourd'hui en ruine, considéré
comme un des plus beaux

**Façade normande de St Magnus
Cathedral, Orkney**

édifices Renaissance d'Écosse.

À la pointe ouest de l'île, le
port de Stromness possède un
petit musée d'histoire locale et
propose des expositions d'art
au **Pier Arts Centre**.

🏰 Earl's Palace
Palace Rd, Kirkwall. 📞 01856 87546.
◯ d'avril à sept. : t.l.j. (dim. : l'après-
midi). 🅿 ♿
🏛 Pier Arts Centre
Victoria St, Stromness. 📞 01856
850209. ◯ du mar. au sam. ● du
24 déc. au 10 jan. ♿ limité.

John o'Groats ❸

Caithness. 🏘 500. ✈ ⛴ 🚲 Wick
⛴ de mai à sept. : John o'Groats
jusqu'à Burwick, Orkney. ℹ
Whitechapel Rd, Wick (01955 602596).

À plus de 1 400 km de
Land's End, la pointe sud-
ouest de la Grande-Bretagne,
ce village en occupe la pointe
nord-est face aux Orcades
dont le séparent les 13 km du
Pentland Firth. Il fut ainsi
baptisé parce qu'un
Hollandais, John de Groot, s'y
installa au XVe siècle et, selon
la légende, y construisit une
maison octogonale dotée
d'une porte pour chacun de
ses huit héritiers. À quelques
kilomètres à l'est, les falaises
et les rochers de Duncansby
Head sont superbes.

Western Isles

L'Écosse s'achève à l'ouest par une dentelle d'îles, les Hébrides extérieures, taillées dans certaines des plus vieilles roches de la Terre. D'innombrables lacs et cours d'eau y creusent des paysages presque sans arbres. De longues plages de sable blanc s'étendent sur leurs côtes occidentales, tandis qu'à l'est des tourbières composent la majorité du littoral. Elles ont permis pendant des siècles aux habitants de se chauffer. Car l'homme habite ces îles depuis 6 000 ans, tirant sa subsistance de la mer et des landes battues par les vents de l'Atlantique. Plus encore que sur le continent, la culture celte s'est maintenue et le gaélique reste une langue très vivante.

Le Black House Museum, une ferme traditionnelle à Lewis

Les Standing Stones of Callanish sur l'île de Lewis

Lewis et Harris

Western Isles. ✈ Stornoway. 👥 22 000. ⛴ Uig (Skye), Ullapool, Kyle of Lochalsh. 🛈 26 Cromwell St, Stornoway, Lewis (01851 703088). **Black House Museum** ☎ 01851 710395. ◻ d'avril à oct. : du lun. au sam. ; de nov. à mars : du lun. au jeu., sam. ● jours fériés.

Lewis et Harris ne forment en fait qu'une seule île, la plus vaste des Western Isles, mais une bande montagneuse les sépare et leurs dialectes gaéliques diffèrent.

Depuis le centre administratif de **Stornoway**, au port animé, les **Standing Stones of Callanish** (pierres levées) ne se trouvent qu'à 26 km à l'est. Non loin de la route qui y conduit se dressent les ruines du **Carloway Broch**, une tour picte *(p. 468)* vieille de plus de 2 000 ans. Le **Black House Museum d'Arnol** permet de découvrir une histoire plus récente, celle de la vie menée par les petits fermiers écossais, les *crofters*, il y a encore 50 ans.

En descendant vers le sud, les landes vallonnées de Lewis cèdent la place aux montagnes d'Harris. À peine moins spectaculaires que les « Munros » (sommets de plus de 914 m) du continent et de l'île de Skye, elles sont un véritable paradis pour les randonneurs. Par temps clair, la vue porte depuis leurs crêtes jusqu'à l'île de St Kilda à 80 km à l'ouest.

Installé sur un isthme étroit, le port de Tarbert, d'où partent des ferries pour Skye, possède un office du tourisme qui vous fournira les adresses de tisserands fabriquant le robuste tweed d'Harris. Certains utilisent encore des teintures végétales. Les bateaux pour les îles de Berenay et de North Uist se prennent à Leverburgh, à la pointe sud d'Harris.

Les îles d'Uist, de Benbecula et de Barra

Western Isles. 👥 7 200. ✈ Barra, Benbecula. ⛴ depuis Uig (Skye), Oban et Mallaig. 🚌 ⛴ Oban, Mallaig, Kyle of Lochalsh. 🛈 26 Cromwell St, Stornoway, Lewis (01851 703088).

Après les paysages spectaculaires d'Harris, les terres basses des îles prolongeant l'archipel au sud peuvent paraître décevantes, mais elles recèlent des secrets méritant d'être découverts. De longues plages de sable jalonnent leur côte atlantique, bordées d'un des trésors naturels de l'Écosse : le sol riche en calcaire connu sous le nom de *machair*. Pendant les mois d'été, il se couvre de fleurs sauvages dont le parfum porte loin au large.

Depuis **Lochmaddy**, principal village de North Uist, l'A867 franchit une chaussée de 5 km pour rejoindre Benbecula, l'île d'où Flora MacDonald assura la fuite de Bonnie Prince Charlie *(p. 521)* sur Skye. Une deuxième chaussée conduit à South Uist, aux belles plages dorées. Depuis Lochboisdale, un ferry conduit à la petite île de Barra. Il accoste dans Castlebay, offrant une vue inoubliable sur **Kisimul Castle**, l'ancienne forteresse du clan Macneil.

Plage de sable de South Uist

Le flanc est des Five Sisters of Kintail vu depuis le Glen Shiel

Skye ❺

Voir p. 520-521.

The Five Sisters ❻

Skye & Lochalsh. ⛴ *Kyle of Lochalsh.* 🚉 *Glen Shiel.* 🛈 *Bayfield House, Bayfield Lane (01478 612137).*

D ominant l'une des régions les plus austères d'Écosse, les impressionnants sommets des Cinq Sœurs de Kintail barrent le ciel au-dessus de l'extrémité nord du loch Cluanie à l'endroit où l'A87 pénètre dans le Glen Shiel. Le **Visitor Centre** de Morvich organise des randonnées guidées en été. Plus à l'ouest, la route passe près du romantique **Eilean Donan Castle** qu'une chaussée relie à la terre ferme. Bâti au XIIIᵉ siècle, il fut détruit par des navires anglais en 1719 et restauré en 1932.

♣ **Eilean Donan Castle**
Près de l'A87, à proximité de Dornie.
📞 *01599 555202.* ◯ *d'avril à oct. : t.l.j.*

Wester Ross ❼

Ross & Cromarty. 🚉 *Achnasheen, Strathcarron.* 🛈 *Gairloch (01445 712130).*

L aissant le loch Carron au sud, l'A890 s'enfonce dans la vaste région sauvage du Wester Ross. Le Torridon Estate, qui s'étend sur les deux flancs de la vallée glaciaire du Glen Torridon, renferme certaines des plus vieilles montagnes de la planète (plus de 600 millions d'années) où vivent cerfs, chats sauvages et chèvres. Des faucons pèlerins et des aigles royaux nichent dans les hauteurs gréseuses du Beinn Eighe, au-dessus du village de Torridon. La vue y porte au-delà d'Applecross jusqu'à l'île de Skye. Le **Torridon Countryside Centre** organise des randonnées guidées en été et fournit des informations sur l'histoire naturelle de la région. Au nord, l'A832 traverse la Beinn Eighe National Nature Reserve où subsistent des vestiges de la forêt primitive écossaise sur les rives et les îles du loch Maree.

Sur la côte, les influences climatiques du Gulf Stream ont permis la création d'une étonnante série de jardins exotiques. Aménagés par Osgood Mackenzie (1842-1922) à partir de 1862, les **Inverewe Gardens** sont les

Paysage typique des alentours de Torridon dans le Wester Ross

plus beaux. En mai et juin fleurissent les azalées et les rhododendrons, en juillet et août les bordures herbacées.

🏛 **Torridon Countryside Centre**
(NTS) Torridon. 📞 *01445 791221.* ◯ *de mai à sept. : t.l.j.* 🖼 ⅏
🌷 **Inverewe Gardens**
(NTS) Près de l'A832, à proximité de Poolewe. 📞 *01445 781200.* ◯ *t.l.j.* 🖼 ⅏

Dornoch ❽

Sutherland. 🏠 *2 200.* 🚉 *Golspie, Tain.* 🛈 *The Square, Dornoch (01862 810400).*

A vec ses terrains de golf réputés et ses longues plages de sable, Dornoch est une station balnéaire tranquille quoique fréquentée. Entreprise en 1223 et presque entièrement détruite lors d'un affrontement entre clans en 1570, sa cathédrale connut une importante restauration dans les années 1920 pour son 700ᵉ anniversaire. Au bout de River Street, côté plage, une pierre marque le lieu d'exécution en 1722 de Janet Horne, la dernière « sorcière » jugée en Écosse.

Aux environs
À 19 km au nord-est de Dornoch, **Dunrobin Castle**, manoir victorien incorporant une tour du XIVᵉ siècle, domine la mer au sein d'élégants jardins classiques. Résidence des comtes de Sutherland depuis le XIIIᵉ siècle, il est

presque entièrement ouvert au public.

Au sud se trouve le paisible village de **Tain**. Lieu de pèlerinage au Moyen Âge, il devint après la bataille de Culloden *(p. 469)* l'un des centres administratifs des Highland Clearances. La mairie servit alors de prison. L'exposition du centre **Tain Through Time** relate ces sombres événements.

⚜ Dunrobin Castle
Près de Golspie. **☎** *01408 633177.*
○ *d'avril à mi-oct. : t.l.j.* ◈
🏛 Tain Through Time
Tower St. **☎** *01862 894089.* ○ *d'avril à sept. : t.l.j. ; de nov. à mars : t.l.j. (après-midi).* ● *23 déc. à fin jan.*
◈ **&**

La cathédrale restaurée du village de Dornoch

Strathpeffer ❾

Ross & Cromarty. **🏃** *1 400.*
ℹ *North Kessock (01463 731505).*

À 8 km à l'est des chutes de Rogie, le centre de villégiature de Strathpeffer a conservé le charme raffiné qui établit sa réputation de station thermale à l'époque victorienne. Ses grands hôtels et ses dégagements élégants rappellent le temps où têtes couronnées européennes et simples mortels venaient y prendre des eaux ferrugineuses et sulfureuses supposées améliorer la condition des tuberculeux. Le **Water Tasting Pavilion**, au centre de la localité, permet encore aujourd'hui d'y goûter.

🚰 Water Tasting Pavilion
The Square. ○ *de Pâques à oct. : t.l.j.*

La côte de Black Isle sur le Moray Firth

The Black Isle ❿

Ross & Cromarty. **🚂** **✈** *Inverness.*
ℹ *North Kessock (01463 731505).*

Si les plates-formes de forage du Cromarty Firth témoignent de l'importance du pétrole dans l'économie locale, la péninsule de Black Isle a conservé ses paysages ruraux et ses villages de pêcheurs.

Port important au xviiie siècle et centre d'une active production de dentelles et de cordages, **Cromarty** a gardé nombre de ses maisons de marchands. Le musée de **Cromarty Courthouse** organise des visites guidées de ce patrimoine. Le **Hugh Miller's Cottage** entretient le souvenir du géologue Hugh Miller (1802-1856) né ici. **Fortrose** renferme les ruines d'une cathédrale du xive siècle,

tandis qu'une stèle à Chanonry Point commémore le Brahan Seer, un prophète du xviie siècle brûlé vif dans un tonneau de goudron par la comtesse de Seaforth à qui il avait prédit l'infidélité de son mari. À Rosemarkie, le musée archéologique de **Groam House** mérite une visite.

🏛 Cromarty Courthouse
Church St, Cromarty. **☎** *01381 600418.* ○ *d'avril à oct. : t.l.j. ; de nov. à mars : t.l.j. (l'après-midi).* ● *23 déc.-31 jan.* ◈
🏚 Hugh Miller's Cottage
(NTS) Church St, Cromarty. **☎** *01381 600245.* ○ *de mai à sept. : t.l.j. (dim. après-midi)* ◈
🏛 Groam House Museum
High St, Rosemarkie. **☎** *01381 620961.* ○ *de mai à sept. : t.l.j. (dim. : l'après-midi) ; d'oct. à avril : sam. et dim (après-midi), semaine de Pâques.* ◈
& *rez-de-chaussée seulement.*

LES HIGHLAND CLEARANCES

À l'époque des clans *(p. 470)*, les fermiers payaient à leur chef la location de la terre sous forme de service militaire. La destruction de la société clanique après la bataille de Culloden *(p. 523)* conduisit les propriétaires à exiger un loyer en argent, que ces petits exploitants ne pouvaient donner. Les terres passèrent peu à peu aux mains de Lowlanders et d'Anglais. En 1792, que l'on connaît comme « l'année du mouton », des milliers de fermiers furent expulsés pour laisser la place à des troupeaux. Beaucoup émigrèrent, en Australie ou dans le Nouveau Monde, abandonnant derrière eux les ruines de leurs chaumières ou *crofts*.

Le Dernier du clan **(1865) par Thomas Faed**

L'île de Skye ❺

Loutre au refuge de Kylerhea

Un pont reliant Kyle of Lochalsh à Kyleakin permet de rejoindre la plus grande île des Hébrides intérieures. Des plateaux volcaniques érodés du Quiraing et du Storr au nord jusqu'aux pics des Cuillins culminant au sud-ouest à 913 m, une histoire géologique mouvementée lui a donné des paysages aussi spectaculaires que variés. Des fjords profonds s'enfoncent partout à l'intérieur des terres et aucun lieu n'est éloigné de la mer de plus de 8 km. Après la bataille de Culloden, Skye offrit asile à Bonnie Prince Charlie, mais elle eut à subir les Highland Clearances *(p. 517)* ; les ruines de *crofts* abandonnés parsèment les coteaux herbeux du sud devenus aujourd'hui le domaine des troupeaux.

À Skeabost, le cimetière d'une chapelle en ruine renferme des tombes médiévales.

Tombeau de Flora MacDonald

Kilm...

WESTERN ISLES

Uig

LOCH SNIZORT

• Lusta

• Milovaig

B886

A850

B884

Dunvegan

Skea

B88

A863

Portnalong

Talisker

B8009

Dunvegan Castle
Forteresse du clan MacLeod depuis le XIᵉ siècle, il abrite le Fairy Flag (« Drapeau de Fée »), pièce de soie magique censée protéger le clan.

0   10 km

La distillerie de Talisker produit un des meilleurs whiskies des Highlands, surnommé « la lave des Cuillins ».

Cuillins
Depuis Sligachan, il faut 3 heures de marche pour atteindre les plus belles montagnes de Grande-Bretagne. En été, des bateaux partent d'Elgol pour le loch Coruisk cern... de hauts pics. Alors qu'il fuyait dans les landes environnantes, Bonnie Prince Charlie se serait exclamé : « Même le Diable ne m... suivra pas ici ! »

LÉGENDE

🛈	Information touristique
▬▬	Route A
═══	Route B
───	Route secondaire
❖	Point de vue

◁ **Lever de soleil sur les plateaux désolés du nord de Skye vus depuis le Quiraing**

Quiraing
série de glissements de terrain
révélé un dédale de tours et de
flèches creusé dans
ce plateau volcanique.
On l'atteint aisément
depuis la route
reliant Uig et Staffin.

MODE D'EMPLOI

The Highlands. 🏠 12 000.
🛫 Kyle of Lochalsh. 🚌 Portree.
🚢 depuis Kyle of Lochalsh ou
Mallaig. 🛈 Meall House, Portree
(01478 612137).
Dunvegan Castle, Dunvegan.
📞 01470 521206. ◯ du lun. au
sam. 🚫 ♿ limité.
Armadale Castle, Armadale.
📞 01471 844227. ◯ d'avril à mi-
oct. : t.l.j. 🚫 ♿
Talisker Distillery, Carbost.
📞 01478 640203. ◯ du lun. au
sam. (juil.-août : lun. au sam.).

Storr
Monolithe de
55 m de haut
proche de la
route de Portree,
l'Old Man of
Storr se détache
du plateau
basaltique.

Luib possède une
superbe chaumière
vieille d'un siècle.

Loch Coruisk

**Pont vers le
continent**

Portree
La capitale de
Skye prit le nom
de « port du roi »
après une visite
de Jacques V en
1540.

Des loutres sont
visibles au refuge
de Kylerhea.

**Armadale
Castle** abrite
le Clan Donald
Visitor Centre.

Kilchrist Church
Ce sanctuaire
réformé en ruine se
trouvait jadis dans la
région la plus
peuplée de l'île. Il
fut abandonné en
1843 après la
construction
d'une église à
Broadford.

BONNIE PRINCE CHARLIE

Dernier prétendant de la dynastie à la
couronne d'Angleterre, Charles Édouard
Stuart (1720-1788), exilé en France avec
son père, arrive en Écosse en 1745. Décidé
à reprendre le trône, il obtient le soutien
des jacobites, mais son armée est vaincue à
Culloden (p. 523). Traqué pendant cinq
mois dans les Highlands, il s'enfuit à Skye
en se faisant passer pour la
servante d'une femme
d'Uist, Flora MacDonald. Il
réussit à regagner la France
en septembre 1746 (p. 532)
et meurt à Rome en 1788.
Deux ans plus tard,
Flora est enterrée à
Kilmuir, enroulée dans
un drap du « joli »
(bonnie) prince.

**Le prince déguisé en
servante**

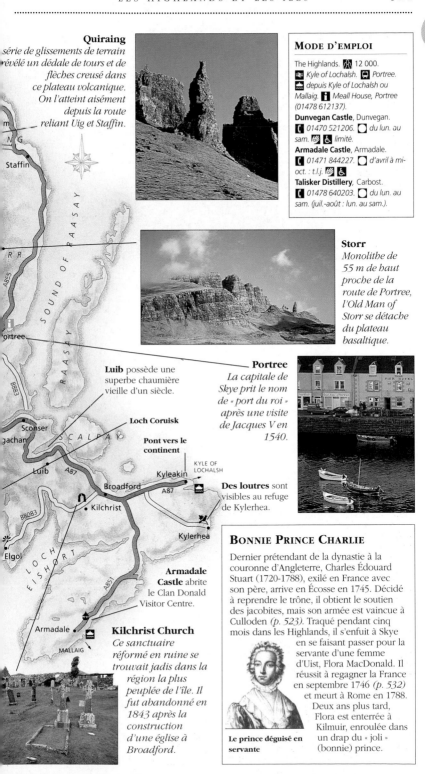

Les ruines d'Urquhart Castle sur la rive occidentale du loch Ness

Loch Ness ⑪

Inverness. 🚂 🚌 *Inverness*. ℹ️ *Castle Wynd, Inverness (01463 234353).*

L ong de 39 km, large de 1,5 km et profond de 305 m, le **loch Ness** emplit le fond de la moitié nord du Great Glen, faille qui traverse les Highlands de Fort William à Inverness. Dessiné par l'ingénieur écossais Thomas Telford *(p. 433)*, le Caledonian Canal le relie au loch Oich et

LE MONSTRE DU LOCH NESS

Aperçue pour la première fois au VIᵉ siècle par saint Columba, « Nessie » éveille une curiosité mondiale depuis son apparition dans les années 1930 sur des photos ambiguës. Les recherches par sonar ont donné des résultats énigmatiques. Plésiosaure, anguille géante et whisky font partie des explications les plus répandues. Il semblerait qu'un proche cousin de Nessie habite le loch Morar *(p. 532)*.

au loch Lochy. Sur la rive occidentale, l'A82 longe les ruines d'**Urquhart Castle**, bâti au XVIᵉ siècle et détruit par des troupes gouvernementales en 1692 pour éviter qu'il ne passe sous contrôle jacobite. Un peu plus à l'ouest, le **Loch Ness Monster Exhibition Centre** propose de nombreux documents audiovisuels sur le mystère posé par le plus ancien et le plus célèbre occupant du lac.

Fabricant de kilts et tartan des Stuarts

♣ **Urquhart Castle** Près de Drumnadrochit. ☎ *01456 450551.* ◯ *t.l.j.* ● *25 et 26 déc., 1ᵉʳ et 2 jan.* 📷 ⛪ **Loch Ness Monster Exhibition Centre** Drumnadrochit. ☎ *01456 450573.* ◯ *t.l.j.* ● *25 déc.* 📷 ♿

Inverness ⑫

Highland. 🏃 *42 000.* 🚂 🚌 ℹ️ *Castle Wynd (01463 234353).*

C apitale des Highlands, Inverness constitue une base idéale d'où partir à la découverte du loch Ness et des collines environnantes. Sa position stratégique lui a toutefois valu d'être l'enjeu de nombreux conflits et de connaître bien des destructions. La majorité des édifices les plus anciens de la ville, tel le château

aujourd'hui occupé par le tribunal, ne datent ainsi que du XIXᵉ siècle. L'**Inverness Museum and Art Gallery** abrite une exposition consacrée à l'histoire et aux coutumes des Highlands. **Balnain House** présente une collection d'instruments de musique. Les **James Pringle Weavers of Inverness** raviront les amateurs de tartans et de tricots. Amarré dans le Muirtown Basin, au nord-ouest de la ville, l'**Amazon Museum Ship** (1885) est le dernier représentant des grands vapeurs en bois. Il a conservé son aménagement intérieur d'origine typique de l'époque victorienne.

⛪ **Museum and Art Gallery** Castle Wynd. ☎ *01463 237114.* ◯ *du lun. au sam.* ● *du 24 au 26 déc., 1ᵉʳ et 2 jan., ven. saint.* 🏛 **James Pringle Weavers of Inverness** Holm Woollen Mill, Dores Rd. ☎ *01463 223311.* ◯ *t.l.j.* ● *25 déc., 1ᵉʳ jan.* ♿ ⛪ **Balnain House** 40 Huntly St. ☎ *01463 715757.* ◯ *juil.-août : t.l.j. ; de sept. à juin : du mar. au dim.* ● *25 et 26 déc., 1ᵉʳ et 2 jan.* 📷 ♿ *limité.* ⛪ **Amazon Museum Ship** A862. ☎ *01463 242154.* ◯ *d'avril à sept. : t.l.j. ; d'oct. au 24 déc. : du lun. au ven. (matin).* ● *du 25 déc. à mars.* 📷

Culloden ⑬

(NTS) Inverness. 🚊 🚌 Inverness.

L a lande désolée de Culloden a gardé un aspect très proche de celui qu'elle avait le 16 avril 1746, date de la dernière bataille livrée sur le sol britannique (p. 469). Les 9 000 hommes commandés par le duc de Cumberland, fils de George II, y écrasèrent les troupes jacobites conduites par Bonnie Prince Charlie (p. 521). Sur place, le **NTS Visitor Centre** propose une excellente exposition sur le déroulement des opérations.

Aux environs
Trois remarquables tumulus néolithiques forment à 1,5 km à l'est les **Clava Cairns**.

ℹ️ NTS Visitor Centre
Sur la B9006 à l'est d'Inverness. 📞 01463 790607. ⏰ t.l.j. ● 25, 26 et 31 déc., jan. 🅿️ ♿

Fort George ⑭

Inverness. 📞 01667 462777. 🚊 🚌 Inverness, Nairn. ⏰ t.l.j. ● 25 et 26 déc., 1er et 2 jan. 🅿️ ♿

B el ouvrage d'art militaire, le Fort George se dresse sur un promontoire rocheux battu par les vents du Moray Firth. Les Anglais le construisirent après le soulèvement jacobite pour contrôler Inverness et pouvoir réprimer toute nouvelle tentative de rébellion des Highlanders. Les travaux s'achevèrent en 1769, et la garnison n'eut jamais en fait à repousser un assaut. La forteresse renferme le

---

LE MOUVEMENT JACOBITE

Highlanders catholiques pour la plupart, les partisans d'un retour sur le trône de Jacques II d'Angleterre (Jacques VII d'Écosse), déposé par la « Glorieuse Révolution » de 1688 (p. 53), furent surnommés jacobites d'après le nom du souverain. Par deux fois, ils se soulevèrent pour tenter de replacer un Stuart au pouvoir. La première tentative, en faveur de Jacques VIII, s'acheva par la défaite

Jacques II, par Samuel Cooper (1609-1672)

de Sherrifmuir (1715). La seconde vit la fin des espoirs jacobites à la bataille de Culloden. La répression qui suivit dispersa les clans et interdit toute expression de la culture des Highlands pendant plus d'un siècle (p. 471).

Le pont-levis de la façade est de Cawdor Castle

Regimental Museum des Queen's Own Highlanders et l'aménagement de certains de ses baraquements reconstitue les conditions de vie des soldats il y a deux siècles. Le **Grand Magazine** contient une riche collection d'armes et d'équipement militaire, tandis que les remparts offrent un excellent poste d'observation d'où admirer les évolutions des dauphins sauvages du Moray Firth.

Cawdor Castle ⑮

Sur la B9090 (depuis l'A96). 📞 01667 404615. 🚊 Nairn, puis bus ou taxi. ⏰ de mai à mi-oct. : t.l.j. 🅿️ ♿ jardins seulement.

A vec son donjon à tourelles, son fossé et son pont-levis, ce château construit au XVIIe siècle autour d'une tour du XIVe siècle est une des plus romantiques demeures seigneuriales des Highlands. Bien que Shakespeare (p. 310) en ait fait le cadre du meurtre du roi Duncan par Macbeth au XIe siècle, aucune preuve historique d'un quelconque séjour de ces personnages n'a jamais été fournie.

Selon la légende, le houx retrouvé dans une pièce secrète serait celui sous lequel, en 1372, l'âne chargé d'or du baron William se serait arrêté pour se reposer, indiquant ainsi à son maître où édifier sa forteresse. Après 600 ans d'occupation continue, le château, toujours habité par les barons de Cawdor, regorge de souvenirs familiaux, notamment de superbes tapisseries et des portraits peints au XVIIIe siècle par Joshua Reynolds (1723-1792) et George Romney (1734-1802). Plusieurs pièces contiennent des meubles de Chippendale et Sheraton, et dans la cuisine trône un impressionnant fourneau victorien. Le vaste parc du château permet de belles promenades et comprend un parcours de golf de neuf trous.

La Bataille de Culloden (1746), par D. Campbell

Elgin ⑯

Moray. 🏚 *25 000*. ✈ 🚌 ℹ *High St, Moray (01343 542666)*.

A vec sa place du marché pavée et ses ruelles tortueuses, le centre d'Elgin reste marqué par le plan de la ville médiévale. Près de King Street, il ne reste que les ruines de sa **cathédrale** bâtie au XIIIᵉ siècle, jadis l'une des plus belles d'Écosse. En 1390, un fils de Robert II, le Loup de Badenoch, la ravagea pour se venger de son excommunication par l'évêque de Moray. Reconstruite, elle fut désaffectée après la Réforme et, en 1576, le régent de Moray ordonna que l'on démonte son toit en plomb, laissant ainsi l'intérieur à la merci des intempéries. Le sanctuaire servit ensuite de carrière. La nef, où subsiste une dalle picte, a beaucoup souffert et ce sont les transepts, le chœur et une chapelle latérale dotée d'une

Détail de la tour centrale de la cathédrale d'Elgin

belle voûte à nervures qui offrent le plus d'intérêt.

L'**Elgin Museum** présente des collections d'anthropologie, de géologie et d'histoire locale, tandis que le **Moray Motor Museum** possède plus de 40 automobiles et motocyclettes dont les plus anciennes datent de 1904.

🏛 Elgin Museum
High St. 📞 *01343 543675*. ◯ *d'avril à oct. : t.l.j. (dim. après-midi)* 🈂 🅰

🏛 Moray Motor Museum
Bridge St, Bishopsmill. 📞 *01343 544933*. ◯ *de Pâques à oct. : t.l.j.* 🈂 🅰

Aberdeen ⑰

S urnommée la « ville de granit », Aberdeen est aussi une des cités les plus fleuries de Grande-Bretagne, et les expositions florales organisées toute l'année dans ses jardins contrastent avec la sévérité des immeubles. Le centre moderne s'est développé à partir du port dont une grande part de l'activité dépend aujourd'hui de l'exploitation du pétrole en mer du Nord, même si la pêche reste importante et donne lieu chaque matin à une criée. Protégé, le vieil Aberdeen a gardé son charme médiéval.

Les flèches des églises d'Aberdeen dominent l'horizon du port

À la découverte d'Aberdeen
Le centre-ville s'étend autour d'Union Street, artère commerçante et animée qui débouche à l'est sur la Mercat Cross. La croix se dresse près de Castlegate, ancien accès au château et place de marché. De là, la rue Shiprow sinue vers le port où se tient la criée, longeant la Provost Ross's House et son musée maritime *(p. 526)*. Situé à 1,5 km du centre, l'Old Aberdeen a conservé le charme d'un village autonome avec ses ruelles pavées bordées de beaux monuments anciens. On s'y rend en bus.

♟ King's College
High St. 📞 *01224 273702*. ◯ *t.l.j.* ◯ *du 24 déc. au 3 jan.* 🅰
La première université d'Aberdeen, fondée en 1495, possède désormais un Visitor Centre qui présente son histoire. La tour de la chapelle comporte une superbe lanterne Renaissance reconstruite après une tempête en 1633. Des vitraux par Douglas Strachan apportent une touche contemporaine à l'intérieur. La chaire date de 1540 ; les effigies des Stuarts qui l'ornent furent ajoutées plus tard.

⛪ St Andrew's Cathedral
King St. 📞 *01224 640119*. ◯ *de mai à sept. : lun. au sam.* 🅰
C'est dans cette cathédrale que fut consacré en 1784 Samuel Seabury, premier évêque de l'église épiscopalienne américaine. Un mémorial rappelle cet événement majeur de l'histoire religieuse des États-Unis. Mises en valeur par la blancheur des piliers et des parois, les armoiries des États américains ornent, avec celles des familles jacobites *(p. 523)* de l'Aberdeenshire, les plafonds des ailes nord et sud.

L'élégante lanterne de la tour de la chapelle de King's College

Provost Skene's House

Guestrow. ☎ *01224 641086.* ◯ *du lun. au sam.* ● *25 et 26 déc., 1er et 2 jan.*
Demeure du prévôt Sir George Skene au XVIIe siècle, cette maison bâtie en 1545 est l'une des plus anciennes de la ville. Le duc de Cumberland y résida pendant les semaines précédant la bataille de Culloden *(p. 523)*. Le mobilier d'époque des pièces retrace 200 ans d'évolution des styles.

Mode d'emploi

Aberdeenshire. *220 000.* ✈ *13 km au nord-est d'Aberdeen.* *Guild St.* ℹ *Broad St (01224 632727).* *jeu., ven., sam.*

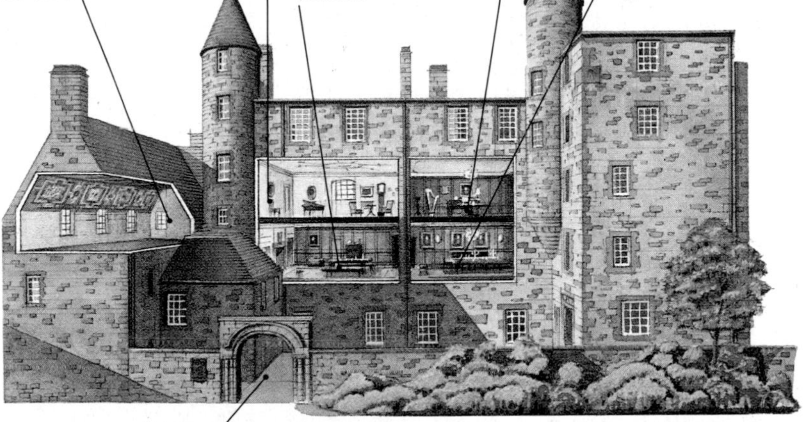
Le salon du XVIIIe siècle, avec son clavecin en noyer et ses fauteuils près du feu, servait de cadre à la cérémonie du thé.
Le salon Regency offre un bel exemple de décor du début du XIXe siècle avec sa harpe (1820), son sofa néo-grec et son secrétaire français.
La galerie peinte abrite l'un des plus importants cycles de peintures religieuses d'Écosse. Les panneaux, d'un artiste inconnu, datent du début du XVIIe siècle.
Le Great Hall du XVIIe siècle contient un mobilier en chêne massif. Les armoiries du prévôt Skene ornent la cheminée.
La salle à manger georgienne, au décor classique, principale pièce de réception au XVIe siècle, a conservé son dallage d'origine.
Entrée

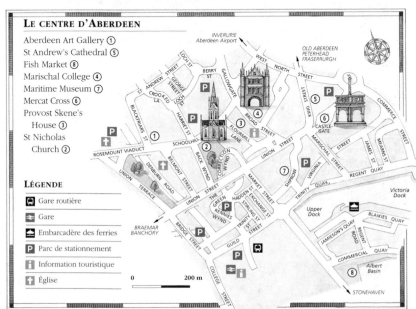

Le centre d'Aberdeen

Aberdeen Art Gallery ①
St Andrew's Cathedral ⑤
Fish Market ⑧
Marischal College ④
Maritime Museum ⑦
Mercat Cross ⑥
Provost Skene's House ③
St Nicholas Church ②

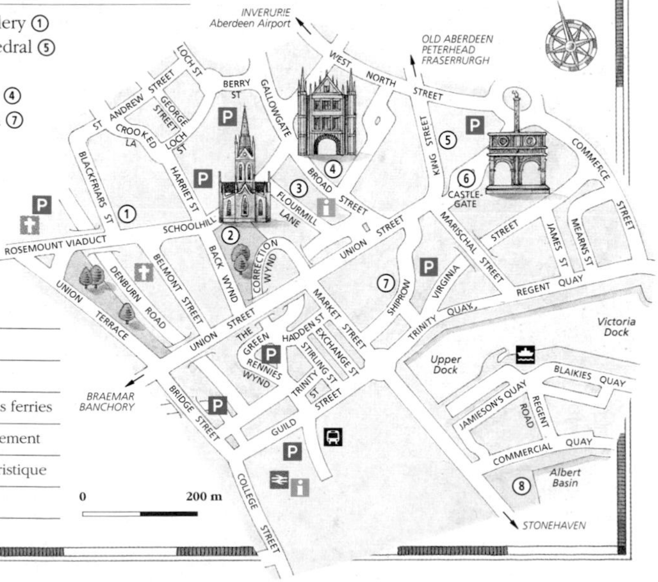
INVERURIE
Aberdeen Airport
OLD ABERDEEN
PETERHEAD
FRASERBURGH
LOCH ST
BERRY ST
GALLOWGATE
WEST NORTH STREET
ST ANDREW STREET
GEORGE STREET
CROOKED LA
LOCH ST
BLACKFRIARS ST
HARRIET ST
KING STREET
BROAD STREET
FLOURMILL LANE
CASTLEGATE
COMMERCE STREET
SCHOOLHILL
ROSEMOUNT VIADUCT
UNION STREET
MARISCHAL STREET
STREET
JAMES ST
MEARNS ST
BELMONT STREET
BACK WYND
CORRECTION WYND
DENBURN ROAD
UNION TERRACE
SHIPROW
VIRGINIA
REGENT QUAY
TRINITY QUAY
MARKET STREET
THE GREEN
HADDEN ST
EXCHANGE ST
RENNIES WYND
STIRLING ST
TRINITY ST
Victoria Dock
Upper Dock
BLAIKIES QUAY
BRAEMAR
BANCHORY
BRIDGE STREET
GUILD STREET
JAMIESON'S QUAY
REGENT ROAD
COMMERCIAL QUAY
Albert Basin
COLLEGE STREET
STONEHAVEN
0
200 m

Légende

- Gare routière
- Gare
- Embarcadère des ferries
- P Parc de stationnement
- ℹ Information touristique
- Église

🏛 Art Gallery

Schoolhill. 📞 *01224 646333.* ⭘ *t.l.j.* ⬤ *25 et 26 déc., 30 déc. au 2 jan.* ♿

Installé dans un édifice néo-classique construit à son intention en 1884, le musée d'art d'Aberdeen présente au rez-de-chaussée, dans son département d'arts décoratifs, un bel ensemble d'argenterie locale. Si le musée est particulièrement riche, il est cependant surtout réputé pour ses collections de peintures modernes, anglaises et écossaises bien entendu, mais aussi pour les œuvres d'artistes tels que Toulouse-Lautrec, Monet ou Bonnard. Léguée en 1900 par un marchand de granit, la collection Alex Macdonald comporte 92 autoportraits d'artistes britanniques. Le musée organise de temps en temps des lectures de poésie, des projections et des concerts.

Argenterie d'Aberdeen à l'Art Gallery

🔒 Church of St Nicholas

George St. ⭘ *de mai à sept. : t.l.j. ; d'oct. à avril : du lun. au ven. (matin).* ♿

Fondée au XIIᵉ siècle, St Nicholas est la plus grande église paroissiale d'Écosse. Abîmé pendant la Réforme, le bâtiment fut divisé en deux églises (East Church et West Church). Bien qu'il date de 1752, il renferme des objets plus anciens, tels les anneaux utilisés au XVIIᵉ siècle pour enchaîner les femmes accusées de sorcellerie (chapelle de l'East Church). Une certaine Mary Jameson (1597-1664) aurait réalisé les broderies décorant la West Church.

🏛 Aberdeen Maritime Museum

Shiprow. 📞 *01224 585788.* ⭘ *t.l.j.* ⬤ *25 déc., 1ᵉʳ et 2 jan.* ♿

Établi au-dessus du port dans l'une des plus anciennes maisons de la ville, la Provost Ross's House (1593), ce musée illustre différents aspects de l'histoire maritime d'Aberdeen tels que la pêche, le sauvetage en mer, la construction navale ou le fonctionnement des plates-formes pétrolières au large de l'Écosse.

🔒 St Machar's Cathedral

The Chanonry. ⭘ *t.l.j.* ♿

Entreprise en 1357, la cathédrale St Machar dont les flèches dominent l'Old Aberdeen est le plus ancien édifice en granit de la ville. La nef sert désormais d'église paroissiale. Les armoiries de 48 papes, empereurs et princes de la chrétienté ornent son superbe plafond à caissons en chêne du XVIᵉ siècle.

Excursion dans la vallée de la Dee ⑱

R ivière riche en saumons, la Dee s'enfonce profondément dans les Grampians. Au plaisir de découvrir les beautés naturelles de sa vallée s'ajoute celui offert par ses nombreux châteaux. Le plus connu, Balmoral Castle, est la résidence d'été de la famille royale britannique depuis son acquisition en 1852 par la reine Victoria.

Muir of Dinnet Nature Reserve ④

Un centre d'information sur l'A97 constitue un excellent point de départ pour explorer cette superbe région boisée.

BRAEMAR, PERTH

Balmoral ⑥

Acheté par la reine Victoria en 1852 après qu'une arête eut étouffé son propriétaire, le château fut reconstruit dans le style seigneurial écossais à la demande du prince Albert.

Ballater ⑤

Nombre de boutiques de Ballater, dont les eaux avaient au XIXᵉ siècle la réputation de soigner la tuberculose, portent des enseignes attestant qu'elles fournissent la famille royale.

Dunkeld ⑲

Perthshire. 🏘 *2 200.* 🚆 🚌 ℹ️ *The Cross (01350 727688).*

Sur les rives de la Tay, ce charmant village fut presque entièrement détruit en 1689 lors de la bataille de Dunkeld, une défaite jacobite. Les **Little Houses** bordant Cathedral Street furent parmi les premières à être reconstruites.

Les ruines de la **cathédrale** se dressent dans un cadre enchanteur au bord de la rivière. Élevé au début du XIVᵉ siècle, le chœur sert désormais d'église paroissiale. Un guichet perce son mur nord. Cette petite ouverture permettait jadis aux lépreux d'assister à l'office et de recevoir la communion sans se mêler au reste des fidèles. Le petit musée aménagé dans la salle capitulaire présente une belle pierre picte du IXᵉ siècle.

Ruines de la cathédrale de Dunkeld

Pitlochry ⑳

Perthshire. 🏘 *2 500.* 🚆 🚌 ℹ️ *22 Atholl Rd (01796 472215).*

Au cœur des collines boisées de pins du centre des Highlands, Pitlochry acquit son renom quand la reine Victoria *(p. 56)* le décrivit comme l'un des plus agréables lieux de villégiature d'Europe.

Au début de l'été, les saumons remontent le passage aménagé à leur intention le long du barrage hydro-électrique et un hublot permet de les observer. Au **Power Station Visitor Centre**, une exposition décrit le système de barrages contenant les eaux du loch Faskally. La **Blair Atholl Distillery** produit le whisky Bell depuis 1798. Ouverte au public, elle offre l'occasion de découvrir les procédés de fabrication de la boisson nationale écossaise *(p. 475)*. En été, le programme du **Festival Theatre** change tous les jours.

ℹ️ **Power Station Visitor Centre**
Port-na-Craig. 📞 *01796 473152.* ⬜ *d'avril à oct. : t.l.j.* ♿ *limité.*
🎭 **Festival Theatre**
Port-na-Craig. 📞 *01796 472680.* ⬜ *de mai à oct. : du lun. au sam.* 🎫 ♿
🏭 **Blair Atholl Distillery**
Perth Rd. 📞 *01796 472234.* ⬜ *d'avril à sept. : t.l.j.* 🎫 ♿ *limité.*

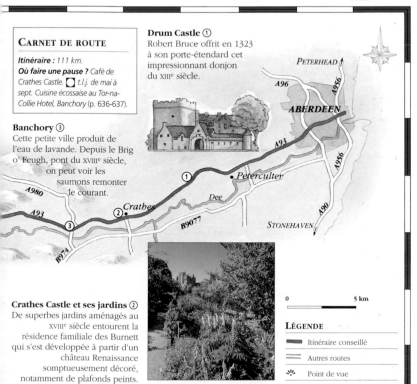

Drum Castle ①
Robert Bruce offrit en 1323 à son porte-étendard cet impressionnant donjon du XIIIᵉ siècle.

CARNET DE ROUTE

Itinéraire : 111 km.
Où faire une pause ? Café de Crathes Castle. ⬜ t.l.j. de mai à sept. Cuisine écossaise au Tor-na-Collie Hotel, Banchory (p. 636-637).

Banchory ③
Cette petite ville produit de l'eau de lavande. Depuis le Brig o' Feugh, pont du XVIIIᵉ siècle, on peut voir les saumons remonter le courant.

Crathes Castle et ses jardins ②
De superbes jardins aménagés au XVIIIᵉ siècle entourent la résidence familiale des Burnett qui s'est développée à partir d'un château Renaissance somptueusement décoré, notamment de plafonds peints.

LÉGENDE

▬▬ Itinéraire conseillé

═══ Autres routes

💠 Point de vue

Excursion en partant de Killicrankie ㉑

Dans le cadre où les Highlanders remportèrent en 1689 la bataille de Killiecrankie, cette promenade suit un sentier relativement plat pour une région aussi accidentée. Jalonné de sites idéaux pour pique-niquer, il serpente en effet dans une gorge boisée. L'arrivée au loch Faskally offre néanmoins un large panorama de Blair Atholl. Longeant la Tummel pour revenir vers son point de départ, le parcours traverse ensuite une des régions que préférait la reine Victoria.

Killiecrankie ①
Le Visitor Centre présente une documentation sur la bataille de Killicrankie (1689).

Linn of Tummel ⑦
Le sentier rejoint un trou d'eau au pied des chutes de la Tummel, puis s'enfonce dans la forêt.

Coronation Bridge ⑥
Ce pont piétonnier sur la Tummel fut bâti en 1860 en l'honneur de George IV.

Soldier's Leap ②
Poursuivi par des jacobites pendant la bataille, Donald Macbean franchit d'un bond ce Saut du Soldat.

Killicrankie Pass ③
Une route militaire construite au XVIIᵉ siècle par le général Wade suit la gorge.

Memorial Arch ⑤
Elle rappelle la mémoire des ouvriers tués pendant la construction du Clunie Dam (barrage de Clunie).

Clunie Foot Bridge ④
Ce pont franchit le loch Faskally, un lac artificiel créé dans les années 50 par le barrage de la rivière Garry.

LÉGENDE

- ▪ ▪ Itinéraire conseillé
- ▬ Route principale
- ═ Route B
- ── Route secondaire
- ☆ Point de vue
- 🅿 Parc de stationnement
- ℹ Information touristique

0   1 km

CARNET DE ROUTE

Point de départ : NTS Visitor Centre Killicrankie. 📞 01796 473233.
Comment y aller : En bus depuis Pitlochry ou Aberfeldy.
Itinéraire : 10 km.
Difficulté : Très facile.

Le faîte de l'Aonach Eagach, Glencoe, à la fin de l'automne

Blair Castle ㉒

Blair Atholl, Perthshire. [01796 481207. ₴ Blair Atholl, puis bus. ○ d'avril à oct. : t.l.j. 🖼 ⬤ limité.

Ce château disposé autour de son donjon du XIIIᵉ siècle, la Cumming's Tower, a connu tant de remaniements et d'agrandissements en 700 ans d'occupation qu'il offre un aperçu unique de l'histoire de l'aristocratie des Highlands. Somptueusement meublée, l'aile du XVIIIᵉ siècle ornée de stucs élégants abrite une exposition de souvenirs jacobites, dont des gants et une pipe de Bonnie Prince Charlie *(p. 521)*. Les portraits de famille retracent trois siècles de généalogie et comprennent des œuvres de Johann Zoffany, Jacob de Wet et Sir Peter Lely.

La reine Victoria fit au château un séjour de convalescence en 1844 et accorda à ses propriétaires, les ducs d'Atholl, l'autorisation de posséder une armée privée. Les Atholl Highlanders existent toujours.

Les Cairngorms ㉓

Voir p. 530-531.

Glencoe ㉔

The Highlands. ₴ Fort William. ◉ Glencoe. ℹ Cameron Sq, Fort William (01397 703781).

Le décor grandiose offert par cette vallée sauvage entourée de hautes et austères montagnes et les événements tragiques qui s'y déroulèrent ont conduit Dickens à la comparer au « lieu de sépulture d'une race de géants ». Les falaises à pic du Buachaille Etive Mor et la crête escarpée de l'Aonach Eagach (deux sommets de plus de 900 m) opposent même aux montagnards expérimentés un difficile défi.

Glencoe est néanmoins propice à de superbes randonnées. De bonnes chaussures et un strict respect des consignes de sécurité s'avèrent toutefois nécessaires. D'une promenade d'une demi-heure au Signal Rock jusqu'à l'ascension, longue de 10 km, du Devil's Staircase, le **NTS Visitor Centre** fournit des itinéraires aux marcheurs et organise en été des excursions guidées.

ℹ **NTS Visitor Centre**
Ballachulish. [01855 811307. ○ d'avril à oct. : t.l.j. 🖼 ⬤

LE MASSACRE DE GLENCOE

En 1692, le chef des MacDonald de Glencoe prêta avec cinq jours de retard le serment d'allégeance à Guillaume III. Le gouvernement prit prétexte de ce délai pour exterminer ce nid de partisans jacobites *(p. 523)*. Pendant dix jours, les MacDonald reçurent les 130 soldats de Robert Campbell, mais à l'aube du 13 février ceux-ci s'abattirent par surprise sur leurs hôtes, massacrant 38 membres du clan. Nombre de ceux qui s'étaient réfugiés en montagne ne purent résister aux rigueurs de l'hiver. La tuerie provoqua un véritable scandale politique, mais il fallut attendre trois ans avant les premières réprimandes officielles.

Détail du *Massacre de Glencoe* par James Hamilton

Les Cairngorms ❷

Chèvre égarée

L a plus haute chaîne de
montagne de Grande-
Bretagne culmine à 1 309 m au
Ben Macdhui. C'est là que se
trouve la plus importante station
de ski du pays ; un télésiège
gravit les pentes du Cairn Gorm,
le sommet qui a donné son nom
à la région bien qu'il n'en soit que le deuxième en
hauteur (1 245 m). Grand centre de production de
whisky, la vallée de la Spey aujourd'hui très
touristique vivait encore récemment de son
agriculture, et de nombreux domaines proposent
aux visiteurs de découvrir les modes d'exploitation
traditionnels des Highlands.

**Strathspey Steam
Railway**
*Ce train à vapeur
relie Aviemore et
Boat of Garten
depuis 1863.*

Depuis Aviemore,
centre commercial
des Cairngorms, des
bus partent pour les
pistes de ski situées
à 11 km.

Kincraig Highland Wildlife Park
*Dans ce parc naturel à parcourir en
voiture voisinent bisons, loups, ours et
sangliers, jadis la faune indigène de
la Spey Valley.*

INVERNESS

Carrbridge

A938

B9153

Boat
of Garten

Aviemore

Coylum

A9

B9152   Spey

LOCH AN
EYLEIN

Beanaidh

Kincraig

LOCH
INSH

Kingussie

NEWTONMORE

B970

PERTH

Tolvah

Feshie

BRAERIACH
▲
1 295 m

LOCH
EINICH

0   5 km

Les Cairngorms vus d'Aviemore

Rothiemurchus Estate
*Les bœufs des Highlands font partie des
animaux à découvrir dans ce domaine
qui propose aux visiteurs des promenades
guidées et un aperçu de la vie rurale.*

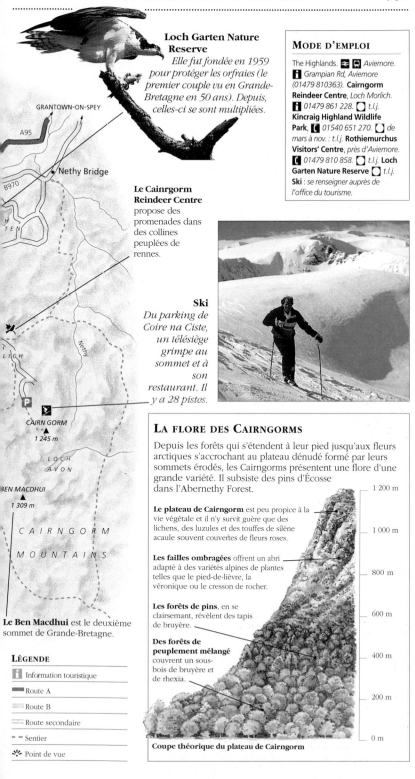

Loch Garten Nature Reserve
Elle fut fondée en 1959 pour protéger les orfraies (le premier couple vu en Grande-Bretagne en 50 ans). Depuis, celles-ci se sont multipliées.

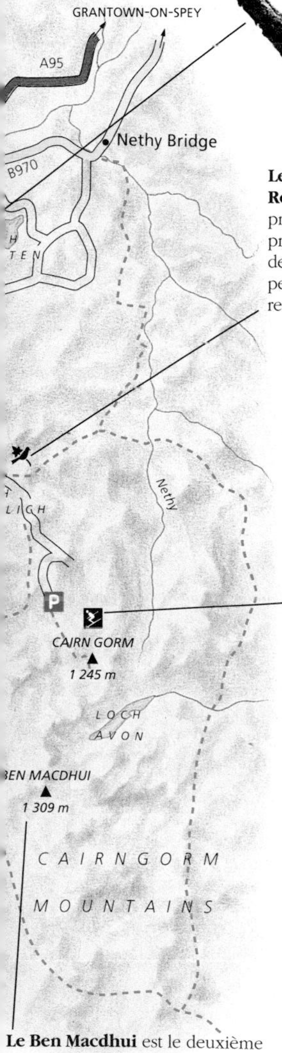
GRANTOWN-ON-SPEY
A95
Nethy Bridge
B970
Nethy
P
CAIRN GORM
1 245 m
LOCH AVON
BEN MACDHUI
1 309 m
CAIRNGORM MOUNTAINS

Le Cairngorm Reindeer Centre propose des promenades dans des collines peuplées de rennes.

Ski
Du parking de Coire na Ciste, un télésiège grimpe au sommet et à son restaurant. Il y a 28 pistes.

Le Ben Macdhui est le deuxième sommet de Grande-Bretagne.

Légende

- Information touristique
- Route A
- Route B
- Route secondaire
- Sentier
- Point de vue

Mode d'emploi

The Highlands. Aviemore. Grampian Rd, Aviemore (01479 810363). **Cairngorm Reindeer Centre**, *Loch Morlich.* *01479 861 228.* *t.l.j.* **Kincraig Highland Wildlife Park,** *01540 651 270.* *de mars à nov. : t.l.j.* **Rothiemurchus Visitors' Centre**, *près d'Aviemore.* *01479 810 858.* *t.l.j.* **Loch Garten Nature Reserve** *t.l.j.* **Ski** : *se renseigner auprès de l'office du tourisme.*

La flore des Cairngorms

Depuis les forêts qui s'étendent à leur pied jusqu'aux fleurs arctiques s'accrochant au plateau dénudé formé par leurs sommets érodés, les Cairngorms présentent une flore d'une grande variété. Il subsiste des pins d'Écosse dans l'Abernethy Forest.

Le plateau de Cairngorm est peu propice à la vie végétale et il n'y survit guère que des lichens, des luzules et des touffes de silène acaule souvent couvertes de fleurs roses.

Les failles ombragées offrent un abri adapté à des variétés alpines de plantes telles que le pied-de-lièvre, la véronique ou le cresson de rocher.

Les forêts de pins, en se clairsemant, révèlent des tapis de bruyère.

Des forêts de peuplement mélangé couvrent un sous-bois de bruyère et de rhexia.

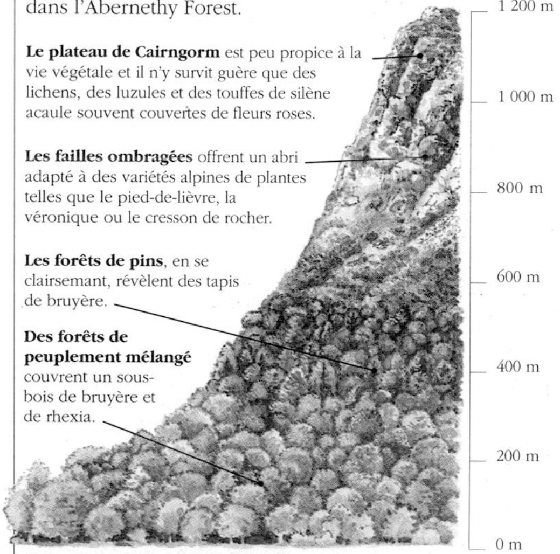
1 200 m
1 000 m
800 m
600 m
400 m
200 m
0 m

Coupe théorique du plateau de Cairngorm

Excursion de la route des îles ㉕

Ce trajet jusqu'au port de Mallaig et ses ferries pour les îles de Skye, Rhum et Eigg passe au pied de sommets majestueux, traverse de petits villages et longe de spectaculaires plages de sable blanc. Il est jalonné de souvenirs de l'épopée jacobite *(p. 523)*.

CARNET DE ROUTE

Itinéraire : 72 km.
Où faire une pause ? Documents et rafraîchissements au NTS Visitors' Centre de Glenfinnan (01 397 722 250) ; excellente cuisine écossaise à l'Arisaig House Hotel. (Voir aussi p. 636-637.)

Mallaig ⑦
Actif petit port de pêche, Mallaig est aussi l'un des principaux points d'embarquement pour l'île de Skye *(p. 520-521)*.

Morar ⑥
Dans une région réputée pour la blancheur de ses plages, la route longe le loch Morar qu'habiterait un monstre de 12 m de long.

Prince's Cairn ⑤
Au fond du loch Nan Uamh sur la péninsule d'Ardnish, un cairn marque l'endroit d'où Bonnie Prince Charlie quitta l'Écosse pour la France en 1746.

Oban ㉖

Argyll and Bute. 🏠 8 000. 🚌 🚉 🛳 🚩 *Boswell Hse, Argyll Sq (01631 63122).* 🗓 *ven.*

Situé sur le Firth of Lorne, ce petit port touristique d'où partent les ferries pour les îles de Mull, de Barra et de South Uist commande une vue superbe sur la côte de l'Argyll. Imitation inachevée du Colisée, la McCaig's Tower, entreprise en 1897 par un banquier pour lutter contre le chômage, domine la ville. Le monument manque d'intérêt esthétique, mais le panorama marin qu'offre le site justifie les 10 mn d'escalade nécessaire pour l'atteindre. Dans le centre-ville, vous pourrez assister à la fabrication de verre soufflé, de céramique et de whisky *(p. 475)*. La distillerie d'Oban produit un « pure malt » réputé. **A World in Miniature** présente une remarquable collection de maisons de poupée, dont certaines ont un ameublement dessiné par Charles Rennie Mackintosh *(p. 504)*.

🏛 A World in Miniature

North Pier. 📞 *01852 316272.* 🕐 *d'avril à oct. : t.l.j. (dim. : après-midi).* ♿

Mull ㉗

Argyll and Bute. 🏠 2 800. 🛳 *depuis Oban.* 🚩 *Tobermory (01688 302182).*

La plupart des routes de cette île à la beauté sauvage suivent sa côte découpée, offrant de larges panoramas. Depuis Craignure, un petit train dessert **Torosay Castle**. Une allée bordée de statues traverse les jardins de cette demeure du XIXe siècle décorée de meubles et de peintures d'époque. À quelques kilomètres à l'est, **Duart Castle**, résidence du clan Maclean, se dresse sur un promontoire. La visite permet de découvrir la salle de banquet et les appartements du donjon du XIIIe siècle. Dans ses cachots croupirent les marins d'un galion de l'Invincible Armada coulé à quai par Donald Maclean en 1588.

Tobermory Bay sur l'île de Mull

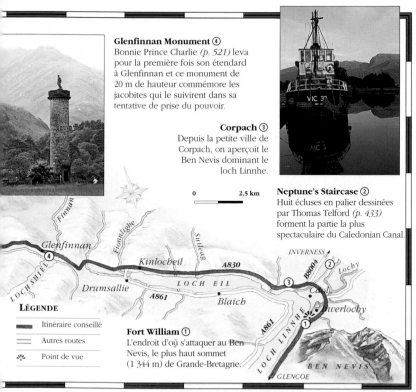

Glenfinnan Monument ④
Bonnie Prince Charlie *(p. 521)* leva pour la première fois son étendard à Glenfinnan et ce monument de 20 m de hauteur commémore les jacobites qui le suivirent dans sa tentative de prise du pouvoir.

Corpach ③
Depuis la petite ville de Corpach, on aperçoit le Ben Nevis dominant le loch Linnhe.

0   2,5 km

Neptune's Staircase ②
Huit écluses en palier dessinées par Thomas Telford *(p. 433)* forment la partie la plus spectaculaire du Caledonian Canal.

Fort William ①
L'endroit d'où s'attaquer au Ben Nevis, le plus haut sommet (1 344 m) de Grande-Bretagne.

LÉGENDE

▬▬ Itinéraire conseillé
— Autres routes
🔆 Point de vue

Aux environs
Depuis Fionnphort, un ferry dessert **Iona** où les ruines de deux abbayes rappellent que saint Columba *(p. 511)* fonda ici le premier monastère d'Écosse en 563. Au nord, l'îlot de Staffa mérite une visite pour la **grotte de Fingal**.

♣ **Torosay Castle**
A849, près de Craignure. 🕻 01680 812421. **Château** ◻ de Pâques à mi-oct. : t.l.j. **Jardins** ◻ t.l.j. 🈳
♣ **Duart Castle**
A849, près de Craignure. 🕻 01680 821309. ◻ d'avril à mi-oct. : t.l.j. 🈳

Loch Awe ㉘

Argyll and Bute. 🚇 🚌 *Dalmally*. 🚹 *Front St, Inveraray (01499 312063).*

L e plus long (40 km) des lacs d'Écosse s'étend au fond d'une vallée glaciaire du sud-ouest des Highlands. À quelques kilomètres au nord du village de Lochawe se dressent les vestiges de **Kilchurn Castle** (xvᵉ siècle), abandonné après qu'il eut été

Les ruines de Kilchurn Castle sur la rive nord du loch Awe

frappé par la foudre au xvIIIᵉ siècle. Les ruines paraissent minuscules au pied du Ben Cruachan, dont on atteint le sommet par l'étroit col de Brander où Robert Bruce *(p. 468)* combattit le clan MacDougal en 1308. Depuis l'A85, un tunnel conduit à la Cruachan Power Station, centrale électrique installée au cœur de la montagne. Près du village de

Taynuilt, à Bonawe, le Lorn Furnace (« Four abandonné ») témoigne de l'époque où l'industrie de la fonderie entraîna la destruction d'une grande partie des forêts.
Signalés, des cairns préhistoriques jalonnent l'A816 entre Kilmartin et Dunadd Fort, colline fortifiée où les Scots venus d'Irlande établirent leur capitale au vIᵉ siècle *(p. 468)*.

Inveraray Castle 🛈

Inveraray, Argyll and Bute. 🚆
Arrochar, puis bus. 📞 01499
302203. ◯ d'avril à juin, sept.-oct. :
du sam. au jeu. ; juil.-août : t.l.j. (dim.
après-midi) 📷 ♿ limité.

Inveraray Castle, résidence néo-gothique des Campbell

Sur le site d'un château du XVe siècle dont subsistent des ruines, Roger Morris et William Adam construisirent en 1745 ce palais néo-gothique, demeure des chefs du clan Campbell, ducs d'Argyll depuis 1701. Les tours d'angle à toiture conique furent ajoutées en 1877 après un incendie. Conçue à la fin du XVIIIe siècle par l'architecte Robert Mylne, la superbe décoration intérieure sert d'écrin à une riche collection de porcelaines orientales et européennes, de meubles Regency et d'œuvres de Ramsay, Gainsborough et Raeburn. Dans l'Armoury Hall sont exposées les armes qui servirent aux Campbell à combattre les jacobites (p. 523). Dans les écuries, le Combined Operations Museum rend hommage aux 250 000 soldats alliés qui s'entraînèrent ici pendant la dernière guerre.

Auchindrain Museum 🛈

Inveraray, Argyll and Bute. 📞 01499
500235. 🚌 Inveraray, puis bus.
◯ d'avril à sept. : t.l.j. 📷 ♿ limité.

Le premier musée en plein air inauguré en Écosse entretient le souvenir d'une forme d'organisation rurale très répandue dans les Highlands jusqu'à la fin du XIXe siècle : les communautés agricoles. Constitué d'une vingtaine de chaumières réunissant pour la plupart sous un même toit étable et espaces d'habitation, Auchindrain resta exploité jusqu'en 1962. Les visiteurs découvrent des méthodes de travail liées à une agriculture de subsistance aujourd'hui révolue, et le décor quotidien, avec ses lits clos, d'une vie simple dont une tradition ancestrale fixait les relations à la terre et à la propriété.

Ancienne charrue à l'Auchindrain Museum

Crarae Garden 🛈

Crarae, Argyll and Bute. 📞 01546
86614. 🚌 Inveraray, puis bus. ◯
t.l.j. 📷 ♿

Considéré par beaucoup comme le plus séduisant des jardins de l'ouest des Highlands, le Crarae Garden fut créé dans les années 1920 par Lady Grace Campbell. C'est son neveu, l'explorateur Reginald Farrer, qui rapporta du Tibet les spécimens à l'origine de sa collection de plantes exotiques. Dans un décor évoquant un ravin de haute montagne, rhododendrons himalayens et espèces végétales originaires de Tasmanie, de Nouvelle-Zélande et d'Amérique du Nord profitent d'un climat humide, tempéré par l'influence du Gulf Stream. De nombreux collectionneurs continuent à enrichir ce jardin particulièrement beau quand il se détache au printemps et au début de l'été sur les eaux bleues du loch Fyne.

Jura 🛈

Argyll and Bute. 🚶 300. ⛴ depuis
Kennacraig. 🛈 The Square, Bowmore
(0149 6810254).

La seule route de cette île montagneuse et désolée relie l'unique village, Craighouse, à l'embarcadère des ferries pour Islay. Bien que la circulation à pied soit limitée d'août à octobre pendant la saison de la chasse au cerf, Jura offre de superbes itinéraires de randonnée, notamment sur les pentes de ses trois principaux sommets, les Paps of Jura qui culminent à 784 m au Beinn an Oir.
Au large de la pointe nord de l'île se creusent les fameux tourbillons de Corryvreckan. Venu à Jura, travailler à son dernier roman, 1984, l'écrivain George Orwell faillit s'y noyer en 1946. Selon une légende, le prince Breackan tenta, pour gagner la main de l'élue de son cœur, de

Sur Islay, la distillerie Lagavulin produit un des meilleurs whiskies d'Écosse

Coucher de soleil sur les Paps of Jura vus depuis l'autre rive du loch Tarbert

maintenir son bateau au centre du tourbillon pendant trois jours. Des cordages renforcés par des cheveux de jeunes vierges lui servaient d'amarres. Un seul rompit, causant la mort du prince ; il contenait les cheveux d'une infidèle.

Islay ㉝

Argyll & Bute. 🏘 5 000. 🚢 depuis Kennacraig. 🛈 The Square, Bowmore (01496 810254).

La plus méridionale des Western Isles possède huit distilleries. Elles produisent des « pure malt » au fort parfum de tourbe, comme le Lagavulin ou le Laphroaig, qui ont une réputation méritée. La plus ancienne des distilleries se trouve dans le village georgien de Bowmore, dont l'église fut construite sur un plan circulaire afin, dit-on, de ne laisser au diable aucun recoin où se cacher.

À Port Charlotte, le **Museum of Islay Life** rassemble une riche documentation sur l'histoire naturelle et sociale de l'île. À 11 km à l'est de Port Ellen se dresse la Kildalton Cross (VIIIe s.) sculptée de scènes de l'Ancien Testament, l'une des plus belles croix celtiques de Grande-Bretagne. Autre site archéologique

d'intérêt, **Finlaggan**, l'ancienne forteresse des Lords of the Isles, anciens rois des Gaëls, est en cours d'excavation. La réserve naturelle de Gruinart permet d'observer les nombreux oiseaux de mer qui nichent le long des plages d'Islay.

🏛 Museum of Islay Life
Port Charlotte. 📞 01496 850358. 🕐 de Pâques à oct. : t.l.j. ; dim. (après midi). 🅿 ♿

Kintyre ㉞

Argyll & Bute. ✈ Oban. 🚌 Campbeltown. 🚢 Portavadie, Lochranza. 🛈 MacKinnon House, The Pier, Campbeltown (01586 552056).

La longue péninsule de Kintyre s'étend au sud-ouest de Glasgow et commande de superbes panoramas des îles de Gigha, Islay et Jura. Inauguré en

1801, le Crinan Canal est une ravissante voie navigable intérieure longue de 14 km, et de nombreux bateaux de plaisance se pressent en été devant ses 15 écluses. La ville de Tarbert, dont le nom signifie « isthme » en gaélique, occupe l'étroite bande de terre qui relie la péninsule au reste de l'Argyll. C'est le roi viking Magnus Barfud qui le premier la franchit avec son drakkar en 1198 ; un traité lui accordait tout le territoire qu'il pourrait contourner en bateau.

Au sud de Campbeltown, la B842 continue jusqu'au cap appelé Mull of Kintyre, un nom que Paul McCartney rendit célèbre en adaptant un morceau de cornemuse traditionnel portant ce titre. À l'ouest, vers l'Irlande, se trouve l'îlot de Rathlin où Robert Bruce *(p. 468)* se replia et apprit la patience dans sa lutte contre les Anglais.

Le port de Tarbert, péninsule de Kintyre

LES BONNES
ADRESSES

HÉBERGEMENT 538-573

RESTAURANTS ET PUBS 574-611

HÉBERGEMENT

Comparé à la France, l'hébergement est coûteux en Grande-Bretagne, mais il existe une forte tradition de logement chez l'habitant (*Bed and Breakfast*, chambres à la ferme...) et l'éventail des possibilités devrait vous permettre de vous loger en fonction de vos moyens, de vos besoins et de vos goûts. Du manoir au camping en passant par les anciens relais de poste ou la location d'appartements ou de maisons, formule particulièrement intéressante pour les

Portier du Hilton à Londres

familles, les pages 538 à 541 détaillent les différentes formes d'hébergement disponibles. Elles expliquent de surcroît les systèmes de classification appliqués par les autorités touristiques du Royaume-Uni. Les pages 542 à 573 proposent une sélection de plus de 350 hôtels et *Bed and Breakfasts* dans tout le pays. Nous avons effectué ce choix dans une large gamme de tarifs en tenant compte de la qualité des prestations, du cadre et du rapport qualité-prix.

LES COUNTRY-HOUSE HOTELS

Comme les hôtelleries en France, ces établissements de standing installés à la campagne se sont multipliés ces 15 dernières années et certains hôteliers ont cherché à profiter de la vogue en justifiant par quelques aménagements néo-rustiques l'utilisation dans leurs brochures du terme « *country-house* ».

Gérées pour certaines par leurs propriétaires, tel Cheddington Court *(p. 551)*, et pour d'autres par des chaînes comme Historic House Hotels, les véritables *country-houses* sont toutefois faciles à reconnaître : les bâtiments présentent toujours un intérêt architectural et ils renferment antiquités et beaux meubles. Souvent, un vaste parc les entoure. Le visiteur y trouvera confort, luxe... et tarifs en rapport.

LES CHAÎNE HÔTELIÈRES

Dans des catégories de prix généralement élevées, les établissements gérés par de grandes sociétés internationales comme Sheraton intègrent pour la plupart une très large gamme de commodités, notamment un restaurant gastronomique, une piscine et un centre de remise en forme. La personnalité et le charme qui leur manquent sont compensés par leur confort et leur caractère fonctionnel.

Les plus grandes chaînes, telle Forte Crest, ont des succursales dans toutes les villes importantes. Sauf exception, les prix s'appliquent à la chambre et non par personne. Ils ne comprennent pas toujours le petit déjeuner. Certains de ces hôtels offrent des réductions pour les séjours en week-end réservés à l'avance.

L'Atholl Palace Hotel *(p. 572)*

HÔTELS TRADITIONNELS ET RELAIS DE POSTE

Dans la gamme des hébergements à prix moyens, les hôtels traditionnels, souvent familiaux, se révèlent en général confortables. Certains des plus modernes offrent en ville un rapport qualité-prix intéressant.

En Angleterre et au pays de Galles ont subsisté d'anciens relais de poste *(coaching inns)*, comme le Swan dans le Suffolk *(p. 548)*. Ces auberges où chevaux et voyageurs trouvaient jadis gîte et couvert occupent pour la plupart de jolis édifices historiques et possèdent un décor traditionnel et un bon restaurant. Dans les villages, ils sont souvent le centre de la vie sociale, ce qui leur donne une atmosphère animée et conviviale.

Le Buckland Manor *(p. 555)*, Worcestershire

◁ **Les ruines de Corfe Castle (XIᵉ siècle) dans le Dorset**

Le Swan *(p. 548)*, un ancien relais de poste dans le Suffolk

BED-AND-BREAKFASTS ET GUESTHOUSES

Le panneau « B&B » accroché sur une maison indique que ses propriétaires pratiquent la forme d'hébergement à domicile connue sous le nom de *Bed and Breakfast* (lit. : « lit et petit déjeuner »), un des moyens les plus économiques de se loger en Grande-Bretagne.

Sauf rare exception, les *Bed and Breakfasts* ne louent que quelques chambres et refusent les paiements par chèques de voyage ou cartes bancaires. De nombreux offices du tourisme publient un *Bed & Breakfast Touring Map* recensant ceux qu'ils ont inspectés. Souvent un peu plus chères, les *guesthouses* sont des pensions de famille.

WOLSEY LODGES

Cette association porte le nom du cardinal Wosley qui voyagea dans tout le pays au XVIᵉ siècle en faisant grand cas de la qualité de l'accueil qu'il recevait. Elle regroupe des propriétaires proposant un hébergement de standing dans des résidences privées généralement situées à la campagne.

Les membres des Wolsey Lodges ont pour objectif de donner l'impression à leurs hôtes qu'ils sont reçus comme des invités et non comme des clients. Petit déjeuner anglais compris, les prix varient de 20 £ à 45 £ par personne pour une chambre double avec bain. Le repas du soir se prend en commun avec la famille qui vous accueille. Les adresses s'obtiennent auprès des offices du tourisme ou du bureau des Wolsey Lodges (*voir Carnet d'adresses p. 541*).

LES CATÉGORIES

La British Tourist Authority a appliqué à plus de 17 000 hôtels, pensions de famille, motels, auberges, *Bed and Breakfasts* et chambres à la ferme une classification par couronnes. Attribuées en fonction des commodités et services disponibles, les catégories vont de « *listed* » (« enregistré »), la plus basse, à 5 couronnes. L'office du tourisme local effectue chaque année une inspection pour vérifier que l'établissement remplit toujours les critères de sa catégorie. Ces critères ne tiennent toutefois pas compte de la qualité des services offerts et la BTA a institué un deuxième système de classification par « *quality gradings* » évaluant des éléments tels que la chaleur de l'accueil ou le confort de l'ameublement. Les mentions « *approved* », « *commended* », « *highly commended* » et « *de luxe* » complètent ainsi le nombre de couronnes. Un B&B proposant des services d'une grande qualité mais en nombre restreint peut donc n'avoir qu'une couronne mais être « *de luxe* ».

SUPPLÉMENTS SURPRISE

La pratique du pourboire devient de plus en plus rare ; vous ne serez censé en donner que dans les établissements les plus huppés ou si le personnel vous a rendu un service particulier ou s'est montré spécialement attentif. Le téléphone se révèle fréquemment le supplément le plus coûteux à l'hôtel. Avant de vous lancer dans de longues conversations depuis votre chambre, vérifiez les tarifs appliqués. L'écart justifie souvent l'effort d'utiliser un téléphone public.

L'Hintlesham Hall *(p. 548)* dans le Suffolk

TARIFS ET RÉSERVATIONS

Dans les hôtels, les prix s'entendent normalement pour la chambre et incluent taxes et service. Si vous voyagez seul et que l'établissement ne possède pas de chambres pour une personne, vous paierez en général presque aussi cher qu'un couple.

Les tarifs des palaces les plus luxueux ne sont jamais inférieurs à 200 £ et ne comprennent pas toujours de petit-déjeuner. À Londres, dans un hôtel moyen, une chambre pour deux personnes avec salle de bains et petit déjeuner coûtera entre 70 £ et 150 £. Hors de la capitale, vous dépenserez pour une prestation similaire entre 50 £ et 90 £.

L'entrée raffinée du Gore Hotel à Londres *(p. 542)*

Les prix des *Bed and Breakfasts* (hors de Londres) dépendent de la saison et vont de 12,5 £ à 30 £ par personne et par nuit. Toujours hors de Londres, une chambre pour une personne et une nuit reviendra au minimum à 20 £ dans une *guesthouse*. L'hébergement à la ferme comprend presque toujours un dîner substantiel. En pension complète, les hôtes paient entre 19 £ et 30 £ par personne et par nuit.

Certains établissements demandent de verser des arrhes lors de la réservation. Sauf si vous les réglez en donnant le numéro de votre carte bancaire, vous devriez pouvoir en récupérer une partie en cas d'annulation effectuée suffisamment tôt.

La folie de Doyden Castle, en Cornouailles, se loue auprès du National Trust

LES LOCATIONS

De l'appartement de luxe à la cabane en bois en passant par des moulins ou des granges entièrement réaménagés, la Grande-Bretagne offre un très large choix de locations, une forme d'hébergement, en général à la semaine, particulièrement adaptée aux personnes soucieuses de préserver leur indépendance, ou à celles qui voyagent avec des enfants et un budget serré. Les offices du tourisme locaux en tiennent les listes les plus complètes et les plus à jour. Ils peuvent en outre assurer des réservations.

La **British Tourist Authority** applique aux locations un système de classification semblable à celui des hôtels *(p. 539)*. Les hébergements inspectés reçoivent de une à cinq clés selon leur niveau d'équipement et une appréciation indiquant leur qualité.

Enseigne d'un Bed-and-Breakfast

En Écosse, des couronnes remplacent les clés des catégories, mais le système de recommandation est le même. Les autorités du pays de Galles, quant à elles, associent les deux classifications pour n'en faire qu'une seule : des dragons indiquent à la fois l'éventail de commodités proposées et leur qualité.

Le **Landmark Trust** est une organisation qui a sauvé de nombreux édifices anciens et les loue au public pour des week-ends ou à la semaine. Réserver tôt s'impose.

Le **National Trust** *(p. 25)* possède un département locations qui gère un parc de bâtiments historiques.

CAMPING, CARAVANING ET CAMPING-CARS

L'office du tourisme britannique (BTA) diffuse une publication en anglais, *Britain's Best Caravan/ Camping Parks*, qui recense un grand nombre des campings que possède la Grande-Bretagne. Ils sont pour la plupart ouverts de Pâques à octobre. Certains n'acceptent pas les tentes. Beaucoup proposent des caravanes en location. Pendant la haute saison, en été, mieux vaut réserver, en particulier près des sites touristiques. En cas de doute, les offices du tourisme locaux devraient être en mesure de vous renseigner sur les places disponibles. Un emplacement pour une tente ou une caravane coûte de 6 £ à 10 £ par nuit. Le **Caravan Club** et le **Camping and Caravanning Club** publient chacun un guide des terrains de camping appartenant à leur organisation, et il peut se révéler intéressant d'adhérer. Tous deux utilisent leur propre système de classification.

Le camping-car (*motor home* en anglais) reste de loin le moyen offrant le plus de liberté dans les déplacements et la brochure de la BTA *Britain : Vehicle Hire* donne des renseignements détaillés sur les possibilités de location. Un véhicule avec six couchettes et un équipement pouvant aller du groupe électrogène au four à micro-ondes en passant par un téléviseur coûte de 500 £ à 800 £ par semaine. Sur demande, il sera mis à disposition à l'aéroport ou au port de débarquement.

POUR LES HANDICAPÉS

Les panneaux « *Tourism for All* » (Tourisme pour tous) signalent les lieux d'hébergement répondant à des critères d'accessibilité spécifiques. **RADAR** (Royal Association for Disability and Rehabilitation) publie chaque année un guide pour les handicapés désireux de venir

Camping à Ogwen Valley, Snowdonia

en vacances dans les îles britanniques intitulé *Holidays in the British Isles : A Guide for Disabled People*. Il peut se commander par courrier auprès de leurs bureaux ou de grandes librairies. **Holyday Care Service** pourra également vous renseigner sur les hébergements et les moyens de transport. Nous avons indiqué dans notre sélection d'hôtels ceux qui possèdent un accès en fauteuil roulant.

En camping, les équipements sont généralement mieux adaptés sur les terrains les plus modernes. Le Camping and Caravanning Club et le Caravan Club vous indiqueront tous les campings affiliés possédant des toilettes et des sanitaires conçus pour des handicapés.

En Écosse, le **Scottish Tourist Board** précise dans ses principales brochures les conditions d'accès aux sites touristiques et aux lieux d'hébergement. Le **Disability Scotland Information Service** publie un guide gratuit pour les handicapés.

CARNET D'ADRESSES

HÔTELS

Best Western
143 London Road, Kingston upon Thames, Surrey KT2 6NA.
☎ 0181-541 0050.

Edwardian Hotels
140 Bath Road, Hayes, Middlesex UB3 5AW.
☎ 0181- 897 6644.

Forte
Oat Court, Dudley Rd Brierley Hill, West Midlands DY5 1GL.
☎ 0345 404040.

Historic House Hotels
Bishopsthorpe Road, York Y02 1QB.
☎ 01904 641241.

Sheraton
3 Hammersmith Broadway, London W6 9DZ.
☎ 0171-290 7174.

Wolsey Lodges
17 Chapel Street, Bidleston, Ipswich, Suffolk IP7 7EP.
☎ 01473 822058.

CAMPING, CARAVANING ET CAMPING-CARS

Caravan Club
East Grinstead House, London Road, East Grinstead, West Sussex RH19 1UA.
☎ 01342 326944.

Camping and Caravanning Club
Westwood Way, Coventry, West Midlands CV4 8JH.
☎ 01203 694995.

Tilshead Motor Homes
High Street, Tilshead, Salisbury, Wiltshire SP3 4SB
☎ 01980 620385.

LOCATIONS

BTA (Self-Catering Holiday Homes)
Thames Tower, Black's Road, London W6 9EL
(pas de demandes par tél.).

Landmark Trust
Shottesbrooke, Maiden-head, Berkshire SL6 3SW.
☎ 01628 825925.

National Trust (Holiday Bookings)
PO Box 536, Melksham, Wiltshire SN12 8SX.
☎ 01225 791199.

National Trust for Scotland
5 Charlotte Square, Edinburgh EH2 4DU.
☎ 0131 226 5922.

Snowdonia Tourist Services
High Street Porthmadog, Carmarthenshire LL49 9PG
☎ 01766 513829.

POUR LES HANDICAPÉS

Disability Scotland Information Service
Princes House, 5 Shandwick Place, Edinburgh EH2 4RG.
☎ 0131 229 8632.

Holiday Care Service
2 Old Bank Chambers, Station Road, Horley, Surrey RH6 9HW.
☎ 01293 774535.

RADAR
Unit 12, City Forum, 250 City Road, London.
☎ 0171-250 3222.

Scottish Tourist Board
23 Ravelston Terrace, Edinburgh EH4 3EU.
☎ 0131 332 2433.

Choisir un hôtel

Nous avons sélectionné ces établissements dans une large gamme de prix pour leur localisation ou la qualité de leurs prestations. Beaucoup comportent un restaurant. En commençant par Londres, ils sont présentés par régions différenciées par un code couleur. Pour les restaurants, voir les pages 574 à 607.

LONDRES

	CARTES BANCAIRES	RESTAURANT	ENFANTS BIENVENUS	JARDIN OU TERRASSE	NOMBRE DE CHAMBRES
WEST END & WESTMINSTER : *Hazlitt's.* **Plan 4 D5.** ⓔⓔⓔ 6 Frith St, W1V 5TZ. 0171-434 1771. FAX 0171-439 1524. Cet hôtel soigné installé dans trois maisons du XVIIIᵉ siècle, d'une simplicité reposante, propose des chambres décorées d'antiquités. ● 24-26 déc.	AE DC MC V				23
WEST END & WESTMINSTER : *Goring.* **Plan 5 C3.** ⓔⓔⓔⓔ Beeston Pl, Grosvenor Gardens, SW1W 0JW. 0171-396 9000. FAX 0171-834 4393 Depuis trois générations, les Goring assurent un service irréprochable dans cet élégant établissement édouardien. Superbe restaurant.	AE DC MC V	■			80
WEST END & WESTMINSTER : *22 Jermyn St.* **Plan 5 D1.** ⓔⓔⓔⓔⓔ 22 Jermyn St, SW1Y 6HL. 0171-734 2353. FAX 0171-734 0750. Studios et suites somptueusement décorés et magnifiquement entretenus destinés à des personnes en déplacement d'affaires.	AE DC MC V		●		18
WEST END & WESTMINSTER : *Waldorf.* **Plan 4 F5.** ⓔⓔⓔⓔ Aldwych, WC2B 4DD. 0171-836 2400. FAX 0171-836 7244. Ce bel hôtel n'a plus une clientèle aussi fermée qu'à sa grande époque. Certaines chambres sont en cours de rénovation.	AE DC MC V	■	●		292
WEST END & WESTMINSTER : *Claridge's.* **Plan 3 C5.** ⓔⓔⓔⓔⓔ Brook St, W1A 2JQ. 0171-629 8860. FAX 0171-499 2210. Étonnamment peu guindé pour un établissement si attaché à la tradition. Le décor associe grandeur classique et style Art déco.	AE DC MC V	■	●		192
WEST END & WESTMINSTER : *Connaught.* **Plan 3 B5.** ⓔⓔⓔⓔ Carlos Pl, W1Y 6AL. 0171-499 7070. FAX 0171-495 3262. Ce célèbre palace ne fournit ni brochure ni tarifs. Pour réserver, ne téléphonez pas, écrivez, et longtemps à l'avance.	MC V	■			90
WEST END & WESTMINSTER : *Ritz.* **Plan 6 D1.** ⓔⓔⓔⓔⓔ 55 Piccadilly, W1V 9DG. 0171-493 8181. FAX 0171-493 2687. Grands salons en marbre, décoration française dans les chambres. Dans le restaurant, des lustres dorés s'accrochent à une fresque de nuages.	AE DC MC V	■	●	■	130
WEST END & WESTMINSTER : *Savoy.* **Plan 4 F5.** ⓔⓔⓔⓔⓔ Strand, WC2R 0EU. 0171-836 4343. FAX 0171-240 6040. Son dandysme Art déco donne une distinction particulière à cet établissement où l'on affirme : « Standardiser n'est pas gérer ».	AE DC MC V	■	●		203
SOUTH KENSINGTON & HYDE PARK : *Knightsbridge Green.* **Plan 5 A2.** ⓔⓔⓔ 159 Knightsbridge, SW1X 7PD. 0171-584 6274. FAX 0171-225 1635. *Bed and Breakfast* haut de gamme à l'importante clientèle féminine. Thé et café servis toute la journée dans la Club Room. ● 24-26 déc.	AE DC MC V		●		25
SOUTH KENSINGTON & HYDE PARK : *Beaufort.* **Plan 5 A3.** ⓔⓔⓔⓔ 33 Beaufort Gardens, SW3 1PP. et FAX 0171-584 5252. La sobre élégance du décor et la qualité du service justifient les tarifs élevés de ce petit hôtel chic proche de Harrod's.	AE DC MC V		●		28
SOUTH KENSINGTON & HYDE PARK : *Gore.* **Plan 2 D5.** ⓔⓔⓔⓔ 189 Queen's Gate, SW7 5EX. 0171-584 6601. FAX 0171-589 8127. Au-dessus de deux restaurants réputés, la gamme de cet établissement victorien va de la chambrette pour personne seule à d'extraordinaires fantaisies Tudor. Service charmant. Tarifs très variables. ● 22 au 27 déc.	AE DC MC V	■			54
SOUTH KENSINGTON & HYDE PARK : *Basil Street.* **Plan 5 A3.** ⓔⓔⓔⓔ Basil St, SW3 1AH. 0171-581 3311. FAX 0171-581 3693. Le Basil Street possède une ambiance édouardienne et surannée mais sans prétention. Salon confortable et superbe bar à vins abordable pour le quartier. Une majorité de femmes parmi les habitués.	AE DC MC V	■	●		93

Les prix correspondent à une nuit en chambre double, service, taxes et petit déjeuner compris. ⓕ moins de 50 £ ⓕⓕ de 50 à 100 £ ⓕⓕⓕ de 100 à 150 £ ⓕⓕⓕⓕ de 150 à 200 £ ⓕⓕⓕⓕⓕ plus de 200 £	**RESTAURANT** Sauf indication contraire, le restaurant ou la salle à manger accueille d'autres clients que les hôtes. **ENFANTS BIENVENUS** Berceaux, lits d'enfants et baby-sitting. Certains restaurants proposent menus enfants et chaises hautes. **JARDIN OU TERRASSE** Hôtel possédant un jardin, une cour intérieure ou une terrasse. Souvent, possibilité de manger dehors. **CARTES BANCAIRES** Cartes acceptées : AE = American Express ; DC = Diners Club ; MC = Master Card/Access ; V = Visa.			

	CARTES BANCAIRES	RESTAURANT	ENFANTS BIENVENUS	JARDIN OU TERRASSE	NOMBRE DE CHAMBRES
REGENT'S PARK & BLOOMSBURY : *Academy.* **Plan 4 D3.** ⓕⓕⓕ 17-25 Gower St, WC1E 6HG. ☎ *0171-631 4115.* FAX *0171-636 3442.* Atmosphère sophistiquée mais sans excès dans trois maisons de style georgien proches du cœur de l'université de Londres. 🛏 24 TV	AE DC MC V	■	●	■	32
REGENT'S PARK & BLOOMSBURY : *Blandford.* **Plan 3 B4.** ⓕⓕ 80 Chiltern Street, W1M 1PS. ☎ *0171-486 3103.* FAX *0171-487 2786.* *Bed and Breakfast* bon marché et accueillant, cet établissement familial offre un hébergement simple et fonctionnel, mais sert un copieux petit déjeuner anglais. 🛏 TV	AE DC MC V				33
REGENT'S PARK & BLOOMSBURY : *Durrants.* **Plan 3 A4.** ⓕⓕⓕ George St, W1H 6BJ. ☎ *0171-935 8131.* FAX *0171-487 3510.* Avec ses chambres simples, ses vieux cuirs et ses boiseries, cet hôtel georgien a gardé l'atmosphère du relais de poste qu'il fut jadis. 🛏 24 ⛬	AE DC MC V	■	●		92
REGENT'S PARK & BLOOMSBURY : *Russell.* **Plan 4 E3.** ⓕⓕⓕⓕ Russell Sq, WC1B 5BE. ☎ *0171-837 6470.* FAX *0171-837 2857.* Derrière une façade solennelle sur Russell Square, lambris, lustres et profonds canapés de cuir donnent à cet hôtel une atmosphère littéraire. Les meilleures chambres dominent la place. 🛏 24 ⛢	AE DC MC V	■	●	■	329
REGENT'S PARK & BLOOMSBURY : *Langham Hilton.* **Plan 3 C4.** ⓕⓕⓕⓕⓕ 1 Portland Pl, W1N 4JA. ☎ *0171-636 1000.* FAX *0171-323 2340.* Rouvert en 1991 après rénovation, le Langham a retrouvé sa splendeur victorienne, mais offre tout le confort moderne. 🛏 24 ⛢ ⛬	AF DC MC V	■	●	■	380
EN DEHORS DU CENTRE : *Abbey House, Kensington.* **Plan 1 C3.** ⓕ 11 Vicarage Gate, W8 4AG. ☎ *0171-727 2594.* Dans une ancienne demeure victorienne, un *Bed and Breakfast* sans surprise proposant des chambres sans salle de bains mais spacieuses. TV					16
EN DEHORS DU CENTRE : *Collin House, Victoria.* **Plan 5 B4.** ⓕ 104 Ebury St, SW1W 9QD. ☎ *0171-730 8031.* FAX *0171-402 5401.* Une petite pension de famille qui se détache du lot par son accueil. Décor sans recherche, mais chambres fraîches et propres. ● *23 déc.-2 jan.* 🛏		■	●	■	13
EN DEHORS DU CENTRE : *Edward Lear, Marble Arch.* **Plan 3 5A.** ⓕ 28-30 Seymour St, W1H 5WD. ☎ *0171-402 5401.* FAX *0171-706 3766.* Dans l'ancienne maison de l'auteur Edward Lear, ce *Bed and Breakfast* simple et propre offre un excellent accueil aux personnes seules et aux familles. 🛏			●		31
EN DEHORS DU CENTRE : *Swiss Cottage, Swiss Cottage.* ⓕ 4 Adamson Rd, NW3 3HP. ☎ *0171-722 2281.* FAX *0171-630 8831.* Cette maison victorienne, bien tenue, offre un accueil délicieusement vieillot. Déco et meubles charmants. 🛏 ⏹	AE DC MC V	■	●		63
EN DEHORS DU CENTRE : *Windermere, Pimlico.* **Plan 5 C4.** ⓕⓕ 142-144 Warwick Way, SW1V 4JE. ☎ *0171-834 5163.* FAX *0171-630 8831.* Hôtel chaleureux, bon marché et d'une propreté immaculée à 10 minutes à pied de la gare Victoria. Le petit déjeuner est servi dans une jolie salle à manger, les chambres sont claires et le personnel se montre attentif. 🛏 24	AE MC V	■			23
EN DEHORS DU CENTRE : *Aster House, South Kensington.* ⓕⓕⓕ 3 Sumner Pl, SW7 3EE. ☎ *0171-581 5888.* FAX *0171-584 4925.* Parmi les quelques hôtels discrets de cette place élégante, peu proposent des tarifs aussi raisonnables. Toutes les chambres sont non-fumeurs. 🛏 ⛬ TV	DC MC V		●	■	16
EN DEHORS DU CENTRE : *Bryanston Court, Marble Arch.* **Plan 3 5A.** ⓕⓕ 56-60 Great Cumberland Pl, W1H 7FD. ☎ *0171-262 3141.* FAX *0171-262 7248.* L'atmosphère policée et un peu surannée recèle une touche personnelle qui manque à beaucoup d'hôtels du West End. Les chambres sont simples, fonctionnelles et agréables, mais un peu petites. 🛏 ⛬ TV	AE DC MC V				54

Les prix correspondent à une nuit en chambre double, service, taxes et petit déjeuner compris.

£ moins de 50 £
££ de 50 à 100 £
£££ de 100 à 150 £
££££ de 150 à 200 £
£££££ plus de 200 £

RESTAURANT
Sauf indication contraire, le restaurant ou la salle à manger accueille d'autres clients que les hôtes.

ENFANTS BIENVENUS
Berceaux, lits d'enfants et baby-sitting. Certains restaurants proposent menus enfants et chaises hautes.

JARDIN OU TERRASSE
Hôtel possédant un jardin, une cour intérieure ou une terrasse. Souvent, possibilité de manger dehors.

CARTES BANCAIRES
Cartes acceptées : AE = American Express ; DC = Diners Club ; MC = Master Card/Access ; V = Visa.

	CARTES BANCAIRES	RESTAURANT	ENFANTS BIENVENUS	JARDIN OU TERRASSE	NOMBRE DE CHAMBRES
EN DEHORS DU CENTRE : *Byron, Bayswater.* **Plan 2 D2.** ££ 36-38 Queensborough Terrace, W2 3SH. (0171-243 0987. FAX 0171-792 1957. Un hôtel accueillant et sans prétention. Salon confortable au décor rustique et chambres neutres. 🔲 24 ⚡ TV	AE DC MC V		●		45
EN DEHORS DU CENTRE : *Ebury Court, Victoria.* **Plan 5 B4.** ££ 28 Ebury St, SW1W 0LU. (0171-730 8147. FAX 0171-823 5966. Dans plusieurs maisons mitoyennes, chambres pour la plupart petites et simples et pièces communes ornées de meubles de famille. ● *23 déc. au 3 jan.* 🔲 24 TV	AE DC MC V	■			42
EN DEHORS DU CENTRE : *Five Sumner Place, South Kensington.* ££ 5 Sumner Pl, SW7 3EE. (0171-584 7586. FAX 0171-823 9962. Dotée d'une terrasse, cette élégante villa victorienne offre un asile où se reposer du bruit et de l'animation du centre de Londres. 🔲 24 TV	AE DC MC V			■	13
EN DEHORS DU CENTRE : *Mornington, Bayswater.* **Plan 2 E2.** £££ 12 Lancaster Gate, W2 3LG. (0171-262 7361. FAX 0171-706 1028. L'atmosphère intime créée par les livres du salon-bibliothèque contraste avec l'austérité scandinave des chambres. 🔲 ⚡ TV	AE DC MC V		●		68
EN DEHORS DU CENTRE : *Portobello, Notting Hill.* **Plan 1 A2.** £££ 22 Stanley Gardens, W11 2NG. (0171-727 2777. FAX 0171-792 9641. Établissement excentrique au décor sophistiqué mêlant styles victorien et édouardien. Les chambres vont du minuscule au grandiose. 🔲 24	AE DC MC V	■			22
EN DEHORS DU CENTRE : *Abbey Court, Notting Hill.* **Plan 1 C2.** £££ 20 Pembridge Gardens, W2 4DU. (0171-221 7518. FAX 0171-720 0858. Luxueux *Bed and Breakfast* installé dans un hôtel particulier. De belles antiquités victoriennes décorent les chambres, parmi lesquelles plusieurs sont destinées à des personnes seules. 🔲 24 TV	AE DC MC V		●		23
EN DEHORS DU CENTRE : *Cannizaro House, Wimbledon.* ££££ West Side, Wimbledon Common, SW19 4UF. (0181-879 1464. FAX 0181-879 7338. De splendides jardins clos donnent des allures de maison de campagne à cet hôtel au style georgien ostentatoire construit en 1705. 🔲 24 P & TV	AE DC MC V	■	●	■	46
EN DEHORS DU CENTRE : *Dorset Square, Marylebone.* **Plan 3 A3.** ££££ 39-40 Dorset Sq, NW1 6QN. (0171-723 7874. FAX 0171-724 3328. Sur une élégante place du XVIIIe siècle, ce superbe édifice Regency, décoré d'antiquités, de beaux tissus, d'objets d'art et de peintures intéressantes, propose des chambres aux styles tous différents. 🔲 24	AE MC V	■	●		38
EN DEHORS DU CENTRE : *Sydney House, Chelsea.* £££££ 9-11 Sydney St, SW3 6PU. (0171-376 7711. FAX 0171-376 4233. Les tarifs sont extrêmement raisonnables pour un établissement aussi chic, où chaque chambre est un monde en soi et où meubles Bugatti, lustres et ornements muraux florentins décorent les pièces communes. 🔲 24	AE DC MC	■	●		21
EN DEHORS DU CENTRE : *Pembridge Court, Notting Hill.* £££££ 34 Pembridge Gardens, W2 4DX. (0171-229 9977. FAX 0171-727 4982. Établissement confortable dans un bel hôtel particulier. L'exposition d'accessoires de mode donne une touche originale aux chambres. 🔲 24	AE DC MC V	■	●		20
EN DEHORS DU CENTRE : *La Reserve, Chelsea.* ££ 422-428 Fulham Rd, SW6 1DU. (0171-385 8561. FAX 0171-385 7662. Mobilier ultramoderne derrière une façade classique. Les chambres au décor minimaliste ont de belles salles de bains. 🔲 24 ⚡	AE DC MC V	■	●	■	41
EN DEHORS DU CENTRE : *The London Outpost, Chelsea.* **Plan 5 A4.** £££££ 69 Cadogan Gardens, SW3 2RB. (0171-589 7333. FAX 0171-581 4958. On se sent chez soi dans ce grand et calme *Bed and Breakfast*. L'immeuble a conservé la plupart de sa décoration originale de style victorien. 🔲 24 ⚡	AE DC MC V		●		11

En dehors du centre : *Cliveden Town House, Chelsea.* ££££
24-26 Cadogan Gardens, SW3 2RP. 0171-730 6466. FAX 0171-730 0236.
Hôtel particulier ressemblant plus à un club résidentiel qu'à un hôtel. Plantes vertes, antiquités, gravures et salle de bains en marbre décorent les chambres.
AE DC MC — 40

En dehors du centre : *Sheraton Skyline, Heathrow Airport.* ££££
Bath Rd, Hayes, Middlesex, UB3 5BP. 0181-759 2535. FAX 0181-750 9150.
Proche de l'aéroport, le Sheraton offre en plus l'intérêt de posséder une superbe piscine dans un cadre de verdure.
AE DC MC V — 351

En dehors du centre : *Blakes, South Kensington.* £££££
33 Roland Gardens, SW7 3PF. 0171-370 6701. FAX 0171-373 0442.
Il suffit de jeter un coup d'œil à son décor exotique pour se rendre compte que cet hôtel à la façade verte n'est pas comme les autres.
AE DC MC V — 51

En dehors du centre : *Halkin, Belgravia.* £££££
5 Halkin St, SW1X 7DJ. 0171-333 1000. FAX 0171-333 1100.
Si la reconstitution d'un univers lasse, le minimalisme résolument contemporain du Halkin vous offrira une bouffée d'oxygène.
AE DC MC V — 41

En dehors du centre : *Lowndes, Knightsbridge.* **Plan 5 B3.** £££££
Lowndes St, SW1X 9ES. 0171-823 1234. FAX 0171-235 1154.
Une atmosphère intime, avec la possibilité de profiter sans supplément de toutes les installations du Hyatt Carlton voisin.
AE DC MC V — 78

Les Downs et les côtes de la Manche

Battle : *Powdermills* ££
Powermill Lane, Battle, E Sussex TN33 0SP. 01424 775511. FAX 01424 774540.
Entouré d'un vaste parc renfermant un étang de pêche, cet hôtel possède des chambres très confortables et un restaurant agréable.
AE MC V — 35

Bonchurch : *Winterbourne* £££
Bonchurch, près de Ventnor, Isle of Wight PO38 1RQ.
01983 852535. FAX 01983 853056.
Un établissement un peu démodé, mais le prix inclut le petit déjeuner et le dîner. Réservez une chambre donnant sur la mer – la vue est magnifique par-dessus le jardin bien entretenu. ● *de nov. à mars.*
AE DC MC V — 15

Boughton Lees : *Eastwell Manor* ££££
Eastwell Park, Boughton Lees, Ashford TN25 4HR.
01233 219955. FAX 01233 635530.
Chambres confortables et excellent restaurant *(p. 582)* dans un manoir moderne mais dont l'histoire remonte à 1069.
AE DC MC V — 23

Boughton Monchelsea : *Tanyard* £££
Wierton Hill, Boughton Monchelsea, Maidstone, Kent ME17 4JT.
01622 744705. FAX 01622 741998.
Superbe vue sur le Weald of Kent depuis une demeure médiévale remarquablement restaurée. Feu dans la cheminée. ● *de fin déc. à fin jan.*
AE DC MC V — 6

Brighton : *Dove* ££
18 Regency Square, Brighton, E Sussex BN1 2FG.
01273 779222. FAX 01273 746912.
À quelques minutes de la mer dans une maison Regency, cet hôtel familial propose des chambres modernes et immaculées, et un service efficace et amical. Il est possible d'y dîner.
AE DC MC V — 10

Brighton : *Topps* ££
17 Regency Square, Brighton, E Sussex BN1 2FG.
01273 729334. FAX 01273 203679.
Deux maisons Regency superbement meublées abritent cet établissement. La majorité des chambres ont de grandes salles de bains.
AE DC MC V — 15

Canterbury : *Thanington* ££
140 Wincheap, Canterbury, Kent CT1 3RY. 01227 453227. FAX 01227 453225.
À quelques minutes du centre, ce *Bed and Breakfast* parfaitement entretenu occupe une belle maison georgienne. Une piscine couverte et chauffée ajoute à son intérêt. ● *25 déc.*
AE DC MC — 16

Chartham : *Thruxted Oast* £££
Mystole, Chartham, Canterbury, Kent CT4 7BX. 01227 730080.
Un *B&B* un peu cher mais confortable installé au cœur du village dans une ancienne sécherie à houblon *(p. 147).* ● *25 déc.*
AE DC MC V — 3

Les prix correspondent à une nuit en chambre double, service, taxes et petit déjeuner compris.

£ moins de 50 £
££ de 50 à 100 £
£££ de 100 à 150 £
££££ de 150 à 200 £
£££££ plus de 200 £

RESTAURANT
Sauf indication contraire, le restaurant ou la salle à manger accueille d'autres clients que les hôtes.

ENFANTS BIENVENUS
Berceaux, lits d'enfants et baby-sitting. Certains restaurants proposent menus enfants et chaises hautes.

JARDIN OU TERRASSE
Hôtel possédant un jardin, une cour intérieure ou une terrasse. Souvent, possibilité de manger dehors.

CARTES BANCAIRES
Cartes acceptées : AE = American Express ; DC = Diners Club ; MC = Master Card/Access ; V = Visa.

		CARTES BANCAIRES	RESTAURANT	ENFANTS BIENVENUS	JARDIN OU TERRASSE	NOMBRE DE CHAMBRES
CUCKFIELD : *Ockenden Manor* £££ Ockenden Lane, Cuckfield, W Sussex RH17 5LD. 📞 01444 416111. FAX 01444 415549. Ce confortable manoir du XVIᵉ siècle offre une belle vue sur les South Downs et possède un bon restaurant et un jardin charmant.		AE DC MC V	■	●	■	22
DOVER : *Number One Guesthouse* £ 1 Castle St, Dover, Kent CT16 1QH. 📞 01304 202007. À quelques minutes des ferries et d'Eurotunnel, un *B&B* immaculé dominé par le Dover Castle. Petits déjeuners servis dans les chambres. ● 25 déc. et 1ᵉʳ jan.				●	■	6
HAYLING ISLAND : *Cockle Warren Cottage* ££ 36 Seafront, Hayling Island, Hants PO11 9HL. 📞 01705 464961. FAX 01705 464838. En face de la mer, cet hôtel moderne comprend un restaurant en véranda et propose des chambres petites mais agréables.		AE MC V	■		■	5
HORDLE : *Gordleton Mill* £££ Silver St, Hordle, Lymington, Hants SO41 6DJ. 📞 01590 6882219. FAX 01590 683073. Joli moulin du XVIIᵉ siècle sur la rive de l'Avon. Chambres luxueuses et restaurant vivement recommandé.		AE DC MC V	■	●	■	7
MIDHURST : *Angel* ££ North St, Midhurst, W Sussex GU29 9DN. 📞 01730 812421. FAX 01730 815928. Relais de poste du XVIᵉ siècle modernisé avec goût au centre d'un village historique. Brasserie et restaurant excellents.		AE DC MC V	■	●	■	28
RINGWOOD : *Moortown Lodge* ££ 244 Christchurch Rd, Ringwood, Hants BH24 3AS. 📞 01425 471404. FAX 01425 476052. Hôtel simple mais agréable avec ses chambres confortables où ne parvient pas le bruit de la circulation. Bon restaurant. ● 25 déc. à mi-jan.		AE MC V	■	●		6
RYE : *Old Vicarage* ££ 66 Church Square, Rye, E Sussex TN31 7HF. 📞 01797 222119. FAX 01797 227466. Charmante maison rose du XVIIIᵉ siècle au cœur du Rye historique. Belles chambres confortables et délicieux petits déjeuners.				●	■	6
RYE : *Jeake's House* ££ Mermaid St, Rye, E Sussex TN31 7ET. 📞 01797 222828. FAX 01797 222623. Une maison du XVIIᵉ siècle dans l'une des plus jolies rues pavées de la ville. Chambres soignées. Beaucoup de choix au petit déjeuner.		MC V				12
RYE : *Little Orchard House* ££ West St, Rye, E Sussex TN31 7ES. 📞 01797 223831. Non loin de la vieille ville, un *B&B* confortable dans un hôtel particulier du XVIIIᵉ siècle. Petit déjeuner consistant.		MC V			■	3
ST MARGARET'S-AT-CLIFFE : *Wallett's Court* ££ West Cliffe, St Margaret's-at-Cliffe, Dover, Kent CT15 6EW. 📞 01304 852424. FAX 01304 853430. Près de Douvres, bon restaurant et hôtel familial à l'atmosphère rétro dans une demeure seigneuriale du XVIIᵉ siècle.		AE MC V	■	●	■	16
SEAVIEW : *Seaview* ££ High St, Seaview, Isle of Wight PO34 5EX. 📞 01983 612711. FAX 01983 613729. Le salon et certaines des chambres offrent de superbes vues sur la mer. Un choix de deux bars où se détendre.		AE DC MC V	■	●	■	16
SMARDEN : *Bell* £ Bell Lane, Smarden, Kent TN27 8PW. 📞 01233 770283. Bonne cuisine de famille et chambres simples dans ce pub du XVIᵉ siècle où un décor rustique et du feu dans la cheminée créent une ambiance chaleureuse. Il faut toutefois partager les salles de bains. ● 25 déc.		AE MC V	■	●	■	4

UCKFIELD : *Hooke Hall* £££ | AE MC V | 9
250 High St, Uckfield, E Sussex TN22 1EN. ☎ *01825 761578.* FAX *01825 768025.*
En plein centre-ville, un très grand confort dans une maison datant de la
reine Anne. Spécialités italiennes au restaurant. 🛏 📺 🅿

WICKHAM : *Old House* ££ | AE DC MC V | 12
The Square, Wickham, Hants PO17 5JG. ☎ *01329 833049.* FAX *01329 833672.*
Sur une place où tous les édifices sont classés, hôtel du XVIIIe siècle au
décor simple mais élégant. Excellente cuisine. 🛏 📺 🅿

WINCHESTER : *Wykeham Arms* ££ | AE MC V | 7
75 Kingsgate St, Winchester, Hants SO23 9PE. ☎ *01962 853834.* FAX *01962 854411.*
L'un des plus anciens pubs de la ville loue des chambres douillettes.
Avec leurs cheminées, les bars ont gardé leur charme d'origine. 🛏 📺 🅿

L'EAST ANGLIA

BECCLES : *St Peter's House* £ | AE DC MC V | 3
Old Market, Beccles, Suff. NR34 9AP. ☎ *et* FAX *01502 713203.*
Pièces communes de style gothique et chambre *cosy* dans un immeuble
géorgien. Jardin menant à la rivière Waveney. ● *25 et 26 déc., 1er jan.*

BLAKENEY : *White Horse* ££ | AE DC MC V |
4 High St, Blakeney, Holt, Norf NR25 7AL. ☎ *01263 740574.* FAX *01263 741303.*
Un pub accueillant au centre d'un joli village côtier. Le restaurant occupe
l'ancienne remise à équipages. Chambres plaisantes. 🛏 📺 🅿

BROXTED : *Whitehall* £££ | AE DC MC V | 25
Broxted, près de Stansted Airport, Essex CM6 2BZ.
☎ *01279 850603.* FAX *01279 850385.*
Près de l'aéroport, un manoir élisabéthain, une ancienne grange et une
annexe moderne renferment des chambres spacieuses. Excellent
restaurant. ● *25 au 30 déc.* 🛏 📺 🅿 🏊

BURNHAM MARKET : *Hoste Arms* ££ | MC V | 22
The Green, Burnham Market, Kings Lynn, Norf PE31 8HD.
☎ *01328 738257.* FAX *01328 730103.*
Cet établissement offre un choix de bars et de restaurants au décor toujours
harmonieux et propose des chambres de bonnes dimensions. 🛏 📺 🅿

CAMBRIDGE : *Lensfield Hotel* ££ | AE V | 36
53 Lensfield Rd, Cambridge, Cambs CB2 1EN. ☎ *01223 355017.* FAX *01223 312022.*
Près du centre-ville. Restaurant avec cuisine anglaise, française et
grecque. 🛏 📺

CAMBRIDGE : *Sorrento Hotel* ££ | AE MC V | 30
196 Cherry Hinton Rd, Cambridge, Cambs CB1 4AN 1HP.
☎ *01223 243533.* FAX *01223 213463.*
Séduisant hôtel familial possédant un excellent restaurant. 🛏 24 📺 🅿

CAMPSEA ASHE : *Old Rectory* ££ | AE DC MC V | 7
Campsea Ashe, près de Woodbridge, Suff IP13 0PU. ☎ *et* FAX *01728 746524.*
Un ancien presbytère en partie georgien et en partie Tudor. L'été, le dîner
a lieu sous la verrière dominant le superbe jardin. 🛏 🅿

CLEY-NEXT-THE-SEA : *Cley Mill* ££ | MC V | 6
Cley-next-the-Sea, Holt, Norf NR25 7NN. ☎ *et* FAX *01263 740209.*
Dans le cadre d'un ancien moulin à vent du XVIIIe siècle, des chambres avec
vue sur les marais. Dîner sur commande. 🛏 🅿

DEDHAM : *Dedham Hall* ££ | MC V | 16
Brook St, Dedham, Essex CO7 6AD. ☎ *01206 323027.* FAX *01206 323293.*
Feu dans la cheminée et jeux de société dans les salons douillets d'un
cottage du XVe siècle. Bonne cuisine de famille. 🛏 📺 🅿

DEDHAM : *Maison Talbooth* £££ | AE MC V | 10
Stratford Rd, Dedham, Essex CO7 6HN. ☎ *01206 322367.* FAX *01206 322752.*
Cette grandiose demeure édouardienne au salon élégant abrite un *B&B*
haut de gamme proposant des chambres immenses. 🛏 📺 🅿

DISS : *Salisbury House* ££ | MC V | 3
84 Victoria Rd, Diss, Norf IP22 3JG. ☎ *et* FAX *01379 644738.*
Rez-de-chaussée au décor victorien, comme l'extérieur du bâtiment.
Grandes chambres confortables. Excellent restaurant. 🛏 📺 🅿

Les prix correspondent à une nuit en chambre double, service, taxes et petit déjeuner compris.

€ moins de 50 £
€€ de 50 à 100 £
€€€ de 100 à 150 £
€€€€ de 150 à 200 £
€€€€€ plus de 200 £

RESTAURANT
Sauf indication contraire, le restaurant ou la salle à manger accueille d'autres clients que les hôtes.

ENFANTS BIENVENUS
Berceaux, lits d'enfants et baby-sitting. Certains restaurants proposent menus enfants et chaises hautes.

JARDIN OU TERRASSE
Hôtel possédant un jardin, une cour intérieure ou une terrasse. Souvent, possibilité de manger dehors.

CARTES BANCAIRES
Cartes acceptées : AE = American Express ; DC = Diners Club ; MC = Master Card/Access ; V = Visa.

	CARTES BANCAIRES	RESTAURANT	ENFANTS BIENVENUS	JARDIN OU TERRASSE	NOMBRE DE CHAMBRES
GREAT DUNMOW : *Starr* €€ Market Place, Great Dunmow, Essex CM6 1AX. ☎ 01371 874321. 𝖥𝖠𝖷 01371 876337. Ancien pub, le Starr a 500 ans. Ses poutres apparentes et ses éclairages tamisés lui donnent une atmosphère chaleureuse. La cuisine de famille du restaurant se révèle délicieuse et les chambres sont agréables. 🚗 📺 🅿	AE MC V	■	●	■	8
GREAT SNORING : *Old Rectory* €€ Barsham Rd, Great Snoring, Fakenham, Norf NR21 OHP. ☎ 01328 820597. 𝖥𝖠𝖷 01328 820048. Sur la côte près de Walsingham, cet hôtel offre dans un cadre paisible une base confortable et accueillante d'où explorer le Norfolk. 🚗 📺 🅿	AE MC V	■	●	■	6
GRIMSTON : *Congham Hall* €€€ Grimston, Kings Lynn, Norf PE32 1AH. ☎ 01485 600250. FAX 01485 601191. Une belle maison georgienne où le chef cuisine les légumes et les fines herbes du jardin. Tenue de ville attendue pour le dîner. 🚗 📺 🅿 ≋	AE DC MC V	■		■	14
HINTLESHAM : *Hintlesham Hall* €€€ George St, Hintlesham, près d'Ipswich, Suff IP8 3NS. ☎ 01473 652334. 𝖥𝖠𝖷 01473 652463. Dotée d'une élégante façade georgienne, cet hôtel est sophistiqué mais pas collet monté. Le choix de restaurants (*p. 585*) et de styles de chambre répondra à des goûts et des budgets variés. ● 25 déc. 🚗 📺 🅿 ≋	AE DC MC V	■	●	■	33
HORDON-ON-THE-HILL : *Hill House* €€ Hordon-on-the-Hill, Essex SS17 8LD. ☎ 01375 673154. FAX 01375 361611. Chambres bien décorées et dotées de bonnes salles de bains. Possibilité de manger au Bell tout proche. Excellent rapport qualité-prix. ● 25 déc. au 1ᵉʳ jan. 🚗 📺 🅿	AE MC V	■	●	■	11
LAVENHAM : *Angel* €€ Market Pl, Lavenham, Suff CO10 9QZ. ☎ 01787 247388. FAX 01787 248344. Accueillante et sans prétention, cette auberge vieille de six siècles possède beaucoup d'atmosphère. Les chambres sont propres et gaies. 🚗 📺 🅿	AE MC V	■	●	■	8
LAVENHAM : *Great House* €€ Market Pl, Lavenham, Suff CO10 9QZ. ☎ 01787 247431. FAX 01787 248007. Immenses chambres à l'étage et vaste restaurant français servant une excellente cuisine au rez-de-chaussée. 🚗 📺 🅿	AE MC V	■	●	■	5
LAVENHAM : *Swan* €€€ High St, Lavenham, Sudbury, Suff CO10 GQA. ☎ 01787 247477. FAX 01787 248286. Dans ce village historique, le Swan date du XIVᵉ siècle et propose des chambres lambrissées agréablement décorées. 🚗 📺 24 🅿	AE DC MC V	■	●	■	46
LONG MELFORD : *The Countrymen* €€ The Green, Long Melford, Suff. CO10 9DN. ☎ 01787 312356. FAX 01787 374557. Populaire et chaleureux. Sans prétention avec livres, jeux et jouets pour enfants. Bonne nourriture. 🚗 📺 🅿	AE MC V	■	●	■	9
LONG MELFORD : *Bull* €€ Hall St, Long Melford, Suff CO10 9JG. ☎ 01787 378494. FAX 01787 880307. Bien situé au centre d'un joli village réputé pour ses antiquaires, le Bull constituera une bonne base d'où explorer la région. 🚗 📺 🅿	AE DC MC V	■	●	■	25
MORSTON : *Morston Hall* €€€ Morston, Holt, Norf NR25 7AA. ☎ 01263 741041. FAX 01263 740419. Confort et cuisine délicieuse sur cette partie isolée mais superbe de la côte du Norfolk. Le prix inclut un dîner de quatre plats. 🚗 📺 🅿	AE MC V	■	●	■	6
ROCHFORD : *Renouf* €€ Bradley Way, Rochford, Essex. ☎ 01702 541334. FAX 01702 549563. Un hôtel confortable et moderne géré avec efficacité. Remarquable restaurant français et excellent rapport qualité-prix. 🚗 📺 🅿	AE DC MC V	■	●	■	23

SOUTHWOLD : *Crown*
High St, Southwold, Suff IP18 6DP. (01502 722275. FAX 01502 727263.
Atmosphère chaleureuse et rustique dans les salles de bar. Excellente
cuisine. Chambres démodées, mais d'un bon rapport qualité-prix.
● *une sem. en jan.* 🛏 TV P
££ · AE DC MC V · 12

SOUTHWOLD : *Swan*
Market Pl, Southwold, Suff IP18 6EG. (01502 722186. FAX 01502 724800.
Cet élégant hôtel familial a apporté un grand soin à la décoration de ses
chambres. Menu conforme à la tradition anglaise pour le dîner. 🛏 TV P
££ · AE DC MC V · 45

STOKE-BY-NAYLAND : *Angel*
Stoke-by-Nayland, près de Colchester, Essex CO6 4SA.
(01206 263245. FAX 01206 263373.
Au cœur du village, l'Angel offre un accueil cordial, une bonne cuisine,
des chambres douillettes et des salles de bar animées. ● *25-26 déc., 1er jan.*
££ · AE DC MC V · 6

SWAFFHAM : *Strattons*
4 Ash Close, Swaffham PE37 7NH. (01760 723845. FAX 01760 720458.
Les chambres de ce petit hôtel élégant sont luxueuses, mais l'atmosphère
reste détendue et conviviale. 🛏 TV P
££ · AE MC V · 6

THORNHAM : *LifeBoat*
Ship Lane, Thornham, Norf PE36 6LT. (01485 512236. FAX 01485 512323.
Une belle auberge dominant les marais. Le pub est traditionnel, mais le
restaurant et les chambres se révèlent sophistiqués. 🛏 TV P
££ · DC MC V · 12

LA VALLÉE DE LA TAMISE

AYLESBURY : *Hartwell House*
Oxford Rd, Aylesbury, Bucks HP17 8NL. (01296 747444. FAX 01296 747450.
Confort, cuisine et service excellents mettent en valeur le cachet de cette
maison classée *(p. 617)*. 🛏 TV 🔼 P ≋ ♿
£££££ · AE MC DC · 47

BURFORD : *Burford House*
High St, Burford, Oxon OX18 4QA. (01993 823151. FAX 01993 823240.
Dans ce village touristique, cette demeure du XVe siècle offre des *B&B* et
d'excellents thés. Chambres luxueuses. ● *24 et 25 déc.* 🛏 TV
££ · AE MC V · 7

CHADLINGTON : *Chadlington House*
Chadlington, Oxon OX7 3LZ. (01608 676437. FAX 01608 676503.
Cet hôtel sans prétention où voisinent meubles modernes et anciens a su
fidéliser une clientèle d'habitués. ● *déc., jan.* 🛏 TV P
££ · MC V · 10

CLANFIELD : *Plough*
Bourton Rd, Clanfield, Oxford OX18 2RB. (0136 781222. FAX 01367 810596.
Beaucoup d'atmosphère au bar de cette ravissante auberge de village en
pierres des Cotswolds qui loue des chambres confortables. 🛏 TV P
££ · AE DC MC V · 6

GREAT MILTON : *Le Manoir aux Quat'Saisons*
Great Milton, Oxford OX44 7PD. (01844 278881. FAX 01844 278847.
L'un des hôtels-restaurants les plus chic de Grande-Bretagne. Chambres
somptueuses et sophistiquées. Excellente cuisine *(p. 586)*. 🛏 TV P ≋ ♿
£££££ · AE DC MC V · 19

HENLEY-ON-THAMES : *Red Lion*
Hart St, Henley-on-Thames, Oxon RG9 2AR. (01491 572161. FAX 01491 410039.
Au bord d'une rivière, ce relais de poste du XVIe siècle en fin de rénovation
est d'une propreté impeccable, mais manque d'atmosphère. 🛏 TV P
£££ · AE MC V · 26

HUNGERFORD : *Marshgate Cottage*
Marsh Lane, Hungerford, Berks RG17 OQX. (01488 682307. FAX 01488 685475.
Une petit hôtel familial à environ 1,5 km du centre d'Hungerford. Sa bonne
cuisine a une forte empreinte danoise. ● *25 déc., 1er jan.* 🛏 TV P ♿
£ · AE MC V · 9

HURLEY : *Ye Olde Bell*
High St, Hurley, Berks SL6 5LX. (01628 825881. FAX 01628 825939.
Cette auberge remonte au XIIe siècle et serait la plus vieille d'Angleterre.
Chambres et pièces communes respectent son cachet. 🛏 TV P
££££ · AE DC MC V · 47

MARLOW BOTTOM : *Holly Tree House*
Burford Close, Marlow Bottom, Bucks SL7 3NF.
(01628 891110. FAX 01628 481278.
Proche du centre de Marlowe mais dans un cadre rural, ce *B&B* moderne
et bien équipé sert de bons petits déjeuners. 🛏 TV P ≋
££ · AE MC V · 5

Légende des symboles, voir rabat de couverture

Les prix correspondent à une nuit en chambre double, service, taxes et petit déjeuner compris.

- £ moins de 50 £
- ££ de 50 à 100 £
- £££ de 100 à 150 £
- ££££ de 150 à 200 £
- £££££ plus de 200 £

Restaurant
Sauf indication contraire, le restaurant ou la salle à manger accueille d'autres clients que les hôtes.

Enfants bienvenus
Berceaux, lits d'enfants et baby-sitting. Certains restaurants proposent menus enfants et chaises hautes.

Jardin ou terrasse
Hôtel possédant un jardin, une cour intérieure ou une terrasse. Souvent, possibilité de manger dehors.

Cartes bancaires
Cartes acceptées : AE = American Express ; DC = Diners Club ; MC = Master Card/Access ; V = Visa.

	Prix	Cartes bancaires	Restaurant	Enfants bienvenus	Jardin ou terrasse	Nombre de chambres
Moulsford on Thames : *Beetle and Wedge* Ferry Lane, Moulsford on Thames, Oxon OX10 9JF. *0149 651381.* FAX *0149 651376.* Un hôtel particulièrement charmant au bord de la Tamise. Service efficace et cordial, cuisine excellente et chambres agréables. TV P	£££	AE DC MC V	■	●	■	10
North Newington : *La Madonette Country Guest House* North Newington, Banbury, Oxon OX15 6AA. *01295 730212.* FAX *01295 730363.* Dans un cadre rural mais proche de Banbury, ce très agréable *B&B* occupe un ancien moulin. Bon rapport qualité-prix. TV P	£	DC MC V		●	■	5
Oxford : *Cotswold House* 363 Banbury Rd, Oxford OX2 7PL. *01865 310558.* FAX *01865 310558.* Dans une avenue résidentielle à 3 km du centre, une maison moderne mais bâtie dans le style traditionnel abrite une petite pension de famille propre et accueillante au mobilier contemporain. *25 déc., 1er jan.* TV P	££			●		7
Oxford : *Old Parsonage* 1 Banbury Rd, Oxford OX2 6NN. *01865 310210.* FAX *01865 311262.* Ambiance détendue dans un hôtel très confortable occupant un site idéal d'où explorer la ville et la campagne voisine. *du 24 au 27 déc.* TV P	£££	AE DC MC V	■	●	■	30
Oxford : *Randolph* Beaumont St, Oxford OX1 2LN. *01865 247481.* FAX *01865 791678.* Un grand hôtel victorien dans le centre. Luxe et tradition, hauts plafonds et pièces lambrissées. TV P	£££	AE DC MC V	■	●		119
Shipton-under-Wychwood : *Shaven Crown* Shipton-under-Wychwood, Oxon OX7 6BA. *01993 830330.* FAX *01993 832136.* L'origine de cette vieille auberge bâtie autour d'une cour médiévale remonte à 1350. Superbe salon réservé aux hôtes. TV P	££	AE MC	■	●	■	9
Towersey : *Upper Green Farm* Manor Rd, Towersey, près de Thame, Oxon OX9 3QR. *01844 212496.* FAX *01844 260399.* Très joli *B&B* dans un cottage à toit de chaume. Les chambres, charmantes, occupent la maison et une grange aménagée. Délicieux, le petit déjeuner met en forme pour une journée de tourisme. TV P	£				■	10
Uffington : *Craven* Uffington, Oxon SN7 7RD. *013678 20449.* Intéressant *B&B* dans un cottage à toit de chaume du XVIIe siècle et son annexe. Sur commande, dîner autour de la table de la cuisine. P	£				■	7
Ware : *Hanbury Manor* Ware, Herts SG12 OSD. *01920 487722.* FAX *01920 487692.* Ce luxueux hôtel et centre de loisirs est doté d'un golf, d'un club de remise en forme et d'une piscine. Excellents restaurants, beaucoup de confort. L'endroit idéal où se détendre. TV P	£££	AE DC MC	■	●	■	96
Welwyn Garden City : *Tewin Bury Farmhouse* Tewin, près de Welwyn Garden City, Herts AL6 OJB. *01438 717793.* FAX *01438 840440.* Efficacité et cordialité en pleins champs. Le restaurant et la plupart des chambres occupent d'anciennes dépendances agricoles. *24 déc. au 2 jan.* TV P	££	AE MC V	■	●	■	23
Woodstock : *Feathers* Market St, Woodstock, Oxon OX20 LSX. *01993 312291.* FAX *01993 813158.* Élégant hôtel à quelques minutes à pied de Blenheim Palace. Déjeuners servis dans le bar ou l'excellent restaurant (p. 587). TV	£££	AE DC MC V	■	●	■	16

LE WESSEX

ASHTON KEYNES : *Two Cove House*   ⓔ   ● ▦   4
Ashton Keynes, Wilts SN6 6SN. 📞 *et* 📠 *1285 861221.*
Accueil délicieux chez l'habitant. La plupart des chambres possèdent des
salles de bains un peu désuètes. Le dîner doit se commander 24 heures à
l'avance. Il a lieu avec les propriétaires. 🔒 **P**

BARWICK : *Little Barwick House*   ⓔⓔ   AE ▦ ● ▦ 6
Barwick Village, près de Yeovil, Somer BA22 9TD. 📞 *01935 420908.* 📠 *01935 423902.*   MC
Un restaurant louant quelques chambres douillettes près du centre de   V
Barwick. Bonne cuisine et ambiance extrêmement cordiale. 🔒 TV **P**

BATH : *Cheriton House*   ⓔⓔ   AE   ▦ 9
9 Upper Oldfield Park, Bath, Avon BA2 3JX. 📞 *01225 429862.* 📠 *01225 428403.*   MC
Un B&B à prix raisonnables à quelque dix minutes à pied du centre.   V
Décor simple et sans prétention dans les salons et les chambres. 🔒 TV **P**

BATH : *Paradise House*   ⓔⓔ   AE   ● ▦ 8
86-88 Holloway, Bath, Avon BA2 4PX. 📞 *01225 317723.* 📠 *01225 482005.*   MC
Séduisante maison georgienne proche du centre de Bath. Superbe   V
décoration et ambiance décontractée. 🔒 TV **P**

BATH : *Sydney Gardens*   ⓔⓔ   AE   ● ▦ 6
Sydney Rd, Bath, Avon BA2 6NT. 📞 *01225 464818.* 📠 *01225 484347.*   MC
Juste à la sortie de la ville, un B&B installé dans une villa victorienne d'inspiration   V
italienne. Grand confort et excellent service. ● *25 déc. et 1er jan.* 🔒 TV **P**

BATH : *Queensberry*   ⓔⓔⓔ   MC ▦ ● ▦ 22
Russell Street, Bath, Avon BA1 2QF. 📞 *01225 447928.* 📠 *01225 446065.*   V
Trois maisons du xviiie siècle forment un hôtel élégant au cœur de Bath. Belles
chambres à hauts plafonds décorées avec goût. ● *du 24 au 29 déc.* 🔒 TV 🔁 24

BATH : *Fountain House*   ⓔⓔⓔ   AF ●   13
9-11 Fountain Buildings, Landown Rd, Bath BA1 5DV.   DC
📞 *01225 338622.* 📠 *01225 445855.*   MC
Hôtel particulier de style géorgien transformé en suites. 🔒 TV   V

BATH : *Royal Crescent*   ⓔⓔⓔⓔ   AE ▦ ● ▦ 45
15-16 Royal Crescent, Bath, Avon BA1 2LS. 📞 *01225 739955.* 📠 *01225 339401.*   DC
Dans l'un des plus beaux *crescents* (ensemble d'immeubles en demi-   MC
lune) Regency d'Europe, cet hôtel de standing offre luxe, services et   V
confort. Il comprend un excellent restaurant. 🔒 TV 🔁 24 **P** 🔁 ♿

BATHFORD : *Eagle House*   ⓔⓔ   MC   ● ▦ 10
Church St, Bathford, Bath BA17RS. 📞 *et* 📠 *1225 859946.*   V
Grandes chambres lumineuses et aérées dans une belle maison georgienne
située dans un village à 3 km de Bath. ● *25 au 30 déc.* 🔒 TV **P**

BRADFORD-ON-AVON : *Bradford Old Windmill*   ⓔⓔ   AE   ● ▦ 4
4 Masons Lane, Bradford-on-Avon, Wilts BA15 1QN. 📞 *01225 866842.* 📠 *01225 866648.*   MC
Le plan circulaire des chambres douillettes fait de cet ancien moulin   V
un endroit qui ne s'oublie pas. Service efficace et souriant. 🔒 TV **P**

BRADFORD-ON-AVON : *Priory Steps*   ⓔⓔ   MC   ▦ 5
Newtown, Bradford-on-Avon, Wilts BA15 1NQ. 📞 *01225 862230.* 📠 *01225 866248.*   V
Ici, les hôtes sont traités comme des membres de la famille. Le dîner se
passe en commun, mais doit être commandé à l'avance. 🔒 TV **P**

BRISTOL : *Berkely Square Hotel*   ⓔⓔ   AE ▦   ▦ 42
15 Berkely Sq, Cliffton, Bristol B58 1MB. 📞 *0117 9254000.* 📠 *0117 9252970.*   DC
Une belle et confortable demeure avec un bar à cocktail et 2 restaurants.   MC
🔒 **P**   V

CRUDWELL : *Crudwell Court House*   ⓔⓔ   DC ▦ ● ▦ 15
Crudwell, près de Malmesbury, Wilts SN16 9EP. 📞 *01666 577194.* 📠 *01666 577853.*   MC
Un ancien presbytère du xviie siècle abrite désormais un excellent   V
restaurant louant quelques chambres. Atmosphère détendue. 🔒 TV **P** 〰

EVERSHOT : *Summer Lodge*   ⓔⓔⓔ   AE ▦ ● ▦ 17
Evershot, Dorset DT2 0JR. 📞 *01935 83424.* 📠 *01935 83005.*   DC
Toujours plein de superbes fleurs, l'un des hôtels les plus séduisants du   MC
pays dans un bâtiment dessiné par l'écrivain Thomas Hardy.   V
Remarquable carte des vins au restaurant. 🔒 TV **P** 〰

Les prix correspondent à une nuit en chambre double, service, taxes et petit déjeuner compris.

£ moins de 50 £
££ de 50 à 100 £
£££ de 100 à 150 £
££££ de 150 à 200 £
£££££ plus de 200 £

RESTAURANT
Sauf indication contraire, le restaurant ou la salle à manger accueille d'autres clients que les hôtes.

ENFANTS BIENVENUS
Berceaux, lits d'enfants et baby-sitting. Certains restaurants proposent menus enfants et chaises hautes.

JARDIN OU TERRASSE
Hôtel possédant un jardin, une cour intérieure ou une terrasse. Souvent, possibilité de manger dehors.

CARTES BANCAIRES
Cartes acceptées : AE = American Express ; DC = Diners Club ; MC = Master Card/Access ; V = Visa.

	CARTES BANCAIRES	RESTAURANT	ENFANTS BIENVENUS	JARDIN OU TERRASSE	NOMBRE DE CHAMBRES
HAWKRIDGE : *Tarr Steps* ££ Hawkridge, Dulverton, Somer TA22 9PY. 0164 385 293. FAX 0164 385 218. Une véritable résidence de campagne dans un endroit calme au-dessus de Tarr Steps. Propriétaires aimables et accueillants.	MC V	■	●	■	11
HINTON CHARTERHOUSE : *Homewood Park* £££ Hinton Charterhouse, Bath BA3 6BB. 01225 723731. FAX 01225 723820. À la périphérie de Bath, une maison georgienne distinguée dans un vaste jardin bien entretenu. Très bon restaurant.	AE DC MC V	■	●	■	19
KILVE : *Meadow House* ££ Sea Lane, Kilve, Bridgwater, Somer TA5 1EG. 01278 741546. FAX 01278 741663. Dans les Quantock Hills, à cinq minutes de la mer, cette maison a des chambres spacieuses dont la plupart offrent une vue magnifique.	AE MC V	■	●	■	10
NETTLETON : *Fosse Farmhouse* ££ Nettleton Shrub, Nettleton, près de Chippenham, Wilts SN14 7NJ. 01249 782286. FAX 01249 783066. Petit hôtel de campagne charmant et original partagent un édifice en pierres des Cotswolds avec un salon de thé et un magasin d'antiquités.	AE MC V	■	●	■	6
SHIPHAM : *Daneswood House* ££ Cuck Hill, Shipham, près de Winscombe, Somer BS25 1RD. 01934 843145. FAX 01934 843824. Imposant hôtel édouardien aux propriétaires accueillants. Les chambres du bâtiment principal ont beaucoup de caractère.	AE DC MC V	■	●	■	123
SIMONSBATH : *Simonsbath House* ££ Simonsbath, Exmoor, Somer TA24 7SH. 0164 383 259. FAX 01643 831557. Un hôtel familial vieux de 300 ans au cœur de l'Exmoor. Confort et cordialité. Les craquements des planchers ajoutent à l'atmosphère. ● déc.-jan.	AE MC V	■	●	■	7
SOMERTON : *Lynch Country House* ££ Somerton, Somer TA11 7PD. 01458 272316. FAX 01458 272590. Accueillante maison georgienne aux chambres confortables. On prend son petit déjeuner en regardant les canards exotiques.	MC V		●	■	5
STON EASTON : *Ston Easton Park* ££££ Ston Easton, Bath, Avon BA3 4DF. 01761 241631. FAX 01761 241377. Maison georgienne superbement restaurée dans un beau parc. Chambres élégantes, veste et cravate obligatoires au dîner *(p. 589)*.	AE DC MC V	■	●	■	20
TAUNTON : *Castle* £££ Castle Green, Taunton, Somer TA1 1NF. 01823 272671. FAX 01823 336066. Ce magnifique château couvert de glycine remonte à l'époque normande, mais offre un confort incontestablement digne du xxe siècle. Excellente cuisine *(p. 589)*.	AE DC MC V	■	●	■	36
TROWBRIDGE : *Old Manor* £££ Trowle, Trowbridge, Wilts BA14 9BL. 01225 777393. FAX 01225 765443. Une ferme-manoir abrite des salons agréables, tandis que les chambres occupent pour la plupart d'anciennes dépendances agricoles. ● 25-26 déc.	AE DC MC V	■		■	14
VELLOW : *Curdon Mill* ££ Vellow, Williton, Somer TA4 4LS. 01984 656522. FAX 01984 656197. Cet ancien moulin à eau renferme un salon et quelques chambres coquettes. Délicieux dîner servi dans un cadre original. ● 25-26 déc.	MC V		●	■	6
WEST BEXINGTON : *Manor* ££ West Bexington, Dorchester, Dorset DT2 9DE. 01308 897616. FAX 01308 897035. À quelques minutes de Chesil Beach, les visiteurs reçoivent un accueil chaleureux au Manor. Belle vue sur la mer depuis le salon.	AE DC MC V	■	●	■	13

LE DEVON ET LES CORNOUAILLES

ASHBURTON : *Holne Chase* (£)(£)(£) — AE DC MC V — 18
2 Bridges Rd, Ashburton, Devon TQ13 7NS. ☎ 01364 613471. FAX 01364 613453.
Simplicité et confort dans un cadre rustique et paisible. Pour les pêcheurs, la Dart traverse le vaste parc. 🛏 TV P

BARNSTAPLE : *Lynwood House* (£)(£) — AE DC MC V — 5
Bishops Tawton Rd, Barnstaple, Devon EX32 9DZ.
☎ 01271 379340. FAX 01271 343695.
Bien conçues, les chambres offrent tous les éléments de confort, mais le Lynwood House est avant tout un excellent restaurant. 🛏 TV 24 P

BISHOPS TAWTON : *Downrew House* (£)(£) — AE MC V — 12
Bishops Tawton, près de Barnstaple, Devon EX32 0DY. ☎ et FAX 0127 23947.
Un hôtel tranquille et sans prétention entouré de prés et de jardins.
Possibilité de pratiquer de nombreux sports. 🛏 TV P ⛲

BISHOPS TAWTON : *Halmpstone Manor* (£)(£)(£) — AE DC MC V — 5
Bishops Tawton, Barnstaple, Devon EX32 0EA.
☎ 01271 830321. FAX 01271 830826.
Au calme, un ancien domaine rural tenu avec beaucoup de style. Vastes chambres et jolie salle à manger lambrissée. ● *jan.* 🛏 TV P

BOTALLACK : *Manor Farm* (£) — 3
Botallack, St Just, près de Penzance, Corn TR19 7QG. ☎ 01736 788525.
Petits déjeuners substantiels dans ce B&B occupant une maison vieille de trois siècles, mais les autres repas doivent être pris au village. 🛏 TV P

BOVEY TRACEY : *Edgemoor* (£)(£) — AE DC MC — 17
Haytor Rd, Bovey Tracey, South Devon TQ13 9LE.
☎ 01626 832466. FAX 01626 834760.
Un hôtel du xixe siècle couvert de lierre proche du Dartmoor National Park. Chambres et pièces communes plaisantes. Service efficace. 🛏 TV P

BRANSCOMBE : *Bulstone* (£) — MC V — 13
Higher Bulstone, Branscombe, près de Seaton, Devon EX12 3BL. ☎ 0129 7680 446.
Une bonne adresse pour les familles : suites avec chambres pour enfants, service de baby-sitting, salle et aire de jeu. 🛏 P ✳ *toutes les chambres.*

BRANSCOMBE : *Look Out* (£)(£) — 5
Branscombe, Seaton, Devon. ☎ 0129 780 262. FAX 0129 780 272.
Installé dans deux anciens cottages de garde-côte, cet hôtel sans façon occupe une position spectaculaire sur la falaise. Service efficace. 🛏 TV P

CALSTOCK : *Danescombe Valley* (£)(£)(£) — 5
Lower Kelly, Calstock, Corn PL18 9RY. ☎ 01822 832414. FAX 01822 832416.
Un hôtel accueillant dans un site splendide à l'atmosphère romantique. La cuisine met l'eau à la bouche (p. 589). ● *nov.-mars.* 🛏 P

CHAGFORD : *Mill End* (£)(£) — AE MC V — 18
Sandy Park, Chagford, Devon TQ13 8JN. ☎ 01647 432282. FAX 01647 433106.
Bien tenu, cet ancien moulin occupe un site charmant dans la vallée de la Teign. Salons confortables et très bonne cuisine. 🛏 TV P

CHAGFORD : *Gidleigh Park* (£)(£)(£)(£)(£) — AE DC MC V — 15
Chagford, Devon TQ13 8HH. ☎ 01647 432367. FAX 01647 432574.
Dans de splendides jardins, l'un des meilleurs hôtels du pays. Tout y est de la plus haute qualité, y compris la vue (p. 590). 🛏 TV P

CULLOMPTON : *Manor House* (£)(£) — DC MC V — 10
Fore St, Cullompton, Devon. ☎ 01884 32281. FAX 01884 38344.
À cinq minutes de l'A 5, un hôtel de charme d'une propreté impeccable dans un édifice du xviie siècle restauré avec respect. 🛏 TV P

DARTMOUTH : *Royal Castle* (£)(£) — MC V — 25
11 The Quay, Dartmouth, Devon TQ6 9PS. ☎ 01803 833033. FAX 01803 835445.
Un relais de poste vieux de trois siècles. Plats simples au bar ou restaurant plus chic à l'étage. Belle vue depuis certaines chambres. 🛏 TV 24

DITTISHAM : *Old Coombe Manor* (£)(£) — AE MC V — 9
Dittisham, Dartmouth TQ6 0JA. ☎ 01803 722398. FAX 01803 722401.
Un hôtel à la personnalité marquée offrant confort et accueil chaleureux et décontracté. Charmant à l'intérieur comme à l'extérieur. 🛏 P ⛲

Légende des symboles, voir rabat de couverture

Les prix correspondent à une nuit en chambre double, service, taxes et petit déjeuner compris.

£ moins de 50 £
££ de 50 à 100 £
£££ de 100 à 150 £
££££ de 150 à 200 £
£££££ plus de 200 £

RESTAURANT
Sauf indication contraire, le restaurant ou la salle à manger accueille d'autres clients que les hôtes.

ENFANTS BIENVENUS
Berceaux, lits d'enfants et baby-sitting. Certains restaurants proposent menus enfants et chaises hautes.

JARDIN OU TERRASSE
Hôtel possédant un jardin, une cour intérieure ou une terrasse. Souvent, possibilité de manger dehors.

CARTES BANCAIRES
Cartes acceptées : AE = American Express ; DC = Diners Club ; MC = Master Card/Access ; V = Visa.

	CARTES BANCAIRES	RESTAURANT	ENFANTS BIENVENUS	JARDIN OU TERRASSE	NOMBRE DE CHAMBRES
DODDISCOMBSLEIGH : *Nobody Inn* ££ Doddiscombsleigh, près d'Exeter EX6 7PS. 01647 252394. FAX 01647 252394. Une auberge du XVIe siècle proche du Dartmoor National Park. Très populaire. Chambres supplémentaires dans une maison voisine. ● 23 au 26 déc. � TV P	AE MC V	■		■	7
DREWSTEIGNTON : *Hunts Tor* ££ Drewsteignton, Devon EX6 6QW. 01647 281228. Intéressant bâtiment des XVIIe et XVIIIe siècles, à l'intérieur datant du tournant du siècle. Un dîner succulent est servi à 19 h 30. ● nov. à mars. 🚂 TV		■			4
EAST PORTLEMOUTH : *Gara Rock* £ East Portlemouth, près de Salcombe, Devon TQ8 8PH. 01548 842342. FAX 01548 843033. Au sommet d'une falaise dans un ancien poste de surveillance côtière de l'amirauté, un hôtel fonctionnel pour toute la famille. 🚂 TV P ≋	MC V	■	●	■	20
FOWEY : *Marina* ££ The Esplanade, Fowey, Corn PL23 1HY. 01726 833315. FAX 01726 832 779. Ce joli petit hôtel au personnel efficace domine l'estuaire de Fowey. Une bonne base d'où explorer les villages de pêcheurs. ● mi-déc à mars. 🚂 TV	AE MC V	■			11
LYDFORD : *Castle Inn* £ Lydford, Okehampton, Devon EX20 4BU. 0182 282 242. FAX 0182 282 454. Charmante auberge rose. Atmosphère enjouée et conviviale au bar et au restaurant. Cuisine délicieuse et inventive. 🚂 TV 24 P	AE DC MC V	■			9
MITHIAN : *Rose-in-Vale Country House* ££ Mithian, St Agnes, Corn TR5 0QD. 01872 552202. FAX 01872 552700. Cette maison georgienne abrite une hôtellerie tenue avec cœur et compétence. ● nov. à fév. 🚂 TV P ≋	AE DC MC V	■	●	■	9
NORTH BOVEY : *Blackaller* ££ North Bovey, Devon TQ13 8QY. 01647 40322. Pleine d'antiquités et d'objets insolites, cette ancienne manufacture aménagée avec originalité offre une base extrêmement confortable et reposante d'où explorer la région. ● jan.-fév. 🚂 TV P	MC V	■	●	■	5
PADSTOW : *St Petroc's House* ££ Riverside, Padstow PL28 8BY. 01841 532700. FAX 01841 533344. Depuis le Seafood Restaurant (p. 590), il suffit de tourner le coin de la rue pour atteindre cet hôtel proposant des chambres simples et charmantes ou extrêmement chic et confortables. ● mi-déc à mi-fév. 🚂 TV P		■	●		19
PENZANCE : *Abbey* ££ Abbey St, Penzance, Corn TR18 4AR. 01736 66906. FAX 01736 51163. Une façade néo-gothique bleue et un intérieur original donnent à cet établissement un aspect bohème. Exceptionnel. ● 25 et 26 déc. 🚂 TV P	AE MC V	■	●	■	7
ST IVES : *Garrack* ££ Burthallan Lane, St Ives, Corn TR26 3AA. 01736 796199. FAX 01736 798955. Un hôtel familial au-dessus de St Ives et à courte distance du centre. La qualité du décor varie beaucoup d'une chambre à l'autre. 🚂 TV P ≋	AE DC MC V	■	●	■	18
ST KEYNE : *Well House* ££ St Keyne, Liskeard, Corn PL14 4RN. 01579 342001. FAX 01579 343891. Petit hôtel élégant dans un bel édifice victorien au jardin soigneusement entretenu. Confort, service et cuisine sans faille. 🚂 TV P ≋	AE DC MC V	■	●	■	9
SIDMOUTH : *Riviera* £££ The Esplanade, Sidmouth, Devon EX10 8AY. 01395 515201. FAX 01395 577775. Cet établissement chic fait partie d'un bel ensemble d'immeubles Regency sur le front de mer. Décoration homogène dans les pièces communes et les chambres. Personnel serviable. ● jan.-déb. fév. 🚂 TV ⤒ 24 P	AE DC MC V	■	●	■	27

Truro : *Alverton Manor* £££ | AE DC MC V | 34
Tregolls Rd, Truro, Corn TR1 1XQ. **(** 01872 76633. **FAX** 01872 222989.
Ancien établissement religieux. L'intérieur a de l'élégance, mais
l'atmosphère est un peu guindée. ● *25 déc. au 5 jan.* 📶 📺 ⬆ 🔢 **P** ♿

Veryan : *Nare Head* £££ | MC V | 35
Carne Beach, Veryan, Truro, Corn TR2 5PF.
(01872 501279. **FAX** 01872 501856.
Un hôtel moderne aménagé dans le style victorien. De la plupart des
chambres, vue exceptionnelle sur la mer. 📶 📺 🔢 **P** 🏊 ♿

Widegates : *Coombe Farm* £ | | 9
Widegates, près de Looe, Corn PL13 1QN. **(** 01503 240223. **FAX** 01503 240895.
Un endroit accueillant et confortable dans un site paisible. Très jolie vue
sur la vallée portant jusqu'à la mer. 📶 📺 **P** 🏊 ♿

LE CŒUR DE L'ANGLETERRE

Bibury : *Bibury Court* ££ | AE DC V MC | 20
Bibury, près de Cirencester, Glos GL7 5NT. **(** 01285 740337. **FAX** 01285 740660.
Au calme, cette gentilhommière du XVIIIe siècle est par endroits démodée,
mais elle offre un cadre reposant et chaleureux pour un séjour. 📶 📺 **P**

Bibury : *Swan* £££ | AE MC V | 18
Bibury, Glos GL7 5NW. **(** 01285 740695. **FAX** 01285 740473.
Un établissement chic associant hôtel, bar et brasserie. Superbes
chambres. Pièces communes allant de l'intime à l'imposant. 📶 📺 ⬆ **P**

Birmingham : *Copperfield House* ££ | AE MC V | 17
60 Upland Rd, Selly Park, Birmingham B29 7JS.
(0121 472 8344. **FAX** 0121 4155655.
Un hôtel particulier à un peu plus de 3 km du centre. Les chambres
varient en taille et en confort. Certaines ont été rénovées. Petit restaurant
accueillant servant une bonne cuisine. 📶 📺 🔢 **P** ♿

Birmingham : *Swallow Hotel* ££ | AE DC MC V | 98
12 Hagley Rd, Fire Ways, Birmingham B16 8SJ.
(0121 452 1144. **FAX** 0121 456 3442.
Élégant hôtel de style edwardien avec centre de loisir ayant pour thème
l'Egypte. Bon bar à cocktail et 2 restaurants. 📶 📺 🔢 **P**

Bottomhouses : *Pethills Bank Cottage* £ | | 8
Bottomhouses, près de Leek, Staffs ST13 7PF. **(** 01538 304 277. **FAX** 01538 304575.
En bordure du Peak District National Park, une atmosphère conviviale et
des chambres bien équipées font de ce cottage du XVIIIe siècle à la
modernisation réussie un agréable lieu de séjour. 📶 📺 **P**

Broad Campden : *Malt House* ££ | AE MC V | 5
Broad Campden, Glos GL55 6UU. **(** 01386 840295. **FAX** 01386 841334.
Joli cottage du XVIIe siècle meublé d'antiquités et doté d'un charmant
jardin. Très bonne cuisine. 📶 📺 **P**

Buckland : *Buckland Manor* ££££ | AE DC MC V | 13
Buckland, près de Broadway, H & W WR12 7LY.
(01386 852626. **FAX** 01386 853557.
Les origines de ce ravissant manoir ancien bâti en pierres des Cotswolds
remontent au XIIIe siècle. L'hôtel de luxe qui l'occupe a réussi à préserver
son charme tout en offrant des prestations de classe. 📶 📺 **P** 🏊

Chipping Campden : *Cotswold House* £££ | AE DC MC V | 15
Chipping Campden, Glos GL55 6AN. **(** 01386 840330. **FAX** 01386 840310.
Une maison du XVIIe siècle transformée en un hôtel extrêmement raffiné.
Chambres exceptionnelles et choix de restaurants. ● *25-26 déc.* 📶 📺 **P**

Corse Lawn : *Corse Lawn House* ££ | AE DC MC | 19
Corse Lawn, Glos GL19 4LZ. **(** 01452 780771. **FAX** 01452 780840.
Maison datant de l'époque de la reine Anne, à la limite du village. Chambres
superbes. Restaurant chic et bistro plus abordable. 📶 📺 **P** 🏊 ♿

Edgbaston : *Asquith House* ££ | AE MC V | 10
19 Portland Rd, Edgbaston, Birmingham B16 9HN.
(0121 454 5282. **FAX** 0121 456 4668.
Près du centre de Birmingham, cette maison victorienne possède une
décoration en harmonie avec son architecture. 📶 📺 **P**

Légende des symboles, voir rabat de couverture

Les prix correspondent à une nuit en chambre double, service, taxes et petit déjeuner compris.

£ moins de 50 £
££ de 50 à 100 £
£££ de 100 à 150 £
££££ de 150 à 200 £
£££££ plus de 200 £

RESTAURANT
Sauf indication contraire, le restaurant ou la salle à manger accueille d'autres clients que les hôtes.

ENFANTS BIENVENUS
Berceaux, lits d'enfants et baby-sitting. Certains restaurants proposent menus enfants et chaises hautes.

JARDIN OU TERRASSE
Hôtel possédant un jardin, une cour intérieure ou une terrasse. Souvent, possibilité de manger dehors.

CARTES BANCAIRES
Cartes acceptées : AE = American Express ; DC = Diners Club ; MC = Master Card/Access ; V = Visa.

	CARTES BANCAIRES	RESTAURANT	ENFANTS BIENVENUS	JARDIN OU TERRASSE	NOMBRE DE CHAMBRES
EVESHAM : Evesham ££ Coopers Lane, près de Waterside, Evesham, H & W WR11 6DA. ☎ 01386 765566. FAX 01386 765443. Cet original hôtel familial séduira les voyageurs accompagnés d'enfants. Tout y est conçu pour que tous les âges s'amusent. Excellent restaurant où la carte des vins sort de l'ordinaire. 🚗 TV P 🍴	AE DC MC V	■	●	■	40
EYTON : Marsh Country £££ Eyton, Leominster, H & W HR6 OAG. ☎ 01568 613952. Entouré de jardins dans un endroit merveilleusement calme, ce bâtiment du XIVe siècle offre un cadre extrêmement reposant où séjourner. 🚗 TV P	AE DC MC V	■		■	5
GREAT RISSINGTON : Lamb Inn ££ Great Rissington, Cheltenham, Glos GL54 2LP. ☎ 01451 820388. FAX 01451 820724. Une séduisante auberge dans une ville d'eau très « british ». Possibilité de manger dans le bar ou dans un restaurant rustique. 🚗 P 🍴	AE MC V	■	●	■	4
HANWOOD : White House £ Hanwood, Shrewsbury, Shrops SY5 8LP. ☎ et FAX 01743 860414. Au sud de Shrewsbury, cet hôtel du XVIe siècle bien restauré et meublé d'antiquités offre un bon rapport qualité-prix. P 🚭		■	■	■	6
HARDWICKE : Haven £ Hardwicke, Hay-on-Wye, H & W HR3 5TA. ☎ et FAX 01497 831254. Presbytère victorien dans un paisible cadre rural. Préparés avec des produits locaux, les dîners, délicieux, sont réservés aux hôtes. ● déc. à fév. 🚗 TV P 🍴	AE		●	■	6
HARVINGTON : Mill at Harvington ££ Anchor Lane, Harvington, Evesham, H & W WR11 5NR. ☎ et FAX 01386 870688. Bel hôtel occupant une maison georgienne et l'ancien moulin qui la jouxte. La rivière Avon traverse le parc. Excellent restaurant au personnel compétent. 🚗 TV P 🍴 ♿	AE DC MC V	■	●	■	21
IRONBRIDGE : Severn Lodge ££ New Rd, Ironbridge, Shrops TF8 7AS. ☎ 01952 432148. B&B confortable dans un quartier tranquille à quelques minutes à pied du centre d'Ironbridge. Délicieux petits déjeuners. 🚗 TV P				■	3
KENILWORTH : Castle Laurels £ 22 Castle Rd, Kenilworth, Warw CVP 1NG. ☎ 01926 56179. FAX 01926 54954. Tout près du centre, cette maison victorienne bien tenue et réservée aux non-fumeurs fait face aux ruines de Kenilworth Castle. 🚗 TV P 🚭	DC MC V		●	■	11
LUDLOW : Number Eleven ££ Dinham, Ludlow, Shrops SY8 1EJ. ☎ 01584 878584. B&B meublé et décoré avec soin dans un bel ensemble de maisons du XVIIIe siècle donnant sur Ludlow Castle. 🚗 TV P		■		■	5
MARKET DRAYTON : Goldstone Hall ££ Market Drayton, Shrops TF9 2NA. ☎ 01630 661202. FAX 01630 661585. Une hôtellerie de qualité dans un cadre rural. Chambres bien agencées et feu dans la cheminée dans les pièces communes en hiver. 🚗 TV P ♿	AE DC MC V	■	●	■	8
MOLLINGTON : Crabwall Manor £££ Mollington, Chester, Ches CH1 6NE. ☎ 01244 851666. FAX 01244 851400. Cet hôtel de luxe original occupe un charmant manoir à tourelles dans un grand parc. Très bon restaurant (p. 593). 🚗 TV 24 P ♿	AE DC MC V	■	●	■	48
OAKMERE : Nunsmere Hall £££ Tarporley Rd, Oakmere, près de Northwich, Ches CW8 2ES. ☎ 01606 889100. FAX 01606 889055. Près d'un vaste étang, cette immense maison édouardienne élégante sans être guindée possède un excellent restaurant. 🚗 TV 🏊 24 P ♿	AE DC MC V	■	●	■	32

PAINSWICK : *Painswick* £ £
Kemps Lane, Painswick, Glos GL6 6YB. 01452 812160. FAX 01452 814059.
Au cœur des Cotswolds, près d'une route principale mais dans un parc
tranquille, le Painswick a de la classe et un bar agréable. TV P

| | AE DC V | | | | 19 |

SHREWSBURY : *Manse* £
16 Swan Hill, Shrewsbury, Shrops SY1 1NL. 01743 242659.
Seulement deux chambres dans cette maison georgienne proche du centre.
Un endroit charmant, même s'il faut partager la salle de bains. TV P

| | | | | | 2 |

STANSHOPE : *Stanshope Hall* £
Stanshope, près d'Ashbourne, Staffs DE6 2AD. 01335 310278. FAX 01335 310470.
Perché sur une colline, cet édifice historique aux chambres décorées par
des artistes locaux offre une belle vue. 24 au 26 déc. TV P

| | | | | | 3 |

STOW-ON-THE-WOLD : *Wyck Hill House* £ £ £
Burford Rd, Stow-on-the-Wold, Glos GL54 1HY.
01451 831936. FAX 01451 832243.
Ce manoir commande de splendides vues sur la Windrush Valley.
Chambres moins chères dans la cour. Bon restaurant. TV 24 P

| | AE DC MC V | | | | 30 |

STRATFORD-UPON-AVON : *Caterham House* £ £
58–59 Rother St, Stratford-upon-Avon, Warw CV37 6LT.
01789 267309. FAX 01789 414836.
Bel hôtel occupant dans le centre-ville deux maisons georgiennes.
Confortable, distingué et bien tenu. Superbe restaurant. TV P

| | MC V | | | | 13 |

TUTBURY : *Mill House* £
Corn Mill Lane, Tutbury, Burton-on-Trent, Staffs DE13 9HA. 01283 813300.
B&B d'une propreté immaculée dans un cadre ravissant près d'un vieux
moulin. Chambres spacieuses, décorées et meublées avec goût. TV P

| | | | | | 3 |

ULLINGSWICK : *Steppes Country House* £ £ £
Ullingswick, près de Hereford HR1 3JG. 01432 820424. FAX 01432 820042.
Belle ferme restaurée vieille de 400 ans. Un endroit confortable et plein
de charme d'où mener l'exploration de la région. TV P

| | AE MC V | | | | 6 |

WATERHOUSES : *Old Beams* £ £
Waterhouses, Staffs ST10 3HW. 01538 308254. FAX 01538 308157.
Ce restaurant élégant loue quelques chambres dans un bâtiment ancien.
Un double vitrage protège du bruit de l'A 523 voisine. TV P

| | AE DC MC V | | | | 5 |

WELLAND : *Holdfast Cottage* £ £
Marlbank Rd, Welland, Little Malvern, H & W WR13 6NA.
01684 310288. FAX 01684 311117.
Ce petit hôtel occupe une maison du XVIIe siècle agrandie à l'époque
victorienne. Pièces communes et chambres sont bien décorées. TV P

| | MC V | | | | 8 |

WESTON-UNDER-REDCASTLE : *Citadel* £ £
Weston-under-Redcastle, près de Shrewsbury, Shrops SY4 5JY. 01939 685204.
La « citadelle » ne date que du début du XIXe siècle. Le site est calme et la
vue superbe depuis la plupart des chambres. TV P

| | | | | | 3 |

WILLERSEY : *Old Rectory* £ £
Church St, Willersey, près de Broadway, H & W WR12 7PN. 01386 853729.
Hôtel très accueillant dans un charmant village en pierres des Cotswolds.
Pas de restaurant à l'hôtel, mais un large choix à proximité. TV P

| | MC V | | | | 8 |

WILMCOTE : *Pear Tree Cottage* £
Church Rd, Wilmcote, Stratford-upon-Avon, Warw CV37 9UX.
01789 205889. FAX 01789 262862.
Meublé d'antiquités, ce charmant cottage en partie élisabéthain occupe une
situation idéale pour l'exploration du pays de Shakespeare. 31 déc. TV P

| | | | | | 7 |

WOOLSTASTON : *Rectory Farm* £
Woolstaston, Leebotwood, près de Church Stretton, Shrops SY6 6NN. 01694 751306.
Ambiance conviviale dans une belle ferme à colombage entourée d'un
jardin et de champs. Salons douillets et grandes chambres équipées de
salles de bains. Une bonne base pour découvrir la région. TV 24 P

| | | | | | 3 |

WORFIELD : *Old Vicarage* £ £ £
Worfield, Bridgnorth, Shrops WV15 5JZ. 01746 716497. FAX 01746 716552.
Imposant presbytère édouardien, mais propriétaires amicaux. Chambres
confortables ayant vue sur le jardin et les prés. TV P

| | AE DC MC V | | | | 14 |

Légende des symboles, voir rabat de couverture

<table>
<tr><td colspan="2">

Les prix correspondent à une nuit en chambre double, service, taxes et petit déjeuner compris.

ⓔ moins de 50 £
ⓔⓔ de 50 à 100 £
ⓔⓔⓔ de 100 à 150 £
ⓔⓔⓔⓔ de 150 à 200 £
ⓔⓔⓔⓔⓔ plus de 200 £

</td><td colspan="5">

RESTAURANT
Sauf indication contraire, le restaurant ou la salle à manger accueille d'autres clients que les hôtes.

ENFANTS BIENVENUS
Berceaux, lits d'enfants et baby-sitting. Certains restaurants proposent menus enfants et chaises hautes.

JARDIN OU TERRASSE
Hôtel possédant un jardin, une cour intérieure ou une terrasse. Souvent, possibilité de manger dehors.

CARTES BANCAIRES
Cartes acceptées : AE = American Express ; DC = Diners Club ; MC = Master Card/Access ; V = Visa.

</td></tr>
</table>

	CARTES BANCAIRES	RESTAURANT	ENFANTS BIENVENUS	JARDIN OU TERRASSE	NOMBRE DE CHAMBRES

L'EST DES MIDLANDS

ALDWINCLE : *Maltings* ⓔ
Main St, Aldwincle, Oundle, Northants NN14 3EP.
☎ 01832 720233. 🆅🆇 01832 720326.
Délicieux petits déjeuners servis dans la maison. Les deux principales chambres se trouvent dans l'ancien grenier à côté. 🚗 🅿

	MC V			■	3

BASLOW : *Cavendish* ⓔⓔⓔ
Baslow, Derby DE45 1SP. ☎ 01246 582311. 🆅🆇 01246 582312.
Très bel hôtel en bord de route entouré par le parc de Chatsworth. Accueil policé, équipement de qualité et décoration recherchée. Le restaurant sert une cuisine excellente. 🚗 📺 🅿 ♿

	AE DC MC V	■	●	■	24

BOURNE : *Bourne Eau House* ⓔⓔ
South St, Bourne, Lincoln PE10 9LY. ☎ 01778 423621.
Ici, les hôtes font partie de la famille. Tout près, un château en ruine rappelle que toute la région est riche en vestiges historiques. ● 25 déc. 🚗 📺 24 🅿

			●	■	3

CASTLE ASHBY : *Falcon* ⓔⓔ
Castle Ashby, Northampton NN7 1LF. ☎ 01604 696200. 🆅🆇 01604 696673.
Jolie auberge en pierre du XVIᵉ siècle à l'atmosphère chaleureuse et aux propriétaires cordiaux. Chambres confortables et bien meublées. 🚗 📺 🅿

	AE MC V	■	●	■	16

CASTLE DONINGTON : *Donington Thistle* ⓔⓔⓔ
East Midlands International Airport, Castle Donington, Derby DE74 2SH.
☎ 01332 850700. 🆅🆇 01332 850823.
Cet immense hôtel proche de l'aéroport vise avant tout une clientèle d'affaires, mais offre des prestations de qualité. 🚗 📺 24 🅿 🏊 ♿

	AE DC MC V	■	●	■	110

EAST BARKWORTH : *Bodkin Lodge* ⓔⓔ
Torrington Lane, East Barkwith, MKT Rasen, Lincs LN3 5RY.
☎ 01673 858249.
Cette ravissante maison est calme et présente une belle vue. Grandes chambres plaisantes. ● 25 et 26 déc. 🚗 📺 🅿

			●	■	3

GLOSSOP : *Wind in the Willows* ⓔⓔ
Derbyshire Level, Glossop, Derby SK13 9PT. ☎ 01457 868001. 🆅🆇 01457 853354.
Merveilleusement située pour explorer la région, cette maison victorienne gérée avec efficacité par une mère et son fils domine le Peak District National Park. Terrain de golf à proximité. 🚗 📺 🅿

	AE DC MC V	■		■	12

HAMBLETON : *Hambleton Hall* ⓔⓔⓔⓔ
Hambleton, Oakham, Rutland, Leic LE15 8TH. ☎ 01572 756991. 🆅🆇 01572 724721.
D'un luxe discret à la fois confortable et reposant, l'Ambleton est l'un des meilleurs *country-house hotels* de Grande-Bretagne. Large éventail de prestations. Excellent restaurant *(p. 594)*. 🚗 📺 🔼 🅿 🏊 ♿

	MC V	■	●	■	15

HATHERSAGE : *Highlow Hall* ⓔⓔ
Highlow, Hathersage, Derby S30 1AX. ☎ et 🆅🆇 01433 650393.
Imposant manoir du XVIᵉ siècle au cœur du Peak District. Direction cordiale et aménagement intérieur confortable et sans prétention. 🅿

		■	●	■	6

ISLEY WALTON : *Donington Park Farmhouse Hotel* ⓔⓔ
Melbourne Rd, Isley Walton, près de Castle Donington, Leic DE74 2RN.
☎ 01332 862409. 🆅🆇 01332 862364.
Ambiance décontractée et chaude hospitalité dans cette ferme du XVIIᵉ siècle. Salon et bar intimes, jolies chambres. 🚗 📺 🅿 ♿

	AE DC MC V	■	●	■	11

LANGAR : *Langar Hall* ⓔⓔ
Langar, près de Nottingham NG13 9HG. ☎ 01949 60559. 🆅🆇 01949 61045.
Élégante maison campagnarde du XIXᵉ siècle pleine d'antiquités. Hôtesse charmante offrant un très bon accueil. 🚗 📺 🅿

	AE MC V	■	●	■	10

LINCOLN : *D'Isney Place* £ £ Eastgate, Lincoln LN2 4AA. ☎ 01522 538881. FAX 01522 511321. Au cœur de Lincoln, près de la cathédrale, le confort des chambres d'un *B&B* élégant compense largement l'absence de salon. 🛏 TV 24 P	AE DC MC V	■	●	■	17
LINCOLN : *Minster Lodge Hotel* £ £ 3 Church Lane LN2 1QJ. ☎ et FAX 01522 513220. Idéalement situé, à 4 mn à pieds de la cathédrale et entouré de nombreux restaurants. 🛏 TV P	MC V		●	■	6
LINCOLN : *White Hart* £ £ £ Bailgate, Lincoln, Lincs LN1 3AR. ☎ 01522 526222. FAX 01522 531798. Ravissant relais de poste dont les origines remontent à plus de 600 ans, abrité près des remparts du château. Élégant et bien tenu. 🛏 TV 🔧 24 P	AE DC MC V	■	●	■	47
MATLOCK BATH : *Hodgkinson's* £ £ 150 South Parade, Matlock Bath, Derby DE4 3NR. ☎ 01629 582170. Cet hôtel-restaurant superbement rénové propose des chambres à la décoration personnalisée et sert une excellente cuisine. 🛏 TV P	AE MC V	■	●	■	7
PRESTBURY : *White House Manor* £ £ £ Hew Rd, Prestbury, Ches SK10 4DG. ☎ 01625 829376. FAX 01625 828627. Hôtel très confortable. Petits déjeuners servis dans les chambres. Tenue de ville exigée au dîner dans le restaurant voisin. ● *24 au 26 déc.* 🛏 TV P	AE DC MC V	■	●	■	9
REDMILE : *Peacock Farm Guest House* £ Redmile, Vale of Belvoir, Leic NG13 0GQ. ☎ 01949 842475. FAX 01949 843127. Accueil chaleureux dans une ferme et ses dépendances. Bonne ambiance et confort raisonnable. Enfants bienvenus. 🛏 TV P 🏊 ♿	AE MC V	■	●	■	10
STAPLEFORD : *Stapleford Park* £ £ £ £ Stapleford, Leic LE14 2EF. ☎ 01572 787 522. FAX 01572 787651. Cette grande hôtellerie néo-classique offre un cadre merveilleux, à la fois détendu et très luxueux, pour un séjour. 🛏 TV 🔧 24 P ♿	AE DC MC V	■	●	■	51
UPPINGHAM : *Lake Isle* £ £ 16 High St East, Uppingham LE15 9PZ. ☎ et FAX 01572 822951. Quelques chambres personnalisées louées par un restaurant. Excellente cuisine et atmosphère décontractée et conviviale. 🛏 TV P	AE DC MC V	■	●	■	12
WHAPLODE : *Guy Wells* £ Eastgate, Whaplode, Spalding, Lincs PE12 6TZ. ☎ 01406 422239. Une ferme du XVIIIᵉ siècle dans un cadre ravissant et paisible. Une base idéale pour parcourir les Fens. Accueil cordial aux non-fumeurs. P			●	■	3

LE LANCASHIRE ET LES LACS

AMBLESIDE : *Chapel House* £ Kirkstone Rd, Ambleside, Cumbria LA22 9DZ. ☎ 015394 33143. À pied depuis la rue principale, il faut grimper quelques minutes pour atteindre cette accueillante pension de famille. Petites chambres très agréables. P		■			10
AMBLESIDE : *Wateredge* £ £ Waterhead, Ambleside, Cumbria LA22 0EP. ☎ 015394 32332. FAX 015394 31878. Au bord du Windermere, le Wateredge est un peu austère, mais reposant. Du salon, vue panoramique. Suites neuves dans l'annexe. ● *mi-déc. à fin jan.* 🛏 TV P	AE MC V	■	●	■	22
AMBLESIDE : *Rothay Manor* £ £ £ Rothay Bridge, Ambleside, Cumbria LA22 0EH. ☎ 015394 33605. FAX 015394 33607. Hôtel Regency élégant et raffiné. Très jolies chambres. Restaurant réputé proposant une carte variée. 🛏 TV P ♿	AE DC MC V	■	●	■	18
BASSENTHWAITE : *Ravenstone Lodge* £ £ Bassenthwaite, Keswick, Cumbria CA12 4QG. ☎ et FAX 017687 76629. Depuis cet agréable *B&B*, la vue sur les champs porte jusqu'au Bassenthwaite Lake. Propriétaires charmants et cordiaux. 🛏 P TV	AE DC MC V		●	■	9
BASSENTHWAITE LAKE : *Pheasant Inn* £ £ Bassenthwaite Lake, Cockermouth, Cumbria CA13 9YE. ☎ 017687 76234. FAX 017687 76002. Une clientèle d'habitués se retrouve au bar de cette ravissante auberge ancienne au bord du lac, qui loue des chambres simples mais dotées de salle de bains modernes. Plusieurs salons confortables. 🛏 P ♿	MC V	■	●	■	20

Légende des symboles, voir rabat de couverture

Les prix correspondent à une nuit en chambre double, service, taxes et petit déjeuner compris.

£ moins de 50 £
££ de 50 à 100 £
£££ de 100 à 150 £
££££ de 150 à 200 £
£££££ plus de 200 £

RESTAURANT
Sauf indication contraire, le restaurant ou la salle à manger accueille d'autres clients que les hôtes.

ENFANTS BIENVENUS
Berceaux, lits d'enfants et baby-sitting. Certains restaurants proposent menus enfants et chaises hautes.

JARDIN OU TERRASSE
Hôtel possédant un jardin, une cour intérieure ou une terrasse. Souvent, possibilité de manger dehors.

CARTES BANCAIRES
Cartes acceptées : AE = American Express ; DC = Diners Club ; MC = Master Card/Access ; V = Visa.

	CARTES BANCAIRES	RESTAURANT	ENFANTS BIENVENUS	JARDIN OU TERRASSE	NOMBRE DE CHAMBRES
BOWNESS-ON-WINDERMERE : *Linthwaite House* £££ Crook Rd, Bowness-on-Windermere, Cumbria LA23 3JA. ☎ 015394 88600. FAX 015394 88601. Cet hôtel édouardien de classe domine le lac et possède une terrasse où prendre son petit déjeuner. Bonne cuisine. 🔲 TV P	AE DC MC V	■	●	■	18
BRACKENTHWAITE : *Pickett Howe* ££££ Brackenthwaite, Buttermere Valley, Cumbria CA13 9UY. ☎ 01900 85444. Calme, style et confort dans une belle ferme du XVIIᵉ siècle magnifiquement rénovée et meublée. Bonne cuisine. ● de déc. à fév. 🔲 P	MC V	■	●	■	4
BRAMPTON : *Farlam Hall* £££ Brampton, Cumbria CA8 2NG. ☎ 016977 46234. FAX 016977 46683. Maison couverte de lierre bâtie en partie au XVIIᵉ siècle et en partie au XIXᵉ. Ambiance distinguée ; veste et cravate exigées aux excellents dîners. Salons agréables. 🔲 TV P	AE MC V	■	●	■	12
CARLISLE : *Beeches* £ Wood St, Carlisle CA1 2SF. ☎ 01228 511962. Joli cottage georgien peint en rose et doté d'un jardin typiquement anglais. Chambres décorées avec goût. Bien situé dans Carlisle. TV P	MC V		●	■	3
CARTMEL : *Aynsome Manor* ££ Cartmel, près de Grange-over-Sands, Cumbria LA11 6HH. ☎ 015395 36653. FAX 015395 36016. Les chambres de ce *country-house hotel* confortable et accueillant offrent pour la plupart une belle vue sur le paisible val de Cartmel. ● jan. 🔲 TV P	AE MC V	■	●	■	12
CARTMEL FELL : *Lightwood* £ Cartmel Fell, près de Bowland Bridge, Cumbria LA11 6NP. ☎ 015395 31454. Cette ferme du XVIIᵉ siècle ne sert que le petit déjeuner. Quelques jolies chambres de style rustique dans des dépendances. Calme. 🔲 P	MC V		●	■	4
CLAPPERSGATE : *Nanny Brow* ££ Clappersgate, Ambleside, Cumbria LA22 9NF. ☎ 015394 32036. FAX 015394 32450. Hôtel confortable et bien tenu dans un beau parc près d'Ambleside. Nombreuses commodités et excellent restaurant. 🔲 TV P ♿	AE DC MC V	■	●	■	18
GRANGE-IN-BORROWDALE : *Borrowdale Gates* ££ Grange-in-Borrowdale, Keswick, Cumbria CA12 5UQ. ☎ 017687 77204. FAX 017687 77254. Cet établissement original offre confort et mobilier traditionnel. De grandes fenêtres ouvrent sur un large panorama. 🔲 TV P	AE MC V	■		■	28
GRASMERE : *Prince of Wales* ££ Kaswick Rd, Grasmere, Cumbria LA22 9PR. ☎ 015394 35666. FAX 015394 35565. Charmante demeure edwardienne disposant de tout le confort nécessaire. L'emplacement, près du rivage du lac est fabuleux. 🔲 TV P	AE DC MC V	■	●	■	72
GRASMERE : *White Moss House* £££ Rydal Water, Grasmere, Cumbria LA22 9SE. ☎ 015394 35295. Cette maison du XVIIIᵉ siècle disparaissant sous la végétation est réputée pour sa cuisine, mais se prête aussi à un séjour agréable. 🔲 TV 24 P	AE MC V	■		■	6
LITTLE SINGLETON : *Mains Hall* ££ Little Singleton, Blackpool, Lancs FY6 7LE. ☎ 01253 885130. FAX 01253 894132. George IV séjourna dans cette demeure historique qui possède un parc ravissant et commande une belle vue sur la Wyre. 🔲 TV P	AE DC MC V	■	●	■	8
MANCHESTER : *Holiday Inn Crowne Plaza* £££ Peter St, Manchester, Lancs M60 2DS. ☎ 0161 236 3333. FAX 0161 932 4100. Situé au centre de la ville, cette vénérable demeure évoque l'époque victorienne. 🔲 TV 24	MC V	■	●	■	34

MUNGRISDALE : *Mill*   ££   MC V   9
Mungrisdale, Penrith, Cumbria CA11 0XR. 📞 017687 79659.
Cet ancien moulin propose dans un site remarquable des chambres
simples et immaculées et des pièces communes douillettes. Cuisine
exceptionnelle. ● *déc.-fév.* 🛏 TV P

SEATOLLER : *Seatoller House*   ££   9
Seatoller, Borrowdale, Keswick, Cumbria CA12 5XN. 📞 et FAX 017687 77218.
Charmante pension de famille à l'atmosphère détendue. Très bon rapport
qualité-prix. Excellents dîners servis à 19 h. 🛏 P

SLAIDBURN : *Parrock Head*   ££   MC V   9
Slaidburn, près de Clitheroe, Lancs BB7 3AH. 📞 01200 446614. FAX 01200 446313.
Des meubles rustiques de qualité créent un décor chaleureux dans cet
hôtel occupant une ferme du XVIIᵉ siècle. 🛏 TV P &

TROUTBECK : *Mortal Man*   ££   12
Troutbeck, Windermere, Cumbria LA23 1PL. 📞 015394 33193. FAX 015394 31261.
Cette auberge vieille de trois siècles offre une vue extraordinaire sur la
vallée. Chambres rustiques et bibelots victoriens. ● *mi-nov. à fév.* 🛏 TV P

ULLSWATER : *Sharrow Bay*   £££££   26
Lake Ullswater, Penrith, Cumbria CA10 2LZ. 📞 017684 86301. FAX 017684 86349.
Le premier *country-house hotel* de Grande-Bretagne est toujours l'un des
meilleurs. Service impeccable, excellent restaurant *(p. 597).* ● *déc.* 🛏 TV P

WASDALE HEAD : *Wasdale Head Inn*   ££   AE MC V   9
Wasdale Head, Gosforth, Cumbria CA20 1EX.
📞 019467 26229. FAX 019467 26334.
L'archétype du pub de randonneurs servant des bières traditionnelles et
une nourriture consistante. Chambres simples, sans décoration. 🛏 P

WATERMILLOCK : *Old Church*   ££   AE MC V   10
Watermillock, Penrith, Cumbria CA11 0JN. 📞 017684 86204. FAX 017684 86368.
Au bord de l'Ullswater, l'une des meilleures hôtelleries de la région. Élégante
et confortable et décorée avec de l'imagination. ● *oct. à mars.* 🛏 TV P

WATER YEAT : *Water Yeat Country Guest House*   £   5
Water Yeat, près d'Ulverston, Cumbria LA12 8JD. 📞 et FAX 01229 885306.
Dans un cadre splendide, charmante ferme du XVIIᵉ siècle gérée avec style et
compétence. Très jolies chambres et cuisine inventive. ● *jan. à mi-fév.* 🛏 P

WHITEWELL : *Inn at Whitewell*   ££   AE DC MC   11
Whitewell, Forest of Bowland, Clitheroe, Lancs BB7 3AT.
📞 01200 448222. FAX 01200 448298.
Ce pub associe sophistication et atmosphère décontractée. Chambres
bien équipées, excellent bar, salon réservé aux hôtes. 🛏 TV P

WINDERMERE : *Cedar Manor*   ££   MC V   12
Ambleside Rd, Windermere, Cumbria LA23 1AX.
📞 015394 43192. FAX 015394 45970.
Ce charmant petit hôtel est accueillant et possède des chambres confortables
récemment rénovées. La cuisine, très imaginative, est recommandée. 🛏 TV P

WINDERMERE : *Holbeck Ghyll*   £££   AE DC MC V   15
Holbeck Lane, Windermere, Cumbria LA23 1LU.
📞 015394 32375. FAX 015394 34743.
Cette imposante demeure victorienne occupe une position stratégique
ayant vue sur le lac et les montagnes. Confort et ambiance détendue.
Service particulièrement courtois et attentif. 🛏 TV 24 P

WINDERMERE : *Miller Howe*   ££££   AE DC MC V   12
Rayrigg Road, Windermere, Cumbria LA23 1EY.
📞 015394 42536. FAX 015394 45664.
Hôtel-restaurant réputé au décor flamboyant et au superbe cadre
champêtre. Cuisine originale et d'une qualité exceptionnelle. Chambres
de standing décorées avec goût. ● *déc. à fév.* 🛏 TV P

WITHERSLACK : *Old Vicarage*   £££   AE DC MC V   15
Witherslack, près de Grange-over-Sands, Cumbria LA11 6RS.
📞 015395 52381. FAX 015395 52373.
Cette hôtellerie sans façon est difficile à trouver au bout d'une allée
ombragée. Un endroit hors des circuits touristiques où échapper à la
foule. 🛏 TV P

Légende des symboles, voir rabat de couverture

<table>
<tr><td colspan="2">

Les prix correspondent à une nuit en chambre double, service, taxes et petit déjeuner compris.

£ moins de 50 £
££ de 50 à 100 £
£££ de 100 à 150 £
££££ de 150 à 200 £
£££££ plus de 200 £

</td><td colspan="5">

RESTAURANT
Sauf indication contraire, le restaurant ou la salle à manger accueille d'autres clients que les hôtes.

ENFANTS BIENVENUS
Berceaux, lits d'enfants et baby-sitting. Certains restaurants proposent menus enfants et chaises hautes.

JARDIN OU TERRASSE
Hôtel possédant un jardin, une cour intérieure ou une terrasse. Souvent, possibilité de manger dehors.

CARTES BANCAIRES
Cartes acceptées : AE = American Express ; DC = Diners Club ; MC = Master Card/Access ; V = Visa.

</td></tr>
</table>

			CARTES BANCAIRES	RESTAURANT	ENFANTS BIENVENUS	JARDIN OU TERRASSE	NOMBRE DE CHAMBRES
**LE YORKSHIRE ET L'HUMBERSIDE**							
ASKRIGG : *Kings Arms* Askrigg, Wensleydale, N Yorks DL8 3HQ. ☎ 01969 650258. FAX 01969 650635. Cette auberge ouverte depuis 1810 propose des chambres confortables et offre le choix entre deux restaurants. 🛏 TV P	££		AE MC V	▪	●	▪	11
HARROGATE : *White House* 10 Park Parade, Harrogate, N Yorks HG1 5AH. ☎ 01423 5011388. FAX 01423 527973. Splendide décoration intérieure. Un hôtel original et très plaisant offrant de nombreuses commodités. 🛏 TV P	££		AC MC V	▪	●	▪	10
HAWORTH : *Weavers* 15 West Lane, Haworth, W Yorks BD22 8DU. ☎ 01535 643822. FAX 01535 644832. Ce restaurant louant quelques chambres spacieuses et confortables occupe trois cottages traditionnels dans le village où grandirent les sœurs Brontë. Cuisine délicieuse et consistante. 🛏 TV P	££		AE DC MC V	▪	●	▪	3
HOLDSWORTH : *Holdsworth House* Holdsworth, Halifax, W Yorks HX2 9TG. ☎ 01422 240024. FAX 01422 245174. Cette ravissante maison de style XVIIe près d'Halifax, présente une décoration pour l'essentiel d'époque. Excellente cuisine. 🛏 TV P	£££		AE DC MC V	▪	●	▪	40
HUDDERSFIELD : *Lodge* 48 Birkby Lodge Rd, Birkby, Huddersfield HD2 2BG. ☎ 01484 431001. FAX 01484 421590. Dans une rue résidentielle à la périphérie d'Huddersfield, un hôtel accueillant et bien tenu. Très bon restaurant. 🛏 TV P 🚻	££		AE MC V	▪	●	▪	11
HUDDERSFIELD : *The George* St George's Square, Huddersfield HD1 1JA. ☎ 01484 515444. FAX 01484 435056. Restauré, cet hôtel de style victorien se trouve au centre-ville. Intérieur stylé, bon restaurant et bar. 🛏 TV	££		AE DC MC V	▪	●		60
HUNMANBY : *Wrangham House* 10 Stonegate, Hunmanby, près de Filey, N Yorks YO14 0NS. ☎ 01723 891333. Décor harmonieux et ambiance cordiale et détendue dans cet ancien presbytère dont les origines remontent au XVIIe siècle. 🛏 TV P 🚻	££		AE DC MC V	▪	●	▪	13
ILKLEY : *Rombalds* West View, Wells Rd, Ilkley, W Yorks LS29 9JG. ☎ 01943 603201. FAX 01943 816586. La famille qui exploite cet hôtel dominant à la fois la ville et l'Ilkley Moor y maintient un bon niveau de confort et de service. La vue est extraordinaire et le restaurant remarquable. 🛏 TV 24 P	££		AE DC MC V	▪	●	▪	15
LASTINGHAM : *Lastingham Grange* Lastingham, York YO6 6TH. ☎ 01751 417345. Un vaste parc assure le calme de cet hôtel traditionnel géré en famille depuis 40 ans et bien situé pour se lancer à la découverte de la ville historique d'York et du comté du Yorkshire. ● déc. à fév. 🛏 TV P	££			▪	●	▪	12
LEEDS : *42 The Calls* 42 The Calls, Leeds, W Yorks LS2 7EW. ☎ 01132 440099. FAX 01132 344100. Cet établissement chic à l'atmosphère détendue possède une bonne brasserie. Chambres bien équipées. 🛏 TV 🔼 24 P 🚻	££		AE DC MC V				40
MARKINGTON : *Hob Green* Markington, Harrogate, N Yorks HG3 3PJ. ☎ 01423 770031. FAX 01423 771589. Hôtel familial juste à la sortie de Markington. Joli parc comprenant un terrain de croquet. Pièces communes reposantes. 🛏 TV P	££		AE DC MC	▪	●	▪	12

MASHAM : *King's Head*
Market Place, Masham, N Yorks HGG4 4EF. ☎ 01765 689295. FAX 01765 689070.
Une auberge traditionnelle et accueillante dans une ville de brasseries.
Excellente sélection de bières locales au bar. 🔍 📺 🅿

££	AE DC MC V	▪	●	▪	10

MIDDLEHAM : *Miller's House*
Middleham, Wensleydale, N Yorks DL8 4NR. ☎ 01969 622630. FAX 01969 623570.
À quelques pas de la place du marché d'un joli village, une bonne base
d'où explorer la région. Chambres douillettes. 🔍 📺 24 🅿

| ££ | AE DC MC V | ▪ | | ▪ | 7 |

ROSEDALE ABBEY : *White Horse Farm*
Rosedale Abbey, près de Pickering, N Yorks YO18 8SE.
☎ 01751 417239. FAX 01751 417781.
Cette auberge sans prétention domine le village depuis 1702. Beaucoup
de charme et de caractère. Accueil chaleureux. 🔍 📺 🅿

| ££ | AE DC MC V | ▪ | ● | ▪ | 15 |

SEDBUSK : *Stonehouse*
Sedbusk, près de Hawes, Wensleydale, N Yorks DL8 3PT.
☎ 01969 667571. FAX 01969 667720.
Belle maison de pierre bâtie en 1908 et entourée d'un jardin anglais à
l'ancienne. Gestion familiale et atmosphère décontractée. ● *jan.* 🔍 📺 🅿 ♿

| ££ | MC V | ▪ | ● | ▪ | 22 |

STOKESLEY : *Chapters*
27 High St, Stokesley, Middlebrough, Cleveland T59 5AD.
☎ 01642 711888. FAX 01642 713387.
Dans le centre-ville, ce relais de poste du xviiie siècle loue des chambres
confortables et personnalisées. Excellent restaurant. 🔍 📺 🅿

| ££ | AE DC MC V | ▪ | ● | ▪ | 13 |

WALKINGTON : *Manor House*
Northlands, Walkington, près de Beverley, Humbs HU17 8RT.
☎ 01482 881645. FAX 01482 866501.
Cet hôtel raffiné occupe un site ravissant au cœur des Wolds. Jolies
chambres claires et cuisine délicieuse. 🔍 📺 🅿

| ££ | MC V | ▪ | ● | ▪ | 7 |

WINTERINGHAM : *Winteringham Fields*
Winteringham, Scunthorpe, Humbs DN15 9PF.
☎ 01724 733096. FAX 01724 733898.
Une ferme vieille de 400 ans devenue un hôtel-restaurant *(p. 599)*
apprécié. Bonne cuisine et chambres confortables. ● *1e sem. août, 24 déc.*
à mi-jan. 🔍 📺 24 🅿 ♿

| ££ | AE MC V | ▪ | | ▪ | 7 |

YORK : *Holmwood House*
114 Holgate Rd, York YO2 4BB. ☎ 01904 626183. FAX 01904 670899.
Un *B&B* exceptionnel à environ 15 minutes à pied du centre. Très
confortable. Petit déjeuner délicieux et propriétaires charmants. 🔍 📺 🅿

| ££ | AE MC V | | | ▪ | 11 |

YORK : *Middlethorpe Hall*
Bishopthorpe Rd, York YO2 1QB. ☎ 01904 641241. FAX 01904 620176.
Juste à la sortie d'York, ce manoir magnifiquement restauré et meublé
offre prestations et service de grand standing. 🔍 📺 🔆 🅿

| £££ | AE MC V | ▪ | | ▪ | 30 |

LA NORTHUMBRIA

BELLINGHAM : *Wesfield Guest House*
Bellingham, Northum NE48 2DP. ☎ et FAX 01434 220340.
Pension de famille accueillante dans un joli site rural. Calme assuré dans
des chambres simples. Dîner à commander. 🅿

| £ | MC V | | ● | ▪ | 5 |

BERWICK-UPON-TWEED : *Dervaig Guest House*
1 North Rd, Berwick-upon-Tweed TD15 2AN. ☎ 01289 307378.
Au nord du centre-ville, cette guest-house de style victorien possède un
très beau jardin calme. 📺 🅿

| £ | | ▪ | ● | ▪ | 21 |

BERWICK-UPON-TWEED : *Old Vicarage*
Church Rd, Tweedmouth, Berwick-upon-Tweed TD15 2AN. ☎ 01289 306909.
Depuis cet ancien presbytère construit au xixe siècle, quelques minutes
de marche vous conduiront en plein centre-ville. Confort et intimité,
accueil et service cordiaux. ● *25-26 déc.* 🔍 📺 🅿

| £ | | | ● | ▪ | 7 |

BLANCHLAND : *Lord Crewe Arms*
Blanchland, près de Consett, Co Durham DH8 9SP.
☎ 01434 675251. FAX 01434 675337.
Une ambiance conviviale règne dans ce relais de poste historique aussi
apprécié de la population locale que des visiteurs. 🔍 🅿

| £££ | AE DC MC V | ▪ | ● | ▪ | 20 |

Légende des symboles, voir rabat de couverture

Les prix correspondent à une nuit en chambre double, service, taxes et petit déjeuner compris.

£ moins de 50 £
££ de 50 à 100 £
£££ de 100 à 150 £
££££ de 150 à 200 £
£££££ plus de 200 £

RESTAURANT
Sauf indication contraire, le restaurant ou la salle à manger accueille d'autres clients que les hôtes.
ENFANTS BIENVENUS
Berceaux, lits d'enfants et baby-sitting. Certains restaurants proposent menus enfants et chaises hautes.
JARDIN OU TERRASSE
Hôtel possédant un jardin, une cour intérieure ou une terrasse. Souvent, possibilité de manger dehors.
CARTES BANCAIRES
Cartes acceptées : AE = American Express ; DC = Diners Club ; MC = Master Card/Access ; V = Visa.

	CARTES BANCAIRES	RESTAURANT	ENFANTS BIENVENUS	JARDIN OU TERRASSE	NOMBRE DE CHAMBRES
CORBRIDGE : *Glenview* ££ 6 Meadowfield Rd, Northum NE43 7QX. 01661 843764. Dans un village au sud-est de Corbridge, cette maison victorienne en bois se trouve en pleine nature et vous apercevoir des blaireaux ou des renards. Apporter son vin pour dîner aux chandelles.	V	■	●	■	3
DURHAM : *Georgian Town House* £ 10 Crossgate, Durham DH1 4PS. et FAX 0191 3868070. Au cœur de la ville, une maison georgienne décorée avec goût et imagination. Chambres claires et bons petits déjeuners.			●	■	6
DURHAM : *Royal County* £££ Old Elvet, Durham DH1 3JN. 0191 3866821. FAX 0191 3860704. Bien placé en bordure de rivière, cet hôtel offre de nombreuses prestations. Il possède notamment son propre club de remise en forme.	AE DC MC V	■	●	■	150
HEXHAM : *Middlemarch* £ Hencotes, Hexham, Northum NE46 2EB. 01434 605003. Dans ce bel hôtel particulier georgien, le petit déjeuner, délicieux, est servi à la table de la cuisine.				■	3
HIGH BUSTON : *High Buston Hall* ££ High Buston, Alnmouth, Alnwick, Northum NE66 3QH. 01665 830341. Cette maison georgienne offre une vue magnifique sur la mer du Nord. Un salon et des chambres simples. Dîner sur accord préalable.	AE MC V		●	■	3
LONGHORSLEY : *Linden Hall* £££ Longhorsley, Morpeth, Newcastle upon Tyne, Northum NE65 8XF. 01670 516611. FAX 01670 788544. Entourée par 160 ha de parc, cette belle demeure georgienne est devenue un grand hôtel et un centre de cure.	AE DC MC V	■	●	■	50
NEWCASTLE : *Waterside* ££ 48–52 Sandhill, Quayside, Newcastle NE1 3JF. 0191 2300111. FAX 0191 2301615. Sur la Tyne, un hôtel élégant et flambant neuf propose des chambres bien meublées et un bon restaurant italien.	AE DC MC V	■	●		26
ROMALDKIRK : *Rose and Crown* ££ Romaldkirk, Teesdale DL12 9EB. 01833 650213. FAX 01833 650828. Chambres bien équipées dans une auberge au centre du village, dont le restaurant sert aussi bien repas complets que plats simples.	MC V	■	●	■	12

LE NORD DU PAYS DE GALLES

	CARTES BANCAIRES	RESTAURANT	ENFANTS BIENVENUS	JARDIN OU TERRASSE	NOMBRE DE CHAMBRES
ABERDYFI : *Penhelig Arms* ££ Aberdyfi, C & M LL35 0LT. 01654 767215. FAX 01654 767690. Une seule chambre de cette auberge badigeonnée de blanc n'a pas vue sur la mer. Charme et confort après une récente restauration.	MC V	■		■	10
ABERSOCH : *Porth Tocyn* ££ Abersoch, Pwllheli, C & M LL53 7BU. 01758 713303. FAX 01758 713538. Hôtel chaleureux très accueillant avec les enfants, mais assez vaste pour assurer le calme aux adultes *(voir aussi p. 601)*. de nov. à Pâques.	MC V	■	●	■	17
BEDDGELERT : *Sygun Fawr Country House* £ Beddgelert, C & M LL55 4NE. et FAX 01766 890258. Cet hôtel a gardé ses vieilles poutres, mais ses chambres sont claires et jolies. Très bien situé pour les randonnées en Snowdonia. jan.	MC V	■	●	■	7

BENLLECH : *Bryn Meirion* ⓔⓔ | | | | | 8
Amlwch Rd, Benllech, C & M LL74 8SR. ☎ 01248 853118.
Cette pension de famille commande une vue superbe sur Conwy Bay.
Aménagements tenant compte des besoins des handicapés. 🖼 📺 🅿 ♿

CAPEL GARMON : *Tan-y-Foel* ⓔⓔⓔ | AE DC MC V | | | | 7
Capel Garmon, Betws-y-Coed, A & C LL26 0RE. ☎ 01690 710507. 🅵🅰🆇 01690 710681.
Chambres simples et salons réservés aux hôtes dans cette ancienne ferme
située à proximité du massif de Snowdown. 🖼 📺 🅿

CRICCIETH : *Mynydd Ednyfed* ⓔⓔ | AE MC V | | | | 9
Caernarfon Rd, Criccieth, C & M LL52 0PH. ☎ 01766 523269.
Vieux de plus de 400 ans, cet hôtel a du charme et du caractère, mais aussi
toutes les commodités modernes. Vue splendide sur la mer. 🖼 📺 🅿

LLANDRILLO : *Tyddyn Llan* ⓔⓔ | AE MC V | | | | 10
Llandrillo, près de Corwen, Denbigh LL21 0ST. ☎ 01490 440264. 🅵🅰🆇 01490 440414.
Un lieu de séjour à l'atmosphère détendue. Ameublement recherché et chambres
à la décoration personnalisée *(voir aussi p. 602)*. ⬤ 2 dern. sem. de jan. 🖼 🅿

LLANDUDNO : *St Tudno* ⓔⓔ | AE DC MC V | | | | 20
Promenade, Llandudno, A & C LL30 2LP. ☎ 01492 874411. 🅵🅰🆇 01492 860407.
Une clientèle d'habitués ne cesse de revenir dans cet immeuble victorien
sur le front de mer. Accueil amical. 🖼 📺 🅿 🏊

LLANDUDNO : *Bodysgallen Hall* ⓔⓔⓔⓔ | AE MC V | | | | 32
Llandudno, A & C LL30 1RS. ☎ 01492 584466. 🅵🅰🆇 01492 582519.
L'un des plus beaux hôtels du pays. Un bâtiment superbe restauré avec
art et doté un jardin magnifique. 🖼 📺 24 🅿 🏊 ♿

LLANGOLLEN : *Gales* ⓔ | AE MC V | | | | 15
18 Bridge St, Llangollen, Denbigh LL20 8PF. ☎ 01978 860089. 🅵🅰🆇 01978 861313.
Chambres de tailles et de styles variés. Bar à vin convivial. Particulièrement
animé pendant l'International Eisteddfod *(p. 436)*. ⬤ 24 déc. au 2 jan. 🖼 📺 🅿

LLANSANFRAID GLAN CONWY : *Old Rectory* ⓔⓔⓔ | AE DC MC V | | | | 6
Llanwddyn Glan Conwy, près de Conwy, Conwy A&C LL28 5LF. ☎ 01492 580611.
Vue magnifique sur l'estuaire de Conwy. Atmosphère intime et chambres
décorées avec goût. Cuisine superbe. 🖼 📺 🅿

LLECHWEDD : *Berthlwyd Hall* ⓔⓔ | AE DC MC V | | | | 9
Llechwedd, Conwy, C & M LL32 8DQ. ☎ 01492 592409. 🅵🅰🆇 01492 572290.
Cette demeure victorienne a gardé nombre de ses traits originaux. Salon en
harmonie avec l'architecture. Très bonne cuisine française. 🖼 24 🅿 🏊

NANTGWYNANT : *Pen-y-Gwryd* ⓔ | | | | | 16
Nantgwynant, C & M. ☎ 01286 870211.
Aménagement spartiate et nourriture des plus simples dans un beau site
isolé du massif de Snowdown. Chaude hospitalité. 🅿 🏊

PENMAENPOOL : *Penmaenuchaf Hall* ⓔⓔⓔ | AE DC MC V | | | | 14
Penmaenpool, Dolgellau, C & M LL40 1YB. ☎ 01341 422129. 🅵🅰🆇 01341 422787.
Une vue somptueuse s'offre depuis cet hôtel luxeux et calme. Décoration
ravissante et cuisine vivement recommandée. 🖼 📺 🅿

PORTMEIRION : *Portmeirion* ⓔⓔⓔ | AE DC MC V | | | | 37
Portmeirion, Penrhyndeudraeth, C & M LL48 6ET. ☎ 01766 770228. 🅵🅰🆇 01766 771331.
Dans le village surréaliste où fut tournée la série télévisée *Le Prisonnier*,
un hôtel qui ne vous décevra pas *(voir aussi p. 602)*. 🖼 📺 24 🅿 🏊 ♿

PWLLHELI : *Plas Bodegroes* ⓔⓔⓔ | AE MC V | | | | 8
Nefyn Rd, Pwllheli, C & M LL53 5TH. ☎ 01758 612363. 🅵🅰🆇 01758 701247.
Ce petit manoir georgien est aussi joli que le site où il est construit. Chambres
bien aménagées et cuisine de haut niveau *(p. 602)*. ⬤ déc. à fév. 🖼 📺 🅿

TALSARNAU : *Maes-Y-Neuadd* ⓔⓔⓔ | AE DC MC V | | | | 16
Talsarnau, près d'Harlech, C & M LL47 6YA. ☎ 01766 780200. 🅵🅰🆇 01766 780211.
Cette maison date pour une partie du XIVᵉ siècle. Une superbe
restauration lui a donné un grand confort. Bonne cuisine. 🖼 📺 🅿

TALYLLYN : *Minffordd* ⓔⓔ | MC V | | | | 7
Talyllyn, Twyn, C & M LL36 9AJ. ☎ 01654 761665. 🅵🅰🆇 01654 761517.
Un bâtiment tout simple, mais le panorama s'étend jusqu'aux montagnes
dominant la vallée. Un merveilleux lieu de séjour. ⬤ jan. à mi-mars. 🖼 🅿

Légende des symboles, voir rabat de couverture

Les prix correspondent à une nuit en chambre double, service, taxes et petit déjeuner compris.

£ moins de 50 £
££ de 50 à 100 £
£££ de 100 à 150 £
££££ de 150 à 200 £
£££££ plus de 200 £

RESTAURANT
Sauf indication contraire, le restaurant ou la salle à manger accueille d'autres clients que les hôtes.
ENFANTS BIENVENUS
Berceaux, lits d'enfants et baby-sitting. Certains restaurants proposent menus enfants et chaises hautes.
JARDIN OU TERRASSE
Hôtel possédant un jardin, une cour intérieure ou une terrasse. Souvent, possibilité de manger dehors.
CARTES BANCAIRES
Cartes acceptées : AE = American Express ; DC = Diners Club ; MC = Master Card/Access ; V = Visa.

LE SUD ET LE CENTRE DU PAYS DE GALLES

	CARTES BANCAIRES	RESTAURANT	ENFANTS BIENVENUS	JARDIN OU TERRASSE	NOMBRE DE CHAMBRES
ABERGAVENNY : *Llanwenarth House* ££ Govilon, Abergavenny, Monmouthshire NP7 9SE. ☎ 01873 830289. FAX 01873 832199. Hôtel de campagne historique, atmosphère intime. Service soigné et personnel. ▣ TV P			●	▣	4
ABERYSTWYTH : *Conrah Country House* ££ Chancery, Aberystwyth, Cardigan SY23 4DF. ☎ 01970 617941. FAX 01970 624546. Ce *country-house hotel* confortable mais très formaliste est entouré d'un parc de 9 ha ; ses pièces communes et ses chambres commandent de belles vues. Très bonne cuisine. ▣ TV P ▦	AE MC V	▣	●	▣	20
BERRIEW : *Lion* ££ Berriew, près de Welshpool, Powys SY21 8PQ. ☎ 01686 640452. FAX 01686 640604. Pub accueillant au centre du village. Ambiance animée et cuisine inventive. Les chambres sont spacieuses. ▣ TV P	AE DC MC V	▣	●	▣	7
DRUIDSTONE HAVEN : *Druidstone* ££ Druidstone Haven, près d'Haverfordwest, Pembroke SA62 3NE. ☎ 01437 781221. Cet hôtel qui propose à l'occasion des soirées musicales et théâtrales est l'endroit idéal pour un séjour en famille : plage à proximité et grand parc offrant un vaste espace de jeu. P ⅊	AE MC V	▣	●	▣	9
EGLWYSFACH : *Ynyshir Hall* £££ Eglwysfach, Machynlleth, Powys SY20 8TA. ☎ 01654 781209. FAX 01654 781366. Cette élégante demeure campagnarde en partie georgienne est tenue avec panache. Chaque chambre possède son propre style et la cuisine se révèle hors du commun. ▣ TV P	AE DC V	▣	●	▣	8
FISHGUARD : *Manor House* £ Main St, Fishguard, Pembroke SA65 9HG. ☎ et FAX 01348 873260. Un restaurant agréable et un hôtel familial et accueillant occupent une jolie maison georgienne dominant le port. Bon rapport qualité-prix. ▣ TV	MC V	▣		▣	6
FISHGUARD : *Three Main Street* £ 3 Main St, Fishguard, Pembroke SA65 9HG. ☎ 01348 874275. Salon de thé, restaurant et pension de famille sans façon, mais décorés avec goût. Chambres immaculées et cuisine délicieuse. ▣ TV P		▣	●		3
FORDEN : *Edderton Hall* ££ Forden, Welshpool, Powys SY21 8RZ. ☎ 01938 580339. FAX 01938 580452. À l'extérieur un peu décrépit de cette demeure georgienne répond son atmosphère de grandeur passée. Accueil cordial et chambres spacieuses.	AE DC MC V	▣		▣	8
GLYNARTHEN : *Penbontbren Farm* ££ Glynarthen, Cardigan SA44 6PE. ☎ 01239 810248. FAX 01239 811129. Lié à une exploitation agricole, cet hôtel offre un aperçu de la vie rurale anglaise. Chambres dans les dépendances. ▣ TV 24 P ⅊	AE DC MC V	▣	●	▣	10
GWAUN VALLEY : *Tregynon Country Farmhouse* ££ Gwaun Valley, près de Fishguard, Pembroke SA65 9TU. ☎ 01239 820531. FAX 01239 820808. Une rénovation réussie a préservé les poutres et le cachet de cette ferme du xvie siècle. Beau paysage. ▣ TV P	MC V	▣		▣	8
HAVERFORDWEST : *Foxdale* £ Glebe Lane, Marloes, Haverfordwest, Pembroke SA62 3AY. ☎ 01646 636243. Sur une falaise proche de l'île de Skomer, cette pension de famille économique ravira les amoureux des oiseaux de mer. P ▦			●	▣	4

JEFFRESTON : *Jeffreston Farmhouse* £ — MC V — 3
Jeffreston, près de Kilgetty, Pembroke SA68 0RE. 01646 651291. FAX 01646 651124.
Transformée en restaurant, cette ancienne ferme loue quelques chambres. Hébergement d'un bon rapport qualité-prix et cuisine traditionnelle et nourrissante. 📶 TV P

LLANDEGLEY : *Ffaldau Country House* £ — MC V — 4
Llandegley, Llandrindod Wells, Powys LD1 5UD. 01597 851421.
Une jolie maison à fenêtres à meneaux abrite une pension de famille confortable et hospitalière. 📶 P

LLANGAMMARCH WELLS : *Lake Country House* £££ — AE DC MC V — 19
Llangammarch Wells, Powys LD4 4BS. 01591 620202. FAX 01591 620457.
Impressionnante demeure de campagne édouardienne décorée avec distinction. Élégantes pièces communes et chambres luxueuses. 📶 TV P

LLANWDDYN : *Lake Vyrnwy* ££ — AE DC MC V — 35
Llanwddyn, Powys SY10 0LY. 01691 870692. FAX 01691 870259.
Cet ancien pavillon de chasse au bord du lac Vyrnwy occupe un site spectaculaire. Le restaurant offre un large panorama. 📶 TV P

LLANWRTYD WELLS : *Carlton House* ££ — AE MC V — 5
Llanwrtyd Wells, Powys LD5 4SN. et FAX 01591 610248.
Pension de famille d'un bon rapport qualité-prix, avec des chambres toutes bien meublées. Dîners aussi savoureux que bien présentés. 📶 TV

LLANWRTYD WELLS : *Cwmirfon Lodge* £ — MC V — 3
Llanwrtyd Wells, Powys LD5 4TN. 01591 610217.
Élégante maison victorienne décorée avec goût. Très accueillants, les propriétaires offrent un service de qualité. 📶 TV P

LLYSWEN : *Llangoed Hall* ££££ — AE DC MC V — 23
Llyswen, Brecon, Powys LD3 0YP. et FAX 01874 754545.
Des membres de la famille de Laura Ashley ont choisi avec art les meubles et bibelots donnant sa distinction à cette gentilhommière édouardienne. Cuisine raffinée et variée. 📶 TV 24 P

MILEBROOK : *Milebrook House* ££ — AE MC V — 10
Milebrook, Knighton, Powys LD7 1LT. 01547 528632. FAX 01547 520509.
Ambiance détendue, chambres spacieuses et cuisine délicieuse dans cette maison joliment décorée de la Teme Valley. 📶 TV

PORTHKERRY : *Egerton Grey Country House* ££ — AE DC MC V — 10
Porthkerry, près de Cardiff, V of Glam CF62 3B2. 01446 711666. FAX 01446 711690.
Malgré sa proximité, l'aéroport de Cardiff paraît appartenir à un autre univers que cette demeure en partie victorienne et en partie édouardienne. Confort, ambiance sophistiquée et excellente cuisine. 📶 TV P

REYNOLDSTON : *Fairyhill Country House* ££ — AE MC V — 8
Reynoldston, Gower, Swansea SA3 1BS.
01792 390139. FAX 01792 391358.
Country-house hotel raffiné entouré de forêts sur la Gower Peninsula. Un endroit où venir se détendre et se reposer. 📶 TV P

ST BRIDES WENTLOOG : *West Usk Lighthouse* £ — AE MC V — 5
Lighthouse Rd, St Brides Wentloog, Newport NP1 9SF.
01633 810126. FAX 01633 815582.
Ce phare désaffecté constitue un lieu de séjour unique. Propriétaires agréables et ambiance détendue. ● 25 déc. 📶 TV P

SEION LLANDDEINIOLEN : *Tyn Rhos Country House* ££ — AE MC V — 14
Seion Llanddeiniolen, Caernarfon, C & M LL55 3AE. 01248 670489. FAX 01248 670079.
Vous recevrez un excellent accueil dans cet hôtel décoré avec classe, dont le restaurant sert une bonne cuisine. ● 23 au 30 déc. 📶 TV P

THREE COCKS : *Three Cocks* ££ — MC V — 7
Three Cocks, près de Brecon, Powys LD3 0SL. et FAX 01497 847215.
Petit relais de poste chaleureux en bordure de route. Très bonne cuisine, ameublement sans prétention et chambres claires et aérées. ● déc. à fév. 📶 P

TINTERN : *Parva Farmhouse* ££ — AE MC V — 9
Tintern, Monmouth NP6 6SQ. 01291 689411. FAX 01291 689557.
Au bord de la Wye et à quelques minutes des ruines de Tintern Abbey, une ancienne ferme d'une propreté immaculée. 📶 TV P

	CARTES BANCAIRES	RESTAURANT	ENFANTS BIENVENUS	JARDIN OU TERRASSE	NOMBRE DE CHAMBRES

Les prix correspondent à une nuit en chambre double, service, taxes et petit déjeuner compris.

£ moins de 50 £
££ de 50 à 100 £
£££ de 100 à 150 £
££££ de 150 à 200 £
£££££ plus de 200 £

RESTAURANT
Sauf indication contraire, le restaurant ou la salle à manger accueille d'autres clients que les hôtes.

ENFANTS BIENVENUS
Berceaux, lits d'enfants et baby-sitting. Certains restaurants proposent menus enfants et chaises hautes.

JARDIN OU TERRASSE
Hôtel possédant un jardin, une cour intérieure ou une terrasse. Souvent, possibilité de manger dehors.

CARTES BANCAIRES
Cartes acceptées : AE = American Express ; DC = Diners Club ; MC = Master Card/Access ; V = Visa.

WELSH HOOK : *Stone Hall* **££**
Welsh Hook, Haverfordwest, Pembrokeshire SA62 5NS.
013481 840212. FAX 013481 840815.
Cet hôtel accueillant occupe un bâtiment datant en partie du XIVe siècle.
Chambres confortables et cuisine française. 🚗 📺 P
AE DC MC V — ■ — ■ 5

WHITEBROOK : *Crown* **££**
Whitebrook, Monmouth 0NP5 4TX. 01600 860254. FAX 01600 860607.
Situé un peu en retrait de la route dans les collines boisées dominant la
vallée de la Wye, ce bon restaurant français à l'atmosphère relativement
détendue loue quelques chambres confortables. 🚗 📺 24 P
AE DC MC V — ■ ● ■ 12

LES LOWLANDS

AUCHENCAIRN : *Balcary Bay* **££**
Auchencairn, Castle Douglas, D & G D67 1Q2. 01556 640217. FAX 01556 640272.
Tradition et cordialité dans cet hôtel familial situé sur Balcary Bay. Signe de
la qualité du service : on y revient chaque année. ● *mi-nov. à fév.* 🚗 📺 P
MC — ■ ● ■ 17

AUCHTERARDER : *Auchterarder House* **££££**
Auchterarder PH3 1DZ. 01764 663646. FAX 01764 662939.
Les pièces ont des proportions aristocratiques dans cette demeure de
style seigneurial, mais l'ambiance y est décontractée et la cuisine
délicieuse. 🚗 📺 24 P
AE DC MC V — ■ ● ■ 15

AUCHTERARDER : *Gleneagles* **££££**
Auchterarder PH3 1NF. 01764 662231. FAX 01764 662134.
Construit en 1924 par la Caledonian Railway Company, cet établissement
jouit d'une réputation nationale. Immense, luxueux et géré avec talent, il
propose certaines des meilleures prestations du pays. 🚗 📺 ⬆ 24 ♒ ♿
AE DC MC — ■ ● ■ 234

BALQUHIDDER : *Monachyle Manor Farmhouse* **££**
Balquhidder, Lochearnhead, Perth & Kinross FK19 8PQ.
01877 384622. FAX 01877 384 305.
Dans un vaste parc dominant le loch Voil, cet hôtel offre confort, accueil
cordial, bar intime et excellent restaurant. Superbes randonnées à faire
dans la région. 🚗 P
— ■ — ■ 6

BLAIRGOWRIE : *Kinloch House* **££**
Près de Blairgowrie, Perth & Kinross, Tays PH10 6SG. 01250 884237. FAX 01250 884333.
Une élégante maison de style seigneuriale dans un cadre splendide et
calme. Restaurant recommandé. 🚗 📺 P ♿
AE DC MC V — ■ — — 21

CALLANDER : *Roman Camp Country House* **££**
Callander FK17 8BG. 01877 330003. FAX 01877 331533.
Dans de vastes jardins mais au cœur de la ville, une retraite charmante à
l'atmosphère unique. 🚗 📺 P
AE DC MC V — ■ ● ■ 14

EDINBURGH : *Drummond House* **££**
17 Drummond Pl, Edinburgh EH3 6PL. et FAX 0131 557 9189.
Près du centre d'Edinburgh, une jolie maison georgienne meublée et décorée
avec élégance. Les hôtes dînent avec les propriétaires. ● *sem. de Noël.* 🚗
MC V — — — — 4

EDINBURGH : *Sibbet House* **££**
26 Northumberland St, Edinburgh EH3 6LS. 0131 556 1078. FAX 0131 557 9445.
Pension de famille accueillante installée dans un bel immeuble georgien
décoré avec goût et meublé d'antiquités. Les petits déjeuners sont
particulièrement remarquables. 🚗 📺 P
MC V — — ● — 4

EDINBURGH : *Channings* **£££**
South Learmonth Gardens, Edinburgh EH4 1EZ. 0131 315 2226. FAX 0131 332 9631.
Proche du centre, cet hôtel occupe cinq maisons édouardiennes.
Élégant et très bien tenu son atmosphère est détendue. 🚗 📺 24 P
AE DC MC V — ■ ● ■ 48

EDINBURGH : *Howard* ££££ — AE DC MC V — 15
32–36 Great King St, Edinburgh EH3 6QH. 0131 557 3500. FAX 0131 557 6515.
Petit hôtel de standing installé dans trois maisons georgiennes.
Excellentes prestations et service exemplaire.

EDINBURGH : *Caledonian* £££££ — AE DC MC V — 246
Princes St, Edinburgh EH1 2AB. 0131 459 9988. FAX 0131 225 6632.
En plein centre, le Caledonian est une véritable institution et un des
pôles de la vie sociale d'Edinburgh. Luxe et standing.

GLASGOW : *Babbity Bowster* ££ — AE MC — 6
16–18 Blackfriars St, Glasgow G1 1PE. 0141 552 5055. FAX 0141 552 7774.
Un hôtel inhabituel possédant beaucoup de caractère derrière une façade
d'Adam habilement restaurée. Chambres propres et confortables.
Ambiance branchée et désinvolte au pub et au restaurant.

GLASGOW : *Town House* ££ — MC V — 10
4 Hughenden Terrace, Glasgow G12 9XR. 0141 357 0862. FAX 0141 339 9605.
Accueil chaleureux garanti dans cette maison victorienne restaurée avec
art. Les chambres ont des proportions majestueuses.

GLASGOW : *Malmaison* ££ — AE DC MC — 21
274 West George St, Glasgow G2 4LL. 0141 572 100.
Très belles chambres avec TV satellite et lecteur de CD pour un séjour
plein de style. Brasserie avec cuisine méditerranéenne.

GLASGOW : *Hilton* £££ — AE DC MC V — 319
1 William St, Glasgow G1 8HT. 0141 204 5555. FAX 0141 204 5004.
À la fois élégant et distingué, ce grand hôtel du centre-ville s'adresse en
priorité à une clientèle en déplacements d'affaires et offre un large
éventail de prestations.

GLASGOW : *One Devonshire Gardens* ££££ — AE DC MC V — 27
1 Devonshire Gardens, Glasgow G12 0UX. 0141 339 2001. FAX 0141 337 1663.
Le chic suprême en pleine ville. Mobilier et décor somptueux. Service
exceptionnel. Remarquable restaurant *(p. 605)*.

HAWKCRAIG POINT : *Hawkcraig House* £ — 2
Hawkcraig Point, Aberdour, Fife KY3 0TZ. 01383 860335.
Séjourner dans cette petite maison de passeur est une expérience fort agréable.
Cadre ravissant et propriétaires très chaleureux. *oct. à mi-mars.*

JEDBURGH: *Hundalee House* £ — 5
Jedburgh, Roxburgh, The Border TD8 6PA. et FAX 01835 863011.
Ce B&B soigné occupe une belle maison du XVIIIe siècle, dont le grand
jardin assure aux hôtes calme et intimité.

KIRKCUDBRIGHT : *Gladstone House* ££ — MC V — 3
48 High St, Kirkcudbright, D & G DG6 4JX. 01557 331734.
Bed and breakfast exceptionnel dans une ville agréable. Un lieu décoré
avec goût pour un séjour entre gens de bonne compagnie.

MARKINCH : *Balbirnie House* ££££ — AE DC MC V — 30
Balbirnie Park, Markinch, Fife KY7 6NE.
01592 610066. FAX 01592 610529.
Dans un vaste parc, la situation de cette demeure georgienne est
remarquable. Malgré un luxe revendiqué, l'hôtel jouit d'une atmosphère
sans rien de collet monté.

MOFFAT : *Beechwood Country House* ££ — AE MC V — 7
Harthorpe Pl, Moffat, D & G DG10 9RS. 01683 20210. FAX 01683 20889.
Perché sur une colline et cerné d'arbres, cet hôtel est géré par une famille cordiale
et compétente. Décor simple et ambiance détendue. *jan. à mi-fév.*

MUIRFIELD : *Greywalls* ££££ — AE DC MC V — 22
Muirfield, Gullane, E Lothn EH31 2EG.
01620 842144. FAX 01620 842241.
Un endroit merveilleux : chambres ravissantes, belle vue, confort extrême
et hospitalité écossaise. *mi-oct. à mi-avril.*

PEEBLES : *Cringletie House* ££ — AE MC V — 13
Peebles, The Borders EH45 8PL. 01721 730233. FAX 01721 730244.
Depuis des années, la même famille gère avec succès cet établissement
sûr et confortable entouré d'un grand jardin. *jan.*

Légende des symboles, voir rabat de couverture

Les prix correspondent à une nuit en chambre double, service, taxes et petit déjeuner compris.

£ moins de 50 £
££ de 50 à 100 £
£££ de 100 à 150 £
££££ de 150 à 200 £
£££££ plus de 200 £

RESTAURANT
Sauf indication contraire, le restaurant ou la salle à manger accueille d'autres clients que les hôtes.
ENFANTS BIENVENUS
Berceaux, lits d'enfants et baby-sitting. Certains restaurants proposent menus enfants et chaises hautes.
JARDIN OU TERRASSE
Hôtel possédant un jardin, une cour intérieure ou une terrasse. Souvent, possibilité de manger dehors.
CARTES BANCAIRES
Cartes acceptées : AE = American Express ; DC = Diners Club ; MC = Master Card/Access ; V = Visa.

	CARTES BANCAIRES	RESTAURANT	ENFANTS BIENVENUS	JARDIN OU TERRASSE	NOMBRE DE CHAMBRES
PORTPATRICK : *Crown* ££ North Crescent, Portpatrick, Stranraer DG9 8SX. 01776 810261. FAX 01776 810551. Ce pub-hôtel populaire domine le port. Jolies chambres claires et d'une propreté immaculée. On peut prendre ses repas dans le bar de style traditionnel ou dans le restaurant sous la véranda.	AE MC V	■	●		12
QUOTHQUAN : *Shieldhill House* ££ Quothquan, près de Biggar, Clydesdale, Clyde Valley ML12 6NA. 01899 20035. FAX 01899 21092. Hôtel agréable dans un édifice dont les origines remontent au XIIᵉ siècle. Pièces communes élégantes et chambres spacieuses.	MC V	■		■	12
ST ANDREWS : *Old Course Hotel* £££££ St Andrews KY16 9SP. 01334 474371. FAX 01334 477668. Malgré un extérieur sans grâce, rien n'a été épargné pour donner aux pièces une décoration mariant luxe et bon goût.	AE DC MC V	■	●	■	125
STEWARTON : *Chapeltoun House* £££ Irving Rd, Stewarton, Kilmarnock & Loudoun, Strath KA3 3ED. 01560 482696. FAX 01560 485100. Un *country-house hotel* d'une élégance discrète. Cadre paisible et accueil cordial.	AE MC V	■		■	8
STRACHUR : *Creggans Inn* ££ Strachur, Argyll & Bute, Clyde Valley PA27 8BX. 0136 986 279. FAX 0136 986 637. Auberge conviviale au-dessus du loch Fyne. Site superbe, jolies chambres et excellente cuisine servie au bar ou au restaurant.	AE DC MC V	■	●		19
TURNBERRY : *Turnberry* £££££ Turnberry, Kilmarnock & Loudoun, Strath KA26 9LT. 01655 331000. FAX 01655 331706. Le confort de cet immense hôtel de cure édouardien rénové sur des bases luxueuses compense l'atmosphère qui lui fait défaut.	AE DC MC V	■	●	■	132
WALKERBURN : *Tweed Valley* ££ Walkerburn, près de Peebles, Tweeddale, The Borders EH43 6AA. 01896 870636. FAX 01896 870639. Cet hôtel familial met l'accent sur le confort et la détente dans un endroit ravissant proche du village et de la Tweed.	AE MC V	■	●	■	16

LES HIGHLANDS ET LES ÎLES

	CARTES BANCAIRES	RESTAURANT	ENFANTS BIENVENUS	JARDIN OU TERRASSE	NOMBRE DE CHAMBRES
ACHILTIBUIE : *Summer Isles* £££ Achiltibuie, près d'Ullapool, Ross & Cromarty, Highl IV26 2YG. 01854 622282. FAX 01854 622251. Chambres bien équipées et restaurant superbe, vue à couper le souffle sur les Summer Isles : un hôtel qui remplit toutes les attentes.		■	●	■	12
ARISAIG : *Arisaig House* £££ Beasdale, près d'Arisaig, Inverness, Highl PH39 4NR. 01687 450622. FAX 01687 450626. Extérieur terne, mais intérieur gai et frais. Pièces communes élégantes et chambres agréables. Joli jardin et bon restaurant.	AE MC V	■		■	14
BALLATER : *Balgonie Country House* ££ Braemar Place, Ballater, Aberdeenshire AB35 5RQ. 01698 450622. FAX 01687 450626. Hôtel familial dans la banlieue de Ballater. Très bon rapport qualité-prix pour les plats écossais proposés et accueil chaleureux.	AE MC V	■		■	18
BALLINDALLOCH : *Delnashaugh Inn* £££ Ballindalloch, Banff & Buchan AB37 9AS. 01807 500255. FAX 01807 500389. Dominant l'Avon dans la Spey Valley, cet hôtel constitue une excellente base d'où découvrir la région. Bonne cuisine. ● nov. à mars.	MC V	■	●		9

BRAE : *Busta House* £££ AE DC MC V 20
Busta, Brae, Shetld ZE2 9QN. **(** *01806 522506.* **FAX** *01806 522588.*
Cet hôtel familial soigné offre un lieu de séjour confortable dans une villa du
début du XVIIIe siècle possédant son propre petit port. **●** *22 déc. au 3 jan.* 🛏 📺 **P**

BUNESSAN : *Ardfenaig House* £££ MC V 5
Près de Bunessan, Isle of Mull, Argylland Bute PA67 6DX. **(** et **FAX** *01681 700210.*
Dans la partie sud-ouest de l'île, les chambres confortables de l'Ardfenaig
House offrent des vues superbes à la pointe du loch Caol. Possibilité de
pratiquer un large éventail d'activités sportives. **●** *nov. à mars.* 🛏 **P**

CRINAN : *Crinan Hotel* £££ AE MC V 20
Crinan, Strath PA31 8SR. **(** *01546 83 261.* **FAX** *01546 830292.*
Au débouché du Firth of Cromarty dans l'Atlantique, le Crinan occupe un
lieu privilégié sur le port et son restaurant sur le toit est un excellent poste
d'observation pour observer les évolutions des bateaux. 🛏 📺 🔳 **P**

CROMARTY : *Royal* ££ AE MC 10
Marine Terrace, Cromarty, Ross & Cromarty, Highl IV11 8YN. **(** *01381 600217.*
Dominant le Firth of Cromarty, cet hôtel cordial, traditionnel et sans
prétention propose des chambres bien décorées. 🛏 📺 **P**

DUNKELD : *Kinnaird* ££££ AE MC V 99
Kinnaird Estate, près de Dunkeld, Tays PH8 0LB.
(*01796 482440.* **FAX** *01796 482289.*
Entourée d'un vaste et superbe parc, cette demeure du XVIIIe siècle
a récemment été convertie à grands frais en un hôtel de luxe.
Le résultat est somptueux *(p. 606).* 🛏 📺 **P** 🔳

DUNOON : *Enmore* ££ AE MC V 10
Marine Parade, Dunoon, Argyl PA23 8HH. **(** *01369 702230.* **FAX** *01369 702148.*
Hôtel de famille très bien tenu sur le front de mer. Attentionné et
chaleureux, service très courtois. 🛏 📺 **P**

DUNVEGAN : *Harlosh House* ££ MC V 6
Près de Dunvegan, Isle of Skye, Highl IV55 8ZG. **(** et **FAX** *01470 521367.*
Dans un cadre splendide au bord du lac Bracadale, ce petit hôtel à
l'ambiance chaleureuse constitue une bonne base pour explorer l'île de
Skye. Très bonne cuisine. **●** *oct. à mars.* 🛏 **P**

ELGIN : *Mansion House And Country Club* £££ AE DC MC V 23
The Haugh, Elgin, Moray, IV30 1AW. **(** *01343 548811.* **FAX** *01343 547916.*
Malgré son aspect imposant, accueil sans prétention dans cette demeure
victorienne que complète un *country-club.* 🛏 📺 24 **P** 🏊

GRANTOWN-ON-SPEY : *Culdearn House* ££ DC MC V 9
Woodlands Terrace, Grantown-on-Spey, Moray, PH26 3JU.
(*01479 872106.* **FAX** *01479 873641.*
Villa victorienne à la décoration traditionnelle ayant des propriétaires
hospitaliers. À l'occasion, danses folkloriques des Highlands. 🛏 📺 **P**

INVERNESS : *Dunain Park* £££ AE DC MC V 14
Inverness IV3 6JN. **(** *01463 230512.* **FAX** *01463 224532.*
Entouré d'un grand jardin et proche d'Inverness, cet hôtel offre un
endroit calme et confortable d'où explorer la région. Bonnes prestations
et personnel agréable. 🛏 📺 **P** 🏊 ♿

ISLE OF HARRIS : *Ardvourlie Castle* £££ 4
Aird Amhulaidh, Isle of Harris, W Isles HS3 3AB. **(** *01859 502307.*
Pavillon de chasse victorien sur les bords du Loch Seaforth. Décors
originaux fonctionnant au gaz et lampes à huile. Le restaurant, très couru,
offre des spécialités locales ; le dîner est compris dans le prix de la
chambre. 🛏 **P** ♿

ISLE OF IONA : *Argyll Hotel* ££ MC V 17
Isle of Iona, Strath PA76 6SJ. **(** *01681 700334.* **FAX** *01681 700510.*
Hôtel convivial et sans prétention sur cette île très particulière.
Demandez une chambre donnant sur la mer. **●** *oct. à mars.* 🛏

ISLE OF ORNSAY : *Eilean Iarmain* ££ AE MC V 12
Sleat, Isle of Skye, Highl IV43 8QR.
(*0147833 332.* **FAX** *0147833 275.*
En bord de mer, ambiance celte dans une auberge du XIXe siècle.
Chambres et pièces communes offrent des vues superbes. 🛏 **P**

Légende des symboles, voir rabat de couverture

Les prix correspondent à une nuit en chambre double, service, taxes et petit déjeuner compris.

£ moins de 50 £
££ de 50 à 100 £
£££ de 100 à 150 £
££££ de 150 à 200 £
£££££ plus de 200 £

RESTAURANT
Sauf indication contraire, le restaurant ou la salle à manger accueille d'autres clients que les hôtes.

ENFANTS BIENVENUS
Berceaux, lits d'enfants et baby-sitting. Certains restaurants proposent menus enfants et chaises hautes.

JARDIN OU TERRASSE
Hôtel possédant un jardin, une cour intérieure ou une terrasse. Souvent, possibilité de manger dehors.

CARTES BANCAIRES
Cartes acceptées : AE = American Express ; DC = Diners Club ; MC = Master Card/Access ; V = Visa.

	CARTES BANCAIRES	RESTAURANT	ENFANTS BIENVENUS	JARDIN OU TERRASSE	NOMBRE DE CHAMBRES
KENTALLEN OF APPIN : *Ardsheal House* ££ Kentallen of Appin, Argyll & Bute, Strath PA38 4BX. 📞 01631 740227. FAX 01631 740342. Depuis cet hôtel très hospitalier dominant le loch Linnhe, le panorama est impressionnant. Chambres et pièces communes bien meublées. 🚪 P	AE MC V	■	●	■	13
KILDRUMMY : *Kildrummy Moray* £££ Kildrummy, près d'Alford, Gordon, Grampn AB33 8RA. 📞 019755 71288. FAX 019755 71345. Grand manoir victorien dans de splendides jardins dominant les ruines d'un château du XIIIᵉ siècle. Décor élégant. ● jan. 🚪 TV P	MC V	■	●	■	16
KILMORE : *Killiecrankie Hotel* ££££ Killiecrankie, par Pitlochry, Argyll PH16 5LG. 📞 01796 473220. FAX 01796 472 451. Hôtel dans une maison de campagne au décor très écossais. La nourriture, choisie avec soin, peut être dégustée sur la véranda. 🚪 TV P	MC V	■	●	■	10
KIRKWALL : *Foveran* ££ St Ola, Kirkwall, Orkney KW15 1SF. 📞 01856 872389. FAX 01856 876430. Hôtel moderne offrant une vue splendide sur Scapa Flow et les South Isles. Chambres petites mais confortables. Bon restaurant. ● jan. 🚪 TV 24 P	MC V	■	●	■	8
LARGS : *Brisbane House* ££ 14 Greenock Rd, Esplanade, Largs, Strath KA30 8NF. 📞 01475 6867200. FAX 01475 676295. Jolie maison du XVIIIᵉ siècle modernisée avec classe. Certaines des chambres donnent sur le Firth of Clyde. 🚪 TV 24 P	AE DC MC V	■	●	■	20
LEDAIG : *Isle of Eriska* ££££ Ledaig, près d'Oban, Argyll & Bute, Strath PA37 1SD. 📞 et FAX 01631 720 531. Bâti sur sa propre île au XIXᵉ siècle, cet imposant manoir seigneurial propose des chambres charmantes. Il est attendu des hôtes qu'ils s'habillent pour le dîner. ● jan. et fév. 🚪 TV 24 P 🏊 ♿	AE MC V	■	●	■	17
MARNOCH : *Old Manse of Marnoch* ££ Bridge Of Marnoch, près de Huntly, Gordon, Grampn AB54 5RS. 📞 et FAX 01466 780873. Ravissante maison en partie georgienne et en partie édouardienne. Décoration soignée et chambres très confortables. 🚪 TV P	MC V	■		■	5
MUIR OF ORD : *Dower House* ££ Highfield, Muir of Ord, Inverness, Highl IV6 7XN. 📞 et FAX 01463 870090. Petit hôtel extrêmement agréable et joliment décoré. Chambres plaisantes et excellent restaurant. 🚪 TV P	MC V	■	●	■	5
NAIRN : *Clifton House* £££ Nairn, Highl IV12 4HW. 📞 01667 453119. FAX 01667 452836. En ville, un hôtel décoré et meublé avec goût et finesse. Le restaurant est vivement recommandé. ● jan.-déc. 🚪 P	AE DC V	■		■	12
OBAN : *Knipoch* ££ Kilninver, près d'Oban, Argyll PA34 4QT. 📞 01852 316251. FAX 01852 316249. Cette maison du XVIᵉ siècle restaurée avec art offre une vue panoramique sur le loch Feochan. Chambres impeccables et service souriant. ● déc. à fév. 🚪 TV P	AE DC MC V	■	●	■	17
PITLOCHRY : *Atholl Palace* ££ Pitlochry, Perth & Kinross, Tays PH16 5LY. 📞 01796 472400. FAX 01796 473036. Ce grand hôtel offre un excellent exemple, bien qu'un peu emphatique, de l'architecture seigneuriale écossaise. Vastes pièces aux meubles et à la décoration de styles divers. 🚪 TV P 🏊 ♿	AE DC MC V	■	●	■	76

PORT APPIN : *Airds* £££
Port Appin, Appin, Argyll & Bute, Strath PA38 4DF.
01631 730236. FAX 01631 7302535.
Les murs blancs d'une ancienne auberge à l'aspect modeste dissimulent un intérieur chic et confortable. Très bon restaurant *(p. 607)*.
AE MC V — 12

PORTREE : *Viewfield House* £
Portree, Isle of Skye, Highl IV51 9EU. 01478 612217. FAX 01478 613517.
Tout le monde dîne à la même table dans cette maison pleine de recoins et vieille de 200 ans. Accueil très chaleureux. ● mi-oct. à mi-avril.
MC V — 11

SCARISTA : *Scarista House* ££
Isle of Harris, Highl PA85 3HX. 01859 550238. FAX 01859 550277.
Dominant une plage loin de tout, cette demeure georgienne offre un très agréable lieu de retraite. Cuisine succulente.
— 3

SCONE : *Murrayshall House And Golf Course* £££
Scone, Perth & Kinross, Tays PH2 7PH. 01738 551171. FAX 01738 552595.
Manoir seigneurial à tourelles possédant son propre terrain de golf. Pièces au décor guindé, mais luxueuses et confortables. Le restaurant sert une excellente cuisine.
AE DC MC V — 27

SHIELDAIG : *Tigh-Eilean* ££
Shieldaig, près de Strathcarron, Ross & Cromarty, Highl IV54 8XN.
01520 755251. FAX 01520 755321.
Au bord du loch Shieldaig, voici l'un des meilleurs petits hôtels d'Écosse, où des propriétaires charmants maintiennent à un haut niveau confort, service et qualité de la cuisine.
AE MC V — 11

THURSO : *Forss House* ££
Thurso, Caithness, Highl KW14 7XY. 01847 861 201. FAX 01847 861 301.
Hôtel accueillant parmi les étendues sauvages du Nord. Malgré un extérieur imposant, confortable et gai à l'intérieur.
AE MC V — 10

TIMSGARRY : *Baile Na Cille* £
Timsgarry, Isle of Lewis, Highl PA86 9JD. 01851 672 242. FAX 01851 672 241.
Hôtel sympathique et décontracté dans un site étonnant au bout d'une longue plage. L'endroit idéal pour se retirer du monde. ● mi-sept. à mi-mars.
MC V — 14

TORLUNDY : *Inverlochy Castle* £££££
Torlundy, Fort William, Inverness, Highl PH33 6SN.
01397 702177. FAX 01397 702953.
Hôtellerie parfaitement administrée. Beaux meubles sous de hauts plafonds dans les pièces communes. Chambres immenses et luxueuses. ● jan. et fév.
AE MC V — 17

TROON : *Piersland House* £££
Craigend Rd, Troon, Ayrshire KA10 6HD.
01292 314747. FAX 01292 315613.
Séduisante demeure de style Tudor située près du terrain de golf. Un cottage annexe possède des suites, chacune avec salon.
AE DC MC V — 28

ULLAPOOL : *Altnaharrie Inn* ££
Ullapool, Ross & Cromarty, Highl IV26 2SS. 01854 633230.
Le fait que cet hôtel s'atteigne en bateau depuis Ullapool garantit le calme, une vue panoramique et la certitude d'y vivre une expérience très spéciale. Bonne cuisine *(p. 607)*. Interdiction de fumer.
AE MC V — 8

ULLAPOOL : *Ceilidh Place* ££
14 West Argyle St, Ullapool, Ross & Cromarty, Highl LV26 2TY.
01854 612103. FAX 01854 612886.
Un endroit très animé comprenant un café et une librairie, et où sont organisées expositions et soirées musicales. Les hôtes disposent toutefois d'un salon où se retrouver au calme.
AE DC MC V — 13

WALLS : *Burrastow House* ££
Walls, Shetl ZE2 9PB. 0159571 307. FAX 0159571 213.
Situé dans une partie très isolée de la principale île des Shetland, un hôtel merveilleux si vous cherchez la tranquillité absolue sans vouloir renoncer au confort ni à un bon repas.
DC MC V — 5

WHITEBRIDGE : *Knockie Lodge* ££
Whitebridge, Inverness, Highl IV1 2UP. 01456 486276. FAX 01456 486389.
Un ancien pavillon de chasse dans un cadre splendide au-dessus du loch Nan Lann. Rien alentour pour vous distraire de la table. ● nov. à mars.
DC MC V — 10

RESTAURANTS ET PUBS

Hostile à la jouissance des sens, la tradition puritaine a longtemps marqué la cuisine britannique, et plus d'un visiteur a pu se demander en contemplant son assiette pourquoi l'on avait infligé un sort aussi cruel à des ingrédients qui ne le méritaient pas. La situation s'est toutefois grandement améliorée ces dernières années, notamment sous l'influence de

Au Bibendum, à Londres

chefs étrangers. Il est désormais possible de bien manger partout en Grande-Bretagne sans se ruiner dans un établissement gastronomique français. Les grandes villes ont vu se multiplier les restaurants proposant des cuisines du monde entier et, surtout, les maîtres queux anglais ont relevé le défi, remettant au goût du jour de savoureuses recettes régionales ou inventant de nouveaux mets où se marient produits locaux et influences internationales. Pour vous restaurer à bon marché, pensez aux pubs, qui servent souvent des plats simples à midi, et aux kiosques vendant des *fish and chips* (beignets de poisson et frites). Nous avons sélectionné aux *pages 578-607* certaines des meilleures tables du Royaume-Uni.

CHOISIR SON MENU

Les grandes villes britanniques, et en particulier Londres, offrent la possibilité de faire un véritable tour du monde des saveurs, de la haute gastronomie française à la cuisine chinoise en passant par le Mexique, les Caraïbes, l'Italie, l'Europe Centrale, la Grèce, la Turquie ou l'Indonésie. La cuisine indienne est particulièrement bien représentée, du restaurant bon marché à des adresses de très haut niveau.

L'aspiration à un retour aux sources a toutefois remis à la mode une tradition culinaire britannique où prédominent des mets consistants comme le *steak and kidney pie* ou le *treacle pudding (p. 37)*. De plus en plus de jeunes chefs les abordent cependant avec un esprit novateur, les adaptant aux normes diététiques actuelles. Leurs créations associent souvent produits du terroir et saveurs méditerranéennes ou orientales, si bien qu'il devient difficile de clairement cerner la différence entre cuisine « *Modern British* » et cuisine « *Modern-International* ». Cette dénomination recouvre une très large palette de recettes. Elles sont le plus souvent d'inspiration française, méditerranéenne ou asiatique et apprêtent en général simplement des ingrédients de qualité.

LE PETIT DÉJEUNER

La sagesse populaire affirmait jadis que la meilleure façon d'apprécier la cuisine britannique était de prendre trois fois par jour un petit déjeuner. Véritable repas, celui-ci commence traditionnellement par des céréales additionnées de lait et suivies d'œufs au bacon parfois accompagnés de saucisses ou de boudin noir (dans le Nord et en Écosse). Il se conclut sur une note sucrée avec du pain de mie grillé nappé de marmelade et arrosé de thé. Vous pourrez cependant prendre partout une *continental breakfast* : café ou thé, jus d'orange et croissants ou toasts. Dans les hôtels, le petit déjeuner est généralement compris dans le prix de la chambre.

LE DÉJEUNER

Excepté le dimanche où ils se retrouvent en famille autour d'un poulet ou d'un rôti, les Britanniques mangent peu à midi, se contentant de sandwichs, de salade ou d'un plat simple comme le *ploughman's lunch* servi dans les pubs. De nombreux restaurants proposent néanmoins des menus à prix fixe de deux plats offrant le choix entre une entrée et un dessert.

Un célèbre restaurant hongrois de Londres *(p. 578)*

LE THÉ DE L'APRÈS-MIDI

Un séjour en Grande-Bretagne ne saurait être complet sans avoir sacrifié au rite de l'*afternoon tea* et si possible dans un des temples de la tradition que sont, à la campagne, certaines hôtelleries de classe et à Londres de grands hôtels comme le Ritz ou Browns. L'assortiment de douceurs accompagnant la décoction varie selon les régions. Comprenant toujours des *scones* (petits pains au lait) nappés de crème caillée, de beurre et de marmelade, le « *cream tea* » du West Country (*p. 271*) est particulièrement réputé, mais la tranche de tarte aux pommes du Nord, servie chaude et couverte d'une lame de fromage, a aussi ses adeptes.

Gâteau, *scones* et sandwichs pour l'*afternoon tea*

LE DÎNER

Principal repas de la journée, le dîner comprend dans les plus grands restaurants jusqu'à cinq ou six plats, mais ceux-ci peuvent pour certains se réduire à un simple sorbet ou à un café accompagné de petits fours. Le fromage se mange en général après le dessert. Dans le nord de l'Angleterre et en Écosse, le déjeuner est parfois appelé « *dinner* » et le dîner « *tea* ».

Les Britanniques mangeant tôt le soir, il se révèle souvent difficile, hors des grandes villes, de trouver un établissement servant après 21 h. La cuisine ferme même parfois dès 20 h.

Il existe de bons pubs et restaurants sur les Leith Docks d'Edinburgh

OÙ MANGER ?

Salons de thé, cafés, pizzerias, bars à tapas, brasseries, bars à vin ou bistros d'inspiration française, il existe en dehors des restaurants une grande variété d'établissements où manger. De nombreux pubs servent des plats simples et bon marché (*p. 608-611*).

BRASSERIES, BISTROS ET CAFÉS

Les cafés-brasseries à la française deviennent de plus en plus populaires en Grande-Bretagne. Ouverts en général sans interruption, ils servent dans un décor adapté à une clientèle plutôt jeune et urbaine des snacks et des plats simples qu'une sélection de bières et de vins permet d'accompagner. Les boissons alcoolisées sont parfois proscrites à certaines heures du jour et cocktails ou alcools d'importation peuvent se

Le café de la Tate Gallery, St Ives, Cornwall (*p. 591*)

révéler onéreux.

Proposant eux aussi plats simples et en-cas, les bars à vin offrent pour certains l'occasion de découvrir des crus anglais (*p. 146-147*), des bières traditionnelles (*real ale*) ou un large choix de cidres. Comme leurs modèles français, les bistros servent des repas complets à midi et le soir dans une ambiance plus détendue et à des prix moins élevés (entre 12 £ et 30 £) que ceux des restaurants classiques.

LES RESTAURANTS AVEC CHAMBRES ET LES HÔTELS

La plupart des hôtels-restaurants servent d'autres clients que leurs hôtes. Ils se révèlent souvent chers, mais comprennent certaines des meilleures tables du pays. En zone rurale, ils tendent depuis peu à prendre la forme d'un restaurant louant quelques chambres mais proposant surtout une cuisine recherchée pour un prix relativement élevé.

LES USAGES

En règle générale, plus le restaurant est cher et mieux il faut s'habiller – bien que peu d'établissements exigent encore le port de la cravate. En cas de doute, renseignez-vous par téléphone.

S'il existe dans la plupart des cas, une zone fumeurs et une zone non-fumeurs, certains endroits interdisent complètement de fumer.

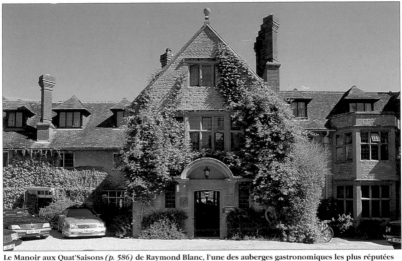

Le Manoir aux Quat'Saisons *(p. 586)* de Raymond Blanc, l'une des auberges gastronomiques les plus réputées

LES BOISSONS ALCOOLISÉES

Après avoir longtemps été l'une des plus restrictives d'Europe, en particulier quant aux heures d'ouverture, la réglementation britannique des débits de boissons s'est récemment assouplie. Certains établissements continuent pourtant à ne servir d'alcool qu'à certaines heures et en accompagnement de repas, tandis que quelques restaurants, dépourvus de toute licence, autorisent leurs clients à apporter leurs propres bouteilles. Ils prélèvent en général un petit supplément. L'Écosse a sa propre législation. Les pubs, notamment, ferment plus tard.

EN-CAS ET SNACKS

Si des chaînes de fast-foods telles que McDonald's, Burger King et Pizza Hut sont partout implantées en Grande-Bretagne, de petits kiosques indépendants continuent de vendre le snack britannique le plus traditionnel : le *fish and chips*, un beignet de cabillaud ou de colin aspergé de vinaigre et accompagné d'un cornet de frites bien épaisses *(p. 36)*. Des cafés populaires surnommés *greasy spoons* (cuillères grasses) proposent également des plats simples et bon marché, souvent à base

d'œufs. Les bars à sandwichs offrent eux-aussi un bon rapport qualité-prix, d'autant que certains disposent de tables où s'asseoir. Pâtisseries et glaciers permettront dans la journée de combler un petit creux.

Le Betty's Café à Harrogate *(p. 598)*

PLATS VÉGÉTARIENS

La Grande-Bretagne est un des pays d'Europe où il est le plus facile de s'abstenir de manger de la viande. La plupart des restaurants végétariens de notre sélection proposent néanmoins quelques plats destinés aux carnivores. De nombreuses cuisines exotiques, notamment celle de l'Inde du Sud, ont une tradition végétarienne qui a donné naissance à de délicieuses spécialités.

RÉSERVER

Il est toujours plus sûr de réserver sa table, en particulier en ville où certains des établissements gastronomiques les plus réputés affichent parfois complets des mois à l'avance. Si vos projets changent, prenez la peine de prévenir le restaurant. Par savoir-vivre tout d'abord, mais aussi parce que beaucoup d'entre eux fonctionnent avec des marges bénéficiaires suffisamment faibles pour que la perte de quelques clients les mette en danger.

LA NOTE

La loi oblige les restaurants à afficher en devanture leurs prix TVA *(VAT)* incluse en spécifiant, s'il y a lieu, le montant du service et du couvert. Le vin est toujours cher, à l'instar, souvent, de boissons comme le café ou l'eau minérale. Certains établissements élégants possèdent une brasserie pratiquant des tarifs moins élevés.

Si le total à payer comprend le service (généralement d'un montant de 10 % ou 15 %) et que vous êtes mécontent de celui-ci, vous avez le droit de le déduire de l'addition. Si le service n'est pas compris, la coutume veut que vous laissiez de 10 à 15 %, mais rien ne vous y oblige. Dans ce but, le personnel laisse parfois en blanc la case « montant » des factures des cartes bancaires. Un procédé tout à fait injustifié si le service est compris.

La plupart des restaurants acceptent cartes bancaires et eurochèques, mais c'est encore le liquide qui a cours dans les pubs et les cafés.

LES HORAIRES

L'heure du petit déjeuner peut grandement varier : de 6 h 30 au plus tôt dans un hôtel pour hommes d'affaires (encore que la majorité des établissements consentiront à bousculer leurs habitudes si vous avez un avion à prendre ou une autre raison contraignante de partir à l'aube) à 10 h 30 au plus tard dans un *country-house* à l'ambiance détendue. Peu d'hôteliers apprécient cependant de faire frire du bacon aussi tard et ils fixent pour la plupart 9 h comme dernière limite. Les lève-tard trouveront cependant toujours à se restaurer en ville, d'autant que de plus en plus de Britanniques se convertissent aux joies américaines du *brunch*, repas du dimanche tenant du petit déjeuner anglais et du déjeuner léger.

À midi, restaurants et pubs servent normalement à manger de 12 h 30 à 14 h 30, mais mieux vaut commander avant 13 h 30 sous peine de voir le choix se restreindre. Dans les quartiers touristiques, les cafés ou fast-foods servant des snacks à toute heure sont nombreux. L'*afternoon tea* se déguste de 15 h à 17 h et on prend traditionnellemnet son dîner entre 19 h et 22 h. En ville, beaucoup d'endroits, notamment des restaurants orientaux, restent néanmoins ouverts beaucoup plus tard. À la campagne, en revanche, la cuisine ferme parfois dès 20 h. Certains *Bed and Breakfast,* pensions de famille ou petits hôtels servent le dîner à heure fixe, quelquefois fort tôt.

L'Artiste Musculé *(p. 578)*, bistro-bar à vin de Londres

MANGER AVEC DES ENFANTS

S ortir en famille est une habitude récente en Grande-Bretagne, et les restaurants, excepté les fast-foods et les établissements italiens, espagnols et indiens, ne commencent que depuis peu à trouver normal d'accueillir des enfants. Certains parmi les plus chic imposent d'ailleurs encore des limites d'âge pour le dîner. Mieux vaut se renseigner.

De nombreux restaurants proposent en revanche désormais des portions réduites et des chaises hautes. Même les pubs *(p. 608-611)*, jadis strictement réservés aux adultes, assouplissent aujourd'hui leurs règles pour accueillir les familles, mettant même parfois à la disposition

Enseigne de glacier

des jeunes générations une salle ou une aire de jeu.

LES PERSONNES HANDICAPÉES

S 'il reste des progrès à accomplir, la situation s'améliore dans les restaurants britanniques en ce qui concerne l'accès en fauteuil roulant et l'aménagement des toilettes. La plupart des établissements modernes, notamment, ont pris en compte ces problèmes. Mieux vaut cependant toujours vérifier par téléphone avant de se déplacer.

PIQUE-NIQUER

S i vous le demandez la veille, votre hôtel, votre pension de famille ou les propriétaires de votre *Bed and Breakfast* devraient vous préparer un pique-nique. Et si vous vous décidez à la dernière minute, sachez que les épiceries et boulangeries britanniques ne ferment généralement pas à midi.

Le meilleur endroit où acheter fruits et produits du terroir reste le marché, mais des grands magasins comme Marks & Spencer et des supermarchés tels que Sainsbury's et Tesco proposent un large choix de sandwichs et d'en-cas préemballés. Il existe en général dans chaque grande ville plusieurs bars ou comptoirs vendant sandwichs et pizzas. Le *fish and chips* constitue aussi un moyen simple et économique de manger sur le pouce.

Repas en plein air dans la région des lacs

Choisir un restaurant

L es restaurants de cette sélection ont été choisis dans une large gamme de prix pour la qualité de leur cuisine, leur rapport qualité-prix ou parce qu'ils occupent un site exceptionnel. Ils sont présentés par régions que différencient des codes couleur identiques à ceux des pages décrivant ces régions dans le corps du guide.

	CARTES BANCAIRES	ENFANTS BIENVENUS	MENUS À PRIX FIXE	SPÉCIALITÉS VÉGÉTARIENNES	REPAS À L'EXTÉRIEUR
LONDRES					
WEST END & WESTMINSTER : *Mildred's.* **Plan** 4 E5. 58 Greek St W1. (0171-494 1634. Très bonne cuisine végétarienne internationale. Les tables se partagent. Le personnel viendra vous chercher au pub voisin.	£			●	■
WEST END & WESTMINSTER : *L'Artiste Musculé.* **Plan** 5 C1. 1 Shepherd Market W1. (0171-493 6150. Bistro à la française avec terrasse et tables en sous-sol. Spécialités du jour affichées à la craie sur une ardoise.	£	AE DC MC V	■	●	■
WEST END & WESTMINSTER : *Harbour City.* **Plan** 4 E5. 46 Gerrard St W1. (0171-439 7859. Ce restaurant apprécié des familles et des hommes d'affaires chinois vous servira à midi des *dim sum* étonnantes.	££	AE DC MC V	●	■	●
WEST END & WESTMINSTER : *Royal China.* **Plan** 3 B4. 40 Baker St W1. (0171-437 2745. Situé près de Madame Tussaud, sert des *dim sum.* Essayez le *cheung fun*, des boulettes de crevettes à la vapeur avec ciboulette. ● *25 et 26 déc.*	££	AE MC V	●	■	●
WEST END & WESTMINSTER : *Melati.* **Plan** 4 D5. 21 Great Windmill St W1. (0171-437 274. Service rapide et cuisine indonésienne authentique sur trois étages affairés. Réserver. Délicieux *laksa* de Singapour. ● *jours fériés.*	££	AE DC MC V	●	■	●
WEST END & WESTMINSTER : *Alfred.* **Plan** 4 D5. 245 Shaftesbury Ave WC2. (0171-240 2566. Ce restaurant anglais propose des recettes traditionnelles et des mets modernes et inventifs. Élegant décor évoquant les années 40. ● *dim. et jours fériés.*	£££	AE DC MC V	●	■	●	■
WEST END & WESTMINSTER : *Bahn Thai.* **Plan** 4 E5. 21A Frith St W1. (0171-487 4688. La carte de cet excellent restaurant thaïlandais précise les plats pimentés. Essayez la *tom yum* (soupe) ou le *pad Thaï* (nouilles). Carte des vins d'une qualité inhabituelle et bonne bière thaïe. ● *jours fériés.* & ▮	£££	AE DC MC V	●	■	●
WEST END & WESTMINSTER : *Bertorelli's.* **Plan** 4 E5. 44A Floral St WC2. (0171-836 3969. Établissement italien de Covent Garden à recommander avant le théâtre. Café au rez-de-chaussée et restaurant plus chic à l'étage. ● *dim.* &	£££	AE DC MC V	●		
WEST END & WESTMINSTER : *Bistrot Bruno.* **Plan** 4 D5. 63 Frith St W1. (0171-734 4545. Bruno est né dans le sud de la France, ce qui marque sa cuisine, bien qu'elle se révèle d'une surprenante liberté. Ambiance détendue. Plats de poissons particulièrement recommandés. ● *sam. midi, dim.* ▶	££	AE DC MC V	●	■	●
WEST END & WESTMINSTER : *Café Fish.* **Plan** 6 E1. 39 Panton St SW1. (0171-930 3999. Restaurant de poissons et bar à vin proposant quelques plats principaux, des entrées simples et des mousseux bon marché. ● *sam. midi, dim.*	£££	AE DC MC V	●		●	■
WEST END & WESTMINSTER : *Gay Hussar.* **Plan** 4 E5. 2 Greek St W1. (0171-437 0973. La soupe aux merises, le chou farci et le goulasch figurent parmi les spécialités du seul restaurant hongrois de Londres. ● *dim. et jours fériés.*	£££	AE DC MC V		■	●
WEST END & WESTMINSTER : *Gopal's.* **Plan** 4 D5. 12 Bateman St W1. (0171-434 1621. Restaurant indien exigu mais excellent. Les mets sortant de l'ordinaire comprennent le *meenu*, curry de poisson du Karnâtaka. ● *jours fériés.* &	£££	AE DC MC V		■	●

Catégories de prix pour un repas avec entrée et dessert, une demi-bouteille de vin de la maison, couvert, taxe et service compris :
£ moins de 15 £
££ de 15 £ à 25 £
£££ de 25 £ à 35 £
££££ de 35 £ à 50 £
£££££ plus de 50 £

ENFANTS BIENVENUS
Restaurants servant des portions réduites et disposant de chaises hautes. Certains proposent des menus enfants.

MENU À PRIX FIXE
Menu en général de trois plats proposé au déjeuner et/ou au dîner.

SPÉCIALITÉS VÉGÉTARIENNES
Choix de spécialités végétariennes à la carte pour les plats principaux et parfois les entrées.

CARTES BANCAIRES
Cartes acceptées : AE = American Express ; DC = Diners Club , MC = Master Card/Access , V = Visa.

	CARTES BANCAIRES	ENFANTS BIENVENUS	MENUS À PRIX FIXE	SPÉCIALITÉS VÉGÉTARIENNES	REPAS À L'EXTÉRIEUR
WEST END & WESTMINSTER : *Al Hamra*. Plan 5 C1. £££ 31–33 Shepherd Market W1. (0171-493 1954. Outre de nombreuses grillades, les clients de ce petit restaurant libanais peuvent déguster plus de 40 spécialités de *mezzé*. Service soigné. Grande terrasse en été. Beaucoup d'atmosphère. ● *25 et 26 déc., 1er jan.*	AE DC MC V	●		●	■
WEST END & WESTMINSTER : *Manzi's*. Plan 4 E5. £££ 1–2 Leicester St WC2. (0171-734 0224. La même famille tient cet établissement depuis 1928. Large choix de poissons. Vin de la maison d'un bon rapport qualité-prix. ● *dim. midi, 25 et 26 déc., jours fériés.*	AE DC MC V	●	■	●	
WEST END & WESTMINSTER : *Orso*. Plan 4 F5. £££ 27 Wellington St WC2. (0171-240 5269. L'originalité de ses assaisonnements aussi bien pour les pâtes que les viandes et le poisson fait le succès d'une cuisine italienne moderne et constamment renouvelée. Service pressé mais souriant. ● *24 et 25 déc., jours fériés.* 🍷	AE MC			●	
WEST END & WESTMINSTER : *Sri Siam*. Plan 4 E5. £££ 14 Old Compton St W1. (0171-434 3544. L'endroit idéal où découvrir la cuisine thaïe. Essayez l'assortiment d'entrées ou les plats de poisson. Menu d'un bon rapport qualité prix. ● *dim. midi, 24 au 26 déc., 1er jan., jours fériés.*	AE DC MC V		■	●	
WEST END & WESTMINSTER : *Stephen Bull*. Plan 3 B4. £££ 5–7 Blandford St W1. (0171-486 9696. Décor élégant et excellents plats modern-international tels que les raviolis au crabe et à l'orange avec risotto aux seiches. ● *sam. midi, dim.* ♿	AE MC V	●			
WEST END & WESTMINSTER : *Alastair Little*. Plan 4 E5. ££££ 49 Frith St W1. (0171-734 5183. Dans un cadre spartiate, un temple de la cuisine moderne avec des recettes comme le tournedos à la polenta. ● *sam. midi, dim., jours fériés.* ♿	AE MC V	●	■	●	
WEST END & WESTMINSTER : *Coast*. Plan 5 C1. ££££ 26 b Albermarle St W1. (0171-459 5999. Le décor moderne s'associe parfaitement à la cuisine inventive comme le risotto aux tomates et pavé. ♿ 🍷	AE MC V	●	■	●	
WEST END & WESTMINSTER : *Greenhouse*. Plan 5 B1. £££££ 27A Hay's Mews W1. (0171-499 3331. Le chef de ce restaurant élégant a su remettre au goût du jour des classiques britanniques. ● *sam. midi.*	AE DC MC V				
WEST END & WESTMINSTER : *Ivy*. Plan 4 E5. £££££ Hotel Meridien. (0171-465 1640. Une clientèle branchée déguste des plats dans ce restaurant *modern-international*.	AE DC MC V			●	
WEST END & WESTMINSTER : *Quaglino's*. Plan 6 D1. ££££ 16 Bury St SW1. (0171-930 6767. Le vaisseau amiral de Terence Conran sert avec succès une cuisine *modern-international* dans un cadre très chic. Réserver longtemps à l'avance pour obtenir une table. Le service est parfois un peu sec. ● *25 déc., 1er jan.* 🌙	AE DC MC V		■	●	
WEST END & WESTMINSTER : *Nobu*. Plan 5 C1. ££££ 19 Old Park Lane W1. (0171-447 4747. Situé dans le Metropolitan Hotel, ce restaurant japonais s'associe dans ses plats à des saveurs péruviennes. Mélanges intrigants. ● *jours fériés.*	AE DC MC V		■	●	
WEST END & WESTMINSTER : *The Oak Room*. Plan 5 C1. £££££ 1 West St WC2. (0171-836 4751. Le QG londonien de l'empire culinaire de Marco Pierre White est très judicieusement situé dans le sophistiqué Hotel Meridien. ♿	AE DC V			●	

Légende des symboles, voir rabat de couverture

Catégories de prix pour un repas avec entrée et dessert, une demi-bouteille de vin de la maison, couvert, taxe et service compris :
£ moins de 15 £
££ de 15 à 25 £
£££ de 25 à 35 £
££££ de 35 à 50 £
£££££ plus de 50 £

ENFANTS BIENVENUS
Restaurants servant des portions réduites et disposant de chaises hautes. Certains proposent des menus enfants.

MENU À PRIX FIXE
Menu en général de trois plats proposé au déjeuner et/ou au dîner.

SPÉCIALITÉS VÉGÉTARIENNES
Choix de spécialités végétariennes à la carte pour les plats principaux et parfois les entrées.

CARTES BANCAIRES
Cartes acceptées : AE = American Express ; DC = Diners Club ; MC = Master Card/Access ; V = Visa.

	CARTES BANCAIRES	ENFANTS BIENVENUS	MENUS À PRIX FIXE	SPÉCIALITÉS VÉGÉTARIENNES	REPAS À L'EXTÉRIEUR
SOUTH KENSINGTON & HYDE PARK : *Hard Rock Café.* **Map** 5 B2. ££ 150 Old Park Lane W1. 0171-629 0382. Jeunes et moins jeunes se pressent dans ce restaurant pour manger de bons hamburgers dans une ambiance de musée du rock. Le genre d'endroit que l'on adore ou que l'on déteste. ● 25 déc.	AE MC V	●		●	
SOUTH KENSINGTON & HYDE PARK : *Ognisko Polskie.* **Plan** 2 E4. ££ 55 Prince's Gate SW7. 0171-589 4635. Ce bar-restaurant polonais propose surtout des plats de viandes consistants à arroser d'une vodka choisie dans une bonne sélection. ● 25 déc., 1er jan.	AE DC V	●	▨	●	
SOUTH KENSINGTON & HYDE PARK : *Le Suquet.* **Plan** 2 F5. £££ 104 Draycott Ave SW3. 0171-581 1785. Restaurant de poisson français à l'ambiance décontractée. Superbe plateau de fruits de mer et délicieuse brème en papillote.	AE DC MC V		▨		▨
SOUTH KENSINGTON & HYDE PARK : *Brasserie St Quentin.* **Plan** 2 F5. £££ 243 Brompton Rd SW3. 0171-581 8377. Le décor est à la hauteur d'une riche cuisine française : confit de canard, poulet à la crème, foie gras. Cher, mais les menus sont plus abordables.	AE DC MC V	●	▨		
SOUTH KENSINGTON & HYDE PARK : *Bombay Brasserie.* **Plan** 2 D5. ££££ Courtfield Close, Courtfield Rd SW7. 0171-370 4040. Dans un décor de serre tropicale, cet établissement sert de délicates spécialités de l'Inde du Nord comme la truite *tandoori*. Le buffet proposé à midi est d'un bon rapport qualité-prix. ● 25 et 26 déc.	DC MC V		▨	●	
SOUTH KENSINGTON & HYDE PARK : *Clarke's.* **Plan** 1 C3. ££££ 124 Kensington Church St W8. 0171-221 9225. Les saveurs de l'Angleterre, de la Californie et de l'Italie se marient sur le gril d'un chef qui fait grand cas des fines herbes. ● sam., dim., Noël, Pâques, 3 dern. sem. d'août.	AE MC V	●	●	●	
SOUTH KENSINGTON & HYDE PARK : *Fifth Floor.* **Plan** 5 A3. ££££ Harvey Nichols, Knightsbridge SW1. 0171-235 5250. Un grand magasin abrite ce restaurant élégant apprécié des hommes d'affaires pour sa cuisine anglaise étonnamment bonne. ● dim. soir, 24 au 26 déc.	AE DC MC V	●	●	●	
SOUTH KENSINGTON & HYDE PARK : *Salloos.* **Plan** 5 A2. ££££ 62–64 Kinnerton St SW1. 0171-235 4444. Dans le cadre de ce restaurant pakistanais chic et cher, un personnel sans défauts sert des plats d'agneau à la cuisson parfaite. ● dim., jours fériés.	AE DC MC V		▨	●	
SOUTH KENSINGTON & HYDE PARK : *Bibendum.* **Plan** 2 F5. £££££ Michelin House, 81 Fulham Rd SW3. 0171-581 5817. Une cuisine *modern-international* simple mais succulente, un cadre splendide et une carte des vins intéressante assurent le succès du Bibendum. Réserver à l'avance. Risottos recommandés. ● 24 au 27 déc. lun. de Pâques.	MC V	●	●		
SOUTH KENSINGTON & HYDE PARK : *Le Gavroche.* **Plan** 3 B5. £££££ 43 Upper Brook St W1. 0171-408 0881 / 0171-499 1826. Le temple londonien de la grande cuisine française. Le restaurant des frères Roux est cher et a une ambiance compassée. Mais y manger est une expérience mémorable. ● sam., dim., jours fériés.	AE DC MC V		▨		
SOUTH KENSINGTON & HYDE PARK : *The Sugar Club.* **Plan** 1 B1. £££££ 33a All Saint's Rd W11. 0171-221 3844. Ce restaurant sur deux étages est décoré dans les teintes jaune et sable et sert de l'excellente cuisine du Pacifique. ● 24 au 26 déc.	AE DC MC V			▨	
SOUTH KENSINGTON & HYDE PARK : *Turner's.* **Plan** 2 F5. ££££ 87–89 Walton St SW3. 0171-584 6711. Clientèle branchée et carte *modern-international* : turbot aux haricots beurre, terrine de pintade aux pistaches. ● sam. midi, jours fériés.	AE DC MC V	●	▨		

REGENT'S PARK & BLOOMSBURY : *Wagamama.* Plan 4 E4. £ — MC V
4 Streatham St, WC1. 0171-323 9223.
Tout le monde mange côte à côte dans ce restaurant japonais au décor *high-tech*
dont l'excellent rapport qualité-prix justifie d'attendre. ● 25 déc., 1er jan.

REGENT'S PARK & BLOOMSBURY : *Museum Street Café.* Plan 4 E4. £££ — AE MC V
47 Museum St WC1. Plan 13 B1. 0171-405 3211.
Grillades et ingrédients italiens tels que roquette et basilic près du British
Museum. Apportez votre vin. ● sam., dim. lun. soir.

LA CITY : *Place Below.* Plan 7 C2. ££ — DC MC V
St Mary-Le-Bow Church, Cheapside EC2. 0171-329 0789.
Dans la crypte d'une église bâtie par Wren, on se presse à midi pour
déguster soupes, salades, plats végétariens et desserts. ● sam., dim.

EN DEHORS DU CENTRE : *Nazrul, Spitalfields.* Plan 8 F1. £
130 Brick Lane E1. 0171-247 2505.
L'un des nombreux restaurants bengali de Brick Lane. Portions
généreuses et prix modérés. On peut apporter son vin. ● 25 déc.

EN DEHORS DU CENTRE : *Rasa, Stoke Newington.* £ — AE DC MC V
55 Stoke Newington Church St N16. 0171-249 0344.
Un personnel charmant sert ici de savoureuses spécialités végétariennes d'Inde
du Sud préparées comme dans les villages du Kerala. ● 25 et 26 déc.

EN DEHORS DU CENTRE : *Malabar, Notting Hill.* Plan 1 B3. ££ — MC V
27 Uxbridge St W8. 0171-727 8800.
Excellente cuisine indo-pakistanaise dans un cadre soigné. Essayez les foies
de poulets grillés. ● 1 semaine en août, 4 jours à Noël.

EN DEHORS DU CENTRE : *Osteria Antica Bologna, Wandsworth.* ££ — AE MC V
23 Northcote Rd SW11. 0171-978 4771.
Un bon endroit où passer une soirée entre amis en partageant des *assagi*,
petits plats à base de légumes et de poisson.

EN DEHORS DU CENTRE : *Anna's Place, Highbury.* £££
90 Mildmay Park N1. 0171-249 9379.
Cuisine traditionnelle suédoise accompagnée d'un excellent pain fait maison.
Pâtisseries à ne pas manquer. Réserver. ● dim., lun., août, 20 déc. au 8 jan., Pâques.

EN DEHORS DU CENTRE : *Kensington Place, Kensington.* Plan 1 C3. £££ — MC
201–205 Kensington Church St W8. 0171-727 3184.
Sur la carte de ce restaurant austère et bruyant se côtoient des classiques
comme le steak et des plats plus inhabituels. ● jours fériés.

EN DEHORS DU CENTRE : *Peasant, Islington.* Plan 7 B1. £££ — AE MC V
240 St John St EC1. 0171-336 7726.
Cet ancien pub sert une robuste cuisine italienne dont pourraient prendre
exemple bien des établissements plus chic. ● sam. midi, dim., jours fériés.

EN DEHORS DU CENTRE : *Quality Chop House, Clerkenwell.* Plan 7 B1. £££
94 Farringdon Rd EC1. 0171-837 5093.
Superbe cadre victorien pour des classiques comme les côtelettes *(chops)*
ou les croquettes de saumon à l'oseille. Réserver. ● 24 déc. au 2 jan.

EN DEHORS DU CENTRE : *RSJ, Southwark.* Plan 7 A4. £££ — AE MC V
13A Coin St SE1. 0171-928 4554.
Mets français soignés près du South Bank Centre et de l'Old Vic Theatre.
Excellents vins de Loire. ● sam. midi, dim., jours fériés.

EN DEHORS DU CENTRE : *Wilson's, Kensington.* Plan 1 A5. £££ — AE MC V
236 Blythe Rd W14. 0171-603 7267.
Le meilleur restaurant « écossais » de Londres sert une cuisine qui apprête le
bœuf écossais et le saumon. ● sam. midi, dim. soir, jours fériés, 24 déc. au 2 jan.

EN DEHORS DU CENTRE : *Aubergine, Chelsea.* £££££ — AE DC MC V
11 Park Walk SW10. 0171-352 3449.
Élégant restaurant provençal. Réserver tôt pour déguster certaines des
recettes les plus inventives du moment. ● 19 déc. au 6 jan., Pâques, 2 sem. en
août, dim.

EN DEHORS DU CENTRE : *Chez Max, Earl's Court.* ££££ — AE MC V
168 Ifield Rd SW10. 0171-835 0874.
Deux frères de l'Essex proposent une excellente cuisine lyonnaise dans
ce petit bistro animé. ● sam. midi, dim.

Légende des symboles, voir rabat de couverture

Catégories de prix pour un repas avec entrée et dessert, une demi-bouteille de vin de la maison, couvert, taxe et service compris:
£ moins de 15 £
££ de 15 £ à 25 £
£££ de 25 £ à 35 £
££££ de 35 £ à 50 £
£££££ plus de 50 £

ENFANTS BIENVENUS
Restaurants servant des portions réduites et disposant de chaises hautes. Certains proposent des menus enfants.
MENU À PRIX FIXE
Menu en général de trois plats proposé au déjeuner et/ou au dîner.
SPÉCIALITÉS VÉGÉTARIENNES
Choix de spécialités végétariennes à la carte pour les plats principaux et parfois les entrées.
CARTES BANCAIRES
Cartes acceptées : AE = American Express ; DC = Diners Club ; MC = Master Card/Access ; V = Visa.

	CARTES BANCAIRES	ENFANTS BIENVENUS	MENUS À PRIX FIXE	SPÉCIALITÉS VÉGÉTARIENNES	REPAS À L'EXTÉRIEUR
EN DEHORS DU CENTRE : *L'Incontro, Pimlico*. **Plan** 5 B4. ££££ 87 Pimlico Rd SW1. 0171-730 6327 / 0171-730 3663. Pâtes, poissons et spécialités vénitiennes ont établi la réputation de cet établissement italien haut de gamme. ● *sam. et dim. midi.*	AE DC MC V	●		●	
EN DEHORS DU CENTRE : *River Café, Hammersmith*. ££££ Thames Wharf Studios, Rainville Rd W6. 0171-381 8824. Le leader de la nouvelle vague italienne. Fines herbes, tomates séchées et roquette avec poissons grillés au feu de bois. ● *dim. soir, 24 déc. au 2 jan., jours fériés.*	AE DC MC V	●			■
EN DEHORS DU CENTRE : *Leith's, Notting Hill*. **Plan** 1 B2. £££££ 92 Kensington Park Rd W11. 0171-229 4481. Apôtre du bien-manger, Prue Leith réussit à merveille spécialités végétariennes et classiques anglais. ● *lun. midi, sam. midi, dim., 23 déc. au 9 jan.*	AE DC MC V		■	●	
EN DEHORS DU CENTRE : *La Tante Claire, Chelsea*. **Plan** 5 A5. £££££ 68 Royal Hospital Rd SW3. 0171-351 0227 / 0171-352 6045. Il faut réserver longtemps à l'avance pour dîner dans ce restaurant gastronomique tenu par un Gascon qui ne lésine pas sur le foie gras. ● *sam., dim., jours fériés.*	AE DC MC V		■	●	
EN DEHORS DU CENTRE : *Oxo Tower*. **Plan** 7 A3. ££££ Oxo Tower Wharf, Barge House St, South Bank, SE1. 0171-803 3888. L'immeuble de l'ancienne société Oxo a été rénové en brasserie, restaurant et bar.	AE DC MC V	●		●	

LES DOWNS ET LES CÔTES DE LA MANCHE

	CARTES BANCAIRES	ENFANTS BIENVENUS	MENUS À PRIX FIXE	SPÉCIALITÉS VÉGÉTARIENNES	REPAS À L'EXTÉRIEUR
AMBERLEY : *Queen's Room, Amberley Castle* ££££ Sur la B2139, Amberley, W Sussex. 01798 831992. Des classiques britanniques et des recettes plus modernes prennent tout leur sel dans le cadre romantique d'une forteresse médiévale.	AE DC MC V		■	●	
BOUGHTON LEES : *Eastwell Manor* ££££ Eastwell Park, Boughton Lees, près d'Ashford, Kent. 01233 219955. Au calme dans un vaste parc, un hôtel-restaurant *(p. 545)* dynamique au service stylé mais cordial.	AE DC MC V	●	■	●	■
BRIGHTON : *Food for Friends* £ 17–18 Prince Albert St, Brighton, E Sussex. 01273 202310. Dans les Lanes, service souriant, portions généreuses et cuisine diététique mais inventive à déguster au milieu de plantes vertes. ● *25-26 déc.*	DC MC V				
BRIGHTON : *Terre à Terre* £ 7 Pool Valley, Brighton, E Sussex. 01273 729051. Cette brasserie végétarienne propose une originale carte internationale comprenant des délices tel que le *haloumi* (fromage de chèvre) aux câpres grillé au feu de bois. ● *lun. midi.*		●		●	
BRIGHTON : *Black Chapati* ££ 12 Circus Parade, New England Rd, Brighton, E Sussex. 01273 699011. Dans un café au décor épuré situé en bordure du centre-ville, une cuisine « indienne » audacieuse et pleine d'idées. Le service est efficace et l'atmosphère chaleureuse. ● *dim. soir, lun.*	AE MC V	●		●	■
BROCKENHURST : *Le Poussin* £££ The Courtyard, Brookley Rd, Brockenhurst, Hants. 01590 23063. La région est riche en gibier et le sanglier figure sur la carte proposant une robuste cuisine française. ● *lun., mar.*	MC V	●	■		■
EAST GRINSTEAD : *Gravetye Manor* ££££ Vowels Lane, East Grinstead, W Sussex. 01342 810567. Mets traditionnels dans un somptueux manoir élisabéthain abritant un hôtel de luxe. Les prix de la carte n'incluent pas la TVA.	MC V			■	●

EDENBRIDGE : *Honours Mill* £££ — MC V
87 High St, Edenbridge, Kent. 01732 866757.
Classiques français modernisés avec audace dans ce restaurant paisible et accueillant. ● *sam. midi, dim. soir, lun.*

HAMPTON WICK : *Monsieur Max* £££
133 High St, Hampton Hill, Middx. 0181 979 5546.
Ce café sert le soir des produits de première qualité cuisinés avec compétence. Apportez votre vin. ● *sam. midi.*

HASLEMERE : *Fleur de sel* £££ — AE MC V
23–27 Lower St, Haslemere, Surrey. 01428 651462.
Une cuisine française moderne et maîtrisée riche en parfums de la Méditerranée. ● *sam. midi, dim., lun.* 🍽 🍷

HASTINGS : *Rösers* £££ — AE DC MC V
64 Eversfield Pl, St Leonards, Hastings, E Sussex. 01424 712218.
Fraîcheur est ici le maître mot. Saucisses et pains sont faits sur place et la mer toute proche fournit le poisson. ● *sam. midi, dim., lun.* 🍷

HORSHAM : *Jeremy's at the Crabtree* £££ — AE MC V
Brighton Rd, Lower Beeding, près de Horsham, W Sussex. 01403 891257.
Diverses influences européennes aboutissent à des résultats remarquables dans une auberge georgienne sans prétention. ● *dim. soir.* ♿ 🍽

HURSTBOURNE TARRANT : *Esseborne Manor* £££ — AE DC MC V
Sur l'A343, N de Hurstbourne Tarrant, Hants. 01264 736444.
Recettes anglaises de terroir sophistiquées dans une demeure victorienne. Menu d'un bon rapport qualité-prix à midi. ♿ 🍷

JEVINGTON : *Hungry Monk* £££ — AE
Entre Polegate et Friston, E Sussex. 01323 482178.
Sa cuisine de qualité et son cadre pittoresque datant du xve siècle ont établi la popularité du « Moine affamé ». ● *lun.-sam. midi, dim. soir.* 🍽 ▶ 🍷

KINGSTON-UPON-THAMES : *Ayudhya* £££ — AE DC MC V
14 Kingston Hill, Kingston, Surrey. 0181 549 5984.
Grands classiques thaïlandais, mais aussi spécialités insolites comme le poulet dans une feuille d'arbre indécent *(screw-pine)*. ● *lun.*

NEW MILTON : *Marryat, Chewton Glen* ££££ — AE DC MC V
Christchurch Rd, New Milton, Hants. 01425 275341.
Un temple gastronomique dans une paisible hôtellerie. La verrière du restaurant a vue sur un charmant jardin. ♿ 🍽 🍷

PULBOROUGH : *Stane Street Hollow* £££ — MC V
Codmore Hill, Pulborough, W Sussex. 01798 872819.
Installé dans un cottage, ce restaurant suisse produit une grande partie de ses légumes, et on y sert avec le sourire des portions généreuses. ● *dim. soir, lun., mar.* 🍷

RICHMOND : *Nightingales* £££ — AE DC MC V
Nightingale Lane, Richmond, Surrey. 0181 940 7471.
La vue sur la Tamise ajoute au plaisir offert par des mets pour la plupart britanniques.

RIPLEY : *Michels'* £££ — AE MC V
13 High St, Ripley, Surrey. 01483 224777.
Carte ambitieuse qui change avec les saisons. Cadre pittoresque. En été, l'apéritif peut être servi dans un jardin clos. ● *sam. midi, dim. soir, lun.*

ROMSEY : *Old Manor House* £££ — AE MC V
21 Palmerston St, Romsey, Hants. 01794 517353.
Plats de gibier, charcuterie maison et influences italiennes dans un édifice Tudor à colombage. ● *dim. soir, lun.* 🍷

RYE : *Landgate Bistro* ££ — AE DC MC V
5–6 Landgate, Rye, E Sussex. 01797 222829.
La carte de cet établissement agréable privilégie des produits locaux comme l'agneau de Romney Marsh ou le poisson. ● *dim., lun.*

STORRINGTON : *Manleys* £££ — AE MC V
Manleys Hill, Storrington, W Sussex. 01903 742331.
Cuisine française agrémentée de touches autrichiennes dans ce cottage au personnel calme et efficace. ● *dim. soir, lun.* 🍷

Légende des symboles, voir rabat de couverture

Catégories de prix pour un repas avec entrée et dessert, une demi-bouteille de vin de la maison, couvert, taxe et service compris :
£ moins de 15 £
££ de 15 £ à 25 £
£££ de 25 £ à 35 £
££££ de 35 £ à 50 £
£££££ plus de 50 £

ENFANTS BIENVENUS
Restaurants servant des portions réduites et disposant de chaises hautes. Certains proposent des menus enfants.
MENU À PRIX FIXE
Menu en général de trois plats proposé au déjeuner et/ou au dîner.
SPÉCIALITÉS VÉGÉTARIENNES
Choix de spécialités végétariennes à la carte pour les plats principaux et parfois les entrées.
CARTES BANCAIRES
Cartes acceptées : AE = American Express ; DC = Diners Club ; MC = Master Card/Access ; V = Visa.

	CARTES BANCAIRES	ENFANTS BIENVENUS	MENUS À PRIX FIXE	SPÉCIALITÉS VÉGÉTARIENNES	REPAS À L'EXTÉRIEUR
SURBITON : *Chez Max* (££) 85 Maple Rd, Surbiton, Surrey. 0181 399 2365. Ce restaurant familial de tradition française met l'accent sur les plats de poisson, mais sert aussi un canard en croûte.	AE DC MC V	●		●	
TUNBRIDGE WELLS : *Thackeray's House* (£££) 85 London Rd, Tunbridge Wells, Kent. 01892 511921. Un bar à vin et un restaurant occupent l'ancienne maison de l'écrivain. Produit locaux et petite touche galloise. ● *dim. soir, lun.*	MC V	●	■	●	■
WHITSTABLE : *Whitstable Oyster Fishery Co* (£££) Royal Native Oyster Stores, Whitstable, Kent. 01227 276856. Comme son nom l'indique, cette adresse victorienne sur le port est l'endroit où manger des huîtres. ● *lun.*	AE DC MC V			●	■
WICKHAM : *Old House* (£££) The Square, Wickham, Hants. 01239 833049. Dans les anciennes écuries d'un hôtel georgien, cuisine d'inspiration française agrémentée de pointes d'exotisme. ● *lun. et sam. midi, dim.*	AE DC MC V	●	■		

L'EAST ANGLIA

	CARTES BANCAIRES	ENFANTS BIENVENUS	MENUS À PRIX FIXE	SPÉCIALITÉS VÉGÉTARIENNES	REPAS À L'EXTÉRIEUR
ALDEBURGH : *Regatta* (££) 171–173 High St, Aldeburgh, Suff. 01728 452011. Le décor marin du Regatta rappelle que le poisson est la spécialité de la maison, bien que le gibier figure parfois à la carte. Service affable et ingrédients de qualité.	AE MC V	●		●	
BROXTED : *Whitehall* (££££) Church End, Broxted, Essex. 01279 850603. Cet hôtel de luxe dans un beau manoir élisabéthain propose une cuisine moderne à la présentation recherchée. Service attentif, mais tarifs élevés. ● *28 au 30 déc.*	AE DC MC V	●	■	●	■
BURNHAM MARKET : *Fishes'* (££) Market Pl, Burnham Market, Norf. 01328 738588. Sur le pré communal du village, cet établissement propose des plats de poisson à prix abordables. Essayez les crevettes en terrine ou les spécialités fumées. ● *dim. soir, lun.*	AE DC MC V	●	■		
BURY ST EDMUNDS : *Mortimer's* (£££) 31 Churchgate St, Bury St Edmunds, Suff. 01284 760623. La carte offre un très large choix, les produits de la mer arrivent tout droit du marché et il y a de bons vins blancs. ● *sam. midi, dim.*	AE DC MC V	●		●	
CAMBRIDGE : *Twenty-two* (£££) 22 Chesterton Rd, Cambs. 01223 351880. Dans un cadre victorien, une cuisine agréablement inventive servie par un personnel courtois. Le menu change tous les mois. ● *lun. midi.*	AE MC V		■	●	
CAMBRIDGE : *Midsummer House* (££££) Midsummer Common, Cambs. 01223 69299. Atmosphère intime et menus à prix fixe d'une grande richesse. Les pâtisseries, élaborées, sont délicieuses. ● *sam. midi, dim. soir, lun.*	AE MC V		■	●	■
COLCHESTER : *Warehouse Brasserie* (££) 12A Chapel St North, Colchester, Essex. 01206 765656. Un restaurant apprécié pour ses plats végétariens et de poisson. Beaucoup de produits locaux, quelques mets légers. ● *dim. soir.*	AE DC MC V	●	■	●	
DEDHAM : *Le Talbooth* (££££) Gun Hill, Dedham, Essex. 01206 323150. Au bord de la Stour, dans un bâtiment victorien, un restaurant à la réputation solidement établie. Cuisine créative.	AE MC V	●	■	●	■

DISS : *Weaver's Wine Bar*   ££   DC MC V
Market Hill, Diss, Norf. (01379 642411.
Plats du jour inscrits à la craie sur une ardoise et ambiance sans prétention
dans une salle charmante. ● *sam. midi, dim., jours fériés.*

ELY : *Old Fire Engine House*   £££   MC V
25 St Mary's St, Ely, Cambs. (01353 662582.
Dans l'ancienne caserne de pompiers près de la cathédrale, atmosphère
chaleureuse et cuisine à base de produits locaux.

ERPINGHAM : *Ark*   £££
The Street, Erpingham, Norf. (01263 761535.
Ce vieux cottage offre un cadre approprié à une solide cuisine de terroir à
déguster en toute décontraction. ● *mar. et sam. midi, lun. (oct. à Pâques).*

FRESSINGFIELD : *Fox and Goose*   ££   MC V
Sur la B1116, Fressingfield, Suff. (01379 586247.
Ce pub isolé dans la campagne propose un large choix de mets anglais et
internationaux. Les enfants sont les bienvenus. ● *lun., mar.*

HARWICH : *Pier at Harwich*   ££   AE DC MC V
The Quay, Harwich, Essex. (01255 241212.
Sur le port, décor marin et excellents plats de poisson. Possibilité de
louer des chambres confortables.

HINTLESHAM : *Hintlesham Hall*   ££££   AE DC MC V
Sur l'A1071, Hintlesham, Suff. (01473 652268.
La présentation des mets a fait le succès du restaurant de cet hôtel *(p. 548)*,
à l'ouest d'Ipswich. Beau plateau de fromages. ● *sam. midi.*

HUNTINGDON : *Old Bridge*   £££   AE DC MC V
1 High St, Huntingdon, Cambs. (01480 52581.
Une belle auberge en bord de rivière où déguster dans une salle
aérée des recettes britanniques et méditerranéennes. Bons fromages
anglais.

ICKLINGHAM : *Red Lion*   ££   MC V
The St, Icklingham, Suff. (01638 717802.
Auberge du XVIe siècle avec poutres apparentes et jeux de bois. Essayez
les produits frais de la mer ou les spécialités de gibier comme le sanglier.
● *25 déc.*

KING'S LYNN : *Rococo*   £££   AE MC V
11 Saturday Market Pl, King's Lynn, Norf. (01553 771483.
Produits locaux servis dans une salle à manger lumineuse. Essayez les
crevettes du Norfolk ou le canard. ● *dim., lun. midi.*

NORWICH : *Adlard's*   £££   AE MC V
79 Upper St Giles St, Norwich, Norf. (01603 633522.
Ne laissez pas la banalité du décor vous arrêter. Cuisine classique
française d'une grande qualité.
● *dim., lun.*

ORFORD : *Butley Orford Oysterage*   ££   DC MC V
The Square, Orford, Suff. (01394 450277.
Dans un ravissant village du Suffolk, ce café restaurant possède ses
propres parcs à huîtres. Fumoir. ● *dim. et mar. soir.*

SWAFFHAM : *Stratton House*   £££   MC V
4 Ash Close, Swaffham, Norf. (01760 723845.
Lady Hamilton a séjourné dans cette maison du XVIIIe siècle, aujourd'hui
transformée en hôtel. Menu nouveau tous les jours avec cuisine inventive.
● *dim. et lun. midi, 25 et 26 déc.*

WELLS-NEXT-THE-SEA : *Moorings*   ££
6 Freeman St, Wells-next-the-Sea, Norf. (01328 710949.
Tenu par une patronne affable, ce restaurant installé sur un quai
apprête avec générosité poissons et légumes.
● *mar., mer., jeu. midi.*

WEST MERSEA : *Le Champenois*   £££   AE MC V
20–22 Church Rd, West Mersea, Essex. (01206 283338.
Cuisine française dans les marais de l'Essex. Quelques classiques gallois
sur une carte riche en plats de poisson. ● *dim., lun.*

Légende des symboles, voir rabat de couverture

Catégories de prix pour un repas avec entrée et dessert, une demi-bouteille de vin de la maison, couvert, taxe et service compris :
£ moins de 15 £
££ de 15 £ à 25 £
£££ de 25 £ à 35 £
££££ de 35 £ à 50 £
£££££ plus de 50 £

ENFANTS BIENVENUS
Restaurants servant des portions réduites et disposant de chaises hautes. Certains proposent des menus enfants.

MENU À PRIX FIXE
Menu en général de trois plats proposé au déjeuner et/ou au dîner.

SPÉCIALITÉS VÉGÉTARIENNES
Choix de spécialités végétariennes à la carte pour les plats principaux et parfois les entrées.

CARTES BANCAIRES
Cartes acceptées : AE = American Express ; DC = Diners Club ; MC = Master Card/Access ; V = Visa.

LA VALLÉE DE LA TAMISE

Restaurant	CARTES BANCAIRES	ENFANTS BIENVENUS	MENU À PRIX FIXE	SPÉCIALITÉS VÉGÉTARIENNES	REPAS À L'EXTÉRIEUR
BRAY : *Waterside Inn* £££££ Ferry Rd, Bray, Berks. 01628 20691. En bordure de rivière, un pilier de la gastronomie française propose de succulents menus au déjeuner. ● *lun., mar. midi, dim. soir (oct.-mars).*	AE DC MC V		■		
CHINNOR : *Sir Charles Napier* £££ Spriggs Alley, près de Chinnor, Oxon. 01494 483011. Service décontracté, mais bonne cuisine dans ce pub-restaurant au jardin orné de sculptures excentriques. ● *dim. soir, lun.*	AE MC V	●	■	●	■
COOKHAM : *Alfonso's* ££ 19–21 Station Hill Parade, Cookham, Berks. 0162 85 25775. Ce restaurant familial tenu avec enthousiasme propose des spécialités espagnoles comme le jambon de Serrano ou les rognons d'agneau au sherry. Vins : quelques excellents *rioja*. ● *sam. midi, dim.*	AE DC MC V	●	■	●	
DINTON : *La Chouette* ££ Westlington Green, Dinton, Bucks. 01296 747422. Gastronomie belge et bières des Trappistes dans un superbe édifice du XVIᵉ siècle. Récitals de jazz. ● *sam. midi, dim.*	AE MC V	●	■		■
EASINGTON : *Mole and Chicken* ££ Easington Terrace, Chilton Rd, Bucks. 01844 208387. Cuisine hors des sentiers battus dans cet accueillant et efficace restaurant. Spécialité : caneton à l'orange.	AE MC V	●	■		
GODSTOW : *Trout* ££ Godstow, Wolvercote, Oxon. 01865 302071. Au nord d'Oxford, un ruisseau poissonneux longe ce charmant pub médiéval. Des paons paradent dehors ; ambiance courtoise à l'intérieur.	MC V	●	■	●	■
GORING : *Leatherne Bottel* ££££ Sur la B4009, Goring, Oxon. 01491 872667. Établissement reposant dans un cadre superbe au bord d'une rivière. Des saveurs orientales rehaussent des produits frais du pays. ● *25 déc.*	AE MC V			●	■
GREAT MILTON : *Le Manoir aux Quat'Saisons* £££££ Church Rd, Great Milton, Oxon. 01844 278881. Raymond Blanc a établi en pleine campagne son palace gastronomique *(p. 549)*. La cuisine joue avec imagination d'ingrédients d'une grande fraîcheur. Une expérience mémorable mais onéreuse.	AE DC MC V	●	■	●	■
GREAT MISSENDEN : *La Petite Auberge* ££££ 107 High St, Great Missenden, Bucks. 01494 865370. Cuisine française de terroir dans un cadre intime. Le service est efficace sans se montrer pesant. ● *midi, dim.*	MC V	●		●	
HEMEL HEMPSTEAD : *Gallery* £ Old Town Hall, High St, Hemel Hempstead, Herts. 01442 232416. Ce bistro sans façon offre un bon éventail de plats du jour et de snacks. Un endroit où dîner avant un spectacle. ● *dim., lun. soir.*	MC V	●	■		
KINTBURY : *Dundas Arms* ££ 53 Station Rd, Kintbury, Berks. 01488 658263. Ce vieux pub en bordure de rivière propose un choix appétissant de mets simples et de classiques bien préparés. ● *dim., lun. soir.*	AE MC V	●	■	●	■
MELBOURN : *Pink Geranium* £££ Station Rd, Melbourn, près de Royston, Herts. 01763 260215. Près de l'église, ce joli cottage à toit de chaume et intérieur rose sert une cuisine soignée. Ambiance cordiale. ● *sam. midi, dim. soir.*	AE MC V	●	■	●	

MOULSFORD : *Beetle and Wedge* £££££
Ferry Lane, Moulsford, Oxon. (01491 651381.
Au cœur de la vallée, aux bords de la Tamise. Vous pouvez manger dans
le bateau ou dans une somptueuse salle à manger. ● *dim. soir, lun.* & ⚡ 🍷
AE DC MC V

OXFORD : *Browns* ££
5–11 Woodstock Rd, Oxford. (01865 511995.
Mobilier en bois courbé et plantes en pot créent le décor de ce restaurant
décontracté où prendre un snack ou un repas complet. ● *25-26 déc.* & ⚡ 🌙
AE MC V

OXFORD : *Nosebag* £
6 St Michael's St, Oxford. (01865 721033.
Soupes, salades et plats inventifs attirent des nuées d'étudiants affamés à
l'étage d'un édifice insolite. ● *lun. soir.* ⚡

OXFORD : *Al-Shami* ££
25 Walton Crescent, Oxford. (01865 310066.
Établissement animé où déguster des classiques libanais comme le *falafel*
et le *taboulé*, ainsi que des desserts d'une grande authenticité. & 🌙
MC V

OXFORD : *Cherwell Boathouse* ££
Bardwell Rd, Oxford. (01865 52746.
Un coin romantique où canoter sur la Cherwell. Plats d'inspiration
méditerranéenne. ● *dim. soir, lun. et mar. midi.* & ⚡ 🌙 🍷
AE DC MC V

SHINFIELD : *L'Ortolan* £££££
Old Vicarage, Church Lane, Shinfield, Berks. (01734 883783
Dans un cadre charmant, L'Ortolan est l'une des meilleures tables de
Grande-Bretagne. Mets anglais et français raffinés mais chers. Les menus
sont d'un meilleur rapport qualité-prix. ● *dim. soir, lun., 1ᵉ sem. de jan.*
AE DC MC V

SPEEN : *Old Plow* ££
Flowers Bottom, Speen, Bucks. (01494 488300.
Pas de four à micro-ondes, tout est frais et souvent fait maison dans ce
bistro installé dans un ancien pub pittoresque. ● *dim. soir, lun.* & *limité*
AE MC V

STONOR : *Stonor Arms* £££
Sur la B480, Stonor, Oxon. (01491 638345.
Restaurant et brasserie près d'Henley-on-Thames. De bons produits
locaux cuisinés avec savoir-faire se dégustent sous une verrière. & 🍷
AE MC V

STREATLEY : *Swan Diplomat* ££££
High St, Streatley, Berks. (01491 873737.
Cet hôtel pour hommes d'affaires sert dans un cadre agréable une cuisine
de qualité. Quelques plats scandinaves. ● *sam. midi.* &
AE DC MC V

WOBURN : *Paris House* ££££
Woburn Park, Woburn, Beds. (01525 290692.
Cuisine française dans un bâtiment pseudo-Tudor situé dans le parc de
Woburn Abbey. Essayez le soufflé aux framboises. ● *dim. soir, lun.*
AE DC MC V

WOBURN SANDS : *Spooners* ££
61 High St, Woburn Sands, Milton Keynes, Bucks. (01908 584385.
Cette maison victorienne offre un cadre aussi agréable pour un déjeuner
léger que pour un dîner substantiel. Les steaks se révèlent
particulièrement savoureux. Atmosphère chaleureuse. ● *dim., lun.* & ⚡
AE DC MC V

WOODSTOCK : *Feathers* ££££
Market St, Woodstock, Oxon. (01993 812291.
Une excellente cuisine anglaise rehaussée de parfums méditerranéens à
déguster dans un beau bâtiment historique *(p. 550).* &
AE DC MC V

WOOLTON HILL : *Hollington House* ££££
Church Rd, Woolton Hill, Bercks. (01635 255100.
Superbe hôtel de campagne avec salle à manger lambrissée offrant de la
cuisine internationale très inventive. Bons vins australiens. & 🍷
AE DC MC V

LE WESSEX

AVEBURY : *Stones* £
Avebury, Wilts. (01672 539514.
Les amateurs de céréales complètes apprécieront ce self-service végétarien
proche de Stonehenge. Parmi les mets proposés, quelques soupes délicieuses
et des fromages anglais. ● *soir, lun.-ven., jan.* & ⚡ 🍷
MC V

Catégories de prix pour un repas avec entrée et dessert, une demi-bouteille de vin de la maison, couvert, taxe et service compris :
£ moins de 15 £
££ de 15 £ à 25 £
£££ de 25 £ à 35 £
££££ de 35 £ à 50 £
£££££ plus de 50 £

ENFANTS BIENVENUS
Restaurants servant des portions réduites et disposant de chaises hautes. Certains proposent des menus enfants.
MENU À PRIX FIXE
Menu en général de trois plats proposé au déjeuner et/ou au dîner.
SPÉCIALITÉS VÉGÉTARIENNES
Choix de spécialités végétariennes à la carte pour les plats principaux et parfois les entrées.
CARTES BANCAIRES
Cartes acceptées : AE = American Express ; DC = Diners Club ; MC = Master Card/Access ; V = Visa.

	CARTES BANCAIRES	ENFANTS BIENVENUS	MENUS À PRIX FIXE	SPÉCIALITÉS VÉGÉTARIENNES	REPAS À L'EXTÉRIEUR
BARWICK : *Little Barwick House* £££ Off A37, Barwick, Somerset. 01935 423902. Les non-résidents peuvent tout de même dîner dans cet hôtel de style géorgien. Qualité des produits locaux utilisés inimitable *(p. 551)*. ● *midi, 24 déc. au 14 jan.* ✄	AE MC V	●	■	●	
BATH : *Moon and Sixpence* ££ 6A Broad St, Bath, Avon. 01225 460962. Des plats économiques à midi et des dîners d'un bon rapport qualité-prix assurent la popularité de ce bistro-bar à vin. La véranda est particulièrement agréable en été. ● *26 déc.* ✄ ☽ ♟	AE MC V	●	■	●	
BATH : *Hole in the Wall* £££ 16 George St, Bath, Avon. 01225 425242. Cette cave célèbre connaît un nouvel élan. Un bon endroit où goûter la cuisine moderne anglaise. ● *dim., jours fériés.* ✄ ☽ ♟	AE MC V	●	■	●	
BATH : *Priory* ££££ Weston Rd, Bath, Avon. 01225 331922. Cette hôtellerie luxueuse sans être guindée offre le choix entre cuisines française et anglaise dans des salles décorées par thèmes. ♿ ✄	AE DC MC V	●	■	●	■
BEAMINSTER : *Bridge House* ££ 3 Prout Bridge, Beaminster, Dorset. 01308 862200. La carte de cet ancien presbytère au décor soigné associe grands classiques et adaptations inventives. Chambres d'un prix intéressant. ● *27 au 29 déc.* ✄	AE DC MC V		■	●	
BLANDFORD FORUM : *La Belle Alliance* £££ White Cliff Mill St, Blandford Forum, Dorset. 01258 452842. Recettes raffinées élaborées dans un édifice de la fin de l'époque victorienne. Chambres à louer. ● *lun., dim.* ♿ ✄	AE MC V		■	●	
BOURNEMOUTH : *Chez Fred* £ 10 Seamoor Rd, Westbourne, Bournemouth, Dorset. 01202 761023. Fred tire une juste fierté de ses *fish and chips* et de délicieuses pâtisseries comme le *treacle sponge*. Service affable et ambiance animée. ● *dim.* ♿ ✄	MC V	●	■	●	
BRADFORD-ON-AVON : *Woolley Grange* £££ Woolley Green, Bradford-on-Avon, Wilts. 01225 864705. Agréable hôtellerie XVIIᵉ dont la carte propose aussi bien les plats simples dont raffolent les enfants qu'une aventureuse cuisine internationale. Atmosphère détendue et service remarquable. ♿ ✄ ♟	DC MC V	●	■	●	■
BRISTOL : *Harveys* ££££ 12 Denmark St, Bristol, Avon. 01179 275034. Datant du XIIIᵉ siècle, les caves d'un célèbre négociant en vins abritent ce restaurant sophistiqué. ● *sam. midi, dim., jours fériés.* ✄ ☽ ♟	AE DC MC V		■	●	
BRISTOL : *Markwicks* £££ 43 Corn St, Bristol, Avon. 01179 262658. Plats français et méditerrannéens sont servis dans le rez-de-chaussée de cet immeuble servant de banque. Bons poissons et desserts. ● *sam. midi, dim., lun., 25 déc. au 2 jan., 2 sem. à Pâques, 2 dern. sem. d'août.* ♟	AE DC MC V	●	■	●	
CLEVEDON : *Murrays* £ 91 Hill Rd, Clevedon, Avon. 01275 341294. Réunissant salon de thé et bistro, le Murrays propose pâtisseries maison et plats simples, notamment italiens. ● *dim., lun. soir, jours fériés.* ✄		●	■	●	
COLERNE : *Lucknam Park* £££ Près de l'A420, Colerne, Wilts. 01225 742777. Cuisine luxueuse dans un *country-house hotel* tout aussi luxueux. Atmosphère feutrée et très « british ». Veste et cravate exigées pour les messieurs. Une expérience. ♿ ✄ ♟	AE DC MC V		■	●	■

DEVIZES : *Wiltshire Kitchen* £
11 St John's St, Devizes, Wilts. ☎ *01380 724840.*
Petits déjeuners, déjeuners et thés à prix très abordables dans ce
restaurant populaire ne servant pas de réchauffé. ⚡

MAIDEN NEWTON : *Le Petit Canard* £££ MC V
Dorchester Rd, Maiden Newton, Dorset. ☎ *01300 320536.*
Des recettes modernes et légères employant des produits du pays d'une
grande fraîcheur se dégustent aux chandelles. ● *lun.-sam. midi, dim., lun.* ⚡

MELKSHAM : *Toxique* £££ AE DC MC V
187 Woodrow Rd, Melksham, Wilts. ☎ *01225 702129.*
Les saveurs évoluent avec subtilité au fil des saisons. La qualité n'est jamais
sacrifiée sur l'autel du profit. ● *lun.-sam. midi, dim. soir, lun., mar.* ⚑ ⚡ 🍷

MONTACYTE : *The King's Arms Inn* £££ AE MC V
Sur A303 près de Martock, Somerset. ☎ *01935 826549.*
Cette demeure du XVIᵉ siècle offre une très bonne cuisine anglaise
moderne dans un cadre très chaleureux. ⚑ ⚡ 🍷

SALISBURY : *Harpers* £ AE DC MC V
6–7 Ox Row, Market Place, Salisbury, Wilts. ☎ *01722 333118.*
Clair et accueillant, ce restaurant au premier étage propose des rôtis,
ragoûts et plats du jour sans prétention ni imagination, mais goûteux.
Vue superbe sur le Salisbury historique. ● *dim. soir (oct. à mai).* ⚡ 🍷

SHEPTON MALLET : *Bowlish House* £££ MC V
Wells Rd, Shepton Mallet, Somer. ☎ *01749 342022.*
Une maison bourgeoise georgienne dotée d'un paisible jardin. Cuisine
moderne britannique et ambiance détendue. ● *lun.-sam. midi.* ⚡ 🍷

STON EASTON : *Ston Easton Park* ££££ AE DC MC V
Sur l'A37, Ston Easton, Somer. ☎ *01761 241631.*
La carte est claire et sans détour dans cette splendide hôtellerie *(p. 552)*
proposant une cuisine européenne et moderne dont le prix se justifie.
Une expérience qui ne décevra pas. ⚑ ⚡ 🍷

STURMINSTER NEWTON : *Plumber Manor* £££ AF DC MC V
Hazelbury Bryan Rd, Sturminster Newton, Dorset. ☎ *01258 472507.*
Des peintures anciennes décorent la salle à manger de cet hôtel.
Poissons et desserts remarquables. ● *sam. midi.* ⚑

TAUNTON : *Castle* £££ AE DC MC V
Castle Green, Taunton, Somer. ☎ *01823 272671.*
Ce bel hôtel *(p. 552)* couvert de verdure offre le cadre qu'elle mérite à
une excellente cuisine moderne britannique. ⚑ ▶ 🍷

WARMINSTER : *Bishopstrow House* ££££ AE MC V
Sur la B3414, Warminster, Wilts. ☎ *01985 212312.*
Déjeuners légers et dîners dans une élégante hôtellerie georgienne.
Ne pas manquer le plateau de fromages. ⚡

WEST BAY : *Riverside* ££ MC V
Près de l'A35 à proximité de Bridport, Dorset. ☎ *01308 422011.*
Ses spécialités de poisson ont établi la réputation du Riverside, mais il
propose aussi une bonne sélection de snacks. ● *dim. soir, lun., nov.-mars.* ⚑

WEST BEXINGTON : *Manor* ££ AE DC MC V
Beach Rd, West Bexington, Dorset. ☎ *01308 897785.*
Près de Chesil Beach, cette vieille auberge loue de jolies chambres et offre
un large choix de plats délicieux. Un jardin pour les enfants. ● *25 déc. soir.* ⚑

LE DEVON ET LES CORNOUAILLES

BARNSTAPLE : *Lynwood House* £££ AE MC V
Bishops Tawton Rd, Barnstaple, Devon. ☎ *01271 43695.*
Cet hôtel victorien sert une véritable cuisine de famille. Bonne soupe de
poissons, ragoûts de fruits de mer. Chambres confortables. ⚑ ⚡ 🍷

CALSTOCK : *Danescombe Valley* ££££ AE DC MC V
Lower Kelly, Calstock, Corn. ☎ *01822 832414.*
Il faut réserver pour déguster l'un des légendaires menus de quatre plats
d'Anna. Ils justifient le détour jusqu'à son superbe hôtel Regency au bord
de la Tamar *(p. 553).* ● *ven.-mar. midi, mer.-mar. (nov.-avr.).* ⚡ 🍷

Légende des symboles, voir rabat de couverture

> **Catégories de prix** pour un repas avec entrée et dessert, une demi-bouteille de vin de la maison, couvert, taxe et service compris :
> £ moins de 15 £
> ££ de 15 £ à 25 £
> £££ de 25 £ à 35 £
> ££££ de 35 £ à 50 £
> £££££ plus de 50 £

ENFANTS BIENVENUS
Restaurants servant des portions réduites et disposant de chaises hautes. Certains proposent des menus enfants.

MENU À PRIX FIXE
Menu en général de trois plats proposé au déjeuner et/ou au dîner.

SPÉCIALITÉS VÉGÉTARIENNES
Choix de spécialités végétariennes à la carte pour les plats principaux et parfois les entrées.

CARTES BANCAIRES
Cartes acceptées : AE = American Express ; DC = Diners Club ; MC = Master Card/Access ; V = Visa.

	CARTES BANCAIRES	ENFANTS BIENVENUS	MENUS À PRIX FIXE	SPÉCIALITÉS VÉGÉTARIENNES	REPAS À L'EXTÉRIEUR
CHAGFORD : *Gidleigh Park* ££££££ Chagford, Devon. ☎ 01647 432367. C'est dans l'art du petit détail inventif que le restaurant de cette hôtellerie de grand standing *(p. 553)* sort du rang. Tarifs très élevés ; un lieu où venir fêter un événement important. ♿ ⚞ ☂	AE DC MC V	●	■	●	
DARTMOUTH : *Carved Angel* ££££ 2 South Embankment, Dartmouth, Devon. ☎ 01803 832465. L'un des meilleurs restaurants de Grande-Bretagne occupe un immeuble Tudor sur un quai. Les tarifs peuvent paraître quelque peu excessifs, mais ils sont « tout compris ». ● *dim., lun.* ♿ ☂		●	■		
EAST BUCKLAND : *Lower Pitt* ££ Près de l'A361 à proximité de S Molton, Devon. ☎ 01598 760243. Cuisine de terroir et service détendu dans une maison du XVIe siècle louant quelques chambres à la limite de l'Exmoor. ● *dim., lun.*	AE MC V			■	●
EXETER : *Lamb's* £££ 15 Lower North St, Exeter, Devon. ☎ 01392 254269. Vous pouvez goûter des plats influencés par la cuisine méditerranéenne ou thaï dans ce restaurant accueillant. ● *sam. midi, dim., lun., 25 au 27 déc.*	AE MC V	●	■	●	■
KINGSBRIDGE : *Queen Anne, Buckland-Tout-Saints* £££ Goveton, Kingsbridge, Devon. ☎ 01548 853055. Bonne cuisine anglaise d'une finesse toute galloise à déguster dans une maison du début du XVIIIe siècle au cœur d'un joli parc. ⚞	AE DC MC V	●	■		
LEWDOWN : *Lewtrenchard Manor* £££ Près de l'A30, Lewdown, Devon. ☎ 01556 783256. Installé dans un manoir élisabéthain, cet hôtel aux menus succulents offre un cadre idéal pour un séjour romantique. ● *lun.-sam. midi.* ⚞ ☂	AE DC MC V		■		
LIFTON : *Arundell Arms* £££ Près de l'A30, Lifton, Devon. ☎ 01566 784666. Poisson et gibier locaux apparaissent aux menus de cette auberge confortable dans un village paisible. Plats simples servis aussi bien le soir qu'à midi. Ambiance conviviale. ♿ ⚞	AE DC MC V	●	■		
LYNMOUTH : *The Rising Sun* £££ Harbourside, Lynmouth, Devon. ☎ 01598 753223. Avec ses poissons pêchés quasiment au pied de l'hôtel, la bonne surprise de cet endroit du XIVe s. est qu'il excelle également dans les autres plats. ⚞ ☂	AE DC MC V	●		●	
PADSTOW : *St Petroc's* £££ 4 New St, Padstow, Corn. ☎ 01841 532700. Même propriétaire que le Seafood Restaurant, le St Petroc's offre de bons produits de la mer sans rien de superflu. ● *lun., May Day, 19 au 27 déc.* ♿ ⚞	MC V	●	■		
PADSTOW : *Seafood Restaurant* ££££ Riverside, Padstow, Corn. ☎ 01841 532485. Cet établissement élégant est une Mecque pour les gastronomes amateurs de produits de la mer. Le site, charmant, sur le port est particulièrement agréable en été. *(p. 554.)* ● *dim., mi-déc. à fév.* ☂	MC V	●	■		
PENZANCE : *Harris's* £££ 46 New St, Penzance, Corn. ☎ 01736 364408. Gibier en saison, plats de poissons excellents. Le menu du midi est d'un bon rapport qualité-prix. ● *dim. midi, dim. soir (hiver), lun.*	AE MC V				
POLPERRO : *Kitchen* ££ The Coombes, Polperro, Corn. ☎ 01503 272780. Restaurant adorable, hâvre de paix pour le touriste qui aterrit à Polperro en été ● *nov. à mars, avril à mai et oct. dim. au jeu. ; juin à sept. : dim.*	MC V	●	■	●	

PLYMOUTH : *Chez Nous* £££££
13 Frankfort Gate, Plymouth, Devon. 01752 266793.
La discrétion de ce bistro du centre-ville ne laisse pas prévoir la qualité de mets comme la croustade de ris d'agneau au Madère. ● *dim., lun.*
AE DC MC V

PORT ISAAC : *Slipway* ££
Harbour Front, Port Isaac, Corn. 01208 880264.
En saison, spécialités de poissons du nord des Cornouailles dans une ancienne boutique du XVIe siècle. ● *nov. à mars : mar. au ven.*
AE MC V

PORTHOUSTOCK : *Volnay* £££
Près de la B3293, Porthoustock, à proximité de St Keverne, Corn. 01326 280183.
Cadre intime et dominantes italienne et française dans la partie orientale de la Lizard Peninsula. ● *midi, lun. ; nov. à mars : lun. au ven.*

ST IVES : *Tate St Ives Coffee Shop and Restaurant* ££
Porthmeor Beach, St Ives, Corn. 01736 793974.
Ce café de galerie d'art offre une vue superbe et des plats simples à base, notamment, de poissons et de coquillages.

ST IVES : *Pig'n'Fish* £££
Norway Lane, St Ives, Corn. 01736 794204.
Nombreux plats de poisson (essayez la bourride), mais aussi de la saucisse fumée et du filet de porc en cocotte. ● *dim., lun. (nov. à mars).*
MC V

SOUTH MOLTON : *Whitechapel Manor* £££££
Près de l'A361, South Molton, Devon. 01769 573377.
Le bâtiment est un manoir élisabéthain historique, mais la cuisine, anglaise, fraîche et légère, n'y a rien d'archaïque.
AE DC MC V

TAVISTOCK : *Horn of Plenty* £££££
Gulworthy, Tavistock, Devon. 01822 832528.
Ce restaurant avec chambres domine la vallée de la Tamar. La carte est cosmopolite. Le lundi, menu « *pot luck* » (à la fortune du pot) offrant le choix entre trois entrées, trois plats et trois desserts. ● *lun. midi.*
AE MC V

TORQUAY : *Mulberry Room* £
1 Scarborough Rd, Torquay, Devon. 01803 213639.
Ce salon de thé sert aussi des snacks, de délicieux déjeuners (dîners le ven. et le sam.) et le traditionnel rôti du dimanche. ● *lun., mar.*

TORQUAY : *Table* £££
135 Babbacombe Rd, Babbacombe, Torquay, Devon. 01803 324292.
Joli petit restaurant où la cuisine ne perd jamais en saveur ou en intégrité malgré la diversité de ses influences. ● *2 sem. en fév. et mars.*
AE DC MC V

TOTNES : *Willow* £
87 High St, Totnes, Devon. 01803 862605.
Un établissement chaleureux dont la carte éclectique propose des spécialités végétariennes du monde entier (Mexique, Inde, Antilles et Italie). ● *dim.*

WHIMPLE : *Woodhayes* £££
Près de l'A30 à proximité d'Exeter, Devon. 01404 822237.
Excellents menus de six plats pour le dîner dans cette charmante hôtellerie georgienne qui ouvre le soir sa salle à manger aux clients extérieurs. Ambiance conviviale, service efficace. ● *midi.*
AE DC MC V

LE CŒUR DE L'ANGLETERRE

ABBERLEY : *Brooke Room, The Elms* £££
Stockton Rd, Abberley, H & W. 01299 896666.
Chambres et décor ravissants dans une maison du début du XVIIIe siècle. La carte associe classiques et choix audacieux.
AE DC MC V

BIRMINGHAM : *Chung Ying Garden* £££
17 Thorp St, Birmingham. 0121 6666622.
Ce flamboyant restaurant cantonais offre un large éventail de spécialités, notamment des *dim sum* et des plats de nouilles.
AE DC MC V

BISHOP'S TACHBROOK : *Mallory Court* £££££
Près de la B4087 à proximité de Leamington Spa, Warw. 01926 330214.
Dans un hôtel entouré de beaux jardins, prix élevés mais justifiés pour des valeurs sûres des cuisines française et anglaise.
AE DC MC V

Catégories de prix pour un repas avec entrée et dessert, une demi-bouteille de vin de la maison, couvert, taxe et service compris :
£ moins de 15 £
££ de 15 £ à 25 £
£££ de 25 £ à 35 £
££££ de 35 £ à 50 £
£££££ plus de 50 £

ENFANTS BIENVENUS
Restaurants servant des portions réduites et disposant de chaises hautes. Certains proposent des menus enfants.
MENU À PRIX FIXE
Menu en général de trois plats proposé au déjeuner et/ou au dîner.
SPÉCIALITÉS VÉGÉTARIENNES
Choix de spécialités végétariennes à la carte pour les plats principaux et parfois les entrées.
CARTES BANCAIRES
Cartes acceptées : AE = American Express ; DC = Diners Club ; MC = Master Card/Access ; V = Visa.

	CARTES BANCAIRES	ENFANTS BIENVENUS	MENUS À PRIX FIXE	SPÉCIALITÉS VÉGÉTARIENNES	REPAS À L'EXTÉRIEUR
BRIMFIELD : *The Roebuck Inn* **£££** The Roebuck, Brimfield, H & W. **(** 01584 711230. L'établissement a l'apparence d'un pub de village et une atmosphère détendue, mais la cuisine, anglaise, y est sophistiquée. 🍽 🍷	MC V	●		●	■
BROADWAY : *Collin House* **££** Sur l'A44, Broadway, H & W. **(** 01386 858354. Cette modeste hôtellerie en pierres des Costwolds accueille les clients extérieurs. Déjeuners légers au bar et carte imaginative dans la salle à manger, avec des plats comme le soufflé de crabe au gingembre. ● *24 au 29 déc.* 🚫	AE DC MC V	●	■	●	■
BROADWAY : *Lygon Arms* **££££** Broadway, H & W. **(** 01386 854424. Ce cousin campagnard du Savoy de Londres entretient la même tradition de luxe et de grande cuisine. 🚫	AE DC MC	●	■	●	■
BURTON UPON TRENT : *Dovecliff Hall* **£££** Dovecliff Rd, Stretton, Burton upon Trent, Staffs. **(** 01283 531818. Maison georgienne dans un vaste parc en bordure de la Dove. Cuisine moderne britannique dans un cadre élégant. ● *sam. midi, dim. soir, lun.* 🚫	AE DC MC V	●	■	●	■
CHELTENHAM : *Le Champignon Sauvage* **£££** 24 Suffolk Rd, Cheltenham, Glos. **(** 01242 573449. Plats gallois, mais surprenantes combinaisons d'ingrédients : sardines et tapenade, lapin et boudin noir, filet de bœuf et purée de céleri-rave. Un délice. ● *sam. midi, dim.* 🚫 🍷	AE DC MC V	●	■		
CHELTENHAM : *81 Restaurant, Bistro and Bar* **££££** 81 The Promenade, Cheltenham, Glos. **(** 01242 222466. Un établissement pour toutes les bourses et occasions, car il comprend un bar à tapas au sous-sol, un bistro au rez-de-chaussée et un excellent restaurant gastronomique à l'étage. ● *dim. soir, lun.* 🚫 🍷 🌙	AE DC MC V			●	■
CHESTER : *Francs* **£** 14 Cupping St, Chester, Ches. **(** 01244 317952. Le dimanche, les enfants de moins de 10 ans mangent gratuitement dans cette brasserie. De savoureux plats du jour. Réserver. 🚫 🌙	AE MC V	●	■	●	
DORRINGTON : *Country Friends* **£££** Sur l'A49 près de Shrewsbury, Shrops. **(** 01743 718707. Cuisine anglaise simple mais fiable dans un décor imitation Tudor. Feu dans la cheminée en hiver. ● *dim., lun.* 🚫 🍽	AE MC V	●	■		
KENILWORTH : *Restaurant Bosquet* **£££** 97A Warwick Rd, Kenilworth, Warw. **(** 01926 852463. Dans une maison victorienne, produits de saison et sauces riches. Des valeurs sûres de la cuisine française. ● *sam. midi, dim.* 🍷	AE MC V	●	■	●	
LEAMINGTON SPA : *Piccolino's Pizzeria* **£** 5 Spencer St, Leamington Spa, Warw. **(** 01926 422988. Cet établissement familial à l'ambiance joviale propose à prix modique des pizzas, pâtes et autres plats italiens. 🌙	MC V	●			
LEAMINGTON SPA : *Sachers* **£** 14 The Parade, Leamington Spa, Warw. **(** 01926 421620. Acajou, miroirs et musiciens jouant du jazz des années 30 donnent le ton de cette brasserie décontractée cachée derrière une pâtisserie. ● *dim. midi.* 🚫 🌙	MC V	●	■	●	
LOWER SLAUGHTER : *Lower Slaughter Manor* **££££** Près de l'A429, Lower Slaughter, Glos. **(** 01451 820456. Une table réputée dans un superbe manoir en pierres des Costwolds. La carte s'appuie sur des classiques français que des influences du monde entier mettent au goût du jour. Vivement recommandé. 🚫	AE MC V		■		

MALVERN WELLS : *Croque-en-Bouche* £££ — MC V
221 Wells Rd, Malvern Wells, H & W. (*01684 565612.*
Le couple qui tient avec talent ce restaurant propose une large variété de
mets internationaux. ● *dim. au mer.* ⓰ ⚡ ⓰

MIDDLEWICH : *Tempters* £ — MC V
11 Wheelock St, Middlewich, Ches. (*01606 835175.*
Tables en bois sur deux étages dans ce bar à vin. Sandwichs disponibles
à midi, plats du jour affichés sur une ardoise. ● *dim. lun.* ⓰

MOLLINGTON : *Crabwall Manor* ££££ — AE DC MC V
Parkgate Rd, Mollington, Ches. (*01244 851666.*
Visant une clientèle d'affaires, cet hôtel *(p.556)* manque de personnalité,
mais sa cuisine anglaise moderne est soignée. ⓰ ⚡ ⓰

MORETON-IN-MARSH : *Marsh Goose* £££ — AE DC MC V
High St, Moreton-in-Marsh, Glos. (*01608 652111.*
Un dédale de petites salles forme un cadre agréable où déguster des plats des
terroirs français et anglais. Service plus cérémonieux le soir. ● *dim. soir, lun.* ⓰ ⚡

PRESTBURY : *White House* ££££ — AE DC MC V
The Village, Prestbury, Ches. (*01625 829376.*
Décor élégant, carte cosmopolite et cuisine de qualité. Véranda pour les
soirées d'été et chambres agréables. ● *dim. soir, lun. midi.* ⓰

ROSS-ON-WYE : *Meader's* £
1 Copse Cross St, Ross-on-Wye, H & W. (*01989 562803.*
Un restaurant hongrois où s'attabler sans se ruiner devant goulasch et
galuska (boulettes de pâte) authentiques. ● *dim., lun.* ⓰ ⚡

ROSS-ON-WYE : *Pheasants* £££ — AE DC MC V
52 Edde Cross St, Ross-on-Wye, H & W.. (*01989 565751.*
Le service est attentif et la cuisine sans surprise et robuste dans cette
ancienne taverne du xviie siècle. ● *dim., lun.* ⓰ ⚡ ❒ ⓰

STRATFORD-UPON-AVON : *Opposition* ££ — AE MC V
13 Sheep St, Stratford-upon-Avon, Warw. (*01789 269980.*
Un bistro animé par des musiciens où dîner simplement avant le théâtre.
Spécialités du jour inscrites sur une ardoise. ❒

STRATFORD-UPON-AVON : *Russons* ££ — MC V
8 Church St, Stratford-upon-Avon, Warw. (*01789 268822.*
Dans un cadre rustique (xviie siècle), ce restaurant a une carte éclectique
comprenant des plats bon marché. Téléphoner pour s'assurer des
horaires, car ils varient. ● *dim., lun.* ⓰

STROUD : *Fisher's Restaurant* ££ — MC V
169 Slad Rd, Stroud, Glos. (*01453 759950.*
Cuisine moderne, française et britannique, dans un décor gothique en
pierres des Costwolds. Excellents desserts, notamment les spécialités
traditionnelles anglaises. ● *dim. soir, lun.* ⓰

WATERHOUSES : *Old Beams* ££££ — AE DC MC V
Waterhouses, Staffs. (*01538 308254.*
Gastronomie d'inspiration française dans un restaurant proche d'Alton
Towers. Bons vins au verre. ⓰ ⚡ ⓰

L'EST DES MIDLANDS

BASLOW : *Fischer's at Baslow* £££ — AE DC MC V
Baslow Hall, Calver Rd, Baslow, Derby. (*01246 583259.*
Que vous dîniez dans l'élégante salle à manger ou au Café Max, la cuisine
est de haut niveau. Proche de Chatsworth House. ⓰ ⚡ ⓰

BECKINGHAM : *Black Swan* ££ — MC V
Hillside, Beckingham, Lincs. (*01636 626474.*
Ce relais de poste du xviiie siècle est un peu exigu, mais un personnel
toujours cordial et efficace y sert des mets modernes britanniques d'une
grande qualité. ● *lun.* ⓰ ⚡

BIRCH VALE : *Waltzing Weasel* £££ — AE MC V
New Mills Rd, Birch Vale, Derby. (*01663 743402.*
Plats anglais consistants (rôtis, côtelettes, croustades, stilton) et vue
panoramique sur le Kinder Scout. Jolies chambres. ⓰

Légende des symboles, voir rabat de couverture

Catégories de prix pour un repas avec entrée et dessert, une demi-bouteille de vin de la maison, couvert, taxe et service compris:
£ moins de 15 £
££ de 15 £ à 25 £
£££ de 25 £ à 35 £
££££ de 35 £ à 50 £
£££££ plus de 50 £

ENFANTS BIENVENUS
Restaurants servant des portions réduites et disposant de chaises hautes. Certains proposent des menus enfants.

MENU À PRIX FIXE
Menu en général de trois plats proposé au déjeuner et/ou au dîner.

SPÉCIALITÉS VÉGÉTARIENNES
Choix de spécialités végétariennes à la carte pour les plats principaux et parfois les entrées.

CARTES BANCAIRES
Cartes acceptées : AE = American Express ; DC = Diners Club ; MC = Master Card/Access ; V = Visa.

	Cartes bancaires	Enfants bienvenus	Menus à prix fixe	Spécialités végétariennes	Repas à l'extérieur
BOTTESFORD : *La Petite Maison* £££ — 1 Market St, Bottesford, Leic. 01949 842375. Un beau décor victorien et la fraîcheur de produits locaux tels que gibier, fruits et fromages justifient le succès de ce bistro. ● dim. soir, lun.	AE MC V	●	■	●	■
BUXTON : *The Wild Carrot* £ — 5 Bridge St, Buxton, Derby. 01298 22843. Un petit café apprécié pour ses plats diététiques servis avec générosité. Sandwichs, salades et plats du jour pleins d'imagination.		●		●	■
COLSTON BASSETT : *Martins Arms* £££ — School Lane, Colston Basett, Notts. 01949 81361. Situé dans une ancienne ferme, ce pub anglais traditionnel possède une confortable salle à manger. Cuisine de style britannique. ● dim. soir, 25 déc.	MC V	●	■	●	
GREAT GONERBY : *Harry's Place* £££££ — 17 High St, Great Gonerby, Lincs. 01476 61780. Peu de place et une carte courte, mais un chef énergique accomode avec virtuosité les meilleurs produits locaux. ● dim., lun.	MC V				
HAMBLETON : *Hambleton Hall* ££££ — Près de l'A606 à proximité d'Oakham, Leic. 01572 756991. Dans cet hôtel élégant *(p. 558)*, une vue panoramique sur Rutland Water ajoute au plaisir d'une cuisine raffinée faisant intervenir des ingrédients tels que le homard et le foie gras. Un luxe qui se paye.	MC V	●	■	●	■
HAYFIELD : *Bridge End* £££ — 7 Church St, Hayfield, Derby. 01663 747321. Une pension de famille du XIXᵉ siècle à la limite du Peak District et de la Pennine Way. Cuisine britannique. ● mar.-sam. midi, dim. soir, lun.	AE DC MC V	●		●	
HORTON : *French Partridge* ££££ — Sur la B526, Horton, Northnts. 01604 870033. Depuis trente ans, cette auberge sert une cuisine soignée mais en rien dépassée. La carte n'a jamais cessé d'évoluer. ● midi, dim., lun.			■	●	
KEYSTON : *The Pheasant Inn* ££ — Sur A 14, Keyston, Northnts. 01832 710241. Réservez une table dans la salle à manger ou mangez au bistro. Gibier et glaces « maison » sont tout particulièrement bons.	AE DC MC V	●		●	■
LEICESTER : *Bobby's* £ — 154–6 Belgrave Rd, Leicester. 0116 2660106. Prix modiques, plats végétariens de l'Inde du Sud et du Nord-Ouest, et intéressantes associations d'épices fraîchement moulues font l'intérêt du Bobby's. Apportez votre vin.	AE MC V	●	■	●	
LEICESTER : *Welford Place* ££ — 9 Welford Pl, Leicester. 0116 247 0758. Cet ancien club pour gentlemen est ouvert dès le petit déjeuner. Ambiance masculine, mais sans ostracisme.	AE DC MC V	●	■		
LINCOLN : *Wig and Mitre* ££ — 29 Steep Hill, Lincoln. 01522 535190. Cet établissement fonctionne sur le même principe que le Welford Place *(voir ci-dessus)*. Apprécié pour ses horaires étendus.	AE DC MC V	●	■	●	■
LINCOLN : *Jew's House* £££ — 15 The Strait, Lincoln. 01522 524851. Cuisine française dans un édifice très ancien près de la cathédrale. Merveilleux chocolats artisanaux. ● dim., lun.	AE DC MC V	●	■		

NEWARK : *Gannets Café* £££
35 Castlegate, Newark, Notts. (01636 702066.
Près du château, un jardin prolonge un café agréable que complète à l'étage un bistro simple et abordable. Atmosphère bohème et personnel très cordial. ⚡

NOTTINGHAM : *Saagar* ££
473 Mansfield Rd, Sherwood, Nottingham. (0115 9622014.
Recettes du Pendjab, du Cachemire et du Pakistan. De nouveaux plats viennent régulièrement épicer le choix offert par la carte. ♿ 🌙
AE
MC
V

NOTTINGHAM : *Sonny's* ££
3 Carlton St, Hockley, Nottingham. (0115 9473041.
Un établissement entre le snack-bar et le restaurant servant des mets tels que poivrons rôtis ou morue cajun. Ambiance branchée et détendue. ⚡ 🌙
AE
MC
V

PAULERSPURY : *Vine House* £££
100 High St, Paulerspury, Northnts. (01327 811267.
Demeure du XVIIe siècle au sortir de l'A5. Décontraction, ingrédients inhabituels et tendances anglaises modernes. ● *sam. midi, dim., lun. midi.* 🌙
MC
V

PLUMTREE : *Perkins Bar Bistro* ££
Old Railway Station, Plumtree, Notts. (01602 373695.
Un bistro où des sauces françaises accompagnent gibier et poissons britanniques. Parmi les snacks, la chope de crevettes. ● *dim., lun.* ♿ ⚡
AE
DC
MC
V

RIDGEWAY : *Old Vicarage* ££££
Ridgeway Moor, Ridgeway, Derby. (01742 475814.
Viandes, légumes et aromates frais de première qualité se marient avec goût dans cette maison victorienne. Sous la verrière, un bistro propose des plats moins chers. Vaste choix pour les végétariens. ● *dim. soir, lun.* ⚡ 🌙 🍷
AE
DC
MC
V

ROADE : *Roadhouse* £££
16 High St, Roade, Northnts. (01604 863372.
Cuisine anglaise inventive dans un établissement familial. Beaucoup de sauces élaborées. Gibier en hiver. ● *sam. midi, dim. soir, lun. midi.* ♿
AE
MC
V

STOKE BRUERNE : *Bruerne's Lock* £££
5 The Canalside, Stoke Bruerne, Northnts. (01604 863654.
Au bord du Grand Union Canal, une cuisine britannique moderne en constante évolution. Service attentif. ● *sam. midi, dim. soir, lun.* ♿
AE
MC
V

STRETTON : *Ram Jam Inn* £
Great North Rd, Stretton, Leic. (01780 410776.
À toute heure du jour, tous les jours, en-cas et plats chauds consistants combleront petite ou grosse faim. ● *25 déc.* ♿ ⚡ 🌙
AE
DC
MC
V

TIDESWELL : *Poppies* £
Bank Sq, Tideswell, Buxton, Derby. (01298 871083.
Joli petit endroit où l'on utilise des ingrédients comme les baies de genièvre ou la feta. ● *dim. soir, mer., lun.-mar. (nov.-mars).* ⚡
AE
DC
MC
V

WINTERINGHAM : *Winteringham Fields* ££££
Winteringham, N Lincs. (01724 733096.
Une excellente cuisine britannique moderne est servie dans cet hôtel, dans un beau décor de style victorien *(p. 563).* ● *dim. lun.* ⚡ 🍷
AE
MC
V

LE LANCASHIRE ET LES LACS

AMBLESIDE : *Sheila's Cottage* £
The Slack, Ambleside, Cumbria. (015394 33079.
Une adresse pour les amateurs de pâtisseries. Dans ce cottage qui abritait jadis des écuries, petits pains et gâteaux s'assortissent à des mets comme le jambon doux du Cumbria ou les crevettes de Solway. ● *dim.* ♿ ⚡
AE
MC
V

AMBLESIDE : *Zeffirelli's* £
Compston Rd, Ambleside, Cumbria. (015394 33845.
Cet établissement original associe des boutiques, un café, un cinéma et une pizzeria servant aussi salades et pâtes. ● *lun. au ven. midi.* ⚡
DC
MC
V

AMBLESIDE : *Rothay Manor* £££
Rothay Bridge, Ambleside, Cumbria. (015394 33605.
Plats traditionnels anglais dans un hôtel Regency. Le buffet du déjeuner et l'*afternoon tea* sont d'un excellent rapport qualité-prix. ♿ ⚡ 🍷
AE
DC
MC
V

Légende des symboles, voir rabat de couverture

Catégories de prix pour un repas avec entrée et dessert, une demi-bouteille de vin de la maison, couvert, taxe et service compris :
£ moins de 15 £
££ de 15 £ à 25 £
£££ de 25 £ à 35 £
££££ de 35 £ à 50 £
£££££ plus de 50 £

ENFANTS BIENVENUS
Restaurants servant des portions réduites et disposant de chaises hautes. Certains proposent des menus enfants.
MENU À PRIX FIXE
Menu en général de trois plats proposé au déjeuner et/ou au dîner.
SPÉCIALITÉS VÉGÉTARIENNES
Choix de spécialités végétariennes à la carte pour les plats principaux et parfois les entrées.
CARTES BANCAIRES
Cartes acceptées : AE = American Express ; DC = Diners Club ; MC = Master Card/Access ; V = Visa.

	CARTES BANCAIRES	ENFANTS BIENVENUS	MENUS À PRIX FIXE	SPÉCIALITÉS VÉGÉTARIENNES	REPAS À L'EXTÉRIEUR
APPLETHWAITE : *Underscar Manor* £££ Près de l'A66 à proximité de Keswick, Cumbria. 017687 75000. Chambres superbement meublées et cuisine ambitieuse dans une somptueuse villa à l'italienne entourée d'un jardin paisible.	AE MC V		●	●	●
BIRTLE : *Normandie* ££££ Elbut Lane, Birtle, G Man. 0161 764 3869. Bonne chère française moderne et sans prétention, mais cuisinée et assaisonnée avec sérieux. Bon rapport qualité-prix. ● *sam. midi, dim.*	AE DC MC V	●	●	●	
BLACKPOOL : *September Brasserie* ££ 15–17 Queen St, Blackpool, Lancs. 01253 23282. Parmi les nombreux restaurants de Blackpool, cette brasserie sort du lot grâce à ses plats robustes mais novateurs.	AE DC MC V		●	●	
BOWNESS-ON-WINDERMERE : *Porthole Eating House* £££ 3 Ash St, Bowness-on-Windermere, Cumbria. 015394 42793. Dans une ville touristique, ce restaurant italien n'a pas succombé à la facilité et conserve sa simplicité et un bon rapport qualité-prix. ● *sam. midi, mar., mi-déc. à déb. mars.*	AE DC MC V	●		●	●
BRAITHWAITE : *Ivy House* £££ Près de l'A66 à proximité de Keswick, Cumbria. 017687 78338. Les dîners ont du panache dans cet hôtel georgien au centre du village. Décor marquant et chambres confortables. ● *jan.*	AE DC MC V		●	●	
BRAMPTON : *Farlam Hall* ££££ Sur l'A689, Brampton, Cumbria. 016977 46234. Cette hôtellerie familiale datant en partie du XVIIe siècle et en partie de l'époque victorienne possède des jardins ravissants et s'ouvre aux clients extérieurs pour des dîners à prix fixe. ● *25 déc. au 2 jan.*	AE MC V		●		
CARTMEL : *Uplands* £££ Haggs Lane, Cartmel, Cumbria. 015395 36248. Cet hôtel paisible propose à midi des menus d'un excellent rapport qualité-prix. Fraîcheur des produits locaux et vue superbe vers Morecambe Bay en font un endroit où l'on revient. ● *lun., mar. et mer. midi.*	AE MC V		●		
CLITHEROE : *Auctioneer* ££ New Market St, Clitheroe, Lancs. 01200 27153. Toscane une semaine, vallée de la Loire la suivante, le thème des menus change régulièrement dans cet ancien pub. ● *lun., mar.*	AE MC V		●	●	
COCKERMOUTH : *Quince and Medlar* ££ 13 Castlegate, Cockermouth, Cumbria. 01900 823579. Une maison modeste près du château, mais une cuisine végétarienne audacieuse. Riche en mets inventifs, la carte mérite qu'on se lance à l'aventure. ● *mar.-dim. midi, lun.*	MC V			●	
GRASMERE : *Michael's Nook* ££££ Grasmere, Cumbria. 015934 35496. Cette hôtellerie au superbe mobilier propose une cuisine pleine de verve. Soupes et volaille figurent sur la plupart des menus.	AE DC MC V		●		
GRASMERE : *White Moss House* ££££ Sur l'A591 à Rydal Water, Cumbria. 015394 35295. Les chambres sont confortables dans cette maison qui appartint au poète William Wordsworth. Au dîner, un personnel attentif sans être pompeux sert des menus de classe dans un décor traditionnel. ● *midi, dim.*	MC V		●	●	
KENDAL : *Moon* ££ 129 Highgate, Kendal, Cumbria. 01539 729254. Ce bistro propose des spécialités végétariennes. Style décontracté, mais ingrédients toujours de qualité. ● *dim. midi.*	MC V	●		●	

LANGHO : *Northcote Manor*   £££   AE DC MC V
Sur l'A59 près de Blackburn, Lancs. 01254 240555.
Occupant un édifice victorien, cet hôtel et centre de conférences sert des
mets traditionnels anglais et une cuisine européenne moderne.

LECK : *Cobwebs*   £££   MC V
Près de l'A65 à Cowan Bridge, Lune Valley, Lancs. 015242 72141.
Les menus des dîners comprennent des combinaisons inhabituelles.
Excellents fromages. *midi, dim. au mar.*

LIVERPOOL : *Armadillo*   ££   AE MC V
20–22 Mathew St, Liverpool. 0151 236 4123.
Dans un ancien entrepôt du centre-ville, une cuisine inventive et goûteuse offrant
un choix intéressant de plats végétariens. *dim., lun., mar. au jeu. midi.*

LONGRIDGE : *Paul Heathcote's*   ££££   AE MC V
104–106 Higher Rd, Longridge, Lancs. 01772 784969.
Une adresse dont le style détendu ne laisse en rien présager les talents
créateurs de son chef. Superbe gastronomie britannique. *lun.*

MANCHESTER : *Siam Orchid*   ££   MC V
54 Portland St, Manchester. 0161 236 1388.
La carte du meilleur restaurant thaïlandais de Manchester offre un très
vaste choix comprenant des plats végétariens et des spécialités d'autres
pays d'Asie du Sud-Est. Attention aux sauces pimentées !

MANCHESTER : *Moss Nook*   ££££   AE DC MC V
B5166 près de l'aéroport, Manchester. 0161 437 4778.
Des saveurs d'origines diverses se marient au Moss Nook. Essayez le
menu-surprise ou l'un des nombreux desserts. *sam. midi, dim., lun.*

MELMERBY : *Village Bakery*   £   AE DC MC V
Sur l'A686 près de Penrith, Cumbria. 01768 881515.
Mets à emporter ou à déguster sur place dans une ancienne grange. En-
cas végétariens à toute heure.

NEAR SAWREY : *Ees Wyke*   ££   AE
Sur la B52 près de Hawkshead, Cumbria. 015394 36393.
Hôtes charmants, vue sur l'Estwaithe Water et excellents dîners d'un bon
rapport qualité-prix font de l'Ees Wyke un endroit dont on garde
longtemps le souvenir. *midi, jan.-fév.*

POULTON-LE-FYLDE : *River House*   ££££   MC V
Skippool Creek, Thornton-le-Fylde, Lancs. 01253 883497.
Ce restaurant avec chambres s'enorgueillit d'attacher autant de soin aux
détails (fromages, thé, petits fours) qu'aux mets principaux. *dim. soir.*

SADDLEWORTH : *The Old Bell Inn Hotel*   ££   AE MC V
Huddersfield Rd, Delph, près de Oldham, Saddleworth, Manchester. 01457 870130.
Un menu, différent à chaque saison, est proposé dans le restaurant
principal ainsi que des petits plats et snacks, servis au bar.

ULLSWATER : *Sharrow Bay*   ££££   MC V
Près de Howtown, Ullswater, Cumbria. 017684 86301.
L'un des meilleurs *country-house hotels* de Grande-Bretagne *(p. 561).*
Même l'*afternoon tea* devient une fête gastronomique.
déc. à fév.

WATERMILLOCK : *Rampsbeck Country House*   £££   MC V
Sur l'A592 près de Pooley Bridge, Cumbria. 017684 86442.
Malgré la vue sur un lac offerte par la salle à manger, la cuisine moderne
britannique se révèle assez ambitieuse pour retenir l'attention. La qualité
du service mérite une mention. *4 jan. à mi-fév.*

WINDERMERE : *Miller Howe*   ££££   AE DC MC V
Rayrigg Rd, Windermere, Cumbria. 015394 42536.
Ce restaurant est aussi un bel hôtel, mais son atout principal reste des
mets préparés et présentés avec art. *déc.-mi-fév.*

WITHERSLACK : *Old Vicarage*   £££   AE MC V
Church Rd, Witherslack, Cumbria. 015395 52381.
Cette charmante hôtellerie ancienne sert à 20 h des dîners délicieux
employant des produits du Cumberland.
Réserver. *lun.-sam. midi.*

Légende des symboles, voir rabat de couverture

Catégories de prix pour un repas avec entrée et dessert, une demi-bouteille de vin de la maison, couvert, taxe et service compris:
£ moins de 15 £
££ de 15 à 25 £
£££ de 25 à 35 £
££££ de 35 à 50 £
£££££ plus de 50 £

ENFANTS BIENVENUS
Restaurants servant des portions réduites et disposant de chaises hautes. Certains proposent des menus enfants.

MENU À PRIX FIXE
Menu en général de trois plats proposé au déjeuner et/ou au dîner.

SPÉCIALITÉS VÉGÉTARIENNES
Choix de spécialités végétariennes à la carte pour les plats principaux et parfois les entrées.

CARTES BANCAIRES
Cartes acceptées : AE = American Express ; DC = Diners Club ; MC = Master Card/Access ; V = Visa.

LE YORKSHIRE ET L'HUMBERSIDE

	Prix	Cartes bancaires	Enfants bienvenus	Menus à prix fixe	Spécialités végétariennes	Repas à l'extérieur
ASENBY : *Crab and Lobster*	££	AE MC V		■	●	■
BOLTON ABBEY : *Devonshire Arms Country House Hotel*	£££	AE DC MC V		■	●	■
BRADFORD : *Bombay Brasserie*	£	MC V	●		●	
BRADFORD : *Restaurant 19*	££££	AE DC MC V		■		
ELLAND : *La Cachette*	££	AE MC V	●	■		
HARROGATE : *Betty's*	££	MC V	●		●	
HARROGATE : *Drum and Monkey*	££	V	●			
HAWORTH : *Weaver's*	££	AE DC MC V	●	■		
HEADIS : *Bryan's*	£	MC V	●	■		
HETTON : *Angel Inn*	££	AE MC V		■	●	
ILKLEY : *Box Tree*	££££	AE MC V			●	

ASENBY : *Crab and Lobster*
Près de l'A168 à proximité de Thirsk, N Yorks. 01845 577286.
Au sortir de l'A1, spécialités de la mer dans un pub bourdonnant d'activité. Plats du jour en fonction des arrivages.

BOLTON ABBEY : *Devonshire Arms Country House Hotel*
Sur l'A59 près d'Ilkley, N Yorks. 01756 710441.
Une hôtellerie luxueuse où une clientèle variée vient apprécier un restaurant élégant, d'excellents snacks et des thés succulents.

BRADFORD : *Bombay Brasserie*
Simes St, Bradford, W Yorks. 01274 737564.
Ce restaurant indien de qualité, spécialisé dans les plats végétariens et de poisson bengalis, offre néanmoins un choix bien plus vaste. *dim.*

BRADFORD : *Restaurant 19*
North Park Rd, Heaton, Bradford, W Yorks. 01274 492559.
Dans une maison victorienne, une cuisine étonnante et ambitieuse n'hésitant pas à associer coquilles Saint-Jacques et soja. Au dîner, les menus sont d'un bon rapport qualité-prix. Jolies chambres. *midi, dim.*

ELLAND : *La Cachette*
7 Town Hall Buildings, Elland, W Yorks. 01422 378833.
Une adresse sans prétention où déguster dans un décor édouardien de délicieuses entrées et des ragoûts consistants. Essayez de garder un peu de place pour des desserts comme la *Bertie's Bombe*. *dim.*

HARROGATE : *Betty's*
1 Parliament St, Harrogate, N Yorks. 01423 502746.
Petits déjeuners, déjeuners ou dîners, on peut ne prendre qu'un gâteau, un thé ou un café dans le ravissant cadre édouardien du Betty's. *25 et 26 déc. 1ᵉʳ jan.*

HARROGATE : *Drum and Monkey*
5 Montpellier Gardens, Harrogate, N Yorks. 01423 502650.
Ce pub du centre-ville est devenu un élégant bar à vin-restaurant de poisson. Pas de salut ici hors des produits de la mer. *dim.*

HAWORTH : *Weaver's*
15 West Lane, Haworth, W Yorks. 01535 643822.
Au cœur du Yorkshire, ce restaurant sert une cuisine moderne. On se prendrait presque pour les pèlerins de la littérature, à la recherche de nourriture après avoir parcouru la lande de Heathcliff.

HEADIS : *Bryan's*
9 Weetwood Lane, Headingley, Leeds, W Yorks. 0113 2785679.
Un *fish and chips* dans la meilleure tradition populaire du Yorkshire. Produits frais et de qualité sont le secret de sa réussite. Un *treacle pudding* concluera à merveille le repas.

HETTON : *Angel Inn*
Près de la B6265 à proximité de Skipton, N Yorks. 01756 730263.
Ce restaurant convivial est mieux qu'un pub de village, mais la cuisine de brasserie garde les pieds sur terre.

ILKLEY : *Box Tree*
35–37 Church St, Ilkley, W Yorks. 01943 608484.
Grande cuisine dans cette ferme du XVIIIᵉ siècle récemment reprise par un maître queux créatif. *sam. soir, dim.*

LEEDS : *Brasserie Forty-four* £*£*
44 The Calls, Leeds, W Yorks. **(** 0113 2343232.
Installée dans d'anciens entrepôts au bord de l'eau, cette brasserie sert
une cuisine sophistiquée. Son ambiance en fait un endroit sympathique
où passer une soirée, surtout en été. ● *sam. midi, dim.* ❱

	AE	●	◼	●	
	MC				
	V				

LEEDS : *Haley's* £££
Shire Oak Rd, Headingley, Leeds, W Yorks. **(** 0113 2784446.
Cet hôtel paisible dans le quartier de l'université soigne la présentation
de ses mets anglo-français. Chambres claires et modernes.

	AE	●			●
	DC				
	MC				
	V				

LIVERSEDGE : *Lillibet's Pub* £££
64 Leeds Rd, Liversedge, W Yorks. **(** 01924 404911.
Ce joli hôtel en pierre sert des dîners dont les trois plats marient avec
goût tradition et modernité. ● *dim.* ♿

	AE	●		●	
	MC				
	V				

LOW LAITHE : *Dusty Miller* ££££
Sur la B6165 à proximité de Pately Bridge, N Yorks. **(** 01423 78837.
Un cadre élégant et la vue sur Nidd Valley ajoutent aux prix, mais la
cuisine est soignée. Ingrédients de qualité. ● *midi, dim., lun.* ❱

	AE		◼	●	
	MC				
	V				

RIPLEY : *Boar's Head* £££
Ripley, N Yorks. **(** 01423 771888.
Ce relais de poste propose des chambres confortables et des mets fins ;
les puddings sont aux fruits exotiques. Service cordial. ♿

	AE	●	◼	●	
	MC				
	V				

RIPON : *Old Deanery* £££
Minster Rd, Ripon, N Yorks. **(** 01765 603518.
Produits locaux mais recettes françaises dans un restaurant-brasserie
proche de la cathédrale. ● *sam. midi, dim. soir, lun.* ♿ ✄

	AE		◼	●	◼
	DC				
	MC				
	V				

SHEFFIELD : *Greenhead House* £££
84 Burncross Rd, Chapeltown, Sheffield, S Yorks. **(** 0114 2469004.
Tradition française et menus de quatre plats. Potages parmi les
spécialités. ● *dim. au mar.* ♿ ✄

| | AE | ● | ◼ | ● | |
| | MC | | | | |

STADDLEBRIDGE : *McCoy's* £££
Sur l'A19 près de Northallerton, N Yorks. **(** 01609 882671.
Ce restaurant avec chambres cultive son originalité. Bistro ouvert tous les
jours. Dîners seulement, d'inspiration française, dans le restaurant. ▯

	AE	●			
	DC				
	MC				
	V				

WHITBY : *Magpie Café* £
14 Pier Rd, Whitby, N Yorks. **(** 01947 602058.
Sur le port, le Magpie Café sert dans la bonne humeur d'excellents *fish
and chips*. Ne manquez pas les gâteaux. ● *jan. à mi-fév.* ✄

| | MC | ● | ◼ | ● | |
| | V | | | | |

YORK : *Taylor's Tea Rooms* £
46 Stonegate, York. **(** 01904 622865.
Gâteaux, déjeuners légers et spécialités du Yorkshire et de la Suisse à
déguster dans un bâtiment médiéval. ✄

| | MC | ● | | ● | |
| | V | | | | |

YORK : *Melton's* ££
7 Scarcroft Rd, York. **(** 01904 634341.
Traditions culinaires anglaise et française se marient dans un petit restaurant
accueillant et d'un bon rapport qualité-prix.
● *dim. soir, lun. midi.* ♿ ✄ ▯

| | MC | ● | ◼ | ● | |
| | V | | | | |

LA NORTHUMBRIA

BELFORD : *The Blue Bell Hotel* ££
Market Place, Belford, Northum. **(** 01668 213787.
Le jardin fournit nombre de produits complétant la viande et le poisson
qui changent en fonction des saisons.

	AE	●	◼	●	
	MC				
	V				

BERWICK UPON TWEED : *Funnywayt'mekalivin* £££
41 Bridge St, Berwick upon Tweed, Northum. **(** 01289 308827.
Savoureux, les dîners comportent quatre plats dans ce *Bed and Breakfast*
où l'on peut déjeuner presque tous les jours. ● *lun.-mar.*

| | MC | ● | ◼ | ● | |
| | V | | | | |

CONSETT : *Pavilion* ££
2 Station Rd, Consett, Co Durham. **(** 01207 503388.
Ce restaurant chinois animé a de nombreux atouts : portions généreuses,
carte étendue, personnel efficace sans être pesant, atmosphère cordiale
et bon rapport qualité-prix.

	AE	●	◼	●	
	DC				
	MC				
	V				

Légende des symboles, voir rabat de couverture

Catégories de prix pour un repas avec entrée et dessert, une demi-bouteille de vin de la maison, couvert, taxe et service compris :
£ moins de 15 £
££ de 15 £ à 25 £
£££ de 25 £ à 35 £
££££ de 35 £ à 50 £
£££££ plus de 50 £

ENFANTS BIENVENUS
Restaurants servant des portions réduites et disposant de chaises hautes. Certains proposent des menus enfants.
MENU À PRIX FIXE
Menu en général de trois plats proposé au déjeuner et/ou au dîner.
SPÉCIALITÉS VÉGÉTARIENNES
Choix de spécialités végétariennes à la carte pour les plats principaux et parfois les entrées.
CARTES BANCAIRES
Cartes acceptées : AE = American Express ; DC = Diners Club ; MC = Master Card/Access ; V = Visa.

Restaurant	CARTES BANCAIRES	ENFANTS BIENVENUS	MENUS À PRIX FIXE	SPÉCIALITÉS VÉGÉTARIENNES	REPAS À L'EXTÉRIEUR
DARLINGTON : _Cottage Thai_ £££ 94–96 Parkgate, Darlington, Co Durham. 01325 361717. Un endroit pratique où déguster des classiques thaïlandais comme les currys et soupes _tom yum_.	AE MC V	●		●	
EAST BOLDON : _Forsters_ £££ 2 St Bedes, Station Rd, East Boldon, T & W. 0191 519 0929. Cette auberge accueillante et sans prétention propose une cuisine d'inspiration française jamais décevante. _midi, dim., lun._	AE DC MC V	●	■	●	
GATESHEAD : _Fumi_ ££ 248 Durham Rd, Gateshead, T & W. 0191 477 1152. Large choix de _sushi_, _tempura_ et plats de nouilles dans ce restaurant où le service est d'une courtoisie très japonaise. _midi, lun._	MC V	●			
GATESHEAD : _Eslington Villa_ £££ Sur l'A6127, Low Fell, T & W. 0191 487 6017. Accueil jovial et recettes classiques cuisinées avec compétence dans un bel hôtel au décor engageant. _dim. soir._	AE DC MC V	●	■	●	
HAYDON BRIDGE : _General Havelock Inn_ ££ Radcliffe Rd, Haydon Bridge, Northum. 01434 684376. Bon produits pour un prix correct le soir et à midi. Les jardins mènent à la rivière Tyne.		●	■		
HEXHAM : _Black House_ £££ Dipton Mill Rd, Hexham, Northum. 01434 604744. Dans une dépendance de ferme, saveurs et textures s'assortissent avec art. _midi, dim., lun._	MC V			●	
NEWCASTLE UPON TYNE : _Courtney's_ ££ 5–7 The Side, Newcastle, T & W. 0191 232 5537. Poissons exotiques, viande et gibier du pays prennent parfums et couleurs dans cette brasserie _modern-international_ où du jazz en musique de fond contribue à créer une atmosphère détendue. _sam. midi, dim._	AE MC V	●	■	●	
NEWCASTLE UPON TYNE : _Fisherman's Lodge_ ££££ Jesmond Dene, Jesmond, T & W. 0191 281 3281. Classicisme et modernisme se marient ici pour donner d'excellents résultats. Les en-cas servis à midi sont d'un bon rapport qualité-prix. _sam. midi, dim._	AE DC MC V		■	●	■
NEWCASTLE UPON TYNE : _21 Queen St_ ££££ 19–21 Queen St, Princes Wharf, Quayside, Newcastle, T & W. 0191 222 0755. Un décor épuré et élégant pour une gastronomie complexe mais maîtrisée. Les plus humbles des légumes révèlent des potentialités insoupçonnées. Service serein. _sam. midi, dim._	AE DC MC V		■		
ROMALDKIRK : _Rose and Crown_ ££ Sur la B6277 près de Barnard Castle, Co Durham. 01833 650213. Ce beau relais de poste est à la fois un restaurant méritant un détour et un pub qui propose une intéressante sélection de bières et des plats simples d'un bon rapport qualité-prix. _25 et 26 déc._	MC V		■		■
SEATON BURN : _Horton Grange_ ££££ Près de l'A1 à Stannington, T & W. 01661 860686. Cet hôtel agréable occupe une ferme en pierre et sa cuisine, légère et élégante, s'harmonise avec un décor sophistiqué. _midi, dim._	AE MC V		■	●	
STOKESLEY : _Chapters_ £££ 27 High St, Stokesley, N Yorks. 01642 711888. Le Chapters offre le choix entre un bistrot décontracté et une salle à manger plus raffinée. Cuisine française. Jolies chambres. _25 déc., 1er jan._	AE DC MC V	●	■	●	■

WHITLEY BAY : *Le Provençale* £££
183 Park View, Whitley Bay, T & W. 📞 0191 251 3567.
Solide cuisine française dans un cadre d'un sérieux rassurant. Service très
agréable. ● *lun. midi, mer. à sam. midi, dim. soir, mar. soir.* 🔣

AE
DC
MC
V

LE NORD DU PAYS DE GALLES

ABERSOCH : *Riverside* £££
Sur l'A499 près de Pwllheli, C & M. 📞 01758 712419.
Déjeuners, *high teas* et dîners servis dans une salle à manger rustique.
Simplicité et accueil cordial.

AE
DC
MC
V

ABERSOCH : *Porth Tocyn* £££
Abersoch, C & M. 📞 01758 713303.
Difficile de ne pas tomber sous le charme de cet hôtel en bord de mer
(p. 564). Plats légers à la carte. ● *nov.-Pâques.* 🔣

MC
V

CAPEL COCH : *Tre-Ysgawen Hall* £££
Sur la B5111 à proximité de Llangefni, Anglesey. 📞 01248 750750.
Cette massive hôtellerie sert une cuisine française moderne s'appuyant
sur une solide formation classique. Service courtois et attentif. 🔣

AE
DC
MC
V

COLWYN BAY : *Café Niçoise* £££
124 Abergele Rd, Colwyn Bay, A & C. 📞 01492 531555.
Recettes régionales françaises s'y savourent sur fond d'accordéon.
● *lun.-mer. midi, dim.* 🔣

AE
MC
V

CONWY : *Old Rectory* ££££
Llanrwst Rd, Llansanffraid Glan, près de Conwy. 📞 01492 580611.
Un grand soin est apporté au repas. Beaucoup de tableaux et d'antiquités
en décoration. ● *20 déc.-1er jan.* 🔣 🔣

AE
MC
V

DEGANWY : *Paysanne* ££
Station Rd, Deganwy, A & C 📞 01492 583848.
Ce bistro gallois propose des plats du jour et, au dîner, des menus de
trois plats. Le samedi, c'est à la carte. ● *midi, dim., lun.* 🔣

MC
V

DOLGELLAU : *Dylanwad Da* ££
2 Ffôs-y-Felin, Dolgellau, A & C. 📞 01341 422870.
Classiques britanniques tels que l'agneau au porto ou la tarte aux prunes
et au gingembre. Bistro sympathique.
● *midi, dim.-mer. (fév. à mi-mars).* 🔣 🔣

EYTON : *Plassey Bistro* £
Eyton, près de Wrexham. 📞 01978 780905.
Au milieu de bâtiments agricoles édouardiens et d'ateliers d'artisanat, le Plassey
offre un endroit où se restaurer de bons plats du jour. L'agneau gallois rôti
à feu doux est une délicieuse spécialité. ● *lun. (sauf jours fériés).* 🔣 🔣

AE
MC
V

GLANWYDDEN : *Queen's Head* ££
Près de la B5115 à proximité de Llandudno Junction, A & C. 📞 01492 546570.
Ce pub de campagne propose agneau gallois, moules et soupes. Dans
une longue liste de desserts figurent des puddings traditionnels. 🔣

MC
V

HARLECH : *Castle Cottage* ££
Pen Llech, Harlech, C & M. 📞 01766 780479.
Malgré des agrandissements modernes, voici l'un des plus vieux
bâtiments d'Harlech. Élaborés avec des produits locaux, des plats anglais
et gallois voisinent sur la carte. Chambres disponibles. ● *fév.* 🔣 🔣

AE
MC
V

LLANARMON DYFFRYN CEIROG : *West Arms Hotel* ££
Llanarmon Dyffryn Ceiriog, près de Llangollen, Clwyd. 📞 01696 00665.
Plats superbes et excellente présentation dans ce restaurant du XVIe siècle.
Poissons locaux tout particulièrement délicieux. 🔣 🔣

AE
DC
MC
V

LLANBERIS : *Y Bistro* £££
43–45 High St, Llanberis, C & M. 📞 01286 871278.
Restaurant de randonneurs au pied du Snowdown Railway.
● *midi, dim.* 🔣 🔣

MC
V

LLANDUDNO : *Richard's* ££
7 Church Walks, Llandudno, Gwynedd. 📞 01492 877924.
Ce bistrot est situé dans une maison victorienne. Plusieurs plats proposés
en menu. ● *midi, 25-26 déc.* 🔣

AE
MC
V

Catégories de prix pour un repas avec entrée et dessert, une demi-bouteille de vin de la maison, couvert, taxe et service compris :
£ moins de 15 £
££ de 15 £ à 25 £
£££ de 25 £ à 35 £
££££ de 35 £ à 50 £
£££££ plus de 50 £

ENFANTS BIENVENUS
Restaurants servant des portions réduites et disposant de chaises hautes. Certains proposent des menus enfants.

MENU À PRIX FIXE
Menu en général de trois plats proposé au déjeuner et/ou au dîner.

SPÉCIALITÉS VÉGÉTARIENNES
Choix de spécialités végétariennes à la carte pour les plats principaux et parfois les entrées.

CARTES BANCAIRES
Cartes acceptées : AE = American Express ; DC = Diners Club ; MC = Master Card/Access ; V = Visa.

	Prix	CARTES BANCAIRES	ENFANTS BIENVENUS	MENUS À PRIX FIXE	SPÉCIALITÉS VÉGÉTARIENNES	REPAS À L'EXTÉRIEUR
LLANDRILLO : *Tyddyn Llan* Sur la B4401 près de Corwen, Denbigh. 01490 440264. Cette hôtellerie georgienne *(p. 565)* sert une cuisine de qualité à base de produits locaux comme le bœuf noir du pays de Galles.	£££	AE DC MC V	●	■	●	■
LLANGOLLEN : *Gales* 18 Bridge St, Llangollen, Wrexham. 01978 860089. Bar à vin, restaurant et *guesthouse*. Les repas sont servis dans une salle lambrissée. Antiquités dans les chambres.	£	AE MC V				
MENAI BRIDGE : *Jodie's* Telford Rd, Menai Bridge, Anglesey. 01248 714864. La verrière et le jardin dominent le pont sur Menai Strait. On s'y restaure de plats simples, notamment végétariens.	£	MC V			●	
NORTHOP : *Soughton Hall* Près de l'A5119, Northop, Flint. 01352 840811. Cuisine de grand style et tenue habillée de rigueur dans cet hôtel occupant dans un parc un palais épiscopal du XVIIIᵉ siècle.	£££	AE MC V				
PORTMEIRION : *Portmeirion* Près de l'A487 à proximité de Minffordd, C & M. 01766 771228. Comme sur le village privé qui l'abrite, une frivolité méditerranéenne maîtrisée souffle sur la carte de cet hôtel délicieux. ● *lun. midi.*	£££	AE DC MC V	●	■	●	■
PWLLHELI : *Plas Bodegroes* Nefyn Rd, Pwllheli, C & M. 01758 612363. Le chef de cette élégante hôtellerie georgienne *(p. 565)* tire parti d'excellents produits locaux pour créer une succulente cuisine britannique. Dîners de cinq plats. Poissons particulièrement bons. ● *midi, lun., nov. à mars.*	£££	MC V	●			
TREFRIW : *Chandler's* Sur B5 106, Trefriw, Conwy. 01492 640991. Atmosphère décontracté où les clients sont attablés sur des bancs. Le pain frais est délicieux. ● *dim. au jeu. soir, sam. au mar. midi (réserver pour le déjeuner du mer. au ven.)*	££	AE MC V			●	■

LE SUD ET LE CENTRE DU PAYS DE GALLES

	Prix	CARTES BANCAIRES	ENFANTS BIENVENUS	MENUS À PRIX FIXE	SPÉCIALITÉS VÉGÉTARIENNES	REPAS À L'EXTÉRIEUR
ABERAERON : *Hive on the Quay* Cadwgan Pl, Aberaeron, Pembroke. 01545 570445. Le miel est la spécialité de ce café qui sert en été des thés et des déjeuners diététiques dans le cadre accueillant créé par des meubles en pin et beaucoup de plantes vertes. Dîners en haute saison. ● *mi-sep.-mai.*	££	MC V			●	■
BRECHFA : *Ty Mawr* Brechfa, Carmarthen. 01267 202332. Petit hôtel rustique où de bons produits locaux se parent de parfums plus exotiques.	£££	MC V	●	■	●	
CARDIFF : *La Brasserie/Champers/Le Monde* 60 St Mary St, Cardiff. 01222 372164. Cet établissement réunit une brasserie, un bar à tapas et un restaurant de poissons. Bons vins et atmosphère amicale.	££	AE DC MC V	●	■	●	
CARDIFF : *Chikako's* 10-11 Mill Lane, Cardiff. 01222 665279. Décor minimaliste et cuisine soignée dans ce restaurant japonais qui cultive dans son jardin les ingrédients qu'il n'importe pas. ● *midi.*	££	AE MC V		■		
CLYTHA : *Clytha Arms* Près d'Abergavenny, B Gwent. 01873 840206. Pub où France et pays de Galles se côtoient avec des plats comme les huîtres aux poireaux et le *laverbread (p. 36).* ● *dim. soir, lun. midi.*	££	MC V	●		●	■

COWBRIDGE : *Off the Beeton Track* (£)
1 Town Hall Sq, Cowbridge, V of Glam. 01446 773599.
Gâteaux maison, déjeuners simples et *afternoon teas* précèdent des
dîners plus élaborés. Point fort : les sauces. ● dim. soir, lun. soir.
AE MC V

CRICKHOWELL : *Nantyffin Cider Mill Inn* (£)(£)
Brecon Rd, Crickhowell, Powys. 01873 810775.
Gibier, poisson, et recettes populaires comme le *pie and mash* dans une
auberge du XVIe siècle sans prétention.
MC V

LAMPHEY : *Diall Inn* (£)(£)
The Ridgeway, Lamphey, Dyfed. 01646 672426.
Steack, huîtres ou pie rendent le client heureux. Poissons et plats
végétariens. ● 25 déc.
AE MC V

LLANDEWI SKIRRID : *Walnut Tree Inn* (£)(£)(£)
Sur la B4521 près d'Abergavenny, B Gwent. 01873 852797.
Ce bistro décontracté propose un éventail riche et éclectique de mets
servis sans prétention mais préparés avec soin. ● dim., lun.

LLYSWEN : *Griffin Inn* (£)(£)
Sur l'A470, Llyswen, Powys. 01874 754241.
La carte de cette auberge du XVe siècle reflète les deux grands centres
d'intérêt de la Wye Valley : la chasse et la pêche. ● dim. soir.
AE DC MC V

MATHRY : *Ann FitzGerald's Farmhouse Kitchen* (£)(£)
Près de l'A487 à proximité de Mabwys Fawr, Caerphilly. 01348 831347.
Des mets intéressants aux saveurs marquées caractérisent ce restaurant.
Bons vins et bons fromages gallois. ● midi (hiver).
MC V

NANTGAREDIG : *Four Seasons, Cwmtwrch Farm* (£)(£)
Sur la B4310, Carmarthen. 01267 290238.
Recettes simples à base de produits locaux tels que l'agneau et le saumon
fumé dans cet établissement tenu en famille. ● dim.

NEWPORT : *Cnapan* (£)(£)
East St, Newport, Caerphilly. 01239 820575.
Ce restaurant georgien avec chambres sert toute la journée café et thé.
Spécialités galloises au déjeuner et au dîner. ● mar.
MC V

PONTFAEN : *Tregynon Country Farmhouse* (£)(£)
Près de la B4313, Gwaun Valley, Newport. 01239 820531.
La nourriture est délicieuse et saine, le bacon fumé sur place. Chambres
bon marché dans un cadre rural. ● midi.
MC V

PORTHGAIN : *Harbour Lights* (£)(£)
Près de l'A487 à Croesgoch, Pembroke. 01348 831549.
Portions généreuses, fromages gallois, spécialités comme le *laverbread*
(p. 36) dans un vieux cottage en bord de mer.
MC V

ROSEBUSH : *Tafarn Newydd* (£)(£)
Sur B4329 près de Rosebush, Pembrokeshire. 01437 532542.
Large choix de snacks, petits plats ou carte d'inspiration internationale.
● 1 sem. en jan.

ST DAVID'S : *Morgan's Brasserie* (£)(£)(£)
20 Nun St, St David's, Dyfed. 01437 720508.
Le poisson est la spécialité de cette brasserie familiale. Bœuf et fromage
gallois également. ● midi, dim. ; jan.-fév. ; oct.-nov. et mars : lun., mar.
AE MC V

SWANSEA : *La Braseria* (£)(£)
28 Wind St, Swansea. 01792 469683.
Cet établissement espagnol est particulièrement apprécié à midi pour ses
menus d'un bon rapport qualité-prix. ● dim.
AE DC MC V

SWANSEA : *Number One Wind Street* (£)(£)
1 Wind St, Swansea. 01792 456996.
Ce restaurant moderne adapte des recettes régionales françaises aux
produits de la pêche et de l'élevage gallois. ● lun.-mar. soir, dim.
AE MC V

TRELLECH : *Village Green Brasserie* (£)(£)
Trellech, près de Monmouth. 01600 560119.
Des saveurs du monde entier voisinent sur la carte de cet ancien prieuré.
Menus uniquement le dimanche midi. ● dim. soir, lun.
MC V

Légende des symboles, voir rabat de couverture

		CARTES BANCAIRES	ENFANTS BIENVENUS	MENU À PRIX FIXE	SPÉCIALITÉS VÉGÉTARIENNES	REPAS À L'EXTÉRIEUR

Catégories de prix pour un repas avec entrée et dessert, une demi-bouteille de vin de la maison, couvert, taxe et service compris :
£ moins de 15 £
££ de 15 £ à 25 £
£££ de 25 £ à 35 £
££££ de 35 £ à 50 £
£££££ plus de 50 £

ENFANTS BIENVENUS
Restaurants servant des portions réduites et disposant de chaises hautes. Certains proposent des menus enfants.
MENU À PRIX FIXE
Menu en général de trois plats proposé au déjeuner et/ou au dîner.
SPÉCIALITÉS VÉGÉTARIENNES
Choix de spécialités végétariennes à la carte pour les plats principaux et parfois les entrées.
CARTES BANCAIRES
Cartes acceptées : AE = American Express ; DC = Diners Club ; MC = Master Card/Access ; V = Visa.

Restaurant	CARTES BANCAIRES	ENFANTS BIENVENUS	MENU À PRIX FIXE	SPÉCIALITÉS VÉGÉTARIENNES	REPAS À L'EXTÉRIEUR
WELSH HOOK : *Stone Hall* (££) Près de l'A40 à proximité de Wolf's Castle, Pembroke. 01348 840212. La cuisine française règne en maître dans cet hôtel-restaurant entouré d'un parc. ● *midi.*	AE MC V	●	■	●	
WHITEBROOK : *Crown at Whitebrook* (££) Près de Monmouth, Monmouth. 01600 860254. Cuisine régionale française au cœur de la Wye Valley dans un édifice du XVIIe siècle. Quelques chambres. ● *dim. soir, lun. midi.*	AE DC MC V	●	■	●	■

LES LOWLANDS

Restaurant	CARTES BANCAIRES	ENFANTS BIENVENUS	MENU À PRIX FIXE	SPÉCIALITÉS VÉGÉTARIENNES	REPAS À L'EXTÉRIEUR
ANSTRUTHER : *Cellar* (££££) 24 East Green, Anstruther, Fife. 01333 310378. Les produits de la mer, d'excellente qualité, dominent la carte dans l'un des plus anciens bâtiments de ce port. ● *sam. midi, dim., lun.*	AE MC V		■		
AYR : *Fouters Bistro* (£) 2A Academy St, Ayr, Strathclyde. 01292 261391. Dans une cave voûtée, ce bistro propose une cuisine essentiellement française adaptée à des ingrédients écossais. ● *dim., lun.*	AE DC MC V	●	■	●	
CANONBIE : *Riverside Inn* (£££) Sur l'A47 près de la frontière, Dumfries & Galloway. 0138 73 71512. La constante qualité de sa cuisine assure la popularité de cette auberge du XVIIe siècle dominant l'Esk et où l'on peut manger au bar comme au restaurant. ● *dim. midi.*	MC V	●		●	■
CUPAR : *Ostlers Close* (£££) 25 Bonnygate, Cupar, Fife. 01334 655574. Le poisson tient une grande place sur la carte, mais viandes et gibier tirent aussi parti d'une bonne maîtrise de la tradition française. Délicieux plats de champignons. ● *dim., lun.*	AE MC V	●		●	
EDINBURGH : *Cruise Ship* (£) The Shore, Leith, Edinburgh. 0131555 4445. Ce bateau est le plus voyant des nombreux restaurants du quartier des Leith Docks. Plats simples : steak, poisson, poulet ou légumes.	AE MC V	●		●	■
EDINBURGH : *Henderson's* (£) 94 Hanover St, Edinburgh. 0131 225 2131. Large choix de spécialités végétariennes. Gâteaux et fromages inhabituels complètent soupes et plats chauds.	AE MC V	●		●	
EDINBURGH : *Kalpna* (£) 2–3 St Patrick Sq, Edinburgh. 0131 667 9890. Cuisine végétarienne indienne dans un environnement apaisant près de l'université. Saveurs douces et service variable. ● *sam. midi, dim.*	MC V	●	■	●	
EDINBURGH : *Seeds* (£) 53 West Nicolson St, Edinburgh. 0131 667 8729. Un café végétarien accueillant bien situé près de l'Edinburgh University. Ingrédients de qualité parfaitement assaisonnés.		●		●	■
EDINBURGH : *Indian Cavalry Club* (££) 3 Atholl Pl, Edinburgh. 0131 228 3282. Dans un cadre évoquant les derniers jours de l'empire des Indes, ce restaurant propose de riches mets anglo-indiens.	AE DC MC V	●	■	●	
EDINBURGH : *Atrium* (£££) 10 Cambridge St, Edinburgh. 0131 228 8882. Un décor ultra-chic et des plats légers. Sous influence méditerranéenne, une cuisine britannique vive et moderne. ● *sam. midi, dim.*	AE MC V	●		●	

EDINBURGH : *Martin's* ££££ 70 Rose St, North Lane, Edinburgh. ☏ *0131 225 3106.* Le Martin's réunit hommes d'affaires et promeneurs autour de plats inventifs d'inspiration française. ● *dim., lun.* ⚡ 🍷	AE DC MC V	●	■	
EDINBURGH : *Vintners Rooms* £££ 87 Giles St, Leith, Edinburgh. ☏ *0131 554 6767.* Repas aux chandelles dans ce restaurant original installé dans un entrepôt de vin. La cuisine comme le service y sont d'une modestie rare. Un bar à vin sert des déjeuners légers. ● *dim., dern. sem. de déc., 1ᵉ sem. de jan.* 🛇 ⚡ 🚪 🍷	AE MC V	●	■	●
EDINBURGH : *Waterfront Wine Bar* £££ 1C Dock Place, Leith, Edinburgh. ☏ *0131 554 7427.* La meilleure adresse de Leith avec un bar chaleureux, une excellente carte des vins et un restaurant proposant des plats dans l'air du temps. 🛇 ⚡ 🍷	MC V		■	●
GLASGOW : *Buttery* £££ 652 Argyle St, Glasgow. ☏ *0141 221 8188.* Joli pub du tournant du siècle devenu un élégant restaurant. Des mets plus simples sont servis au Belfry, à l'étage au-dessous. ● *sam. midi, dim.* 🚪	AE DC MC V	●	■	
GLASGOW : *Ubiquitous Chip* £££ 12 Ashton Lane, Glasgow. ☏ *0141 334 5007.* C'est dans le bistro à l'étage que s'exprime le mieux l'individualisme enjoué de cet établissement. La cuisine est toujours bonne, avec une immense variété de plats écossais. 🛇 🚪 🍷	AE DC MC V	●		●
GLASGOW : *Camerons, Glasgow Hilton* ££££ 1 William St, Glasgow. ☏ *0141 204 5511.* Le décor de cet hôtel pour hommes d'affaires évoque une Écosse de parc de loisirs mais plats et service sont irréprochables. ● *sam. midi, dim.* 🛇 🚪	AE DC MC V	●	■	
GLASGOW : *One Devonshire Gardens* ££££ 1 Devonshire Gardens, Glasgow. ☏ *0141 339 2001* Somptueux hôtel-restaurant *(p. 569)* à l'atmosphère agréablement détendue. Recettes d'inspiration anglaise et française. ● *sam. midi.* ⚡ 🚪	AE DC MC V	●	■	
GULLANE : *La Potinière* £££ Main St, Gullane, The Lothians. ☏ *01620 843214.* Le couple qui tient la Potinière y crée une atmosphère chaleureuse et conviviale en accord avec une cuisine splendide, goûteuse et d'un excellent rapport qualité-prix. ● *mer. midi, dim.-mar. soir.* 🛇 ⚡ 🍷			■	
LARGS : *Nardini's* £ The Esplanade, Largs, Clyde Valley. ☏ *01475 674555.* Ce café en bord de mer possède un superbe intérieur Art déco et sert toute la journée petits déjeuners, gâteaux et plats italiens et français. Le cadre idéal où se détendre en lisant le journal. 🛇 ⚡ 🚪	AE DC MC V	●	■	● ■
LINLITHGOW : *Champany Inn* ££££ Champany, près de Linlithgow, The Lothians. ☏ *0150 683 4388.* Un endroit remarquable pour ses vins. Bonne cuisine, qu'il s'agisse de simples steaks ou de plats en sauce. ● *sam. midi, dim.* 🛇 🍷	AE DC MC V		■	■
MOFFAT : *Well View* £££ Ballplay Rd, Moffat, D & G. ☏ *01683 20184.* Quelques éléments écossais métissent une cuisine française moderne. Ambiance paisible dans un hôtel familial de style victorien. ● *sam. midi.*	AE MC V	●	■	
PORTPATRICK : *Knockinaam Lodge* ££££ Près de l'A77 à proximité de Portpatrick, D & G. ☏ *01776 810471.* Dans un très beau site dominant la mer, une cuisine française moderne accomode poissons et viandes avec élégance. 🛇 ⚡	AE DC MC V		■	
ST ANDREWS : *Brambles* £ 5 College St, St Andrews, Fife. ☏ *01334 75380.* Ce self-service bon marché, spécialisé dans la cuisine végétarienne, sert aussi de la viande et du poisson. Pâtisseries. ⚡	MC V	●		● ■
ST ANDREWS : *Peat Inn* ££££ Sur la B940 près de St Andrews, Fife. ☏ *01334 840206.* Une approche gastronomique, moderne, tirant parti des légumes de saison et des produits locaux, a établi l'excellente réputation de cet hôtel- restaurant. Le déjeuner est une affaire. ● *dim., lun.* 🛇 ⚡ 🍷	AE DC MC V	●	■	●

Légende des symboles, voir rabat de couverture

Catégories de prix pour un repas avec entrée et dessert, une demi-bouteille de vin de la maison, couvert, taxe et service compris:
£ moins de 15 £
££ de 15 £ à 25 £
£££ de 25 £ à 35 £
££££ de 35 £ à 50 £
£££££ plus de 50 £

ENFANTS BIENVENUS
Restaurants servant des portions réduites et disposant de chaises hautes. Certains proposent des menus enfants.

MENU À PRIX FIXE
Menu en général de trois plats proposé au déjeuner et/ou au dîner.

SPÉCIALITÉS VÉGÉTARIENNES
Choix de spécialités végétariennes à la carte pour les plats principaux et parfois les entrées.

CARTES BANCAIRES
Cartes acceptées : AE = American Express ; DC = Diners Club ; MC = Master Card/Access ; V = Visa.

	CARTES BANCAIRES	ENFANTS BIENVENUS	MENUS À PRIX FIXE	SPÉCIALITÉS VÉGÉTARIENNES	REPAS À L'EXTÉRIEUR
SWINTON : *Wheatsheaf* ££ Main St, Swinton, The Borders. 01890 860257. Cette auberge sert une cuisine inventive à déguster dans la salle à manger ou sous une verrière. Chambres disponibles. ● *lun.* & ⚡	MC V	●		●	■
TROON : *Highgrove House* £££ Old Loans Rd, Troon, Clyde Valley. 01292 312511. Maison d'un capitaine à la retraite, l'Highgrove House a vue sur le Firth of Clyde et propose une carte étendue. Chambres disponibles.	AE MC V	●	■	●	■

LES HIGHLANDS ET LES ÎLES

	CARTES BANCAIRES	ENFANTS BIENVENUS	MENUS À PRIX FIXE	SPÉCIALITÉS VÉGÉTARIENNES	REPAS À L'EXTÉRIEUR
ABERDEEN : *Henry J Bean's Bar and Grill* £ Windmill Brae, Aberdeen, Grampn. 01224 574134. Restaurant américain décontracté servant de bons hamburgers et des plats comme les côtelettes au barbecue et le poulet cajun. & ❱				●	
ABERFOYLE : *Braeval Old Mill* £££ Sur l'A81 près d'Aberfoyle, Central. 01877 382711. Les menus de quatre plats du dîner incluent des recettes de gibier et de poisson. Alléchants desserts. ● *mar.-sam. midi, dim. soir, lun.* & ☐	MC V	●	■	●	
ALEXANDRIA : *Georgian Room, Cameron House* ££££ Près de l'A82, Loch Lomond, Alexandria, Strath. 01389 55565. Ce grand hôtel confortable attire une clientèle aisée de joueurs de golf et de pêcheurs. Cuisine riche et de qualité. ● *sam. midi, dim. midi.* & ⚡	AE DC MC V		■	●	
ALYTH : *Drumnacree House* £££ St Ninian's Rd, Alyth, Tays. 01828 632194. Des styles culinaires variés déclinés avec enthousiasme donnent une carte éclectique riche en idées originales et en mets dont les ingrédients proviennent du fumoir et du jardin. ● *midi, dim., lun.* & ⚡	AE MC V	●		●	
AUCHMITHIE : *But 'n' Ben* ££ Près de l'A92 à proximité d'Arbroath, Tays. 01241 877223. Deux cottages mitoyens dans un village de pêcheurs. Les prises du jour se retrouvent dans l'assiette. Splendides *high teas.* ● *dim. soir, mar.* & ⚡	MC V	●		●	
BALLATER : *Darroch Learg* £££ Braemar Rd, Ballater, Grampn. 0133 97 55443. Dans un pavillon de chasse victorien, des recettes locales mais préparées avec une patte moderne et des assaisonnements séduisants. ● *jan.* & ⚡ ☐	DC MC V	●	■	●	■
BALLATER : *Green Inn* £££ 9 Victoria Rd, Ballater, Grampn. 0133 97 55701. Produits écossais savamment accomodés dans un ancien pub rénové. Personnel cordial et compétent. Chambres disponibles. ● *oct. à mars : dim., sam. midi.* & ⚡	AE MC V	●		●	
CAIRNDOW : *Loch Fyne Oyster Bar* £££ Clachan Farm, Ardkinglas, Cairndow, Strath. 01499 600236. Un endroit splendide et accueillant où déguster un plateau de fruits de mer devant les parcs à huîtres du loch. & ⚡	DC MC V	●			■
DUNKELD : *Kinnaird* £££££ Kinnaird Estate, près de la B898 à proximité de Dunkeld, Tays. 01796 482440. Cet hôtel de grand luxe entouré d'un parc sert une cuisine raffinée et très originale. Le déjeuner est plus abordable. ● *jan. à mars : dim. soir.* & ⚡ ☐	AE MC V			●	■
FORT WILLIAM : *Crannog* ££ Town Pier, Fort William, Highl. 01397 705589. Voici où apprécier le plaisir simple de déguster des produits de la mer délicieusement frais en jouissant d'une vue panoramique sur un loch. Portions généreuses, ambiance chaleureuse et service efficace. & ⚡ ❱	MC V	●		●	

HARLOSH BY DUNVEGAN : *Harlosh House* £££
Sur l'A 863, Isle of Skye. [*01470 521367.*
Réservez à l'avance le menu du jour ou allez-y pour les superbes
poissons et fruits de mer servis avec du pain fait maison. Belles chambres
avec vue sur le Loch Bracadale. ● *midi, mi-oct. à Pâques.* ⅏ ⚡ ▯

INVERNESS : *Culloden House* ££££
Près de l'A96 à Culloden, Highl. [*01463 790461.*
Une solide cuisine écossaise où la touche sucrée de sauces ou de sorbets
vient rehausser des plats de viande, de gibier ou de poisson. Chambres.

KILBERRY : *Kilberry Inn* ££
Kilberry par Tarbert, Argyll, Strath. [*01880 770223.*
Dans un paisible village côtier, ce pub occupant une maison basse
et blanche sert une cuisine paysanne traditionnelle.
● *dim., mi-oct.-Pâques.* ⚡

KILLIECRANKIE : *Killiecrankie* £££
Près de l'A9 à proximité de Pitlochry, Tays. [*01796 473220.*
Excellents plats simples à midi et dîners plus ambitieux dans un bel
hôtel. Mets consistants, quelques-uns orientaux. ⅏ ⚡

KINCLAVEN : *Ballathie House* £££
Près de la B9099 à proximité de Stanley, Tays. [*01250 883268.*
Cette hôtellerie accueillante dans un vaste domaine sur la Tay met,
comme il se doit, gibier et saumon à sa carte. ⅏ ⚡

KINCRAIG : *Boathouse* £
Loch Insh, Kincraig, Highl. [*01540 651 272.*
Cette cabane en rondins sert à manger à toute heure du jour : snacks,
mais aussi poisson frais, *haggis* ou steaks. ● *nov.-déc.* ⅏ ⚡

KINGUSSIE : *Cross* £££
Tweed Mill Brae, Ardbroilach Rd, Kingussie, Highl. [*01540 661166.*
Dans une manufacture de tweed du xixᵉ siècle, des produits locaux
cuisinés avec maîtrise. Jolies chambres. ● *mar., déc.-fév.* ⅏ ⚡ ▯

KYLE OF LOCHALSH : *Seagreen Restaurant and Book Shop* ££
Plockton Rd, Kyle of Lochalsh, Highl. [*01599 534388.*
Un comptoir propose à toute heure du jour snacks et plats chauds. Service
à table le soir. La carte offre un très large choix aux végétariens, mais saura
séduire jusqu'au plus endurci des carnivores. ● *jan. à déb. avril.* ⅏ ⚡

KYLESKU : *Kylesku* ££
Sur l'A894 par Lairg, Highl. [*01971 5022331.*
Un lac et des montagnes donnent un cadre superbe à cet hôtel. La carte
est limitée, mais le poisson frais sera toujours un bon choix. ⅏ ⚡

OBAN : *Knipoch* ££££
Sur l'A816 près d'Oban, Strath. [*01852 316251.*
Impressionnantes garnitures de légumes et somptueux puddings figurent
aux menus proposés au dîner dans cet hôtel. ● *mi-déc. à fin fév.* ⚡ ▯

PERTH : *Number Thirty-three* £££
33 George St, Perth, Tays. [*01736 633771.*
Un mobilier élégant donne du style à ce restaurant de poisson. Plats plus
simples et moins chers à l'Oyster Bar. ● *dim., lun.* ⅏

PORT APPIN : *Airds* ££££
Près de l'A828, Loch Linnhe, Strath. [*0163 173 236.*
Cet hôtel *(p. 573)* possède un décor riant et son chef
élabore de splendides assortiments de saveurs. ⚡ ▯

ST MARGARET'S HOPE : *Creel* ££
Front Rd, St Margaret's Hope, S. Ronaldsay, Orkney. [*01856 831311.*
Excellente cuisine sans prétention. Les produits de la mer dominent.
Essayez l'agneau nourri au varech.
● *lun.-sam. midi, dim. soir, lun.-ven. (nov.-mars).* ○ *d'avril à sept. pour dîner.* ⅏

ULLAPOOL : *Altnaharrie Inn* £££££
Ullapool, Highl. [*01854 633230.*
Sans succomber à la mode, une gastronomie moderne qui n'hésite
pas à utiliser la cueillette des champs et des haies. Les poissons sortent
tout droit du bateau. *(p. 573.)* ● *midi, déb. nov.-Pâques.* ⚡ ▯

Légende des symboles, voir rabat de couverture

Les pubs britanniques

Une visite de la Grande-Bretagne ne saurait être complète sans découvrir ses pubs, ou *public houses (p. 34-35)*. Ayant pour origine les auberges et relais de poste médiévaux, ce sont des lieux de rencontre plus que des débits de boissons et toutes les classes sociales s'y mêlent autour d'un verre ou d'une partie de dominos ou de fléchettes. Certains eurent une histoire animée ou conservent un intérieur d'une autre époque. La plupart de ceux qui figurent dans notre sélection occupent des édifices pleins de cachet ou jouissent d'un cadre particulier. Tous servent bières et spiritueux et, de plus en plus, vins au verre. Quelques-uns accueillent des musiciens ou disposent d'un jardin. Les amateurs de bière noteront qu'il existe deux types de pubs : les *« free houses »*, établissements indépendants offrant une sélection de plusieurs marques, et les *« tied houses »*, liés à une brasserie et ne distribuant que sa production. Tous permettent de se restaurer de plats simples à midi, mais il devient désormais fréquent de pouvoir aussi y manger le soir.

LONDRES

BLOOMSBURY : *Lamb*
94 Lamb's Conduit St, WC1.
Ce pub victorien a conservé ses *« snob screens »*, écrans de verre taillé séparant les buveurs. Petit jardin derrière. 🚶 🍴 🏃

LA CITY : *Black Friar*
174 Queen Victoria St, EC4.
Aussi excentrique à l'intérieur qu'à l'extérieur. Décor Art nouveau et service attentif. 🚶 🍴

LA CITY : *Olde Cheshire Cheese*
Wine Office Court, Fleet St EC4.
Les ombres de Dickens et Conan Doyle planent toujours dans cette auberge lambrissée du XVIIe siècle où un feu flambe dans la cheminée en hiver. 🚶 🍴

HAMMERSMITH : *Dove*
19 Upper Mall, W6.
L'un des plus jolis pubs au bord de la Tamise de l'ouest de Londres. La terrasse permet d'observer les équipes d'aviron. Beaucoup de monde par beau temps. 🍴 🏠

HAMPSTEAD : *Spaniards Inn*
Spaniards Lane, NW3.
Ce haut lieu du quartier occupe un bâtiment du XVIIIe siècle qui faisait jadis partie d'un péage. Joli jardin. 🚶 🍴 🏠

KENSINGTON : *Windsor Castle*
114 Campden Hill Rd, W8.
Une auberge georgienne raffinée au décor traditionnel avec ses cheminées et son mobilier en chêne. Le jardin clos s'emplit de jeunes gens aisés en été. Plats anglais consistants. 🍴 🏠

SOUTHWARK : *George Inn*
77 Borough High St, SE1.
Vieux de quatre siècles, cet étonnant relais de poste appartient au National Trust *(p. 25)*. Les salles occupent plusieurs niveaux. Très belle galerie dans la cour. 🚶 🍴 🏠 🏃

LES DOWNS ET LES CÔTES DE LA MANCHE

ALCISTON : *Rose Cottage*
Près de l'A27 et Lewes, Sussex.
Charmant cottage couvert de verdure et décoré de bibelots anciens. Intérieur exigu. 🚶 🍴 🏃

ALFRISTON : *Star*
Alfriston, Sussex.
Cet ancien asile de pèlerins est devenu un hôtel élégant, mais garde beaucoup de caractère. 🚶 🍴 🏃

CHALE : *Wight Mouse Inn*
B3399, Chale, Isle of Wight.
Tout un bric-à-brac pend des plafonds de ce pub à la clientèle familiale. 🚶 🍴 🏠 🏃 🎵

FLETCHLING : *Griffin*
Près de l'A272, Fletchling, Sussex.
Le décor de cette auberge évoque les années 30. Cuisine inventive et jolies chambres. 🚶 🍴 🏠 🏃 🎵

RYE : *Mermaid*
Mermaid St, Rye, Sussex.
Lambris, fresques et antiquités dans un bâtiment historique. 🚶 🏠

SMARDEN : *Bell*
Près de l'A274, Smarden, Kent.
Ce bâtiment à colombage s'élève au milieu de vergers. Jeux traditionnels, cheminées et sols dallés *(p. 546)*. 🚶 🍴 🏠 🏃

WALLISWOOD : *Scarlett Arms*
Près de l'A29 et Ewhurst, Surrey.
Cottage d'ouvriers transformé en un pub reposant avec poutres apparentes et cheminées. 🍴 🏠 🏃

WINCHESTER : *Wykeham Arms*
75 Kingsgate St, Winchester, Hants.
Dans le centre-ville, un pub-hôtel chic au décor fascinant. Mets et vins excellents. Chambres confortables *(p. 547)*. 🍴 🏠

L'EAST ANGLIA

CAMBRIDGE : *Boathouse*
14 Chesterton Rd, Cambridge.
L'un des meilleurs pubs en bord de rivière de Cambridge domine le Jesus Green. Des avirons ornent les bars, et vous pourrez contempler en été les barques glissant sur l'eau. 🚶 🍴 🏠 🎵

HOLYWELL : *Olde Ferry Boat*
Près de l'A1123 à Needingworth, Cambs.
La Great Ouse atteint presque le seuil de ce pittoresque pub au toit de chaume servant une cuisine variée. La modernisation n'a pas fait fuir Juliette, le fantôme. Chambres confortables. 🚶 🍴 🏠

LITTLEBURY : *Queens Head Inn*
High St, Littlebury, Essex.
Ce pub de village a gardé beaucoup de son caractère Tudor d'origine. Ambiance cordiale, plats succulents et bières remarquables. 🚶 🍴 🏠 🏃

SNAPE : *Golden Key*
Priory Lane, Snape, Suffolk.
Jolis jardins, intérieur chic et mets alléchants rendent cette auberge très fréquentée pendant l'Aldeburgh Festival *(p. 63)*. 🍴 🏠

SNETTISHAM : *Rose & Crown*
Près de l'A149 et Heacham, Norfolk.
Le jardin de cet ancien relais de poste aux quatre bars accueillants offre un vaste espace de jeu aux enfants. 🚶 🍴 🏃 🎵

SOUTHWOLD : *Crown*
High Street, Southwold, Suffolk.
En bord de mer, décor nautique, lambris de chêne, bières Adnam et plats excellents *(p. 548)*. 🚶 🍴 🏠 🏃

STIFFKEY : *Red Lion*
A149, Norfolk.
Rouvert récemment, ce bâtiment ancien en pierre et brique a été superbement restauré.
🏃 🍴 🚻 ✏ 🎵

TILLINGHAM : *Cap & Feathers*
South St, Tillingham, Essex.
Ce pub du XVᵉ siècle joue un rôle central dans la vie d'un village proche des marais salants. Viandes et poissons fumés. 🏃 🚻 ✏

LA VALLÉE DE LA TAMISE

BARLEY : *Fox & Hounds*
High St, Barley, Herts.
Bières et plats délectables dans ce pub ayant une scène de chasse en enseigne. Personnes handicapées bienvenues. 🏃 🍴 🚻 ✏

BROOM : *Cock*
23 High St, Broom, Bedfordshire.
Charmante auberge du XVIIᵉ siècle surnommée le « pub sans bar ». Les commandes se passent au guichet, la bière montant directement des tonneaux de la cave.
🏃 🍴 🚻 ✏ 🎵

BURFORD : *Lamb*
Sheep St, Burford, Oxon.
Cette auberge des Cotswolds est digne d'une carte postale. Bonne cuisine, service et atmosphère agréables. 🏃 🍴 🚻 ✏

FAWLEY : *Walnut Tree*
Près de la B4155 et Henley, Buckinghamshire.
Une base splendide d'où profiter des Chilterns. Vous pourrez même garer votre cheval au parking.
🏃 🍴 ✏

GREAT TEW : *Falkland Arms*
Près de la B4022 et Chipping Norton, Oxon.
Dans un ravissant coin de campagne, cette auberge couverte de verdure est d'une simplicité délicieuse avec ses pichets, ses chopes et ses harnais d'attelage étincelants. 🏃 🍴 🚻 ✏ 🎵

OXFORD : *Turf Tavern*
Bath Pl, St Helen's Passage, Oxford.
Petit pub dans le vieux quartier des collèges. Bonne cuisine. 🏃 🍴 🚻

WATTON-ON-STONE : *George & Dragon*
High St, Watton-on-Stone, Herts.
Chic mais accueillant, ce joli pub rose date de 1603 et attire une importante clientèle locale. Journaux mis à disposition.
🏃 🍴 🚻 ✏ 🎵

WEST ILSLEY : *Harrow*
Près de l'A34 et Newbury, Berkshire.
Près de l'étang du village, cette auberge carrelée de blanc propose une cuisine recherchée. 🏃 🍴 ✏

LE WESSEX

ABBOTSBURY : *Ilchester Arms*
Market St, Abbotsbury, Dorset.
Ce pub constitue le trait marquant de ce village proche de Chesil Beach. Des gravures apportent une touche élégante à des salles chaleureuses. Une véranda prolonge le restaurant. 🏃 🍴 ✏

BATHFORD : *Crown*
2 Bathford Hill, Bathford, Avon.
Dans ce village perché sur une colline, cette hôtellerie existe depuis le XVIIIᵉ siècle.
Décor chic et cuisine ambitieuse.
🏃 🍴 🚻

CROSCOMBE : *Bull Terrier*
A371 près de Wells, Somerset.
Très apprécié pour la qualité de ses plats et la cordialité du service, l'un des plus vieux pubs du Somerset occupe un ancien prieuré proche de Wells. Essayez sa meilleure *bitter (p. 34)*.
🏃 🍴

FORD : *White Hart*
A420 près de Chippenham, Wiltshire.
Une rivière poissonneuse ajoute beaucoup au cachet de ce charmant pub-hôtel du XVIᵉ siècle très populaire en été. Belles promenades aux environs et piscine pour les hôtes. 🏃 🍴 ✏

NORTON ST PHILIP : *George*
A366, Somerset.
Ce célèbre pub hébergea le duc de Monmouth avant la bataille de Sedgemoor. Splendide édifice à colombage avec cour entourée d'une galerie, il sert une cuisine soignée. 🏃 🍴 🚻

SALISBURY : *Haunch of Venison*
1 Minster St, Salisbury, Wiltshire.
Ce pub a 650 ans et servit de presbytère à saint Thomas. Parmi les bibelots décorant un intérieur authentiquement ancien figure la main coupée et momifiée d'un joueur de cartes du XVIIIᵉ siècle.
🏃 🍴

STANTON WICK : *Carpenters Arms*
Près de l'A368, Avon.
Une rangée de cottages de mineurs abrite cet endroit accueillant avec ses feux dans la cheminée. Excellente cuisine et concerts de temps en temps.
🏃 🍴 🚻 ✏ 🎵

LE DEVON ET LES CORNOUAILLES

BROADHEMBURY : *Drewe Arms*
Près de l'A373, Devon.
Les plats de poisson justifiraient à eux seuls une visite à ce pub. La bière, le jardin et l'ambiance chaleureuse ajoutent à son attrait.
🏃 🍴 🚻 ✏

DARTMOUTH : *Cherub*
13 High St, Dartmouth, Devon.
Dans une maison de drapier bâtie en 1380, un pub dont la carte accorde une large place aux produits de la pêche locale. 🏃 🍴

KNOWSTONE : *Masons Arms*
Près de l'A361 et South Molton, Devon.
Patrons accueillants et clientèle d'habitués dans cette auberge au décor rustique. Four à pain dans la grande cheminée et bons plats simples. 🏃 🍴 🚻 ✏

LYDFORD : *Castle Inn*
Près de l'A386, Devon.
Jolie auberge Tudor peinte en rose, près d'un château en ruine. Le personnel est amical, la cuisine inventive et les chambres présentent un bon rapport qualité-prix (p. 554). 🏃 🍴 🚻 ✏

MYLOR BRIDGE : *Pandora*
Près de l'A39 et Penryn, Cornouailles.
Au bord de l'eau, un pub médiéval à toit de chaume apprécié des plaisanciers. Bondé en été. Beaucoup d'atmosphère.
🏃 🍴 🚻 ✏

PORT ISAAC :
Port Gaverne Hotel
Près de la B3314 et Pendoggett, Cornouailles.
Dans un très beau site en bord de mer, ce pub du XVIIᵉ siècle aux sols en ardoises et au décor marin loue des chambres confortables. Excellente carte des vins.
🏃 🍴 🚻 ✏

TREGADILLETT : *Eliot Arms*
Près de l'A30 et Launceston, Cornouailles.
Bibelots, cartes postales, estampes et une collection d'horloges créent un décor surchargé. 🏃 🍴 🚻 ✏

LE CŒUR DE L'ANGLETERRE

ALDERMINSTER : *Bell*
Près de l'A34 et Stratford-upon-Avon, Warwickshire.
Un relais de poste proche de Stratford. L'endroit où arroser un repas de bonne bière. Vins de qualité également. 🏃 🍴 🚻 ✏

Légende des symboles, voir rabat de couverture

BICKLEY MOSS :
Cholmondeley Arms
A49, Cholmondeley, Cheshire.
Près du parc du château, un pub
victorien très apprécié pour sa
cuisine. Beaucoup d'éléments
d'époque dans le décor. 🚶 🍴 🍺

BLOCKLEY : *Crown*
High St, Blockley, Gloucestershire.
Cet élégant pub élisabéthain dans
un superbe village des Cotswolds
sert une bonne cuisine et possède
un jardin intérieur. 🚶 🍴 🍺

BRETFORTON : *Fleece*
The Cross, Bretforton,
Hereford & Worcester.
Cette superbe maison médiévale
appartient au National Trust et
abrite un véritable musée
d'antiquités rurales telles que des
moules à fromage et mesures en
cuivre. Plats simples, choix de vins
limité, mais bières excellentes.
Beaucoup d'animation à l'occasion
des danses folkloriques *(p. 65)*.
🚶 🍴 🍺 🚶

CAULDON : *Yew Tree*
Près de l'A523 et Ashbourne, Staffs.
Dans un cadre intime au mobilier
patiné, ce pub propose les jeux
traditionnels et ne sert que des
bières et des plats simples, mais
une extraordinaire collection
d'instruments de musique
mécaniques lui donne son
originalité. 🚶 🚶 🎵

TUTBURY : *Olde Dog &
Partridge*
A50 près de Burton-on-Trent, Staffs.
Imposant relais de poste
judicieusement modernisé de
manière à accueillir les familles.
Service agréable. 🚶 🍴 🍺 🎵

WENLOCK EDGE :
Wenlock Edge Inn
Hilltop, Much Wenlock, Shropshire.
Poêle à bois et propriétaire cordial.
La soirée du lundi est celle des
conteurs. Belles promenades aux
environs. Chambres. 🚶 🍴 🍺

L'EST DES MIDLANDS

BIRCHOVER : *Druid Inn*
Main St, Birchover, Derbyshire.
Ce pub de village propose une
carte étendue de bons plats frais.
Pour les marcheurs, Row Tor Rock
(qui serait un lieu de culte
druidique) et Lathkil Dale sont à
découvrir non loin. 🚶 🍴 🍺

FOTHERINGHAY : *Falcon*
Main St, Fotheringhay, Northants.
Pub superbe, servant une
nourriture de bonne qualité. Le bar
a conservé son caractère d'origine
et une clientèle locale.
🚶 🍴 🍺 🚶

GLOOSTON : *Old Barn*
Andrews Lane, Glooston, Leicestershire.
Rénovée avec goût, cette auberge
du XVIe siècle sert de la bière
traditionnelle et des plats au-
dessus de la moyenne. Chambres
disponibles. 🚶 🍴 🍺

MONSAL HEAD :
Monsal Head Hotel
B6465, Derbyshire.
Son décor rappelle que cet hôtel
occupe d'anciennes écuries.
Superbe vue sur la Wye Valley
depuis le salon. 🚶 🍴 🍺 🚶

NOTTINGHAM :
Olde Trip to Jerusalem
Brewhouse Yard, Nottingham.
Englobant des grottes creusées
dans le grès où se réunissaient des
croisés, c'est l'un des plus anciens
pubs du pays. 🍴 🍺

STAMFORD : *George*
71 High St, Stamford, Lincolnshire.
Vestiges d'un asile de pèlerins
normand et splendide relais de
poste. Carte variée et vins italiens.
Jolie cour pavée et terrain de
croquet. 🚶 🍴 🍺

UPTON : *Cross Keys*
Main St, Upton, Nottinghamshire.
Un pub rustique servant de bons
plats simples, notamment de
poisson. Le restaurant occupe
l'ancien pigeonnier.
🚶 🍴 🍺 🚶

LE LANCASHIRE ET
LES LACS

CARTMEL FELL : *Mason's Arms*
Près de l'A5074 au panneau de
Bowland Bridge, Cumbria.
Ce pub animé propose un vaste
choix de cidres, de vins de terroir
et de bières en bouteille et au
tonneau. 🚶 🍴 🍺

ELTERWATER : *Britannia Inn*
Près de l'A593 à Ambleside, Cumbria.
Cheminées et intérieur des plus
simples. Chambres. Une excellente
base de randonnée ou d'excursion.
🚶 🍴 🍺 🚶

GARSTANG : *Th'Owd Tithebarn*
Church St, Garstang, Lancashire.
Une ancienne grange au décor
rustique près du canal. Danses
folkloriques *(p. 65)*. 🚶 🍴 🚶

LANGDALE :
Old Dungeon Ghyll
B5343, Langdale, Cumbria.
Un cadre spectaculaire près de la
cascade des Langdale Pikes.
Chambres simples pour
randonneurs et alpinistes.
🚶 🍴 🍺 🚶 🎵

LIVERPOOL : *Philharmonic*
36 Hope St, Liverpool.
Vitraux, boiseries en acajou, stucs
et cuivres composent un superbe
décor victorien. 🚶 🍴

MANCHESTER : *Lass o' Gowrie*
36 Charles St, Manchester.
Ce repaire d'étudiants possède sa
propre brasserie à la cave. Très
vivant le week-end. 🚶 🍴

NEAR SAWREY :
Tower Bank Arms
B5285, Near Sawrey, Cumbria.
Dans un joli village, ce pub à
l'intérieur préservé est la
maison de l'écrivain Beatrix Potter
(p. 353). 🚶 🍴 🍺 🚶

LE YORKSHIRE ET
L'HUMBERSIDE

ASKRIGG : *Kings Arms*
Près de l'A684 et Bainbridge, N Yorks.
Plats, vins et bières de qualité à
consommer dans un cadre
rustique servant de décor à une
série télévisée *(p. 562)*. 🍴 🍺 🚶

COXWOLD : *Fauconberg Arms*
Coxwold, N Yorks.
Un pub à l'ancienne avec ses
bancs en chêne, ses fauteuils
victoriens et un large choix de
bières, de vins et de bons plats.
🚶 🍴 🚶

FLAMBOROUGH : *Seabirds*
B1255, Flamborough, Humbs.
Près de falaises de craie d'où
observer les oiseaux, un intérieur
intéressant et une carte faisant la
part belle au poisson. 🚶 🍴 🍺

GOATHLAND : *Mallyan Spout*
Près de l'A169, Goathland, N Yorks.
Dans un pays de landes, auberge à
l'ambiance reposante et à la
cuisine savoureuse. Cheminées.
Chambres confortables. 🚶 🍴 🍺

HULL : *Olde White Harte*
25 Silver St, Hull, Humbs.
Derrière un « White Hart »
moderne, une taverne ancienne
avec cheminées et comptoir en
cuivre. 🚶 🍴 🍺

LOW CATTON : *Gold Cup*
Près de l'A166 à Stamford Bridge,
Humbs.
Un authentique pub de campagne
aux bars confortables et aux plats
savoureux. 🚶 🍴 🚶

MOULTON : *Black Bull*
Près de l'A1 et Scotch Corner, N Yorks.
Ce pub ancien et agréable sert de
bons vins et des repas et snacks
soignés. L'atmosphère est plutôt
chic. 🍴 🍺

LA NORTHUMBRIA

BLANCHLAND : *Lord Crewe Arms*
Blanchland, Northumb.
Dans un pays de landes, une auberge avec cheminées du XIIIᵉ siècle et fantômes. Chambres et bonne cuisine *(p. 563)*.
🚶 🍴 🛏 ✈

CRASTER : *Jolly Fisherman*
Près de la B1339 et Alnwick, Northumb.
Le hareng fumé au bois de chêne est la spécialité de ce pub. Marche sur les falaises. 🚶 🍴 🛏 ✈

GRETA BRIDGE : *Morritt Arms*
Près de l'A66 et Scotch Corner, Co Durham.
Dans un beau site au bord d'une rivière, un relais de poste avec à l'intérieur spacieux meublé de bancs en chêne. 🚶 🍴 🛏 ✈

NEW YORK :
Shiremoor House Farm
Près de l'A191, New York, Tyne & Wear.
Rénovés, d'anciens bâtiments agricoles offrent désormais un cadre confortable et élégant. Cuisine intéressante. 🚶 🍴 🛏

NEWCASTLE UPON TYNE :
Crown Posada
31 The Side, Newcastle upon Tyne.
Miroirs dorés et vitraux composent un décor élaboré dans ce pub victorien où l'on vient pour boire. Entrée interdite aux enfants. ✈

SEAHOUSES : *Olde Ship*
B1340, Seahouses, Northumb.
Décor marin dans une auberge sur le port. Les Farne Islands se découvrent depuis la fenêtre.
🚶 🍴 🛏 ✈

LE NORD DU
PAYS DE GALLES

BEAUMARIS : *Olde Bulls Head*
Castle St, Beaumaris, Anglesey.
Dans un bâtiment vieux de cinq siècles, beaux sièges anciens, cruches accrochées au plafond, sabres et horloge à eau. 🚶 🍴 ✈

BODFARI : *Dinorben Arms*
Près de l'A541, Bodfari, Denbighshire.
À flanc de colline, excellents plats simples, vaste choix de whiskies et terrasses agréables. 🚶 🍴 🛏

CAPEL CURIG : *Bryn Tyrch Hotel*
A5 près de Betws-y-Coed, A & C.
Apprécié des randonneurs et des grimpeurs profitant du Snowdonia National Park. Plats végétariens.
🍴 🛏

GLANWYDDEN : *Queen's Head*
Près de la B5115, The Glanwydden, A & C.
Délicieux en-cas. Très fréquenté en été. 🚶 🍴 🛏

MAENTWROG : *Grapes*
A496, Maentwrog, A & C.
Vue superbe, jardin clos et mobilier provenant de chapelles désaffectées font l'intérêt de ce relais de poste. 🚶 🍴 🛏 ✈

LE SUD ET LE
CENTRE DU
PAYS DE GALLES

ABERYSTWYTH : *Halfway Inn*
A4120, Pisgah, Cardiganshire.
Vous pouvez tirer votre bière au fût dans ce pub où se tiennent des concours de tonte de moutons.
🚶 🍴 🛏 ✈ 🎵

CRICKHOWELL : *Bear*
Brecon Rd, Crickhowell, Powys.
Cette vieille auberge soigne sa cuisine et offre un large choix de boissons. 🚶 🍴 🛏

EAST ABERTHAW : *Blue Anchor*
B4265, East Aberthaw, V of Glam.
Charmant pub à toit de chaume et salles intimes avec cheminées et leurs plafonds bas. Promenades dans l'estuaire. 🚶 🍴 🛏 ✈

HAY-ON-WYE : *Old Black Lion*
26 Lion St, Hay-on-Wye, Powys.
Une auberge du XIIIᵉ siècle à la cuisine ambitieuse. Nombreuses activités sportives dans la région : pêche, golf, équitation... 🚶 🍴 🛏

NEVERN : *Trewern Arms*
B4582, Nevern, Pembrokeshire.
Une charmante auberge en bord de rivière. Bibelots anciens et sol en ardoises dans la salle du bar.
🚶 🍴 🛏 ✈

PENALLT : *Boat Inn*
Long Lane, Penallt, Monmouthshire.
Musique et bonnes bières. Pistes cyclables. Canoë. 🚶 🍴 🛏

LES LOWLANDS

EDINBURGH : *Bow Bar*
80 West Bow, Edinburgh.
Acajou et miroirs, bières de malt et véritables ales. Pas d'enfants, de jeux, de musique ou de vin.

EDINBURGH :
Cafe Royal Circle Bar
West Register St, Edinburgh.
Bières écossaises et plats simples. Intérieur rénové dans le style victorien.

ELIE : *Ship*
The Harbour, Elie, Fife.
Sur le port, ce pub plein de caractère offre une belle vue. Barbecues en été.
🚶 🍴 🛏 ✈ 🎵

GLASGOW : *Horseshoe*
17–19 Drury St, Glasgow.
Ce pub victorien possède un très long bar en fer à cheval. Plats d'un bon rapport qualité-prix. Karaoké le soir. 🚶 🍴 🎵

ISLE OF WHITHORN :
Steam Packet
Isle of Whithorn, Dumfries & Galloway.
Sur un port superbe d'où partent des promenades en bateau, bières artisanales et espaces de restauration agréables.
🚶 🍴 🛏

LES HIGHLANDS
ET LES ÎLES

APPLECROSS : *Applecross Inn*
Shore St, Applecross, Wester Ross, Highland.
Ce pub domine l'île de Skye depuis un site spectaculaire au pied du plus haut col d'Écosse. Plats de poisson. Musique presque tous les soirs.
🚶 🍴 🛏 ✈ 🎵

AUCHTERLESS : *Towie Tavern*
A947 près de Turriff, Grampian.
Bon poisson et atmosphère amicale dans ce pub qui privilégie l'aspect restauration de son activité. 🚶 🍴 ✈

DUNDEE : *Fishermans Tavern*
12 Fort St, Broughty Ferry, Tayside.
Bières de malt et bières traditionnelles primées. Belle vue sur le littoral et le pont du Tay. Chambres disponibles.
🚶 🍴 ✈ 🎵

ILE DE SKYE :
Tigh Osda Eilean Iarmain
Près de l'A851, Isles of Ornsay & Skye.
Bar d'hôtel accueillant dans un site somptueux. Bon plats et choix de bières de malt. 🚶 🍴 🎵

LOCH LOMOND : *Byre*
A821, Brig o'Turk, Central.
Ce pub confortable occupant une ancienne étable sert une excellente cuisine à l'orée d'un parc forestier. 🚶 🍴 🛏

ULLAPOOL : *Ferry Boat*
Shore St, Ullapool, Highland.
Bon whiskies et déjeuners. Grandes fenêtres dans les deux salles du bar chauffé au charbon. Jolies vues sur le port.
🚶 🍴 🎵

RENSEIGNEMENTS PRATIQUES

Mode d'emploi

La Grande-Bretagne a beau appartenir à l'Union européenne et se trouver désormais reliée au continent par un tunnel, elle conserve une originalité insulaire conciliant un traditionalisme farouche et un penchant historique pour l'excentricité qui la rend très dépaysante et parfois déconcertante. Bien que les structures d'accueil touristiques se soient considérablement développées ces dernières années, mieux vaut donc s'informer des us et coutumes britanniques :

Garde monté

horaires de visite, moyens de transport disponibles, sources de renseignements et solutions en cas de problème. Selon le taux de change en vigueur au moment de votre voyage, vous trouverez le pays plus ou moins cher. Les prix varient en outre selon les régions. C'est à Londres et dans le sud-ouest de l'Angleterre qu'ils sont les plus élevés. Distractions, nourriture, hébergement, transports et achats se révèlent en général moins coûteux partout ailleurs.

La plage de Weymouth, Dorset, un week-end d'été

Quand partir

Les influences océaniques qui le déterminent donnent à la Grande-Bretagne un climat aux faibles écarts de température *(p. 68)*. Il fait souvent beau, mais, même en été, impossible de prévoir comment évoluera le temps, d'autant qu'il peut grandement varier entre deux endroits proches. Le Sud-Est est en moyenne moins pluvieux, mais, où que vous alliez, mieux vaut emporter vêtements chauds et parapluie ou imperméable. Avant d'entreprendre une randonnée dans une région isolée, en particulier en montagne, n'oubliez pas de vous informer des dernières prévisions météorologiques données à la télévision, à la

radio, dans les journaux ou au téléphone *(p. 637)*.

Les villes offrent un intérêt touristique toute l'année, mais de nombreux établissements n'ouvrent que de Pâques à octobre et certains hôtels sont bondés à Noël et le jour de l'an. Comme en France, juillet et août sont les mois des vacances scolaires et les jours fériés voient de nombreux citadins partir profiter de la campagne. Offrant un bon compromis entre conditions climatiques acceptables et relative absence de foule, l'automne, et davantage encore le printemps, saison la plus sèche, s'avèrent particulièrement agréables pour découvrir les îles Britanniques.

Les articles de ce guide qui décrivent les sites et les monuments indiquent en tête quels sont leurs jours d'ouverture.

Assurances

Le prix de certains voyages organisés ou billets de transport comprend une assurance couvrant les risques d'annulation. Elle est parfois facultative. Dans tous les cas, renseignez-vous sur les conditions de remboursement. Si les ressortissants de l'Union européenne ont droit en Grande-Bretagne à des soins gratuits *(p. 620)*, mieux vaut toutefois se prémunir en

Poste de secours en montagne

contractant une assurance prévoyant la prise en charge d'éventuels honoraires de spécialistes et la couverture de frais de rapatriement. Au cas où vous voyageriez avec votre voiture, de nombreuses assurances automobiles incluent désormais de telles clauses d'assistance. Informez-vous de leurs limites ou de leurs modalités d'application avant votre départ. Les contrats des compagnies spécialisées dans les voyages offrent généralement une couverture plus étendue.

Réservations

En basse saison, vous ne devriez pas rencontrer de problème pour trouver un hébergement ou une place dans un moyen de transport. Pendant les périodes les plus touristiques, cependant, s'il vous tient à cœur d'assister au spectacle du West End en vogue, de séjourner dans un hôtel de luxe très recherché, de dîner dans un restaurant réputé ou d'effectuer une visite guidée spécifique, mieux vaut réserver le plus tôt possible. Pour le faire avant votre départ, renseignez-vous auprès d'une agence de voyages ou de l'office du tourisme britannique, le **British Tourist Authority** ou **BTA**.

La plus répandue des enseignes de bureau d'information touristique

INFORMATIONS TOURISTIQUES

Installés, entre autres, dans les aéroports, certains sites très fréquentés et la plupart des gares ferroviaires et routières, les bureaux d'information touristique tiennent à disposition des visiteurs des brochures gratuites et des plans ou des livrets plus détaillés mais payants. Sauf exception, ils pourront vous conseiller des visites guidées et réserver pour vous un hébergement. Nous donnons les adresses et les numéros de téléphone de ces bureaux pour chaque localité décrite dans ce guide.

L'office du tourisme britannique propose également un choix de documentations.

Magazine de la BTA

LES FACILITÉS POUR HANDICAPÉS

Les édifices et espaces publics récents ou rénovés depuis peu disposent d'ascenseurs et de rampes pour les fauteuils roulants (information donnée au début de chaque rubrique de ce guide), de toilettes aménagées et, pour les malentendants, d'écouteurs. De nombreux théâtres, cinémas et banques se sont équipés de systèmes adaptés aux personnes souffrant de problèmes de vue ou d'ouïe.

En prévenant, vous obtiendrez l'assistance du personnel des chemins de fer (*p. 638*), des ferries et des cars. Pour les trajets en train, la Disabled Persons Railcard donne droit à des réductions. Il existe aussi des organisateurs de voyage tels qu'Holiday Care Service qui offrent des prestations destinées aux handicapés. La société de location de voitures Hertz (*p. 637*) met à disposition sans supplément des véhicules à conduite manuelle. Il vous faudra un macaron spécial pour stationner sur les emplacements réservés. Selon vos besoins, des organisations comme **RADAR** ou **Mobility International**, et des publications comme la série Access par Pauline Hephaistos (Survey Projects) ou *Holidays in the British Isles : a Guide for Disabled People* (RADAR), vous apporteront des informations.

RADAR
[0171-637 5400.

Mobility International
[0171-403 5688.
North America
[(503) 343 1284.

Holiday Care Service
[01293 774 535.

Lorna Doone Cottage et centre d'information du National Trust, Somerset

Visite du HMS Victory *(p. 155)*

VOYAGER
AVEC DES ENFANTS

La Grande-Bretagne n'est pas le pays le plus accueillant envers les jeunes enfants, mais la situation s'améliore peu à peu. Billets familiaux ou réductions se généralisent dans les moyens de transport et les lieux de spectacle. Les périodes les plus riches en distractions restent celles des vacances scolaires : Pâques, juillet-août et, bien entendu, Noël qui offrira l'occasion d'assister à une représentation de pantomime.

Si certains hôtels ou B&B préfèrent les hôtes sans enfants, d'autres proposent un service de baby-sitting ou offrent des réductions ou la gratuité pour les plus jeunes *(p. 536-573)*. Si vous optez pour une location, évitez les lieux trop exigus ou au mobilier fragile, le temps ne permettant pas toujours à vos enfants de sortir.

De plus en plus de restaurants disposent de chaises hautes et servent des menus pour enfants *(p. 574-607)*. Les établissements italiens sont souvent les plus accueillants, même si les pubs, jadis strictement réservés aux adultes, s'ouvrent désormais aux familles. Les moins de 18 ans n'ont cependant pas le droit de consommer de l'alcool. Disponibles chez les marchands de journaux, la publication annuelle *Family Welcome* (HarperCollins) recense les endroits où les enfants sont les bienvenus.

LES TOILETTES
PUBLIQUES

Comme en France, les sanisettes, ou « *Superloos* », tendent de plus en plus à remplacer les toilettes traditionnelles. Les jeunes enfants ne doivent en aucun cas y pénétrer seuls.

LES FACILITÉS POUR
LES ÉTUDIANTS

Une carte internationale d'étudiant (ISIC) donne droit à certaines réductions dans les transports publics, l'accès aux installations sportives, les musées et les salles de spectacle. Si vous ne l'avez pas fait avant votre départ, vous pouvez l'obtenir auprès de **STA Travel** ou de la **National Union of Students**.

Une carte de l'**International Youth Hostel Federation** permet de dormir dans les centaines d'auberges de jeunesse britanniques. En période de vacances, de nombreuses universités, telle l'**University of London**, proposent également des hébergements bon marché souvent proches du centre-ville. Dans des régions plus sauvages, des *camping barns* offrent en dortoir un gîte spartiate mais d'un coût très modique. Les Canadiens désirant travailler peuvent se renseigner auprès du **BUNAC**.

LES HEURES
D'OUVERTURE

Peu de magasins profitent de l'autorisation légale d'ouvrir le dimanche. Du lundi au samedi, l'horaire traditionnel est de 9 h à 17 h ou 17 h 30, mais il peut grandement varier. Certains établissements proposent une nocturne hebdomadaire, tandis que d'autres ferment pour le déjeuner ou une après-midi dans la semaine (généralement le mercredi).

À Londres, les musées restent souvent ouverts plus tard le week-end. Dans tout le pays, leur jour de fermeture le plus fréquent est le lundi. Les jours fériés, les banques et les administrations, et de nombreux restaurants et magasins, n'ouvrent pas.

DROITS D'ENTRÉE

Dans leur grande majorité, les lieux de visite, y compris les musées, déploient des trésors de créativité pour offrir des prestations de plus en plus élaborées. Leurs tarifs suivent une hausse en rapport et varient beaucoup : de 50 p à plus de 10 £ pour les attractions les plus populaires. Groupes, personnes âgées, enfants et étudiants (pièce d'identité requise) bénéficient toutefois souvent de réductions. Un forfait valide 15 jours, le

HERITAGE PASS
1994
15

Great British Heritage Pass

Entrée payante au Hever Castle *(p. 175)*, une propriété privée

Dans les Cotswolds, l'une des centaines d'églises paroissiales ouvertes gratuitement au public

Great Heritage Pass, donne accès à plus 600 monuments et musées. Il s'achète dans les agences de voyage, les bureaux de la BTA et les succursales de British Airways (p. 634).

À l'instar du British Museum de Londres, quelques musées nationaux ou municipaux sont gratuits. Les dons sont néanmoins toujours les bienvenus et parfois requis d'une manière qui rend un refus difficile. Il en va de même dans de nombreuses cathédrales où une offrande est attendue des visiteurs ne venant pas assister à un office. L'entrée demeure gratuite dans les milliers de petites églises paroissiales qui constituent un des grands trésors architecturaux du pays. Malheureusement, certaines restent aujourd'hui fermées à cause du vandalisme.

Brochures du National Trust

ENGLISH HERITAGE ET NATIONAL TRUST

Quelques-uns des nombreux châteaux ou manoirs britanniques ouverts au public appartiennent encore aux familles nobles qui les habitent depuis des siècles mais la majorité des parcs, jardins et édifices historiques sont désormais entretenus par trois grandes organisations à but non lucratif : **English Heritage** (EH), le **National Trust** (NT) et le **National Trust for Scotland** (NTS). Elles protègent également de vastes zones rurales et littorales.

Nous signalons au début de chaque article les bâtiments appartenant au NT ou au NTS. Ces associations demandent des droits d'entrée souvent élevés et si vous désirez effectuer de nombreuses visites vous aurez peut-être intérêt à adhérer en versant la cotisation annuelle. Elle vous donnera l'accès gratuit à tous leurs monuments (attention, beaucoup sont fermés en hiver). Ils sont pour la plupart « listed » et donc protégés tout comme le sont les sites français classés.

ENGLISH HERITAGE

Le sigle d'English Heritage

CARNET D'ADRESSES

BUNAC
16 Bowling Green Lane,
London EC1R.
☎ 0171-251 3472.

English Heritage
429 Oxford St,
London W1R.
☎ 0171-973 3000.

International Youth Hostel Federation
☎ 01707 332 487.

National Trust (NT)
36 Queen Anne's Gate,
London SW1H.
☎ 0171-222 9251.

National Trust for Scotland (NTS)
5 Charlotte Sq,
Edinburgh EH2.
☎ 0131 226 5922.

National Union of Students
☎ 0171-561 6500.

STA Travel
Priory Hse, 6 Wrights Lane,
London W8.
☎ 0171-361 6262.

University of London Union
Malet St, London WC1.
☎ 0171-580 9551.

PUBLICATIONS UTILES

Les bureaux régionaux des offices du tourisme éditent des listes détaillées des curiosités locales et des hébergements enregistrés.

En voiture, les atlas publiés par le RAC et AA *(p. 636)* se révèlent pratiques et clairs. Pour battre la campagne, rien ne vaut les cartes *Ordinance Survey.*

MÉDIAS

Il existe deux types de quotidiens nationaux en Grande-Bretagne : ceux de grands formats, sérieux et de qualité comme *The Times* et *The Guardian*, et les tabloïdes, tels *The Sun* et *The Daily Mirror*, qui se préoccupent surtout de rumeurs et de scandales. Plus cher, le numéro du dimanche inclut de très nombreux suppléments, comprenant notamment des articles sur les arts, les restaurants et les spectacles. Parmi les magazines, *The Economist*, *The Spectator* ou *New Statesman & Society* offrent une vue plus fouillée et plus analytique de l'actualité, tandis que *Private Eye* jette un regard satirique sur les personnalités publiques. Hors de Londres où ils sont disponibles dans de nombreux kiosques, on ne trouve le plus souvent de journaux étrangers que dans les villes, et dans peu de points de vente. Essayez celui de la gare principale.

Si les chaînes de télévision thématiques diffusées par câble et par satellite se multiplient, la BBC (British Broadcasting Corporation),

Agence postale et vente de journaux à Arisaig en Écosse

opérateur des deux chaînes publiques généralistes, garde une excellente réputation par la qualité de ses programmes qu'n'interrompent pas des coupures publicitaires. Elle a deux concurrentes privées : ITV, très portée sur les feuilletons et les jeux, et Channel Four, à la vocation plus culturelle et novatrice. Il existe également des programmes régionaux, notamment en gallois et en gaélique.

Prise électrique britannique

La BBC dirige aussi plusieurs radios aux centres d'intérêt variés, de la pop music (Radio One) aux émissions dramatiques et aux questions d'actualité (Radio Four). La plupart des nombreuses stations commerciales locales diffusent essentiellement de la musique.

Pour connaître les programmes de télévision et de radio, consultez les quotidiens ou des magazines spécialisés. L'hebdomadaire *Radio Times* est l'un des meilleurs.

FUMER

Il est désormais interdit de fumer dans de nombreux lieux publics tels que transports en commun, taxis, gares, théâtres ou cinémas. Les pubs continuent cependant de résister à cette tendance. ASH (Action on Smoking and Health) peut vous indiquer les adresses d'établissements non-fumeurs (0171-935 3519).

APPAREILS ÉLECTRIQUES

Le courant est en Grande-Bretagne de 240 volts et les prises ne permettent pas d'utiliser directement les appareils du continent (hormis les rasoirs dans certains hôtels). Mieux vaut acheter un adaptateur avant le départ. On en trouve également dans les aéroports.

HEURE LOCALE

La Grande-Bretagne vit en avance d'une heure sur le reste de l'Europe, sauf pendant les quelques semaines de décalage entre ses changements d'heure (été-hiver) et ceux des autres pays. Pour obtenir l'horloge parlante, composez le 123.

DOUANES ET IMMIGRATION

Les ressortissants de l'Union européenne ont besoin d'une carte d'identité ou d'un passeport en cours de validité pour entrer au Royaume-Uni. Pour leurs enfants de moins de sept ans, il

Horloge du Old Royal Observatory de Greenwich *(p. 131)*

n'est requis d'autre document qu'un livret de famille. Si d'autres enfants que les leurs les accompagnent, ils doivent posséder une pièce d'identité et une autorisation parentale de sortie du territoire.

Les citoyens helvétiques et canadiens n'ont pas besoin de visa pour pénétrer en Grande-Bretagne, mais les enfants doivent obligatoirement posséder un passeport ou être inscrits sur ceux de leurs parents. Mieux vaut renoncer à

Quelques quotidiens nationaux britanniques

emporter un animal : une quarantaine de six mois est obligatoire.

Dans les ports et les aéroports, les voyageurs en provenance de l'U. E. suivent les couloirs marqués en bleu. Ils n'ont plus de déclaration à faire à la douane mais les services de sécurité effectuent néanmoins quelques vérifications de bagages au hasard dans le cadre de la lutte contre les trafics de drogue ou d'armes. Les couloirs verts (rien à déclarer) et rouges sont réservés aux personnes arrivant d'autres pays.

Les limites d'importation de produits détaxés sont de 2 l de vin, 1 l de spiritueux, 200 cigarettes ou 50 cigares et 71 £ d'autres biens, y compris cadeaux et bière.

Whisky des Highlands

HM Customs and Excise
New King's Beam Hse,
22 Upper Ground, London SE1.
☎ 0171-620 1313.
Renseignements sur les conditions d'importation et d'exportation.

TRAVAILLER EN GRANDE-BRETAGNE

Aucune restriction ne s'applique aux ressortissants de l'Union européenne. Ceux du Commonwealth de moins de 27 ans ont le droit d'occuper un emploi à temps partiel au maximum pendant deux ans. Les citoyens helvétiques ont besoin d'un permis de travail. Pour plus de renseignements, notamment sur les emplois bénévoles ou temporaires, consultez la brochure *Working Holiday* vendue par l'office du tourisme ou adressez-vous au

Couloirs des douanes vert et rouge de l'aéroport d'Heathrow (p. 634)

Central Bureau for Educational Visits and Exchange. Les étudiants nord-américains peuvent obtenir auprès de leur université une carte les autorisant à travailler jusqu'à six mois dans les îles Britanniques et, à Londres, contacter le BUNAC (*p. 617*).

Central Bureau for Educational Visits and Exchange
Seymour Mews House, Seymour Mews,
London W4H9PE
☎ 0171-389 4004

La mosquée du Regent's Park (*p. 105*) à Londres

LIEUX DE CULTE

Baptiste
London Baptist Association,
1 Merchant St, London E3.
☎ 0181-980 6818.

Buddhiste
Buddhist Society,
58 Eccleston Sq, London SW1.
☎ 0171-834 5858.

Église d'Angleterre
St Paul's Cathedral, London EC4.
☎ 0171-248 2705.

Alliance évangélique
Whitefield Hse, 186 Kennington Park Rd, London SE11.
☎ 0171-582 0228.

Rite juif
Liberal Jewish Synagogue,
28 St John's Wood Rd, London NW8.
☎ 0171-286 5181.

United Synagogue (Orthodox),
Adler Hse, 135 High Rd, North Finchley London, N12.
☎ 0181-343 8989.

Rite musulman
Islamic Cultural Centre,
146 Park Rd, London NW8.
☎ 0171-724 3363.

Quakers
Friends Hse,
173 Euston Rd, London NW1.
☎ 0171-387 3601.

Église catholique
Westminster Cathedral,
Victoria St, London SW1.
☎ 0171-798 9055.

EMBASSADES ET CONSULATS

Ambassade de France
58 Knightsbridge,
London SW1
☎ 071-201 0000

Ambassade de Belgique
103 Eaton Square,
London SW1
☎ 071- 235 5422

Canada High Commission
Haut commissariat du Canada,
Macdonald House, 1 Grosvenor Square,
London W1
☎ 0171-258 6600

Ambassade de Suisse
Montagu Place,
London W1
☎ 071-723 0701

POIDS ET MESURES

La Grande-Bretagne a officiellement adopté le système métrique en vigueur dans toute l'Europe mais le système impérial demeure ancré dans les habitudes.

De l'impérial au métrique
1 inch = 2,5 centimètres
1 foot = 30 centimètres
1 mile = 1,6 kilomètres
1 ounce = 28 grammes
1 pint = 0,6 litres
1 gallon = 4,6 litres

Du métrique à l'impérial
1 millimètre = 0,04 inch
1 centimètre = 0,4 inch
1 mètre = 3 feet 3 inches
1 kilomètre = 0,6 mile
1 gramme = 0,04 ounce
1 kg = 2,2 pounds

Santé et sécurité

Comme beaucoup de pays, la Grande-Bretagne connaît des problèmes sociaux et de délinquance. Il est peu probable que vous soyez confronté à des actes de violence. Mais, en cas de difficulté, demandez assistance à un agent de police ; ils reçoivent une formation adaptée à ce type de situation. Les services médicaux du National Health Service, notamment ceux d'urgence, sont gratuits pour les membres de l'Union européenne.

HÔPITAUX ET SOINS MÉDICAUX

Les cabinets médicaux sont normalement ouverts uniquement pendant la journée, mais les services d'urgence des hôpitaux fonctionnent 24 h sur 24. Pour obtenir une ambulance, appelez le 999. Certaines pharmacies restent ouvertes jusqu'à minuit.

Tous les habitants de l'Union européenne ont droit, comme les Britanniques, à des soins gratuits dans le cadre du National Health Service (NHS). Il en va de même pour les citoyens de certains autres pays d'Europe ou du Commonwealth signataires avec la Grande-Bretagne d'un accord de réciprocité. Avant leur départ, les Français ont intérêt à se procurer le formulaire E 111 à leur caisse d'assurance maladie.

Contracter une assurance médicale reste une saine précaution. Les soins dans les services d'urgence des hôpitaux sont gratuits pour tout le monde, mais pas les autres, et les honoraires de spécialistes, ou les frais de rapatriement, peuvent s'avérer très chers.

Si vous allez chez un dentiste pendant votre séjour, la somme à payer sera faible si vous avez droit au National Health Service (et si vous réussissez à dénicher un dentiste NHS), ou beaucoup plus élevée si vous consultez un praticien indépendant. Certains hôpitaux assurent également des urgences dentaires. Vous trouverez les coordonnées des cabinets privés dans les *Yellow Pages* (p. 622).

LES MÉDICAMENTS

Les médicaments s'achètent non seulement dans les pharmacies, mais aussi, et même ceux qui sont délivrés sur ordonnance, à des rayons spéciaux dans les supermarchés ou chez des droguistes. Boots, l'enseigne la plus connue et la plus importante, possède des succursales dans la plupart des villes. Si vous n'avez pas droit au NHS, vous les paierez intégralement. Demandez un reçu si vous avez contracté une assurance.

Pharmacie

Au cas où vous devez commencer ou continuer un traitement pendant votre voyage, le plus simple consiste à emporter vos médicaments. Sinon, demandez à votre médecin de vous en donner le nom générique (et non celui de la marque).

LA DÉLINQUANCE

Vous ne courez que peu de risques de voir un vol ou une agression troubler votre séjour en Grande-Bretagne, mais nous vous indiquons néanmoins ci-dessous quelques précautions de base. Le terrorisme ne sévit plus dans le pays, mais il arrive encore que survienne une alerte à la bombe, le plus souvent à cause d'un bagage ou d'un paquet oublié dans un lieu public. Il se peut alors que la police demande à fouiller vos bagages ou procède à une évacuation.

PRÉCAUTIONS CONSEILLÉES

Assurez vos possessions avant votre départ et ne laissez jamais un bagage sans surveillance dans un lieu public. En règle générale, contentez-vous d'emporter l'argent liquide dont vous avez besoin et laissez le reste, ainsi que bijoux et objets de valeur, dans le coffre de l'hôtel. Les chèques de voyage *(p. 625)* demeurent la forme de paiement la plus sûre.

Les pickpockets agissent de préférence dans la foule, notamment dans les endroits touristiques, sur les marchés et dans les transports publics aux heures de pointe. Ne mettez

Agent de police

Agent de la circulation

Agent de police

Voiture de police

pas votre portefeuille dans la poche-revolver et, au théâtre et au cinéma, gardez votre sac à main sur les genoux. Si vous vous déplacez seul la nuit, mieux vaut ne pas vous risquer dans les endroits déserts et mal éclairés. La mendicité s'est développée dans les grandes villes. Elle reste normalement polie. Prévenez la police si l'on vous importune.

LES FEMMES VOYAGEANT SEULES

Pour une femme, manger seule au restaurant ou sortir uniquement avec des amies n'a rien d'exceptionnel en Grande-Bretagne et ne présente pas de dangers particuliers. La prudence demeure cependant de mise. Dans les transports publics, choisissez si possible une voiture occupée, et de préférence par plusieurs groupes de personnes. Et prenez un taxi *(p. 642)* plutôt que de traverser seule un quartier désert le soir.

Nombre de dispositifs d'autodéfense sont illégaux et le port de couteaux, matraques, pistolets et bombes lacrymogènes est interdit dans les lieux publics. Les systèmes d'alarme sont en revanche autorisés.

LA POLICE ET LES URGENCES

Si des voitures de patrouille remplacent de plus en plus les *bobbys* britanniques traditionnels, ceux-ci sont toujours présents dans les zones rurales et dans les centres-villes, et ils continuent de se montrer courtois et serviables. Contrairement aux policiers de beaucoup d'autres

Ambulance

Voiture de pompiers

pays, ils ne portent pas d'armes. Si vous vous perdez, n'hésitez pas à leur demander votre chemin. Vous pouvez aussi vous adresser aux agents de la circulation.

Les services de police, d'ambulance et de lutte contre l'incendie restent en alerte 24 h sur 24. Ils sont réservés aux véritables urgences et se joignent par le 999. L'appel est gratuit. Sur le littoral, ce numéro vous mettra également en contact avec le Royal National Lifeboat Institute, les volontaires du sauvetage en mer.

Logo du Royal National Lifeboat Institute

OBJETS PERDUS OU VOLÉS

En cas de vol ou de perte, faites une déclaration au poste de police le plus proche. Si vous avez souscrit une assurance, il vous faudra un procès-verbal pour obtenir un remboursement.

Toutes les principales gares possèdent un service des objets trouvés *(Lost Property)*. La plupart des hôtels rejettent toute responsabilité quant aux biens qui ne sont pas déposés dans leur coffre.

CARNET D'ADRESSES

NUMÉROS D'URGENCE

Police, pompiers, ambulance
999. Appel gratuit (24 h/24).

Services d'urgence médicale
Cherchez dans l'annuaire le plus proche « Accident and Emergency unit » ou contactez la police.

Childline (SOS Enfants)
0800 1111. Pour les enfants ayant besoin d'assistance. Appel gratuit (24 h/24).

Urgences dentaires
0171-837 3646 (24 h/24).

Rape Crisis Centre (SOS Viol)
0171-837 1600 (24 h/24).

Samaritans
0171-734 2800 24 h/24. Pour tous problèmes affectifs. Cherchez dans l'annuaire le centre le plus proche.

Alcooliques Anonymes
0171-352 3001.

SOS Handicapés
The Disability Helpline. 01302 310123. Disabled Living Foundation. 0171-289 6111.

Pharmacies de garde
Contactez un poste de police pour une liste complète.

Objets trouvés
Contactez le poste de police le plus proche.

SOS Drogues
0171-603 8654.

SOS Aveugles
Royal Institute for the Blind 0171-388 1266.

SOS Sourds
0171-387 8033.

Conseils aux femmes enceintes
01564 793225.

SOS Victimes
0171-729 1252 (conseils aux victimes).

Le téléphone

Cabine BT moderne

Vous trouverez des téléphones publics dans tout le pays : à la campagne jusque dans les plus petits hameaux ou à proximité d'arrêts de bus isolés ; en ville à la plupart des coins de rues et dans les galeries marchandes, les gares ferroviaires et routières et la majorité des pubs et établissements publics. Il existe encore des publiphones à pièces, mais les plus modernes fonctionnent avec des cartes téléphoniques et même, pour certains, des cartes bancaires.

LES ANNUAIRES

Correspondant aux Pages Jaunes françaises, les *Yellow Pages* sont des annuaires régionaux recensant les numéros professionnels. Il existe d'autres annuaires locaux, tel *The Thomson Local*, qui indiquent en outre des numéros privés. Vous les trouverez dans la plupart des hôtels, des bureaux de poste et des bibliothèques. Le service des *Talking Pages* est l'équivalent téléphonique et national des *Yellow Pages*.

Logo des Yellow Pages   **Logo des Talking Pages**

TARIFS ET PCV

Le prix des communications baisse le week-end et de 18 h à 8 h en semaine. Pour appeler la France en PCV, composez le 0800 89 00 33. Ce service est coûteux.

LE BON NUMÉRO

British Telecom et Mercury, les deux principaux opérateurs britanniques, proposent plusieurs services d'assistance téléphonique.

Urgences
📞 999.
Police, pompiers, ambulance, sauvetage en montagne, en mer et spéléologique.

Renseignements locaux
📞 192.
Gratuit depuis les publiphones.

Renseignements internationaux
📞 153.

Opérateur international
📞 155.

Opérateur
📞 100.

Appels à l'étranger
📞 00 puis 33 pour la France, 32 pour la Belgique, 41 pour la Suisse et 1 pour le Canada.

Talking Pages
📞 0800 600900.

---

1 Décrochez et attendez la tonalité.

2 Insérez une carte, face verte sur le dessus.

3 L'écran affiche le nombre d'unités disponibles.

4 Certains postes acceptent les cartes bancaires. Faites-la glisser dans la fente, bande magnétique à droite.

5 Composez le numéro. Attendez la sonnerie.

6 Un bip sonore retentit lorsque votre carte téléphonique est vide. Appuyez sur ce bouton pour l'éjecter et en insérer une neuve.

7 Pour passer un autre coup de fil, ne raccrochez pas. Appuyez sur le bouton « *follow-on-call* » (appel suivant).

Phonecard

40 units

BT

1 Décrochez et attendez la tonalité.

2 Insérez des pièces. Celles de 5 p, 2 p et 1 p ne sont pas acceptées.

3 Composez le numéro. Attendez la sonnerie.

4 L'écran indique la somme insérée et le crédit disponible. Un bip sonore vous signale quand vous devez remettre des pièces.

5 Pour passer un autre coup de fil, ne raccrochez pas. Appuyez sur le bouton « *follow-on-call* » (appel suivant).

6 Quand vous raccrochez, l'appareil rend les pièces non utilisées. Il ne fait toutefois pas toujours la monnaie et mieux vaut se servir de pièces de 10 p et 20 p pour de courts appels.

BT Phonecard

Sold here, used everywhere

Les boutiques affichant ce logo vendent des cartes BT

La poste

Enseigne de bureau de poste

En dehors des principaux bureaux de poste offrant une large gamme de services, il existe, notamment en zone rurale et dans les petites localités, de nombreuses agences postales installées dans des épiceries, des centres d'information ou chez des marchands de journaux. Souvent, dans les villages, c'est l'unique magasin qui abrite cette agence. Les bureaux de poste sont ouverts de 9 h à 17 h 30 en semaine et de 9 h à 12 h 30 le samedi.

Un bureau de poste des Cotswolds

LES SERVICES POSTAUX

Les timbres s'achètent dans toutes les boutiques et kiosques affichant « *Stamps sold here* ». Les hôtels ont souvent une boîte aux lettres à la réception. Si vous écrivez en Grande-Bretagne, n'oubliez jamais le code postal, il est indiqué dans les annuaires. À

L'aérogramme, un pli « *1st class* »

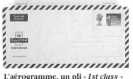

Service éco   **Service rapide**

L'effigie de la reine apparaît aussi sur les timbres commémoratifs

l'intérieur du Royaume-Uni, vous pourrez envoyer votre lettre « *first class* » ou « *second class* ». Le premier service est plus cher mais la majorité des envois atteignent leur destinataire le jour suivant (sauf le dimanche).

LA POSTE RESTANTE

En ville, les grands bureaux de poste offrent un service de poste restante. La lettre ou le colis doit porter votre nom, clairement lisible pour éviter tout malentendu, la mention « Poste Restante » et l'adresse du bureau de poste. Celle du plus important de Londres est William IV Street, London WC2. L'envoi sera conservé un mois. Il vous faudra une pièce d'identité pour le retirer. Pour les détenteurs d'une carte American Express, l'agence de Londres, au 6 Haymarket, offre un service similaire.

LES BOITES AUX LETTRES

Qu'elles se dressent sur un trottoir sous forme de pilier où qu'elles soient encastrées dans un mur, elles arborent toutes une voyante couleur rouge. Certaines ont deux fentes, l'une pour les courriers « *first class* » et à destination de l'étranger, l'autre pour les envois « *second class* ». Les plus anciennes portent les initiales du souverain qui régnait lors de leur installation. Un panneau indique les heures de collecte qui ont généralement lieu plusieurs

Une boîte aux lettres de campagne cernée de vigne vierge

fois par jour en semaine, moins souvent le samedi et jamais le dimanche.

LES ENVOIS À L'ÉTRANGER

Boîte pilier

Les courriers par avion mettent en règle générale de trois à quatre jours pour atteindre les villes d'Europe, et de quatre à sept jours pour arriver en n'importe quel point du globe. Plis affranchis en « *first class* », les aérogrammes coûtent le même prix quelle que soit leur destination.

Les lettres et paquets pour les pays de l'Union européenne s'envoient sinon en « *first class* » aux mêmes tarifs que pour des courriers pour la Grande-Bretagne.

La poste britannique propose également un service de messagerie express appelé **Parcelforce International**. Il est comparable en coût et en efficacité aux prestations offertes par des compagnies privées telles que **DHL**, **Crossflight** ou **Expressair**.

Crossflight
📞 0181-564 7441.

Expressair
📞 0181-897 6568.

DHL
📞 0345-100 300.

Parcelforce International
📞 0800 224466.

Banques et monnaie

Les banques proposent en général de meilleurs cours que les bureaux de change privés installés dans les principaux aéroports, gares et sites touristiques. Ceux-ci appliquent des taux très variables et, avant d'effectuer toute transaction, mieux vaut lire les petits caractères indiquant commissions et frais prélevés. Les bureaux de change présentent néanmoins un avantage : leurs horaires d'ouverture. Les chèques de voyage restent le moyen le plus sûr de transporter de l'argent.

Lloyds bank with bureau de change facilities

LES BUREAUX DE CHANGE

Les petits bureaux de change privés sont souvent mieux situés que les banques et ouverts plus longtemps. Mieux vaut toutefois examiner avec attention non seulement le taux proposé mais aussi la commission prélevée.

Quelques grandes enseignes à la réputation établie tels qu'**Exchange International, Thomas Cook, American Express** et **Chequepoint** possèdent des succursales dans toute la Grande-Bretagne.

LES BANQUES

Les banques ouvrent au minimum de 9 h 30 à 15 h 30 du lundi au vendredi mais nombre d'elles, notamment dans les grandes villes, restent ouvertes plus tard ou proposent leurs services le samedi matin. Toutes, en revanche, ferment les jours fériés (p. 614), et même, pour certaines, plus tôt la veille.

Hors des villages, rares sont les localités à ne pas posséder une succursale d'au moins une des cinq principales banques nationales : **Barclays, Lloyds, Midland, National Westminster et Royal Bank of Scotland**. De plus en plus d'agences disposent de distributeurs automatiques de billets qui vous permettront d'obtenir du liquide. Certains des plus modernes affichent les instructions en plusieurs langues. Les détenteurs d'une carte American Express pourront utiliser les distributeurs de la Lloyds et de la Royal Bank of Scotland à condition d'avoir fait enregistrer leur code avant leur départ. Une commission de 2 % sera prélevée sur leurs transactions.

Une autre possibilité s'offre à vous si vous vous retrouvez à cours de fonds : contacter votre banque et demander un virement dans un établissement bancaire britannique ou dans un bureau de Thomas Cook ou d'American Express. Les visiteurs nord-américains peuvent faire virer de l'argent dans une banque ou un bureau de poste par l'intermédiaire de **Western Union**.

LES CARTES BANCAIRES

Elles ne permettent pas de payer partout. Le réseau Visa est le mieux implanté mais les cartes Mastercard (appelé Access en Grande-Bretagne), American Express et Diners Club sont également répandues.

Eurochèque logo

Vous pourrez retirer de l'argent à découvert (dans les limites de votre crédit) dans tout établissement bancaire portant le sigle correspondant à votre carte. Les intérêts prélevés figureront sur le récépissé.

LES EUROCHÈQUES

Garantis jusqu'à un certain montant par la carte Eurochèque (renseignez-vous auprès de votre banque en les commandant), ils offrent l'avantage de permettre de régler des achats dans la monnaie du pays.

Exchange International
 0171-630 1107.

Thomas Cook
0171-408 4179.

American Express
0171-930 4411.

Chequepoint
0171-839 3772.

Western Union
0800 833 833.

Banques britanniques
Toutes ces banques ont des agences dans la plupart des villes du pays. Une pièce d'identité est requise pour les opérations de change.

Sigle de la Royal Bank of Scotland

Sigle de la Barclay's Bank

Sigle de la Lloyds Bank

Sigle de la Midland

Sigle de la National Westminster

ARGENT LIQUIDE ET CHÈQUES DE VOYAGE

L'unité monétaire britannique est la livre sterling, ou pound (£), qui correspond à 100 pence (p). Il n'existe pas de contrôle des changes limitant la quantité de devises que vous pouvez importer ou exporter, mais si les sommes que vous détenez dépassent 50 000 FF, vous devez le signaler à la douane. L'Écosse a ses propres coupures, légales dans tout le Royaume-Uni, mais parfois refusées au pays de Galles et en Angleterre.

Billet de banque écossais d'une livre (1 £)

Les chèques de voyage offrent le moyen le plus sûr d'emporter de l'argent. Conservez à part le reçu et les adresses des agences où vous faire rembourser en cas de perte ou de vol.

Posséder quelques livres avant votre arrivée vous évitera les queues quelquefois fort longues qui se forment devant les bureaux de change des aéroports ou des ports.

Les billets de banque
Les billets anglais sont de 5 £, 10 £, 20 £ et 50 £. Préférez les petites coupures, car les commerçants n'ont pas toujours la monnaie d'un billet de 20 £.

Billet de 50 £

Billet de 20 £

Billet de 10 £

Billet de 5 £

Les pièces de monnaie
Elles valent 1 £, 50 p, 20 p, 10 p, 5 p, 2 p et 1 p (ici grandeur nature). Quelques pièces commémoratives de 2 £ circulent également.

1 livre (1 £)

50 pence (50p)

20 pence (20p)

10 pence (10p)

5 pence (5p)

2 pence (2p)

1 penny (1p)

Magasins et marchés

Si le quartier du West End à Londres *(p. 122-123)* reste sans conteste l'endroit le plus excitant de Grande-Bretagne pour se livrer au lèche-vitrines, les principales métropoles régionales offrent un choix presque aussi large. Qui plus est, effectuer des achats en province peut se révéler moins fatigant, moins coûteux et étonnamment varié, le plaisir de la découverte dans un atelier d'artisanat, dans une ferme vendant ses produits, sur un marché ou dans une fabrique s'ajoutant à celui de dénicher la bonne affaire. Les antiquités, la parfumerie et les textiles, notamment le tweed, font partie des acquisitions particulièrement intéressantes.

Éventaire de brocanteur au Bermondsey Market *(p. 123)*

LES HEURES D'OUVERTURE

La plupart des boutiques ouvrent vers 9 h ou 10 h et ferment entre 17 h et 18 h en semaine, parfois plus tôt le samedi. Dans le centre-ville, peu de magasins ouvrent le dimanche, sauf à l'approche de Noël. Certains restent en revanche ouverts en « nocturne » *(« late night shopping »)* un soir par semaine – le jeudi dans le West End à Londres. Dans les villages, les commerces ferment parfois à l'heure du déjeuner ou un après-midi par semaine. Les jours de marché varient d'une ville à l'autre.

COMMENT PAYER

La plupart des magasins acceptent les cartes Visa et Access (Mastercard), mais moins souvent les cartes American Express et Diners Club. Parmi les commerçants refusant les cartes bancaires figurent les étals des marchés

et certaines petites boutiques, mais aussi quelques grandes enseignes comme Marks & Spencer. Les chèques de voyage, surtout s'ils sont établis en livres (attention, sinon, au taux de change proposé), sont normalement pris partout sur présentation du passeport. Rares sont les établissements qui acceptent les chèques d'une banque étrangère en dehors des eurochèques.

DROITS ET SERVICES

Excepté certains articles vendus en solde (vérifiez au moment de l'achat), vous pouvez vous faire rembourser les objets défectueux si vous les rapportez dans l'état où vous les avez achetés et, si possible, dans leur emballage ; il faut fournir une preuve d'achat. Vous n'êtes pas tenu d'accepter un simple avoir.

Un dédale de rues commerçantes : les Lanes, Brighton *(p. 163)*

LES SOLDES

Si les périodes traditionnelles de soldes vont de janvier à février et de juin à juillet, vous pouvez dénicher des offres spéciales toute l'année. Ce sont les boutiques de mode et les grands magasins qui offrent en général les réductions les plus importantes. Les soldes d'Harrod's *(p. 99)*, à Londres, ont une telle réputation qu'une queue se forme à l'entrée des heures avant l'ouverture.

EXEMPTION DE TAXE

Cet article ne concerne que les visiteurs étrangers à l'Union européenne résidant moins de trois mois en Grande-Bretagne. Ils peuvent en effet se faire rembourser la taxe à la valeur ajoutée *(VAT)* appliquée sur quasiment tous les produits. Cette taxe est généralement incluse dans le prix affiché.

Pour obtenir ce remboursement, il faut présenter son passeport lors de l'achat et remplir un formulaire, dont on remettra le double à la douane en quittant le pays. Les douaniers peuvent demander à voir les acquisitions. Le règlement s'effectuera par chèque ou par virement après déduction éventuelle de frais de dossier. La plupart des commerçants appliquent une franchise d'achat minimum de 50 £ à 75 £. Si vous faites expédier vos achats chez vous par le magasin, celui-ci doit déduire directement la taxe de votre paiement.

LES CENTRES COMMERCIAUX

Comme en France, ces complexes réunissant hors du centre-ville magasins, cafés, restaurants et cinémas se multiplient en Grande-Bretagne. Ils disposent tous de vastes parcs de stationnement et sont pour la plupart desservis par les transports publics.

Étiquette d'une styliste londonienne *(p. 123)*

Devanture d'une boutique traditionnelle à Stonegate, York *(p. 390)*

LES GRANDS MAGASINS

Quelques grands magasins comme Harrod's n'existent qu'à Londres, mais beaucoup ont des succursales en province. John Lewis, par exemple, est ainsi installé dans 22 villes où il propose une large sélection de tissus, de vêtements et d'articles ménagers d'un bon rapport qualité-prix. Avec 303 implantations, Marks & Spencer reste toutefois l'enseigne de référence par ses produits réputés pour leur solidité. British Home Stores (BhS) et Debenhams sont deux autres distributeurs connus. La taille des succursales et la richesse de leurs stocks varient selon les régions.

LES BOUTIQUES DE MODE

C'est Londres qui offre le plus de choix, de la haute couture la plus classique au prêt-à-porter le plus insolite. En province, et notamment dans des villes touristiques comme Oxford, Bath et York, vous trouverez aussi bien des magasins indépendants aux collections sélectionnées par leur propriétaire que des enseignes franchisées. Parmi celles-ci, Principles ou Dorothy Perkins proposent une mode élégante à prix raisonnable. Visant une clientèle plus jeune, Gap et Miss Selfridge sont moins chers.

SUPERMARCHÉS ET MAGASINS D'ALIMENTATION

Comme en France, les supermarchés proposent une large gamme de produits alimentaires à des prix intéressants. Sainsbury, Tesco, Asda, Safeway et Waitrose

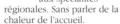

Fromages de Teesdale

sont quelques-unes des grandes chaînes nationales qui se font concurrence. Néanmoins, les petits commerçants, épiciers, boulangers ou marchands de légumes, présenteront souvent plus d'intérêt quant aux produits frais et aux spécialités régionales. Sans parler de la chaleur de l'accueil.

SOUVENIRS, CADEAUX ET BOUTIQUES DE MUSÉES

Céramique, verrerie, bonbons, articles de toilette, tweed ou whisky, vous trouverez dans tout le pays, et notamment sur les sites les plus touristiques, des articles typiques qui vous

**La Mustard Shop *(p. 187)*
entretient la tradition à Norwich**

permettront de rapporter, ou d'offrir, un souvenir de la Grande-Bretagne. Nombre de magasins se chargeront de l'expédition des objets les plus volumineux. Pour des cadeaux originaux, essayez les boutiques des musées, ou celles du National Trust *(p. 25)* et d'English Heritage.

ANTIQUITÉS ET BROCANTE

Comme le révèle la visite de tout manoir, les Britanniques restent très attachés à leur passé et aux objets qui en témoignent. Dans presque chaque ville, on trouve au moins un antiquaire ou un magasin de brocante. Les chineurs ne négligeront pas non plus les marchés aux puces, notamment à Londres *(p. 122-123)*, et les ventes aux enchères. Les centres d'information touristique *(p. 614-615)* vous indiqueront où et quand ils ont lieu.

Étal de bouquiniste à Haye-on-Wye, pays de Galles *(p. 447)*

LES MARCHÉS

Les grandes villes possèdent un marché couvert dont les éventaires ouvrent presque tous les jours. Dans les villes de moindre importance, le marché a lieu une fois par semaine (les rubriques du guide en indiquent le jour). En général, il se tient sur la place principale et offre l'occasion de découvrir les produits locaux. Goûtez les gâteaux et confitures des étals du Women's Institute.

Se distraire en Grande-Bretagne

Guignol anglais

Londres reste la capitale culturelle du Royaume-Uni *(p. 124-127)*, mais de nombreux théâtres, opéras et salles de concerts de province proposent également une programmation riche, en particulier à Edinburgh, Manchester, Birmingham, Leeds et Bristol. L'été voit se multiplier des festivals tels que ceux de Bath et de Cheltenham *(p. 62-63)*. Le prix des places de spectacle est souvent moins cher hors de Londres.

LES SOURCES D'INFORMATION

À Londres, consultez le quotidien du soir *Evening Standard* ou des guides des spectacles comme *Time Out*. Les journaux nationaux de qualité *(p. 618)* proposent également des rubriques culturelles, plus développées le week-end, décrivant des manifestations organisées dans tout le pays. Presse locale, bibliothèques et offices du tourisme *(p. 617)* pourront eux aussi vous renseigner. Disponibles chez tous les marchands de journaux, des publications spécialisées comme *NME* ou *Melody Maker* annoncent les concerts de rock ou de pop music.

LES THÉÂTRES

Si Shakespeare *(p. 310-313)* demeure son plus grand auteur dramatique, la tradition théâtrale de la Grande-Bretagne a des origines encore plus anciennes et reste très vivante. Partout, compagnies professionnelles ou d'amateurs proposent des spectacles souvent de qualité jusque dans des pubs, des boîtes de nuit ou des salles des fêtes de village.

Londres est la ville du théâtre. Le quartier du West End compte à lui seul plus de 50 salles *(p. 125)*, allant de l'édifice édouardien tout en dorures et velours rouge jusqu'à des bâtiments résolument modernes comme le National Theatre sur le South Bank. À Stratford-upon-Avon, le répertoire de la Royal Shakespeare Company comprend aussi bien des créations expérimentales que les pièces du célèbre dramaturge. Le Theatre Royal de Bristol *(p. 242)* est le plus ancien théâtre du Royaume-Uni encore actif. Parmi les salles proposant en province les meilleures productions figurent également le West Yorkshire Theatre de Leeds, le Royal Exchange *(p. 360)* de Manchester et le Traverse à Edinburgh.

En été, d'innombrables manifestations se déroulent en plein air : artistes de rue animant le centre de nombreuses villes, représentations organisées dans le cadre spectaculaire offert sur une falaise de Cornouailles par le Minnack Theatre *(p. 262)*, ou pièces jouées sur le terrain de leur collège par les étudiants de Cambridge et d'Oxford. Tous les quatre ans, les rues d'York sont investies par un spectacle médiéval (York Cycle). Le festival d'Edinburgh *(p. 495)* est une des plus grandes rencontres théâtrales et artistiques d'Europe.

La plupart du temps, surtout en semaine, vous pourrez prendre votre billet à l'entrée juste avant la représentation, mais pour les pièces les plus populaires, notamment dans le West End, il faut parfois réserver des semaines à l'avance. Cette réservation, généralement sujette à supplément, peut s'effectuer par le biais d'agences spécialisées ou de certaines agences de voyages. La plupart des hôtels se chargeront de la démarche pour leurs clients. Méfiez-vous des billets proposés par des vendeurs à la sauvette, ce sont parfois des faux.

Artiste de rue

MUSIQUE

Londres, Manchester, Birmingham, Liverpool, Bristol et Bournemouth entretiennent leurs propres orchestres philharmoniques, et de nombreuses églises et cathédrales accueillent des récitals *(p. 193)*, en particulier des chœurs.

Des concerts de rock, jazz, folk ou country ont lieu chaque jour dans d'innombrables salles, pubs ou boîtes de nuit. Au pays de Galles, les pubs résonnent encore souvent de mélodies et chants traditionnels, tandis que le nord de l'Angleterre est réputé pour ses fanfares. L'Écosse ne serait plus l'Écosse sans ses joueurs de cornemuse *(p. 466)*.

Le Buxton Opera House dans les Midlands

Le complexe multisalles Warner de Leicester Square à Londres

LES CINÉMAS

D ans les grandes villes, les cinémas traditionnels s'effacent de plus en plus devant les complexes multisalles qui projettent en général seulement des films en anglais. Pour voir une œuvre française en version originale, il vous faudra plutôt surveiller la programmation des cinémas d'art et d'essai. Les prix des billets varient grandement. Certains établissements proposent des réductions l'après-midi ou le lundi.

Les visas de censure U (pour tous) ou PG (présence des parents conseillée) s'appliquent aux films visibles par tous. Pour les autres, les chiffres 12, 15 ou 18 indiquent l'âge minimum requis pour entrer dans la salle. Ces classifications sont toujours précisées sur les affiches.

LES BOÎTES DE NUIT

C ertains clubs imposent des obligations vestimentaires ou exigent une carte de membre. Les plus célèbres se trouvent à Londres *(p. 124).* La plupart des grandes cités ainsi que des villes moyennes comme Brighton et Bristol sont réputées pour l'animation de leur vie nocturne.

LA DANSE

S ans surprise, Londres est le grand centre britannique de la danse classique et contemporaine, tandis que Birmingham, où réside le Birmingham Royal Ballet, est la ville de province offrant la programmation la plus riche dans ces domaines.

Les danses folkloriques comme le « Highland fling » en Écosse ou le « Morris dancing » en Angleterre restent vivantes, de même que certaines traditions comme les dîners ou thés dansants et les bals des universités (en mai et sur invitation seulement). En mai également ont lieu à Helston des danses processionnelles *(p. 62).* Les *ceilidhs* (prononcer kèli) sont des réunions dansantes au son de mélodies celtiques.

LES LIEUX GAY

L a majorité des agglomérations importantes possèdent des lieux de rencontre pour homosexuels, le plus souvent des bars et des boîtes de nuit. Des publications comme *Pink Paper*, gratuit, ou *Gay Times*, en vente chez certains marchands de journaux et dans les bars et clubs gay, en donnent les adresses.

Trois participants au Gay Pride

La vie homosexuelle de Londres se concentre autour de Soho *(p. 82).* En province, ce sont Manchester et Brighton qui sont les théâtres les plus actifs. Le Gay Pride est le plus grand carnaval gay d'Europe.

LES ENFANTS

M onuments, expositions interactives, musées de jouets, spectacles... Londres offre aux enfants des choix infinis de distractions. Il existe aussi un service pour aider à les découvrir : Kidsline (tél. : 0171-222 8070). Il fonctionne de 16 h à 18 h.

Hors de Londres, les possibilités se révèlent plus restreintes. L'office du tourisme local, ou la bibliothèque, devrait pouvoir vous informer sur les activités proposées.

Le bateau des pirates, Chessington World of Adventures, Surrey

LES PARCS DE LOISIRS

L a Grande-Bretagne comporte encore peu de parcs de loisirs. Au sud de Londres, le Chessington World of Adventures est un immense complexe conçu autour d'un zoo et qui comprend neuf espaces à thèmes. Plus conventionnel, Alton Towers propose des attractions foraines dans des jardins spectaculaires. Au Thorpe Park, une ferme paisible voisine avec des modèles réduits de bâtiments et des montagnes russes. Lego Land doit ouvrir en avril 1996.

Alton Towers
Alton, Staffordshire.
℃ *01538 702200.*

Chessington World of Adventures
Leatherhead Rd, Chessington, Surrey.
℃ *01372 727227.*

Lego Land
Winkfeld Rd, Windsor, Berkshire.
℃ *01753 622222.*

Thorpe Park
Staines Rd, Chertsey, Surrey.
℃ *01932 569393.*

Séjours à thèmes et activités de plein air

En Grande-Bretagne, de nombreux organismes proposent un choix étendu de séjours permettant d'apprendre ou de pratiquer un sport, de s'adonner à une passion ou simplement de faire des rencontres et d'améliorer son anglais. Les chantiers bénévoles, de restauration de monuments ou d'entretien de réserves naturelles par exemple, offrent quant à eux l'occasion de se rendre utile. Certaines de ces activités, notamment de plein air, peuvent aussi se pratiquer seul.

Promenade sur une piste cavalière *(p. 33)*

VACANCES THÉMATIQUES

Les offices du tourisme d'Angleterre et d'Écosse *(p. 615)* tiennent à la disposition des visiteurs des listes de séjours à thèmes organisés à leur intention, ainsi que des brochures les décrivant. Ils éditent en outre **Activity Holidays** (Jarrold) vendu en librairie.

Les inscriptions se font directement auprès des organisateurs ou par l'intermédiaire d'une agence de voyages. Les stages sont organisés en général par niveaux pour permettre à chacun d'en tirer profit quel que soit son âge ou son expérience antérieure. Vous pourrez non seulement pratiquer des sports comme la navigation de plaisance, le golf, l'équitation ou le tennis, mais aussi vous initier ou vous perfectionner dans des arts tels que la peinture, la céramique, la calligraphie ou la joaillerie, à moins que vous ne préfériez suivre de véritables cours sur des sujets allant de Shakespeare à l'écologie. Travailler sur un chantier de restauration ou de fouilles archéologiques s'avérera également très enrichissant.

À PIED ET À BICYCLETTE

La Grande-Bretagne présente une grande variété de paysages qu'un réseau balisé de sentiers de grande randonnée et de promenades pédestres locales *(p. 32-33)* vous permettra de découvrir à pied, seul ou avec un club.

Pistes cyclables *(p. 643)* mais aussi petites routes de campagne et pistes cavalières offriront aux cyclistes de magnifiques itinéraires. Beaucoup de régions sont toutefois montagneuses.

GOLF ET TENNIS

Il existe environ 2 000 terrains de golf en Grande-Bretagne. Bien que les tarifs puissent varier de l'un à l'autre, la pratique de ce sport est en général beaucoup moins coûteuse qu'en France. De nombreux clubs accueillent les joueurs de passage ; certains proposent une inscription temporaire. Tous sont plus calmes en semaine.

Vous trouverez des courts de tennis dans toutes les villes et dans beaucoup d'hôtels. Ils ont beaucoup de succès en été.

Dans la Cardigan Bay galloise

LA NAVIGATION DE PLAISANCE

Le Royaume-Uni a construit son empire grâce à sa puissance maritime, et les Britanniques continuent d'adorer la mer. La Manche, notamment autour de l'île de Wight, se prête tout particulièrement à la pratique de la voile. Canaux, lacs et rivières offrent des plaisirs plus paisibles. Le réseau des Broads *(p. 184)* dans le Norfolk est le plus propice à la navigation fluviale (renseignements auprès de la **Broads Authority**), mais de nombreuses possibilités se présentent également dans la région des lacs *(p. 340-357)*.

AUTRES SPORTS NAUTIQUES

Il serait dommage, dans une île, de ne pouvoir jouir de la mer. Le climat ne s'y prête toutefois pas partout en Grande-Bretagne. Les véli-

Randonneurs et grimpeurs, Yorkshire Dales National Park *(p. 370-371)*

planchistes pourront s'en donner à cœur joie aussi bien sur les lacs que sur le littoral. Il existe des loueurs de matériel, et la possibilité de faire du ski nautique, dans la plupart des stations balnéaires. Les surfeurs se retrouvent dans les le sud du pays de Galles et l'ouest de l'Angleterre dont la côte rocheuse attire également les plongeurs sous-marins.

LA PÊCHE

Les saumons et les truites des torrents de l'Ouest, du pays de Galles, de l'Écosse et du nord-est de l'Angleterre

Pêcheur solitaire sur la côte sud-est de l'Angleterre

font rêver bien des pêcheurs. La législation est toutefois extrêmement stricte, notamment concernant les périodes d'ouverture. Peut-être avez-vous intérêt avant d'emballer votre canne à contacter la **National Federation of Anglers**

AU STADE

La saison de football dure en Grande-Bretagne d'août à mai, celle de rugby de septembre à avril. Inutile de vanter aux passionnés de ces sports la qualité des équipes britanniques. S'il n'est pas le plus populaire, le cricket reste le sport national anglais et, d'avril à septembre, son rituel complexe déploie sur les *greens* des villages un spectacle incompréhensible mais très exotique pour un étranger. Autre spectacle typique : les courses de lévriers. Elles ont lieu entre autres au Wimbledon Stadium de Londres. Comme pour les courses de chevaux, consultez les journaux pour connaître les dates et les horaires.

En parapente au-dessus des South Downs (p. 167)

LES SPORTS DE MONTAGNE

Hors de la station des Cairngorms en Écosse (p. 530-531), les îles britanniques manquent d'intérêt pour les skieurs. Elles sont toutefois suffisamment montagneuses pour offrir aux grimpeurs de belles parois à escalader et aux amateurs de parapente des sommets d'où prendre leur envol. Toutes les grandes villes possèdent une patinoire.

CARNET D'ADRESSES

Aircraft Owners and Pilots Association
50A Cambridge St,
London SW1V.
☎ 0171-834 5631.

Association of Pleasure Craft Operators
35A High St,
Newport, Salop TF10.
☎ 01952 813572.

Association of British Riding Schools
Old Brewery Yd,
Penzance, Cornwall TR18.
☎ 01736 69440.

British Activity Holiday Association
22 Green Lane,
Hersham, Surrey KT12.
☎ 01932 252994.

British Hang-Gliding and Para-gliding Association
The Old School Room,
Loughborough Rd,

Leicester LE4.
☎ 01162 511322.

British Mountaineering Council
Crawford Hse, Precinct Centre, Booth St East,
Manchester M13.
☎ 0161 273 5835.

British Surfing Association
Champions Yd,
Penzance, Cornwall TW18.
☎ 01736 360250.

British Water Ski Federation
390 City Rd, London EC1V.
☎ 0171-833 2855.

British Trust for Conservation Volunteers
80 York Way, London N1.
☎ 0171-278 4293.

British Waterways
Willow Grange, Church Rd, Watford, Herts WD1.
☎ 01923 201239.

Broads Authority
18 Colegate,

Norwich, Norfolk NR3.
☎ 01603 610734.

English Golf Union
1–3 Upper King St,
Leicester LN10.
☎ 01526 354500.

Football Association
16 Lancaster Gate,
London W2.
☎ 0171-262 4542.

Lawn Tennis Association
Queen's Club,
London W14.
☎ 0171-381 7111.

National Federation of Anglers
Halliday Hse,
2 Wilson St, Derby DE1.
☎ 01332 362000.

National Cricket Association
Lord's Cricket Ground,
St John's Wood, NW8.
☎ 0171-289 6098.

National Rivers Authority
Rio Hse, Waterside Drive,

Aztec West,
Almondsbury BS12.
☎ 01454 624400.

Outward Bound Trust
Chestnut Field, Regent Pl,
Rugby, Warks CV21.
☎ 01788 560423.

Racecourse Association
Winkfield Rd,
Ascot, Berks SL5.
☎ 01344 625912.

Royal Yachting Association
RYA Hse, Romsey Rd,
Eastleigh, Hants SO5.
☎ 01703 629962.

Rugby Football Union
Rugby Rd,
Twickenham, Middx TW1.
☎ 0181-892 8161.

Ski Club of Great Britain
The White Hse, 57-63 Church Rd,
London SW1W.
☎ 0181-410 2000.

SE DÉPLACER EN GRANDE-BRETAGNE

Vous pourrez choisir votre compagnie aérienne pour rejoindre le Royaume-Uni en avion. Elles sont nombreuses à se faire concurrence depuis toutes les grandes villes du monde, notamment d'Europe et d'Amérique du Nord. Ferry-boats et aéroglisseurs permettent de traverser la Manche ou la mer du Nord avec sa voiture, ou en autocar. Depuis l'ouverture du tunnel sous la Manche, trois heures de train séparent le centre de Londres de celui de Paris.

Le Concorde

Sur place, les réseaux routier et ferroviaire britanniques, denses et bien entretenus, permettent de se déplacer aisément à travers le pays. Même comparé au train, l'autocar se révèle très économique, bien que parfois un peu lent. Des lignes aériennes intérieures assurent des liaisons plus rapides, mais pour un prix nettement plus élevé.

Salle des pas perdus, Waterloo Station, Londres

CIRCULER EN GRANDE-BRETAGNE

Choisir le meilleur moyen de se déplacer en Grande-Bretagne dépend beaucoup de l'endroit où vous voulez aller, du moment où vous effectuez ce voyage... et de vos moyens.

Les distances dans ce pays deux fois moins vaste que la France justifient rarement de prendre l'avion, à moins de traverser vraiment tout le territoire comme, par exemple, de Londres à Edinburgh. Sur les trajets plus courts, le temps perdu pour aller à l'aéroport et en revenir, annule celui qu'on gagne dans les airs, en particulier si l'on compare avec le train. Dans la plupart des cas, le rail reste en effet le moyen le plus confortable de se rendre d'une grande ville à l'autre. Les tarifs sont toutefois relativement élevés, et, si vous envisagez de beaucoup circuler, mieux vaut prendre avant votre départ l'un des forfaits proposés par British Rail (*p. 638*). L'autocar restera cependant moins cher, d'autant

qu'il existe aussi pour ce mode de transport des réductions pour les touristes. Les véhicules assurant les longs trajets sont en général confortables. Quelle que soit l'heure de votre arrivée, des taxis vous permettront de rejoindre votre hôtel depuis la gare ou la gare routière.

C'est la voiture qui vous offrira le plus de liberté dans vos pérégrinations. Si vous habitez trop loin ou manquez de temps pour venir avec la vôtre, vous en trouverez en location dans tous les aéroports et dans les grandes gares. Vous obtiendrez de meilleurs prix en réservant depuis l'étranger ou, sur place, en vous adressant à de petites sociétés locales. Pour rejoindre les petites îles éparpillées dans l'Atlantique, la Manche et la

mer du Nord, de nombreux ferries assurent des liaisons régulières.

N'oubliez pas que vous pouvez également louer vélos et chevaux, notamment pour découvrir les parcs nationaux, ou emprunter des transports aussi pittoresques que la barque servant de bac entre Southwold et Walberswick (*p. 188*).

Le bac sur la Blyth entre Southwold et Walberswick, Suffolk

LE TUNNEL SOUS LA MANCHE

Avec l'inauguration en 1994 de la première liaison « terrestre » entre la France et la Grande-Bretagne, c'est un rêve vieux de deux siècles qui s'est réalisé. Terminé huit ans à peine après l'accord franco-britannique de 1986, le tunnel sous la Manche comprend trois tunnels conduits de 50 km chacun : deux pour le transport des passagers et des marchandises, un pour les canalisations et les services.

EURO TUNNEL

Le logo d'Eurotunnel

Les voyageurs arrivant en voiture ou en car à Calais ou Folkestone restent dans leur véhicule qui monte sur une navette ferroviaire (**Le Shuttle**). En train, il existe 40 liaisons **Eurostar** entre Paris, Bruxelles et Londres. Elles s'effectuent en TGV et mettent Londres (Waterloo Station) à trois heures de Paris (Gare du Nord) et trois heures et quart de Bruxelles.

Arriver en bateau, train ou car

À moins de prendre l'avion, quel que soit votre moyen de transport, train, voiture ou autocar, il vous faudra emprunter un ferry ou le tunnel sous la Manche pour rejoindre les îles britanniques. Les compagnies maritimes, dont les tarifs restent compétitifs, assurent des liaisons régulières avec de très nombreux ports d'Europe et leurs horaires permettent de bonnes correspondances avec les services d'autocar. Le tunnel sous la Manche offre la possibilité de rejoindre Londres depuis Paris ou Bruxelles en un temps record.

Ferry arrivant à Douvres

LES LIAISONS MARITIMES AVEC L'EUROPE

Il existe des liaisons par ferries et aéroglisseurs entre treize ports britanniques et plus de 20 ports du continent sur la Manche et la mer du Nord (*p. 10-15*). Selon l'endroit d'où vous partez et votre lieu de destination, elles peuvent s'avérer plus pratiques que le tunnel sous la Manche. Par exemple, pour gagner le nord du pays, un bateau des North Sea Ferries relie tous les jours Zeebrugge à Hull.

Les tarifs varient beaucoup selon la saison et la durée du séjour. Certaines sociétés proposent des réductions pour les étudiants ou les personnes de plus de 60 ans. Les traversées les plus courtes ne sont pas toujours les moins chères.

CONDITIONS DE TRAVERSÉE

Certains trajets imposent de passer la nuit en mer. Dans ce cas, mieux vaut réserver une cabine (généralement en supplément) pour ne pas arriver épuisé. Les liaisons les plus rapides sont celles effectuées entre Douvre et Calais et Boulogne par les aéroglisseurs d'Hoverspeed. Tout comme le catamaran Seacat assurant des navettes entre Boulogne et Folkestone, ces appareils mettent à peine plus d'une demi heure pour traverser la Manche. Ils peuvent transporter des véhicules et offrent l'avantage pour les gens n'ayant pas le pied marin d'être moins sensibles au roulis.

AVERTISSEMENT

Pour se préserver de la rage, inconnue sur son territoire, la Grande-Bretagne interdit de fait l'importation d'animaux domestiques, même vaccinés. Tout animal introduit illégalement risque d'être abattu.

Un aéroglisseur traversant la Manche

LES LIAISONS INTERNATIONALES EN AUTOCARS

S'il est loin d'être le plus confortable ou le plus rapide, l'autocar reste le moyen de transport en commun le moins coûteux. Eurolines est la société exploitant le plus de lignes internationales en Europe, notamment, en France où elle possède de nombreux bureaux. Le prix du trajet comprend la traversée de la Manche en ferry ou par le tunnel. Il est possible de prendre des billets pour d'autres villes que Londres. Les correspondances se font à la Victoria Coach Station (*p. 640*).

LES LIAISONS PAR TRAINS EUROSTAR

Grâce au tunnel sous la Manche, elles mettent Londres à trois heures de Paris (hors décalage horaire). Il existe des réductions pour les enfants, les moins de 26 ans et les personnes âgées.

CARNET D'ADRESSES

Brittany Ferries
[01 42 68 1847.
3615 FERRYPLUS

Hoverspeed/Seacat
[01 42 85 44 55

North Sea Ferries
[01 42 66 15 80
3615 NSFERRIES

P&O European Ferries
[01 44 51 00 51
3615 POFERRY

Sally Ferries
[01 45 63 84 61
3615 SALLYF

Sealink
[01 44 94 40 40
3615 SEALINK

Eurolines
[01 40 39 93 93
3615 EUROLINES

British Rail (Paris)
[01 44 51 06 00
3615 BR

SNCF
[08 36 35 35 35
3615 SNCF

Le Shuttle
[01 47 42 50 00
3615 LESHUTTLE

Arriver en avion

La Grande-Bretagne compte environ 130 aéroports mais ils ne sont qu'une poignée à pouvoir recevoir des avions long-courrier. Le plus important, Heathrow, sert de plaque tournante à de nombreuses lignes transatlantiques mais la majorité des liaisons régulières entre l'Europe et Londres s'y posent également. À côté d'autres grands aéroports internationaux comme ceux de Gatwick et Stansted à Londres, ou ceux de Manchester, Glasgow, Newcastle, Birmingham et Edingurgh, des sites plus petits tels que London City, Bristol, Norwich et Cardiff accueillent eux aussi des vols européens.

Panneau signalant la liaison rapide entre Gatwick et Londres

et directes entre les grandes villes du Royaume-Uni et l'Europe et le Canada tandis que les grandes compagnies nationales (notamment **Air France**, la **Sabena**, **Swissair** et **Air Canada**) proposent un large choix de vols au départ de leurs pays respectifs.

LIAISONS À PARTIR DE L'AÉROPORT

Si le taxi est le moyen le plus confortable de rejoindre un centre-ville, c'est aussi le plus cher et il risque de se révéler extrêmement lent en cas d'embouteillage - une éventualité des plus probables aux heures de pointe (*p. 636*). Les problèmes liés à la circulation se poseront aussi

Un 747 de British Airways à Heaathrow

LES AÉROPORTS BRITANNIQUES

Si quelques aéroports britanniques dépendent des autorités locales ou d'organismes privés, les plus importants et les plus connus sont gérés en majorité par la British Airports Authority. On y trouve cafés, boutiques, hôtels, restaurants et la possibilité de changer de l'argent 24 h sur 24. Partout, la sécurité est stricte et vous devez songer à ne jamais laisser vos bagages sans surveillance.

Le nombre de vols à destination de Birmingham, Manchester et Newcastle, dans le nord de l'Angleterre, ou Glasgow et Edinburgh en Écosse, ne cesse de croître et rien ne vous oblige à passer par Londres. Si vous décidez néanmoins de commencer votre voyage par la visite de la capitale, vous poser à Gatwick ou à Heathrow, ses deux principaux aéroports, se révèlera tout aussi pratique. Au retour, si vous ne savez pas de quel terminal décolle votre vol (Heathrow compte quatre terminaux par exemple), laissez vous assez de temps pour le découvrir. Si les conditions climatiques interdisent à votre avion de se poser à l'endroit prévu, la compagnie assurera votre transport entre le lieu d'atterrissage et votre destination.

British Airways et **British Midland** assurent de nombreuses liaisons régulières

Terminal de l'aéroport d'Heathrow

AÉROPORT	ℹ INFORMATION	DISTANCE	PRIX DU TAXI POUR LE CENTRE-VILLE	TRANSPORT EN COMMUN POUR LE CENTRE-VILLE
Heathrow	0181-759 4321	23 km (14 miles)	25-30 £	métro : 40 mn Rail : 15 mn
Gatwick	01293 535353	45 km (28 miles)	40-45 £	Rail : 30 mn Bus : 70 mn
Stansted	01279 680500	60 km (37 miles)	45-50 £	Rail : 45 mn Bus : 75 mn
Manchester	0161 4893000	16 km (10 miles)	10-12 £	Rail : 15 mn Bus : 30 mn
Birmingham	0121 7675511	13 km (8 miles)	12-15 £	Bus : 30 mn
Newcastle	0191 2860966	8 km (5 miles)	7-10 £	métro : 20 mn Bus: 20 mn
Glasgow	0141 8871111	16 km (10 miles)	12-15 £	Bus : 20 mn
Edinburgh	0131 3331000	8 km (5 miles)	12-15 £	Bus : 15 mn

avec les bus mais pour un coût nettement moindre.

Les aéroports d'Heathrow et de Newcastle sont tout deux desservis par des métros (*p. 643*) rapides, pratiques et bon marché. Pour un prix lui aussi modéré, des trains express relient les aéroports de Manchester, Stansted et Gatwick à leurs centres urbains.

Les autocars National Express (*p. 640*) permettent de rejoindre directement de nombreuses villes britanniques depuis la plupart des grands aéroports. Ils assurent également une navette entre Heathrow et Gatwick (*p. 638*).

LES TARIFS SPÉCIAUX

Sur toutes les lignes régulières, transatlantiques ou non, les enfants de moins de deux ans paient 10 % du tarif normal (mais ne disposent pas de leur propre siège) et ceux de moins de 12 ans 50 %. Quel que soit votre âge, vous pouvez, en réservant suffisamment tôt à l'avance, profiter de tarifs APEX ou SUPERPEX sous certaines conditions de séjour. Il s'agit toutefois de réservations fermes (vous ne pouvez plus changer vos dates). En ce qui concerne les réductions jeunes, étudiants ou personnes âgées, celles-ci varient selon les compagnies.

ENCORE MOINS CHER

Certaines agences spécialisées comme, parmi bien d'autres, Access

Des chaînes d'hôtel sont implantées à proximité des aéroports

Voyages, Nouvelles Frontières ou Tourbec, proposent parfois des tarifs encore plus avantageux. Ils correspondent à deux types de billets : des places « bradées » par de grandes compagnies sur des avions où vous jouirez des services qu'elles offrent à tous leurs voyageurs, et des places sur des avions charter au confort souvent plus spartiate. Dans les deux cas, il s'agit presque toujours de réservations fermes. Les meilleures affaires se présentent généralement en basse saison, de novembre à avril hors période de Noël.

Même si vous tenez à votre indépendance, renseignez-vous sur ce que proposent les tours-opérateurs. Souvent très économiques, leurs formules, qui peuvent inclure hébergement, location de voiture ou trajets en train ou en car, deviennent de plus en plus souples.

LES LIGNES AÉRIENNES INTÉRIEURES BRITANNIQUES

Les courtes distances qui séparent la majorité des villes de Grande-Bretagne ne justifient pas de prendre l'avion que pour des trajets particuliers, par exemple de Londres vers l'Écosse ou l'une des nombreuses îles périphériques. Les billets sont chers mais si vous effectuez votre réservation longtemps à l'avance, vous pourrez profiter d'un tarif jusqu'à trois fois inférieur à ce que vous auriez payé en vous présentant au guichet juste avant le départ. Le service de navettes (shuttle) assuré par British Airways entre Londres et des cités comme Glasgow, Edinburgh et Manchester connaît un grand succès auprès des hommes d'affaires. Il propose une rotation toutes les heures en période de pointe et toutes les deux heures le reste du temps.

L'aéroport de Stansted

La Grande-Bretagne en voiture

Le plus déconcertant pour les conducteurs européens arrivant en Grande-Bretagne est bien entendu de devoir se mettre à rouler de l'autre côté de la chaussée. Une fois l'habitude prise, cependant, circuler sur les routes de campagne devient souvent un plaisir. À cause des embouteillages, il n'en va pas toujours de même en ville aux heures de pointe et à certains endroits de la côte de la Manche les week-ends d'été. Un réseau bien entretenu d'autoroutes gratuites et de routes à deux voies séparées relie les principales agglomérations du pays.

Arrêt interdit

Vitesse limitée à 30 m/h (48 km/h)

OBLIGATIONS ADMINISTRATIVES

Tout conducteur doit pouvoir présenter son permis de conduire, un certificat d'assurance (carte verte), la carte grise du véhicule et, si celle-ci n'est pas à son nom, une preuve de propriété ou un contrat de location. La voiture doit porter une plaque de nationalité.

LE CODE DE LA ROUTE

La conduite à gauche est la différence la plus spectaculaire entre le code de la route britannique et celui des pays du continent, mais elle n'est pas la seule. En effet, il n'existe pas de voie prioritaire en Grande-Bretagne. À chaque carrefour, des bandes sur le sol ou des panneaux de signalisation indiquent qui doit laisser le passage *(give way)*. Ces panneaux ne

Sens interdit

Interdiction de tourner à droite

diffèrent généralement pas de ceux qui se voient en France. Et comme en France, les indications de direction respectent un code de couleur : fond bleu pour les autoroutes, vert pour les routes principales et blanc pour les autres. Les panneaux marron signalent les sites intéressants et, sur les autoroutes, des écrans lumineux annoncent travaux, accidents ou poches de brouillard. Les limites de vitesses sont de 30 mph (48 km/h) en ville, 60 mph (96 km/h) sur route et 70 mph (112 km/h) sur autoroute *(motorway)* et route à deux voies séparées *(dual carriageway)*. Un piéton engagé sur un *zebra crossing (p. 643)* a la priorité absolue (et respectée par les automobilistes britanniques). La prudence recommande de lire l'*UK Highway Code Manual* (code de la route britannique) disponible en librairie.

London	32
Cambridge	25
Newmarket	30
M 11	
Bishops Stortford	4
Dunmow (A120)	8

Distances indiquées en miles

Sens unique

Pente à forte déclivité

L'A30, une route à deux voies séparées en Cornouailles

Attention ! à l'inverse de ce dont vous avez l'habitude, les ronds-points *(roundabouts)* se prennent dans le sens des aiguilles d'une montre. Ce sont les conducteurs engagés qui ont priorité, donc ceux arrivant de droite quand vous vous engagerez à votre tour. Avant votre départ, songez à équiper votre voiture d'un rétroviseur extérieur droit si elle n'en possède pas et, éventuellement, à faire régler vos codes pour éviter d'éblouir les conducteurs venant d'en face.

Passage à niveau

GIVE WAY

Laisser le passage

CIRCULER

En ville, évitez les heures de pointe : de 8 h à 9 h 30 et de 17 h à 18 h 30 du lundi au vendredi. En zone rurale, de bonnes cartes routières garantiront votre liberté. AA et RAC commercialisent des atlas pratiques et complets. Un M suivi d'un numéro correspond à une autoroute, un A à une route principale, souvent à voies séparées. Signalées par un B, les routes secondaires, moins fréquentées, se révèlent généralement agréables à emprunter.

STATIONNER

Dans toutes les grandes villes, vous gagnerez du temps en vous garant dans un parking. Certaines en proposent en périphérie, des bus permettant de rejoindre le centre. Une double ligne jaune signale une interdiction absolue de stationner, une ligne jaune simple la possibilité normalement de vous garer le

Parc de stationnement

soir et le week-end (mais mieux vaut vérifier qu'un panneau n'apporte pas de restrictions supplémentaires). En zone urbaine, toutes les autres places sont généralement contrôlées par un parcmètre. Un véhicule en infraction a toutes les chances de se retrouver immobilisé par un sabot – à moins que la fourrière ne s'en charge.

LES CARBURANTS

Le diesel paraîtra coûteux aux conducteurs français. Les stations-service distribuent également du super *(four star oil)* et de l'essence sans plomb *(unleaded)*. En général, comme en France, celles des supermarchés (Tesco ou Sainsbury, par exemple) proposent les tarifs les plus intéressants, tandis que celles des autoroutes se révèlent les plus chères.

LE SECOURS ROUTIER

L'**AA** (Automobile Association) et le **RAC** (Royal Automobile Club), les deux automobiles clubs britanniques, assurent un service de dépannage 24 h sur 24, auquel ont droit les membres des automobiles-clubs étrangers affiliés (vérifiez auprès du vôtre avant de partir). Même sans appartenir à l'une de ces associations, vous pouvez obtenir leur assistance, par exemple en utilisant les téléphones de secours des autoroutes, mais le dépannage vous reviendra cher. Un autre organisme, **National Breakdown**, s'appuie sur un réseau de garagistes locaux et se révélera parfois plus rapide et moins onéreux.

De nombreuses assurances automobiles comprennent une assistance à l'étranger. Avant votre départ, pensez à vous renseigner sur les risques couverts par la vôtre et à noter le numéro d'appel d'urgence. Si vous louez un véhicule, l'agence de location devrait également vous en indiquer un.

Station-service de campagne à Goathland dans le North Yorkshire

Logos du RAC et de l'AA

LOUER UNE VOITURE

Holiday Autos est une des sociétés de location britanniques les plus compétitives, mais de petites compagnies proposent parfois des tarifs encore plus intéressants. En les étudiant, n'oubliez pas d'ajouter la TVA et les frais d'assurance. Il faut avoir 21 ans et un permis de plus d'un an pour louer une voiture. L'agence vous demandera une pièce d'identité et une caution. Le moyen le plus simple consiste à donner un numéro de carte bancaire. Si vous passez plus de trois semaines en Grande-Bretagne, un véhicule en leasing sera plus rentable.

L'AUTO-STOP

L'auto-stop reste très pratiqué dans les îles Britanniques et, à la campagne, il n'est pas rare qu'un conducteur s'arrête pour proposer de prendre des randonneurs fatigués. Évitez toutefois les bagages trop encombrants. Et sachez que, comme partout, il y a un risque à faire du stop seul, surtout pour une femme. Les autoroutes et leurs rampes d'accès sont interdites aux piétons. Pour trouver un lift, vous pouvez consulter *Loot*, magazine d'annonces vendu à Londres, Manchester et Bristol.

La Grande-Bretagne en train

Société nationale des chemins de fer britanniques, le British Rail gère un réseau divisé en secteurs régionaux mais qui rayonne depuis Londres : certaines liaisons transversales évitant la capitale exigent plusieurs changements. Il dessert plus de 2 500 gares. Le service est ponctuel et les voitures, modernes ou modernisées, sont en général silencieuses et confortables, notamment sur les liaisons InterCity, les plus rapides. Les TGV Eurostar empruntant le tunnel sous la Manche (*p. 632*) à destination de Paris ou Bruxelles partent de la gare de Waterloo à Londre.

Train InterCity filant à travers la campagne

LES BILLETS

Les billets s'achètent dans les agences de voyage et aux guichets et distributeurs automatiques des gares. La plupart des cartes bancaires sont acceptées. Une place en première classe coûte environ un tiers de plus qu'en seconde et un aller-retour, en particulier dans la même journée, se révèle le plus souvent moins cher que deux allers.

Il existe quatre sortes de réductions pour les adultes. Disponibles en nombre limité sur certaines liaisons, les billets Apex se prennent une semaine à l'avance. Conditions similaires pour les billets SuperApex mais ils doivent s'acheter 14 jours avant le départ. Les *Savers* ne peuvent s'utiliser qu'en week-end et en semaine hors des heures de pointe. Enfin, les *Supersavers* ne doivent pas servir à quitter, rejoindre ou traverser Londres pendant les heures de pointe et le vendredi.

En zone rurale, les guichets ferment parfois le week-end, ce qui ne vous empêchera pas de risquer une amende (à régler sur le champ) si un contrôleur vous surprend à bord sans titre de transport.

LES FORFAITS

Si vous envisagez de beaucoup utiliser les chemins de fer en Grande-Bretagne, prendre avant votre départ un forfait, ou pass, auprès de l'office du tourisme britannique (*p. 615*), de **Rail Europe**, **CIE Tours International** ou de **British Rail International** se révèlera plus économique. La *All Line Rail Rover* permet aux adultes de voyager (kilométrage illimité) en Angleterre, Écosse et Pays de Galles pour une durée de 7 à 14 jours. Les enfants de moins de 16 ans voyagent demi-tarif, une *Family Rail Card* est également disponible. Elle peut être utilisée par quatre adultes ou quatre enfants maximum. Des réductions sont également disponibles pour les 16-25 ans ou les étudiants scolarisés dans un établissement en Grande-Bretagne, notamment avec la *Young Person's Rail Card*. Pour les plus de 60 ans, la *Senior Rail Card* permet d'obtenir jusqu'à 1/3 de réduction sur certains trajets. Il existe également des pass spéciaux pour Londres, Oxford, Canterbury et Brighton. Les enfants de 5 à 15 ans payent demi-tarif, les moins de cinq ans ne payent pas. Des tarifs familiaux sont également disponibles. Les voyageurs handicapés ont droit à de nombreuses réductions. Munissez-vous d'une pièce d'identité et d'une photographie pour acheter les pass. Si vous avez un pass, vous devrez le montrer lors de tout achat de tickets.

INFORMATIONS GÉNÉRALES

Climatisés et dotés d'un wagon-restaurant ou d'une voiture-buffet, les trains les plus confortables sont ceux des lignes InterCity mais mieux vaut réserver sa place le plus tôt possible, surtout si vous comptez voyager à un moment de grand départ comme le vendredi soir. Sans atteindre les vitesses des TGV français, ils sont assez rapides pour mettre Edinburgh à quelque quatre heures de Londres.

Les voyageurs trouvent en général des chariots dans les gares britanniques mais peu de porteurs. Pour obtenir une

Une belle gare, la Liverpool Lime Street Station

assistance, les personnes handicapées doivent contacter British Rail à l'avance. Une ligne jaune au-dessus de la fenêtre d'une voiture signifie qu'il s'agit d'un compartiment de première classe. Il existe des trains *Motorail* permettant d'emporter son automobile et d'autres proposant un *Observation Saloon* où la vue offerte par des baies vitrées justifie le supplément exigé. Vérifiez la destination de la voiture où vous prenez place, certains trains se divisent en cours de route. Même les gares éloignées du centre sont presque toujours desservies par des bus.

LES TRAINS TOURISTIQUES

A lors que la concurrence de la route conduisait au milieu du siècle à la désaffection de nombreuses voies ferrées rurales, des amateurs enthousiastes se sont associés pour sauver locomotives et voitures anciennes et continuer à les faire circuler. Les trajets que vous pouvez emprunter sont le plus souvent courts et font une trentaine de kilomètres, mais ils sont particulièrement pittoresques et vous feront traverser parmi les plus beaux coins de la campagne anglaise, vous permettant ainsi de découvrir des endroits et scènes surprenants. Citons, parmi ces trains « pour le plaisir », le South Devon Steam Railway (*p. 277*) ; le Ffestiniog Railway (*p. 438-439*) en North Wales ; le North York Moors Railway (*p. 380*) ; le Strathspey Steam Railway (*p. 530*) ou encore le La'l Ratty Railway en Cumbria (*p. 350*). Les offices du tourisme et les guichets du British Rail locaux vous indiqueront horaires, périodes de circulation et tarifs.

À toute vapeur dans le North Yorkshire

LES LIAISONS FERROVIAIRES

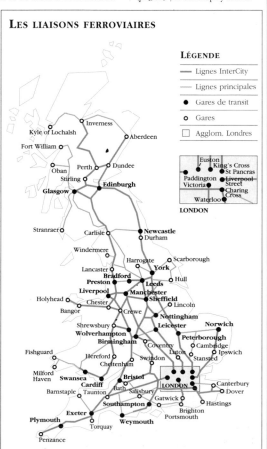

LÉGENDE

— Lignes InterCity

— Lignes principales

● Gares de transit

○ Gares

□ Agglom. Londres

Kyle of Lochalsh
Inverness
Fort William
Aberdeen
Oban
Perth
Dundee
Stirling
Glasgow
Edinburgh

Euston
King's Cross
St Pancras
Paddington
Liverpool Street
Victoria
Charing Cross
Waterloo
LONDON

Stranraer
Carlisle
Newcastle
Durham
Windermere
Harrogate
Scarborough
Lancaster
York
Bradford
Preston
Leeds
Hull
Liverpool
Manchester
Holyhead
Chester
Sheffield
Bangor
Crewe
Lincoln
Shrewsbury
Nottingham
Wolverhampton
Leicester
Norwich
Birmingham
Peterborough
Coventry
Cambridge
Hereford
Luton
Ipswich
Cheltenham
Swindon
Stansted
Fishguard
Milford Haven
Bristol
Swansea
Cardiff
LONDON
Barnstaple
Taunton
Bath
Salisbury
Canterbury
Dover
Gatwick
Southampton
Hastings
Exeter
Brighton
Plymouth
Portsmouth
Torquay
Weymouth
Penzance

CARNET D'ADRESSES

EN GRANDE-BRETAGNE

Apex et SuperApex
☎ 0800 450 450 (appel gratuit).

Renseignements pour les handicapés
☎ 0171-922 6482.

East Anglia, Sud-Est
☎ 0345-484 950 (Waterloo).

Renseignements
☎ 0345-484 950.

Objets trouvés
☎ 0171-922 6477.

National Rail Enquiries
☎ 0345-484 950.

Sud du pays de Galles et Ouest
☎ 0345-484 950 (Paddington).

Côte ouest, nord du pays de Galles, est des Midlands
☎ 0345-484 950 (Euston).

BRITISH RAIL INTERNATIONAL À L'ÉTRANGER

☎ (416) 929-3333 (Toronto).

☎ 0990 848 848 (Londres).

☎ 01 44 51 06 00 (Paris). 3615 BR

☎ 548 00 40 (Bruxelles).

☎ 272 14 04 (Bâle).

La Grande-Bretagne en autocar

En Grande-Bretagne, les *buses* ne sont pas confinés aux centres urbains. Le terme désigne en effet aussi les autocars qui assurent des dessertes locales entre villes et villages. Les véhicules utilisés pour les liaisons longue distance, ou les visites organisées, portent le nom de *coaches*. Généralement confortables, ils sont bien plus économiques que le train, mais avec des temps de parcours plus longs... ou beaucoup plus longs en cas de problème de circulation. Certaines lignes, notamment celles où le tarif inclut un service d'hôtesse et des rafraîchissements, sont si populaires, en particulier le week-end, que mieux vaut prendre un billet avec réservation pour être sûr d'avoir une place.

Visite en autocar du Royal Mile à Edinburgh

LE RÉSEAU NATIONAL EXPRESS

Il existe de nombreuses compagnies d'autocars régionales en Grande-Bretagne, mais au niveau national la plus importante est sans conteste **National Express** qui dessert plus de 1 000 destinations dans le pays (*p. 12-15*). Ce sont généralement des autocars à impériale *(double decker)* qui assurent les liaisons dites « Rapide » où le prix du trajet inclut des prestations (service d'hôtesse, film, rafraîchissements).

Carte Britexpass

En prenant la Discount Coach Card, les étudiants et les personnes de moins de 26 ans ou de plus de 60 ans auront droit pendant un an à une réduction de 30 %. Pour le même prix (70 F en 1995), la Carte Britexpass offre à tous les visiteurs la même réduction pendant un mois. Ces cartes s'achètent avant le départ auprès d'Eurolines (*p. 633*), correspondant sur le continent de National Express, et sur place dans la plupart des aéroports internationaux, dans certaines agences de voyages et dans les gares routières telles que **Victoria Coach Station**.

Autre grande compagnie d'autocars, la **Scottish Citylink** propose des liaisons régulières entre Londres, le nord de l'Angleterre et l'Écosse. Pour les personnes devant changer d'aéroport à Londres, il existe une navette entre Gatwick et Heathrow.

National Express
0171-730 0202.

Scottish Citylink
0131 557 5717.

Victoria Coach Station
0171-730 3466.

LES VISITES ET VOYAGES ORGANISÉS

De l'excursion touristique à la découverte d'un château jusqu'à l'exploration, en plusieurs semaines, de tout le pays, les agences spécialisées proposent un éventail de voyages en autocar à même de satisfaire toutes les tranches d'âge et tous les intérêts. Certains suivent un horaire tellement rigide qu'il prévoit jusqu'au moment où vous pourrez prendre une photo ou boire une tasse de thé, d'autres vous laissent la liberté de visiter à un rythme plus personnel et certains ne comprennent que le trajet et l'hébergement. Sur le continent, vous pouvez notamment vous renseigner sur les formules proposées par Eurolines (*p. 633*), compagnie qui possède de nombreuses succursales en province.

En Grande-Bretagne, dans toutes les villes importantes ou touristiques, en particulier en bord de mer, des sociétés organisent au moins en haute saison des promenades ou circuits de visite. Vous en obtiendrez les coordonnées en consultant les *Yellow Pages* (*p. 622*), en demandant à votre hôtel ou en vous adressant à une agence de voyages ou à l'office de tourisme local. Ce dernier devrait en outre pouvoir vous indiquer les différentes excursions proposées, leurs horaires et points de départ et leurs coûts. Il est possible que

Un « Rapide » de National Express à Victoria Coach Station, Londres

le car puisse venir vous prendre, et vous ramener, à votre hôtel. Même si vous n'avez pas acheté votre place à l'avance, le seul risque que vous couriez en vous présentant au moment du départ est d'apprendre que le car est plein. L'usage veut qu'on laisse un pourboire au guide.

LES BUS RÉGIONAUX

Un grand nombre de compagnies, certaines privées, d'autres sous l'autorité des collectivités locales, assurent les dessertes de proximité en autobus. Celles-ci peuvent être de fréquences et de coûts très variables. En règle générale, plus vous vous éloignez des villes, moins il y a de bus et plus ils sont chers. Certaines liaisons n'ont ainsi lieu qu'une seule fois par semaine et il existe des villages que ne dessert aucun transport public. Pour découvrir la campagne britannique, mieux vaut donc le plus souvent louer une voiture.

Si cette possibilité dépasse vos moyens, ou si une autre raison, par exemple les rencontres qu'ils favorisent, vous fait opter pour les bus, prévoyez d'avoir de la monnaie. Ils circulent pour la plupart sans receveur et le chauffeur préférera que vous lui remettiez l'appoint.

Avant d'embarquer, vérifiez les horaires et l'itinéraire à l'arrêt de bus ou auprès de l'office du tourisme. Sinon, vous risquez de vous arrêter quelque part sans moyen de rentrer. Les dimanches et jours fériés, de nombreuses lignes ne fonctionnent pas et les autres n'offrent qu'un service réduit.

À la découverte des Trossachs, en Écosse, avec le Trossach Trundler

La Grande-Bretagne en bateau

Des milliers de kilomètres de voies navigables parcourent la Grande-Bretagne, qui éparpille des centaines d'îles dans la Manche, en mer du Nord et dans l'Atlantique. Louer une péniche pour découvrir la superbe campagne des Midlands depuis un canal ou affronter les flots sur un petit ferry local pour rejoindre une île écossaise sont des expériences qui ne s'oublient pas.

Une péniche sur les Welsh Backs, Bristol, Avon

LES CANAUX

Avec les débuts de l'industrie au XVIIIe siècle s'imposa l'obligation de transporter de lourds chargements de minerai et de matières premières. À cet effet fut tracé un immense réseau de canaux reliant la plupart des régions de production aux ports maritimes.

L'avènement du rail ôta beaucoup de leur importance à ces voies navigables mais il en subsiste plus de 3 000 kilomètres, pour l'essentiel dans le vieux cœur industriel des Midlands. Aux voyageurs qui en prennent le temps, ils permettent de découvrir au rythme lent d'une barge les paysages de la région, sa faune et ses vieilles auberges bâties pour étancher la soif des mariniers et prendre soin des chevaux qui halaient jadis leurs péniches.

Des agences spécialisées proposent un vaste éventail de formules, y compris pour les néophytes en navigation. Vous pouvez aussi contacter **British Waterways**.

British Waterways
☎ 01923 21036.

FERRIES ET CROISIÈRES FLUVIALES

La **Caledonian Mac Brayne** assure les liaisons entre l'Écosse et les Hébrides, qu'il s'agisse de navettes aussi courtes qu'entre l'île de Skye et Kyle of Lochalsch ou de traversées beaucoup plus longues comme d'Oban à Loch Boisdale.

Les bateaux de **P&O Scottish Ferries** desservent les Orcades et les Shetland. Il existe un grand nombre de tarifs et de types de billets, depuis la carte offrant temporairement une circulation illimitée sur certaines lignes jusqu'à des

Un car-ferry reliant Oban à Loch Boisdale

forfaits en liaison avec les chemins de fer ou les compagnies d'autocars. Tous les navires ne transportent pas les voitures.

De nombreux bateaux-promenades circulent en outre sur les lacs et rivières britanniques. Parmi les croisières qu'ils proposent, celles qui traversent Londres de Westminster à Tower Bridge sur la Tamise sont sans doute les plus spectaculaires.

Caledonian MacBrayne
☎ 01475 650100.

P&O Scottish Ferries
☎ 01224 572 615.

Circuler en ville

Les difficultés de stationnement en ville rendent les transports urbains pratiques et économiques comparés à la voiture. Ils peuvent même se révéler amusants ; les enfants adorent les autobus à impériale londoniens. Seules Londres, Newcastle et Glasgow possèdent un métro ; Manchester et Blackpool sont équipées de tramways. Des taxis attendent à toutes les gares et aux stations disséminées dans le centre-ville. La marche à pied reste cependant le moyen le plus agréable de visiter de nombreuses cités, en particulier aux heures de pointe : de 8 h à 9 h 30 et de 16 h 30 à 18 h 30.

Autobus urbains dans Princes Street à Edinburgh

LES AUTOBUS

La privatisation de certains réseaux de transports urbains a conduit à un système complexe, plusieurs compagnies se concurrençant souvent sur les lignes les plus fréquentées. Même à Londres, les autobus traditionnels cèdent peu à peu la place à des véhicules modernes plus pratiques mais beaucoup moins pittoresques. Dans la plupart des cas, vous payez votre trajet au chauffeur en montant, si possible en faisant l'appoint. Le conducteur n'acceptera pas toujours une grosse coupure et jamais un chèque ou une carte bancaire. Gardez votre ticket jusqu'à l'arrivée, sous peine de risquer une amende à régler sur-le-champ. Beaucoup de grandes villes proposent des forfaits à la journée ou à la semaine

Autobus à impériale

offrant, de jour, un accès illimité à tous les transports urbains. Ils s'achètent souvent chez les marchands de journaux. Les services de nuit, généralement de 23 h au petit matin, n'existent que dans les cités les plus importantes. À Londres, ces lignes passent toutes par Trafalgar Square et se reconnaissent au N qui précède leur numéro. Les forfaits ne sont pas valables dans ces bus. Les offices du tourisme vous renseigneront sur les horaires, les parcours et les tarifs. Certains distribuent des plans des transports publics de la ville.

Des panneaux à l'avant des véhicules indiquent leur destination. Si vous avez peur de ne pas reconnaître l'endroit où vous devez descendre, demandez au conducteur de vous prévenir. En principe, il n'y a qu'aux arrêts marqués « Request » que vous avez besoin de lever le bras pour arrêter le bus afin de monter à bord, ou de sonner pour demander à en descendre. En pratique, mieux vaut le faire à tous.

Même dans les agglomérations dotées de couloirs réservés, les aléas de la circulation rendent les horaires purement indicatifs. En particulier aux heures de pointe, aller à un rendez-vous urgent peut se transformer en une interminable torture.

EN VOITURE

Beaucoup de visiteurs hésitent à se risquer en voiture dans les rues des

grandes villes britanniques, mais si vous avez pris l'habitude de rouler à gauche et que vous respectez le code de la route (p. 636), vous n'y courrez pas de risques particuliers. C'est le stationnement qui pose en fait le plus de problèmes et, malgré le prix, vous aurez le plus souvent intérêt à vous garer dans un parking. Si vous optez tout de même pour la rue, prenez garde à ne pas vous mettre en infraction, notamment en dépassant le temps acheté à un parcmètre. Votre voiture risquerait d'être immobilisée par un sabot ou emportée à la fourrière.

Parcmètre

LES TAXIS

Les taxis agréés portent sur le toit un signal qu'ils allument lorsqu'ils sont libres. Pour obtenir leur licence, leurs chauffeurs continuent de passer un examen exigeant une parfaite connaissance de la ville et des itinéraires les plus rapides pour la traverser. Vous pouvez les appeler, les trouver aux stations de taxis ou les arrêter dans la rue en agitant vigoureusement le bras. À Londres, ils ne peuvent refuser de vous emmener à votre destination si elle se trouve dans un rayon de 9 km et dans le district de la police métropolitaine (la majeure partie du Grand-Londres et l'aéroport d'Heathrow).

Dans ces taxis, un compteur vous indique l'évolution du prix de la course. Il augmente toutes les minutes ou tous les

Véhicule immobilisé par un sabot, ou clamp.

311 m (340 yards). La prise en charge est d'environ 1 £ et bagages, passagers supplémentaires et heures particulières (notamment la nuit) donnent lieu à des suppléments. Les chauffeurs s'attendent à un pourboire de 10 % à 15 % du prix de la course. Si vous avez une réclamation à émettre, relevez le numéro d'enregistrement inscrit à l'arrière du véhicule.

Concurrents des taxis agréés, les « mini-cabs » sont des voitures normales que vous pouvez prendre en téléphonant à une société ou en passant à son siège ouvert souvent 24 h sur 24. Si l'un d'eux s'arrête dans la rue, sachez que beaucoup opèrent illégalement et peuvent être dangereux. Vous trouverez les numéros des compagnies de mini-cabs dans les *Yellow Pages (p. 622).* Dans tout taxi ne possédant pas de compteur, négociez le prix de votre trajet avant le démarrage. Les offices du tourisme vous renseigneront sur les tarifs en vigueur.

Taxi londonien traditionnel

LES VISITES GUIDÉES EN AUTOBUS

Parmi les visites guidées organisées dans les villes touristiques, les plus agréables par beau temps sont celles qui se font en autobus à impériale découverte. Les offices du tourisme vous les indiqueront. La plupart des compagnies offrent la possibilité de commander des visites privées.

LES TRAMWAYS

Après avoir failli disparaître, les trams, remis au goût du jour, reconquièrent les villes. Le meilleur réseau est incontestablement celui de Manchester.

LE MÉTRO LONDONIEN

Newcastle et Glasgow possèdent également chacune un métro, circulant aux mêmes heures que celui de Londres, mais leurs réseaux se limitent à quelques stations dans le centre de Newcastle et dans le centre et l'immédiate périphérie de Glasgow.

L'*Underground* londonien, ou *tube*, comprend quant à lui plus de 270 stations appartenant à 11 lignes. Chacune de ces lignes possède une couleur spécifique sur les plans, ou *Journey Planners*, affichés dans chaque station. Les trains circulent tous les jours (sauf celui de Noël) de 5 h 30 à minuit. Le prix du billet varie suivant votre destination, et si vous prévoyez d'effectuer plus de deux trajets par jour, vous avez tout intérêt à acquérir une Travelcard, forfait valide sur tous les transports urbains de la capitale. Elle vous reviendra moins cher si vous l'achetez avant votre départ auprès de British Rail International (*p. 638-639*).

Panneau signalant une station de métro

Un tramway sur la célèbre promenade de Blackpool

LES VILLES À PIED

N'oubliez pas que les voitures roulent à gauche ! Des instructions écrites sur la chaussée indiquent en général le sens de la circulation (et donc l'origine du danger) aux passages protégés. Ces derniers sont de deux types : les *zebra crossings* marqués par des bandes blanches et une balise jaune où les piétons engagés jouissent d'une priorité absolue, et ceux que commande un bouton où les voitures ne s'arrêteront pas avant qu'un signal lumineux le leur impose. Les municipalités créent de plus en plus de zones piétonnières dans les centres-villes.

À BICYCLETTE

Les Britanniques aiment la bicyclette et il est possible d'en louer un peu partout dans le pays. Au prix d'un supplément, vous pourrez aussi emporter la vôtre dans la plupart des trains. En ville, beaucoup de rues comportent une piste cyclable possédant sa propre signalisation, mais il est défendu de rouler à vélo sur les trottoirs et dans les zones piétonnières. Cette interdiction s'applique également aux autoroutes et à leurs voies d'accès.

À vélo, sous le pont des Soupirs, Oxford

Index

Remerciements

L'éditeur remercie les organismes, les institutions et les particuliers suivants dont la contribution a permis préparation de cet ouvrage.

AUTEUR

Michael Leapman, né à Londres en 1938, est journaliste professionnel depuis 1958. Après avoir travaillé pour la plupart des grands journaux britanniques, il s'est tourné vers la rédaction de récits et de guides de voyage pour plusieurs publications, parmi lesquelles *The Independent, Independent on Sunday, The Economist* et *Country Life.* Il a également publié 11 ouvrages dont *London's River* (1991), le *Companion Guide to New York* (1983-1995) pour lequel il a obtenu un prix et le *Guide Voir Londres* (1994).

COLLABORATEURS

Paul Cleves, James Henderson, Lucy Juckes, John Lax, Marcus Ramshaw.

ILLUSTRATIONS D'APPOINT

Christian Hook, Gilly Newman, Paul Weston.

COLLABORATION ARTISTIQUE ET ÉDITORIALE

Eliza Armstrong, Moerida Belton, Josie Barnard, Hilary Bird, Louise Boulton, Roger Bullen, Margaret Chang, Deborah Clapson, Elspeth Collier, Gary Cross, Cooling Brown Partnership, Guy Dimond, Fay Franklin, Angela-Marie Graham, Danny Farnham, Joy Fitzsimmons, Ed Freeman, Andrew Heritage, Annette Jacobs, Steve Knowlden, Charlie Hawkings, Martin Hendry, Nic Kynaston, Pippa Leahy, James Mills Hicks, Marianne Petrou, Chez Pitchall, Mark Rawley, Jake Reimann, Carolyn Ryden, David Roberts, Alison Stace.

PHOTOGRAPHIE D'APPOINT

Max Alexander, Peter Anderson, Steve Bere, June Buck, Michael Dent, Philip Dowell, Mike Dunning, Chris Dyer, Andrew Einsiedel, Philip Enticknap, Jane Ewart, DK Studio/Steve Gorton, Frank Greenaway, Stephen Hayward, John Heseltine, Ed Ironside, Dave King, Neil Mersh, Robert O'Dea, Stephen Oliver, Vincent Oliver, Roger Phillips, Karl Shone, Chris Stevens, Jim Stevenson, Clive Streeter, Harry Taylor, David Ward, Mathew Ward, Stephen Wooster, Nick Wright, Colin Yeates.

RÉFÉRENCES PHOTOGRAPHIQUES ET ARTISTIQUES

Christopher Woodward du Building of Bath Museum, Franz Karl Freiherr von Linden, NRSC Air Photo Group, l'Oxford Mail, le Times et Mark et Jane Rees.

AUTORISATIONS DE PHOTOGRAPHIER

L'éditeur remercie les entreprises, les institutions et les organismes suivants d'avoir accordé leur autorisation de photographier : Banqueting House (Crown copyright par faveur spéciale des Historic Royal Palaces) ; Cabinet War Rooms ; Paul Highnam à English Heritage ; le doyen et le chapitre de l'Exeter Cathedral ; Gatwick Airport Ltd ; Heathrow Airport Ltd ; Thomas Woods à Historic Scotland ; le prévôt et les étudiants du Kings College ; Cambridge ; London Transport Museum ; Madame Tussaud's ; Musées nationaux du pays de Galles (Museum of Welsh Life) ; Diana Lanham et Gayle Mault au National Trust ; Peter Reekie et Isla Roberts au National Trust for Scotland ; Provost Skene House ; Saint Bartholmew the Great ; Saint James's Church ; London St Paul's Cathedral ; les maîtres et les gouverneurs de la Worshipful Company of Skinners ; le prévôt et le chapitre de la Southwark Cathedral ; HM Tower of London ; le doyen et le chapitre de Westminster ; le doyen et le chapitre de Worcetser Cathedral. L'éditeur remercie également tous les magasins, cafés, restaurants, hôtels églises et services publics, trop nombreux pour être cités individuellement, qui ont apporté leur assistance à la réalisation de cet ouvrage.

CRÉDITS PHOTOGRAPHIQUES

h = en haut ; hg = en haut à gauche ; hc = en haut au centre ; hd = en haut à droite ; cgh = au centre gauche en haut ; ch = au centre en haut ; cdh = au centre droit en haut ; cg = au centre à gauche ; c = au centre ; cd = au centre à droite ; cgb = au centre gauche en bas ; cb = au centre en bas ; cdb = au centre droit en bas ; bg = en bas à gauche ; b = en bas ; bc = en bas au centre ; bd = en bas à droite ; (d) = détail.

Malgré tout le soin que nous avons apporté à dresser la liste des auteurs des photographies publiées dans ce guide, nous demandons à ceux qui auraient été involontairement oubliés ou omis de bien vouloir nous en excuser. Cette erreur serait corrigée à la prochaine édition de l'ouvrage.

Les œuvres d'art ont été reproduites avec l'autorisation des organismes suivants : © ADAGP, Paris and DACS, Londres 1995 : 157 h ; © Alan Bowness, Hepworth Estate 263 bg ; © DACS, Londres 1995 : 93 c ; © D Hockney : 1970-1 93 hd, 1990-3 397 h ; © Roy Lichtenstein/DACS, Londres 1995 : 73 bg et 493 c ; © Estate of Stanley Spencer 1995 tous droits réservés DACS 221 h ; © Angela Verren-Taunt 1995 tous droits réservés Dacs : 263 bd.

L'œuvre d'Henry Moore, *Two Large Forms*, 1966, représentée en page 399 b a été reproduite avec l'autorisation de la Henry Moore Foundation.

L'éditeur remercie les photographes, entreprises et organismes suivants de leur avoir permis de reproduire leurs photographies :

ABBOT HALL ART GALLERY AND MUSEUM, Kendal: 358 b (d) ; ABERDEEN ART GALLERIES 526 h ; ABERDEEN AND GRAMPIAN TOURIST BOARD 465 ch ; ACTION PLUS : 67 h, 466 h ; Steve Bardens 66 bg, 420 c ; David Davies 67 cd ; Glynn Kirk 66 hg ; Peter Tarry 66 chg, 67 bg ; publié avec l'aimable autorisation de MOHAMED AL FAYED : 99 h ; AMERICAN MUSEUM, Bath : 247 hg ; ANCIENT ART AND ARCHITECTURE COLLECTION : 42 bc, 44 ch, 44 cbg, 45 ch, 45 cbg, 46 bg, 46 bd, 48 cbd, 51 ch, 218 hg, 221 bd, 425 h ; THE ARCHIVE & BUSINESS RECORDS CENTRE, University of Glasgow : 469 h ; T & R ANNAN AND SONS : 502 b (d) ; ASHMOLEAN MUSEUM, OXFORD : 47 h ; MUSEUM OF AUTOMATA, YORK : 393 b.

BARNABY'S PICTURE LIBRARY : 60 hd ; BEAMISH OPEN AIR MUSEUM : 410 c, 401 b, 411 ch, 411 bc, 411 b ; BRIDGEMAN ART LIBRARY, LONDRES : Agnew and Sons, Londres 309 h ; Museum of Antiquities, Newcastle upon Tyne 44 hg ; Apsley House, The Wellington Museum, Londres 26 hg ; Bibliothèque nationale, Paris *Neville Book of Hours* 308 h (d) ; Birmingham City Museums and Gallery 305 h ; Bonham's, Londres, *Portrait of Lord Nelson with Santa Cruz Beyond,* Lemeul Francis Abbot 54 bc (d) ; Bradford Art Galleries and Museums 49 bcg ; City of Bristol Museums and Art Galleries 242 c ; British Library, Londres, *Pictures and Arms of English Kings and Knights* 4 h (d), 39 h (d), *The Kings of England from Brutus to Henry* 26 bg (d), *Stowe manuscript* 40 hg (d), *Liber Legum Antiquorum Regum* 46 h (d), *Calendar Anglo-Saxon Miscellany* 46-47 h (d), 46-47 c (d), 46-47 b (d), *Decrees of Kings of Anglo-Saxon and Norman England* 47 bcg, 49 bg (d), *Portrait of Chaucer,* Thomas Occleve 49 bd (d), *Portrait of Shakespeare,* Droeshurt 51 bg (d), *Historia Anglorum* 40 bg (d), 222 hg (d), *Chronicle of Peter of Langtoft* 269 b (d), *Lives and Miracles of St Cuthbert* 405 hg (d), 405 cg (d), 405 cd (d), *Lindisfarne Gospels* 405 bd (d), *Commendatio Lamentabilis intransitu Edward IV* 422 b (d), *Histoire du Roy d'Angleterre Richard II* 424 h (d), 523 b ; Christies, Londres 431 h ; Claydon House, Bucks, *Florence Knightingale,* Sir William Blake Richmond 148 h ; Department of Environment, Londres 48 hd ; City of Edinburgh Museums and Galleries, *Chief of Scottish Clan,* Eugene Deveria 470 bg (d) ;

Fitzwilliam Museum, University of Cambridge, *George IV as Prince Regent*, Richard Cosway 165 bc, 198 bg, *Flemish Book of Hours* 336 hg (d) ; Giraudon/Musée de la Tapisserie, par faveur spéciale de la ville de Bayeux 47 b,167 b ; Guildhall Library, Corporation of London, *The Great Fire*, Marcus Willemsz Doornik 53 bg (d), *Bubbler's Melody* 54 bd (d), *Triumph of Steam and Electricity*, The Illustrated London News 57 h (d), *Great Exhibition, The transept from Dickenson's Comprehensive Pictures* 56-57, *A Balloon View of London as seen from Hampstead* 107 c (d) ; Harrogate Museum and Art Gallery, North Yorkshire 374 h ; Holburne Museum and Crafts Study Centre, Bath 53 h ; Imperial War Museum, *London Field Marshall Montgomery*, J Worsley 27 cbd (d) ; Kedleston Hall, Derbyshire 24 c, 24 bd ; King Street Galleries, Londres, *Bonnie Prince Charlie*, G. Dupré 468 hg ; Lambeth Palace Library, Londres, *St Alban's Chronicle* 49 h ; Lever Brothers Ltd, Cheshire 335 chd ; Lincolnshire County Council, Usher Gallery, Lincoln, *Portrait of Mrs Fitzherbert after Richard Cosway* 165 b ; London Library, *The Barge Tower from Ackermann's World in miniature*, F Scoberl 55 h ; Manchester City Art Galleries 361 b ; David Messum Gallery, Londres 433 b ; National Army Museum, *Bunker's Hill*, R Simkin 54 ch ; National Gallery, Londres, *Mrs Siddons the Actress*, Thomas Gainsborough 54 h (d), 149 ch ; National Museet, Copenhagen 46 ch ; Phillips, the International Fine Art Auctioneers, *James I*, John the Elder Decritz 52 b (d) ; collections privées : 8 9, 26 ch (d), 34 hg, 48-49, 55 chg, 55 bg, 56 cbg, Vanity Fair 57 bd, 149 h, *Ellesmere Manuscript* 174 h (d), *Armada : map of the Spanish and British Fleets*, Robert Adam 277 h, 382 h, 408 b ; Royal Geographical Society, Londres 149 bc (d) ; Royal Holloway & Bedford New College, the *Princes Edward and Richard in the Tower*, Sir John Everett Millais 121 b ; Smith Art Gallery and Museum, Stirling 482 b ; Tate Gallery, Londres : 56 cbd, 223 h ; Thyssen-Bornemisza Collection, Lugo Casta, *King Henry VIII*, Hans Holbein le Jeune 50 h (d) ; Victoria and Albert Museum, Londres 24 h (d), 56 b, 190 h, 337 cd, 379 h, *Miniature of Mary Queen of Scots*, par un élève de François Clouet 497 bd, 523 h (d) ; Walker Art Gallery, Liverpool 364 c ; Westminster Abbey, Londres, *Henry VII Tomb effigy*, Pietro Torrigiano 26 bd (d), 40 bc (d) ; The Trustees of the Weston Park Foundation, *Portrait of Richard III*, école italienne 49 chg (d) ; Christopher Wood Gallery, Londres, *High Life Below Stairs*, Charles Hunt 25 c (d) ; reproduit avec l'autorisation du BRITISH LIBRARY BOARD : *Cotton Faustina BVII folio 85* 49 cd, 109 cg ; © THE BRITISH MUSEUM : 42 cd, 43 bc, 73 hg, 83 c, 105, 108-109 excepté 109 h et 109 bg ; © THE BRONTE SOCIETY : 398 ; BURTON CONSTABLE FOUNDATION : Dr David Connell 388 h.

CADOGEN MANAGEMENT : 86 b ; CADW – Welsh Historic Monuments (Crown Copyright), 460 h ; CAMERA PRESS : Cecil Beaton 94 bg ; CARDIFF CITY COUNCIL : 458 hd, 459 h, 459 c ; FKB CARLSON : 35 bcg ; COLIN DE CHAIRE : 183 c ; TRUSTEES OF THE CHATSWORTH SETTLEMENT : 320 b, 321 b ; MUSEUM OF CHILDHOOD, Edinburgh : 496 b ; BRUCE COLEMAN LTD : 31 bd ; Stephen Bond 280 b ; Jane Burton 31 chd ; Mark N. Boulton 31 cg ; Patrick Clement 30 cbg ; Peter Evans 530 hg ; Paul van Gaalen 236 hg ; Sir Jeremy Grayson 31 bg ; Harald Lange 30 bc ; Gordon Langsbury 531 h ; George McCarthy 30 h, 31 bg, 228 b, 269 bd ; Paul Meitz 514 cbg ; Dr. Eckart Pott 30 hg, 514 h ; Hans Reinhard 30 bc, 31 hc, 280 h, 480 hg ; Dr Frieder Sauer 520 h ; N Schwiatz 31 chg ; Kim Taylor 31 hg, 514 chd ; Konrad Wothe 514 ch ; JOE CORNISH : 389 b ; par faveur de la CORPORATION OF LONDON : 115 b ; DOUG CORRANCE : 471 b ; JOHN CROOK : 157 b.

1805 CLUB : 27 h ; 1853 GALLERY, Bradford 397 h ; ENGLISH HERITAGE : 132 b, 194 c, 194 h, 195 b, 234-235 b, 249 b, 336 hd, 337 b, 380 h, 405 hd, 405 c ; Avebury Museum 42 ch ; Devizes Museum 42 bd, dessin par Frank Gardiner 409 bd ; Salisbury Museum 42 h, 42bg ; Skyscan Balloon Photography 43 h, 248 b; 380 h ; 409 bg ; ENGLISH LIFE PUBLICATIONS LTD, Derby : 328 hg, 328 hd, 329 h, 329 b ;

ET ARCHIVE : 41 hc, 41 cd, 52 bc, 53 cbg, 58 cbd, 148 b ; Bodleian Library, Oxford 48 cbd ; British Library, Londres 48 hg, 48 ch ; Devizes Museum 42 cg, 43 b, 248 c ; Garrick Club 422 hg (d) ; Imperial War Museum, Londres 58 cbg (d), 59 bd ; Labour Party Archives 60 bd ; London Museum 43 chg ; Magdalene College 50 ch; National Maritime Museum, Londres 39 b ; Stoke Museum Staffordshire Polytechnic 41 bc, 52 hg ; Victoria & Albert Museum, Londres 50 h (d) ; EUREKA ! : 399 h ; MARY EVANS PICTURE LIBRARY : 9 dessin, 34 hd, 40 bd, 41 hg, 41 cg, 41 bg, 41 bd, 44 bg, 44 bd, 46 bc, 47 chg, 51 h, 51 bc, 51 bd, 53 cbd, 54 bg, 55 bd, 56 hg, 58 ch, 59 ch, 59 cbg, 59 cbd, 81 bc, 106 h, 107 h, 119 b, 143 dessin, 148 bc, 149 b, 173 c, 175 c, 181 b, 192 c, 208 bg, 214 hg, 217 c, 217 bg, 217 bd, 220 bg, 225 dessin, 265 h, 283 dessin, 322 b, 335 h, 335 chg, 359 hd, 406 h, 433 hg, 468 b, 485 b, 498 bg, 500 b, 501 h, 521 b, 613 dessin. CHRIS FAIRCLOUGH : 281 b, 338 b, 640 b; PAUL FELIX : 220 c ; FFOTOGRAFF © Charles Aithie : 421 h ; FISHBOURNE ROMAN VILLA : 45 h ; LOUIS FLOOD : 470 bd ; FOREIGN AND BRITISH BIBLE SOCIETY : Cambridge University Library 423 c ; FOTOMAS INDEX : 107 chd.

GLASGOW MUSEUMS : Burrell Collection 506-507 sauf 506 hg ; Art Gallery & Museum, Kelvingrove 505 h, 517 b, 529 b (d) ; Saint Mungo Museum of Religious Life and Art 503 hg ; Museum of Transport 504 cd ; JOHN GLOVER : 62 cd , 146 bc, 191 b ; THE GORE HOTEL, Londres : 540 c.

SONIA HALLIDAY AND LAURA LUSHINGTON ARCHIVE : 395 h ; ROBERT HARDING PICTURE LIBRARY : 168 h, 534 h ; Jan Baldwin 271 b ; M H Black 272 h ; Teresa Black 621 bc ; Nigel Blythe 632 ch ; L Bond 323 b ; Michael Botham 32 bd ; C Bowman 629 c ; Lesley Burridge 290 hd ; Martyn F Chillman 291 bc ; Philip Craven 103 h, 186 b, 311 b ; Nigel Francis 205 b, 635 b ; Robert Francis 66-67 ; Paul Freestone 212 b ; Brian Harrison 515 b ; Van der Hars 524 h ; Michael Jenner 45 b, 515 c ; Norma Joseph 65 b ; Christopher Nicholson 239 h ; B O'Connor 33 ch ; Jenny Pate 147 bc ; Rainbird Collection 47 cbd ; Roy Rainsford 33 b, 154 h, 284 b, 324 cd, 356 h, 372 h, 461 b ; Walter Rawling 21 h , Hugh Routledge 2 3 ; Peter Scholey 285 h ; Michael Short 291 bd ; James Strachen 370 b ; Julia K Thorne 472 bg ; Adina Tovy 61 hg, 472 bd ; Andy Williams 165 h, 220 bd, 332 c, 418 h, 510 ; Adam Woolfitt 20 h, 20 c, 44 hd, 45 cbd, 246 b, 258, 270 ch, 291 bg, 425 bg, 454 hg, 530 hd ; HAREWOOD HOUSE : 396 c ; PAUL HARRIS : 32 h, 62 cg, 287 bg (d), 324 b, 353 b, 612-613, 630 c, 630 b ; HARROGATE INTERNATIONAL CENTRE : 375 b ; HEATHROW AIRPORT LTD : 619 b ; Crown copyright reproduit avec l'autorisation du Controller of HMSO : 73 bd, 120 bg, 120 bd, 121 hg ; CATHEDRAL CHURCH OF THE BLESSED VIRGIN MARY AND ST ETHELBERT IN HEREFORD : 302 b ; HERTFORDSHIRE COUNTY COUNCIL : Bob Norris 58-59 ; JOHN HESELTINE : 74 h, 104, 109 h, 110, 236 hd, 236 c, 455 hg ; HISTORIC ROYAL PALACES (Crown Copyright) : 159 ; HISTORIC SCOTLAND (Crown Copyright) : 483 c, 492 hd, 492 c ; PETER HOLLINGS : 334 bg ; BARRY J HOLMES : 63 h ; NEIL HOLMES : 244 b (d), 246 c, 270 h, 359 b, 415 hg, 415 hd, 437 b, 643 h ; ANGELO HORNAK LIBRARY : 392 hg, 392 bg, 392 bd, 395 bd ; reproduit avec l'autorisation du CLERK OF RECORDS, HOUSE OF LORDS : 469 c ; DAVID MARTIN HUGHES : 142-143, 150 ; HULTON-DEUTSCH COLLECTION : 22 hd, 27 cg, 27 cd, 53 chg, 54 c, 56 c, 57 bc, 58 hg, 58 hd, 58 b, 59 h, 60 ch, 60 bg, 148 ch, 155 c, 219 b, 286 h, 334 c, 335 cbd, 336 bg, 363 b, 383 b, 384 bd, 423 h, 481 b, 508 hg, 522 b ; HUNTERIAN ART GALLERY : 505 b ; HUTCHISON LIBRARY : Catherine Blacky 34 bc ; Bernard Gerad 467 h ; HUTTON IN THE FOREST : Lady Inglewood 344 h.

THE IMAGE BANK, London : Derek Berwin 538 h ; David Gould 343 b ; Romilly Lockyer 74 bg ; Colin Molyneux 455 bg ; Stockphotos/Steve Allen 360 c, Trevor Wood · 270 b ; Simon Wilkinson 166 b ; IMAGES COLOUR LIBRARY : 30 chg, 43 c, 207 b, 220 h, 235 h, 236 bg, 237 b, 322 h, 324 cg, 325 h, 339 c, 638 h, 638 b ; Horizon/Robert Estall 424 c ; Landscape Only 33 bc, 234, 351, 425 bd ; IRONBRIDGE MUSEUM : 301 b.

Le centre de Londres

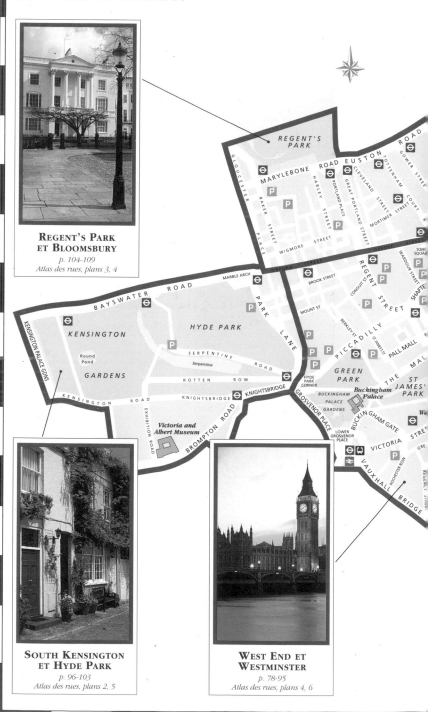

**REGENT'S PARK
ET BLOOMSBURY**
p. 104-109
Atlas des rues, plans 3, 4

**SOUTH KENSINGTON
ET HYDE PARK**
p. 96-103
Atlas des rues, plans 2, 5

**WEST END ET
WESTMINSTER**
p. 78-95
Atlas des rues, plans 4, 6

REGENT'S
PARK

MARYLEBONE ROAD EUSTON ROAD

GLOUCESTER PLACE
BAKER STREET
HARLEY STREET
PORTLAND PLACE
GREAT PORTLAND STREET
CLEVELAND STREET
MORTIMER STREET
TOTTENHAM COURT
GOWER STREET
WIGMORE STREET
WARDOUR STREET
SOHO SQUARE
REGENT STREET
SHAFTE

MARBLE ARCH
BROOK STREET
CONDUIT ST

BAYSWATER ROAD

KENSINGTON PALACE GDNS

KENSINGTON

HYDE PARK

PARK LANE

MOUNT ST
BERKELEY ST
PICCADILLY
ST JAMES'ST
PALL MALL

Round
Pond

GARDENS

SERPENTINE ROAD
Serpentine

GREEN
PARK

THE MAL

ST
JAMES'
PARK

ROTTEN ROW

KENSINGTON ROAD
KNIGHTSBRIDGE
KNIGHTSBRIDGE

HYDE
PARK
CORNER

GROSVENOR PLACE

BUCKINGHAM
PALACE
GARDENS

*Buckingham
Palace*

We

EXHIBITION ROAD
BROMPTON ROAD

*Victoria and
Albert Museum*

LOWER
GROSVENOR
PLACE

BUCKINGHAM GATE

VICTORIA

STRE

GRE

VAUXHALL BRIDGE
ROCHESTER ROW
REGENCY